最高人民法院商事审判指导丛书

商事审判程序问题审判指导

（增订版）

最高人民法院民事审判第二庭／编

杜万华／主编

贺小荣　杨永清　付金联　关　丽／副主编

法律出版社
LAW PRESS·CHINA

图书在版编目(CIP)数据

商事审判程序问题审判指导 / 最高人民法院民事审判第二庭编. -- 增订本. -- 北京：法律出版社，2018
(最高人民法院商事审判指导丛书)
ISBN 978 -7 -5197 -0768 -2

Ⅰ. ①商… Ⅱ. ①最… Ⅲ. ①经济纠纷－民事诉讼－审判－案例－中国 Ⅳ. ①D925.118.25

中国版本图书馆 CIP 数据核字(2017)第 072616 号

商事审判程序问题审判指导(增订版)
SHANGSHI SHENPAN CHENGXU WENTI SHENPAN ZHIDAO (ZENG DING BAN)

最高人民法院民事审判第二庭 编

责任编辑 万 颖
装帧设计 汪奇峰

出版 法律出版社
总发行 中国法律图书有限公司
经销 新华书店
印刷 天津嘉恒印务有限公司
责任校对 王沁陶
责任印制 吕亚莉

编辑统筹 法律应用 · 大众读物出版第二分社
开本 720 毫米 ×960 毫米 1/16
印张 41.75
字数 792 千
版本 2018 年 2 月第 2 版
印次 2018 年 2 月第 1 次印刷

法律出版社／北京市丰台区莲花池西里 7 号(100073)
网址／www. lawpress. com. cn
投稿邮箱／info@ lawpress. com. cn
举报维权邮箱／jbwq@ lawpress. com. cn
销售热线／010 -63939792
咨询电话／010 -63939796

中国法律图书有限公司／北京市丰台区莲花池西里 7 号(100073)
全国各地中法图分、子公司销售电话：
统一销售客服／400 -660 -6393
第一法律书店／010 -63939781/9782
西安分公司／029 -85330678
重庆分公司／023 -67453036
上海分公司／021 -62071639/1636
深圳分公司／0755 -83072995

书号：ISBN 978 -7 -5197 -0768 -2
定价：136.00 元
(如有缺页或倒装，中国法律图书有限公司负责退换)

编　委　会

主　编　杜万华

副主编　贺小荣　杨永清　付金联　关　丽

编委会成员（按姓氏笔画排序）

丁俊峰　万　颖　王东敏　王富博　邢艳萍

朱海波　李　伟　杜　军　张雪楳　吴景丽

阿依古丽　宫邦友　夏旭日　黄　年　麻锦亮

葛洪涛　曾宏伟

增订版说明

《最高人民法院商事审判指导丛书》自2014年8月陆续推出后，深受读者喜爱。三年以来，多次加印，平均每本销售过万册，在图书市场上取得了优秀的销售业绩。目前距离丛书出版已三年，司法实践中涌现出了许多新的问题，法律法规也有诸多修订和修改，最高人民法院陆续发布了若干批新的指导案例和公报案例等，这些内容都需要在丛书中得到合理体现，为此，我们进行了修订再版。

本书此次修订主要做了以下工作：

1. 丰富案例

本次增订，补充了2014年至2017年年初最高人民法院最新公布的有关本分册内容的全部指导案例、公报案例、典型案例，极大丰富了本书的案例资源。

2. 完善内容

针对2014年至2017年年初商事审判程序实务问题的发展和法律法规的更新，补充和更新了新问题、新观点，使本书的内容更加全面。

3. 更新规定

收集了商事审判程序方面2014年至2017年年初出台的相关法律法规、司法解释，补充到本书相应内容中或者附录部分。

4. 查漏补缺

本书第一版中，有作者、读者和编辑发现了部分问题，经过仔细核对与认真研究，对全书进行了系统的梳理，本着有错必究的原则，对发现的问题进行了改正，重新统一了全书的标题级和体例，对表述不够准确或清晰的地方进行了修改和润色。

本次修订保证了图书内容与司法实务的同步发展，以期为读者提供切实的指导与参考。囿于精力和水平有限，不完善之处在所难免，敬请读者多提宝贵意见，以便我们在下次修订时予以完善。

编　者

2018年1月

初版说明

让审理者裁判，由裁判者负责，是司法规律的客观要求。新一轮的司法改革对法官的综合素质、司法能力、专业水平、司法实践经验都提出了更高的要求。商事审判纠纷由于主体的多元和法律关系的复杂，导致疑难、新型问题层出不穷，案件审理难度日益加大，给法律职业人员办案造成诸多困惑。为此，最高人民法院民二庭，在吸纳最高人民法院和地方各级法院的审判经验和研究成果的基础上，结合商事审判基本理论和最高人民法院的公报案例、指导案例，依据最新的法律、法规、司法解释与政策，分门别类，全面系统地总结了商事审判实践中的裁判理念和法律适用问题，编辑出版了本套《最高人民法院商事审判指导丛书》。丛书力求涵盖商事审判领域常见的疑难、新型问题以及应对策略，突出实用性，重在指导性，体现权威性，使读者能全面理解和把握每一问题的具体处理方法和依据，为读者办理相关法律事务提供参考与借鉴。丛书包括公司、合同、金融、保险、担保、企业改制破产与重整、商事审判程序问题7个分册以及《商事办案指导手册》。具体特点如下：

1. 简明精准的问题提炼

丛书所涉问题均为司法实践中出现的疑难、新型问题，经反复归纳和筛选，剔除陈旧过时的，摒弃理论性过强而实践中缺乏参考价值的，精简拖沓冗长的，加入最新观点和依据，最终凝练汇总而成。

2. 系统深入的权威解答

丛书在每一标题之下分审判专论、指导案例、公报案例、请示与答复、司法解释、审判政策与精神等10个栏目对所涉问题进行解答，力求系统而深入地分析每个疑难问题，使之得到最全面的解答。其中，审判专论囊括了权威学者、立法者、法官对该问题的观点，最高人民法院权威专家对某些重要法律文件的理解与适用；案例均为真实案例；请示与答复、司法解释以及司法文件均为最高人民法院发布的重要法律文件；审判政策与精神主要是领导讲话、答记者问等，具有极强的参考性。

3. 丰富典型的案例指导

丛书选用了指导案例、公报案例及最高人民法院民二庭终审的案例。指导案

最高人民法院《关于适用〈中华人民共和国公司法〉若干问题的规定(一)》	《公司法解释(一)》
最高人民法院《关于审理票据纠纷案件若干问题的规定》	《票据纠纷若干规定》

目 录

第一章 民事诉讼与其他诉讼的交叉问题

第一节　行政与民商事交叉问题

001. 行政行为的效力与民事审判实践的冲突问题及其解决

【审判专论】

行政行为的效力与民事审判在司法实践中的冲突问题，尚没有统一的理论，实务中的做法也各不相同。对于冲突的成因，有专家将之归纳为两类：法律关系重叠，即某一涉讼法律关系同时包括民事法律关系和行政法律关系；法律关系交叉，即某一法律关系在内容因素上出现"前提与后果"、"形式与实质"的不同类型的交叉。同时，提出解决行政行为与民事判决效力冲突要遵循"由原则到规则"的路径。所谓原则，包括司法优位原则：将兼具民事法律关系和行政法律关系的纠纷尽量纳入行政诉讼的审理范围，以便于对行政行为的正确把握和适用；尊重行政行为原则：在民事审判中涉及行政行为的效力问题时，应当对"行政行为"的效力给予足够的尊重，以维护行政权的运行，当然对这种原则亦应给予必要的法定限制。至于规则，在立法上，应遵循社会转型时期的权利保护理念，适度缩减行政权的调整范围；在司法上，按照行政行为类型化的案例指导模式，采取渐进性归纳问题的解决方案：在民事法律关系为主的诉讼类型中，根据确认之诉、变更之诉、给付之诉的不同类型，分别设计行政行为与民事争诉标的的关系，然后确认审理顺序，理顺审理结果与行政行为的效力问题；在行政法律关系为主的诉讼类型中，尽量利用行政司法审查的功能，避免行政行为与民事审判效力冲突的发生，同时，为了细化案例指导的类型，也可以根据行政行为的不同类型加以研究。

有学者认为，解决冲突应遵循一些基本原则：如应有利于争端或纠纷的根本性解决、需充分考虑法院与行政的作用领域和优势、要有利于发挥行政机关在处理问题和解决纠纷时的作用、要兼顾法律关系的稳定性和处理的公正性等。同时，还以专利和商标无效诉讼为例对冲突处理进行了研究,提出,当事人对所涉及事项为专利和商标无争议,但对专利或商标权归属产生争议的,应通过民事诉讼解决;因所涉及事项是否为专利和商标产生争议的,应诉诸行政诉讼。当事人在民事诉讼中对行政行为效力提出异议时,若当事人以自己为该具体行政行为所涉及的权利人(行政确权裁决除外)为由质疑该具体行政行为的合法性,审理此案的民事庭有权直接作出裁判;若当事人对该具体行政行为本身的合法性提出异议,且在行政诉讼起诉期限内,向民事庭提出异议后,民事庭可以直接移送行政庭审查,审查期间,民事诉讼中止;若当事人对该具体行政行为本身的合法性提出异议,但已过行政诉讼起诉期限或无正式救济途径的,法院发现该具体行政行为明显违法,可以径行作出判断和处理,但原则上仅对本案有约束力。该学者还提出了完全管辖诉讼形式,即对行政裁决类案件在审理的次序上采用先民事后行政的方式,即由法院从一开始就围绕民事争议从一头审查,待审理完毕确定了双方民事权利义务关系后,再行对行政裁决合法性作出判断,并有权对行政裁决内容直接作出变更。

还有学者从民事诉讼的角度对行政行为对法院的拘束效力问题进行了研究。第一,区分行政行为的形式确定力和实质确定力为前提,分析具有形式确定力的行政行为在民事诉讼中对法院的拘束效力,即“构成要件效力”,并得出结论:原则上法院应当把具有形式确定力的行政行为作为一个既定事实认可,无效的行政行为则没有拘束效力,法院可以直接否定。第二,以区分行政行为的确认性、形成性和裁决性之法律效果为前提,分析具有实质确定力却未具有形式确定力的行政行为在民事诉讼中对法院的拘束效力,即“先决问题”,并得出结论:具有确认性法律效果的行政行为成为民事诉讼的先决问题时,适用“先民后行”;具有形成性法律效果的行政行为成为民事诉讼的先决问题时,适用“先行后民”;具有裁决性法律效果的行政行为成为民事诉讼的先决问题时,适用“行政附带民事(合并)”。第三,以区分行政行为是否具有行政诉讼判决的“既判力”为前提,基于既判力的主观范围和客观范围两个面向,分析具有既判力的行政行为在民事、行政诉讼中对法院的拘束效力,并得出结论:行政诉讼判决的既判力主观范围在一定条件下可以从“当事人”扩张到“案外人”,客观范围可以从“判决主文”扩张到“判决理由”。

(赵珂:《行政争议与民事纠纷的交叉及其处理问题研究——2008年行政争端解决机制·杭州论坛综述》)

002.行政赔偿责任与民事赔偿责任的竞合及其解决

【审判专论】

在行政和民事侵权损害赔偿诉讼中,相当一部分属于行政、民事交叉案件。根据调查,侵权损害赔偿诉讼的行政、民事交叉案件约占行、民交叉案件总量的10% ~15% 。有专家将民事侵权损害赔偿纠纷中涉及的行政、民事交叉案件进行了类型化分析。第一类是涉及行政处罚、行政确认行为的交叉案件:行政机关的行政处罚、行政确认对人身侵权事实作出认定,成为民事赔偿诉讼中法院认定侵权事实和责任分配的依据。第二类是涉及行政裁决行为的交叉案件:行政主体依照法律授权,对平等主体之间发生的、与行政管理活动密切相关的、特定的民事纠纷进行审查并作出裁决的具体行政行为,往往与相关民事纠纷形成交叉案件。第三类是涉及行政许可行为的交叉案件:与行政许可行为关联的行为给当事人造成损失引起的损害赔偿诉讼。第四类是涉及因公共设施管护不当,造成公民、法人或其他组织人身、财产损害的交叉案件:对行政主体所有或负责管理的公有公共设施本身存在瑕疵或履行管理职责不当,造成他人的损害的,当事人对行政主体提出民事赔偿或以行政机关不履行或未合法履行法定职责为由提出行政赔偿诉讼。从侵权和因果关系划分,上述交叉案件还可分为单一性质行为引起的损害赔偿纠纷,两个以上不同性质行为引起的损害赔偿纠纷,存在不同性质行为但损害结果主要是某个行为引起的损害赔偿纠纷,某一行为性质存在争议的损害赔偿纠纷。该专家认为,对于当事人以发生损害系因行政许可违法造成,要求侵权人、行政机关承担赔偿责任的,基于一个损害事实只能有一个赔偿请求权的法理,受害人行使赔偿请求权只能选择以直接加害人为对象提起民事赔偿或是以行政机关为被告提起行政赔偿。对于当事人以发生损害系因行政登记错误造成,要求侵权人、行政机关承担赔偿责任的,应综合考虑登记的目的和属性、登记机关的权利义务、对相关民事行为交易成本和社会秩序的影响、民事习惯及立法的难度、社会可接受程度决定,尽量避免完全不顾以往规范和习惯而“另起炉灶”式的做法。对于公有公共设施致人损害的案件在法学界和实务界存在民事责任说和行政责任说两种观点,该专家认为,从我国法律及司法解释规定看,公有公共设施致害符合民事赔偿和国家赔偿的构成要件。从应然上说,国家赔偿应当比民事赔偿更有利于保护受害人的权益,更有利于弥补受害人的损失。但依从现行立法及司法解释,国家赔偿与民事赔偿对当事人而言各有利弊。如果选择国家赔偿,死亡赔偿金以上年度国家职工年平均工资为标准,赔偿标准相对较高,但当事人不能请求赔偿间接损害和精神损害赔偿,并且首先要确认行政行为违法;若选择民事赔偿,死亡赔偿金以当地城镇居民人均可支配收入或农村居民人均纯收入标准,赔偿标准相对较低,但当事人可以请求精神损害赔偿。从理论上讲,国家赔偿判决更容易兑现,而民事赔偿只具有普通债权性质,有可能因所有人的破产无法清偿。但现行《国家赔偿法》没有规定强制执行程序和措施,而《民事诉讼法》却规定了相应的强制执行措施和手段。故此,他提出,若单纯为填补损害,则宜以民事赔偿诉讼方式解决;若为维护社会公益,监督行政机关依法行政,当事人请求确认被告行政行为违法,并对行使公权力造成的损害提出赔偿,则法院应依照《行政诉讼法》和《国家赔偿法》作出裁决。多元途径的设置和选择更符合我国的法治实际。

还有专家对房地产登记赔偿责任问题进行了专题研究。他认为,由于房地产物权变动各阶段不同参与者意思表示的独立性和对错误登记产生的不同作用,决定了登记错误赔偿责任的可分性。不同主体单独或者共同导致的错误登记应当由各主体单独或共同承担赔偿责任。据此,可以把错误登记赔偿责任区分为登记机关赔偿责任、非登记机关赔偿责任(当事人或者第三人等民事侵权行为人)和二者的混合责任。登记的私法行为属性及因其产生的登记错误赔偿,主要是通过非登记机关承担的民事赔偿责任完成,公法行为属性导致的登记错误则主要由登记机关承担赔偿责任,而这种建立在公法属性上的赔偿责任,无论是主体性质、行为特点还是效力基础,都决定其不属于民事赔偿责任,而是国家赔偿责任。综合《国家赔偿法》和《物权法》的规定,登记机关的赔偿责任归责原则应当是违法责任原则,现行的登记机关审查义务并不对登记机关登记错误的行为和赔偿归责产生实质影响,但对登记机关的责任份额影响较大。另外,符合不动产善意取得条件的不动产物权登记,是合法登记,不属于登记错误和登记违法,不产生登记机关赔偿责任,由此产生的损失,由真实权利人向无权处分人要求赔偿。在出现登记机关和非登记机关共同原因导致登记错误的情况时,登记机关和非登记机关应当共同承担赔偿责任。登记机关的责任承担方式应当与各侵权主体在损害形成中的作用(主要判断标准是过错程度)相结合确定,体现责任大小与过错程度相适应的原则,而不能单纯地采取连带责任方式。关于实现登记错误赔偿责任的诉讼途径,他主张采用扩大的行政赔偿诉讼模式:充分借鉴民事诉讼的部分制度,适当扩大行政赔偿诉讼的权限。在登记赔偿领域,不宜采取民事和行政双重标准,应当确定登记机关和非登记机关统一的赔偿标准,在确定登记赔偿范围时还应遵循余额责任原则、损益相抵原则、过失相抵原则。

(赵珂:《行政争议与民事纠纷的交叉及其处理问题研究——2008年行政争端解决机制·杭州论坛综述》)

003. 行政诉讼对相关民事法律关系的审查

【审判专论】

有专家以房屋登记行政确认案件的审理为例,对行政诉讼对相关民事法律关系的审查进行了探讨。认为,正是因为《物权法》和建设部《房屋登记办法》课以了登记机构对房屋登记权属来源资料的有效性进行实质性审查的义务,这才导致行政审判权逾越行政行为合法性审查的范围，直接指向登记行为所依据的基础民事行为的效力评判，引发了民行交叉问题。总结目前理论界和实务界有关民行交叉案件审查模式的各种争论和观点，归纳出四种模式：第一种是行民独立诉讼审查模式：案件所涉的行政法律关系和民事法律关系，分别由不同的审判组织按照行政诉讼与民事诉讼两种不同的诉讼程序独立进行审理。第二种是行政附带民事诉讼审查模式：案件所涉的行政法律关系和民事法律关系，由同一审判组织承担，但应分别适用行政诉讼与民事诉讼两个诉讼程序来进行。第三种模式是行政诉讼兼审民事问题审查模式：在行政诉讼中完成对基础民事法律关系的效力审查。第四种模式是社会中介认证机构审查民事问题的审查模式：这种模式完全解除了登记机构实质审的权力，或者说登记机构所承担仅仅是证据审查意义上的形式审任务，而对基础民事法律关系之效力作实质审的任务，则由公证人来承担。同时提出，目前应以第一种行民独立诉讼模式为主，第二种行政附带民事诉讼模式为辅的审查模式，将来随着不动产登记制度的完善和社会中介认证机制度的完善，而最终走向第四种审查模式。当前的制度安排上可以作如下规范：对于房屋登记涉及的民事法律关系争议，当事人在行政诉讼中请求人民法院一并解决的，人民法院应当将解决途径告知当事人。当事人同意并另行提起诉讼或仲裁请求的，在有关人民法院、仲裁机构等处理民事争议期间，裁定中止行政诉讼；当事人拒绝的，人民法院记录在卷后，由同一审判组织依据民事诉讼程序对相关民事法律关系作出评判，行政诉讼的审理期限自行中止。另外，在涉及行民交叉问题的行政诉讼案件的判决方式上，建议增加一个限期更正的判决种类。有了限期更正判决，就可以避免撤销判决必须以行政行为违法为前提的困境，同时也可以通过不断的司法实践，逐步给登记机构构建一个谨慎审查义务的合理边界，只要登记机构守住该边界，即使发生登记错误，也不构成违法，登记机构只承担纠正责任而不承担赔偿责任。

（赵珂：《行政争议与民事纠纷的交叉及其处理问题研究——2008 年行政争端解决机制·杭州论坛综述》）

【房屋登记司法解释】

在房屋登记中，民事关系和行政关系相互交织、相互作用，使行政审判与处理房屋民事纠纷的民事审判经常出现矛盾和冲突，如何协调两者，是非常棘手的问题。关于民行交叉及其处理问题，《最高人民法院关于审理房屋登记案件若干问题的规定》（法释〔2010〕15 号，自 2010 年 11 月 18 日起施行）第 8 条规定了民事基础关系先行处理的原则，对行政诉讼与民事诉讼的衔接关系作出合理而又清楚的阐述：“当事人以作为房屋登记行为基础的买卖、共有、赠与、抵押、婚姻、继承等民事法律关系无效或者应当撤销为由，对房屋登记行为提起行政诉讼的，人民法院应当告知当事人先行解决民事争议,民事争议处理期间不计算在行政诉讼起诉期限内;已经受理的,裁定中止诉讼。”这是因为,由于基础关系的定性决定着房屋登记行为的存废,在基础关系存在争议时,处理行政争议的时机可能不成熟。因此,恰当的处理是告知当事人先解决民事争议,行政案件暂不立案,但解决民事争议的时间不应计算在行政诉讼起诉期限内。如果行政诉讼已经受理,怎么办?在民事案件处理期间,应当裁定中止诉讼。

004. 行政诉讼与民事诉讼的审理顺序及其他问题

【审判专论】

由于目前我国对行政诉讼与民事诉讼交叉的处理上缺乏明确的法律依据,人民法院对行政争议与民事争议交织的案件处理时很不一致,有的人民法院由民事审判庭审理;有的人民法院在民事诉讼中遇到此类情况则中止民事诉讼,等行政诉讼的终审判决作出后,再恢复民事案件的审理;有的人民法院由行政审判庭审理,通过行政附带民事的办法将行政争议与民事争议一并解决;还有的人民法院由行政审判庭、民事审判庭分案同时审理。这些处理方式都存在一定的弊端,在司法实践中,经常出现法院的民事判决与行政判决相互矛盾或者在民事审判中疏于审查行政认定事实导致民事判决错误的情况,影响了法院的公正形象;另外,审理期限的拖延,给当事人造成诉累,影响社会关系的稳定。当前,对于此类案件主要存在先行政后民事的审理方式、先民事后行政的审理方式、行政民事一并审理方式等。有学者提出,解决这类问题,人民法院要严格执行审限要求,建立和完善人民法院内部审理此类案件的行政审判庭和民事审判庭的协调制度,从而避免各自为政,作出相互矛盾的判决。从执法方面,行政机关在行使行政确认权、行政裁决权时应依法行政,尽可能地做到认定事实清楚、适用法律正确、遵循法定的程序,从而从根本上减少和降低涉诉案件数量。从当事人方面看,当事人在民事诉讼中,遇到行政决定认定事实作为民事诉讼证据时,如果对该事实有异议,应积极行使诉讼权利,向人民法院提起行政诉讼,而不是在民事判决作出后,再去提起行政诉讼,要求人民法院撤销行政决定。

有学者在认真分析了针对行政裁决实行行政诉讼救济和实行民事诉讼救济各自存在的问题和不足后,提出对我国的行政裁决进行全面清理,按照涉及专业性和技术性程度的高低划分为一般性行政裁决和专业技术性行政裁决,并分别涉及不同的救济制度。对于一般性行政裁决,也就是不涉及较高专业知识的行政裁决,实行行政诉讼救济。在当事人不服行政裁决向法院提起诉讼时,法院按行政案件受理,同时附带受理当事人之间的民事纠纷案件,也就是对一般行政裁决,采用行政诉讼附带民事诉讼的方式解决。对于专业技术性行政裁决,也就是涉及较高程度专业技术知识的行政裁决,实行民事诉讼救济。在当事人不服行政裁决向法院提起诉讼时,法院按民事案件受理,但同时把行政裁决视为或者置于初审的地位,以法律明确规定,专业技术性行政裁决一旦被起诉到法院,该行政裁决就不发生法律效力,法院作出的判决与先前行政机关作出的行政裁决不一致的,以法院作出的判决为准。

还有学者从当事人请求权保护的角度对民事行政交叉案件审理进行了深入研究。所谓民事行政交叉案件请求权是指公民在民事行政交叉案件中,由于与案件的处理结果有法律上的利害关系,也由于权利尤其是民事权利的分类理论与实践的成熟,因提出不同类的请求,导致或单一形成民事救济保护、行政救济保护;或既形成民事救济保护,又请求行政救济保护的一种可能性发生,接受请求的人民法院合理对待并给予适当安排的制度设计。他指出,公民请求权的行使对公民而言,无所谓对错,但对于法院与诉讼法本身确实至关重要,甚至使用不当会给法院与诉讼法本身带来伤害,因此,人民法院可以从行政、民事争议重合案件种类上为公民的请求权提供指引。对于以民事争议为主、行政问题作为附属问题的重合案件,建议公民请求民事诉讼,直接实现对民事权利的保护;对于以行政争议为主、民事问题作为附带问题的重合案件,建议公民请求行政诉讼和民事诉讼,或提起行政附带民事诉讼;对于行政争议和民事争议并重的重合案件,建议公民分别请求民事诉讼和行政诉讼,或提起行政附带民事诉讼。当然,出于对当事人诉权的尊重,当事人应当有权选择其所涉行政争议与民事争议是采取行政附带民事诉讼的形式还是行政争议与民事争议分别进行的形式进行诉讼。

(赵珂:《行政争议与民事纠纷的交叉及其处理问题研究——2008 年行政争端解决机制·杭州论坛综述》)

【行政诉讼法相关内容】

关于行政诉讼与民事诉讼交叉的处理问题,《行政诉讼法》(1989 年 4 月 4 日第七届全国人民代表大会第二次会议通过,经 2014 年 11 月 1 日第十二届全国人民代表大会常务委员会第十一次会议修订,自 2015 年 5 月 1 日起施行)第 61 条作出明确规定:“在涉及行政许可、登记、征收、征用和行政机关对民事争议所作的裁决的行政诉讼中,当事人申请一并解决相关民事争议的,人民法院可以一并审理。在行政诉讼中,人民法院认为行政案件的审理需以民事诉讼的裁判为依据的,可以裁定中止行政诉讼。”

005. 行政与民事诉讼案件合并的必要性和可行性

【审判专论】

有学者专题对行政与民事诉讼案件合并的可行性进行了分析,认为我国一元多轨的司法体制以及行政行为理论上的缺陷是造成民事与行政案件交叉问题的主要原因。一方面,由于我国采行的是一元司法体制,不存在欧陆国家民事和行政案件由相互独立的二元司法系统分别管辖的严格限制,这为不同性质案件的合并审理提供了法律基础。另一方面,由于理论上对行政行为体系的混乱认识,特别是对"具体行政行为"及其拘束效力认识的偏差,我们落入了自己打造的枷锁之中,多数情况下,误以为"行政事实行为"也具有"拘束力",而实际上此类行为本来就无须行政诉讼,当然也就不可能构成合并审理的问题。可以说,对行政行为法律性质的认真界定是诉讼合并的前提。该学者认为,与一般"具体行政行为"有牵连的民事案件,法院在审理行政诉讼时可以合并审理该民事案件;而对属于"公证处分"的"具体行政行为",因可被当事人直接以反证推翻,则不存在合并审理问题;至于纯粹属于"行政事实行为"的行政行为,由于它不具可诉性,而且可被当事人直接以反证推翻,则更不存在合并审理问题。以上述理论为基础,民事和行政交叉问题的处理可采取以下方式:(1)当事人仅提起民事诉讼时,若该行政问题为民事问题的先决问题,法官应行使释明权,告知当事人首先提起行政诉讼,当事人拒绝的,法院直接审理,当事人不得嗣后再行提起行政诉讼。(2)当事人就关联的行政与民事问题均提起诉讼时,在立案审查阶段,法院把民事诉讼与行政诉讼一并立案,移交行政审判庭审理;在审理阶段,由民事审判庭把民事诉讼移送到行政审判庭一并予以审理。要实现以上构想,目前需要从行政行为理论体系出发,澄清某种行政行为或行政活动的法律行为为"具体行政行为"或是"行政事实行为",依此判定该行为是否对法院民事审判具有"拘束效力",以及是否应单独诉讼或诉讼合并。同时,还应扩张司法解释中有关诉讼合并审理的范围,明确作为"具体行政行为"的"行政裁决"的含义,并将诉讼合并适用于与行政许可等其他"具体行政行为"有关联的民事案件。

还有学者通过对行政裁决和其他行政行为(如行政登记行为、行政许可行为、行政确权行为)的性质分析,得出对于此类纠纷进行行政附带民事诉讼的必要性:相关民事主体的权利义务被行政机关的相关法律行为所影响,也就是说,行政机关以自己的行为对平等主体之间的民事权利义务作了改变,即国家公权力的效力覆盖了先前的民事行为的效力,当民事主体向行政机关提出要求变更其所作出的行政行为而不能被接受时,民事主体就只能向法院提起行政诉讼来依法请求变更行政机关所作出的行政行为,而该行政行为的作出本身就是在对相关民事权利与义务的认定、判断基础上作出的一种处理,故对该行政行为的合法性的判定上当然会涉及相关民事纠纷。他认为,行政附带民事诉讼具有程序上的可行性和证明标准上的可行性。因为,较之于刑事诉讼与民事诉讼之间的差异性而言,行政诉讼与民事诉讼之间具有更多的相同性或者近似性。因此,民事诉讼与行政诉讼的程序是可以融合或者交叉适用的,当然,在具体操作上要注意的是对于两个不同的诉存在着一些不同的程序要求。另外,通过比较民事诉讼与行政诉讼的证明标准可以看到民事诉讼的高度盖然性证明标准的要求显然是低于行政诉讼的案件事实清楚、证据确实充分的要求的,所以,根据一般的法律推理原理——“举轻以明重,举重以明轻”的原理,可以推理在行政诉讼的严格证明标准要求之下,如果程序能够完成要求的证明,则对于要求不严格的民事证明标准,该程序应当是能够实现相应的证明要求的。

还有专家认为,刑事附带民事诉讼制度已经为行政附带民事制度的建构提供了借鉴,且与现行法律精神并行不悖,有助于法院走出分开审理的困境。当然,行政附带民事诉讼的适用需具备必要的条件,如行政诉讼是主诉、民事诉讼与行政诉讼交织、行政诉讼与民事诉讼之间具有密切的关联性、由当事人主动提出附带民事诉讼的申请等。行政附带民事诉讼的范围具体包括:行政裁决引发的诉讼、行政处罚引发的诉讼、行政许可引发的民事争议、行政确认引发的民事争议。由于行政附带民事诉讼是两种不同性质诉讼程序的复合,决定了在审理此类案件应遵循一定的原则,如尊重当事人诉权即程序选择权的原则、诉讼效益原则、严格遵循诉讼程序的原则、全面审理原则。该专家还对此类案件的起诉时间和方式、诉讼期限、案件管辖、举证责任、具体审理程序等问题进行了细致的研究和设计。

(赵珂:《行政争议与民事纠纷的交叉及其处理问题研究——2008 年行政争端解决机制·杭州论坛综述》)

第二节　刑事与民商事交叉问题

006.“刑民交叉”类商事案件的总体情况

【审判专论】

“刑民交叉”类商事案件以金融案件居多。

1. 常规金融案件

(1)证券类案件包括证券公司破产派生诉讼,涉及的经济犯罪事实主要包括挪

用客户交易保证金、虚假陈述、内幕交易、操纵证券市场等,造成重大损失,构成犯罪,依法应追究刑事责任的情形;

(2)票据案件,涉及的经济犯罪事实主要包括票据欺诈,以及金融机构工作人员在票据业务中玩忽职守,造成重大损失,构成犯罪,依法应追究刑事责任的情形;

(3)存单案件,涉及的经济犯罪事实主要包括伪造、变造、虚开存单、非法吸存或涉嫌诈骗;

(4)其他常规金融案件,如保险、国际贸易案件,其中涉及的经济犯罪事实主要是涉嫌保险合同诈骗、信用证诈骗等。

2. 新类型金融案件

(1)因金融机构"打包"处置不良债权而引发的金融借贷案件和债权转让合同案件,最高人民法院《关于审理涉及金融不良债权转让案件工作座谈会纪要》规定:"在不良债权处置工作中发现违规现象的,要及时与财政、金融监管部门联系或者向金融监管部门提出司法建议;对存在经济犯罪嫌疑、发现犯罪线索的,要及时向有关侦查机关移送案件或者案件线索。"此类案件绝大多数被告是国有企业或者国有企业的直接控股公司,其中涉及诸多大型国有企业。同时,转让金额巨大的资产包,绝大多数又涉及国有资产。因此,涉及的经济犯罪事实主要是金融机构或有关人员贪污受贿、玩忽职守、渎职、违法违规操作、与债权受让人相互串通,故意以畸低价格转让国有金融债权,造成国有资产严重流失、损失巨大等违法犯罪行为。

(2)信用卡(银行卡)案件。涉及经济犯罪事实主要包括信用卡诈骗、恶意透支套现、伪造信用卡、国际跨境信用卡诈骗等经济犯罪行为。

(3)金融类委托理财案件。涉及经济犯罪事实主要包括涉嫌诈骗、挪用公款、职务侵占、非法吸存等经济犯罪行为。

(4)住房消费贷款案件。涉及经济犯罪事实主要包括涉嫌集资诈骗、非法吸收存款、开发商假借住房消费贷款名义融资、套贷、骗贷,进行一房多贷、一房多卖、"假按揭"等违法犯罪行为。

(5)汽车消费贷款案件。涉及经济犯罪事实主要包括假冒他人身份、伪造他人签字,签订贷款合同;借款人使用伪造的身份证明或伪造的购车证明,骗取银行贷款等经济犯罪行为。

3. 其他类型的商事案件,如买卖合同纠纷案件、涉农案件,也有部分案件中存在"刑民交叉"的情况。

(夏林林:《审理"刑民交叉"类商事案件的相关问题及对策》)

007. 关于“先刑后民”、“刑民并行”与“先民后刑”判断标准的立意

【审判专论】

1. 同一主体、同一事实：对于确属同一法律事实引起的、同一主体（刑事法律关系主体和民事法律关系主体）之间产生的刑事法律关系和民事侵权法律关系，为了不因“先刑后民”而致民事权利人遭受损失，从保护债权人的角度出发，应该依据刑事附带民事诉讼的要求，全案移送进行刑事诉讼与民事诉讼的合并审理。

2. 同一主体、不同事实：案件当事人明显因同一法律事实（广义上）而可认定为有经济犯罪嫌疑的，应本着“先刑后民”的原则，中止商事案件的审理。当因“刑民交叉”类案件引起的民事诉讼和刑事诉讼发生冲突，民事诉讼的处理结果必须以刑事诉讼的处理结果为前提时，应当适用“先刑后民”。或者采取中止诉讼的方式，等待刑事诉讼审理的结果，并以该结果为依据确定商事案件是否继续审理或者驳回民事诉讼请求。只有在确认民事法律保护的权利主体的经济利益不属于刑事法律所禁止时，才有“先刑后民”问题的讨论与运用。

依照《民事诉讼法》第 150 条第 1 款第 5 项规定的原则，商事案件与经济犯罪案件基于存在法律上的牵连关系，而商事案件的审理必须以经济犯罪案件的审理结果为依据，而经济犯罪案件尚未审结，因而商事案件应当中止审理，等待经济犯罪案件的审理结果。最高人民法院《关于在审理商事案件中涉及经济犯罪嫌疑若干问题的规定》第 1 条和第 10 条也分别规定：如果是同一公民、法人或其他经济组织因不同的法律事实，分别涉及商事纠纷和经济犯罪或刑事犯罪嫌疑的，商事案件和犯罪嫌疑案件应当分开审理；如果在审理商事案件中，发现与本案有牵连但与本案不是同一法律关系的经济犯罪嫌疑线索、材料，应将犯罪嫌疑线索、材料移送有关公安机关或检察机关查处。对于不以经济犯罪案件为转移，追究有关当事人刑事责任不影响审理的商事案件，应当继续审理。对商事案件当事人因涉嫌与该纠纷有关的某类犯罪，公安机关或检察机关对该刑事案件已经立案侦查，该商事案件确须待刑事案件查明相应的事实并作出判决或裁定之后才能审理的，该商事案件应当中止审理。因此，中止此类民事诉讼的前提条件应为：第一，刑事诉讼与民事诉讼的产生基于同一法律行为，同一犯罪事实导致了当事人之间民事法律关系和刑事法律关系相伴而生，只有全面查清经济或刑事犯罪的事实，才能确定当事人是否可以通过独立的民事诉讼程序解决商事纠纷。因此，在商事案件必须以相关的刑事案件的审理结果为依据，而刑事案件尚未审结时，方能依法中止商事案件的审

理。第二,民事诉讼的中止必须以公安机关或者检察机关正式立案侦查为前提,如果没有此前提,商事案件的中止就没有任何合法依据。第三,刑事诉讼与民事诉讼在法律事实上,特别是相关证据方面存在必需的关联性。

当事人同时涉及商事案件和涉嫌经济犯罪案件(包括与经济犯罪案件有一定的牵连),当难以明确排除刑事上认定的法律事实与民事法律事实不是同一法律事实(广义上),即难以明确排除涉嫌经济犯罪行为的认定不影响商事纠纷民事法律事实的认定时,商事案件应裁定中止审理,待刑事部分处理后,再根据刑事部分的不同处理结果对商事案件作出相应的处理。

3. 不同主体、同一事实:例如,北京市高级人民法院《关于审理汽车消费贷款纠纷案件及汽车消费贷款保证保险纠纷案件若干问题的指导意见》中有关"刑民交叉"部分的法律责任认定,是以商事案件的法律事实和《合同法》的上述规定作为基础,区分和认定刑民法律事实的重合与交叉。该指导意见规定:如果汽车消费贷款或车辆的实际使用人是他人或将贷款挪作他用,认定为借款人擅自改变贷款用途,贷款合同有效;如果借款人在签订贷款合同时对银行有欺诈行为,认定为可撤销、可变更的合同行为,并非当然无效;如果借款人有隐瞒真实身份的故意,有非法占有银行贷款的恶意,借款人的犯罪目的明显,其骗贷行为有犯罪嫌疑的,应移送有关部门追究其刑事责任。

注意民事诉讼主体与刑事诉讼主体的区分。一般而言,合同诈骗罪的刑事法律关系与民事法律关系的联系极为紧密,合同诈骗罪的侵害对象即受害人若是民事诉讼的原告,合同诈骗罪的实施者是民事诉讼的被告,此种商事纠纷应合并到刑事诉讼通过刑事附带民事诉讼程序处理。但涉及侵占财产的侵占罪、贪污罪、挪用公款罪,其犯罪侵害对象一般指向的是民事诉讼的被告,民事诉讼的被告不能以其内部人员犯罪为由而要求移送案件从而免除其对原告的民事责任。

例如北京市法院在审理房贷案件中,对于房地产商假借住房消费贷款融资、套贷、骗贷,进行一房多贷和"假按揭"(开发商通过其内部员工、关联企业员工或者伪造假身份证,虚构购房事实,到银行办理房屋按揭贷款,再用贷来的款项归还开发商的其他债务或挪作他用)等民事违法行为,与涉嫌集资诈骗和涉嫌非法吸收公众存款犯罪等经济犯罪行为的行为主体和法律事实的"同一性"和"牵连性"的区分认定问题,目前尚无统一的结论性意见。

4. 不同主体、不同事实:案件当事人明显因不同的法律事实(广义上)而分别涉及商事纠纷和经济犯罪嫌疑的,刑、民案件可以分别审理;当因"刑民交叉"类案件引起的民事诉讼和刑事诉讼的处理结果不会引起矛盾,也不会产生相互影响和相互依赖,孰先孰后并不影响两种诉讼案件顺利审结时,就应实行"刑民并行",对商事案件和经济犯罪案件分别进行审理。

(夏林林:《审理"刑民交叉"类商事案件的相关问题及对策》)

【说明】

对于非法集资犯罪中涉及民事案件的处理，注意适用最高人民法院、最高人民检察院、公安部《关于办理非法集资刑事案件适用法律若干问题的意见》(2014 年 3 月 25 日下发)第 7 条的规定："对于公安机关、人民检察院、人民法院正在侦查、起诉、审理的非法集资刑事案件，有关单位或者个人就同一事实向人民法院提起民事诉讼或者申请执行涉案财物的，人民法院应当不予受理，并将有关材料移送公安机关或者检察机关。人民法院在审理民事案件或者执行过程中，发现有非法集资犯罪嫌疑的，应当裁定驳回起诉或者中止执行，并及时将有关材料移送公安机关或者检察机关。公安机关、人民检察院、人民法院在侦查、起诉、审理非法集资刑事案件中，发现与人民法院正在审理的民事案件属同一事实，或者被申请执行的财物属于涉案财物的，应当及时通报相关人民法院。人民法院经审查认为确属涉嫌犯罪的，依照前款规定处理。"

008. 信用卡纠纷可能构成犯罪的，受诉法院是否移送公安机关

【审判专论】

2009 年 12 月 16 日，"两高"《关于妨害信用卡管理刑事案件具体应用法律若干问题的解释》实施，最高检和公安部也印发了《关于公安机关管辖的刑事案件立案追诉标准的规定(二)》，规定了信用卡恶意透支及信用卡诈骗犯罪行为的立案条件和立案标准。我们受理的信用卡纠纷案件当事人同时可能构成信用卡犯罪行为，有法院提出应否根据先刑后民的原则，移送公安机关立案侦查以减轻办案压力。我们认为，在民事审判中发现涉嫌经济犯罪时，人民法院移送民事纠纷案件给公安机关的法律依据不足，目前司法实践中，非特殊情况也原则上不进行移送。在信用卡纠纷案件中，即使当事人构成信用卡诈骗犯罪，并不影响其依法应承担的民事责任，可以分案处理，银行依法可以选择采取刑事途径或是民事诉讼手段来追讨欠款。因此，此类案件受诉人民法院不应进行移送。

(广东省深圳市中级人民法院：《关于信用卡纠纷案件的调研报告》)

009. 银行卡纠纷民刑交叉案件分别立案、分别审理原则的确立及简单驳回起诉问题的解决

【审判专论】

在银行卡纠纷案件中，存在着因为其涉及刑事犯罪嫌疑，故认为其实质是刑事纠纷案件而不作为民事案件立案，或者虽作为民事案件立案，但最终以其为刑事案件为由裁定驳回起诉的做法。该做法是否正确呢？笔者认为，这实质涉及如何正确理解民刑交叉案件分别立案、审理原则的问题。

法释〔1998〕7 号《经济纠纷涉及经济犯罪嫌疑规定》第 1 条规定了民刑交叉案件分开审理原则，即“同一公民、法人或其他经济组织因不同的法律事实，分别涉及经济纠纷和经济犯罪嫌疑①的，经济纠纷案件和经济犯罪嫌疑案件应当分开审理”。分开审理实质意味着应先作为民事、刑事案件分别立案，再分别进行审理。分别立案、分别审理②原则的确定有其合理性，理由在于：同一公民、法人或其他组织因不同法律事实分别涉及刑事法律关系和民事法律关系，因法律事实之间具有一定的牵连关系而形成民刑交叉案件。民事诉讼与刑事诉讼在价值取向、诉讼目的、诉讼原则、证据认定标准、责任构成要件等方面均存在较大的差异，刑事法律关系与民商事法律关系、刑事责任与民事责任是完全异质的两种法律关系和法律责任，两者不能相互替代。因此，一般而言，民刑交叉案件应遵循分别受理、审理原则，即如果其既存在民商事法律关系又存在刑事法律关系，则应分别作为民事案件、刑事案件受理、审理。

当然，在适用该原则时，应注意不能将其绝对化，应严格把握其可以作为民事纠纷案件立案和审理的标准，即在民事诉讼当事人之间应确实存在民事法律关系。如果在作为民事案件立案中，发现与案件有牵连的刑事犯罪嫌疑线索、材料，但上述刑事犯罪嫌疑与民事案件不是同一法律关系的，则法院应将犯罪嫌疑线索、材料移送有关公安机关或检察机关查处，由于在民事案件当事人间存在民事法律关系，故不能因存在刑事犯罪嫌疑就全案移送，一概驳回起诉。当然，如果虽然是作为民事纠纷案件立案，但最终认定其实质为刑事犯罪案件，民事诉讼的当事人之间并无民事法律关系的，则应根据《民事诉讼法》第 119 条的规定，裁定驳回起诉，将全案移送公安机关或检察机关。具体到银行卡纠纷中涉及的民刑交叉案件而言，尽管有证据证明系犯罪分子以在发卡行的 ATM 机上安装盗码器、摄像头等方式窃取了

① 经济纠纷和经济犯罪嫌疑的称谓与我国目前的法律规定和司法实务不符，因此，倾向意见认为，将其改为民商事纠纷与刑事犯罪嫌疑更为妥当。

② 在修改该司法解释的过程中，倾向意见认为分别审理的表述比分开审理的表述更为适宜。

持卡人银行卡的密码以及卡内信息制作伪卡盗取持卡人卡内资金涉及刑事犯罪嫌疑的，但由于发卡行与持卡人之间因申领银行卡行为而建立了合同法律关系，故无论持卡人是基于合同法律关系还是侵权法律关系诉请发卡行承担卡内资金损失的赔偿责任，由于持卡人与发卡行之间存在着民事法律关系，则该案均应作为民事案件受理，而不能因为其涉及刑事犯罪嫌疑而裁定不予受理、驳回起诉。在实体审理过程中，通过查明发卡行是否有违约或者侵权的事实，判决是否应支持持卡人的诉讼请求。在信用卡失窃被他人盗刷的情形下，如果持卡人以特约商户未尽合理审查义务致其资金损失为由诉请特约商户承担赔偿责任，尽管因失窃卡被他人盗刷涉及构成刑事犯罪嫌疑，但由于持卡人与特约商户之间存在着民事法律关系，故该案件仍应作为民事案件受理、审理。正因如此，2005 年 8 月 1 日起施行的法释〔2005〕7 号最高人民法院《关于银行储蓄卡密码被泄露导致存款被他人骗取引起的储蓄合同纠纷应否作为民事案件受理问题的批复》规定："因银行储蓄卡密码被泄露，他人伪造银行储蓄卡骗取存款人银行存款，存款人依其与银行订立的储蓄合同提起民事诉讼的，人民法院应当依法受理。"相关案例也采用了上述思路对因盗刷行为引发的民事纠纷进行了受理、审理，如上诉人张某与被上诉人某首饰公司、原审原告某银行分行信用卡纠纷案。该案案情是：张某系某银行发行的太平洋信用卡持卡人，其持有的信用卡在某首饰公司处被他人透支消费，签购单上签名的字样为"张某"。张某查知自己的信用卡失窃且已被盗刷了五次后，遂挂失并向公安机关报案。张某向某银行归还了透支欠款及利息、滞纳金后，以某首饰公司、某银行为被告提起诉讼，请求判令某银行、某首饰公司对其两笔消费款项及其相关费用承担连带赔偿责任。一审法院对该案进行了受理和审理。该院认为，某银行无过错，故张某以某银行侵权并要求某银行赔偿透支款本金及利息等相关费用的主张不予采纳。对于特约商户来说，不论信用卡是否设定了消费密码，根据其与发卡行和中国银联间的协议约定，审查签购单的签名始终是特约商户负有的重要义务。对于特约商户而言，并不苛求其尽专业鉴定人员的严格注意义务，而只需其尽与收银员职业要求相符的善良管理人的谨慎义务即可。系争的两笔消费因签购单持卡人签名一栏内均留有"张某"字样的签名，某首饰公司已尽到了善良管理人的谨慎注意义务，故张某对该两笔消费款项及其相关费用要求由某首饰公司承担连带赔偿责任的主张依据不足，不予支持。该院判决驳回张某的全部诉讼请求。张某上诉后，二审法院判决驳回上诉、维持原判。

还应注意的是，在受理、审理民刑交叉案件时，应与刑事附带民事诉讼程序进行衔接。关于刑事附带民事诉讼程序，《刑事诉讼法》第 99 条规定："被害人由于被告人的犯罪行为而遭受物质损失的，在刑事诉讼过程中，有权提起附带民事诉讼。被害人死亡或者丧失行为能力的，被害人的法定代理人、近亲属有权提起附带民事诉讼。如果是国家财产、集体财产遭受损失的，人民检察院在提起公诉的时候,可以提起附带民事诉讼。”法释〔2000〕47号《刑事附带民事诉讼范围规定》第1条规定:“因人身权利受到犯罪侵犯而遭受物质损失或者财物被犯罪分子毁坏而遭受物质损失的,可以提起附带民事诉讼。”第5条规定:“犯罪分子非法占有、处置被害人财产而使其遭受物质损失的,人民法院应当依法予以追缴或者责令退赔。被追缴、退赔的情况,人民法院可以作为量刑情节予以考虑。经过追缴或者退赔仍不能弥补损失,被害人向人民法院民事审判庭另行提起民事诉讼的,人民法院可以受理。”因此,在民刑交叉案件中,为使民刑纠纷一起解决,当事人可以提起刑事附带民事诉讼。但由于刑事附带民事诉讼相对于单独提起的民事诉讼而言,对当事人的民事权利的保护尚有不充分之处,如不能贯彻民事责任的全面赔偿原则,不保护精神损害部分,或者在其他民事责任人并不构成犯罪的情形下,被害人也不可能在刑事附带民事事实中对其提起民事权利主张,故是采取该程序保护民事权利还是选择另行提起民事诉讼应是当事人自主选择的问题,“民事案件可以独立于刑事案件,而不应当完全通过刑事附带民事诉讼的方式解决”。①

(张雪楳:《银行卡纠纷中的民刑交叉问题研究》)

010. 伪卡交易民事案件可独立于刑事案件受理和审理

【地方审判】

伪卡交易民事案件中,持卡人诉请发卡行、收单机构或特约商户承担责任虽与伪造银行卡犯罪行为有一定牵连性,但与他人伪造银行卡、盗取卡内资金的刑事犯罪行为不属同一法律关系。根据《经济纠纷涉及经济犯罪嫌疑规定》第1条、第10条的规定,伪卡交易民事案件可以独立于刑事案件受理和审理。

(广东省高级人民法院:《广东省高级人民法院关于审理伪卡交易民事案件工作座谈会纪要》)

011. 银行卡纠纷民刑交叉案件的审理顺序

【审判专论】

先刑后民并非处理民刑交叉案件中民事、刑事案件审理先后程序的原则,其绝对化适用是对法理和法律规定的违背。那么,如何处理这类案件的审理顺序问题

① 王利明:《论责任聚合》,载《判解研究》2003年第2期。

呢？我们认为，其遵循的准则应是一案的审理是否必须依赖另一案的审理结果。详言之，在银行卡纠纷案件中，如果民事案件的审理必须以刑事案件的审理结果为依据，而刑事案件尚未审结的，那么，民事案件就应中止审理；如果民事案件的审理并不需要以刑事案件的审理结果为依据，那么，民事案件应继续审理，而无须中止。我国《民事诉讼法》第 136 条①第 1 款第 5 项即对该中止审理进行了规定，即“本案必须以另一案的审理结果为依据，而另一案尚未审结的”。最高人民法院《关于审理存单纠纷案件的若干规定》第 3 条也遵循该原则对存单案件的受理和中止进行了规定，即“人民法院在受理存单纠纷案件后，如发现犯罪线索，应将犯罪线索及时书面告知公安或检察机关。如案件当事人因伪造、变造、虚开存单或涉嫌诈骗，有关国家机关已立案侦查，存单纠纷案件确须待刑事案件结案后才能审理的，人民法院应当中止审理。对于追究有关当事人的刑事责任不影响对存单纠纷案件审理的，人民法院应对存单纠纷案件有关当事人是否承担民事责任以及承担民事责任的大小依法及时进行认定和处理”。《经济纠纷涉及经济犯罪嫌疑规定》第 10 条和第 12 条规定也是对该原则的体现，其规定：“人民法院在审理经济纠纷案件中，发现与本案有牵连，但与本案不是同一法律关系的经济犯罪嫌疑线索、材料，应将犯罪嫌疑线索、材料移送有关公安机关或检察机关查处，经济纠纷案件继续审理。人民法院已立案审理的经济纠纷案件，公安机关或检察机关认为有经济犯罪嫌疑，并说明理由附有关材料函告受理该案的人民法院的，有关人民法院应当认真审查……如认为确属经济纠纷案件的，应当依法继续审理，并将结果函告有关公安机关或检察机关。”

与此相关的问题是，未进行刑事上追赃、退赃的，民事案件是否应予中止审理？例如，在银行卡纠纷案件中，如果民事案件应判决发卡行对持卡人在其过错范围之内赔偿责任，那么，持卡人损失的数额决定了发卡行承担的责任的范围。如果刑事案件中已经进行了追赃和退赃，则持卡人的损失可能并不存在或者数额较小，在这种情形下，民事案件是否属于必须依赖刑事案件的审理结果、必须中止审理的情形？笔者认为，我国《刑法》第 64 条规定，“犯罪分子违法所得的一切财物，应当予以追缴或者责令退赔”。因此，在刑事领域，追缴和退赔赃款赃物是司法机关的职责。退赃与否确实关系到民事案件责任主体的责任范围，但追赃与退赃数额的多少确是不确定的因素和事实，故如何处理，实质关涉到如何平衡被害人（持卡人，民事权利主体方）与民事责任人之间的利益问题。如果一概将其作为民事案件中止审理的情形，则在刑事案件拖延时间较长、追赃、退赃难度较大或者追赃、退赃数额和时间难以确定的情形下，不利于民事案件及时结案，不利于通过民事程序保护被害人的民事权利。但如果绝对不等待追赃、退赃结果，而以发卡行构成侵权为由判令其承担民事责任的，则由于可能存在的追赃、退赃事实，民事责任人承担的责任

---

① 2012 年修订后的《民事诉讼法》为第 256 条。

范围存在一定的不确定性的问题。综合前述因素进行考量,如果实体责任认定妥当和程序上衔接合理的话,在未能全部追赃、退赃的情形下,民事案件的审理不等待退赃的结果,从最终结果上不会损害民事责任人的权利。这样处理,也有助于及时保护民事权利人的利益。详言之,如果在民事案件审理阶段就已经追赃和退赃的,其退还部分应当从民事判决确定的民事责任承担者应给付的金额中予以扣除。如果追赃和退赃是在民事案件终结后作出的,则可在执行阶段综合刑事和民事判决的责任认定结果确定受害人以及赃款的退还对象和责任人应承担的责任范围。

(张雪楳:《银行卡纠纷中的民刑交叉问题研究》)

012. 银行卡纠纷民刑交叉案件中责任聚合的处理

【审判专论】

在银行卡纠纷民事案件中,存在责任人如果已经承担了刑事责任,是否应该据此免除或者减轻民事责任的疑问。有观点认为,如果两种责任都可以适用,则违反了一事不再理原则。而且,在司法实务中,如果罪犯已经承担了刑事责任,尤其是已经接受了财产刑处罚的情形下,已经由法律对其违法行为进行了财产性制裁,故不应再追究民事责任,再予以财产性制裁。在刑事诉讼中,还存在犯罪嫌疑人是否退赃、是否积极赔偿被害人的损失往往是作为量刑的依据的做法,这表明,在进行刑事处罚时,已经考量了对民事责任承担的因素,故在承担刑事责任后也不应再判决行为人承担民事责任。

笔者认为,关于该问题,1990 年7 月19 日颁布的(1989)民他字第44 号最高人民法院《关于广东省连县工贸总公司诉怀化市工商银行侵权一案的复函》进行了规定:“广东省连县工贸总公司的预付货款被骗,在诈骗犯杨爱秀受刑事处罚并追回部分赃款后,该公司对造成货款被骗负有直接责任的湖南省怀化市农业银行榆树信用社和怀化市工商银行,均有权提起民事诉讼,并要求其承担相应的民事责任。怀化市工商局在本案鉴证工作中的错误,可建议行政部门追究有关人员的行政责任。”《民法通则》第110 条规定:“对承担民事责任的公民、法人需要追究行政责任的,应当追究行政责任;构成犯罪的,对公民、法人的法定代表人应当依法追究刑事责任。”《侵权责任法》第4 条规定:“侵权人因同一行为应当承担行政责任或者刑事责任的,不影响依法承担侵权责任。”由上述规定可见,在民刑交叉案件中,刑事、民事责任可以并用。该规定是符合法理的,其属于责任聚合问题。所谓责任聚合,亦称请求权聚合,是指同一法律事实基于法律的规定以及损害后果的多重性,而应当使责任人向权利人承担多种内容不同的法律责任的形态。[1] 民刑交叉案件中,在

① 王利明:《论责任聚合》,载《判解研究》2003 年第2 期。

同一公民、法人或者其他组织之间,因不同的法律事实而分别违反了民事、刑事法律的规定,引起了民事、刑事法律责任的聚合。该责任聚合属于不同法律部门之间的法律责任的聚合。针对于狭义上的责任竞合而言,责任聚合的情形下,权利人同时享有多个请求权,可以同时主张责任人承担多种法律责任对其权利予以充分救济。之所以是聚合而非竞合,是因为民事、刑事责任在立法目的、价值取向、保护法益、归责原则、法律责任形式等各个方面均存在不同,不能够互相取代。例言之,刑事责任中的财产刑是犯罪分子的财产收归国库,其意在对罪犯损害社会公共利益和国家利益的行为进行惩罚而非补偿被害人的损失;而民事责任中的财产责任则是判令致害人直接对受损方进行赔偿,其意在弥补对方当事人的损失(当然,在规定有惩罚性违约金且其合法的情形下,我们也不排除其惩罚性)。由此可见,两者并不是相互替代的关系。由于其涉及的诉讼标的并不相同,故并不存在违反一事不再理原则的问题。因此,两种责任应独立存在,并行不悖。应予注意的是,在民事和刑事责任衔接过程中,如果在刑事诉讼中,被告人已经赔偿被害人物质损失或者赃款、赃物已经追缴、退赔的,人民法院可以作为量刑情节予以考虑。如 1995 年 4 月 20 日高检会〔1995〕11 号最高人民检察院、最高人民法院《关于办理利用信用卡诈骗犯罪案件具体适用法律若干问题的解释》第 3 条规定,行为人恶意透支构成犯罪的,案发后至人民检察院起诉前已归还全部透支款息的,可以从轻、减轻处罚或者免予追究刑事责任。

在处理责任聚合问题时,还存在因同一行为应当承担侵权责任和刑事责任,侵权人的财产不足以支付、应先承担何责任的问题。笔者认为,在该情形下,应遵循民事责任优先原则。其理由为:第一,能够体现民、刑法律部门在保护当事人合法权益方面的一致性,实现法正义价值,取得社会效果和法律效果的统一。国家和个人承受财产损失的能力差别很大,如果不承担刑事责任,则国家不会出现经济困难,但如果不承担民事责任,则民事主体可能陷入困境,债权人的合法民事权益难以得到有效保护,难以体现法律对正义价值目标的追求。第二,有助于更好实现民事责任的目的,更好地保护当事人的合法权利。民事责任的主要目的是弥补受害人损失、回复其权利。补偿性如果不能实现,民事责任的立法目的无法实现,民事主体的权利难以维护。而刑事责任具有惩罚行为、维护社会秩序的目的,其责任形式除包括财产性责任外,还包括了人身性责任,故在财产性责任不能实现时,其可以在一定程序上,通过采用人身性刑事责任的方式对犯罪分子予以制裁,对社会公共利益予以维护。第三,有助于维护民商事交易安全和维护市场经济秩序。民事责任优先有助于增加当事人对民商事交易行为具有良好的法律保障性的信心,从而促进民商事交易,稳定社会秩序,增加社会财富。正因如此,我国《侵权责任法》第 4 条明确规定:"因同一行为应当承担侵权责任和行政责任、刑事责任,侵权人的财产不足以支付的,先承担民事侵权责任。"该原则在我国《刑法》第 36 条第 2 款也有体现,即"承担民事赔偿责任的犯罪分子,同时被判处罚金,其财产不足以全部支付的,或者被判处没收财产的,应当先承担对被害人的民事赔偿责任"。《证券法》第232条、《公司法》第214条等均有相应的规定。

(张雪楳:《银行卡纠纷中的民刑交叉问题研究》)

013. 商事案件与相关经济犯罪案件证据制度的冲突

【审判专论】

解决此问题的主要途径是赋予当事人程序选择权,允许被害人以另案起诉的方式获得救济。在这种情况下,刑事诉讼与民事诉讼独立进行,分别适用各自的证据制度,以此避免证据制度冲突的问题。从诉讼效率的角度考虑,应当允许被害人选择刑事附带民事的方式获得救济,甚至在个别情况下应当强制刑事附带民事模式的适用。

在证据采信和事实认定方面,基于刑事诉讼的证明标准高于民事诉讼的证明标准,建议确立以下几项原则:第一,已经为刑事诉讼所认定的事实应当成为民事诉讼中的免证事实,直接认定有关事实,无须当事人另行举证;第二,已经为刑事诉讼所否定的事实不应当成为民事诉讼中的免证事实,当事人不得直接援引刑事诉讼中的否定性结论,被刑事诉讼所否定的事实仍然应当成为民事诉讼的证明对象;第三,刑事诉讼中所收集到的证据经当事人申请,可视为当事人向法庭所提交的证据,以最大限度保护被害人的合法权益;第四,上述三点也可以适用于另案起诉的民事诉讼当中;第五,尚在公安机关或检察机关刑事侦查、起诉阶段,或者尚在刑事诉讼审理中的经济犯罪案件的当事人陈述、证人证言、书面证据材料等,不能作为商事案件审理中免予认证而直接采信的证据,应当依照我国《民事诉讼法》和《民事诉讼证据规定》的规定予以质证、审查判断和做出认证。

(夏林林:《审理"刑民交叉"类商事案件的相关问题及对策》)

014. 经济犯罪案件裁判的预决力

【审判专论】

关于经济犯罪案件裁判的预决力问题,建议确立以下原则:就同一法律事实,刑事裁判在先,民事裁判在后的,为维护司法裁判的统一性,刑事判决认定的事实应当作为商事案件审理和裁判的依据。但是,必须注意的是,这并非绝对,在刑事判决宣告无罪的情况下，不能将刑事判决认定的事实简单地一概运用到商事案件的判决中，因为被告不承担刑事责任并不意味着就一定不承担民事责任。对于刑事裁判的认定和处理结果与民事裁判的认定和处理结果之间发生严重冲突的，应当通过审判监督程序及时纠正和统一，或者通过其他途径及时协调解决。

（夏林林：《审理“刑民交叉”类商事案件的相关问题及对策》）

015. 审理“刑民交叉”类商事案件应注意的其他问题

【审判专论】

1. 注意保全财产。法院应当注意与公安机关和检察机关加强沟通、积极配合，及时保全赃款、赃物，注意降低民事救济的成本，减少民事救济的损失。

2. 防止重复受偿。各级法院及各相关审判庭之间也应当注意相关信息沟通，在刑事附带民事诉讼、刑事诉讼与民事诉讼分别审理的情况下，以及相应案件执行程序中，对于当事人同一诉求的处理情况，应当注重防止当事人就同一诉求在不同的诉讼程序中要求赔偿，以致出现当事人重复受偿的情形。

3. 法院依法中止民事诉讼的案件，应注意加强与有关部门工作沟通，对于刑事侦查机关因各种原因已经侦查终结的案件，应当恢复民事诉讼程序，依据现有证据按照民事证据规则的相对合理性的要求进行判决处理。由于各种原因所限，公安机关或检察机关立案侦查的案件并非能够全部破案，因此种案件而中止审理的商事案件，也应在公安机关或检察机关中止侦查经济犯罪案件的情况下恢复审理，以保护当事人合法的民事权益，减少当事人的损失，缓解社会矛盾，提高司法效率，不能使此类案件成为“死案”。

4. 在审理商事案件中发现犯罪，应及时与有关部门沟通，防止犯罪行为不被追究。法院对于发现的犯罪线索，应当及时将相关材料移交有关部门处理。

（夏林林：《审理“刑民交叉”类商事案件的相关问题及对策》）

016. 刑事案件中追回的赃款已部分发还存款单位的，在民事案件中应扣除相应部分

【地方审判】

涉及刑事案件追回赃款已部分发还存款单位问题，应当在开庭审理中查明财产发还情况，并按照最高人民法院 2001 年 2 月 13 日法民二〔2001〕009 号《关于涉

及中国银行荥阳支行经济纠纷案件的通知》精神处理。凡尚未审结的民事案件，对有关部门已经发还的款项，应当在民事判决中予以扣除；已经审结的民事案件，应当在执行中予以扣除；确实发生债权人受益超过应得款的，有关人民法院应当通过执行回转程序将超过部分返还债务人。上述情况，均应在民事判决本院“查明”事项和“判理”中写明。

（北京市高级人民法院：《审理民商事纠纷案件有关合同等方面若干问题的解答》）

017. 犯罪嫌疑人直接发还出资人存入金融机构的款项被公安机关作为赃款收缴的，出资人可持存款凭证通过民事诉讼主张权利

【地方审判】

犯罪嫌疑人采取“拆东墙补西墙”的方式直接发还给出资人存入金融机构的款项被公安机关作为赃款收缴，应视为刑事案件追赃。如没有证据证明出资人有犯罪故意，则不影响出资人将存款凭证通过民事诉讼向金融机构主张权利。民事案件审理中应在查明出资人、金融机构各自过错的基础上，严格按照最高人民法院《关于审理存单纠纷案件的若干规定》处理。

（北京市高级人民法院：《审理民商事纠纷案件有关合同等方面若干问题的解答》）

018. 公安机关暂扣出资人收取的高息应冲抵民事判决的本金

【地方审判】

按照最高人民法院《关于审理存单纠纷案件的若干规定》第6条第2项的规定，出资人收取的高额利差应冲抵本金。公安机关暂扣出资人收取的高息的法律后果由出资人承担，不影响民事判决将该部分高息冲抵本金。该部分高息，出资人可以依照有关规定向公安机关申请发还。

（北京市高级人民法院：《审理民商事纠纷案件有关合同等方面若干问题的解答》）

第二章 诉讼当事人

第一节　诉讼主体

019. 在对案件事实有争议的情况下，应追加有利害关系者参加诉讼

【审判专论】

1. 漏列当事人，导致案件事实无法查清。保证人对于主债务数额提出异议，而债权人未能提交充分证据予以证明。审理中借款合同主债务人未参加诉讼，相关证据未经主债务双方当事人质证，致使主债务是否属于借新还旧，是否还存在其他还款等事实无法查清。而上述事实不仅关系到保证人承担保证责任的范围，还决定着保证人向主债务人行使追偿权的范围，该判决结果与主债务人之间存在利害关系。依照《民事诉讼法》的相关规定，应追加主债务人参加诉讼。

2. 基于系列案件审理的特殊性，为妥善解决纠纷，应当追加当事人。在A公司系列案中，A公司先实施销售从贸易商处获得资金，再从贸易商或代理商处以高于销售价回购同批货物，以此方式进行短期融资，贸易商则以代理费的名目获得融资收益。整个交易过程中只有票据和资金流转，没有实物交付。案件争议的焦点问题就是这种交易模式的实质是“买卖”还是“融资”。最高人民法院在(2008)民二他字第29号和在(2010)民提字第110号案件中均认定其实质是企业间融资。综观涉及该公司的其他类似案件，不论审理结果如何，其法律事实、交易模式均相同，其诉讼当事人均为三个交易方，A公司均作为被告参加诉讼。本案当事人虽曾提出追加申请，但一、二审法院均没有追加A公司参加诉讼。A公司与本案的审理结果存在法律上的利害关系，依据《民事诉讼法》的相关规定以及系列案件的审理情况，为查清事实，正确适用法律，妥善解决纠纷，本案应当追加A公司作为第三人参加诉讼。

(《最高人民法院民二庭近两年发回重审、指令再审案件审理情况》)

020. 与案件争议存在直接利害关系者须参加诉讼

【审判专论】

案外人A公司作为股权受让方先与股权转让方王某签订股权转让合同并已着手经营目标公司。股权转让方王某后又与陈某另行签订股权转让合同并产生诉讼。原审判决原股东王某将股权变更给陈某,直接影响到A公司的利益。A公司因与本案的争议有直接利害关系应当参加本案诉讼。A公司在二审中申请以第三人身份参加诉讼并获准参加了庭审。但二审判决未将A公司列为当事人但又对A公司与原股东间的纠纷进行了一些审理,存在程序违法。此外,本案是股权转让合同纠纷,当事人各方均认可系对目标公司的股权进行转让而非资产转让,原告起诉并未向目标公司提出其他诉讼请求,所以原审追加目标公司为共同被告并无必要。

(《最高人民法院民二庭近两年发回重审、指令再审案件审理情况》)

021. 个体工商户以其字号作为诉讼主体的,法院不应裁定驳回原告起诉

【地方审判】

个体工商户以其字号作为诉讼主体的,法院应直接变更营业执照中登记的户主(业主)为诉讼当事人,不能以此为由裁定驳回原告的起诉。

[《北京市高级人民法院审理民商事案件若干问题的解答之五(试行)》]

最高人民法院《关于适用〈中华人民共和国民法通则〉若干问题的意见》第41条规定,“起字号的个体工商户,在民事诉讼中,应以营业执照登记的户主(业主)为诉讼当事人,在诉讼文书中注明系某字号的户主”。从简便、经济原则及方便当事人角度出发,在诉讼主体未发生实际变更的情况下,不应裁定驳回原告的起诉。

[关于《北京市高级人民法院审理民商事案件若干问题的解答之五(试行)》的说明]

【民诉法司法解释】

《民事诉讼法解释》第59条明确了有字号的个体工商户民事诉讼主体资格,规

定:"在诉讼中,个体工商户以营业执照上登记的经营者为当事人。有字号的,以营业执照上登记的字号为当事人,但应同时注明该字号经营者的基本信息。营业执照上登记的经营者与实际经营者不一致的,以登记的经营者和实际经营者为共同诉讼人。"据此,应当以营业执照上登记的字号为诉讼中的当事人,同时注明经营者的基本信息,包括姓名、性别、名族、出生年月日、家庭住址等,以有效保护当事人的合法权益。

022. 企业法人分支机构可以作为诉讼当事人

【公报案例】

天同证券公司与健康元公司等证券合同纠纷管辖权异议案

[最高人民法院(2005)民二终字第160号]

❖ 裁判摘要

企业法人的分支机构虽然不具有法人资格,但如果该分支机构系依法设立并领有工商营业执照,具有一定的运营资金和在核准的经营范围内开展交易业务的行为能力,属于民事诉讼法规定的其他组织,可以作为民事诉讼的当事人。

❖ 基本案情

上诉人(原审被告):天同证券有限责任公司

法定代表人:段虎,该公司董事长

被上诉人(原审原告):健康元药业集团股份有限公司

法定代表人:朱保国,该公司董事长

原审被告:天同证券有限责任公司深圳吉祥中路证券营业部

负责人:臧向锋,该营业部总经理

上诉人天同证券有限责任公司(以下简称天同证券)为与被上诉人健康元药业集团股份有限公司(以下简称健康元公司)、原审被告天同证券有限责任公司深圳吉祥中路证券营业部(以下简称天同证券深圳营业部)其他证券合同纠纷一案,不服广东省高级人民法院(2005)粤高法民二初字第10号民事裁定,向本院提起上诉称:天同证券深圳营业部属于非法人单位,对外无独立承担民事责任的能力,而且不具备委托理财的业务资格,从而不应作为本案被告。本案中上诉人天同证券是法律上适格的被告。故对此案广东省高级人民法院没有管辖权,请求最高人民法院裁定本案移送适格被告天同证券所在地山东省高级人民法院审理。

被上诉人健康元公司未作答辩。

最高人民法院认为:天同证券深圳营业部系天同证券的分支机构,虽不是法人,但其依法设立并领有工商营业执照,具有一定的运营资金和在核准的经营范围内开展证券交易等业务的行为能力,属于《中华人民共和国民事诉讼法》规定的其他组织,可以作为民事诉讼的当事人。天同证券深圳营业部作为本案合同纠纷的合同一方当事人,是本案原告起诉承担直接民事责任的被告,且其工商登记住所地为广东省深圳市,广东省高级人民法院对本案依法享有管辖权。原审裁定认定事实清楚,适用法律并无不当;上诉人的上诉主张没有法律依据,本院不予支持。综上,最高人民法院依照《中华人民共和国民事诉讼法》第二十二条第二款、第三款、第四十九条第一款、最高人民法院《关于适用〈中华人民共和国民事诉讼法〉若干问题的意见》第四十条第(五)项之规定,裁定如下:

驳回上诉,维持原裁定。

023. 信用卡纠纷案件中的诉讼主体

【审判专论】

在发卡银行作为原告提起诉讼的案件中,通常以“原告”身份提起诉讼的有该行的“总行”“分行”“支行”,还有的以“信用卡中心”名义提起诉讼。各地法院的做法也不统一。有的法院认为,原告名称应与《信用卡申请表》及其《领用合约》上盖章的单位名称一致。但实务中,有的《信用卡申请表》及其《领用合约》上并没有加盖银行的公章。同样,在持卡人为原告起诉发卡银行的案件中,有的持卡人以其住所地的“分行”“支行”为被告,也有的以该行的“总行”或其设在上海的“信用卡中心”为被告。

在因“跨行”交易而引发的案件中,存在持卡人同时将两家银行列为共同被告的情况。另一类较多的案件是持卡人为原告,起诉商户,要求其赔偿损失的民事纠纷。

此外,上海等地新近出现了一些专门从事收单业务的主体——收单公司,但目前还没有收集到起诉收单公司的案件。

(王宪森、侯春雷:《关于银行卡民事纠纷案件及诉讼实务问题的调研报告》)

024. 伪卡交易民事案件的诉讼主体

【地方审判】

持卡人起诉发卡行的,以《银行卡申请表》或《领用合约》上签字或盖章的单位、发卡行总行作为诉讼主体。发卡行没有在《银行卡申请表》或《领用合约》上签字、盖章的,以《银行卡申请表》或《领用合约》载明的被申请人或与持卡人发生交易的分支机构作为诉讼主体。

基于查清案件事实的需要,人民法院可以按照方便当事人诉讼、提高诉讼效率原则,追加特约商户或收单机构为第三人。

发卡行"信用卡中心"属于《民事诉讼法》第48条以及最高人民法院《关于适用〈中华人民共和国民事诉讼法〉若干问题的意见》第40条规定的其他组织,可以作为诉讼主体。

持卡人起诉收单机构的,以实际收单的分支机构或收单机构总行作为诉讼主体。基于查清案件事实的需要,人民法院也可以按照方便当事人诉讼、提高诉讼效率原则,追加发卡行为第三人。

(广东省高级人民法院:《广东省高级人民法院关于审理伪卡交易民事案件工作座谈会纪要》)

第二节 撤销之诉

025. 撤销之诉制度及立法目的对实践的影响

【审判政策与精神】

近年来,在我国民事诉讼的司法实践中,当事人通过恶意诉讼、虚假诉讼等手段,侵害他人合法权益的情况时有发生。在调解案件中,一些当事人利用调解进行诉讼欺诈,损害案外人的现象尤其突出。根据修改前《民事诉讼法》的规定,对受到侵害的案外人的合法权益实行救济,主要是依靠《民事诉讼法》第204条以及最高人民法院《关于适用〈中华人民共和国民事诉讼法〉审判监督程序若干问题的解释》(以下简称《审监程序司法解释》)第5条、第42条规定的执行异议制度以及案外人申请再审制度。为了更加有力地打击虚假诉讼,保护案外人合法权益,新《民事诉讼法》在第13条中增加诚实信用原则,在第112条中规定对违反诚实信用原则、恶意串通的当事人予以民事制裁,实际打击的范围已不限于修改前《民事诉讼法》第204条以及《审监程序司法解释》所指向的物权受损。与此同时,为权利受到侵害的案外人提供救济途径,新《民事诉讼法》在第56条第3款中增加规定:"前两款规定的第三人,因不能归责于本人的事由未参加诉讼,但有证据证明发生法律效力的判决、裁定、调解书的部分或者全部内容错误,损害其民事权益的,可以自知道或者应当知道其民事权益受到损害之日起六个月内,向作出该判决、裁定、调解书的人民法院提起诉讼。人民法院经审理,诉讼请求成立的,应当改变或者撤销原判决、裁定、调解书;诉讼请求不成立的,驳回诉讼请求。”据此,理论界和实务界普遍认为我国确立了旨在保护案外人合法权益的撤销之诉,该制度对于打击虚假诉讼,为案外人提供权利救济,推进民事诉讼的诚实信用原则具有重要意义。

对于案外人权利救济问题,在起草立法条文时,立法机关曾有案外人申请再审、案外人另诉、案外人撤销之诉三种方案备选,最终选择了撤销之诉制度。撤销之诉作为一种非常救济制度,其主要立法目的旨在遏制侵害案外人利益的虚假诉讼行为,并以撤销之诉取代案外人申请再审制度,对未能参加诉讼获得程序保障的案外人,在判决、裁定、调解书的效力可能影响其权利时提供的一种救济渠道。司法实践中,考虑到生效法律文书一般不宜轻易更改以及法律的稳定性,我们必须要高度重视该新设制度对生效裁判稳定性可能带来的冲击和重大影响,慎重把握撤销之诉的适用条件和审理程序。

(高民智:《贯彻实施新〈民事诉讼法〉之六——关于案外人撤销之诉制度的理解与适用》)

026. 提起撤销之诉的主体及称谓

【审判政策与精神】

1. 提起撤销之诉的主体

新《民事诉讼法》第56条前两款对有独立请求权和无独立请求权第三人参加诉讼的情况分别作了规定。上述两款第三人一旦参与诉讼,就已经成为原审诉讼的当事人,其救济途径应当是依照新《民事诉讼法》第199条申请再审。有的学者认为,遗漏必要共同诉讼人的,应当适用新《民事诉讼法》第200条第8项“……应当参加诉讼的当事人,因不能归责于本人或者其诉讼代理人的事由,未参加诉讼的”。我们认为,新《民事诉讼法》第200条第8项遗漏应当参加诉讼当事人的再审事由,看似能够包含除有独立请求权和无独立请求权第三人之外的案外人,但第200条列举的是当事人申请再审的事由,其实并不能适用于案外人。而第56条第3款中的“第三人”由于实际上并未参加原审诉讼,对于原审当事人而言实属案外人,这与新《民事诉讼法》第227条案外人的内涵一致。故新《民事诉讼法》第56条第3款规定的“第三人”范围,实际上是除了参加原审诉讼当事人之外所有人,即案外人。因此,提起撤销之诉的主体,除了新《民事诉讼法》第56条规定的有法律上利害关系的第三人情形之外,司法实践中还应当包括遗漏的必要共同诉讼人的情形。对撤销之诉入口相对较宽,有利于打击恶意诉讼、虚假诉讼,保障合法权益确实受到侵害的当事人能够有救济渠道。我们认为,由于这次修法确立撤销之诉的立法目的意在取代《审监程序司法解释》依据修改前《民事诉讼法》第 204 条规定解释而成的案外人申请再审制度,将遗漏必要共同诉讼人等情形也列入撤销之诉范围,不赋予案外人选择适用并行的案外人申请再审的权利,可以避免实践中可能产生的混乱。

2. 诉讼主体称谓问题

一些学者主张,由于撤销之诉是新诉,故应将撤销之诉的提出人称为原告,以原诉原、被告为被告。我们认为,如称为原告、被告,遇到的问题是应否对新诉的双方当事人赋予上诉权,如果不服上诉的是否可以申请再审。从这一角度推导出去,撤销之诉将被运用得非常复杂。因此,应当将撤销之诉回归其原本之意,让撤销之诉主要行撤销之实,至于撤销相关判项之后仍有争议问题的,可通过其他方式救济和补充。撤销之诉是对生效裁判提起的新诉,与审判监督程序中的申请再审制度有类似之处,两者均是请求对原生效裁判错误的纠正。从我国台湾地区"民事诉讼法"的经验看,对该项制度未作规定的可以准用再审程序的一些规定处理。两者区别在于,再审之诉目的在于申请人请求得到支持时须调整原审当事人之间的权利和义务,撤销之诉目的在于申请人请求得到支持时须撤销原判中损害案外人合法权益的判项。因此,我们建议在案外人提出撤销之诉时,将诉讼主体称为撤销申请人与被申请人,在诉讼文书中予以列明。

(高民智:《贯彻实施新〈民事诉讼法〉之六——关于案外人撤销之诉制度的理解与适用》)

【说明】

关于能够提起第三人撤销之诉的第三人的范围,《民事诉讼法解释》未作规定。司法解释的起草者认为,如何界定第三人,特别是无独立请求权的第三人,难以通过列举的方式予以明确,尤其对于哪些第三人能够提起第三人撤销之诉,仅从第三人概念和类型方面也无法判断。在确定提起第三人撤销之诉的主体资格时,除了要按照《民事诉讼法》第 56 条第 1 款、第 2 款规定判断第三人外,还要结合该条第三款规定的实体要件来判断,即发生法律效力的判决、裁定、调解书的部分或者全部内容是否损害到其民事权益。[①]

---

① 沈德咏主编:《最高人民法院民事诉讼法司法解释理解与适用》,人民法院出版社 2015 年版,第 777 页。

【公报案例】

黄光娜与海口栋梁实业有限公司、广东省阳江市建安集团有限公司海南分公司商品房销售合同纠纷案

[最高人民法院(2015)民一终字第37号]

❖ **裁判摘要**

一、案件争议不动产的登记所有权人,同案件处理结果具有法律上的利害关系,可以作为案件第三人。

二、一方当事人大股东在案件诉讼过程中受让争议标的物,但未作为第三人参加诉讼,在案件判决生效后,又提起第三人撤销之诉的,法院推定其知悉案件情况,非因不能归责于其本人的原因未参加诉讼的,符合常理和交易惯例。上述大股东所提第三人撤销之诉不符合起诉条件,应裁定不予受理。

❖ **基本案情**

上诉人(一审起诉人):黄光娜,女,汉族,住海南省海口市。

黄光娜为与海口栋梁实业有限公司、广东省阳江市建安集团有限公司海南分公司(以下简称阳江公司)商品房销售合同纠纷一案,不服海南省高级人民法院(2015)琼立一初字第2号民事裁定,向最高人民法院提起上诉。最高人民法院依法组成合议庭进行了审理,现已审理终结。

黄光娜于2014年8月18日向海南省高级人民法院提起民事诉讼称:2012年10月31日,黄光娜与海口栋梁实业有限公司(以下简称栋梁公司)签订《商品房买卖合同》,约定黄光娜以单价21250元/平方米的价格,购置栋梁公司位于海南省海口市龙昆南路97-1号华源大厦一层,建筑面积共计1320.6平方米的101房。合同签订后,栋梁公司依约为黄光娜办理了商品房买卖合同备案登记及房屋预告登记。黄光娜依约向栋梁公司支付全部购房款共计人民币28062750元,其中黄光娜自付16062750元,并将上述房产向平安银行股份有限公司海口分行(以下简称平安银行)抵押贷款人民币1200万元。黄光娜已经通过受让方式取得该房屋的所有权,现该房产已由黄光娜出租给他人使用。

2012年,广东省阳江市建安集团有限公司海南分公司与栋梁公司因建筑施工合同纠纷诉至海南省海口市中级人民法院,该案诉争标的中涉及黄光娜拥有所有权的房屋。尽管栋梁公司已于一审举证期限内向法院提交了涉案房屋已经出售给黄光娜,且已经完善不动产交易的所有法律要件,但历经两审裁判,无论是作为所有权人的黄光娜还是作为抵押权人的平安银行均未知晓该诉讼的存在,一、二审法院也从未将两权益人列为第三人追加参与该诉讼,更甚二审法院在未经审查涉案房屋实际产权归属前,就于2014年6月26日作出(2014)琼环民终字第7号民事判决，将涉案房屋部分产权裁判给阳江公司，已经严重侵害了房屋所有权人黄光娜的合法权益。根据《中华人民共和国民事诉讼法》第五十六条、《中华人民共和国民法通则》第七十五条、《中华人民共和国合同法》第八条及《中华人民共和国物权法》第三十七条、第三十九条等规定，现诉请撤销海南省高级人民法院(2014)琼环民终字第7号民事判决，依法保障黄光娜的合法权益。

一审法院认为

海南省高级人民法院认为：一、根据《中华人民共和国民事诉讼法》第五十六条的规定，有独立请求权的第三人和无独立请求权的第三人，因不能归责于本人的事由未参加诉讼，但有证据证明发生法律效力的判决、裁定、调解书的部分或者全部内容错误，损害其民事权益的，可以自知道或者应当知道其民事权益受到损害之日起六个月内，向作出该判决、裁定、调解书的人民法院提起第三人撤销之诉。该规定确立了第三人可以提起撤销之诉的权利，因第三人撤销之诉申请撤销的是已经生效的判决、裁定及调解书，其后果将直接影响生效裁判的既判力，因此法律也严格规定了提起第三人撤销之诉的主体条件：即提起第三人撤销之诉的原告必须是第三人，包括有独立请求权的第三人和无独立请求权的第三人，且提起第三人撤销之诉的原告只能是原诉中的第三人。在黄光娜诉请撤销的海南省高级人民法院(2014)琼环民终字第7号民事诉讼中，一审原告阳江公司于2012年9月18日向海南省海口市中级人民法院起诉，该院于2012年9月20日立案受理，而黄光娜与栋梁公司签订《商品房买卖合同》的时间是在2012年10月31日，即在该案立案受理一个多月后，故在原诉形成之时，黄光娜尚不是原诉的第三人，其并不具备提起第三人撤销之诉原告的主体资格。二、提起第三人撤销之诉的条件之一是第三人因不能归责于本人的事由未参加诉讼。栋梁公司的工商登记档案显示，自2009年9月17日至2014年1月27日，黄光娜都是栋梁公司持股50%的股东，到提起本案诉讼时，黄光娜也仍持有栋梁公司25%的股份。栋梁公司在(2014)琼环民终字第7号民事诉讼的一、二审均向人民法院提交了黄光娜购买涉案房屋的证据材料作为持有该公司50%股份的黄光娜，应当知晓该案的诉讼情况。且直到提起本案诉讼，黄光娜也未能提供证据证明是因不能归责于其本人的事由未参加该案诉讼，因此，黄光娜提起本案诉讼亦不符合第三人撤销之诉的受理条件。

一审法院裁定

依照《中华人民共和国民事诉讼法》第五十六条、第一百二十三条之规定，裁定不予受理黄光娜的起诉。

上诉

黄光娜不服上述裁定，以该裁定认定事实不清、适用法律错误为由向最高人民法院提出上诉，请求撤销一审裁定，指令一审法院审理本案。主要理由为：一、上诉人系(2014)琼环民终字第7号民事判决涉及房产的所有权人，该判决结果损害其合法权益,其应为该判决所涉诉讼的第三人。二、上诉人作为栋梁公司股东有权依法取得案涉房产产权,一审裁定以其是公司股东为由,推定其知晓栋梁公司涉及的上述诉讼情况,缺乏证据证明。本案符合第三人撤销之诉的受理条件。

二审法院认为

最高人民法院认为:本案争议焦点一是黄光娜能否作为阳江公司诉栋梁公司建设工程施工合同纠纷一案的第三人;二是黄光娜未参加前述诉讼能否归责于其本人。

关于黄光娜能否作为阳江公司诉栋梁公司建设工程施工合同纠纷一案的第三人的问题。根据《中华人民共和国民事诉讼法》第五十六条,民事诉讼的第三人包括对案件诉讼标的有独立请求权的人及虽无此请求权,但同案件处理结果有法律上利害关系的人。在阳江公司诉栋梁公司建设工程施工合同纠纷一案中,海南省海口市中级人民法院二审以(2014)琼环民终字第7号民事判决,判决栋梁公司将案涉华源大厦一层334平方米交付阳江公司并协助办理过户手续。而本案黄光娜主张其已向栋梁公司买受了1320平方米的华源大厦一层,并办理了过户手续。故上述阳江公司诉栋梁公司一案的终审判决结果影响黄光娜对案涉房产的权利,其应为该案第三人。

关于黄光娜未参与前述诉讼能否归责于其本人的问题。根据(2014)琼环民终字第7号民事判决查明的事实及黄光娜本案起诉内容,其与栋梁公司系在阳江公司诉栋梁公司一案诉讼过程中,就案涉房屋签订买卖合同,当时黄光娜为持有栋梁公司50%股份的股东。在前述阳江公司诉栋梁公司一案审理结果势必影响黄光娜重大权益的情况下,黄光娜未举证证明其在提起本案撤销之诉前,知悉前述二审判决结果较知晓该案整个诉讼过程的条件有何不同。本案一审法院依据黄光娜股东身份、当时持股比例,及案涉房屋买卖合同签订与前案起诉时间的关系,推定黄光娜知晓前案,符合常理和企业一般经营决策惯例。一审裁定认定黄光娜应当知晓前案诉讼情况,其不能证明因不能归责于本人的事由未参加该案诉讼,故其提起的本案诉讼不符合《中华人民共和国民事诉讼法》第五十六条关于第三人撤销之诉的受理条件的规定正确。

二审法院裁定

一审裁定关于黄光娜不是(2014)琼环民终字第7号民事判决所涉案件第三人的认定不当,最高人民法院予以纠正。上诉人黄光娜关于其因不能归责于其本人的原因未参加前述案件诉讼的理由,缺乏证据证明不能成立。依据《中华人民共和国民事诉讼法》第五十六条、第一百七十条第(一)项、第一百七十一条之规定,裁定如下:驳回上诉,维持原裁定。

(选自《最高人民法院公报》2016年第9期)

027. 撤销之诉的立案受理条件

【审判政策与精神】

案外人依据新的事实提起撤销之诉,人民法院应当依法受理。但为了避免对原生效裁判的不当冲击,较之一般新诉的立案受理,应相对严格地予以审查。我们认为,至少应当包括以下几个条件:

第一,提出主体。包括两类:一是因不归责于本人的事由未参加原审诉讼,有证据证明原审当事人之间恶意串通、进行虚假诉讼,损害其合法权益的。也就是说,该主体需有证明上述内容的证据;二是有证据证明其应当参加原审诉讼,因不归责于本人的事由未参加,原审裁判损害其合法权益,且无法直接通过另诉方式解决争议的。遗漏的必要共同诉讼人应当成为撤销之诉的提出主体,这类案外人起诉时应当提交共有关系的证据。

第二,提出事由。主要是案外人认为原审裁判的部分或全部内容损害其合法权益的,该裁判对案外人实现合法权益形成障碍,案外人对此有不可分割的利益,且无法通过另诉方式解决。

第三,提出期限。《民事诉讼法》第56条第3款规定,案外人可以自知道或者应当知道其民事权益受到生效裁判侵害之日起6个月内提出。这里,“知道或者应当知道”的时间起算点,需案外人提交证据加以证明。

第四,撤销诉讼的具体请求。这是案外人提交给人民法院、明确其起诉所要解决的问题,即请求撤销哪些内容或判项,以使自己的合法权益不受生效裁判侵害。

第五,管辖法院。新《民事诉讼法》第五十六条第三款规定,案外人应当向作出该生效判决、裁定、调解书的人民法院提起诉讼。也就是说,向该案的终审法院提起诉讼。一审后裁判生效的,向一审法院提起;二审后裁判生效的,向二审法院提起。

此外,在对此类案件立案审查时,还应将上述条件与新《民事诉讼法》第119条规定的立案条件结合起来。至于以什么案号立案,立案后由法院内部哪个庭实质审查,是具体操作中的问题,有待进一步明确。

(高民智:《贯彻实施新〈民事诉讼法〉之六——关于案外人撤销之诉制度的理解与适用》)

【民诉法司法解释】

关于生效的判决、裁定、调解书的错误内容损害第三人民事权益的判断问题。所谓民事权益,根据《侵权责任法》第2条规定,包括生命权、健康权、姓名权、名誉权、荣誉权、肖像权、隐私权、婚姻自主权、监护权、所有权、用益物权、担保物权、著作权、专利权、商标专用权、发现权、股权、继承权等人身、财产权益。对于普通债权,原则上不适用第三人撤销之诉保护,但对于法律明确规定给予特别保护的债权,可以适用第三人撤销之诉:一是法律规定的享有法定优先权的债权,主要有《合同法》第286条规定的建设工程价款优先权,《海商法》第21条、第22条规定的船舶优先权;二是法律明确规定享有法定撤销权的债权,包括《合同法》第74条规定的债权人的撤销权,《企业破产法》第31条、第32条规定的破产债权撤销权。①

028. 撤销之诉、诉讼费用的收取以及相关制裁措施、撤销之诉的救济

【审判政策与精神】

1. 诉讼费用收取以及相关制裁措施

案外人提出撤销之诉属于新诉。既然是新诉,根据《诉讼费用交纳办法》第2条的规定,应当缴纳相关诉讼费用。但是,该办法尚未根据新《民事诉讼法》的修改而作相应修改,因此,具体交纳诉讼费用可根据一般规定计算。有观点认为,撤销申请人应当根据原生效裁判的诉讼费用标准交纳。我们认为,根据《诉讼费用交纳办法》的一般规定,应当根据案外人提出的撤销请求范围涉及的金额或价款为基数计算缴纳数额,具体而言,可比照该办法第13条的规定办理。另外,为了防止案外人滥用权利以及避免撤销之诉形成新的虚假诉讼,需要明确的是,在撤销申请人的主张未得到法院支持的情况下,撤销申请人应当承担诉讼费用。在此情况下,被申请人还有要求撤销申请人赔偿损失的权利,可就不当提出撤销之诉的案外人提起侵权责任之诉。

2. 撤销之诉的救济问题

我们认为,撤销之诉应行撤销之实。撤销之诉仅审理申请人提出的撤销诉讼请求是否成立,若成立的,仅撤销妨碍案外人权利实现的生效裁判相关判项,若所有判项均不当的,全部撤销,不对被撤销判项的实体权利义务作出界定。司法实践中,出于侵害他人权益而串通制造的虚假诉讼,常常表现为对实际权利人的刻意隐瞒,以达到他人不在场时骗取生效裁判文书的目的。因而,拥有合法权益的案外人一旦拿出权利凭证或者其他有力证据,多数恶意串通的原审当事人将不再继续主

① 沈德咏主编:《最高人民法院民事诉讼法司法解释理解与适用》,人民法院出版社2015年版,第780页。

张权利，有的甚至会故意躲避新《民事诉讼法》第112条对于虚假诉讼妨碍民事诉讼课以强制措施予以制裁。如果原诉当事人依然对撤销部分的内容存在争议的，我们认为应当区别情况分别对待。如果撤销申请人与原审第三人争议的是债权，即撤销部分属于债权的，由于原诉债权与新诉不属于同一法律关系，无法合并审理，可告知当事人另诉解决。如果撤销申请人与原审当事人争议的是物权，还需进一步区分情形：一是属于遗漏的必要共同诉讼人的，如继承或共有关系，原生效裁判是一审终审的，撤销相关判项后，可通知撤销申请人参加共同诉讼，重新作出的一审裁判可以上诉；原生效裁判是二审终审的，经调解不能达成协议的，应撤销原判，发回重审，重审时应追加撤销申请人为当事人。二是不属于必要共同诉讼人的，撤销相关判项后，应当告知案外人以及原审当事人可以提起新的诉讼解决相关争议。

（高民智：《贯彻实施新〈民事诉讼法〉之六——关于案外人撤销之诉制度的理解与适用》）

029. 案外人依照审判监督程序处理的情形

【审判政策与精神】

新《民事诉讼法》第227条仍然保留了在执行程序中案外人提出异议可以按审判监督程序处理的制度，这里需要明确其与撤销之诉的各自适用范围。无须参加原审诉讼的案外人，在案件执行过程中发现其物权被生效裁判处置，损害其合法权益的，案外人又不符合提起撤销之诉条件时，向原审人民法院申诉的，该院发现确有错误的，应当按照新《民事诉讼法》第198条第1款的规定处理。这里主要是指案外人的物权被生效裁判误列为裁判主文的情形。

（高民智：《贯彻实施新〈民事诉讼法〉之六——关于案外人撤销之诉制度的理解与适用》）

【民诉法司法解释】

关于第三人撤销之诉与《民事诉讼法》第227条规定的案外人执行异议程序的关系问题，《民事诉讼法解释》第303条规定："第三人提起撤销之诉后，未中止生效判决、裁定、调解书执行的，执行法院对第三人依照民事诉讼法第二百二十七条规定提出的执行异议，应予审查。第三人不服驳回执行异议裁定，申请对原判决、裁定、调解书再审的，人民法院不予受理。案外人对人民法院驳回其执行异议裁定不服，认为原判决、裁定、调解书内容错误损害其合法权益的，应当根据民事诉讼法

第二百二十七条规定申请再审,提起第三人撤销之诉的,人民法院不予受理。”据此,按照启动程序的先后,当事人只能选择一种相应的救济程序,不能同时启动两种程序,一旦选定则不允许再作变更。具体来说,先启动执行异议程序的,对驳回其执行异议裁定不服的,按照《民事诉讼法》第227条的规定通过审判监督程序救济;先启动第三人撤销之诉程序的,即使第三人又在执行程序中提出执行异议,第三人撤销之诉继续进行,第三人不能再按照《民事诉讼法》第227条规定申请再审,以提高诉讼效率,也便于当事人诉讼和法院审理案件。

应当注意的是,第三人提起撤销之诉与依照《民事诉讼法》第227条规定申请再审的条件问题。《民事诉讼法解释》第423条对案外人依照《民事诉讼法》第227条规定申请再审的条件作了明确规定:“根据民事诉讼法第二百二十七条规定,案外人对驳回其执行异议的裁定不服,认为原判决、裁定、调解书内容错误损害其民事权益的,可以自执行异议裁定送达之日起六个月内,向作出原判决、裁定、调解书的人民法院申请再审。”该条规定的申请再审条件与第三人提起撤销之诉的条件相比,就实体条件而言,完全相同,都是生效判决、裁定、调解书内容错误且损害到第三人的民事权益;程序条件上,两者有所不同,就权利保护的期间看,申请再审的期间的起算点始自人民法院驳回其执行异议裁定送达之日,较之于第三人撤销之诉的自知道或者应当知道生效裁判损害其民事权益之日,更有利于第三人;就管辖法院来看,两类诉讼也完全相同。在审查两类案件时,在实体条件上应当注意保持一致。①

---

① 沈德咏主编:《最高人民法院民事诉讼法司法解释理解与适用》,人民法院出版社2015年版,第810~811页。

第三章 管　辖

第一节　级别管辖

030. 高级和中级人民法院管辖第一审民商事案件的标准

【司法文件】

最高人民法院
关于调整高级人民法院和中级人民法院管辖第一审民商事案件标准的通知
法发(2008)10号

各省、自治区、直辖市高级人民法院，解放军军事法院，新疆维吾尔自治区高级人民法院生产建设兵团分院：

为贯彻执行修改后的民事诉讼法，进一步加强最高人民法院和高级人民法院的审判监督和指导职能，现就调整高级人民法院和中级人民法院管辖第一审民商事案件标准问题，通知如下：

一、高级人民法院管辖下列第一审民商事案件

北京、上海、广东、江苏、浙江高级人民法院，可管辖诉讼标的额在2亿元以上的第一审民商事案件，以及诉讼标的额在1亿元以上且当事人一方住所地不在本辖区或者涉外、涉港澳台的第一审民商事案件。

天津、重庆、山东、福建、湖北、湖南、河南、辽宁、吉林、黑龙江、广西、安徽、江西、四川、陕西、河北、山西、海南高级人民法院，可管辖诉讼标的额在1亿元以上的第一审民商事案件，以及诉讼标的额在5000万元以上且当事人一方住所地不在本辖区或者涉外、涉港澳台的第一审民商事案件。

甘肃、贵州、新疆、内蒙古、云南高级人民法院和新疆生产建设兵团分院，可管辖诉讼标的额在5000万元以上的第一审民商事案件，以及诉讼标的额在2000万元以上且当事人一方住所地不在本辖区或者涉外、涉港澳台的第一审民商事案件。

青海、宁夏、西藏高级人民法院可管辖诉讼标的额在2000万元以上的第一审

民商事案件,以及诉讼标的额在1000万元以上且当事人一方住所地不在本辖区或者涉外、涉港澳台的第一审民商事案件。

二、中级人民法院管辖下列第一审民商事案件

中级人民法院管辖第一审民商事案件标准,由高级人民法院自行确定,但应当符合下列条件:

北京、上海所辖中级人民法院,广东、江苏、浙江辖区内省会城市、计划单列市和经济较为发达的市中级人民法院,可管辖诉讼标的额不低于5000万元的第一审民商事案件,以及诉讼标的额不低于2000万元且当事人一方住所地不在本辖区或者涉外、涉港澳台的第一审民商事案件。其他中级人民法院可管辖诉讼标的额不低于2000万元的第一审民商事案件,以及诉讼标的额不低于800万元且当事人一方住所地不在本辖区或者涉外、涉港澳台的第一审民商事案件。

天津所辖中级人民法院,重庆所辖城区中级人民法院,山东、福建、湖北、湖南、河南、辽宁、吉林、黑龙江、广西、安徽、江西、四川、陕西、河北、山西、海南辖区内省会城市、计划单列市和经济较为发达的市中级人民法院,可管辖诉讼标的额不低于800万元的第一审民商事案件,以及诉讼标的额不低于300万元且当事人一方住所地不在本辖区或者涉外、涉港澳台的第一审民商事案件。其他中级人民法院可管辖诉讼标的额不低于500万元的第一审民商事案件,以及诉讼标的额不低于200万元且当事人一方住所地不在本辖区或者涉外、涉港澳台的第一审民商事案件。

甘肃、贵州、新疆、内蒙古、云南辖区内省会城市中级人民法院,可管辖诉讼标的额不低于300万元的第一审民商事案件,以及诉讼标的额不低于200万元且当事人一方住所地不在本辖区或者涉外、涉港澳台的第一审民商事案件。其他中级人民法院可管辖诉讼标的额不低于200万元的第一审民商事案件,以及诉讼标的额不低于100万元且当事人一方住所地不在本辖区或者涉外、涉港澳台的第一审民商事案件。

青海、宁夏、西藏辖区内中级人民法院,可管辖诉讼标的额不低于100万元的第一审民商事案件,以及诉讼标的额不低于50万元且当事人一方住所地不在本辖区或者涉外、涉港澳台的第一审民商事案件。

三、婚姻、继承、家庭、物业服务、人身损害赔偿、交通事故、劳动争议等案件,以及群体性纠纷案件。一般由基层人民法院管辖。

四、对重大疑难、新类型和在适用法律上有普遍意义的案件,可以依照民事诉讼法第三十九条的规定,由上级人民法院自行决定由其审理,或者根据下级人民法院报请决定由其审理。

五、实行专门管辖的海事海商案件、集中管辖的涉外民商事案件和知识产权案件,按现行规定执行。

六、军事法院管辖军内第一审民商事案件的标准，参照当地同级地方人民法院标准执行。

七、高级人民法院认为确有必要的，可以制定适当高于本通知的标准。对于辖区内贫困地区的中级人民法院，可以适当降低标准。

八、各高级人民法院关于本辖区的级别管辖标准应当于2008年3月5日前报我院批准。未经批准的，不得作为确定级别管辖的依据。

本通知执行过程中遇到的问题，请及时报告我院。

031. 破产案件的级别管辖

【审判专论】

我国《企业破产法》和《民事诉讼法》对破产案件的级别管辖没有相应规定。最高人民法院在《审理企业破产案件若干问题的规定》第2条规定："基层人民法院一般管辖县、县级市或者区的工商行政管理机关核准登记企业的破产案件；中级人民法院一般管辖地区、地级市（含本级）以上的工商行政管理机关核准登记企业的破产案件；纳入国家计划调整的企业破产案件，由中级人民法院管辖。"在以往破产实践中，一些特别重大的破产案件曾由高级人民法院管辖，如广东省高级人民法院审理广东省国际信托投资公司破产清算案。

我们认为，因为现行企业破产法立法出现了重大变化，有必要修正以往确定破产案件级别管辖的一些不合理的做法：

其一，破产案件原则上应由低级别的基层人民法院、中级人民法院管辖，高级人民法院不宜管辖破产案件。因为，债务人进入破产程序后必然产生大量的有关财产争议纠纷，诸如债权确认诉讼、取回权诉讼、撤销权诉讼。依照《企业破产法》第20条、第21条规定，债务人破产案件与债务人有关财产实体争议纠纷相分离，而后者适用普通审理程序，由受理破产申请的人民法院集中管辖。如由高级别的法院受理破产案件，则大量债务人财产纠纷案件二审将直接上诉于高级人民法院乃至最高人民法院，会使最高人民法院和高级人民法院陷入案件的海洋，必将影响制定司法政策、指导审判的主要功能。最高人民法院领导在全国民商事审判工作会议上明确：如高级人民法院认为须由其受理特别重大的破产案件，需报最高人民法院批准。

其二，以核准登记企业的工商行政管理机关的级别为参照标准确定破产案件的级别管辖不尽合理，值得反思。因为，企业登记机关对企业核准登记的分工范围，除涉及企业注册资本大小外，还有企业投资主体、经营范围、准入行业、企业名称使用等因素。在何级登记机关登记注册企业,并不能如实地反映企业的生产经营规模、资产大小、债权债务多少,也就是说,不能反映破产案件的审理的难易、繁简。因此,破产案件应根据具体案件的难易、复杂程度确定其管辖权,而非机械地按登记机关的级别确定案件自身的级别管辖。对于金融机构、上市公司等大、中型企业的破产案件或者具有重大影响、法律关系复杂的破产案件,由中级人民法院管辖外;其他一般企业的破产案件应由基层人民法院管辖。

(钱晓晨、刘子平:《破产案件管辖权及其异议处理程序研究》)

032. 期货交易所因履行职责引发的商事案件由期货交易所所在地的中级人民法院管辖

【审判政策与精神】

2003年发布的《期货司法解释》对期货纠纷案件的地域管辖和级别管辖作了一般性规定。期货交易所作为期货市场的组织者和一线监管者,处于市场的中枢位置,对于组织期货交易、控制市场风险和维护市场秩序发挥着至关重要的作用。而且,期货交易所制定的业务规则普遍适用于全国各地的会员和投资者,期货交易所一旦因履行职责涉诉,可能面临全国应诉的状况。更为重要的是,涉及期货交易所履行职责的案件的敏感性和市场影响力,远高于普通期货纠纷,具有更高的专业性和技术性,审理难度较大。考虑到我国期货市场地区发展的差异性,各地法院对期货交易法规及交易所规则的理解可能存在较大差异,若案件处置不当,可能引起误导效应,引发期货市场系统性风险,进而影响期货市场安全和稳定。此前,最高人民法院在2005年和2007年相继就证券交易所和中国证券登记结算有限责任公司因履行职能有关的诉讼案件的指定管辖发布了专门的司法解释,确定了指定管辖的具体原则,并收到了良好效果。考虑到期货交易所的地位、性质、职能与证券交易所、证券登记结算公司基本相同,故借鉴证券市场相关司法解释确定的原则和有益经验,指定期货交易所所在地中级人民法院管辖此类案件,以保证法律适用的统一性和准确性。需要特别指出的是,此次指定期货交易所所在地中级人民法院管辖的案件主体仅限于期货交易所,其诉讼地位仅限于被告或者第三人的情形,案件类型仅限于期货交易所履行职责引发的商事诉讼。

[最高人民法院《关于审理期货纠纷案件若干问题的规定(二)》答记者问]

【审判专论】

现有的期货交易所按其组织机构分为两类:一类是会员制期货交易所,即上海期货交易所、大连商品交易所、郑州商品交易所;另一类是公司制期货交易所,目前仅有中国金融期货交易所一家。指定管辖明确后,上海、大连、郑州三地的中级法院将对涉及期货交易所履行职责的相关案件行使管辖权。

本解释第一条将指定管辖的案件规定为“期货交易所履行职责引起的商事案件”。期货交易所日常从事的行为很多,有履行职责的行为,还有普通的民事行为,这些行为都可能引发诉讼。如何在本解释中界定哪些属于履行职责的行为,并实行指定管辖呢?本解释第2条对期货交易所履行职责引起的商事案件的范围作出规定。明确了原告、被告的主体范围,原告为市场各参与主体,具体规定了哪些行为属于期货交易所履行职责引起的商事案件的行为。根据期货交易所履行职责行为的法律渊源将所有的行为概括为两类,又在每一类中进行细化,第一类是以期货交易所违反法律法规以及国务院期货监督管理机构的规定,履行监督管理职责不当,造成其损害为由提起的商事诉讼案件;第二类是以期货交易所违反其章程、交易规则及其实施细则等规定及业务协议的约定,履行监督管理职责不当,造成其损害为由提起的商事诉讼案件;除列举以上两大类外,《期货司法解释(二)》还做了一款兜底性的概括规定,即期货交易所在履行职责过程中引发的其他商事诉讼。如此规定,将各种类型的涉及期货交易所履行职责的纠纷案件按照法律层级的不同梳理得清晰、明了,既便于理解,也便于适用和操作。

[宋晓明、周帆、沙玲:《最高人民法院〈关于审理期货纠纷案件若干问题的规定(二)〉的理解与适用》]

【司法解释】

最高人民法院关于审理期货纠纷案件若干问题的规定(二)

第一条 以期货交易所为被告或者第三人的因期货交易所履行职责引起的商事案件,由期货交易所所在地的中级人民法院管辖。

033. 专门管辖案件的级别管辖之确定

【公报案例】

准格尔旗鼎峰商贸有限责任公司与中铁十局集团有限公司铁路修建合同纠纷管辖权异议案

[最高人民法院(2013)民提字第231号]

❖ **裁判摘要**

在确定铁路运输法院专门管辖案件的级别管辖时,一方当事人住所地在铁路运输法院辖区,一方当事人住所地既不在铁路运输法院辖区,又不在铁路运输法院所在省份行政辖区,属于"当事人一方住所地不在省高级人民法院辖区"案件,即铁路运输法院辖区也是所属省高级人民法院辖区。

❖ 基本案情

再审申请人(一审被告、二审上诉人):中铁十局集团有限公司

法定代表人:沈尧兴,该公司董事长

委托代理人:孙建平,该公司法律事务部部长

委托代理人:宋桂林,该公司总法律顾问

被申请人(一审原告、二审被上诉人):准格尔旗鼎峰商贸有限责任公司

法定代表人:贺玉涛,该公司董事长

再审申请人中铁十局集团有限公司(以下简称中铁十局公司)因与被申请人准格尔旗鼎峰商贸有限责任公司(以下简称鼎峰公司)铁路修建合同纠纷管辖权异议一案,不服山西省高级人民法院(2013)晋立商终字第14号民事裁定,向最高人民法院申请再审。最高人民法院作出(2013)民申字第1783号民事裁定,提审本案。本院依法组成合议庭进行了审理,本案现已审理终结。

2013年4月16日,鼎峰公司因铁路修建合同纠纷将中铁十局公司诉至太原铁路运输中级法院(以下简称太原铁路中院),请求:一、判令中铁十局公司偿还鼎峰公司多支付的工程款64 800 276.86元;二、判令中铁十局公司支付鼎峰公司违约金18 000 000.00元;三、判令中铁十局公司支付逾期付款违约金;四、判令中铁十局公司开具1600万元的工程发票;五、判令中铁十局公司承担本案全部诉讼费用。中铁十局公司在超过答辩期后向一审法院提出管辖权异议,认为:一、本案诉讼标的额在8000万元以上,且中铁十局公司住所地不在山西省辖区,依法属于山西省高级人民法院管辖的第一审民事案件,太原铁路中院对本案没有管辖权。二、依据涉案《建设施工合同》的管辖约定,无法确定唯一的管辖法院,故该管辖约定不明确,无效。本案应当按照一般地域管辖原则,由被告住所地或者合同履行地法院管辖,请求将本案移送至被告住所地的山东省高级人民法院管辖。

太原铁路中院一审认为:中铁十局公司在法律规定的期间内没有向该院提出管辖权异议,并申请该院调查取证、延期举证,应视为其承认该院有管辖权。本案所涉工程是国家铁路朔准线的附属设施,根据最高人民法院《关于铁路运输法院案件管辖范围的若干规定》第三条第六项的规定,本案应由铁路运输法院专门管辖。本案工程施工现场(合同履行地)在太原铁路局业务管辖范围,双方均在施工现场设立了办事机构,且中铁十局公司准格尔旗煤炭集运站铁路专用线工程项目经理部在当地准旗铁路项目管理办公室作过备案,应视为原、被告所处铁路法院同一辖区。根据山西省高级人民法院晋高法〔2008〕5号文件规定,该院可受理1亿元以

下一审案件,故太原铁路中院对该案有管辖权且并不违反级别管辖和地域管辖。中铁十局一审法院裁定公司认为其住所地、合同履行地不在太原铁路中院管辖区认识有误,该院不予支持。

一审法院裁定

裁定:驳回中铁十局公司对本案管辖权提出的异议。

上诉

中铁十局公司不服一审裁定,上诉至山西省高级人民法院。山西省高级人民法院二审认为,双方当事人于 2011 年 10 月 9 日签订的《建设施工合同》中约定,争议的解决是"向工程所在地有管辖权的人民法院提起诉讼"。本案为铁路专用线建设施工合同纠纷,其工程所在地即合同履行地在太原铁路局辖区。根据最高人民法院《关于铁路运输法院案件管辖范围若干规定》第三条第六项之规定,该案属太原铁路中级人民法院专门管辖;本案双方当事人均不在山西省辖区,根据最高人民法院《全国各省、自治区、直辖市高级人民法院和中级人民法院管辖第一审民商事案件标准》规定,太原铁路中院管辖标的额为 500 万元以上 1 亿元以下的案件,故原审法院认为其对本案具有管辖权是正确的,应予维持。上诉人的上诉理由不能成立,不予支持。

二审法院裁定

裁定:驳回上诉,维持原裁定。

申请再审

中铁十局公司申请再审认为:一、根据最高人民法院《全国各省、自治区、直辖市高级人民法院和中级人民法院管辖第一审民商事案件标准》的规定,山西省高级人民法院管辖诉讼标的额在 1 亿元以上的第一审民商事案件,以及诉讼标的额在 5000 万元以上且当事人一方住所地不在本辖区或者涉外、涉港澳台的第一审民商事案件。本案属于"一方当事人不在本辖区"的案件,且诉讼标的额在 8000 万元以上,一审应当由高级人民法院管辖,太原铁路中级人民法院对本案没有管辖权。二、本案双方当事人签订的《建设施工合同》约定,"争议由工程所在地有管辖权的人民法院管辖"。工程所在地准格尔旗行政隶属于内蒙古自治区,铁路管理属于太原铁路局。鉴于本案诉讼标的额和当事人住所地情况,一审应当由高级人民法院管辖。按当事人约定,则山西省高级人民法院和内蒙古自治区高级人民法院均有管辖权,无法确定唯一的管辖法院,该约定不明确,因而无效。本案应当按照《中华人民共和国民事诉讼法》第二十三条之规定,由被告住所地或者合同履行地法院管辖。请求将本案移送至被告住所地的山东省高级人民法院审理。

被申请人鼎峰公司未提交书面答辩意见。

本院审理查明:鼎峰公司与中铁十局公司于 2011 年 10 月 9 日签订的《建设施

工合同》第1条约定:"工程地点为鄂尔多斯市准格尔旗纳日松镇南侧。"第35条约定:"经调解达不成协议时,向工程所在地有管辖权的人民法院提起诉讼。"

本院认为:本案双方当事人在签订的《建设施工合同》中约定"经调解达不成协议时,向工程所在地有管辖权的人民法院提起诉讼",该约定是双方真实意思表示,约定的"工程所在地法院"是明确的,符合《中华人民共和国民事诉讼法》第三十四条和最高人民法院《关于适用〈中华人民共和国民事诉讼法〉若干问题的意见》第24条的规定,应认定有效。本案系铁路专用线建设施工合同纠纷,根据最高人民法院《关于铁路运输法院案件管辖范围的若干规定》第三条第六项"与铁路及其附属设施的建设施工有关的合同纠纷"由铁路运输法院管辖之规定,本案应由铁路运输法院专门管辖。本案工程所在地准格尔旗在太原铁路局辖区,属于太原铁路中级人民法院辖区,一审原告鼎峰公司住所地准格尔旗,属于太原铁路中级人民法院辖区,因而也在山西省高级人民法院辖区。一审被告中铁十局公司住所地为山东省济南市,既不在太原铁路局辖区,也不在山西省辖区,因而不在山西省高级人民法院辖区。根据最高人民法院《全国各省、自治区、直辖市高级人民法院和中级人民法院管辖第一审民商事案件标准》的规定,山西省高级人民法院管辖诉讼标的额在1亿元以上的第一审民商事案件,以及诉讼标的额在5000万元以上且当事人一方住所地不在本辖区或者涉外、涉港澳台的第一审民商事案件。本案诉讼标的额为8000余万元,且一审被告中铁十局公司住所地不在山西省高级人民法院辖区,因此本案属于山西省高级人民法院管辖的第一审民事案件,太原铁路中级人民法院对本案没有管辖权。一、二审裁定认定太原铁路中级人民法院对本案有管辖权不当。

再审法院裁定

综上,一、二审裁定适用法律错误,中铁十局公司关于本案应由高级人民法院管辖的理由成立。本院根据《中华人民共和国民事诉讼法》第二百条第六项、第二百零七条第一款之规定.裁定如下:

一、撤销太原铁路运输中级法院(2013)太铁中商初字第4号民事裁定和山西省高级人民法院(2013)晋立商终字第14号民事裁定;

二、由山西省高级人民法院作为一审法院审理本案。

[选自《最高人民法院公报案例》(2014年卷)]

第二节 地域管辖

034. 合同履行地的确定

【民诉法司法解释】

合同履行地,是指合同按照约定或者实际实施的地点。《民事诉讼法若干意见》对其在第18~22条作了规定,但实践中发现根据合同类型分别规定合同履行地的规则过于复杂,《民事诉讼法解释》将该意见第18~22条合并为一条,其第18条规定:“合同约定履行地点的,以约定的履行地点为合同履行地。合同对履行地点没有约定或者约定不明确,争议标的为给付货币的,接收货币一方所在地为合同履行地;交付不动产的,不动产所在地为合同履行地;其他标的,履行义务一方所在地为合同履行地。即时结清的合同,交易行为地为合同履行地。合同没有实际履行,当事人双方住所地都不在合同约定的履行地的,由被告住所地人民法院管辖。”该条规定明确了合同履行地的识别规则,同时对特殊的买卖合同等合同履行地作出例外规定,使得合同履行地的确定规则更加简单、明确,减少管辖权异议和争议。适用该条规定,应当把握以下几点:①

1. 合同履行地,首先以双方当事人约定的履行地为准。即合同明确约定的履行地点为合同履行地,而不是依据实体法规定履行义务的地点确定合同履行地,废止了《民事诉讼法若干意见》第19条的规定。② 因为实践中合同履行地极为复杂,既有约定的履行地,也有与约定的履行地不一致的实际履行地;既有根本未履行的情况,也有在不同地点分别履行的情况,由此给合同案件管辖带来了很多问题,也极易产生管辖上的争议,最高人民法院不得不做出多个司法解释来解决这一问题。比较而言,按约定履行地确定管辖则有很大优势,因为约定履行地明确易把握,维持管辖的确定性,避免发生管辖争议。同时,适用面广,整齐划一:既能适用于合同已履行的情况,也能适用于合同未履行的情况;既能适用于在一个地点履行的情

---

① 沈德咏主编:《最高人民法院民事诉讼法司法解释理解与适用》,人民法院出版社2015年版,第153~156页。

② 《民事诉讼法若干意见》第19条规定:“购销合同的双方当事人在合同中对交货地点有约定的,以约定的交货地点为合同履行地;没有约定的,依交货方式确定合同履行地;采用送货方式的,以货物送达地为合同履行地;采用自提方式的,以提货地为合同履行地;代办托运或按木材、煤炭送货办法送货的,以货物发运地为合同履行地。购销合同的实际履行地点与合同中约定的交货地点不一致的,以实际履行地点为合同履行地。”

况,也能适用于在不同地点履行的情况。①

当事人约定的地点与实际履行地不一致的,如约定由合同签订地、履行地法院管辖,但实际签订地、履行地与约定的签订地、履行地不一致,此种情形因为双方对管辖有预期,应当以约定地为准作为确定管辖权的依据,不因与实际履行地不符而改变。《最高人民法院关于适用〈中华人民共和国合同法〉若干问题的解释(二)》第4条即规定:“采用书面形式订立合同,合同约定的签订地与实际签字或者盖章地点不符的,人民法院应当认定约定的签订地为合同签订地;合同没有约定签订地,双方当事人签字或者盖章不在同一地点的,人民法院应当认定最后签字或者盖章的地点为合同签订地。”②

2. 双方当事人未约定的,确定合同履行地的规则。因为当事人对此未作约定,应当根据当事人起诉时的诉讼请求,结合合同履行义务的内容,确定合同履行地。在合同履行地的确认中,给付货币和交付不动产的履行地比较容易确定,难以确定的主要是其他标的,履行义务一方所在地为合同履行地。例如买卖合同,出卖方起诉要求买受方支付货款的,出卖方为接收货币一方,其住所地为合同履行地;如买受方起诉出卖方交付货物或者交付货物不符合约定要求损害赔偿的,出卖方为履行义务一方,出卖方住所地为合同履行地,因此,此类合同纠纷管辖地是确定的。

3. 关于“履行义务一方所在地”的确定。《民事诉讼法解释》以程序法规定为原则结合实体法内容确定合同履行地的规则,因此,履行义务的含义要结合实体法内容确定。如“给付货币一方”,这里的“给付货币”是指实体内容的合同义务,不是原告诉讼请求中简单的给付金钱的请求。也就是说,不能以给付金钱这种责任承担的形式来确定合同履行地,而应根据当事人起诉时的请求结合合同履行义务的内容加以确定。

4. 有多个合同履行义务的履行地的确定。合同项下的义务是多个的,应当依照履行合同主要义务所在地确定为合同履行地,具体结合合同履行的实体内容确定何为主要义务。当主要义务履行地无法确定的,两个以上合同履行地的人民法院都有管辖权,此时应依照《民事诉讼法》第35条的规定③确定管辖法院。

5. 合同履行地应当以书面约定为准。管辖协议应当采用书面形式,包括合同书、信件、数据电文(如电报、电传、传真、电子数据交换、电子邮件)等形式。《合同

① 江伟等:《〈中华人民共和国民事诉讼法〉修改建议稿(第三稿)及立法理由》,人民法院出版社2005年版,第101页。

② 该条规定解决了如何认定合同签订地的两个特殊问题:一是合同约定的签订地与实际签字或者盖章地点不符的问题;二是合同未约定签订地,签字与盖章地点不同,何处为合同签订地。

③ 《民事诉讼法》第35条规定:“两个以上人民法院都有管辖权的诉讼,原告可以向其中一个人民法院起诉;原告向两个以上有管辖权的人民法院起诉的,由最先立案的人民法院管辖。”

法》第 11 条即规定:“书面形式是指合同书、信件和数据电文(包括电报、电传、传真、电子数据交换和电子邮件)等可以有形地表现所载内容的形式。”

6. 当事人约定不明确的合同履行地的确定。当事人协议选择的管辖法院必须是确定的、单一的,即在被告住所地、合同履行地、合同签订地、原告住所地、标的物所在地等与争议有实际联系的地点的人民法院中选择其一。实践中有以下两种较为常见的约定不明确的管辖协议:

(1)约定由守约方所在地法院管辖。要判断何方当事人守约,需要经过实体审理方能确定,在确定管辖权的阶段无法判明,这类约定不明确的管辖协议无法执行,应当认定为无效。最高人民法院《关于金利公司与金海公司经济纠纷案件管辖问题的复函》(1995 年 7 月 5 日,法函〔1995〕89 号)指出:金利公司与金海公司在再次补充协议中约定:“如甲、乙双方发生争议,由守约方所在地人民法院管辖。”该约定不符合《民事诉讼法》第 25 条[①]的规定,应认定协议管辖的条款无效。本案应由被告所在地的人民法院管辖。[②]

(2)约定由当地法院管辖。至于何为当地指代不明,是当事人住所地、合同履行地还是工程所在地等,常常产生争议。对此,应当综合考量当事人的意思、合同类型及其他因素,能够确定何为当地的,应当认定为有效;不能确定的,应当认定为约定不明确。最高人民法院在〔2010〕民申字第 809 号民事裁定书中指出:在施工合同中约定“在合同执行中发生争议,双方应协商解决;协商不成向当地人民法院起诉”所称的当地,系指工程所在地(即合同履行地)。

7. 未履行合同的合同履行地确定。《民事诉讼法解释》本条规定保留了《民事诉讼法若干意见》第 18 条,合同没有实际履行,当事人双方住所地都不在合同约定的履行地的,由被告住所地人民法院管辖。在对管辖争议处理时,主要根据当事人的主张对合同是否履行作形式审查,如果合同没有履行,合同对履行地有约定的依照约定确定管辖,但是,双方当事人住所地均不在合同约定的履行地的,由被告住所地法院管辖;合同没有约定履行地也没有实际履行的,也应由被告住所地法院管辖,当然不能违反专属管辖和级别管辖的规定。

---

① 1991 年《民事诉讼法》第 25 条规定:“合同的双方当事人可以在书面合同中协议选择被告住所地、合同履行地、合同签订地、原告住所地、标的物所在地人民法院管辖,但不得违反本法对级别管辖和专属管辖的规定。”

② 刘德权主编:《最高人民法院司法观点集成·民事诉讼卷》,人民法院出版社 2014 年版,第 65 页。

035. 当事人约定两个以上管辖法院的协议的效力认定

【民诉法司法解释】

当事人约定了两个以上管辖法院的,如约定由当事人各自住所地、原告住所地、起诉方住所地法院管辖,该管辖协议是否有效?《民事诉讼法解释》第30条第2款修改了《民事诉讼法若干意见》第24条规定此类管辖协议无效的规则,[①]规定:"管辖协议约定两个以上与争议有实际联系的地点的人民法院管辖,原告可以向其中一个人民法院起诉。"据此,只要当事人协议选择了与争议有实际联系地点的管辖法院,既可以是一处,也可以是多处,一旦当事人发生纠纷,就可以按协议的约定,选择向其中一个法院起诉。如果双方基于同一法律关系或同一法律事实分别向不同的法院起诉,先受理的法院取得管辖权。这一修订充分尊重当事人双方的意思表示,扩大当事人达成管辖协议的自由,避免了大面积认定管辖协议无效,也减少了因约定不明确造成法院之间"推管辖"或"抢管辖"情况发生。

此前,最高人民法院《关于合同双方当事人协议约定发生纠纷各自可向所在地人民法院起诉如何确定管辖权的复函》(1994年11月27日,法经〔1994〕307号)也持此观点,该复函指出:"合同双方当事人约定:发生纠纷各自可向所在地人民法院起诉。该约定可认为是选择由原告住所地人民法院管辖,如不违反有关级别管辖和专属管辖的规定,则该约定应为有效。若当事人已分别向所在地人民法院提起诉讼,则应由先立案的人民法院管辖;若立案时间难于分清先后,则应由两地人民法院协商解决;协商解决不了的,由它们的共同上级人民法院指定管辖。"最高人民法院审理的〔2013〕民一终字第129号民事裁定书青岛金实房地产开发投资有限公司与中国华西企业有限公司管辖权异议案也指出:合同双方当事人约定,发生纠纷各自可向所在地人民法院起诉。当事人的真实意思是,涉案合同发生争议后,任何一方当事人作为原告提起诉讼,都可选择原告所在地人民法院作为管辖法院,该协议选择管辖的约定是明确的。该约定可认为是选择由原告所在地人民法院管辖,如不违反有关级别管辖和专属管辖的规定,则该约定应为有效。[②]

此外,当事人即便约定管辖法院不够明确,但只要根据管辖协议约定的地域能

① 《民事诉讼法若干意见》第24条规定:"合同的双方当事人选择管辖的协议不明确或者选择民事诉讼法第二十五条规定的人民法院中的两个以上人民法院管辖的,选择管辖的协议无效,依照民事诉讼法第二十四条的规定确定管辖。"

② 刘德权主编:《最高人民法院司法观点集成·民事诉讼卷》,人民法院出版社2014年版,第74页。

够确定具体管辖法院的,管辖协议按照有效处理。例如,当事人已约定某一具体基层法院,纠纷发生后超出该院级别管辖标准,不宜以违反级别管辖而认定无效,这种约定表明双方当事人愿意在该法院所在地进行诉讼,地域管辖是明确的。出于保护当事人的正当预期,应当认定双方选择的地域管辖是有效的,可以结合级别管辖标准确定具体的管辖法院。①

036. 法人住所地的确定

【地方审判】

法人的实际营业或办事机构所在地与法人注册登记的地址一致的,法人的住所地依据注册登记的地址确定。

法人的实际营业地或办事机构所在地与法人注册登记的地址不一致的,法人的住所地是法人的实际营业地或办事机构所在地。

[《北京市高级人民法院审理民商事案件若干问题的解答之五(试行)》]

这关系到案件的管辖法院问题。《民事诉讼法》第 21 条第 2 款规定:“对法人或者其他组织提起的民事诉讼,由被告住所地人民法院管辖。”最高人民法院《关于适用〈中华人民共和国民事诉讼法〉若干问题的意见》第 4 条规定:“法人的住所地是指法人的主要营业地或主要办事机构所在地。”根据工商登记的要求,法人在设立时其住所应当是其主要经营场所,因此,在一般情况下,营业执照登记的地址为法人住所地。但是在工商登记地与实际营业地或办事机构所在地作为法人住所地。此时,法人的注册登记地址不能作为确定管辖的依据。需要注意的是,“案件受理后,受诉人民法院的管辖权不受当事人住所地、经常居住地变更的影响”。

在当前市场经济条件下,多营业或多办事机构的法人普遍存在,也很难区分“主、次”。为统一操作,对主要营业地或主要办事机构所在地的“主要”不作条件限定,包括规模、时间等,只要当事人能够证明其确在该地经营或办公即可。

此问题在讨论中,争议较大。一种意见认为,法人住所地是唯一的,实行工商登记制度,如果发生变化,应根据法人登记条例进行变更,未办理变更登记的仍以营业执照确定住所地。原告只需证明起诉地为被告的登记地即可。如果对实际营业地进行确认,对原告是不利的。另一种意见认为,只要法人工商登记地或实际营业地、办事机构有一处在受理案件法院辖区,此法院对案件就具有管辖权。但此两

① 沈德咏主编:《最高人民法院民事诉讼法司法解释理解与适用》,人民法院出版社 2015 年版,第 184 页。

种意见都突破了最高人民法院《关于适用〈中华人民共和国民事诉讼法〉若干问题的意见》第4条的规定。

[关于《北京市高级人民法院审理民商事案件若干问题的解答之五(试行)》的说明]

【民诉法司法解释】

关于法人住所地,与《民法通则》第39条、《公司法》第10条关于法人、公司以其主要办事机构所在地为住所的规定相一致,《民事诉讼法解释》第3条规定:"法人或者其他组织的住所地是指法人或者其他组织的主要办事机构所在地。法人或者其他组织的主要办事机构所在地不能确定的,法人或者其他组织的注册地或者登记地为住所地。"与《民事诉讼法若干意见》第4条相比,删去了后者"主要营业地"的规定,并增加规定了不能确定主要办事机构所在地时,以法人或者其他组织的注册地或者登记地为住所地。这里的"办事机构所在地"是指执行法人或者其他组织的业务活动、决定和处理组织事务的机构所在地。①

037. 涉外合同纠纷管辖

【公报案例】

山东聚丰网络有限公司与韩国MGAME公司、天津风云网络技术有限公司网络游戏代理及许可合同纠纷管辖权异议案

[最高人民法院(2009)民三终字第4号]

❖ **裁判摘要**

《中华人民共和国民法通则》第一百四十五条规定:"涉外合同的当事人可以选择处理合同争议所适用的法律,法律另有规定的除外。涉外合同的当事人没有选择的,适用与合同有最密切联系的国家的法律。"《中华人民共和国民事诉讼法》第二百四十二条规定:"涉外合同或者涉外财产权益纠纷的当事人,可以用书面协议选择与争议有实际联系的地点的法院管辖。选择中华人民共和国人民法院管辖的,不得违反本法关于级别管辖和专属管辖的规定。"最高人民法院《关于审理涉外民事或商事合同纠纷案件法律适用若干问题的规定》第一条规定:"涉外民事或商事合同应适用的法律,是指有关国家或地区的实体法,不包括冲突法和程序法。"据

① 沈德咏主编:《最高人民法院民事诉讼法司法解释理解与适用》,人民法院出版社2015年版,第130页。

此,涉外合同的当事人协议选择适用法律与协议选择管辖法院是两个截然不同的法律行为,应当根据相关法律规定分别判断其效力。对于协议选择管辖法院条款的效力,应当依据法院地法进行判断,与准据法所属国的法律规定无关。前述《中华人民共和国民事诉讼法》第二百四十二条的规定属于授权性规范,而非指示性规范,即按照我国现行法律规定,对于涉外合同或者涉外财产权益纠纷案件当事人协议选择管辖法院的问题,仍应当坚持书面形式和实际联系原则。

❖ **基本案情**

上诉人(原审被告):韩国 MGAME 公司(MGAME CORPORATION)

法定代表人:权彝衡(Kweon Yi Hyung),首席执行官

被上诉人(原审原告):山东聚丰网络有限公司

法定代表人:刘观进,董事长

原审第三人:天津风云网络技术有限公司

法定代表人:鲍建东,董事长

原审原告山东聚丰网络有限公司(以下简称聚丰网络公司)与原审被告韩国 MGAME 公司(MGAME CORPORATION,以下简称 MGAME 公司)、原审第三人天津风云网络技术有限公司(以下简称风云网络公司)网络游戏代理及许可合同纠纷管辖权异议一案,MGAME 公司不服中华人民共和国山东省高级人民法院于 2009 年 1 月 12 日作出的(2008)鲁民三初字第 1 号民事裁定,向最高人民法院提起上诉。法院依法组成合议庭,于 2009 年 3 月 25 日公开开庭审理了本案,上诉人 MGAME 公司委托代理人王亚西、何薇,被上诉人聚丰网络公司委托代理人田厥慈、陆广洲,原审第三人风云网络公司委托代理人任燕莉到庭参加诉讼。审理中,当事人均未提出回避申请。本案现已审理终结。

聚丰网络公司以 MGAME 公司为被告、以风云网络公司为第三人,于 2008 年 7 月 30 日向山东省高级人民法院提起诉讼,请求判令:1. 被告继续履行双方于 2005 年 3 月 10 日签订的《独家游戏代理及许可协议》;2. 被告赔偿原告 33498272.41 元的经济损失;3. 被告承担本案全部诉讼费用。

山东省高级人民法院受理本案后,被告 MGAME 公司在提交答辩状期间对管辖权提出异议。其主要理由是:原被告双方于 2005 年 3 月 25 日签订的《游戏许可协议》第 21 条约定:“本协议应当受中国法律管辖并根据中国法律解释。由本协议产生或与本协议相关的所有的争议应当在新加坡最终解决,且所有本协议产生的争议应当接受新加坡的司法管辖。”因此,将由本协议引起的争议提交新加坡司法机构管辖是双方当事人的明确约定,是双方真实意思表示,本案应由新加坡有管辖权的法院审理,山东省高级人民法院对本案没有管辖权。故,请求驳回聚丰网络公司的起诉。

一审法院认为

山东省高级人民法院经审查认为:本案为涉外知识产权纠纷,虽然原告聚丰网络公司与被告 MGAME 公司于 2005 年 3 月 25 日签订的《游戏许可协议》第 21 条约定产生的争议应当接受新加坡的司法管辖,但是双方同时约定"本协议应当受中国法律管辖并根据中国法律解释",双方在协议适用法律上选择中国法律为准据法。因此,双方协议管辖条款也必须符合选择的准据法即中国法律的有关规定。《民事诉讼法》第二百四十二条规定:"涉外合同或者涉外财产权益纠纷的当事人,可以用书面协议选择与争议有实际联系的地点的法院管辖。……"据此,当事人选择的管辖法院应限定在与争议案件有实际联系的范围内。而本案聚丰网络公司与 MGAME 公司协议约定的管辖地新加坡,既不是双方当事人的住所地,也不是本案游戏许可协议的签订地、履行地、争议发生地,所以与本案争议无任何联系,其约定超出了与争议有实际联系的限定范围,该约定管辖应属无效。山东省高级人民法院为原告聚丰网络公司住所地法院,与本案有实际联系,在双方协议约定管辖无效的情况下,对本案行使管辖权,并无不当,符合我国法律规定。

一审法院裁定

依照《民事诉讼法》第三十八条和第二百四十二条之规定,山东省高级人民法院裁定:驳回韩国 MGAME 公司(MGAME CORPORATION)对本案管辖权提出的异议。

上诉

MGAME 公司不服原审裁定,向本院提起上诉,请求撤销原审裁定,驳回聚丰网络公司的起诉,本案一、二审案件受理费均由聚丰网络公司承担。其主要理由是:1. 原审裁定违反法定程序。2008 年 11 月 14 日,原审法院向 MGAME 公司送达的案卷材料仅包括聚丰网络公司关于诉讼请求及事实与理由的陈述,没有任何证据材料。MGAME 公司为保护自己的程序权利,只能以自己已掌握的证据为基础提出管辖权异议。原审法院未向 MGAME 公司送达聚丰网络公司完整的起诉状材料,违反了《民事诉讼法》第一百一十条和第二百四十六条的规定,剥夺了 MGAME 公司在管辖权异议程序中就聚丰网络公司的主张和证据进行辩论的权利,其裁定严重违反法定程序,依法应当予以撤销。2. 原审裁定事实认定不清。聚丰网络公司在其起诉状的"事实与理由"中声称,"原被告于 2005 年 3 月 10 日就互联网游戏《英雄》签订《独家游戏代理及许可协议》","合同有效期自 2005 年 3 月 10 日至 2008 年 3 月 1 日"。MGAME 公司在向原审法院提交《管辖权异议书》时所附的证据是 MGAME 公司与聚丰网络公司于 2005 年 3 月 25 日签订的《独家游戏发行和许可协议》,该协议的期限是两年。上述两份协议并非同一协议。对于聚丰网络公司提供的协议,MGAME 公司未签订过,因未收到该协议,MGAME 公司也无法判断是否签订过该协议以及其中的协议管辖条款是如何约定的。原审法院没有对聚丰网络公司起诉时提交的协议进行审查，而是依据 MGAME 公司提交的 2008 年 3 月 25 日的协议的有关条款认定聚丰网络公司与 MGAME 公司协议约定管辖应属无效，从而驳回了 MGAME 公司对本案管辖权的异议，属于认定事实不清。3. 根据 MGAME 公司与聚丰网络公司于 2005 年 3 月 25 日签订的《独家游戏发行和许可协议》的约定，由该协议引起的所有争议应由新加坡的法院管辖。MGAME 公司与聚丰网络公司在订立协议过程中，多次就有关协议管辖的事项进行磋商。聚丰网络公司主张应由其住所地中国法院管辖，MGAME 公司主张应由 MGAME 公司住所地韩国法院管辖，最后双方达成妥协，决定由第三国司法机构管辖，即协议第 21 条的内容。该约定的本意是避免任何可能由于国家或者地方保护主义而导致的对与协议有关的争议的不公平处理。由原审法院管辖因本协议引起的争议，显然违反了双方当事人的真实意思表示，对 MGAME 公司来说亦有失公平，原审法院对本案没有管辖权。

聚丰网络公司答辩称：原审认定事实清楚，适用法律正确，依法应予维持。其主要理由是：1. 原审裁定符合法律程序。双方于 2005 年 3 月 25 日订立的许可协议明确约定，"本协议由中国法律管辖并根据中国法律解释"，尽管约定争议应当由新加坡的司法机关管辖，但因不符合中国法律有关"与争议有实际联系"的规定，属无效约定。2. 原审裁定认定事实清楚，适用法律正确。双方于 2005 年 3 月 25 日订立《独家游戏代理及许可协议》合同的有效期是自 2005 年 3 月至 2008 年 3 月，这是合同的有效期限，并非是诉讼时效，这并不影响双方发生争议的管辖地。3. 当时订立协议时有中文和英文两个文本，英文本写的时间是 3 月 25 日，中文本写的时间是 3 月 10 日，二者均是合同组成部分，内容一致。

原审第三人风云网络公司未陈述意见。

本院经审理查明：聚丰网络公司起诉时提交的《民事起诉书》在事实与理由部分陈述："原被告于 2005 年 3 月 10 日就互联网游戏《英雄》签定(订)《独家游戏代理及许可协议》。"聚丰网络公司在起诉后法院立案之前还向法院提交了相应的证据材料，其《证据清单》第一项表述为"原被告 2005 年 3 月 10 日签订的《网络游戏许可协议》中英文件"，但实际所附证据的中文本合同复印件首页落款日期为"2005 年 3 月 25 日"、首页合同名称为《网络游戏许可协议》及"游戏名称：《英雄 online》"、第 2 页合同名称为《独家游戏代理及许可协议》，该中文本合同并无任何签字和盖章；所附证据的英文本合同复印件首页落款日期为"March25. 2005"、首页合同名称为"GAME LICENSE AGREEMENT"及"Hero Online Game 英雄 online"、第 2 页合同名称为"Exclusive Game Distribution and License Agreement"，该英文本合同每一页均有上诉人和被上诉人的代表人签字，且首页有山东省版权局著作权合同登记章。聚丰网络公司在二审庭审时向本院提交了首页落款日期为"2005 年 3 月 10 日"、首页合同名称为《网络游戏许可协议》及"游戏名称：《英雄

online》”、第 2 页合同名称为《独家游戏代理及许可协议》的中文本,该协议第 13 页合同落款处有上诉人和被上诉人的公章及代表人的签字。MGAME 公司在二审庭审时向本院提交了与聚丰网络公司在一审起诉时提交的合同英文本复印件内容一致的合同英文本原件及由中国对外翻译出版公司翻译的中文本,该英文本合同每一页均有上诉人和被上诉人的代表人签字,各自文本中的签字代表人一致,但签名方式略有不同。上诉人和被上诉人在二审庭审中均明确认可落款日期为 2005 年 3 月 25 日的游戏许可协议英文本的真实性,一致确认双方之间并不存在其他交易合同;对于聚丰网络公司二审提交的首页落款日期为 2005 年 3 月 10 日的中文本协议,MGAME 公司认为,其从未与被上诉人签署过此份协议,且与双方认可的落款日期为 2005 年 3 月 25 日的游戏许可协议存在诸多内容差异,故对该证据的真实性不予认可。

根据 MGAME 公司提供的由中国对外翻译出版公司翻译的 2005 年 3 月 25 日协议的中文本,其序言中指出:“协议内容是聚丰网络有限公司成为许可人(指 MGAME 公司)的独家游戏发行商,并按照以下条款和条件在指定区域内推广产品(每个术语均在下文中进行定义)……‘指定区域’专指中国内地(不包括香港)”;其第 6.1 条中约定:“许可人将在协议期间在被许可人(指聚丰网络公司)的场所内提供与产品的安装和维护相关的技术服务……”;其第 21 条为:“本协议应当受中国法律管辖并根据中国法律解释。由本协议产生或与本协议相关的所有争议应当在新加坡最终解决,且所有由本协议产生的争议应当接受新加坡的司法管辖。”经本院核实,双方提交的落款日期为 2005 年 3 月 25 日游戏许可协议英文本,至少在序言、第 6.1 条和第 21 条的英文表述完全一致。

另查明:山东省高级人民法院于 2008 年 7 月 30 日收到聚丰网络公司的《民事起诉书》,于 2008 年 8 月 17 日收到聚丰网络公司提供的证据材料两册,于 2008 年 8 月 21 日决定立案受理,此后该院向 MGAME 公司送达了应诉通知书、起诉状副本、举证通知书和开庭传票,对聚丰网络公司提供的证据材料未予同时送达。

二审法院认为

最高人民法院认为:本案在二审中当事人争议的主要问题是:聚丰网络公司起诉所依据的协议的真实性;一审法院在送达起诉状副本时未同时送达原告提交的证据材料是否违反法定程序;涉案合同的协议选择管辖法院条款是否有效以及原审法院对本案是否享有管辖权。

(一)关于聚丰网络公司起诉所依据的协议的真实性

虽然聚丰网络公司在起诉状中陈述其与 MGAME 公司签订的协议是 2005 年 3 月 10 日的《独家游戏代理及许可协议》,甚至在其《证据清单》中亦表述为“原被告 2005 年 3 月 10 日签订的《网络游戏许可协议》中英文件”,但其在起诉时所附证据材料中实际提交的是双方签字的落款日期为2005年3月25日的协议英文本和没有签字的落款日期为同日的中文本,该英文本与MGAME公司据以提出管辖权异议的协议英文本实为同一协议,聚丰网络公司与MGAME公司在二审庭审中均已明确认可该英文本的真实性,且一致确认双方之间并不存在其他交易合同。由此可见,聚丰网络公司的本意是请求法院裁判双方因同一协议所产生的争议。在此情况下,无论聚丰网络公司二审提交的首页落款日期为2005年3月10日、合同落款处有上诉人和被上诉人的公章及代表人签字的《网络游戏许可协议》中文本的真实性如何,均不影响当事人依据落款日期为2005年3月25日的协议英文本进行本案诉讼。聚丰网络公司因自身原因在起诉状中未能准确、清楚地表述双方协议的签订日期,虽然给MGAME公司应诉答辩带来一定的疑惑,但鉴于双方实际所依据的协议均指2005年3月25日协议,原审法院亦据此协议对MGAME公司的管辖权异议作出裁定,有关协议日期的表述问题并未对MGAME公司行使诉讼权利产生实质性的妨碍。因此,上诉人关于原审裁定对此认定事实不清的理由,实际并不成立。

(二)关于一审法院在送达起诉状副本时未同时送达原告提交的证据材料是否违反法定程序

《民事诉讼法》第一百一十三条第一款规定:“人民法院应当在立案之日起五日内将起诉状副本发送被告,被告在收到之日起十五日内提出答辩状。”最高人民法院《关于民事诉讼证据的若干规定》(以下简称《民事诉讼证据规定》)第三十三条规定:“人民法院应当在送达案件受理通知书和应诉通知书的同时向当事人送达举证通知书。举证通知书应当载明举证责任的分配原则与要求、可以向人民法院申请调查取证的情形、人民法院根据案件情况指定的举证期限以及逾期提供证据的法律后果。举证期限可以由当事人协商一致,并经人民法院认可。由人民法院指定举证期限的,指定的期限不得少于三十日,自当事人收到案件受理通知书和应诉通知书的次日起计算。”《民事诉讼证据规定》第三十四条第一款规定:“当事人应当在举证期限内向人民法院提交证据材料,当事人在举证期限内不提交的,视为放弃举证权利。”《民事诉讼证据规定》第三十七条规定:“经当事人申请,人民法院可以组织当事人在开庭审理前交换证据。人民法院对于证据较多或者复杂疑难的案件,应当组织当事人在答辩期届满后、开庭审理前交换证据。”

根据上述法律规定,首先,人民法院应当在立案之日起五日内至少应将起诉状副本、应诉通知书、举证通知书发送被告,并无必须同时将原告证据一并发送被告的强制性规定。其次,前述司法解释明确了在人民法院立案受理后的举证期限制度,即除非当事人协商一致并经人民法院认可,该举证期限自当事人收到案件受理通知书和应诉通知书的次日起计算不得少于三十日。对于国内案件而言,这一举证期限显然要长于被告十五日的答辩期;即使对于涉外案件中在中华人民共和国领域内没有住所的被告而言,其答辩期为三十日,举证期限也仅仅是有可能与该答辩期相同,但不会短于该答辩期,而且实际上一般也会长于该答辩期。尽管实践中人民法院决定立案受理案件时一般会要求原告提供初步证据,但这并不意味着要求原告必须在起诉时或者被告的答辩期届满前提交全部证据。最后,前述司法解释还明确了证据交换制度,这意味着当事人可以在人民法院组织交换证据时各自向对方提供证据,而并不要求必须将原告证据提前送达被告。另外,如何保证被告尽早获得原告证据以便其及时进行有针对性的抗辩,是需要在将来进一步完善有关的法律规则和实践操作的问题。总而言之,上诉人有关原审法院未在送达起诉状副本时同时送达原告证据而违反法定程序的上诉理由,并不能成立。

(三)关于涉案合同的协议选择管辖法院条款的效力

《民法通则》第一百四十五条规定:"涉外合同的当事人可以选择处理合同争议所适用的法律,法律另有规定的除外。涉外合同的当事人没有选择的,适用与合同有最密切联系的国家的法律。"《民事诉讼法》第二百四十二条规定:"涉外合同或者涉外财产权益纠纷的当事人,可以用书面协议选择与争议有实际联系的地点的法院管辖。选择中华人民共和国人民法院管辖的,不得违反本法关于级别管辖和专属管辖的规定。"最高人民法院《关于审理涉外民事或商事合同纠纷案件法律适用若干问题的规定》第一条规定:"涉外民事或商事合同应适用的法律,是指有关国家或地区的实体法,不包括冲突法和程序法。"根据上述法律规定,协议选择适用法律与协议选择管辖法院是两个截然不同的法律行为,应当根据相关法律规定分别判断其效力。对协议选择管辖法院条款的效力,应当依据法院地法进行判断;原审法院有关协议管辖条款必须符合选择的准据法所属国有关法律规定的裁定理由有误。

对于涉外案件当事人协议选择管辖法院的问题,1982 年 10 月 1 日起试行的《民事诉讼法(试行)》并未作出特别规定,现行的 1991 年 4 月 9 日公布并施行的《民事诉讼法》第二百四十二条对此作出了上述特别规定。根据当时的立法背景和有关立法精神,对于该条中关于"可以用书面协议选择与争议有实际联系的地点的法院管辖"的规定,应当理解为属于授权性规范,而非指示性规范,即涉外合同或者涉外财产权益纠纷案件当事人协议选择管辖法院时,应当选择与争议有实际联系的地点的法院,否则,该法院选择协议即属无效;同时,对于这种选择管辖法院的协议,既可以是事先约定,也可以是事后约定,但必须以某种书面形式予以固定和确认。据此,按照我国现行法律规定,对于涉外合同或者涉外财产权益纠纷案件当事人协议选择管辖法院的问题,仍应当坚持书面形式和实际联系原则。

本案根据上诉人与被上诉人一致认可的合同英文本,其第 21 条约定了两个方面的基本内容。即首先约定了因协议产生纠纷所适用的实体法,即中国法律;进而约定了因协议产生纠纷的解决机构,即接受新加坡司法管辖。上诉人与被上诉人在本案中仅对协议选择外国司法机构管辖的效力问题有争议。根据上述法律规定特别是《民事诉讼法》第二百四十二条的规定，涉外合同当事人协议选择管辖法院应当选择与争议有实际联系的地点的法院，而本案当事人协议指向的新加坡，既非当事人住所地，又非合同履行地、合同签订地、标的物所在地，同时本案当事人协议选择适用的法律也并非新加坡法律，上诉人也未能证明新加坡与本案争议有其他实际联系。因此，应当认为新加坡与本案争议没有实际联系。相应地，涉案合同第21条关于争议管辖的约定应属无效约定，不能作为确定本案管辖的依据。上诉人据此约定提出的有关争议管辖问题的主张，不能得到支持。原审裁定将争议发生地也作为判断是否属于《民事诉讼法》第二百四十二条规定的与争议有实际联系的地点的连结点之一，虽有不当，但并不影响对涉案合同第21条有关争议管辖约定的效力的认定。

（四）关于原审法院对本案行使管辖权的依据

在当事人选择管辖法院的约定无效的情况下，应当根据受诉地国家有关涉外案件管辖的其他法律规则确定案件的管辖。《民事诉讼法》第二百四十一条规定："因合同纠纷或者其他财产权益纠纷，对在中华人民共和国领域内没有住所的被告提起的诉讼，如果合同在中华人民共和国领域内签订或者履行，或者诉讼标的物在中华人民共和国领域内，或者被告在中华人民共和国领域内有可供扣押的财产，或者被告在中华人民共和国领域内设有代表机构，可以由合同签订地、合同履行地、诉讼标的物所在地、可供扣押财产所在地、侵权行为地或者代表机构住所地人民法院管辖。"

本案根据上诉人与被上诉人一致认可的合同英文本，合同项下的权利许可的地域范围即"指定区域"专指"中国内地"，可见，争议合同系在中华人民共和国领域内履行。虽然该合同对在中华人民共和国领域内履行大部分合同义务的具体地点并未作出明确约定，但部分合同义务的履行地是明确的，如第6.1条中有关MGAME公司履行技术服务义务的地点就明确约定为聚丰网络公司的场所。在此情况下，应当认为聚丰网络公司的所在地山东省也是合同履行地。据此，山东省高级人民法院作为本案合同履行地法院，对本案具有管辖权。原审裁定以山东省高级人民法院为原告聚丰网络公司住所地法院，与本案有实际联系为由，认定该院对本案有管辖权，理由虽有不当，但结果并无错误。

综上所述，上诉人MGAME公司关于原审法院违反法定程序、认定事实不清、本案应由新加坡法院管辖的上诉理由均不能成立，原审裁定理由虽有部分表述不妥，但其裁定结果并无错误，适用法律基本正确。

二审法院判决

依照《民事诉讼法》第一百五十三条第一款第（一）项和第一百五十四条之规定，裁定如下：驳回上诉，维持原裁定。

038. 信用卡纠纷的地域管辖

【审判专论】

在确定地域管辖方面,各商业银行在发卡时一般都在《信用卡申请表》或《领用合约》中约定“由银行所在地或合同签订地法院管辖”,但由哪级银行所在地的法院管辖,并未明确,致使实践中各地法院在如何确定地域管辖问题上出现不同做法。有的银行向其“分行”、“支行”所在地法院提前诉讼,也有的向该行的“总行”或其设在上海的“信用卡中心”所在地法院起诉。这无疑对被告持卡人(客户)参加诉讼造成了不便。反之,由于实行“被告所在地法院管辖”原则,当持卡人作为原告起诉银行时,法院也不清楚被告银行“所在地法院”是指哪一级银行所在地的法院。因此,对于上述问题,有必要作出明确的规定。当然,依据民事诉讼法关于“合同履行地管辖”及“协议管辖”原则的规定,人民法院可建议金融机构完善其制定的标准合同——《领用合约》中有关诉讼管辖的“约定内容”,明确当事人可以依据《民事诉讼法》第 34 条的规定,选择“被告住所地、合同履行地、合同签订地、原告住所地”等地的人民法院管辖,以方便持卡人提起诉讼、主张权利。

此外,对于因克隆卡、伪卡的盗刷行为而产生的诉讼案件,其管辖权的确定亦存争议。实践中,犯罪嫌疑人盗刷克隆卡、伪卡的行为大多发生在异地(有的甚至发生在国外)。如果当事人之间没有约定,依据《民事诉讼法》第 28 条关于“由侵权行为地或被告住所地人民法院管辖”的规定确定管辖法院时,也可能出现上述问题,为持卡人行使诉权造成不便。

(王宪森、侯春雷:《关于银行卡民事纠纷案件及诉讼实务问题的调研报告》)

039. 伪卡交易民事案件的管辖

【审判专论】

因伪卡交易民事案件既可能涉及合同关系也可能涉及侵权关系,人民法院应当根据当事人的诉讼请求确定地域管辖。当事人同时以违约、侵权为由起诉的,依起诉状中在先的诉讼请求确定管辖。

(广东省高级人民法院:《广东省高级人民法院关于审理伪卡交易民事案件工作座谈会纪要》)

040. 保险人代位求偿案件的管辖

【指导案例】25 号

华泰财产保险有限公司北京分公司诉李志贵、天安财产保险股份有限公司河北省分公司张家口支公司保险人代位求偿权纠纷案

关键词:民事诉讼 保险人代位求偿 管辖

❖ **裁判要点**

因第三者对保险标的的损害造成保险事故,保险人向被保险人赔偿保险金后,代位行使被保险人对第三者请求赔偿的权利而提起诉讼的,应当根据保险人所代位的被保险人与第三者之间的法律关系,而不应当根据保险合同法律关系确定管辖法院。第三者侵害被保险人合法权益的,由侵权行为地或者被告住所地法院管辖。

相关法条

《中华人民共和国民事诉讼法》第二十八条

《中华人民共和国保险法》第六十条第一款

❖ **基本案情**

2011 年 6 月 1 日,华泰财产保险有限公司北京分公司(以下简称华泰保险公司)与北京亚大锦都餐饮管理有限公司(以下简称亚大锦都餐饮公司)签订机动车辆保险合同,被保险车辆的车牌号为京 A82368,保险期间自 2011 年 6 月 5 日 0 时起至 2012 年 6 月 4 日 24 时止。2011 年 11 月 18 日,陈某某驾驶被保险车辆行驶至北京市朝阳区机场高速公路上时,与李志贵驾驶的车牌号为冀 GA9120 的车辆发生交通事故,造成被保险车辆受损。经交管部门认定,李志贵负事故全部责任。事故发生后,华泰保险公司依照保险合同的约定,向被保险人亚大锦都餐饮公司赔偿保险金 83878 元,并依法取得代位求偿权。基于肇事车辆系在天安财产保险股份有限公司河北省分公司张家口支公司(简称天安保险公司)投保了机动车交通事故责任强制保险,华泰保险公司于 2012 年 10 月诉至北京市东城区人民法院,请求判令被告肇事司机李志贵和天安保险公司赔偿 83878 元,并承担诉讼费用。

被告李志贵的住所地为河北省张家口市怀来县沙城镇,被告天安保险公司的住所地为张家口市怀来县沙城镇燕京路东 108 号,保险事故发生地为北京市朝阳区机场高速公路上,被保险车辆行驶证记载所有人的住址为北京市东城区工体北路新中西街 8 号。

裁判结果

北京市东城区人民法院于 2012 年 12 月 17 日作出(2012)东民初字第 13663

号民事裁定:对华泰保险公司的起诉不予受理。宣判后,当事人未上诉,裁定已发生法律效力。

裁判理由

法院生效裁判认为:根据《中华人民共和国保险法》第六十条的规定,保险人的代位求偿权是指保险人依法享有的,代位行使被保险人向造成保险标的损害负有赔偿责任的第三者请求赔偿的权利。保险人代位求偿权源于法律的直接规定,属于保险人的法定权利,并非基于保险合同而产生的约定权利。因第三者对保险标的的损害造成保险事故,保险人向被保险人赔偿保险金后,代位行使被保险人对第三者请求赔偿的权利而提起诉讼的,应根据保险人所代位的被保险人与第三者之间的法律关系确定管辖法院。第三者侵害被保险人合法权益,因侵权行为提起的诉讼,依据《中华人民共和国民事诉讼法》第二十八条的规定,由侵权行为地或者被告住所地法院管辖,而不适用财产保险合同纠纷管辖的规定,不应以保险标的物所在地作为管辖依据。本案中,第三者实施了道路交通侵权行为,造成保险事故,被保险人对第三者有侵权损害赔偿请求权;保险人行使代位权起诉第三者的,应当由侵权行为地或者被告住所地法院管辖。现二被告的住所地及侵权行为地均不在北京市东城区,故北京市东城区人民法院对该起诉没有管辖权,应裁定不予受理。

041. 特殊地域管辖

【审判专论】

民事诉讼的地域管辖,又称土地管辖、区域管辖,是以人民法院的辖区和案件的隶属关系确定诉讼管辖,亦即确定同级人民法院之间在各自的区域内受理第一审民事案件的分工和权限。[①] 地域管辖又分为一般地域管辖、特殊地域管辖以及专属管辖。一般地域管辖,又称为普通管辖或者对人管辖,是以当事人的住所地与法院辖区的隶属关系确定案件的管辖法院。世界各国一般对于一般地域管辖大都实行原告就被告的原则,即以被告住所地作为确定案件管辖的依据。我国《民事诉讼法》中规定的一般地域管辖以被告住所地管辖为原则、原告住所地管辖为例外。特殊地域管辖,又称为特别地域管辖或者对事或对物管辖,通常是指以引起诉讼的法律事实所在地或者诉讼标的所在地为标准来确定案件的管辖法院。专属管辖,是指法律规定某些特殊类型的案件专门由特定的法院管辖,其他法院无权管辖,当事人也不得以协议的形式改变这种管辖。专属管辖具有强制

---

① 江伟主编:《民事诉讼法学》,中国人民大学出版社2011年版,第91页。

性、排他性和优先性。

从世界各国对特殊地域管辖的立法例来看,相对于一般地域管辖,特殊地域管辖往往是法定的共同管辖,即法律将每一种特殊的地域管辖案件都规定由两个或两个以上的人民法院管辖。换言之,特殊地域管辖与一般地域管辖两者实质上存在竞合关系,特殊地域管辖的适用并不排斥一般地域管辖的适用,适用特殊地域管辖的案件,依诉讼标的诸要素所确定的法院固然有管辖权,被告住所地法院也同时拥有管辖权,两者之间实际上为一种选择适用的关系,而具体选择向哪一个法院起诉,完全取决于原告的意愿。[①]

特殊地域管辖涉及的案件类型比较特殊,且与法院实际联系的连结点呈多元化,往往是为适应新型纠纷而作出的特别规定。民事诉讼法确立案件管辖原则,应当考虑多项法律价值判断,其中最为主要的是便利当事人诉讼和便于人民法院审理案件及执行裁判。[②] 特殊地域管辖原则的确立也遵循了上述基本原则。首先,特殊地域管辖扩大了管辖的选择空间,便于当事人诉讼。特殊地域管辖往往选择引起诉讼的法律事实所在地或者诉讼标的所在地等与诉讼联系最为密切的连接点作为管辖确定标准,这些连接点常常与当事人的住所发生重合,因此特殊地域管辖便利当事人的诉讼。同时,特殊地域管辖也使当事人有可能自主选择法院,有利于当事人行使诉讼权利。此外,由于当事人对自己选择程序产生的裁判结果往往会比被动接受的程序而产生的裁判结果有更高的认同度,因此,特殊地域管辖扩大了当事人程序上的自主性,有利于增强法院裁判的信服度。其次,特殊地域管辖便于人民法院行使审判权。特殊地域管辖在一般地域管辖的基础上考虑到了特殊纠纷类型的特性,选择诉讼的最密切联系连接点作为确定管辖的标准,因此有利于人民法院顺利完成审判任务,提高审判效率和保证审判的公正性。

(李相波:《关于修改后〈民事诉讼法〉中有关公司诉讼案件特殊地域管辖规定的理解与适用》)

042. 公司诉讼的特殊地域管辖

【审判专论】

此前,《公司法》和旧《民事诉讼法》对公司诉讼案件的管辖问题均未作特殊规

---

① 江伟主编:《民事诉讼法学》,中国人民大学出版社 2011 年版,第 97 页。

② 最高人民法院民事审判第二庭编著:《最高人民法院关于公司法司法解释(一)、(二)理解与适用》,人民法院出版社 2008 年版,第 439 页。

定,仅最高人民法院《关于适用〈中华人民共和国公司法〉若干问题的规定(一)》(以下简称《公司法解释(一)》)规定了解散公司诉讼案件由公司住所地人民法院管辖,这对于人民法院审理公司诉讼案件造成了不利影响。另外,公司的设立、解散等活动,涉及的资金、人数众多,对社会的稳定和公共利益产生的影响较大,客观上也需要加强管理。因此,应当明确规定公司诉讼案件的地域管辖制度。

根据我国的地域管辖制度,除了专属管辖和协议管辖外,往往按照被告住所地、合同履行地、侵权行为地等确定管辖法院。公司诉讼大多是关于或者涉及公司的组织法性质的诉讼,存在与公司组织相关的多数利害关系人,涉及多数利害关系人的多项法律关系的变动,且胜诉判决产生对世效力。由于公司股东等多数利害关系人可能来自不同地区,如果按照被告住所地管辖,将会导致以该等利害关系人为被告的部分案件管辖权过于分散,当事人和法院陷入管辖权争议之中,影响司法效率。而由于许多公司诉讼根本不涉及传统意义上的合同纠纷,因此按照合同履行地管辖也无从谈起。[①] 由于侵权行为实施地、侵权结果发生地均可视为侵权行为地,如果按照侵权行为地确定管辖,将会产生多个侵权行为地,也会导致管辖权争议。而且,很多公司诉讼也非传统侵权法意义上的侵权行为之诉。因此,为了确定公司诉讼的管辖问题,避免当事人在管辖问题上争执,便利当事人参加诉讼,便利人民法院审理案件,也为了防止发生相同事实相异裁判的情况发生,公司诉讼应当实行特殊地域管辖,即公司诉讼由公司住所地人民法院管辖。

一般认为,住所是民事主体视为所在的场所,即法律关系中心所处的地方。住所的制度意义在于,通过法律固定住所的技术,使法律关系、法律事实在空间问题上作稳定、简化处理。依照公司法的规定,公司住所是公司章程的必要记载事项,也是公司设立的必要条件,对于确定债务的履行地、登记管辖地、诉讼管辖法院、法律文书的送达处所和涉外民事关系的准据法具有极其重要的法律意义。[②] 因此,公司诉讼案件由公司住所地法院管辖,便于确定管辖法院、便于公司和利害关系人参加诉讼、便于公司提供以及人民法院调查各种证据、便于送达诉讼文书,并且便于事后可能发生的强制执行。

对于公司住所地的确定,《民法通则》和《公司法》都有相应规定。《民法通则》第 39 条规定,法人以它的主要办事机构所在地为住所。《公司法》第 10 条规定,公司以其主要办事机构所在地为住所。而根据《登记管理条例》第 12 条的规定,公司的住所应当在其公司登记机关辖区内,因此,公司的住所是公司注册地。对此,《公司法解释一》第 24 条也规定,解散公司诉讼案件由公司住所地人民法院管辖,公司住所地是指公司主要办事机构所在地,公司办事机构所在地不明确的,由其注册地

---

① 金剑锋等:《公司诉讼的理论与实务问题研究》,人民法院出版社 2008 年版,第 59 页。

② 刘俊海:《现代公司法》,法律出版社 2008 年版,第 58 ~ 59 页。

人民法院管辖。

（李相波:《关于修改后〈民事诉讼法〉中有关公司诉讼案件特殊地域管辖规定的理解与适用》）

043. 由公司住所地管辖的公司纠纷的种类

【审判专论】

《民事诉讼法》第26条规范的公司诉讼，主要是指有关公司设立、确认股东资格、分配利润、公司解散等公司组织行为的诉讼，也被称为公司组织诉讼。① 此类诉讼具有如下特征：第一，此类诉讼往往是关于公司的组织法性质的诉讼，存在与公司组织相关的多数利害关系人，涉及多数利害关系人的多面法律关系的变动，因此需要团体法性质的诉的程序和判决方面的统一的规律。第二，此类诉讼大多具备形成之诉的性质。所谓形成之诉，又称为变更之诉，是指以改变法律关系的判决，即以形成判决为目的的诉讼。即原告改变既有法律关系的请求只有依法院的判决才产生法律关系变更的效力。将公司法上的诉作为形成之诉的理由在于，关于组织法性质的法律关系的诉讼对已形成的团体法律关系带来变动，如允许自由主张方法，就会给团体法律关系带来不稳定。② 第三，此类诉讼均关涉公司，在许多情况下，被告就是公司。比如，主张公司设立无效的诉讼，主张公司解散的诉讼等，被告均是公司。其理由在于，由于诉的对象是公司的组织法性质的法律关系，判决的效力当然应该及于公司，而且通过将公司作为被告，可以对与公司相关的利害关系人都产生效果。第四，此类诉讼时常出现须进行诉的合并的情形。公司诉讼往往涉及多数利害关系人的多面法律关系的变动，因此会就同一个公司的同一个组织法行为提起数个诉讼。此时，为防止出现相同事实出现相异判决，法院应进行诉的合并。③ 第五，此类诉讼往往在判决效力上具有特殊性。原告败诉时，意味着原告主张的变更法律关系的请求不成立，因此判决的效力不及于第三人，其他利害关系人可以另行提起诉讼。但原告胜诉时，产生与一般民事诉讼原告胜诉不同的法律效果。首先，一般民事诉讼中生效判决的既判力原则上仅仅及于当事人之间，但公司诉讼对大部分第三人也发生法律效力即所谓判决的对世效力。④ 其次，对于一般民事诉讼，宣告某一法律行为无效或被撤销的判决一经确定，该法律行为自始丧失效

---

① ［日］前田庸:《公司法入门》，王作全译，北京大学出版社2012年版，第60页。
② ［韩］李哲松:《韩国公司法》，吴日焕译，中国政法大学出版社2000年版，第83页。
③ ［韩］李哲松:《韩国公司法》，吴日焕译，中国政法大学出版社2000年版，第84页。
④ ［日］前田庸:《公司法入门》，王作全译，北京大学出版社2012年版，第60页。

力即判决具有溯及力,但为维护公司法律关系的稳定,在公司诉讼中否认判决的溯及力,一般仅对将来发生效力。①

本条中对于因公司产生的相关纠纷确定由公司住所地人民法院管辖,采取的是列举加兜底的方式,即因公司设立、确认股东资格、分配利润、解散等纠纷提起的诉讼。

通常由公司住所地管辖的案件主要有以下类型:

1. 公司设立诉讼。即公司设立瑕疵诉讼,包括设立撤销之诉和设立无效之诉。公司设立,是指发起人依照法律规定的条件和程序,组建公司并使其取得法人资格。公司法对公司的设立规定了严格的法定条件和程序。公司设立瑕疵,是指公司虽经依法登记并获得营业执照而成立,但实际上存在不符合法定条件、程序而设立的情形。

2. 确认股东资格诉讼。股东资格有两种含义,一是成为公司股东的一般条件或者前提;二是作为某公司股东的具体身份,此处的股东资格是指后者。股东资格的取得分为原始取得与继受取得。原始取得,是指基于对公司的出资行为初始取得股东资格,继受取得,是指基于买卖、赠予、继承、公司合并等原因从其他股东处取得股东资格。在实践中,可能由于出资瑕疵、股权转让等事由导致就某主体是否具有股东资格发生争议。比如,对于隐名出资人或瑕疵出资人,公司可能拒绝承认其股东资格。又如,某股东将股权转让后,公司拒绝承认受让人的股东资格,等等。

3. 分配利润诉讼。股东基于其股东地位,有权请求公司向其分配利润。这种权利即股利分配请求权,属于股东自益权的一种。在公司存续的情况下,利润分配请求权是股东从公司获取投资回报的主要手段。但由于利润分配方案需要经过股东(大)会通过,在资本多数决的原则下,大股东可能利用股利政策损害中小股东的利益。在公司的实际运作中,公司可能有可供分配的利润,但却以各种理由不正当地拒绝向股东分配;或者公司过分提取任意公积金而损害股东的股利分配权,从而引发股东向公司提起分配利润纠纷。另外,如果公司不符合公司法规定的利润分配限制条件而向股东分配利润,即构成非法分配,公司债权人有权以违法分配损害其利益为由提起诉讼。

4. 公司解散诉讼。公司解散是指引起公司人格消灭的法律事实。根据解散事由的不同,公司解散分为公司自行解散、强制解散、司法解散三种形式。这里所指的公司解散诉讼主要是指公司僵局出现时,公司股东提起解散公司申请而引发的纠纷。《公司法》第183条规定了公司僵局作为申请法院裁判公司解散的事由。该条规定,公司经营管理发生严重困难,继续存续会使股东利益受到重大损失,通过其他途径不能解决的,持有公司全部股东表决权10%以上的股东,可以请求人民

① [韩]李哲松:《韩国公司法》,吴日焕译,中国政法大学出版社2000年版,第85页。

法院解散公司。

5. 公司组织形式变更诉讼。公司组织形式变更,是指公司在不中断法人资格的情况下,由一种公司形式变更成另一种公司形式。《公司法》第 9 条规定:“有限责任公司变更为股份有限公司,应当符合本法规定的股份有限公司的条件。股份有限公司变更为有限责任公司,应当符合本法规定的有限责任公司的条件。”《公司法》第 44 条、第 104 条还分别对有限责任公司变更为股份有限公司以及股份有限公司变更为有限责任公司的股东会或股东大会决议通过的条件做了规定。此外,《公司法》第 96 条规定,有限责任公司变更为股份有限公司时,折合的实收股本总额不得高于公司净资产额。当公司变更组织形式违反公司法有关规定时,公司股东等利害关系人可以提起公司组织形式变更诉讼。

6. 公司合并诉讼。公司合并,是指两个或两个以上公司依照法定的条件和程序,合并为一个公司。公司合并包括吸收合并和新设合并两种形式。吸收合并又称归并,是指一个以上的原有公司并入现存公司,被吸收的公司消灭。新设合并是指两个以上原有公司合并设立一个新的公司,原有公司消灭。公司合并主要产生两个方面的法律后果:一是公司组织结构的变化;二是权利义务的概括转移。首先,公司合并必然导致一个或一个以上的公司的消灭,此种公司消灭不需经过清算程序。同时,吸收合并中的吸收公司继续存在,但发生了变化;新设合并中产生了新的公司。其次,公司合并的结果导致了存续公司或者新设公司承受被合并公司的债权债务。《公司法》规定,公司合并时,合并各方的债权、债务,应当由合并后存续的公司或者新设的公司承继。由于公司合并产生上述法律效果,因此涉及多个公司股东及债权人的利益,为了防止公司合并侵害中小股东或债权人的利益,《公司法》规定了严格的公司合并程序。公司合并需要由合并各方签订合并协议,经过股东会决议通过,编制资产负债表及财产清单,并通知或者公告债权人,最后履行相应的登记程序。如果公司合并违反了法律、行政法规的强制性规定,则会引发公司合并无效纠纷,如公司股东认为公司合并决议未经股东会通过,而提起公司合并无效之诉。

7. 公司分立诉讼。公司分立,是指一个公司依照法定条件和程序,分裂为两个或者两个以上公司。公司分立包括创设分立和存续分立两种形式。创设分立又称新设分立,是指公司分立为两个或两个以上新的公司,原公司消灭。存续分立又称派生分立,是指公司分立为两个或两个以上的公司,但原公司仍然存续。公司分立主要产生两个方面的法律后果:一是公司组织结构的变化;二是权利义务的法定转移。首先,公司分立导致一个或一个以上的公司设立,该公司的营业来自既有公司营业的分割,而不是既有公司的转投资行为。对于创设分立,还同时导致既有公司的消灭,其消灭不需要经过清算程序。其次,公司分立的结果导致了分立公司债权债务的概括转移。《合同法》规定,当事人订立合同后分立的,除债权人和债务人另有约定的以外,由分立的法人或者其他组织对合同的权利和义务享有连带债权,承担连带债务。《公司法》进一步明确,公司分立前的债务由分立后的公司承担连带责任,但是,公司在分立前与债权人就债务清偿达成的书面协议另有约定的除外。由于公司分立产生上述法律效果,因此涉及多家公司股东及债权人的利益,为了防止公司分立侵害中小股东或债权人的利益,《公司法》规定了公司分立的严格程序。公司分立需要经过股东会决议通过,编制资产负债表及财产清单,通知或公告债权人,进行财产分割,并办理登记手续。如果公司分立违反了法律、行政法规的强制性规定,则会导致公司分立无效纠纷。例如,公司股东认为公司分立决议未经股东会通过,而提起公司分立无效之诉。

8.公司资本变动诉讼。公司存续期间,其注册资本可能发生增加或减少。由于公司资本变动影响公司股东及公司债权人的利益,因此《公司法》对公司变更注册资本规定了一定的条件和程序,尤其是对公司减少注册资本还规定了严格的债权人保护程序。如果公司资本变动违反了《公司法》规定的条件和程序,则会导致公司资本变动诉讼。常见的公司资本变动诉讼包括:股份公司的新股发行违法时,请求判决新股发行无效的诉讼;有限公司中的认定增资无效之诉;股份公司或者有限公司资本减少违法时,请求认定减资无效的诉讼。

此外,以下诉讼类型,尽管《公司法》对于其中的部分诉讼类型并未明确规定请求权基础,但依法理也可以适用本条规定:公司决议诉讼、派生诉讼、公司董事、监事及高级管理人员解任诉讼、股东除名诉讼,等等。①

在上述列举的诉讼类型中,主要是以公司为被告,还有一部分其他诉讼类型,如公司股东请求损害公司利益的公司高级管理人员或公司之外的其他人对公司承担赔偿责任的股东代表诉讼等,并不是以公司为被告,但这些案件由公司住所地人民法院管辖更为适当。该条采取了列举加兜底的方式,即采用“等”字来指代其他公司诉讼类型。我们认为,随着审判实践中的发展,“等”字的内涵会越来越充实。

(李相波:《关于修改后〈民事诉讼法〉中有关公司诉讼案件特殊地域管辖规定的理解与适用》)

【民诉法司法解释】

关于由公司住所地人民法院管辖的公司诉讼案件类型,《民事诉讼法》第26条规定:“因公司设立、确认股东资格、分配利润、解散等纠纷提起的诉讼,由公司住所地人民法院管辖。”关于该条中“等”纠纷的范围,《民事诉讼法解释》第22条进一

---

① 对此可参见《日本公司法典》第七编第二章之相关条文,王保树主编:《最新日本公司法》,于敏、杨东译,法律出版社2006年版,第447~464页。

步明确:"因股东名册记载、请求变更公司登记、股东知情权、公司决议、公司合并、公司分立、公司减资、公司增资等纠纷提起的诉讼,依照民事诉讼法第二十六条规定确定管辖。"

044. 并非所有与公司有关的诉讼都适用公司住所地管辖规则

【审判专论】

并非所有与公司有关的诉讼都属于公司诉讼,也并非都适用本条规定的公司住所地管辖规则。例如,股东与股东之间的出资违约责任纠纷、股权转让纠纷,公司与股东之间的出资纠纷等,主要属于给付之诉性质的案件,均或多或少牵涉公司。但是,该等诉讼或者属于传统的民事纠纷范畴,或者虽涉及公司法上的权利义务关系,但并不具有组织法上纠纷的性质,也不涉及多面法律关系,因此可以适用一般的民事诉讼程序进行审理和裁判。所以,对于与公司有关的诉讼是否由公司住所地管辖,要综合进行判断分析,包括纠纷是否涉及公司利益、对该纠纷的法律适用等。

(李相波:《关于修改后〈民事诉讼法〉中有关公司诉讼案件特殊地域管辖规定的理解与适用》)

045. 适用公司诉讼特殊地域管辖的标准

【审判专论】

第一个标准是,由公司住所地管辖的案件主要是具有公司组织法性质的纠纷,如果该纠纷虽然与公司有关或者牵涉公司,但不是与公司组织性质有关的诉讼,不应适用该条规定。第二个标准是,适用该条规定的公司住所地管辖的规定,主要是指该纠纷是适用《公司法》作为裁判依据的纠纷。上述两条是适用该条规定的主要依据或者标准,但是,有些公司纠纷案情复杂,故而在坚持上述两条标准的前提下,还要结合具体案情综合进行判断。

(李相波:《关于修改后〈民事诉讼法〉中有关公司诉讼案件特殊地域管辖规定的理解与适用》)

046. 协议管辖的条件

【审判政策与精神】

新《民事诉讼法》规定,协议管辖必须符合以下几个条件:(1)当事人协议管辖的案件,只限于第一审民事经济纠纷中合同案件和其他财产权益纠纷案件;(2)当事人协议选择管辖法院的范围,限于被告住所地、合同履行地、合同签订地、原告住所地、标的物所在地人民法院和其他有实际联系地点的人民法院;(3)必须以书面合同的形式选择管辖;(4)协议管辖不得违反民事诉讼法关于级别管辖和专属管辖的规定。各级人民法院对协议管辖的实际联系地点要进行正确的识别、判断。对于违反集中管辖和专门管辖的管辖协议,要依照现行有效的司法解释进行认定。

(高民智:《贯彻实施新〈民事诉讼法〉之五——关于立案制度的理解与适用》)

047. 无效合同中约定的管辖条款的效力认定

【公报案例】

招商银行股份有限公司无锡分行与中国光大银行股份有限公司长春分行委托合同纠纷管辖权异议案

[最高人民法院(2015)民二终字第428号]

❖ **裁判摘要**

合同效力是对已经成立的合同是否具有合法性的评价,依法成立的合同,始对当事人具有法律约束力。《中华人民共和国合同法》第57条关于"合同无效、被撤销或者终止的,不影响合同中独立存在的有关解决争议方法的条款的效力"的规定适用于已经成立的合同,"有关解决争议方法的条款"应当符合法定的成立条件。

审查管辖权异议,注重程序公正和司法效率,既要妥当保护当事人的管辖异议权,又要及时矫正、遏制当事人错用、滥用管辖异议权。确定管辖权应当以起诉时为标准,结合诉讼请求对当事人提交的证据材料进行形式要件审查以确定管辖。

从双方当事人在两案中的诉讼请求看,后诉的诉讼请求如果成立,存在实质上否定前诉裁判结果的可能,如果后诉的诉讼请求不能完全涵盖于前诉的裁判结果之中,后诉和前诉的诉讼请求所依据的民事法律关系并不完全相同,前诉和后诉并非重复诉讼。

案件移送后,当事人的诉讼请求是否在另案中通过反诉解决,超出了管辖异议的审查和处理的范围，应由受移送的人民法院结合当事人对诉权的处分等情况，依据最高人民法院《关于适用〈中华人民共和国民事诉讼法〉的解释》第 232 条、第 233 条等的有关规定依法处理。

❖ **基本案情**

上诉人（一审原告）：招商银行股份有限公司无锡分行。

负责人：王晏蓉，该分行行长。

被上诉人（一审被告）：中国光大银行股份有限公司长春分行。住所地：吉林省长春市解放大路 2677 号。

负责人：王守坤，该分行行长。

上诉人招商银行股份有限公司无锡分行（以下简称招行无锡分行）因与被上诉人中国光大银行股份有限公司长春分行（以下简称光大银行长春分行）委托合同纠纷管辖权异议一案，不服江苏省高级人民法院（2015）苏商初字第 00031 号民事裁定，向最高人民法院提起上诉。

原告招行无锡分行向江苏省高级人民法院提起诉讼称：2014 年 5 月 30 日，招行无锡分行（乙方）和光大银行长春分行（甲方）签订《委托定向投资业务合作总协议》（以下简称《委托定向投资协议》）一份，约定：甲方在乙方存放同业资金，并委托乙方定向投资于其指定的金融资产，包括但不限于银行存款等。甲方在乙方办理存款业务时，应另行签订具体存款协议。存款业务项下的权利义务以具体存款协议约定为准。但甲方应保证，同业存款协议内容无论作何约定，均不影响乙方以该资金作为委托资金对外办理定向投资业务，乙方因根据本协议对外投资而对具体同业存款协议内容的违反，视为是对同业存款协议的变更，乙方不承担同业存款协议项下的任何违约责任。自甲方向乙方签发《投资指令》时，即视同甲方同意解除同业存款并由乙方进行投资，无须另行签署划款协议或出具划款指令。甲方不得再依《同业存款协议》要求乙方支付任何存款本金及利息或承担任何责任。乙方有权就基于甲方指令所实施的定向投资行为收取手续费，具体费率和支付方式由双方根据投资时机情况协商，并在投资指令及其回执中予以确定。甲方指令乙方代理投资的项目，均由甲方自行对投资项目的风险和收益以及委托乙方对外签署的全部合同、文件的法律风险等作出判断，并承担相应的投资风险、法律风险、操作风险、合规风险。与本协议有关的一切争议，双方应协商解决，协商不成时，双方同意将争议提交乙方所在地法院诉讼解决。

同时，双方签订《金融机构定期同业存款协议》（以下简称《同业存款协议》）一份，约定：光大银行长春分行在招行无锡分行开立资金存款账户，用于资金存放，存款金额为 3.5 亿元，存款期限为 364 天，起息日以资金到账日为准，存款利率为年利率 6.2%。光大银行长春分行于当日存入指定账户 3.5 亿元，但招行无锡分行未按《同业存款协议》的要求向其正式交付开户证实书，也未交付进账单，光大银行长春分行未对此提出异议。

在此期间,光大银行长春分行向招行无锡分行签发《投资指令》,委托招行无锡分行通过与中山证券有限责任公司(以下简称中山证券公司)签订的《中山招商无锡1号定向资产管理计划资产管理合同》(以下简称《中山招商资管合同》),将委托资金划入托管账户;招行无锡分行通过与中山证券公司签订《中山招商资管合同》,由中山证券公司代表上述定向资产管理计划向平安银行股份有限公司深圳分行(以下简称平安银行深圳分行)发放委托贷款;投资金额为3.5亿元,投资期限自2014年5月30日至2015年5月29日,投资收益率为7.2%/年;光大银行长春分行向招行无锡分行支付的代理手续费率为0.5%。

招行无锡分行根据《投资指令》的要求与中山证券公司签订《中山招商资管合同》,书面指令中山证券公司代表招行无锡分行与平安银行深圳分行以及光大银行长春分行指定的实际用款人柳河聚鑫源米业有限公司(以下简称柳河米业公司)签订《委托贷款合同》,金额为3.5亿元,并于同日将3.5亿元存入中山证券公司设立在招行无锡分行的账户。中山证券公司后又与平安银行深圳分行、柳河米业公司签订《委托贷款合同》,并将3.5亿元贷款最终发放给柳河米业公司。现柳河米业公司无法归还《委托贷款合同》项下的3.5亿元贷款本息,光大银行长春分行遂违反《委托定向投资协议》的约定,要求招行无锡分行归还其在《同业存款协议》项下的存款本息。

招行无锡分行请求判令:1.确认《委托定向投资协议》合法有效;2.判令光大银行长春分行继续履行《委托定向投资协议》,并自行承担投资所形成的全部损失;3.确认《同业存款协议》已解除,对双方不具有约束力;4.判决光大银行长春分行依据《委托定向投资协议》向招行无锡分行支付代理手续费175万元;5.由光大银行长春分行承担诉讼费用。

江苏省高级人民法院于2015年9月6日受理本案后,被告光大银行长春分行在一审提交答辩状期间内对管辖权提出异议,主要理由为:1.招行无锡分行提交的《委托定向投资协议》和《投资指令》均为虚假,其上加盖的光大银行长春分行的印章及法定代表人的名章系伪造,其和招行无锡分行之间从未订立和履行过上述协议,更不存在管辖的约定,故招行无锡分行不能依据《委托定向投资协议》中的管辖条款向招行无锡分行住所地人民法院提起本案诉讼,招行无锡分行对光大银行长春分行就《委托定向投资协议》和《投资指令》提起的要求确认《委托定向投资协议》有效并继续履行该协议,以及根据该协议要求光大银行长春分行支付代理费的诉请,只能由被告住所地有管辖权的人民法院即吉林省高级人民法院管辖。2.招行无锡分行要求确认《同业存款协议》已经解除的诉请,与光大银行长春分行在先就该协议向吉林省高级人民法院提起的给付之诉,属于同一事实和法律关系,且诉请内容相互否定,不能在两个诉讼中分别审理和判决,只能在光大银行长春分行在先提起的给付之诉中进行抗辩或者反诉,故招行无锡分行提起本案诉讼属于重复立案,根据最高人民法院《关于适用〈中华人民共和国民事诉讼法〉的解释》(以下简称《民诉法解释》)第三十六条的规定,本案应移送至先立案的吉林省高级人民法院审理。3.招行无锡分行明知《委托定向投资协议》虚假,明知光大银行长春分行已向吉林省高级人民法院起诉,却仍就本案重复起诉,属于滥用诉权。招行无锡分行的3.5亿元资金损失系因刘孝义、张磊等人伪造《委托定向投资协议》《投资指令》等所骗取,招行无锡分行已向公安机关报案,该刑事案件现由江苏省无锡市中级人民法院审理。招行无锡分行对光大银行长春分行就《同业存款协议》提起的诉讼已经提出管辖异议,且在吉林省高级人民法院裁定驳回其管辖异议后提出上诉,故招行无锡分行现提起本案诉讼属于滥用诉权,应驳回其起诉。综上,请求将本案移送至吉林省高级人民法院审理。

江苏省高级人民法院查明:2014 年 5 月 30 日的编号为光大—招商 20140526 的《委托定向投资协议》载明甲方为光大银行长春分行,乙方为招行无锡分行。该协议第十三条约定,与本协议有关的一切争议,双方应协商解决,协商不成时,双方同意应将争议提交乙方所在地法院诉讼解决。该协议尾部加盖有光大银行长春分行的印章及其法定代表人王守坤的名章。经吉林公正司法鉴定中心和无锡市公安局物证鉴定所鉴定,该协议上的光大银行长春分行的印章印文以及王守坤的名章印文与送检的样本印文不是同一印章加盖形成。

2014 年 5 月 30 日,招行无锡分行和光大银行长春分行签订编号为 20140530 - 1 的《同业存款协议》一份,约定:光大银行长春分行在招行无锡分行开立资金存款账户,用于资金存放,存款金额为 3.5 亿元,存款期限为 364 天,起息日以资金到账日为准,存款利率为年利率 6.2%。该协议第九条约定,双方同意就本协议项下的任何争议应首先通过友好协商解决,双方协商不成的,可提交双方任何一方所在地有管辖权的法院通过法律途径解决。

2015 年 6 月,光大银行长春分行以《同业存款协议》为依据诉至吉林省高级人民法院,请求判令招行无锡分行向其支付存款本金 3.5 亿元以及存款利息和违约金。该院于 2015 年 7 月 2 日立案受理,案号为(2015)吉民二初字第 16 号。招行无锡分行其后提出管辖权异议,该院于 2015 年 8 月 3 日作出(2015)吉民管初字第 4 号民事裁定,驳回招行无锡分行的管辖权异议。招行无锡分行不服该裁定,已提出上诉,该案尚在审理中。

另查明:2014 年 8 月 13 日,招行无锡分行向无锡市公安局经济犯罪侦查支队报案称,光大银行长春分行的张磊等人伪造公章,以光大银行长春分行名义与其签订《委托定向投资协议》,为柳河米业公司刘孝义从"资管通道"平安银行深圳分行诈骗 3.5 亿元贷款。2014 年 8 月 14 日,无锡市公安局直属分局予以立案侦查。

2015 年 5 月 22 日,江苏省无锡市人民检察院就被告人刘孝义、张磊涉嫌合同诈骗犯罪案向江苏省无锡市中级人民法院出具锡检诉刑诉〔2015〕36 号起诉书,查明事实包括:“2014年5月23日至5月30日期间,张磊通过光大银行长春分行将3.5亿元转至招行无锡分行,并将其加盖了伪造的光大银行长春分行公章、法人印章的虚假的《委托定向投资协议》《投资指令》及其制作的虚假的光大银行长春分行对柳河米业公司授信批复、调查报告等资料提供给招行无锡分行。据此,招行无锡分行按照协议将上述3.5亿元通过中山证券公司转至平安银行深圳分行。2014年5月30日,刘孝义等人携带伪造的《采购合同》及公司资料与平安银行深圳分行签订《委托贷款合同》。平安银行深圳分行于当日将3.5亿元放贷至柳河米业公司在该行开立的贷款账户。刘孝义安排人员将资金全部转入其实际控制的北京新良粮油工贸有限公司的账户后,用于归还柳河米业公司及其个人的民间借款、银行贷款及投资期货等。”该刑事案件目前尚在审理过程中。

一审法院认为

江苏省高级人民法院认为:《中华人民共和国民事诉讼法》第三十四条规定“合同或者其他财产权益纠纷的当事人可以书面协议选择被告住所地、合同履行地、合同签订地、原告住所地、标的物所在地等与争议有实际联系的地点的人民法院管辖,但不得违反本法对级别管辖和专属管辖的规定”。法律赋予了当事人选择管辖法院的权利,但该选择必须是基于当事人的真实意思表示,如当事人一方提供的协议不真实,则该协议对对方不生效。本案中,原告招行无锡分行依据《委托定向投资协议》中约定的“双方同意将争议提交招行无锡分行所在地法院诉讼解决”条款而主张一审法院对该案有管辖权,但经吉林公正司法鉴定中心和无锡市公安局物证鉴定所鉴定,该协议尾部加盖的光大银行长春分行的印章及其法定代表人王守坤的名章均与送检的样本印文非同一印章盖印形成,该鉴定结论真实、合法,可作为证据采信,根据该鉴定结论可证明《委托定向投资协议》系张磊伪造光大银行长春分行的公章、法定代表人印章所签订,非该行真实意思表示,该协议对该行不生效力。虽然招行无锡分行依据《中华人民共和国合同法》第五十七条规定的“合同无效、被撤销或者终止的,不影响合同中独立存在的有关解决争议方法的条款的效力”而主张协议中管辖条款独立有效,因合同法该规定是基于合同虽无效但合同的客观真实性已得到当事人确认的前提下所作规定,故该条款不适用于本案。至于《委托定向投资协议》是否因张磊符合表见代理而对光大银行长春分行生效系案件实体审理中涉及的法律判断,与本院目前基于印章真伪而认定该协议对光大银行长春分行不生效并不存在逻辑矛盾。

因《委托定向投资协议》中的管辖条款对光大银行长春分行不生效力,故本案管辖法院确定问题应根据《中华人民共和国民事诉讼法》的规定进行认定。《中华人民共和国民事诉讼法》第二十三条规定“因合同纠纷提起的诉讼,由被告住所地或者合同履行地人民法院管辖”。因案涉《委托定向投资协议》非光大银行长春分行的真实意思表示,即不存在履行协议的问题,故本案应依据被告住所地确定管辖法院。依照最高人民法院《关于调整高级人民法院和中级人民法院管辖第一审民商事案件标准的通知》[法发(2015)7号]第二条的规定,吉林省高级人民法院管辖诉讼标的额5000万元以上,且当事人一方住所地不在其辖区的第一审民商事案件。本案标的额本金即为3.5亿元,且当事人一方即招行无锡分行的住所地在江苏,故本案应由吉林省高级人民法院作为一审管辖法院。

另外,光大银行长春分行已就案涉《同业存款协议》于2015年6月向吉林省高级人民法院先行提起诉讼,该院已经立案受理,虽然招行无锡分行提起本案诉讼不符合《民诉法解释》第二百四十七条规定的重复诉讼的情况,但两起案件的当事人相同,所依据的基础事实亦基本相同,招行无锡分行在该案中必然会以《委托定向投资协议》的内容作为其不承担《同业存款协议》相关责任的抗辩,其依据《委托定向投资协议》所主张的诉请也可在该案中通过反诉解决,故两案宜由同一人民法院审理,以便查清案件事实,节约司法成本,统一司法认定和裁判标准,据此,将本案移送吉林省高级人民法院一并审理也较为适宜。

一审法院裁定

综上,光大银行长春分行的管辖异议成立。招行无锡分行对光大银行长春分行的管辖异议的答辩意见,不予支持。依照《中华人民共和国民事诉讼法》第二十三条、第三十六条、第一百二十七条的规定,裁定:被告光大银行长春分行提出的管辖异议成立,本案移送吉林省高级人民法院审理。

上诉

上诉人招行无锡分行不服该裁定,向本院提起上诉称:1.本案《委托定向投资协议》上加盖的公章虽然与光大银行长春分行备案公章不一致,但一审法院在未能排除光大银行长春分行在其他场合使用该公章的可能,也不能排除光大长春分行可能实际执行该非备案公章所加盖的协议的情况下,就直接简单认定该协议对光大银行长春分行不生效力,事实和法律依据不足。且公章只是证明当事人真实意思表示的证据之一,并不是唯一的证据。当协议双方产生争议时,法院应根据双方磋商过程、参与缔约人员的权限、嗣后履行情况等案情综合判定双方是否存在并向对方表达过缔约的真实意思。2.即便《委托定向投资协议》存在加盖非备案公章的情形,但对于加盖非备案公章的合同是否有效最终涉及合同经办人张磊是否构成表见代理这一实体问题的审理。一审法院一方面认定《委托定向投资协议》对光大长春分行不产生效力,另一方面认为如果张磊的行为构成表见代理则该协议对长春分行将产生效力,存在矛盾。3.确定协议中的管辖条款能否作为确定管辖的依据应当前置于对协议真实性及效力的认定,《委托定向投资协议》中关于管辖的约定不受协议效力的影响。根据《中华人民共和国合同法》第五十七条"合同无效、被撤销或者终止的,不影响合同中独立存在的有关解决争议方法的条款的效力"的规定,管辖条款具有独立性,即便合同无效亦不影响无效合同中管辖条款的约束力。无论本案《委托定向投资协议》效力如何,不影响《委托定向投资协议》中管辖条款的效力。4. 根据司法解释,合同对履行地点没有约定或者约定不明确,争议标的为给付货币的,接收货币一方所在地为合同履行地,本案主要诉讼请求为要求光大银行长春分行支付 175 万元的代理手续费,即便《委托定向投资协议》中的管辖条款不适于本案,本案亦应当由一审法院管辖。5. 招行无锡分行的诉讼请求无法在另案中通过反诉或抗辩实现。光大银行长春分行员工张磊涉嫌刑事犯罪一案正在无锡市中级人民法院审理,本案由江苏的人民法院管辖,有利于查清相关事实。综上,请求由江苏省高级人民法院审理本案。

光大银行长春分行提交答辩状称:1. 案涉《委托定向投资协议》是犯罪分子加盖假章以欺骗手段与招行无锡分行订立的虚假合同,该事实有相关鉴定结论证实,又有无锡市中级人民法院刑事判决认定。2. 表见代理制度是关于合同效力认定的例外制度,必须经过实体审理方可确认,在本案已确定《委托定向投资协议》虚假不实的情况下,人民法院只能推定双方不存在委托合同和有效的管辖协议。3. 案涉《委托定向投资协议》事实上并不存在,其合同条款(包括所谓"有关解决争议方法的条款")亦不存在,该合同的真实性和效力自然也无须考虑,一审裁定适用法律并无不当。4. 案涉《委托定向投资协议》并未真实履行,无合同履行地,本案只能由被告住所地有管辖权的吉林省高级人民法院管辖。5. 一审裁定并未否定招行无锡分行依法享有的诉权,招行无锡分行所谓"无法反诉或抗辩"的情形并不存在。张磊等人最终如何定罪量刑,与本案无关,不应影响本案管辖的确定。综上,一审裁定正确,应予维持。

二审法院认为

最高人民法院认为:根据本案双方当事人的上诉及答辩意见,本案二审审理的争议焦点为:一、《委托定向投资协议》中管辖条款的效力。二、一审法院是否具有管辖权。三、招行无锡分行的诉讼请求能否通过反诉解决以及能否根据刑事案件确定本案的管辖。

一、关于《委托定向投资协议》中管辖条款的效力问题

招行无锡分行提起本案诉讼,向人民法院提交了落款日期均为 2014 年 5 月 30 日的《委托定向投资协议》、《同业存款协议》以及《投资指令》等材料。经吉林公正司法鉴定中心和无锡市公安局物证鉴定所鉴定,上述《委托定向投资协议》和《投资指令》尾部加盖的光大银行长春分行的印章及其法定代表人王守坤的名章均与送检的样本印文非同一印章盖印形成。招行无锡分行对该鉴定结论没有异议。招行无锡分行并未向人民法院提交光大银行长春分行在其他场合使用了加盖在《委托定向投资协议》上的"公章"的证据,故不能认定《委托定性投资协议》上的"公章"是真实的。

合同效力是对已经成立的合同是否具有合法性的评价,依法成立的合同,始对当事人具有法律约束力。合同成立之前不存在合同效力的问题。《中华人民共和

国合同法》第五十七条关于“合同无效、被撤销或者终止的,不影响合同中独立存在的有关解决争议方法的条款的效力”的规定适用于已经成立的合同,“有关解决争议方法的条款”亦应当真实存在,体现双方当事人真实意思表示,且达成合意。招行无锡分行应当提交具备客观真实性、关联性、合法性的证据,足以证明其依据的“有关解决争议方法的条款”符合法定的成立条件。上述鉴定结论证明《委托定向投资协议》上并没有加盖真实的光大银行长春分行的公章或法定代表人签章,故上述协议中管辖条款在成立要件上存在重大瑕疵,不能认定存在有效的管辖条款。招行无锡分行关于涉案管辖条款具有独立性,即便合同无效亦不影响无效合同中管辖条款的约束力的上诉请求,不能成立,本院不予支持。

此外,合同经办人张磊的行为是否构成表见代理以及表见代理与管辖协议的效力问题。在对当事人提出的管辖权异议进行审查的阶段,注重程序公正和司法效率,既要妥当保护当事人的管辖异议权,又要及时矫正、遏制当事人错用、滥用管辖异议权。此阶段一般结合诉讼请求对当事人提交的证据材料进行形式要件审查,以认定涉及确定管辖的要素,如原告住所地、被告住所地、合同履行地、合同签订地、财产所在地、侵权行为地、诉讼标的额、案件影响程度以及是否存在有效的管辖条款等。且确定管辖权以起诉时为标准。依据《中华人民共和国合同法》第四十九条“行为人没有代理权、超越代理权或者代理权终止后以被代理人名义订立合同,相对人有理由相信行为人有代理权的,该代理行为有效”以及本院《关于当前形势下审理民商事合同纠纷案件若干问题的指导意见》第 13 条“合同法第四十九条规定的表见代理制度不仅要求代理人的无权代理行为在客观上形成具有代理权的表象,而且要求相对人在主观上善意且无过失地相信行为人有代理权。合同相对人主张构成表见代理的,应当承担举证责任,不仅应当举证证明代理行为存在诸如合同书、公章、印鉴等有权代理的客观表象形式要素,而且应当证明其善意且无过失地相信行为人具有代理权”的规定,表见代理制度的举证责任较为严格。招行无锡分行在管辖权异议的审查阶段,并未提交形式上清晰明确、内容上无疑意、无争议的证据材料,以证明其有理由相信张磊有代理权签订管辖协议条款,且对光大银行长春分行构成约束,故其不能以表见代理成立为由主张管辖条款发生效力。即使经过实体审理认定表见代理成立,也只涉及案件当事人有关民事责任的承担,不影响人民法院对管辖权异议的处理。招行无锡分行上诉认为,“一审法院一方面认定《委托定向投资协议》对光大长春分行不产生效力,另一方面认为如果张磊的行为构成表见代理则该协议对长春分行将产生效力,存在矛盾”,混淆了不同诉讼程序阶段的不同任务和不同认定标准,该上诉理由不能成立。

二、关于一审法院是否具有管辖权的问题

招行无锡分行起诉时称,2014 年 5 月 30 日,光大银行长春分行存入指定账户 3.5 亿元,但招行无锡分行未按《同业存款协议》的要求向其正式交付开户证实书,也未交付进账单,一审法院对于招行无锡分行提起的本案诉讼的起诉权利予以保护是正确的。至于《委托定向投资协议》是否实际履行,必须经过案件实体审理才能认定,现尚不能确定《委托定向投资协议》是否实际履行,故对招行无锡分行关于“根据司法解释,合同对履行地点没有约定或者约定不明确,争议标的为给付货币的,接收货币一方所在地为合同履行地,本案主要诉讼请求为要求光大银行长春分行支付 175 万元的代理手续费,即便《委托定向投资协议》中的管辖条款不适于(用)本案,本案亦应当由一审法院管辖”的上诉理由不予支持。一审法院对本案没有管辖权,一审裁定依据被告住所地确定管辖法院并无不当。

三、关于招行无锡分行的诉讼请求能否通过反诉解决以及能否根据刑事案件确定本案的管辖的问题

2015 年 6 月,光大银行长春分行以《同业存款协议》为依据另案诉至吉林省高级人民法院,请求判令招行无锡分行向其支付存款本金 3.5 亿元以及存款利息和违约金。吉林省高级人民法院立案在先。其后,招行无锡分行提起本案诉讼。从双方当事人在两案中的诉讼请求看,后诉的诉讼请求如果成立,存在实质上否定前诉裁判结果的可能,但是,招行无锡分行的诉讼请求不能完全涵盖于前诉的裁判结果之中,后诉和前诉的诉讼请求所依据的民事法律关系并不完全相同,故一审裁定认定招行无锡分行提起本案诉讼不符合《民诉法解释》第二百四十七条规定的重复诉讼,是正确的。

根据《中华人民共和国民事诉讼法》第三十六条“人民法院发现受理的案件不属于本院管辖的,应当移送有管辖权的人民法院,受移送的人民法院应当受理”的规定,没有管辖权的人民法院可以裁定将案件移送有管辖权的人民法院。本案原告的诉讼请求是否在另案中通过反诉解决,超出了管辖异议的审查和处理的范围,应由受移送的人民法院结合当事人对诉权的处分等情况,依据《民诉法解释》第二百三十二条、第二百三十三条等的有关规定依法处理。故招行无锡分行关于其诉讼请求无法在另案中通过反诉或抗辩实现的上诉理由,本院不予审理。一审裁定关于招行无锡分行依据《委托定向投资协议》所主张的诉请也可在该案中通过反诉解决的认定超出审查范围,最高人民法院予以纠正。

本案是否涉及江苏省无锡市中级人民法院审理的相关刑事案件,并非民事案件确定管辖的法定理由,招商银行无锡分行以此主张应由江苏省高级人民法院审理本案的理由不能成立。

二审法院裁定

上诉人招行无锡分行的上诉理由不能成立,最高人民法院不予支持。一审裁定正确,应予维持。最高人民法院依据《中华人民共和国民事诉讼法》第一百七十条第一款第(一)项、第一百七十一条之规定,裁定如下:驳回上诉,维持原裁定。

[选自《最高人民法院公报》2016 年第 7 期(总第 237 期)]

048. 破产案件的地域管辖：以债务人住所地人民法院管辖为主

【审判专论】

关于破产案件的地域管辖，各国破产立法多数规定以债务人住所地为确定破产案件法院地域管辖的原则，同时辅以破产财产所在地法院管辖；在涉及跨国破产或说国际破产问题，联合国破产法立法指南及欧盟立法则均采用利益中心说确定破产案件的地域管辖。

关于破产案件的地域管辖，我国破产立法与世界各国多数立法基本一致，也是采用债务人住所地为确定破产案件管辖的标准。《企业破产法》第3条规定："破产案件由债务人住所地人民法院管辖。"依照法律规定，确定破产案件的管辖权，必须先确定债务人的住所地。对于"住所地"，最高人民法院在《贯彻〈中华人民共和国民事诉讼法〉若干问题的意见》第4条规定："法人的住所地是法人的主要营业地或者主要办事机构所在地。"人们对营业地的理解，一般是指企业从事生产经营活动的主要场所；对办事机构所在地的理解，通常是指企业管理机构，如董事会、经理、监事会等企业高级管理层经常性的相对集中的办公地点。从上述司法解释规定看，债务人主要营业地与主要办事机构所在地是并列关系，不存在先后顺序的选择问题。事实上，债务人主要营业地与主要办事机构所在地往往并不在同一地方，具有多个营业地、办事机构，因此不同的人民法院对破产案件可能都享有管辖权。

为了解决不同的法院就同一破产案件都享有管辖权而引发的管辖冲突问题，最高人民法院在法释〔2002〕23号《审理企业破产案件若干规定》第1条规定："企业破产案件由债务人住所地人民法院管辖。债务人住所地指债务人的主要办事机构所在地。债务人无办事机构的，由其注册地人民法院管辖。"此规定确定了债务人办事机构和注册地的先后顺序，对人民法院确定破产案件的地域管辖很有帮助。但是该规定似乎不再强调债务人的营业地，与民事诉讼法的司法解释不尽吻合。司法实践中，因为对债务人办事机构所在地的认定仍有不同的认识，人民法院通常以债务人的注册地来确定破产案件的管辖。

我们认为，尽量确立破产案件地域管辖的唯一性，避免多个法院就同一破产案件享有管辖权，减少管辖冲突是非常必要的。但是，习惯上按债务人办事机构或者注册地来确定破产案件管辖权的做法，并不完全合理。破产案件除依据债务人主要营业地、主要办事机构或者注册地确定管辖法院外，还应当考虑由债务人的主要财产所在地或者说利益中心所在地的法院进行管辖，赋予一定的灵活性：

法院批准。也就是说,《审理企业破产案件若干规定》第3条规定,在制定新的系统性破产法司法解释时仍有保留适用的必要。

(钱晓晨、刘子平:《破产案件管辖权及其异议处理程序研究》)

050. 破产程序中有关债务人财产诉讼案件的管辖权

【审判专论】

谈破产案件的管辖权,有必要对破产程序中有关债务人财产诉讼案件的管辖权作些论述。因为依照《企业破产法》第21条规定,债务人破产案件与债务人有关财产实体争议纠纷相分离,与债务人有关财产实体争议纠纷集中由受理破产申请的人民法院受理;换言之,实际是由受理破产申请的人民法院集中管辖。从该立法规定看,并无难理解之处,但在实践操作中,却有一些问题值得我们思考和解决:有关债务人的民事诉讼,是否无论债务人是原告、被告,一律由受理破产申请人民法院审理?当破产企业为从债务人时,这些诉讼案件的管辖权是否同上?对这些实体争议诉讼案件,破产案件的合议庭是否可以审理,是否需要回避?另外,对于民事诉讼法和以往司法解释规定的实行专属管辖或者集中管辖的特别诉讼案件,如海事纠纷案件、铁路运输纠纷案件、涉外财产纠纷案件、专利权纠纷案件等,能否统一由受理破产申请的人民法院受理?

我们认为,企业破产法相对于民事诉讼法等为特别法,在债务人进入破产程序后有关债务人有关财产实体争议纠纷案件应当优先适用《企业破产法》第21条的规定,这些诉讼案件原则上都由受理破产申请的人民法院集中管辖。当然为了方便当事人诉讼和合理均衡上、下级法院之间工作负担。对破产企业为从债务人的民事诉讼案件的管辖权,可以考虑按照债权人与主债务人之间的主要法律关系来确定案件的管辖。对于职工债权争议以及小额债权债务纠纷,受理破产申请的中级人民法院可以指定基层人民法院进行审理。至于海事纠纷等特殊案件,能否也统一由受理破产申请的人民法院管辖,还有待作进一步的调查研究。

(钱晓晨、刘子平:《破产案件管辖权及其异议处理程序研究》)

【民诉法司法解释】

关于破产程序中有关债务人的诉讼案件管辖问题,《民事诉讼法解释》第42条第1款第(1)项规定:“下列第一审民事案件,人民法院依照民事诉讼法第三十八条第一款规定,可以在开庭前交下级人民法院审理:(一)破产程序中有关债务人的诉讼案件”;第2款规定了“上交下”的程序问题:“人民法院交下级人民法院审理前,应当报请其上级人民法院批准。上级人民法院批准后,人民法院应当裁定将案件交下级人民法院审理。"

051. 破产清算组承担民事赔偿责任纠纷案件由受理破产案件的法院管辖

【审判专论】

民事案件的管辖,一般实行原告就被告原则,特殊者例外。《联合国国际贸易法委员会破产法立法指南》指出:"对于针对具有正式身份的破产代表提起的诉讼,可能需考虑确定哪个法院对这种诉讼拥有管辖权。为了避免不确定性和混乱,宜确保所审理的法院是指定破产代表的同一个法院。"目前我国法律没有明确管理人民事责任纠纷案件的管辖,但是,最高人民法院曾在相关批复中指出:"企业被宣告破产后,清算组因履行清算职责对他人违约或者侵权引起的民事诉讼,发生在破产程序终结之前的,由受理破产案件的人民法院管辖,在破产程序中一并处理。"①仅案件管辖而言,该批复的司法政策精神可继续沿用,管理人民事责任纠纷案件的管辖应由受理破产案件的法院管辖。

(刘子平:《企业破产法的民事法律责任认定专题研究》)

052. 破产案件管辖权不适用审判监督程序、抗诉程序

【审判专论】

对破产案件管辖权是否可以适用审判监督程序、抗诉程序,法律没有规定。在上述债权人××东富公司申请债务人××海惠公司破产清算管辖权诉讼纠纷一案中,当地高级人民法院对其反复进行了三次再审,最高检察机关对高级人民法院的再审裁定提出抗诉程序,结果造成破产案件审理和破产清算久拖不决。

我们认为,无论依照债务人主要办事机构所在地,还是其注册地或者其主要财产所在地确定破产案件的管辖权,均没有原则性的错误,也不至于影响破产案件的公正审判和破产程序顺利进行。更主要的是,因为破产程序具有不可逆转性,在相关程序完成后,债务人无法回复清算前原状,由另一人民法院重新启动破产程序、

---

① 最高人民法院《关于破产清算组在履行职责过程中违约或侵权等民事纠纷案诉讼管辖问题的批复》(法释〔2004〕5号)。

清算已不可能。因此,对破产案件管辖权适用审判监督程序进行再审或者进行抗诉没有实质意义,我们应着眼于债务人资产的清理和债权债务的公正处理,而非纠缠于管辖权异议等无关大局的程序问题。

在破产实践中,检察机关时常对人民法院在破产案件审理过程中作出的民事裁定,包括对破产案件的管辖权的认定,提出抗诉。我们认为,检察机关对法院审查认定破产案件管辖权异议的相关民事裁定,提出抗诉没有充足的法律依据,不应适用抗诉程序。如检察机关对破产案件管辖权问题坚持抗诉的,人民法院应通知其不予受理。最高人民法院以往有关批复也都坚持此态度,此司法政策精神应保持前后一贯性。

(钱晓晨、刘子平:《破产案件管辖权及其异议处理程序研究》)

053. 无管辖权的法院受理破产案件的法律效果

【审判专论】

在理论上,由于多种原因有可能出现本无管辖权的法院受理破产申请的情形。如何对待无管辖权的法院受理破产案件的法律效果,世界各国的理论认识和司法实践并不完全一致。

有的国家破产法规定,无管辖权的法院受理破产申请、启动破产程序后,其可以继续保留和进行该破产程序,相关破产宣告并不当然无效。例如,《英国破产法》第118条规定:“第117条的规定不因法律程序在错误的法院提起而使该程序无效。由英格兰和威尔士的法院决定的公司解散,或者任何解散中的任何程序可以保留在开始该程序的法院,尽管该法院不是该程序本应开始的法院。”但是,日本破产法专家通说认为,管辖以破产提出时为基准决定,接受申请的法院拥有职权调查有无管辖权。如发现无管辖权的,即将案件移送有管辖权的法院。如果无管辖权的法院已作了破产宣告,这种宣告则归于无效。

在我国理论界,关于无管辖权的法院受理破产案件的法律效果也存在两种不观点:

一种意见认为,接到破产申请的人民法院,审查后认为其无管辖权的,应当立即将案件移送有管辖权的人民法院。对无管辖权的法院受理破产案件后,已经进行公告、申报债权、召集债权人会议等部分程序性工作的,也必须依法将案件移送给有管辖权的法院。对其已进行的程序性工作,原则上认定无效,但全体破产案件当事人均无异议者除外,有管辖权的法院可以认定其有效,继续进行破产程序。但是,无管辖权的法院作出破产宣告等实质性裁决,因其对案件无管辖权,均应认定为无效。

另一种意见认为,法院受理破产案件后,未发布公告之前发现其无管辖权的,应当将案件移送有管辖权的法院。但在发布公告之后,发现其无管辖权的,不得再移送破产案件。理由是公告之后,破产案件的受理法院已经公之于众,已通知申报债权、召集债权人会议,乃至作出破产宣告,进行破产清算分配等工作。这些行为的后果,往往是无法逆转的,所以在这种情况下,就不能再移送案件,应通过上级法院指定等方式确认本无管辖权的已经受理破产案件的法院享有管辖权。

我们认为,法院有权调查其对收到的破产申请有无管辖权,如发现无管辖权的,应当告之申请人向有管辖权的法院提出破产申请。当受理破产申请后,并已发出受理破产案件公告的,甚至已经完成了债权申报、接管债务人财产和营业、财产变价等相关清算程序的,这时应当考虑到破产程序具有不可逆转性,限制破产案件的移送是有必要的。对此,我们可以借鉴英国破产法立法和司法经验,由受理破产申请的法院继续审理该破产案件,完成债务人破产程序。事实上,受理破产申请的法院与债务人的营业地、注册地、财产所在地或经济活动中心等连结点,或多或少地具有一定的关系,完全没有一点关系的情形绝少出现。因为法院受理破产申请,意味着即日起受到债务人及其广大职工、全体债权人、上级法院乃至社会各界的监督,一般不会冒天下之大不韪争夺破产案件的管辖权。同时,即使启动破产程序的法院无管辖权,但也不等于说由该法院审理破产案件就是不公正的审判。相反,如无限制地将破产案件随意移送,必然在债务人财产接管的交接、耗费破产费用等方面出现一系列的更严重问题。因此,通过上级法院指定等方式确定已经受理破产案件的法院享有管辖权是一个两害相权取其轻的灵活选择。当然,如果某法院不顾法律规定恶意争抢案件管辖权,明知无管辖权而故意受理破产案件造成恶劣影响的,应当依法追究直接责任人的错案责任。

(钱晓晨、刘子平:《破产案件管辖权及其异议处理程序研究》)

054. 资金链断裂企业债务纠纷可实行集中管辖

【审判专论】

2008年以来,浙江一些法院开始尝试对涉及同一债务人的系列案件以及涉及同一借款人的系列企业债务纠纷案件采取“三统一”即“统一管辖,统一审理,统一执行”的方式。在总结经验的做法上,2008年10月,由民二庭起草,省高院下发了《关于资金链断裂引发企业债务重大案件的集中管辖问题的通知》,为运用集中管辖手段妥善审理资金链断裂引发的企业债务重大案件提出了指导意见。至2009

年年底,省高院已经先后指定相关中级法院集中管辖台州飞跃集团、绍兴江龙控股、丽水银泰集团等25家涉资金链断裂的企业债务纠纷案件,涉及案件2502件,目前已有17家企业的资产重组取得重大进展(其中,部分企业的债务纠纷案件实行集中管辖后,转为破产重整程序处置)。

"三统一"的债务纠纷集中管辖案件的审判,不适用破产案件审判程序,但此类案件审理的适用对象(资金链断裂或存在资金断裂风险的地方行业龙头企业)、外部环境(由地方党委领导,政府协调风险处置)和一些工作方式(集中确认债权债务)与破产程序比较,存在相似之处,有"类破产程序"的某些特征。有的适用集中管辖的债务纠纷案件,最后也转入了破产重整程序(如纵横集团破产重整系列案)。对涉财务风险行业龙头债务纠纷案件实施集中管辖,体现了浙江法院推进企业破产案件审判过程中的积极探索,总体效果是好的。在最高人民法院于2009年4月在厦门召开的"应对国际金融危机商事审判工作座谈会"上,集中管辖作为一种应对国际金融危机背景下化解企业系统债务风险的手段得到了肯定。2010年7月最高人民法院发布的《人民法院工作年度报告(2009年)》,将前述南望集团系统案件的"破产重整形式"和实行集中管辖的绍兴中院审理绍兴江龙集团系列案的"清偿重组式"、台州中院审理飞跃集团系列案的"协助重组式"案件审判模式一并作为地方法院审理涉企债务案件的模式予以肯定。省高院民二庭在指导相关涉资金链断裂企业集中管辖债务纠纷案件时,强调要依法平等保护当事人合法权益,坚持抵制和克服地方保护主义,依法纠正了个别案件审理中的不规范做法。

(浙江省高级人民法院民二庭:《加强调研指导　及时总结经验　推动提升浙江法院企业破产案件审判能力和工作水平》)

第三节　管辖异议与管辖权转移

055. 对破产案件提出管辖权异议应当严格限制,只有债务人在异议期内才可以对债权人的破产申请提出

【审判专论】

我们认为,破产案件具有自身的特殊性,不同于原、被告双方之间的一般民商事案件,应当严格限制在破产案件中提出管辖权异议。

其一,从立法规定和法律适用看,在破产案件提出管辖权异议没有法律依据。企业破产法没有规定管辖权异议制度,实质上在立法上已经排除了破产程序参与人可以提出管辖权异议的可能性。从比较法看,世界各国破产法都没有允许对破

产案件提出管辖权异议的立法体例,我国也不宜搞特殊化。因此,虽然《企业破产法》第 4 条规定:"破产案件审理程序,本法没有规定的,适用民事诉讼法的有关规定。"但是破产案件审理程序并非都可机械地适用《民事诉讼法》的有关规定,尤其是管辖权异议制度。

其二,从当事人的权利看,根据《民事诉讼法》第 127 条规定,在人民法院受理案件后有权提出管辖权异议的仅是案件当事人中的被告,而破产案件中的破产程序参与人并不享有这样的权利。破产案件的管辖权,是依据债务人主要办事机构、注册地、营业场所、财产所在地等连结点确定的,而非依据债权人的有关连结点。如债务人申请破产,在人民法院受理破产申请后,作为众多的分散的债权人只能申报债权,而不能提出破产案件管辖权异议。如债权人申请债务人破产,因为我国《企业破产法》实行"受理主义",自人民法院受理破产申请之日起债务人的地位和权利就已经受到法律的严格限制,由管理人即日起接管其财产和营业,债务人对相关事务包括诉讼事务也失去管理和处分的权利,也就无权再提出管辖权异议。

其三,从程序设置看,管辖权异议程序的设置与破产程序的不可逆转性不符,不利于破产案件审理和破产程序的顺利进行。因为破产程序具有不可逆转性,而破产清算目的是通过公正程序在全体债权人之间清算、分配破产财产,不存在偏护原告或者被告的问题;即使是破产重整、和解程序也无不要求快速地达成重整计划、和解协议,一揽子解决债务人的债权债务关系,经不起旷日持久的管辖权异议程序的拖延和消耗。

其四,从允许破产案件提出管辖权异议的实际效果看,只能加剧众多破产程序参与人之间对案件管辖权的争执,不但不利于争议的解决,而且必然会延误案件的审理和破产清算进程,实际以牺牲广大债权人和债务人职工利益为代价。

需要注意的是,限制破产程序参与人在人民法院受理破产案件后提出管辖权异议,并不是说完全禁止债务人在破产程序启动时依法提出异议。相反,为了监督和纠正人民法院在确定破产案件管辖权时可能出现的偏差,债务人可以根据《企业破产法》第 10 条"债务人对申请有异议的,应当自收到人民法院的通知之日起七日内向人民法院提出"的规定,向人民法院提出包括对破产申请管辖权方面的异议和意见,人民法院应当自异议期满之日起 10 日内裁定是否受理破产申请。如果受理人民法院认为其对该破产申请没有管辖权的,应当告知申请人向有管辖权的人民法院提起破产申请;如果受理人民法院认为其对该破产申请有管辖权的,应当在受理破产申请的民事裁定中对案件管辖权问题一并予以说明。根据企业破产法规定,对于人民法院在破产案件中作出的裁定,只允许对不予受理破产申请的裁定和驳回破产申请的裁定提起上诉程序。因此,债务人即使对人民法院认定管辖权不服的,也不能提起上诉。

综上所述,只有在债务人在异议期内可以对债权人的破产申请提出管辖权异议,在人民法院裁定受理破产申请后,破产案件的管辖权应恒定不变,债务人、债权人以及其他破产程序参与人无权提出破产案件管辖权异议。同时,受理破产申请的人民法院,也不得将破产案件移送其他法院审理。

(钱晓晨、刘子平:《破产案件管辖权及其异议处理程序研究》)

056. 当事人以其不是适格被告为由提出管辖权异议,不属于管辖权异议

【公报案例】

鸿润锦源(厦门)房地产开发有限公司与彭雄浑、鸿润集团房地产投资有限公司商品房预售合同纠纷案

[最高人民法院(2006)民一终字第34号]

❖ **裁判摘要**

根据《中华人民共和国民事诉讼法》第一百零八条第(四)项和第三十八条的规定,管辖权异议是指当事人对案件是否属于人民法院受理范围或者是否由受诉人民法院管辖提出的异议。当事人有权提出管辖权异议,但当事人以其不是适格被告为由提出管辖权异议,不符合上述规定,不属于管辖权异议。当事人是否属于适格被告,应当经人民法院实体审理确定。

❖ **基本案情**

上诉人(原审被告):鸿润锦源(厦门)房地产开发有限公司

法定代表人:许礼评,该公司董事长

被上诉人(原审原告):彭雄浑(PENG STEPHEN),香港居民

上诉人鸿润锦源(厦门)房地产开发有限公司与被上诉人彭雄浑(PENG STEPHEN)及原审被告鸿润集团房地产投资有限公司(HUNG YUN GROUP LIMITED)商品房预售合同纠纷一案,福建省高级人民法院作出(2005)闽民初字第38号民事裁定,驳回鸿润锦源(厦门)房地产开发有限公司对本案提出的管辖权异议。鸿润锦源(厦门)房地产开发有限公司对该裁定不服,向最高人民法院提起上诉。法院依法组成合议庭对本案进行了审查。现已审查终结。

经审查,鸿润锦源(厦门)房地产开发有限公司在一审提交答辩状期间以其不是该案适格被告为由提出管辖权异议,请求驳回原告的起诉。

一审法院经审查认为:《中华人民共和国民事诉讼法》第一百零八条第(一)、(二)、(三)项规定起诉必须符合的条件是:原告是与本案有直接利害关系的公民、法人和其他组织;有明确的被告;有具体的诉讼请求和事实、理由。可见,就被告而

言，只要明确，该项条件就具备。本案原告彭雄浑起诉的两个被告均是明确的，且具备诉讼主体资格。因此，依照《中华人民共和国民事诉讼法》第二十四条“因合同纠纷提起的诉讼，由被告住所地或者合同履行地人民法院管辖”、第二十二条第三款“同一诉讼的几个被告住所地、经常居住地在两个以上人民法院辖区的，各该人民法院都有管辖权”的规定，一审法院对本案有管辖权。由于鸿润锦源（厦门）房地产开发有限公司关于“其及鸿润集团房地产投资有限公司（HUNG YUN GROUP LIMITED）均不是适格被告”的主张，与本案管辖权的确定无关，其以此为由对一审法院受理本案提出管辖权异议，一审法院不予采纳。依照《中华人民共和国民事诉讼法》第三十八条、第一百四十条第一款第（二）项、第二款之规定，裁定驳回鸿润锦源（厦门）房地产开发有限公司对本案提出的管辖权异议。

鸿润锦源（厦门）房地产开发有限公司对一审裁定不服，仍以其不是适格被告、一审法院适用法律错误为由，向本院提起上诉。

最高人民法院认为：当事人有权提出管辖权异议。但根据《中华人民共和国民事诉讼法》第一百零八条第（四）项和第三十八条的规定，管辖权异议是指是否属于人民法院主管或管辖的案件。本案鸿润锦源（厦门）房地产开发有限公司以其不是本案适格被告为由提出管辖权异议，不属于民事诉讼法规定的管辖权异议的情形。鸿润锦源（厦门）房地产开发有限公司是否是本案的适格被告，应经人民法院的实体审理确定。一审法院以管辖权异议作出裁定，适用法律错误，应予撤销。

由于一审裁定仅针对鸿润锦源（厦门）房地产开发有限公司提出的管辖权异议作出的，不涉及鸿润集团房地产投资有限公司（HUNG YUN GROUP LIMITED）的诉讼权利，故本裁定无须列明鸿润集团房地产投资有限公司（HUNG YUN GROUP LIMITED）在本上诉案中的诉讼地位。

根据《中华人民共和国民事诉讼法》第一百五十四条、最高人民法院《关于适用〈中华人民共和国民事诉讼法〉若干问题的意见》第一百八十八条第（二）、（三）项的规定，裁定如下：

撤销福建省高级人民法院（2005）闽民初字第38号民事裁定。

057. 当事人在一审提交答辩状期间未提出管辖异议，在二审或再审时提出的，人民法院不予审查

【指导案例】56号

韩凤彬诉内蒙古九郡药业有限责任公司等产品责任纠纷管辖权异议案

关键词：民事诉讼　管辖异议　再审期间

❖ **裁判要点**

当事人在一审提交答辩状期间未提出管辖异议,在二审或者再审发回重审时提出管辖异议的,人民法院不予审查。

相关法条

《中华人民共和国民事诉讼法》第 127 条

❖ **基本案情**

原告韩凤彬诉被告内蒙古九郡药业有限责任公司(以下简称九郡药业)、上海云洲商厦有限公司(以下简称云洲商厦)、上海广播电视台(以下简称上海电视台)、大连鸿雁大药房有限公司(以下简称鸿雁大药房)产品质量损害赔偿纠纷一案,辽宁省大连市中级人民法院于 2008 年 9 月 3 日作出(2007)大民权初字第 4 号民事判决。九郡药业、云洲商厦、上海电视台不服,向辽宁省高级人民法院提起上诉。该院于 2010 年 5 月 24 日作出(2008)辽民一终字第 400 号民事判决。该判决发生法律效力后,再审申请人九郡药业、云洲商厦向最高人民法院申请再审。

最高人民法院于同年 12 月 22 日作出(2010)民申字第 1019 号民事裁定,提审本案,并于 2011 年 8 月 3 日作出(2011)民提字第 117 号民事裁定,撤销一、二审民事判决,发回辽宁省大连市中级人民法院重审。在重审中,九郡药业和云洲商厦提出管辖异议。

裁判结果

辽宁省大连市中级人民法院于 2012 年 2 月 29 日作出(2011)大审民再初字第 7 号民事裁定,认为该院重审此案系接受最高人民法院指令,被告之一鸿雁大药房住所地在辽宁省大连市中山区,遂裁定驳回九郡药业和云洲商厦对管辖权提出的异议。九郡药业、云洲商厦提起上诉,辽宁省高级人民法院于 2012 年 5 月 7 日作出(2012)辽立一民再终字第 1 号民事裁定,认为原告韩凤彬在向大连市中级人民法院提起诉讼时,即将住所地在大连市的鸿雁大药房列为被告之一,且在原审过程中提交了在鸿雁大药房购药的相关证据并经庭审质证,鸿雁大药房属适格被告,大连市中级人民法院对该案有管辖权,遂裁定驳回上诉,维持原裁定。九郡药业、云洲商厦后分别向最高人民法院申请再审。最高人民法院于 2013 年 3 月 27 日作出(2013)民再申字第 27 号民事裁定,驳回九郡药业和云洲商厦的再审申请。

裁判理由

法院生效裁判认为:对于当事人提出管辖权异议的期间,《中华人民共和国民事诉讼法》(以下简称《民事诉讼法》)第一百二十七条明确规定,当事人对管辖权有异议的,应当在提交答辩状期间提出。当事人未提出管辖异议,并应诉答辩的,视为受诉人民法院有管辖权。由此可知,当事人在一审提交答辩状期间未提出管辖异议,在案件二审或者再审时才提出管辖权异议的,根据管辖恒定原则,案件管辖权已经确定,人民法院对此不予审查。本案中,九郡药业和云洲商厦是案件被通过审判监督程序裁定发回一审法院重审,在一审法院的重审中才就管辖权提出异议的。最初一审时原告韩凤彬的起诉状送达给九郡药业和云洲商厦,九郡药业和云洲商厦在答辩期内并没有对管辖权提出异议,说明其已接受了一审法院的管辖,管辖权已确定。而且案件经过一审、二审和再审,所经过的程序仍具有程序上的效力,不可逆转。本案是经审判监督程序发回一审法院重审的案件,虽然按照第一审程序审理,但是发回重审的案件并非一个初审案件,案件管辖权早已确定。就管辖而言,因民事诉讼程序的启动始于当事人的起诉,确定案件的管辖权,应以起诉时为标准,起诉时对案件有管辖权的法院,不因确定管辖的事实在诉讼过程中发生变化而影响其管辖权。当案件诉至人民法院,经人民法院立案受理,诉状送达给被告,被告在答辩期内未提出管辖异议,表明案件已确定了管辖法院,此后不因当事人住所地、经常居住地的变更或行政区域的变更而改变案件的管辖法院。在管辖权已确定的前提下,当事人无权再就管辖权提出异议。如果在重审中当事人仍可就管辖权提出异议,无疑会使已稳定的诉讼程序处于不确定的状态,破坏了诉讼程序的安定、有序,拖延诉讼,不仅降低诉讼效率,浪费司法资源,而且不利于纠纷的解决。因此,基于管辖恒定原则、诉讼程序的确定性以及公正和效率的要求,不能支持重审案件当事人再就管辖权提出的异议。据此,九郡药业和云洲商厦就本案管辖权提出异议,没有法律依据,原审裁定驳回其管辖异议并无不当。

综上,九郡药业和云洲商厦的再审申请不符合《民事诉讼法》第二百条第(六)项规定的应当再审情形,故依照该法第二百零四条第一款的规定,裁定驳回九郡药业和云洲商厦的再审申请。

058. 当事人提出管辖权异议后,举证期限停止计算

【地方审判】

当事人提出管辖权异议后,举证期限应停止计算,待案件管辖权确定后再继续计算举证期限。

[《北京市高级人民法院审理民商事案件若干问题的解答之五(试行)》]

管辖权异议属于程序性事项,在管辖权不确定的情况下,相关证据无法固定,因此举证时限应该停止计算,等待管辖裁定的生效。继续计算的时间应自生效裁定送达当事人之日的次日起算。

[关于《北京市高级人民法院审理民商事案件若干问题的解答之五(试行)》的说明]

059. 未提出管辖权异议的被告对管辖权异议裁定提起上诉的处理

【审判政策与精神】

在法院裁定驳回管辖权异议的情形下,未提出管辖权异议的被告对管辖权异议裁定提起上诉的,二审法院对其上诉请求不予支持。

[《北京市高级人民法院审理民商事案件若干问题的解答之五(试行)》]

在法院裁定管辖权异议成立的情形下,未提出管辖权异议的被告对管辖权异议裁定提起上诉的,经二审法院审查上诉理由成立的,对其上诉请求应予支持。

此问题出现于多被告情形下。在一被告未提出管辖权异议时,应认为其同意受理案件法院对案件的管辖。即使其关于管辖权的上诉理由成立,因为一审期间,其未在法定期限内提出管辖权异议,当受理案件的一审法院未改变案件管辖时,其诉讼权利和义务并未受到影响。因此,未向一审法院提出管辖权异议的被告,对法院驳回其他被告管辖权异议作出的裁定,虽然享有上诉权,但丧失了胜诉权。但当受理案件的一审法院裁定案件管辖权异议成立时,情况已经发生了变化,一审时未提出管辖权异议的被告不仅可以提起上诉,而且享有胜诉权。

[关于《北京市高级人民法院审理民商事案件若干问题的解答之五(试行)》的说明]

060. 确定诉讼主体与确定管辖权发生冲突时的处理

【地方审判】

确定诉讼主体与确定管辖权发生冲突时,法院应首先就管辖权问题作出裁定。

上述裁定生效后,在多被告情形下,如果受理案件法院认定据以确定管辖权的被告为不适格诉讼主体的,应当依照《民事诉讼法》第36条的规定将案件移送有管辖权的法院。

[《北京市高级人民法院审理民商事案件若干问题的解答之五(试行)》]

确定管辖权是法院进行案件审理的前提。确定管辖权进入实体审理后,有多个被告的情况下,如果法院经审理发现作为确定管辖权依据的被告主体不适格时,在裁定驳回原告对其起诉后,受理案件法院对案件是否依然享有管辖权,审判实践中存在分歧意见：一种意见认为，裁定驳回原告对某一被告的起诉后，虽然受理案件法院实际上已丧失了行使管辖权的基础，在起诉时法院对案件享有管辖权，而且也已经作出裁定驳回被告的管辖权异议，那么就不能因某一被告退出诉讼（确定管辖的事实在诉讼过程中发生变化）而影响管辖权，否则会造成司法资源的浪费，不利于案件的尽快了结。另一种意见认为，虽然法院作出裁定驳回了管辖权异议，但当某一被告退出诉讼后，法院实际上已经丧失了行使管辖权的基础，这时法院就应当依照《民事诉讼法》第36条的规定依职权将案件移送到有管辖权的法院。这两种意见都有一定的道理，但依职权移送案件法律有明确的规定，因此我们选择了后一种意见，同时也可以在一定程度上防止当事人虚设被告，争抢案件管辖权情形的发生。

［关于《北京市高级人民法院审理民商事案件若干问题的解答之五（试行）》的说明］

061. 应诉管辖

【审判政策与精神】

新《民事诉讼法》对应诉管辖作出明确规定。应诉管辖需具备以下几项条件：（1）当事人未在答辩期内提出管辖权异议；（2）当事人应诉答辩；（3）应诉管辖不得违反专属管辖和级别管辖的规定。我们认为，对于当事人既提出管辖权异议又应诉答辩的，不能视为被告接受受诉法院管辖。此外，要认识到有独立请求权第三人加入到诉讼中来，应为两个诉的合并。人民法院为了节省诉讼资源，防止发生矛盾判决，可以进行合并审理。但这种诉的合并并非必须，可以合并审，也可以分开审。如果第三人愿意接受受诉法院管辖，可以加入他人已经开始的诉讼中，自不必再提出管辖权异议；如果第三人认为受诉法院对其没有管辖权，也可以选择分别审理，向有管辖权的法院另行起诉主张权利。

（高民智：《贯彻实施新〈民事诉讼法〉之五——关于立案制度的理解与适用》）

062. 管辖权的转移制度

【审判政策与精神】

新《民事诉讼法》对级别管辖下放性转移作了限制性的修改，增加了审批程序。但是，法律并没有对管辖权移转的必要条件、程序、当事人权利的救济途径等作出明确规定。司法实践中,个别法院对此疏于规制,将案件交由下级人民法院审理较为随意,规避上级法院的监督,侵害当事人的诉讼权利,导致地方保护的可能性增加,也影响了人民法院的声誉。最高人民法院准备制定相应的司法解释,对该法律规定的“确有必要的条件、审批程序、文书形式”等予以明确,以利于正确适用法律。我们认为,法律规定的“确有必要”的情形,可以包括涉众案件,区域性、行业性关联案件,企业破产案件中的劳动争议、债权确认等案件。涉众案件主要是指个案涉及人数众多的案件,案件的当事人主要是自然人。为贯彻执行党中央化解社会矛盾工作重心下移的要求,此类案件可以交下级法院审理。区域性、行业性关联案件主要是指一些群体性、类型化的案件。这类案件必须依靠当地党委政府解决问题,下移管辖,有利于矛盾的化解。破产衍生诉讼案件,是指衍生诉讼的劳动争议诉讼、小额债权诉讼、债务人履行合同诉讼、追收债务人对外债权诉讼、撤销债务人处分财产行为诉讼、确认债务人处分财产行为无效诉讼、取回权诉讼、别除权诉讼和抵销权诉讼等案件。如果这类案件全部由中级人民法院审理,高级法院成为二审法院,既不经济,也不利于矛盾的化解。根据级别管辖的规定,对于标的额或者案件类型属于下级法院管辖的,交下级法院审理,有利于当事人参加诉讼,节约诉讼成本,节约司法资源。当然,“确有必要”的情形还有哪些,应在实践中不断总结摸索。

管辖权的转移,无论是“下移上”还是“上交下”,都是对级别管辖权的变更,应当慎用。管辖权的转移不能由受诉法院自行决定,要报请其上级人民法院批准,这是为避免一些法院随意向下移交案件管辖权而从程序上进行控制。根据有关规定,应当以书面形式报请上一级法院审批,上一级法院应当尽快作出同意和不同意的书面通知。一般应当自收到管辖第一审民事案件人民法院将案件交其下级法院审理请示的10日内,作出同意或者不同意的书面通知。

最高人民法院《关于审理民事级别管辖异议案件若干问题的规定》(法释〔2009〕17号)第4条规定:上级人民法院将其管辖的第一审民事案件交由下级人民法院审理的,应当作出裁定。本次《民事诉讼法》修改,借鉴了该司法解释的精神:必须对管辖权下移进行控制。从法理上讲,移送管辖的行为,是法院就程序性事项做出裁定的行为,应当采用裁定书的形式。为保护当事人的诉讼权利,对于下放性案件移送采取裁定的形式更为适当。即上级人民法院审批同意的,管辖第一审民事案件的人民法院应当裁定将案件交其下级人民法院审理,并说明理由。当事人对裁定不服提起上诉的,第二审人民法院应当依法审理并作出裁定。

(高民智:《贯彻实施新〈民事诉讼法〉之五——关于立案制度的理解与适用》)

【民诉法司法解释】

关于《民事诉讼法》第38条第1款规定的“上交下”案件“确有必要”的情形和程序问题,《民事诉讼法解释》第42条第1款规定了“确有必要”的情形:“下列第一审民事案件,人民法院依照民事诉讼法第三十八条第一款规定,可以在开庭前交下级人民法院审理:(一)破产程序中有关债务人的诉讼案件;(二)当事人人数众多且不方便诉讼的案件;(三)最高人民法院确定的其他类型案件。”第2款规定了“上交下”的程序问题:“人民法院交下级人民法院审理前,应当报请其上级人民法院批准。上级人民法院批准后,人民法院应当裁定将案件交下级人民法院审理。”

第四章 证　据

第一节　调查取证

063. 法院依职权调查取证必须符合法定条件

【审判专论】一

商事案件的当事人通常是商人(商自然人或商法人),商人一般具有较规范的证据保存制度和较强的举证能力,其申请法院调查取证时,必须符合法定条件法院才能依职权取证。实践中常见的现象是某些证据保存于其他机构(尤其是公权机关),该机构不向当事人及其律师提供证据,并明确表示可以向法院提供证据,对此,如果该证据对双方权利义务有明显影响,考虑到当前我国政府信息服务功能尚不健全的客观实际,为查明案件事实,在不违反其他法定条件的情形下,法院应当依当事人的申请进行调查取证。

(宋晓明、杜军:《商事诉讼形势之应对与审判制度完善的思考》)

【审判专论】二

《民事诉讼证据规定》第15条规定:"民事诉讼法第六十四条规定的'人民法院审理案件需要的证据',是指以下情形:(一)涉及可能有损国家利益、社会公共利益或者他人合法权益的事实;(二)涉及依职权追加当事人、中止诉讼、终结诉讼、回避等与实体争议无关的程序事项。"第16条规定,除本规定第15条规定的情形外,人民法院调查收集证据,应当依当事人申请进行。

(宋晓明、张雪楳:《民生诉讼程序若干疑难问题》)

【审判专论】三

法院依职权调查取证中的主要问题在于,《民事诉讼证据规定》第15条所规定的法院职权调查范围过窄,缺乏弹性条款,不能满足实践的需求。由于当事人诉讼能力、法治环境等现实状况原因,有些处于证据矛盾、事实真伪尚不明朗的案件,还是需要法官依职权调查,尤其是一些当事人不便获取、对案件处理结果有重要影响,而不属《民事诉讼证据规定》职权应调查范围的证据,如果法院不依职权主动调取,案件处理的实体公正效果就很难有效实现,有时也不利于维稳工作的开展。基于上述现实状况,法官在审判实践中会有意无意突破职权调查制度的约束,超出《民事诉讼证据规定》范围依职权进行调查取证。根据案卷调查情况,在法院依职权调查的44起案件中,属于《民事诉讼证据规定》范畴的涉及国家利益、社会公共利益或者他人合法权益的事实以及涉及程序事项的仅占到41%;不属于《民事诉讼证据规定》范畴,但证据材料矛盾和不明影响到案件主要事实查明的情况,却要占到59%。在问卷调查中,22%的法官认为《民事诉讼证据规定》对职权调查的严格化限制不利于实现实体公正;83%的法官反映在有些调查可能对查明事实有重大影响,但不属于《民事诉讼证据规定》应调查范围的情形下,自己会主动依职权进行调查。因此,调查表明,法官在执行《民事诉讼证据规定》第15条方面,还是将查明案件事实作为很重要的把握标准。

(邹碧华、俞秋玮:《关于民事诉讼法证据的实证研究》)

【民诉法司法解释】

关于人民法院依职权调查收集证据问题,《民事诉讼法解释》用了3个条文进行规范,具体包括:第94条规定了当事人及其诉讼代理人因客观原因不能自行收集的证据范围和申请法院调查收集证据的条件:"民事诉讼法第六十四条第二款规定的当事人及其诉讼代理人因客观原因不能自行收集的证据包括:(一)证据由国家有关部门保存,当事人及其诉讼代理人无权查阅调取的;(二)涉及国家秘密、商业秘密或者个人隐私的;(三)当事人及其诉讼代理人因客观原因不能自行收集的其他证据。当事人及其诉讼代理人因客观原因不能自行收集的证据,可以在举证期限届满前书面申请人民法院调查收集。"

第95条规定了没有调查证据必要、人民法院不予准许当事人调查收集证据申请的情形:"当事人申请调查收集的证据,与待证事实无关联、对证明待证事实无意义或者其他无调查收集必要的,人民法院不予准许。"

第96条明确了人民法院依职权调查收集证据的范围:"民事诉讼法第六十四条第二款规定的人民法院认为审理案件需要的证据包括:(一)涉及可能损害国家利益、社会公共利益的;(二)涉及身份关系的;(三)涉及民事诉讼法第五十五条规定诉讼的;(四)当事人有恶意串通损害他人合法权益可能的;(五)涉及依职权追加当事人、中止诉讼、终结诉讼、回避等程序性事项的。除前款规定外,人民法院调查收集证据,应当依照当事人的申请进行。"

总体而言,司法解释对于人民法院依职权主动调查收集证据持谨慎立场,对于当事人因诉讼能力不足而举证困难的,人民法院可以在不影响中立性的前提下,依法通过行使释明权,引导当事人提出调查收集证据的申请,依职权调查取证。

064. 对当事人申请法院调查取证,法院不予准许的,可以口头方式通知

【审判政策与精神】

法院对当事人申请法院调查取证不予准许的,可以口头方式通知当事人,必须记入笔录,并由当事人签字。口头通知不影响当事人申请复议。

当事人要求书面通知的,应按照《民事诉讼证据规定》第19条的规定向当事人送达通知书。

[《北京市高级人民法院审理民商事案件若干问题的解答之五(试行)》]

《民事诉讼证据规定》第19条第2款规定:“人民法院对当事人及其诉讼代理人的申请不予准许的,应当向当事人或其诉讼代理人送达通知书。当事人及其诉讼代理人可以在收到通知书的次日起三日内向受理申请的人民法院申请书面复议一次。”对“通知书”我们适当地扩大了范围,即口头通知记入笔录,同时记录当事人签字的情形(拒绝签字的可直接记入笔录),以加快审判效率,尤其是在适用简易程序的情况下。但对当事人明确要求法院书面通知的,法院应制作“通知书”。

[关于《北京市高级人民法院审理民商事案件若干问题的解答之五(试行)》的说明]

065. 民间借贷证据的认定

【审判专论】

民间借贷具有当事人较少、法律关系简单、证据单一、法律关系中一般不涉及第三人等特点,其主要证据就是借据,正因如此,实践中通过虚构债务经诉讼程序达到规避法律、逃避债务目的从而损害国家、集体以及其他人合法权益的情况时有发生。在民间借贷乱象丛生的情况下,我们尤其要注意不能机械适用证据规则,对民间借贷案件的全部证据,应从各证据与案件事实的关联度、证据间的互相印证等进行综合判断,不能片面认定证据或根据个人主观臆断取舍证据。对于仅有借据而再无其他证据印证的情况下,一般不宜认定存在借贷关系。较大金额以上的民

间借贷关系,应当结合借据、银行资金往来的交付证据、企业会计记录等材料予以综合认定。

1. 借据的认定。就借据的审查而言,应把握借贷关系实践合同的性质,全面细致了解和调查借据的形成过程、借款原因和借款目的、债权人资金的具体来源、借款与还款的时间等,加强对借据记载内容真实性和合法性的审查。债务人对借据内容的笔迹或签章的真实性提出异议的,双方当事人可以提供补充证据或者反驳证据,法院应当根据双方提供的有效证据,结合案件的其他证据及相关情况,对借据的真实性进行综合审查判断。

当事人之间对因买卖、承揽、股权转让等其他法律关系产生的债务,经结算后,债务人以书面借据形式对债务予以确认,债权人据此提起诉讼,而债务人或担保人对基础法律关系的效力和履行事实提出抗辩并有证据证明纠纷确因其他法律关系引起的,原则上按照基础法律关系审理,但借据仍可以作为基础合同履行的重要证据。①

对于审判实践中的一些"特殊"借据的认定问题,譬如,银行汇账或转账清单上虽然有汇出数额、收款人姓名,但并不能证明此笔款项正是被告向原告所借款项;借据中出现特殊语言或出现歧义,如故意写错名字、将"玖"写成"玫",或是对"还"字的理解,则应按通常的理解和现实的交易习惯予以综合认定,这里更多的不是靠法律的规定,而是依赖于法官的社会知识和审判经验,才能由表及里、去伪存真。

2. 本金的认定。审查借据本金数额的真实性应综合全案证据和事实进行分析判断,包括:借据的记载内容是否当地民间借贷市场的普遍习惯;债权人能否合理说明借款发生的具体情况;陈述内容是否存在矛盾;债权人是否曾有类似交易前例;庭审言辞辩论的情况是否导致对债权人陈述的合理怀疑等。②

债权人主张现金交付、有借据没有交付证明的,应提供履行合同交付义务的证明,法官要严格审查债权人自身的经济状况,债权人与债务人之间的关系,交易习惯及相关证人证言等综合判断当事人的主张能否成立,加强测谎等技术辅助手段的应用。对于当事人主张现金交付的事实以及主张对方提供了非法证据等情形,法院应当扩大依职权调查的范围,特别是大额的现金交付——一来不符合日常习惯,二来有逃避金融监管之嫌,对此应当严格把关。

(最高人民法院民一庭第五合议庭:《建立和完善我国民间借贷法律规制的报告》)

---

① 浙江省高级人民法院浙高法〔2009〕297 号《关于审理民间借贷纠纷案件若干问题的指导意见》。

② 江苏省高级人民法院苏高法审委〔2009〕45 号《关于当前宏观经济形势下依法妥善审理非金融机构借贷合同纠纷案件若干问题的意见》。

066. 高度盖然性证明标准:适用证明标准规则裁判适用条件

【审判专论】一

《民事诉讼证据规定》第73条规定:“双方当事人对同一事实分别举出相反的证据,但都没有足够的依据否定对方证据的,人民法院应当结合案件情况,判断一方提供证据的证明力是否明显大于另一方提供证据的证明力,并对证明力较大的证据予以确认。因证据的证明力无法判断导致争议事实难以认定的,人民法院应当依据举证责任分配的规则作出裁判。”该条规定明确把高度盖然性作为民事诉讼的证明标准,在证据无法达到确实充分、所证明的事实不能达到完全排除其他可能性的情况下,通过对证据证明力的比较,对具有高度盖然性的事实予以确认,法官无疑也应当据此标准裁判案件。但在司法实践中,面对事实认定的困境和按期结案的要求,有的法官不能准确理解和掌握司法解释的本意,不是注重对证据本身和质证过程的综合考量,尽量综合案件的证据资料解决主要事实真伪不明的问题,而是裁判简单化,倾向于直接依据证明责任制度作出裁决,判断证据的证明力过于形式化和机械化。这种滥用证明责任的惰性思维偏离了证据制度的初衷,是非常危险的。如成都中院在调研中发现,多数机械判断表现为比较简单地以证据本身形式上的证明力大小作出判断而忽略乃至完全放弃以内心确信进行实质判断。有的案件按简单的形式方法判断得出的结论连法官自己都认为明显不可信,但最后仍然以“一方证据的证明力明显大于另一方证据的证明力”为依据作出与其内心确信完全相反的认定,并认为依法只能这样认定。事实证明,这种认定结果与客观真实明显相悖。

运用证明标准裁判案件应当符合以下两个条件:一是为当事人参与诉讼提供充分的实质保障。[①] 法官在审理案件时应当尽可能地发现真实,并在此基础上作出公正判决,而证据的收集和当事人的辩论无疑又是发现真实的基础。因此,法官应当充分尊重当事人的诉讼权利和主体地位,“应从实质上保障其参与该程序以影响裁判形成之程序上基本权;而且,在裁判作成之前,应保障该人能得适时、适式提出资料、陈述意见,或为辩论的机会;在未被赋予此项机会之情况下所收集之事实及

① 现代民事诉讼是以为当事人提供充分的程序保障为特征的,法律责成法院在诉讼中切实保障当事人程序权利的实现,如《民事诉讼法》第8条专门以基本原则的形式强调“人民法院审理民事案件,应当保障和便利当事人行使诉讼权利,对当事人在适用法律上一律平等”。

证据,应不得径成为法院作成判决之基础。”①如果法官不给予当事人以充分的机会和条件收集、提供证据,不在庭审中充分保障当事人的辩论权利,就轻率地以适用证明标准为由进行判决,则对案件的事实审理显然是不充分的,所作的判决也是不当和违法的。二是当案件达到判决的成熟程度时法官应及时地作出判决。诉讼应努力实现公正,但又需要符合效益的要求。如果给予当事人的机会过于充分,成本过于高昂,就会使诉讼迟延,当事人投入更多的诉讼成本,法院为此也要投入更多的司法资源,有违民事诉讼的目的。因此,法官应充分考虑法院对诉讼案件投入的人力、物力、财力等多方面的成本支出,结合案件的性质和纷争利益的大小,在两者之间达到一个平衡点或最佳结合点,在达到判决的成熟程度时依法作出判决。

尤其应当注意的是,《民事诉讼证据规定》第 77 条规定了最佳证据规则,就五种情形下各个证据证明力的大小作出了具体规定,该条属于指导性条款,对该条文中的“一般”二字,法官在适用证据规则时应当给予足够的注意,即只能将该条理解为是一种方向性的提示性规定,而具体案件的客观情况是复杂的,审判案件不能机械适用这一规则,应当根据个案的具体情况,合理认定各个证据的证明力并正确认定全案事实。例如,上海市青浦区法院审理的一起民间借贷纠纷案,原告以一张借条为证要求被告返还借款 200 万元。被告称该借条系赌博赌输以后所写。法官注意到原告家徒四壁,系当地一有名赌棍。在无其他书面证据的情况下,法官没有机械适用书证证明力一般大于其他证据证明力的规则,而是经过适当释明,要求相关证人到庭接受质证,然后在庭审中运用隔离作证规则,引导双方当事人对证人逐个进行当庭质证,在当事人提问不全面时因势利导并适时发问,使原告方的几位证人在法庭上破绽百出,连原告自己也觉得理屈词穷,最终查明原告在说谎、被告的陈述基本属实,从而正确地对案件进行了裁判。② 因此,尊重认识规律,准确地理解和把握证据规则,对于公正审理案件至关重要。

案例:舒易平因啤酒瓶爆炸致左眼失明诉蓝剑集团公司损害赔偿案。③ 舒易平在其妹家中与其妹夫、表弟共进午餐,舒易平拿起一瓶蓝剑啤酒正欲开启时,啤酒瓶突然爆炸,致其左眼受伤而失明,舒易平向法院起诉,请求生产者蓝剑集团公司赔偿损失,四川省新津县法院判决蓝剑集团公司赔偿其各项损失 19 万余元。

该案如果要求原告举证证明酒瓶爆炸和其左眼受伤之间具有因果联系难度是非常大的,甚至原告根本不可能完成这一举证。对此法官没有机械委托鉴定酒瓶爆炸原因及爆炸和原告受伤的因果联系,而是根据原告提供的破碎啤酒瓶、医院的

① 邱联恭:《程序选择权之法理》,载我国台湾地区《法学丛刊》1993 年总第 151 期。

② 案例转引自邹碧华:《我们应当怎样对待证据规则》,载《法律适用》2006 年第 1 ~2 期。

③ 喻敏:《自由心证与自由裁量》,载梁慧星主编:《民商法论丛》(第 5 卷),法律出版社 1996 年版,第 595 页。

诊治记录、在场证人的证言等各证据的效力进行逐一评析,并综合分析论证后认为,原告主张被告生产的酒瓶炸伤其左眼的事实,在各证据之间能够相互印证而无任何矛盾,被告又无任何反证,故原告主张的事实完全符合通常的事理、情理与法理,令一般人信服酒瓶爆炸和原告受伤之间"有"因果联系的证明力大于"无"因果联系的证明力,前者具有"高度盖然性",并据此作出了对受害人有利的判决。

(王松:《适用证据规则认定事实的理念和方法》)

【审判专论】二

一般认为我国民事诉讼中的证明标准是优势证据标准,即对同一事实一方的证据优于另一方,且优势一方的证据能使法官形成内心确信。但在审判实践中,所谓"优于"、"确信"最终仍是法官的主观判断,其必定是相对的、多元的,其中的"度"需要在不同的案件事实中分别判定。在证据认定中,笔者认为,首先,应当按照《民事诉讼证据规定》中证据审核认定规则采信证据,不符合认定规则的证据,不能确认其证明力;其次,对特定问题,法律或司法解释未明确规定举证责任承担者的,法院根据公平原则和诚实信用原则,斟酌考虑商事主体的举证能力强于一般主体,可以要求由举证能力较强的商事主体承担相应的举证责任。如果其不能举证或不能充分举证,应认定其未达到证明标准;最后,商业利益的变化具有快捷性,商事交易方式具有多样性,商事主体之间的关系常常并不为他人所知,所以当事人因自身诉讼利益的需要而证明他人之间是否存在某种事实或法律关系时的证明标准,应当高于其证明自己与他人之间是否存在同样事项时的证明标准。

(宋晓明、杜军:《商事诉讼形势之应对与审判制度完善的思考》)

【公报案例】

宁夏瀛海建材集团有限公司与宁夏瀛海银川建材有限公司、第三人中国石油宁夏化工厂债权纠纷案

[最高人民法院(2010)民二终字第19号]

❖ 裁判摘要

对于股东主张其与公司之间存在债权债务关系且公司予以认可,但公司其他股东对此持有异议的案件,人民法院应对各方证据进行综合分析。证据不足以证明该债权债务关系存在的,人民法院对该债权债务关系不予认定。

❖ 基本案情

上诉人(一审原告):宁夏瀛海建材集团有限公司

法定代表人:楼艳,该公司总经理

被上诉人(一审被告):宁夏瀛海银川建材有限公司

法定代表人:范海龙,该公司董事长

被上诉人(一审第三人):中国石油宁夏化工厂

法定代表人:雍瑞生,该厂厂长

上诉人宁夏瀛海建材集团有限公司(以下简称瀛海集团)因与被上诉人宁夏瀛海银川建材有限公司(以下简称瀛海银川公司)、中国石油宁夏化工厂(以下简称宁夏化工厂)债权纠纷案,不服宁夏回族自治区高级人民法院(2009)宁民商初字第8号民事判决,向最高人民法院提起上诉。最高人民法院依法组成由审判员王东敏担任审判长,审判员雷继平、代理审判员刘崇理参加的合议庭进行了审理。书记员白雪担任记录。本案现已审理终结。

一审法院查明:瀛海集团系范海龙独资的私营企业宁夏中宁县第二水泥厂改制变更而来。1998年11月10日,宁夏中宁县第二水泥厂改制为宁夏瀛海中宁建材有限公司,三名股东为范海龙、范中华、范中宁(三人为父子关系),法定代表人为范海龙,2003年8月19日,宁夏瀛海中宁建材有限公司名称变更为宁夏瀛海建材集团有限公司,股东和法定代表人均未变更。1998年10月16日,宁夏中宁县第二水泥厂与宁夏化工厂共同出资设立瀛海银川公司。2007年11月15日,宁夏化工厂向宁夏回族自治区高级人民法院提起诉讼,请求判令瀛海银川公司向宁夏化工厂分配利润2358.5万元并收购宁夏化工厂持有的瀛海银川公司股权。该院在审理中委托审计评估机构对瀛海银川公司的盈亏和资产情况进行司法鉴定,瀛海银川公司要求将公司建立之初使用瀛海集团的材料和水泥熟料作为债务列入审计报告予以核减。审计报告认为,代购材料款和使用水泥熟料款一直未进行相互账务处理,未对上述事项进行审计调整。该院在(2007)宁民商初字第33号民事判决中未支持瀛海银川公司的这一主张。双方当事人均不服该判决,向本院提起上诉。本院经审理,于2009年5月15日以(2008)民二终字第162号民事裁定发回重审。2009年7月1日,瀛海集团变更为一人有限公司,法定代表人变更为范海龙的儿媳楼艳。

为确认瀛海集团曾向瀛海银川公司提供代购材料和水泥熟料,瀛海集团于2009年7月15日向该院提起本案诉讼,要求瀛海银川公司支付1543万余元的料款,并赔偿500万元的经济损失。瀛海银川公司认可瀛海集团的诉讼请求及事实理由。2009年7月30日。宁夏化工厂申请以有独立请求权的第三人参加本案诉讼,一审法院决定准许宁夏化工厂以无独立请求权第三人的身份参加。

一审法院认为

一审法院认为:本案瀛海集团、瀛海银川公司属于两个独立的有限公司,但均属范氏家族的关联公司,经营范围相同或者相近,相互之间可能发生经济往来。但是,瀛海银川公司知道或者应当知道宁夏化工厂作为股东是瀛海银川公司的利益攸关方,在长达十年期间,对于公司的债权债务,应当按照我国公司法、会计法等法律法规以及规章的规定,建立完备的会计制度。《公司法》第一百六十四条规定:"公司应当依照法律、法规和国务院财政部门的规定建立本公司的财务、会计制度",会计法第十条规定:"下列经济业务事项,应当办理会计手续,进行会计核算:……(二)财物的收发、增减和使用;(三)债权债务的发生和结算;……"瀛海集团、瀛海银川公司均未能提供有效证据证明对债权债务进行账务记载和会计核算。故瀛海集团仅以《材料临时入库单》、《进厂原材料或其他材料磅码单》、《1999 年至 2003 年银川公司拉熟料明细》(以下统称为原材料单)而无其他证据印证仍不足以证明其事实主张,其诉讼请求不予支持。由于既没有证据证明瀛海集团、瀛海银川公司约定债权债务履行期限,也没有证据证明瀛海集团曾主张过债权和瀛海银川公司拒不履行债务的事实,宁夏化工厂提出瀛海集团的诉讼请求已经超过诉讼时效期间的理由不能成立。

一审法院判决

根据《中华人民共和国民事诉讼法》第六十四条第一款、最高人民法院《关于民事诉讼证据的若干规定》第二条的规定,以(2009)宁民商初字第 8 号民事判决驳回瀛海集团的诉讼请求,案件受理费 144309 元由瀛海集团负担。

上诉

瀛海集团不服上述判决,向本院提起上诉称:(一)一审法院以瀛海集团治理结构不规范、会计制度不健全、财务手续不完善为由,否认公司在生产经营过程中发生的债权债务,与事实严重不符,纯属本末倒置。由于管理层思想观念守旧,会计制度不健全,不能严格按照法律法规和公司章程规定的公司治理结构进行管理和经营,以至于在同其他企业尤其是家族关联企业的经济往来中,没有按财务规范手续记录发生的债权债务。但就瀛海集团提供的债权凭证而言,完全符合法定的证据基本要件。1. 材料临时入库单和进厂原材料或其他材料磅码单是瀛海银川公司出具的,加盖了瀛海银川公司的公章,证据形式完整,内容真实。瀛海银川公司设立前,瀛海集团已经具有很强的生产能力,进行过几次设备更新和技术改造,在设备更新和技术改造过程中,剩余了许多水泥生产设备所用的配件及相关材料。瀛海集团将这些材料交给了瀛海银川公司,用于其设备增加、修理更换等。同时,瀛海银川公司的熟料生产存在质量不稳等情况,为保证其正常生产经营,瀛海集团向其供应了大量的水泥熟料,这是一个不争的事实。2. 债权债务关系的存在与否和有无进行财务记账没有必然联系。瀛海集团和瀛海银川公司同属一个集团公司,又是"家族"式企业,在彼此的交易中,财务手续不健全,或是根本就不进行财务处理,是极其正常的。如果双方想在财务上处理造假,是很容易的。3. 财务审计结论不能否定瀛海集团与瀛海银川公司之间债权债务关系存在的客观事实。财务审计的事实依据是财务账册,债权债务是否存在的依据是相关证据。在财务审计中,即使债权债务关系真实存在,因不进行财务处理,审计机构也难以进行审计确认是财务制度规定的。而在债权债务关系的确认中,债权人是否持有债权证据才是确认双方是否存在债权债务关系的直接依据,本案债权债务关系的存在是法律真实。4. 瀛海银川公司成立之初举步维艰,如果没有瀛海集团向瀛海银川公司供应涉案的水泥熟料和相关物品及其他形式的扶持,瀛海银川公司是绝对发展不到现在这种状况的。(二)一审法院追加宁夏化工厂为第三人,系程序错误。最高人民法院《关于在经济审判工作中严格执行〈中华人民共和国民事诉讼法〉的若干规定》第九条明确规定:受诉人民法院对与原被告双方争议的诉讼标的无直接牵连和不负有返还义务或赔偿义务的人,以及与原告或被告约定仲裁或有约定管辖的案外人,或者专属管辖案件的一方当事人,均不得作为无独立请求权的第三人通知其参加诉讼。本案中,瀛海集团与瀛海银川公司之间的诉讼没有侵害宁夏化工厂的利益,瀛海集团也没有要求其负返还或赔偿义务。因此宁夏化工厂与本案无任何直接牵连关系,与本案的处理结果没有法律上的利害关系,一审判决将其追加为第三人,是明显错误的。综上,一审判决认定事实错误,程序错误,请求撤销一审判决,予以改判。

瀛海银川公司对瀛海集团的诉讼请求及理由表示认可。

宁夏化工厂答辩称:(一)瀛海集团和瀛海银川公司讼争的债权债务是不存在的,一审判决认定事实正确。1. 瀛海集团向法庭提交的5977581.13元临时材料入库单和9461331.50元水泥熟料磅码单,既没有供货合同,也没有采购发票,从代购材料和水泥熟料的购买环节到交接环节再到财务上的记录环节,均没有相应的证据予以证实,不能形成证据链条,该证据不具有证据的真实性、关联性和合法性。2. 原材料单在财务上未做任何记录。对于公司的债权债务,应当按照我国《公司法》第一百六十四条、《会计法》第十条以及税法等法律法规及规章的规定,建立完备的会计制度。本案中瀛海集团和瀛海银川公司自始至终不能提供证据证明对债权债务进行账务记载和会计核算,故瀛海集团仅以原材料单而无其他证据来证明其事实主张,显然不能成立。3. 瀛海集团的诉求已有明确的审计结论。在宁夏化工厂诉瀛海银川公司一案中,经法院委托的机构出具的审计报告认为,瀛海银川公司提供代购材料款和水泥熟料款一直未进行相互账务处理,故不能算作瀛海银川公司的应付款项和瀛海集团的应收款项。(二)一审法院将宁夏化工厂列为第三人,程序合法。本案中,瀛海集团和瀛海银川公司所讼争的标的,其中有40%是宁夏化工厂的合法权益,是宁夏化工厂诉瀛海银川公司盈余分配和股权收购纠纷案诉讼标的不可分割的一部分,案件的处理结果与宁夏化工厂有法律上的直接利害关系。一审法院根据《民事诉讼法》第五十六条第二款的规定,将宁夏化工厂列为本案无独立请求权的第三人参加诉讼,程序是完全合法的。综上,一审判决认定事实正确,程序合法,请二审法院驳回上诉请求,维持一审判决。

二审中,瀛海集团追加宁夏化工厂为被上诉人。各方当事人均未提交新证据。

经二审审理,本院对一审法院查明的事实予以确认,本院另查明:宁夏化工厂诉瀛海银川公司盈余分配和股权收购纠纷一案因本案诉讼已经中止审理。

二审法院认为

最高人民法院认为,本案当事人争议的焦点问题有两个:第一,本案现有证据能否证明瀛海集团与瀛海银川公司之间存在债权债务关系;第二,一审法院准许宁夏化工厂以第三人的身份参加诉讼是否属于程序错误。

关于本案现有证据能否证明瀛海集团与瀛海银川公司间存在债权债务关系。瀛海集团提供原材料单作为其与瀛海银川公司间存在债权债务关系的证据,但该证据材料系间接证据材料,仅能够证明瀛海银川公司有相应数量的材料和原料(以下统称材料)入库,对材料来源和原因及去向缺乏证据证明,无法证明材料来源于瀛海集团,且用于瀛海银川公司生产或者销售,也没有证据证明瀛海银川公司与瀛海集团建立了何种法律关系,不能形成证明二者形成债权债务关系的证据链,故无法证明瀛海集团与瀛海银川公司之间存在债权债务关系。尽管瀛海银川公司承认其与瀛海集团存在债权债务关系,但由于该债权债务关系存在与否,直接影响到瀛海银川公司另一股东宁夏化工厂的利益,而瀛海集团与瀛海银川公司是关联企业,法定代表人间又存在姻亲关系,且瀛海银川公司也未提供其他证据弥补瀛海集团证据的缺陷,故本院对瀛海银川公司承认其与瀛海集团间存在债权债务关系的陈述不予采信。另外,关于材料的来源,瀛海集团的陈述自相矛盾,一审中陈述为来源于瀛海集团为瀛海银川公司垫资代购,二审中陈述为来源于瀛海集团公司技术改造剩余的部分材料。综上,本案现有证据不能证明瀛海集团与瀛海银川公司间存在债权债务关系,对瀛海集团关于其与瀛海银川公司存在债权债务的主张,本院不予采信。

关于一审法院准许宁夏化工厂以第三人的身份参加诉讼是否属于程序错误。《中华人民共和国民事诉讼法》第五十六条第二款规定,对当事人双方的诉讼标的,第三人虽然没有独立请求权,但案件处理结果同他有法律上的利害关系的,可以申请参加诉讼。因宁夏化工厂为瀛海银川公司的股东,如果本案认定瀛海银川公司对瀛海集团的债务成立,必然影响宁夏化工厂在瀛海银川公司的利润分配,因而,宁夏化工厂与本案的诉讼结果有直接利害关系,故一审法院准许宁夏化工厂以第三人的身份参加诉讼符合法律规定,并非程序错误,瀛海集团关于一审程序存在错误的上诉主张不成立。

综上,瀛海集团上诉理由均不成立,一审判决认定事实清楚,适用法律正确,最高人民法院予以维持。

二审法院判决

最高人民法院依照《中华人民共和国民事诉讼法》第一百五十三条第一款第

(一)项之规定,判决如下:

驳回上诉,维持原判。

【民诉法司法解释】

关于证明标准问题,《民事诉讼法解释》第108条在总结《民事诉讼证据规定》实施经验的基础上,从本证和反证相互比较的角度出发对盖然性规则进行描述,规定:"对负有举证证明责任的当事人提供的证据,人民法院经审查并结合相关事实,确信待证事实的存在具有高度可能性的,应当认定该事实存在。对一方当事人为反驳负有举证证明责任的当事人所主张事实而提供的证据,人民法院经审查并结合相关事实,认为待证事实真伪不明的,应当认定该事实不存在。法律对于待证事实所应达到的证明标准另有规定的,从其规定。"具体来说,对待证事实负有举证责任的当事人所进行的证明活动为本证,不负有举证责任的当事人提供证据对本证进行反驳的证明活动为反证。该条规定明确了本证和反证的证明标准和要求,对待证事实负有举证责任的当事人所进行的本证,需要使法官的内心确信达到高度可能性的程度才能视为完成证明责任;反证则只需要使本证的对待证事实的证明陷于真伪不明的状态,即达到目的。法官审理案件的核心,是在即使有反证的情况下对本证是否达到高度盖然性的证明标准进行判断。①

此外,证明标准具有内在的层次性,这体现在针对不同的证明对象和待证事实,需要满足不同程度的盖然性要求。基于案件性质、保护的权益(人身或财产)、事实发生的概率、证明的难易程度等因素的不同,各类案件待证事实的重要程度也是不同的,对其误认造成的后果自然也会存在差异。为防止误认事实,实体法律规定对相对较为重要的事实应适用相对较高的证明标准,立法上使用"显失公平"、"足以"、"明显不合理"、"有确切证据证明"等表述的,均反映立法者有对此类待证事实拔高证明标准的意图,审判实践中对这些事实也应适用高于高度盖然性的证明标准。也就是说,高度盖然性仅是民事诉讼的一般证明标准,以高度盖然性为参照,还存在证明标准被拔高或被降低两种例外情形。

1. 关于提高证明标准的特殊情形。《民事诉讼法解释》第109条根据实体法的规定,将欺诈、胁迫、恶意串通的事实的证明,提高证明标准,规定需要达到排除合理怀疑的程度:"当事人对欺诈、胁迫、恶意串通事实的证明,以及对口头遗嘱或者赠与事实的证明,人民法院确信该待证事实存在的可能性能够排除合理怀疑的,应当认定该事实存在。"例如对民事欺诈事实的证明,涉及人的主观认识是否存在恶

---

① 沈德咏主编:《最高人民法院民事诉讼法司法解释理解与适用》,人民法院出版社2015年版,第359页。

意,如不适用较高的证明标准,容易鼓励当事人以对方违反诚信原则为由而任意主张民事行为无效,危及正常民事交易活动的安定性。

比如在立法上,立法者的意图即在于将这些话语所修饰的要件事实的证明标准予以拔高。一般认为,在民事诉讼实践中涉及婚姻家庭继承案件、刑事违法事实的证明、民事欺诈事实的证明、不当胁迫事实的证明、口头遗嘱或口头赠与事实的证明等情形时,适用的证明标准要高于"高度盖然性"。例如婚姻家庭继承案件涉及对人的身份权利的实质保障,关系人类的基本伦理价值和人权的保护,从法律的性质和意义上而言,人身权应比财产权受到更慎重的保护。

2. 关于降低证明标准的情形。一是程序性事实。民事诉讼法和《民事诉讼法解释》对此虽未规定,但对程序性事实的证明,从立法的相关条文表述上,一般可以推导出降低证明标准的结论,对这些事实的证明,应当适用低于高度盖然性的证明标准。如《民事诉讼法》第44条规定,审判人员"与本案当事人或诉讼代理人有其他关系,可能影响对本案公正审理的",这里的"可能"一词,即意味着降低证明标准。二是,对涉及环境污染、医疗损害、产品责任等特殊侵权行为领域因果关系或过错的证明时,法律上并未要求受害人一方对上述要件事实的证明必须达到"高度盖然性",而是规定适当降低受害人对上述要件事实的证明标准,只要证明的结果使法官获得大致的心证,能得出待证事实大致可能存在的结论,即视为获得证明,以切实保护受害人的合法权益。

例如张志强诉徐州苏宁电器有限公司侵犯消费者权益纠纷案[①],根据消费者权益保护法的相关规定,张志强作为消费者,有权利向作为商家的苏宁公司主张对第二台冰箱真实情况的知情权,苏宁公司亦有义务就此向张志强作出说明。张志强起诉主张苏宁公司承担惩罚性赔偿责任,即应对苏宁公司是否存在欺诈行为承担举证责任。对此张志强已经提供了其制作的录像带,用以证明苏宁公司为其调换的第二台冰箱不是新机器,且存在诸多的表面缺陷,同时第二台冰箱如果是新机器,应当附有随机单证,苏宁公司也承认未向张志强提供第二台冰箱的随机单证(合格证、维修单、使用说明书等)。作为商品销售者,苏宁公司应当知道其负有向张志强提供第二台冰箱随机单证的义务却没有提供。苏宁公司主张因第一台冰箱的随机单证没有收回而未提供第二台冰箱的随机单证,张志强可凭第一台冰箱的随机单证就第二台冰箱享受售后服务。但根据商业惯例,随机单证是商品的身份证明,与商品一一对应,具有不可替换性,苏宁公司的这种主张既不符合常理,也与商品单证的特性不符,且苏宁公司在法院一审、二审乃至再审期间始终未出示该随机单证,不能确定第二台冰箱是否附有随机单证,亦即不能确定第二台冰箱是未经使用过的新机器。苏宁公司提供的第二台冰箱的储存单、提货单及送货人的证言,

① 再审判决日期:2006年4月21日,载《最高人民法院公报》2006年第10期。

仅表明其送货的过程,并不能证明第二台冰箱为全新的机器,其提交的证据缺乏证明力,应承担举证不能的不利后果。据此,再审法院认定苏宁公司的行为属于故意隐瞒真实情况,构成欺诈,依法判决苏宁公司承担惩罚性赔偿责任。应当说这一判决结果依法保护了消费者的合法权益,有利于促进商品经营者诚实守法经营,维护诚实信用的社会经济秩序,完全符合消费者权益保护法的立法目的。

(王松:《民事证明标准规则的理解和适用》)

067. 被告经法院合法传唤未出庭应诉的,法院对原告证据的审查结果可以作为认定事实的依据

【地方审判】

被告经法院合法传唤未出庭应诉的,法院应按照法定程序缺席对原告提出的证据材料和主张的事实进行法庭调查。

法院应该对原告提交的证据材料的真实性、合法性、关联性进行审查核实,审查结果应作为认定案件事实的依据。

(《北京市高级人民法院审理民商事案件若干问题的解答之五(试行)》)

被告经法院合法传唤未出庭应诉的,是其对自己诉讼权利的放弃。被告放弃诉讼权利的利益应归于另一方,即原告。但对原告提供的证据,法院应按照民事诉讼法规定的法定程序,全面、客观审查核实,而且对证据的判断应当达到"高度盖然性"的标准。在审判实践中,有的法官基于被告不出庭应诉是放弃抗辩权的理由,不对原告提供的证据进行审查,直接认定原告的主张成立,这是不对的。被告不出庭答辩虽然放弃了抗辩权等诉权,但并不当然构成被告对原告所主张事实的承认。

(关于《北京市高级人民法院审理民商事案件若干问题的解答之五(试行)》的说明)

【民诉法司法解释】

《民事诉讼法》第75条规定:"人民法院对当事人的陈述,应当结合本案的其他证据,审查确定能否作为认定事实的根据。当事人拒绝陈述的,不影响人民法院根据证据认定案件事实。"据此,当事人陈述尽管被立法规定为一种单独的证据形式,但其地位仍然是辅助性的,需要与其他证据结合起来进行综合判断才能确定是否作为认定案件事实的依据。

关于人民法院询问当事人的程序和当事人拒绝接收询问的后果问题,《民事诉讼法若干意见》和其他司法解释未作规定,《民事诉讼法解释》第110条作出明确

规定:“人民法院认为有必要的,可以要求当事人本人到庭,就案件有关事实接受询问。在询问当事人之前,可以要求其签署保证书。保证书应当载明据实陈述、如有虚假陈述愿意接受处罚等内容。当事人应当在保证书上签名或者捺印。负有举证证明责任的当事人拒绝到庭、拒绝接受询问或者拒绝签署保证书,待证事实又欠缺其他证据证明的,人民法院对其主张的事实不予认定。”这意味着将人民法院询问时的当事人陈述作为证据方法,赋予其独立的证据效力。询问当事人,是指在一定条件下,法官针对案件的有关情况向当事人(包括法定代理人)进行询问,从而获得证明案件事实的一种证据方法。审判实践中应当把握以下三点:

1. 人民法院询问当事人的条件。司法解释规定,“人民法院认为有必要的”情况下,可以对当事人进行询问。这里的有必要的情形,有的观点认为是指证据已经穷尽而待证事实处于真伪不明的情况。我们认为,法官审查判断证据和认定案件事实始终以追求客观真实作为最高价值目标,当事人最了解案件事实的发生经过,通过询问当事人可能获得最真实的信息资料,因此,询问当事人作为发现案件事实的证据方法,不具有“补充性”的证据属性,应当作为与书证、证人证言、鉴定意见等同一序列的证据方法,而不是在没有其他证据,或者依据其他证据不能对事实的真伪形成心证时为前提条件,才可以采用的“补充性”的证据方法,考虑其证据价值,法官在诉讼中的任何阶段均可以询问当事人,法官可以在诉讼一开始就询问当事人,也可以在诉讼进行到一定程度时询问当事人。①司法解释的起草者也认为,审理中是否询问、何时询问当事人,应当根据案件的具体情况确定,出于审理便利的需要,在法庭审理过程中询问当事人本人的,也不违反司法解释的规定。②

2. 询问当事人时的具结。人民法院询问当事人,应当要求当事人具结。具结是一种保证,是保证对自己的行为负责、愿意为违反保证承担责任的意思表示。由于人民法院询问当事人的结果能够独立发挥证明作用,由当事人具结对于促使当事人如实陈述是必要的,具有积极的意义。当事人具结的形式为签署保证书,保证书的性质为具结书,其内容应当包含对如实陈述的保证以及虚假陈述愿意接受处罚等。

3. 当事人拒绝接受询问的后果。负有举证责任的当事人拒绝到庭、拒绝接受询问或者拒绝具结的,在待证事实真伪不明的情况下,人民法院对其主张的待证事

---

① 询问当事人的最早时间最好是在收到被告答辩状时进行,如果被告不提供答辩状的,应当在答辩期限届满时进行。了解到双方当事人对事实的陈述以后,询问当事人将有更强的针对性。较早询问当事人,不仅可以使法官从询问中获得证据资料,而且有利于了解案件事实全貌,便于指导双方当事人进行进一步的举证。在法庭调查结束时,法官仍然不能就待证事实的真伪形成心证时,也可以询问当事人,以获取形成心证的证据资料。参见张永泉:《民事诉讼证据原理研究》,厦门大学出版社2005年版,第88页。

② 沈德咏主编:《最高人民法院民事诉讼法司法解释理解与适用》,人民法院出版社2015年版,第364页。

实不予支持，由负有举证责任的当事人承担不利后果。[①]实践中各地法院已有类似的做法，如《江苏省高级人民法院关于审理民间借贷纠纷案件的讨论纪要》（〔2013〕1号，2013年6月13日通过）之“二、关于民间借贷的事实审查与举证责任”指出：“人民法院在审理民间借贷纠纷案件时，应当根据举证责任的分配规则，引导当事人及时举证，释明举证不能的不利后果，全面、客观地审核双方当事人提交的全部证据，查明案件事实。”其中规定：“（四）人民法院审理民间借贷纠纷案件，对于案件事实存在重大争议的，应当要求借贷双方当事人本人、经办人到庭，说明借款的原因、款项交付的时间、地点、款项来源、用途等具体事实和经过，并接受对方当事人的质询和法庭的询问。承担举证责任的当事人本人无正当理由拒不到庭履行说明义务的，应当承担举证不能的后果。”[②]《浙江省高级人民法院关于审理民间借贷纠纷案件若干问题的指导意见》（浙高法〔2009〕297号，2009年9月8日）第17条第1款规定：“对于现金交付的借贷，债权人仅凭借据起诉而未提供付款凭证，债务人对款项交付提出合理异议的，法院可以要求出借人本人、法人或者其他组织的有关经办人员到庭，陈述款项现金交付的原因、时间、地点、款项来源、用途等具体事实和经过，并接受对方当事人和法庭的询问。无正当理由拒不到庭的，应承担相应后果。”[③]

068. 刑事卷中的笔录供述等证据能否作为民事诉讼证据使用

【案例指导】

西部证券股份有限公司西五路营业部与中国农业银行西安市昆明路支行存款纠纷案

❖ 基本案情

2000年8月17日，西部证券股份有限公司西安市西五路营业部（以下简称西部证券）为获取高息，在知道罪犯李大伟可能挪用款项的情况下，仍在中国农业银行西安昆明路支行（以下简称农业银行）开立股民保证金清算账户并将2003.91万元存入，并表态一年内不对账、不查询、不取款，以及需要帮助时可以配合。次日，李大伟以预留印鉴不清为由要求西部证券重新加盖印鉴，西部证券按照其负责人

① 沈德咏主编：《最高人民法院民事诉讼法司法解释理解与适用》，人民法院出版社2015年版，第364～365页。

② 该纪要载《民事审判指导与参考》（2013年第4辑总第56辑），人民法院出版社2014年版，第205页。

③ 该指导意见载《商事审判指导》（2009年第4辑总第20辑），人民法院出版社2010年版，第196页。

说过要全力配合的要求,向李大伟提供了空白预留印鉴。李大伟私刻印鉴后同陈煜辉到农业银行购买支票。农业银行发现印章有问题,李大伟等人佯装错拿印章后重新私刻印章,并再次到农业银行购买了现金支票和转账支票,并提现 60 万元,转账 900 万元。同年 8 月 24 日、25 日,二人又以同样方法在农业银行提取现金 60 万元。同年 8 月 31 日,西部证券又将 997.1 万元存入农业银行该账户。

西部证券为履行"一年内不查询、不对账、不取款"的承诺,从不与农业银行联系或对账。2001 年 3 月,因名称和负责人变更需更换预留印鉴,西部证券担心农业银行知道其获取高息之事,未亲自去办理变更手续,而是让李大伟去办理,李大伟并未代其办理手续。该年 9 月,农业银行发现李大伟等提现和转账支票上的印鉴与西部证券预留印鉴不符,即与西部证券要求对账,西部证券接电话后立即将银行要求对账的情况告知李大伟,李大伟、陈煜辉随即向农业银行谎称印章是因天气冷热变化造成的差异,农业银行轻信李大伟等人辩解,采取让李大伟和陈煜辉写保证书、由陈煜辉重新在预留印鉴卡上加盖印章并更换印鉴的方法解决。

自 2000 年 9 月至 2001 年 3 月,李大伟、陈煜辉利用假印章伪造支票的手段又先后从该账户中转出 1900 万元、提取现金 75 万元。综上,李大伟、陈煜辉共骗得 2995 万元,其中分多次将 162.5 万元现金以高息的形式付给西部证券。

2001 年 11 月 7 日,西部证券到农业银行进行对账,账户仅有存款余额 97886.16 元。同年 11 月 12 日,农业银行以涉嫌诈骗向公安机关报案。破案后共追回赃款赃物价值 830.9977 万元,尚有 2164.0023 万元未追回。

李大伟诈骗案发后,公安机关在侦查阶段从西部证券财务负责人保险柜中搜出李大伟所提供的转帐支票及李大伟与西部证券共同造假做出的利息清单。

在法院二审质证期间,农业银行以李大伟诈骗案刑事卷中西部证券华雪玲、黄河与罪犯李大伟供述笔录相互吻合,来证明西部证券在存款被诈骗并造成损失方面存在重大过错,甚至存在默许、放任和配合的行为。西部证券对相关证据本身的真实性没有异议,但认为上述刑事诉讼证据不能作为认定本案事实的依据和证据。

❖ **原审判决要旨**

陕西省高级人民法院经审理认为:西部证券与农业银行存款 3001.01 万元的存款关系成立。双方在罪犯实施犯罪行为造成 2995 万元被骗并形成 2164 万余元的损失后果上,均存在过错行为。农业银行过错体现在:发现印章与预留印鉴不符时,轻信李大伟的介绍未认真核实陈煜辉的真实身份及证件,未谨慎审查、识别出所持印鉴是假,违规更换原预留印鉴,使账户内的存款被骗。农业银行作为金融机构和票据的付款人,应负严格责任和主要责任。西部证券的过错在于:为获取存款高息,违反金融管理规定,不认真审查李大伟的真实身份,轻信李是农行工作人员,为其提供空白印鉴印模,为李大伟、陈煌辉实施犯罪创造了条件,具有一定的过错,应负次要责任。

判决:农业银行向西部证券返还给付本金3001.01万元。西部证券承担利息损失。

❖ **最高人民法院二审争议**

合议庭争议问题主要有三:其一,关于本案的定性问题。其二,民事证据的证明标准问题。其三,在责任分配的比例问题。

(一)关于本案的定性问题

合议庭对于该问题,评议中形成两种意见:

多数观点认为,本案属于一般存单关系。

少数观点认为,本案中西部证券事先与李大伟沟通,知道并同意李大伟使用该款项,而且李大伟向西部证券支付162.5万元的高额利息,此两节符合存单表现形式借贷关系的特征。特殊之处在于出资人西部证券先将款项存入银行,再为用资人李大伟通过犯罪手段转出款项提供便利和帮助,其实质是出资人向银行转嫁风险。故本案应当定性为新型的以存单为表现形式的借贷关系。

(二)民事证据的证明标准问题

对于该问题,合议庭在评议中也形成两种意见:

多数观点认为,根据证据规则的规定,刑事证据是要求严格证明标准,民事证据是盖然性标准。本案中,犯罪分子的口供仅是在刑事侦查中获得,法院对李大伟的最终定罪量刑并未采纳该口供,未确认存款人与银行是恶意的共谋关系。若要在本案中使用刑事案件中的证据,前提应当是在刑事判决中支持了该证据。但本案法院在处理李大伟的刑事案件中,并未使用这些证据,未得出西部证券与犯罪分子共谋坑害存款行的结论。因此,存款人的行为只能是民事意义上的未尽到谨慎义务。

少数观点认为,民事诉讼与刑事诉讼不尽相同,前者关注罪与非罪,故认定中要求刑事证据之间、证据与事实之间,各事实要素之间亦应环环相扣,形成闭合的、无断裂的证据锁链;而后者关注于当事人的过错和民事责任,故认定中仅采取优势证据标准。我院《关于民事诉讼证据的若干规定》第七十三条已经明确确立了我国民事司法实践中的“高度盖然性”的证明标准即优势证明标准。在本案中,由于华雪玲、黄河等均系西部证券工作人员,因此其关于西部证券如何与李大伟商谈高息以及款项如何被骗并致损失过程的证言的可信性较高。同时,西部证券并未举证证明公安机关在制作询问笔录中采取了非法手段。特别是无论是华雪玲的证言,还是黄河的证词,都不是孤证,而是与李大伟的供述相互印证,形成了一条比较完整的证据链,其证据力远远超过了高度盖然性程度,足以证明本案事实,故应对华雪玲、黄河、李大伟的上述证词和供述内容予以采信。

(三)在责任分配的比例问题

就西部证券与农业银行对款项损失承担比例问题,合议庭在评议中形成三种意见:

第一种意见认为,应维持原判,即由西部证券承担利息损失,由农业银行承担本金损失。理由在于:农业银行是存款行,负有保管好存款的义务,本案中因农业银行未尽谨慎审查义务,导致罪犯诈骗得逞,故应承担主要责任。

第二种意见认为,西部证券承担20%,农业银行承担80%。理由在于:农业银行发现印鉴不符后,确实通知了西部证券对账,西部证券未自己去解决,而是通知李大伟去解决,属于重大过失。而农业银行作为专业金融机构,其谨慎义务及对金融操作规范的理解应高于一般的存款人。为此,农业银行应承担主要责任。

第三种意见认为,农业银行和西部证券皆存在重大过失,甚至西部证券存在故意嫌疑,双方各承担50%。理由在于:西部证券违规收取162.5万现金高息,并向李大伟承诺一年内不对账、不查询、不取款,并在提供空白印鉴模、通风报信、更换印鉴、伪造虚假的利息清单方面提供帮助和配合等,说明西部证券存在重大过错甚至有故意之嫌。同样,农业银行未尽谨慎审查义务,未能识别出印鉴系伪造,并违规更换印鉴模,属于重大过错。此外,本庭(2000)经终字第246号、第248号和第249号三个案件与本案非常相似,双方皆为黄河证券与建设银行,皆成立存款关系。其中,第246号判决经过本院审委会讨论,认定黄河证券与建设银行在资金损失上存在共同过错,故认定银行责任比例为20%~30%。参照其标准,本案中农业银行责任似不应超过30%,但考虑到若如此下判将导致改判幅度过大,故以双方各承担50%责任为宜。

因合议庭争议较大,故提请审判长联席会议讨论。

❖ 最高人民法院意见分歧

(一)关于本案的定性问题

审判长会议一致认为,本案诉争法律关系本案属于一般存单关系。

理由在于:尽管李大伟以现金的方式向西部证券支付了162.5万元的高额利息是本案不争之事实,符合以存单为表现形式借贷关系的重要特征之一,但根据本院《关于审理存单纠纷案件的若干规定》的内容和精神,成立以存单为表现形式的借贷关系,除存在高额利差之外,尚需包括出资人、金融机构、用资人在内的至少三方当事人,且存在从出资人向用资人的资金流动和金融机构于其中提供帮助等情形。司法解释所规定的四种以存单为表现形式的借贷关系,其均应为当事人中三方或双方意思表示一致的结果,而本案中既不存在农业银行与罪犯两方关于借贷的意思表示一致,也不存在西部证券与罪犯关于借贷的意思表示一致,更不存在三方关于借贷的意思表示一致。本案中涉案款项是在进入农业银行后被李大伟等罪犯诈骗出去的,并非西部证券或农业银行指令或帮助贷出的。因此,本案诉争法律关系本案属于一般存单关系。

(二)民事证据的证明标准问题

审判长联席会议对此形成三种意见。

第一种意见为倾向性意见:本案中刑事卷中的笔录供述等证据可以作为本案

民事诉讼中的证据来使用。理由在于:第一,无论是刑事程序还是民事程序,都是国家司法程序,都是代表国家公权利,因此除非有相反证据反证,否则应当认可刑事程序中的证据。第二,刑事证据与民事证据标准不同。刑事证据的认定标准要比民事证据的概然性更高,真实性也更高。在刑事公正的前提下,当事人的供述可以作为民事案件的证据使用。第三,本案中西部证券工作人员与罪犯李大伟的供述之间,已经相互印证,相互吻合,形成了比较完整的证据链。第四,本案当事人是从刑事卷中里调出证据,并在民事诉讼中作为证据使用,起到证据补强的作用。此时应当按照本院民事证据规则司法解释的规定来对待,采取优势证据标准来认定。第五,本案双方当事人均认可证据本身的真实性,对证据的真实性已经质证完毕,西部证券并未举证证明公安机关在制作询问笔录时采用了非法手段。第六,刑事过程的证据一般要通过一定方式的转换才能进入民事审理。本案中罪犯李大为已经执行死刑,如果不采用刑事卷中的证据,则会出现刑事口供与民事判决不一致的情况,将会在社会上引起异议。

第二种意见认为:刑事卷中的笔录供述能否直接用作民事诉讼中的证据,需要进一步研究。理由在于:只有被刑事裁定或判决认定的证据,才能使用,否则不宜使用。

第三种意见认为:从刑事笔录中得出的笔录供述等证据,能在民事案件中用到什么程度,很难说。

(三)双方责任分配的比例问题

审判长联席会议对此形成多数和少数两种意见。

多数意见认为:西部证券和农业银行双方都有过错,主次难以划分,为公平起见,可考虑各承担50%的责任。理由在于:其一,在西部证券方面:西部证券已经获得162.5万元现金高息;西部证券并未严格审查李大伟的身份,在主观上以农业银行存单为底线,反正出事可以向银行要钱;其向李大伟提供空白的印鉴模,与李大伟共同制作虚假的利息清单;在农业银行要求对账时,为了不想使整个事件暴露,并未采取任何防范措施,相反却通风报信等。因此,西部证券对李大伟的行为采取听之任的态度,甚至提供帮和配合,因此,西部证券的行为轻则属于重大过失,重则构成一种间接故意。其二,农业银行存在审查不严,违规更换预留印鉴,存在重大过错。

少数意见认为:各承担50%还不是很合适,银行在过错上还是要大一些。

❖ 最高人民法院倾向性结论

(一)关于本案的定性问题:本案诉争法律关系本案属于一般存单关系。

(二)民事证据的证明标准问题:本案中刑事卷中的笔录供述等证据可以作为本案民事诉讼中的证据来使用。

(三)双方责任分配的比例问题:西部证券和农业银行双方都有过错,主次难以划分,为公平起见,各自承担50%的责任。建议合议庭再合议一次。

❖ 典型法律问题提炼

刑事卷中的笔录供述等证据能否作为本案民事诉讼中的证据使用的问题,是本案中的典型问题,该问题亦属民事审判中常见问题。对该问题,审判长联席会议形成了倾向性意见:刑事证据与民事证据标准不同。刑事证据的认定标准要比民事证据的盖然性更高,真实性也更高。在刑事公正的前提下,因此除非有相反证据反证,当事人的供述可以作为民事案件的证据使用。尤其是在相关供述可以相互印证,相互吻合,形成了比较完整的证据链的情况下,更应当按照《民事诉讼证据规定》第七十三条所确立"高度盖然性"证明标准即优势证据标准予以认定。当然,其应当根据《关于民事诉讼证据的若干规定》第四十七条的规定进行质证后方能作为民事诉讼证据使用。

(王闯:《刑事卷中的笔录供述等证据能否作为民事诉讼证据使用》)

069. 证据原则上未经质证不予认证,但也存在例外

【审判专论】

《民事诉讼证据规定》第47条规定:证据应当在法庭上出示,由当事人质证。未经质证的证据,不能作为认定案件事实的证据。当事人在证据交换过程中认可并记录在卷的证据,经审判人员在庭审中说明后,可以作为认定案件事实的依据。有观点认为,不能机械地理解上述规定。并非所有经庭审质证的证据材料均可作为认定案件事实的依据,在被告一方未依法出庭,缺席判决的情形下,也不能因被告方未到庭、未对证据进行质证,就对相关证据不予认证,不进行判决,否则缺席判决制度形同虚设。

(宋晓明、张雪楳:《民事诉讼程序若干疑难问题》)

070. 印章对协议真实性的证明效力以及另案中的鉴定意见在本案中的证据效力

【公报案例】

陈呈浴与内蒙古昌宇石业有限公司合同纠纷案

[最高人民法院(2014)民提字第178号]

❖ 裁判摘要

一、印章真实不等于协议真实。协议形成行为与印章加盖行为在性质上具有

相对独立性,协议内容是双方合意行为的表现形式,而印章加盖行为是各方确认双方合意内容的方式,二者相互关联又相对独立。在证据意义上,印章真实一般即可推定协议真实,但在有证据否定或怀疑合意形成行为真实性的情况下,即不能根据印章的真实性直接推定协议的真实性。也就是说,印章在证明协议真实性上尚属初步证据,人民法院认定协议的真实性需综合考虑其他证据及事实。

二、当事人在案件审理中提出的人民法院另案审理中作出的鉴定意见,只宜作为一般书证,根据《中华人民共和国民事诉讼法》第七十六条、第七十八条的规定,鉴定意见只能在本案审理中依法申请、形成和使用。

❖ 基本案情

再审申请人(一审被告、二审上诉人):内蒙古昌宇石业有限公司。住所地:内蒙古自治区和林格尔县城关镇209国道东侧。

法定代表人:李全锁,该公司总经理。

被申请人(一审原告、二审被上诉人):陈呈浴。

再审申请人内蒙古昌宇石业有限公司(以下简称昌宇公司)因与被申请人陈呈浴合同纠纷一案,不服福建省高级人民法院(以下简称福建高院)2013年12月9日作出的(2013)闽民终字第1266号民事判决,向本院申请再审。本院于2014年6月19日作出(2014)民申字第168号民事裁定,提审本案。经依法组成合议庭,本院于2014年9月2日开庭审理了本案。昌宇公司的委托代理人王志华及陈呈浴的委托代理人尚永贵到庭参加了诉讼。本案现已审理终结。

福建省宁德市中级人民法院(以下简称一审法院)经审理查明:2005年5月1日,陈呈浴与昌宇公司签订《协议》(以下简称5.1协议)一份,双方就合作开采内蒙古自治区和林格尔县榆树沟的斑状含榴黑花岗石材矿(以下简称花岗岩矿)等事项做了明确约定。2007年11月,因陈呈浴违约,昌宇公司诉至内蒙古自治区和林格尔县人民法院(以下简称和林格尔县法院),请求解除双方签订的5.1协议。和林格尔县法院经审理后作出(2007)和民初字第428－2号民事判决,判决解除双方签订的5.1协议。陈呈浴不服提起上诉,内蒙古自治区呼和浩特市中级人民法院(以下简称呼市中院)作出(2008)呼法民二终字第957号民事判决,维持了一审判决,该判决现已生效。2008年9月22日,陈呈浴向呼市中院提起诉讼,请求昌宇公司补偿其在矿山的投入900万元。在该案诉讼期间,呼市中院委托内蒙古兴益联合会计师事务所(以下简称兴益会计师事务所)对陈呈浴承包花岗岩矿期间的土方剥离、花岗岩开采费用进行鉴证,并委托内蒙古自治区煤矿设计院勘察队对该花岗岩矿各矿口开挖的土方量、石方量进行测量。嗣后,兴益会计师事务所作出内兴益鉴字〔2009〕第002号《和林县榆树沟花岗岩矿土方剥离、花岗岩开采费用鉴证报告》(以下简称《鉴证报告》),确定陈呈浴承包花岗岩矿期间的土方剥离、花岗岩开采费用为7112080元。后因陈呈浴未按期缴纳诉讼费,呼市中院2011年2月28日作出(2008)呼民二初字第88号民事裁定,裁定该案按陈呈浴撤诉处理。2011年11月1日,陈呈浴向本案一审法院提起诉讼,请求昌宇公司依据上述《鉴证报告》的结果,补偿其在矿山的投入7112080元。在该案管辖权异议审理期间,福建高院对陈呈浴提供的2005年5月3日的《补充协议》(以下简称5.3补充协议)上所盖公章的真实性进行委托鉴定。福建鼎力司法鉴定中心经鉴定认定:检材上“内蒙古昌宇石业有限公司”的印文与样本上的“内蒙古昌宇石业有限公司”印文系同一枚印章盖印。福建高院于2012年5月21日作出(2012)闽民终字第368号民事裁定,裁定驳回昌宇公司管辖权异议的上诉请求,维持原裁定。

一审法院认为

一审法院认为,关于双方是否签订过5.3补充协议的问题。昌宇公司对(2012)闽民终字第368号民事裁定及《司法鉴定意见书》的真实性无异议,一审法院对该组证据予以采信,据此可以认定5.3补充协议上昌宇公司印章的真实性。昌宇公司以对鉴定结论有异议为由申请对5.3补充协议上公司印章的真实性进行重新鉴定,但未能提供证据证明该鉴定意见存在程序违法或结论依据不足等情形,对昌宇公司要求重新鉴定的申请不予准许。至于昌宇公司要求对5.3补充协议打印及盖章时间进行鉴定的申请,一审法院认为,协议中昌宇公司印章的真实性已经确定,即使该5.3补充协议的打印时间在盖章之后,昌宇公司也应当对其意思表示承担法律后果。昌宇公司主张5.3补充协议系陈呈浴用其所持有的加盖公司公章的空白纸编造打印后用于诉讼,未能提供证据证明其主张。依据现有证据,一审法院认定5.3补充协议系真实存在,应代表昌宇公司的真实意思表示。关于昌宇公司应否补偿陈呈浴履行5.1协议期间投入损失的问题。对于陈呈浴提交的《鉴证报告》,呼市中院委托鉴定函、兴益会计师事务所出具的《说明》,昌宇公司经质证对真实性无异议,一审法院予以采信,可以作为定案依据。陈呈浴提交的《收条》、《收据》内容为陈呈浴支付给昌宇公司的矿山承包经营费,与本案没有关联性,一审法院不予采信。至于《鉴证报告》的性质问题,虽然呼市中院的委托函表述为“委托鉴定函”,但法院实际委托的内容为费用鉴证,该《鉴证报告》是针对陈呈浴的投入费用而进行的鉴证,性质上应属会计鉴证。经审查,作出鉴证的兴益会计师事务所具备相应的审计、鉴证资质,鉴证人员亦具有会计资格。鉴证过程虽然使用了内蒙古自治区煤矿设计院勘测队(以下简称煤矿勘测队)编制的《榆树沟大理石矿测量说明》,并聘请工程造价专业技术人员进行鉴证计算,但此系会计师利用专家协助执行鉴证业务,符合注册会计师鉴证业务基本准则,并不影响签证报告的合法性;且煤矿勘测队系受人民法院委托而进行土石方量计算,作出测量计算的人员亦具有相应的工程师资质。昌宇公司对《鉴证报告》的内容持有异议,又未申请重新鉴证,故对昌宇公司的理由不予采纳,对该《鉴证报告》的证明力予以确认,故一审法院认定陈呈浴承包花岗岩矿期间土方剥离、花岗岩开采费用为7112080元。昌宇公司主张陈呈浴在5.1协议签订之后即将矿山转包他人,没有实际投入,但其提交的证据不符合证据的形式要件,且陈呈浴予以否认,故其主张依据不足,一审法院不予支持。综上,一审法院认为,合同双方应当依照合同约定履行义务。本案陈呈浴和昌宇公司于2005年5月3日签订5.3补充协议,约定双方签订的5.1协议解除后,昌宇公司应当对陈呈浴的投入费用进行清算并予以退还,经会计师事务所鉴证,确定陈呈浴在承包花岗岩矿期间的土方剥离、花岗岩开采费用为7112080元,故陈呈浴要求昌宇公司依照5.3补充协议约定退还其上述投入费用的主张,于法有据,一审法院予以支持。昌宇公司认为5.3补充协议不真实,陈呈浴并未投入资金,但未能提供有效证据予以证实,其主张缺乏事实依据,一审法院对该主张不予支持。

一审法院判决

依照《中华人民共和国合同法》第八条、第九十七条、《中华人民共和国民事诉讼法》第六十四条第一款之规定,判决:昌宇公司应于判决生效之日起十日内支付陈呈浴7112080元。

上诉

一审宣判后,昌宇公司不服,上诉至福建高院,请求撤销原判,依法改判并驳回陈呈浴的诉讼请求。主要理由是:(一)双方签订5.3补充协议的事实不存在。在本案管辖异议期间,昌宇公司曾经向二审法院提出过对陈呈浴提交的5.3补充协议上加盖的公章与当时昌宇公司使用的公章是否一致以及真实性进行司法鉴定,该鉴定文书没有告知昌宇公司重新申请复核的权利。一审法院也没有告知昌宇公司申请重新鉴定的权利,剥夺了其司法救济权利。陈呈浴偷拿空白的加盖公章的纸在前,打印文字系其在后添加。故昌宇公司认为该5.3补充协议是在呼市中院诉讼后添加制作的,是虚假的。(二)2005年8月15日至2006年9月26日陈呈浴已将该矿转包他人开采,而《鉴证报告》认定的实际施工时间是2005年至2007年,因此该报告据2007年冶金矿山概预算定额所做土方量、石方量不真实,所得出的开采费用也不准确。内兴益鉴字〔2009〕第002号《鉴证报告》的鉴证机构无工程造价评估资质。呼市中院委托的煤矿勘测队业务范围内没有土方量、石方量的测量资质并且本鉴定报告中的工程造价师并非该机构的鉴定人员。一审法院将该《鉴证报告》认定为属于会计鉴证不符合法律规定,会计鉴证是注册会计师针对鉴定对象信息在所有重大方面是否符合适当的标准,以书面报告的形式发表能够提供一定保证程度的结论,工程造价是指进行某项工程建设所花费的全部费用,其核心内容是投资估算、设计概算、修正概算、施工图预算、工程结算、竣工决算等。陈呈浴在一审中提供的《鉴证报告》显然属于后者。

陈呈浴辩称,(一)2005年5月3日陈呈浴与昌宇公司签订的5.3补充协议是客观存在的。昌宇公司管辖异议申请上诉期间,向福建高院提出司法鉴定申请,申请鉴定的事项是对5.3补充协议印章印文进行司法鉴定,福建高院委托福建鼎力司法鉴定中心鉴定,并出具司法鉴定意见为:"检材上的内蒙古昌宇石业有限公司印文与样本上的内蒙古昌宇石业有限公司印文是同一枚印章盖印。"该鉴定意见已经证实2005年5月3日双方所签订的5.3补充协议是客观真实的,昌宇公司要求鉴定文书告知其重新申请复核没有任何法律依据。陈呈浴认为该5.3补充协议是在呼市中院诉讼后添加制作,是虚假的,没有任何证据支持。(二)陈呈浴在一审出示的《鉴证报告》是由呼市中院基于陈呈浴提供的大量原始单据委托有资质的会计事务所依法作出的。从2005年5月1日开始至2007年双方又重新签订了协议书,该《鉴证报告》正是对双方协议履行期间的开采进行的鉴证。《中国注册会计师法》和《中国注册会计师鉴证业务准则》明确规定,鉴证是注册会计师的业务范围;会计师事务所可以出具鉴证报告;注册会计师和会计师事务所在对鉴证对象进行鉴证时,可以采取计价、计量的方式进行;会计师事务所鉴证的业务如果涉及特殊知识和技能超出注册会计师的能力,其对外可以聘请具有专门知识的人协助注册会计师执行鉴证业务。从《鉴证报告》的内容来看,该报告正是会计师事务所采用了计价、计量和聘请专门人员作出的。

二审法院认为

二审法院认为,本案二审的争议焦点是:(一)一审审理程序是否合法的问题。(二)《鉴证报告》能否作为本案事实认定依据的问题。

(一)关于一审审理程序是否合法的问题

二审法院认为,昌宇公司在本案管辖权异议上诉期间,向福建高院提出司法鉴定申请,申请鉴定的事项是对5.3补充协议印章印文进行司法鉴定。二审法院经委托福建鼎力司法鉴定中心进行鉴定,该鉴定中心已出具司法鉴定意见。昌宇公司主张上述司法鉴定意见需告知其有权重新申请复核,没有法律依据。一审法院对本案进行实体审理期间,昌宇公司再次申请对5.3补充协议上的公司印章真实性进行重新鉴定,因其未能提供证据证明福建鼎力司法鉴定中心的司法鉴定意见存在程序违法或鉴定结论依据不足等情形,故一审法院对昌宇公司要求重新鉴定的申请不予准许并无不当。昌宇公司主张一审法院没有告知其有申请重新鉴定的权利,剥夺了其司法救济权利,没有法律依据。另外,一审期间,昌宇公司又要求对5.3补充协议打印及盖章时间进行鉴定。昌宇公司主张5.3补充协议系陈呈浴用所持有的加盖公司公章的空白纸编造打印后用于诉讼,未能提供证据证明其主张。一审法院认为在昌宇公司印章的真实性已确定的情况下,再对5.3补充协议中打印及盖章时间进行鉴定没有意义,从而对昌宇公司鉴定申请不予准许,程序合法。

(二)关于《鉴证报告》能否作为本案事实认定依据的问题

二审法院认为,2005年5月1日,陈呈浴与昌宇公司签订5.1协议一份,就双方合作开采内蒙古自治区和林格尔县榆树沟的斑状含榴黑花岗石材矿等事项作出约定。陈呈浴和昌宇公司于2005年5月3日又签订了5.3补充协议,约定在双方签订的5.1协议解除后,昌宇公司应当对陈呈浴的投入费用进行清算并予以退还。纠纷发生后,双方签订的5.1协议被法院依法判决解除。2008年9月22日,陈呈浴向呼市中院提起诉讼,主张昌宇公司补偿其在矿山的投入。在该案诉讼期间,呼市中院委托兴益会计师事务所对陈呈浴承包花岗岩矿期间的土方剥离、花岗岩开采费用进行鉴证。兴益会计师事务所出具内兴益鉴字〔2009〕第002号《鉴证报告》,确定陈呈浴承包和林格尔县榆树沟花岗岩矿期间的土方剥离、花岗岩开采发生的费用为7112080元。该《鉴证报告》系法院依职权委托鉴证;鉴证单位为相关法律法规规定的会计师事务所,且兴益会计师事务所具备相应的审计、鉴证资质,鉴证人员亦具有会计师资格;鉴证内容为陈呈浴承包和林格尔县榆树沟花岗岩矿期间的土方剥离、花岗岩开采所发生的费用;鉴证依据为《冶金矿山概预算定额2007》、《冶金矿山建筑安装工程费用定额2007》及煤矿勘测队2009年5月19日编制的《榆树沟大理石矿测量说明》。鉴证过程虽然使用了《榆树沟大理石矿测量说明》,并聘请工程造价专业技术人员进行鉴证计算,但此系会计师利用专家协助执行鉴证业务,符合注册会计师鉴证业务准则。另外,昌宇公司本案一审期间未向一审法院申请重新鉴定,故上述《鉴证报告》在认定陈呈浴对讼争岩矿存在投入事实和具体投入的费用数额上可以作为定案依据。

综上所述,二审法院认为,一审判决认定的事实清楚,适用法律正确,程序合法,应予维持,昌宇公司的上诉事由,不能成立。

二审法院判决

依照《中华人民共和国民事诉讼法》第一百七十条第一款第(一)项的规定,判决:驳回上诉,维持原判。

申请再审

昌宇公司不服福建高院(2013)闽民终字第1266号民事判决,向最高人民法院申请再审。本院于2014年6月19日作出(2014)民申字第168号民事裁定提审本案并依法组成合议庭于2014年9月2日对本案进行了公开审理。

昌宇公司再审申请称,(一)原审判决认定案件事实的主要证据5.3补充协议系陈呈浴伪造。1.昌宇公司与陈呈浴未签订过5.3补充协议。双方就合作采矿承包事宜于2005年5月1日签署5.1协议。协议执行过程中,因陈呈浴违约,2007年昌宇公司诉请和林格尔县法院解除了5.1协议,陈呈浴在该案的上诉及诉请赔偿的另案诉讼中,从未提及5.3补充协议的存在,直至2011年9月26日陈呈浴向一审法院起诉。陈呈浴对此的解释是之前未找到该5.3补充协议,该解释不符合情理,即使原诉讼期间找不到该文件,亦应有所提及。2.陈呈浴具有伪造5.3补充协议的可能性。二审审理期间,5.3补充协议上的印章虽与昌宇公司的印章一致,但因承包经营过程中,陈呈浴具有接触和使用公司印章的机会和便利,合作中陈呈浴亦多有使用公司印章的情况(如到公安部门办理民用爆破物品时即持盖有公司印章的空白纸张或持公司公章),陈呈浴具有使用公司印章加盖空白纸张伪造《补充协议》的可能性。3.5.3 补充协议形式上具有严重瑕疵。第一,甲、乙双方位置颠倒不符合习惯规则。在合同等契约形式上,公司法人、发包人为甲方,自然人、承包人为乙方,这属一般的民事习惯规则。双方订立的 5.1 协议及之前签订的几份协议均以昌宇公司为甲方,陈呈浴为乙方,而事隔二天签订的 5.3 补充协议,昌宇公司位置却颠倒成了乙方,陈呈浴成了甲方。这不符合一般民事习惯规则。这种顺序颠倒的唯一解释是这张盖有昌宇公司印章的空白纸的印章盖在了这张纸的右下角,在这张纸上,因盖章位置所限,只能将昌宇公司一方置于乙方的位置。第二,没有昌宇公司法定代表人王茂棠的签字。根据双方所订 5.1 协议,该协议不仅有昌宇公司盖章,而且也有公司负责人王茂棠签字,这符合协议生效要件,也符合常理。陈呈浴提供的 5.3 补充协议,没有王茂棠签字确认。第三,5.3 补充协议没有协议份数的约定条款。双方所订 5.1 协议的最后条款约定"协议一式两份,具有同等法律效力",这是协议一般应有的条款内容。陈呈浴所提供的 5.3 补充协议没有此项条款,也没有约定该 5.3 补充协议与 5.1 协议具有同等的法律效力。现陈呈浴提供的 5.3 补充协议仅此一份,昌宇公司根本没有这样一份协议,陈呈浴也未举证昌宇公司持有与其同样的 5.3 补充协议,难以佐证该 5.3 补充协议的客观真实性。4.5.3 补充协议所涉内容违背常理,且权利义务显失公平,不是昌宇公司真实意思表示。第一,根据双方 2005 年 5 月 1 日就采矿合作事宜签署的 5.1 协议内容及原则,双方属合作开采,昌宇公司具有《采矿许可证》,是采矿权人,陈呈浴属使用人,具有承包经营的性质,按合同约定是自行开采和销售产品,独自取得经营利润,其风险应该自担;昌宇公司按约定获得的矿山使用补偿金,实际上是发包人收取的承包费,该费用数额固定(前三年为每年 30 万元,第四年开始为每年 50 万元)。该权利义务的约定基本公平。但 5.3 补充协议约定无论昌宇公司是否属有权终止,昌宇公司均需赔偿其投资,该种约定明显违背双方权利义务平等一致的原则。第二,在矿山承包协议终止后,按承包经营的权利义务分配方式,一般是不再收取剩余的矿山使用费,而不可能在陈呈浴已对矿山开采并进行产品销售的情况下,赔偿其投入的损失。第三,5.3 补充协议解释 5.1 协议约定的"终止的损失"仅指陈呈浴的经营损失,不包括其投资,自相矛盾。所谓经营损失,包含着投入(或投资)及产出的问题,经营损失自负其责其实已包含终止后其投资自负的内涵,这与其投资需由昌宇公司承担的约定自相矛盾,内容本身难以自圆其说,进一步说明协议属伪造。第四,承包经营中,在陈呈浴违约昌宇公司依法予以解除的情况下,却要昌宇公司赔偿其投资,且该投资不确定,这样的权利义务模式违反公平。根据 5.1 协议约定,昌宇公司在承包期内前三年每年向陈呈浴收取补偿金 30 万元,第四年开始每年 50 万元。但 5.3 补充协议的约定却动辄承担陈呈浴几百万甚至上千万的投资，在投资并不物化为设备、建筑物而是直接转化为产品被卖出的情况下，昌宇公司承担该投资损失，不符合常理。综上，5.3补充协议形式上具有明显瑕疵，内容上违背常理，权利义务显失公平，属陈呈浴利用加盖公章的空白纸伪造，不是昌宇公司的真实意思表示。5.案件管辖不符合法律规定。5.3补充协议所示的签订时间及2007年双方在和林格尔县法院诉讼之时，陈呈浴的住所地均在山西省太原市新华街北小区，而非福建省福鼎市，依据法律规定户籍所在地不是合同选择的管辖地。另外，5.3补充协议关于管辖的约定，将一个可能产生赔偿的纠纷管辖地放在一个相隔几千里的自己户籍地，不仅不便于双方纠纷处理，同时在签订协议时因陈呈浴不居合同优势地位，这样的约定也不合情理，5.3补充协议将诉讼管辖地放在承包人即陈呈浴户籍所在地，唯一的合理解释是5.3补充协议系陈呈浴单方伪造。(二)案涉《鉴证报告》仅属对陈呈浴合作期间投入之估算，原审将之作为认定陈呈浴投资损失的证据，无事实和法律依据。1.案涉《鉴证报告》本质上属对陈呈浴在承包经营矿山期间进行生产投入的估算或概算，该种投入的估算或概算，因为属生产性投入在有产品产出或物化（没有物化为设备、建筑等）的情况下，根本不能作为陈呈浴投资损失的证据。陈呈浴在原审中并未提供证据表明其产出的矿石均未予销售或物化为矿山继续开发的基础或成本。2.根据5.1协议约定陈呈浴有组织实施采石生产、销售产品的权利。陈呈浴投资开采石材属于以营利为目的的生产经营，并非只有投入没有产出的基础设施建设。本案投资损失本质上即是陈呈浴的经营损失，即投资大于产出而造成的损失。进而言之，如果产出大于投入，陈呈浴即无所谓投资损失。2005~2007年陈呈浴开采经营期间，根据《鉴证报告》计算书第三项"花岗岩开挖"工程量为122560立方米(毛石)，按现行行业标准出材率8%计算，共9804.80立方米，按当时市场价1000~1500元/立方米计算，陈呈浴在投入700余万元的情况下根本无损失。至于昌宇公司解除合同造成的预期利润损失，因属陈呈浴违约(另案已认定)，依法不应予以支持。3.《鉴证报告》认定的投入数额依法不应采信。陈呈浴请求弥补其投资损失，在计算投入一项中至少应以支付工人工资单、工程机械使用费、土石运输费、银行转账、上缴税费等相关发票与票据为准，会计师事务所要做的应该是以合法有效的票据和账目作为审计的基础，而不是靠勘测机构的估算，这符合举证的规则要求，也符合实际。原审以勘测估算的结论作为依据，本身具有不准确性，达不到司法判决支持诉求所要求的标准。本案审理中，评估鉴证的主要依据是《冶金矿山概预算定额2007》《冶金矿山建筑安装工程费用定额2007》，无论是陈呈浴的投入、损失还是要求昌宇公司的补偿，这些涉及当事人财产权利的数据都是以"概、预算"等模糊不清的结论作为依据，损害了判决的严肃性。4.鉴定程序存在违法情形。首先，鉴证报告的鉴证机构兴益会计师事务所并无工程造价评估资质；其次，《鉴证报告》所使用的煤矿勘测队，其业务范围没有土方量、石方量的测量资质；复次，《鉴证报告》中的工程造价师并非鉴证机构的鉴证人员。据此,原审判决存在认定事实不清,非法证据未予排除、程序违法等情形,判决结论明显不公,请求再审改判。

陈呈浴答辩称,(一)关于5.3补充协议伪造的问题。1.昌宇公司认为5.3补充协议伪造是主观推断,没有事实根据。该协议在内蒙古有关法院诉讼中未提及,不等于不存在,更不等于伪造。当时陈呈浴不能提供该协议是因为无法找到,提出也没有根据,故未提及该协议。2.5.3补充协议与5.1协议间隔时间短,在本案实属正常,陈呈浴与昌宇公司签订的其他协议有的签订时间间隔也很短。如2005年4月底昌宇公司出具《承诺函》,同年5月1日即签订终止内部承包合同的《补充协议》。3.法律对协议的形式没有统一要求和格式,5.3补充协议是陈呈浴考虑到自己的投资不受损失而要求签订的,所以其作为甲方也符合情理,当时并没有在意与5.1协议甲乙方位置保持一致。同时,甲乙方位置并不重要,关键是代表哪一方,各方当事人的权利、义务是否明确和相对应,所以,位置列法没有实质意义,也不存在列法必须符合习惯规则的问题。4.5.3补充协议上没有王茂棠签字并不影响协议的成立和效力,法律也没有要求签订协议时必须有法定代表人或负责人签字,因此,其是否签字并不是协议必备要件。同时,王茂棠不仅在该5.3补充协议上没有签字,同样在2004年9月26日签订的《内部承包合同》及之后的《承诺函》《补充协议》上均没有签字。据此,王茂棠未予签字并不是5.3补充协议伪造的证据。5.因协议份数的约定不是合同的必要条款,没有约定协议份数并不影响合同效力,且是否持有5.3补充协议应由昌宇公司自行承担举证责任。2005年5月1日终止内部承包协议的《补充协议》也没有约定份数。6.5.3补充协议是否约定与5.1协议具有同等法律效力并不是协议的主要条款,也不影响《补充协议》的法律效力。7.关于5.3补充协议权利义务显失公平、不合常理问题。昌宇公司一方面称陈呈浴投资已转化为商品,变现为产值和利润;另一方面又说陈呈浴自己没有投资,是他人投资,自相矛盾,也不能自圆其说。同时,因矿山需大量投资,陈呈浴要求昌宇公司对其投资进行保证不但不违背常理,双方权利义务也不显失公平。要说不公平,当巨额投资即将见利时再以违约为由解除双方的协议才是真正的不公平。8.5.3补充协议的管辖约定是因为当时陈呈浴尚居住在福建省福鼎市,2007年后陈呈浴才根据季节往返于山西、山东、河北及内蒙古等地矿业公司打工。同时,昌宇公司提出协议管辖内容,即约定由福建省福鼎市法院或宁德市中级人民法院管辖或受理违反法律规定,属无效协议的理解也是错误的。(二)关于昌宇公司对《鉴证报告》的异议问题。《鉴证报告》是呼市中院依法委托会计师事务所作出,其中土方量、石方量由呼市中院委托其他机构测量,该鉴证程序合法、内容客观真实,鉴证方法符合法律规定,鉴证内容属于会计师事务所业务范围。昌宇公司认为该《鉴证报告》不能作为证据使用,无事实和法律依据。同时,呼市中院审理期间,昌宇公司亦被告知如对《鉴证报告》有异议,需提交重新鉴定申请书,但昌宇公司并未申请重新鉴定,说明其认可该司法《鉴证报告》。同时,该《鉴证报告》作为陈呈浴投资损失的证据,昌宇公司认为陈呈浴未提供投资损失的证据,理由不能成立。在承包矿山后,陈呈浴设立4个矿井区,征地40余亩,修筑山路18公里,架电5公里,安装变压器2台,建房30间,打水井3眼,租赁装载机、挖掘机等8台、租赁重型工程车10台,还购置了部分设备等,先后共投资1300余万元,在呼市中院起诉时向法院提供了三麻袋投资票据,因票据多无法审查、保管和入卷,才依法申请的司法鉴定。该案是司法审计还是司法鉴定,是由呼市中院与所委托的鉴定机构协商确定的,因部分票据是不正规的收据,故对部分投入进行了司法鉴证。综上,昌宇公司的再审申请无事实和法律根据,原审判决程序合法、证据充分,适用法律正确,请求依法驳回其再审申请。

最高人民法院再审查明:1. 2004年9月26日,昌宇公司(甲方)与刘景印、陈呈浴(乙方)签订《内部承包合同》,约定甲方将清水县白色花岗岩矿承包给乙方开采,承包开采期限为三年。其中,第三条"乙方必须按甲乙双方共同商定和认可的合理开采、不限量开采的施工方案进行开采,不得实施损坏开采,否则,甲方有权终止本合同";第五条"乙方拥有组织实施采石生产、定价、销售所属矿山产品的权利……";第六条"乙方进行生产、销售活动所需要的资金、能源、人力、物力、无形资产、工商税务及税金由乙方自行解决;乙方及乙方人员在生产经营活动中因自身原因引起的各项责任义务由乙方承担";第七条"乙方必须努力开采,第一年开采量达到壹万立方,否则甲方有权在乙方承包范围内另开矿口开采";第十条"乙方一次性付给甲方伍拾万人民币,作为补偿甲方开发白矿的费用";第十一条"乙方出矿区每立方米商品荒料(本地价)向甲方交100元补偿金。当商品荒料(本地价)价格上升到1200元/立方米及以上时按15%向甲方交纳补偿金;2000元/立方米及以上时按20%向甲方交纳补偿金";第十四条"三年后,甲方不承包给乙方开采本矿山,甲方补偿乙方在该矿山投入的固定资产费用,价格双方协商或请权威部门评估"。第十六条"本合同自2004年10月15日起经甲乙双方签字盖章后生效"。2. 2005年4月,昌宇公司出具《承诺函》。该《承诺函》的内容是"鉴于陈呈浴在与昌宇公司合作期间的贡献,公司承诺在矿区合作开采方案确定后,以优惠的条件优先与陈呈浴签订有关协议"。2005年5月1日,昌宇公司与陈呈浴又签订《补充协议》,内容为"昌宇公司根据陈呈浴对公司的贡献,同意以优惠的条件与陈呈浴签订新的合同。原昌宇公司与刘景印、陈呈浴于2004年9月26日签订的内部承包合同从2005年5月1日起终止"。3. 2005年5月1日,昌宇公司(甲方)与陈呈浴(乙方)签订《协议》一份(即5.1协议)。主要内容如下:第二条"乙方开采期为6年,从2005年5月1日至2011年4月30日";第三条"乙方有组织实施采石生产、销售产品的权利。乙方有保护矿山资源合理开采的义务。有保护矿山生态环境,按环评报告要求开矿的义务。有保障安全生产和维护劳动者合法权益的义务。承担因履行和不履行上述权利和义务而发生的所有经济责任和法律责任”。第四条“乙方必须按甲乙双方共同商定和认可的合理开采施工方案进行开采,不得实施损坏开采,不得以任何形式将矿山采矿权转让他人,否则甲方有权立即终止合同,造成的损失由乙方承担”;第六条“乙方进行生产、销售活动的资金、人力、物力以及税金由乙方负责解决;乙方及乙方人员在生产经营活动中因自身原因引起的各项责任义务由乙方承担”;第九条“开采期前三年乙方每年交付甲方矿山费用补偿金三十万元。……开采期第四年开始,乙方每年交付甲方矿山费用补偿金五十万元”;第十条“乙方如不按期履行本协议第九条规定,甲方有权单方终止合同,造成的损失由乙方承担”;第十三条“乙方开采期结束后,在乙方没有取得采矿权的情况下,甲方酌情补偿乙方在矿山投入的房屋、水井所支付的费用,价格双方协商或请权威部门评估”。4. 2005 年 5 月 3 日,陈呈浴为甲方,昌宇公司为乙方签订《补充协议》(即 5. 3 补充协议),约定在 5. 1 协议的基础上,就合作开采花岗岩石材矿形成如下补充条款。条款具体内容如下:第一条“甲乙双方一致同意,为保证甲方在与乙方合作开采石材矿期间投入的全部投资安全及不受损失,双方商定,不论双方的合作能否继续,也不论双方 5. 1 协议有效或无效,只要乙方单方面解除或终止协议,或者《协议》被法院判定解除、终止或无效,乙方同意按照公平、合理的原则,对甲方的全部投入进行清算并退还给甲方。为此,甲乙双方中的任何一方有权申请鉴定机构或申请法院进行鉴定、评估,乙方按照评估、鉴定结果退还甲方的投资。如乙方已申请鉴定或评估,对该鉴定报告及评估结果另一方无权再次申请鉴定”;第二条“5. 1 协议第一条约定的‘甲方有权单方终止合同,造成的损失由乙方承担’,本条所指的损失是指经营损失,不包括陈呈浴的投资”;第三条“5. 1 协议发生纠纷,双方协商解决,协商不成,甲乙双方一致同意提交福建省福鼎市人民法院或福建省宁德市中级人民法院管辖和受理”。该补充协议下方有陈呈浴签字和昌宇公司盖章。

又查明,1. 二审庭审期间,陈呈浴提供部分生产经营票据,共 57 本。票据反映的情况如下:(1)票据除部分为正式发票外,多为收据、收条、个人记账凭证等。(2)票据性质含生产性支出,也含非生产性支出。生产性支出方面,如购买雷管及爆破炸药等共支出 10 余万元;2005 年 7 月至 2006 年 4 月电费支出等 2. 9 万余元;购买翻斗车、凿岩机、挖掘机、吉普车各一台合计支出 68 万余元(除挖掘机一台为陈呈浴所购外,其余为其他公司及个人购买,且陈呈浴所购挖掘机未提供正式发票)。非生产性支出方面,如餐费、烟酒、送礼、责任事故死亡赔偿等支出若干,其中,送礼支出 30 余万元。(3)票据含部分矿石荒料销售内容。据粗略统计,2006 年 3 月 30 日至同年 10 月 31 日,销售矿石荒料约 538 立方米,码单号编码为 00001 及 01617 至 01697,销售价格为 1200 元/立方米,销售金额约为 67 万余元。(4)票据中包含陈呈浴与案外公司及部分个人等形成荒料加工、销售关系的有关领款凭证、收据或记账凭证等单据。2. 陈呈浴与昌宇公司协议履行期间,昌宇公司没有人员参与具体采矿及矿务管理事宜。3. 陈呈浴及代理人称仍有大量投资票据，但审理期间经催告未再予提供。

再查明：1. 2007 年 11 月至 2008 年 11 月，和林格尔县法院及呼市中院审理昌宇公司与陈呈浴合作开采矿山合同纠纷一案期间，陈呈浴于 2008 年 1 月 28 日提出反诉，请求昌宇公司返还其已出资款 1300 万元，但同年 5 月 28 日又撤回反诉。2008 年5 月 29 日，和林格尔县法院以(2007)和民初字第 428 –2 号民事判决，认为昌宇公司与陈呈浴所订的协议为合作开采矿山性质，昌宇公司为采矿权主体，陈呈浴为合作投资开采人，双方分享开采利润、分担开采风险，该协议并不违背法律、法规的强制性规定，为有效协议。合同履行中，陈呈浴因违反 5. 1 协议约定倾倒废渣堵塞河道及未及时给付矿山补偿金等，依据昌宇公司的诉讼请求，该判决解除双方 5. 1 协议。陈呈浴二审上诉后，2008 年 11 月 7 日，呼市中院以(2008)呼法民二终字第 957 号民事判决维持上述判决。2. 2008 年 9 月至 2011 年 2 月，呼市中院在审理陈呈浴诉昌宇公司合作经营合同纠纷一案中，陈呈浴于起诉状中请求昌宇公司赔偿其投资 900 万元，请求的依据是双方名为合作实为承包转让采矿经营权及开采期间的投资 1300 万元。2008 年 12 月 4 日，陈呈浴提出司法鉴定评估申请；2009 年 2 月 19 日，呼市中院向兴益会计师事务所出具委托鉴定函，委托该所对陈呈浴承包花岗岩矿期间的土方剥离、花岗岩开采费用进行鉴证。同年 5 月 6 日，呼市中院向煤炭勘察队出具委托测量函，委托该勘察队对陈呈浴各矿口开挖的土方量、石方量进行测量。同年 12 月 7 日，兴益会计师事务所作出《鉴证报告》，该鉴证报告认为陈呈浴合作期间共挖土方 5 万余立方米，石方 12 万余立方米，支出的费用为 7112080 元。后陈呈浴未按期交纳诉讼费，2011 年 2 月 28 日呼市中院裁定按撤诉处理。在上述诉讼中，陈呈浴未提及亦未提供 5. 3 补充协议及约定内容。

再审法院认为

最高人民法院认为，本案审理的核心是原判决认定事实和适用法律是否存在错误，陈呈浴请求昌宇公司补偿其投资损失有无事实和法律依据。

(一)关于原判决相关事实的认定问题

本案原判决昌宇公司对陈呈浴承担投资损失赔偿责任的基础主要是 5. 3 补充协议的可信性和《鉴证报告》的客观性及合法性。综合本案原审及再审期间当事人的陈述及举证情况，本院认为，原判决昌宇公司承担投资损失赔偿责任的事实依据不足。

关于 5. 3 补充协议真实性的认定问题。2011 年 9 月，陈呈浴以与昌宇公司存在 5. 3 补充协议为据，向一审法院提起诉讼。2011 年，昌宇公司在本案管辖异议二审期间向福建高院对 5. 3 补充协议上昌宇公司的真实性提出司法鉴定申请，经福建鼎立司法鉴定中心鉴定，鉴定意见为印章真实。本案一审期间，昌宇公司又于 2013 年 5 月 25 日，向一审法院提出《司法鉴定申请书》，除再次对 5. 3 补充协议上加盖公章的真实性提出鉴定申请外,另提出对公章与文字形成的前后顺序、文字形成日期、纸张日期进行鉴定的申请,一审法院经审查对昌宇公司再行提出印章真实性的鉴定申请不予支持,并无不当;但因公章与文字的前后顺序、文字形成日期等对认定协议的真实性亦有重要影响,原审法院以公章与文字形成先后不影响协议真实性的判断为由,不予支持,确有不当。在5.3补充协议真实性的认定上,该协议加盖的印章虽为真实,但因协议形成行为与印章加盖行为具有相对独立性,协议形成行为是双方合意行为的反映形式,而印章加盖行为是双方确认双方合意即协议的行为,二者相互关联又相互独立,在证据意义上,印章真实一般即可推定合意形成行为真实,但在有证据否定或怀疑合意形成行为真实性的情况下,即不能根据印章的真实性直接推定协议的真实性,也就是说,印章在证明协议真实性上尚属初步证据,人民法院认定协议的真实性需综合考虑其他证据及事实。本院认为,本案5.3补充协议的真实性有如下不足:第一,5.3补充协议对5.1协议的风险负担进行根本变更,不合常理,陈呈浴对此变更不能进行合理说明。根据2004年9月26日陈呈浴、刘景印与昌宇公司签订的《内部承包合同》,陈呈浴等在获得采石生产、定价、销售所属矿山产品权利的同时,对生产、销售活动中所需的资金、物力等均需自行解决,自行承担在生产经营中因自身原因引起的责任;同时,陈呈浴等还需一次性给付50万元开发补偿费,并据商品荒料的价格按比例向昌宇公司交纳补偿金。可见,合作合同的风险主要在陈呈浴一方。之后,双方签订2005年5月1日《补充协议》,决定终止上述《内部承包合同》,该《补充协议》虽有昌宇公司同意以优惠条件与陈呈浴签订新合同之内容,但同年5月1日签订的5.1协议仍有陈呈浴负责生产、销售活动的资金、人力、物力以及税金,承担生产经营活动中因自身原因引起的各项责任义务等内容;同时,5.1协议还对协议履行期间陈呈浴不合理开采、开采权转让、不按约给付补偿金等约定昌宇公司享有单方解除权,并约定因此造成的损失由陈呈浴自行承担。可见,陈呈浴与昌宇公司无论在前的《内部承包合同》还是在后根据昌宇公司给予陈呈浴优惠条件签订的5.1协议,合作风险几乎全部由陈呈浴承担。但5.3补充协议对双方合作合同期间的风险作了完全相反的约定,即合作合同风险完全转移到昌宇公司一方。根据该5.3补充协议内容,无论协议有效或无效、昌宇公司单方或法院判定协议解除或终止,昌宇公司均有义务对陈呈浴除经营损失外的全部投入予以退还。同时,该《补充协议》有关剥夺他方鉴定申请权及明确诉讼管辖地等内容,进一步将风险完全转移到昌宇公司一方。本院认为,在合同当事人的缔约地位并未改变,且依约昌宇公司全部矿山使用补偿费仅240万元的情况下,上述约定超出了合作协议的合理范围,不合常情、常理;陈呈浴对仅时隔一天后签订5.3补充协议根本变更5.1协议内容,虽解释是受到昌宇公司和他人所签合同的影响,但并未提供相关证据予以支持,其解释的可信性不足。第二,5.3补充协议的基本内容存在矛盾,陈呈浴不能合理说明。5.3补充协议第二条规定5.1协议第一条中陈呈浴承担的损失限定为“经营损失”,以与5.3补充协议第一条所涉“投资”相区分。实际上,所谓“经营损失”反映的是投资与收益的关系,而陈呈浴履行协议中所投入的生产经营成本性质上即为投资,5.3补充协议对此又明确约定为自行承担,从而其主张自相矛盾。再审庭审中,陈呈浴对协议正常履行条件下,生产经营成本与投资、生产经营风险不能作出合理说明;同时,其在法庭陈述中也表示主张投资是因为前期没有产品产出而其开挖的风化层对之后的生产带来了方便,如有产品产出,其投资和生产经营风险即自行承担。可见,其主张的生产经营成本与投资无法区分,经营成本是其自愿承担范围。第三,陈呈浴在相关诉讼中从未提及5.3补充协议及管辖问题,不合常理。内蒙古自治区相关人民法院在审理陈呈浴与昌宇公司互为原被告的多起相关诉讼中,陈呈浴均未提及双方曾签订有5.3补充协议,亦未就管辖法院提出异议,其虽解释该5.3补充协议当时无法找到,是多年后在清理个人物品时偶然发现,但其前后陈述发现地点不一,结合该补充协议相关内容对双方关系的重大影响,其解释不合情理。最后,5.3补充协议在形式上还存在甲方、乙方列法及明确协议份数的条款等与之前订约习惯明显差异的情况。综上,根据5.3补充协议的内容、形式及该补充协议的形成过程和再审庭审查明陈呈浴在原审中隐瞒重大事实信息的不诚信行为,同时考虑昌宇公司一直否认自行加盖印章且不持有该协议之抗辩意见,本院对5.3补充协议相关内容的真实性不予采信。

关于《鉴证报告》的采信及认定问题。根据再审期间本院查明的事实,原审法院采信呼市中院审理陈呈浴诉昌宇公司合作经营合同纠纷一案中委托兴益会计师事务所出具的《鉴证报告》作为认定陈呈浴实际损失的证据,存在如下问题:第一,《鉴证报告》是陈呈浴申请呼市中院委托兴益会计师事务所所作鉴证,因陈呈浴申请撤诉,呼市中院已对该案作出撤诉处理。本案原审期间,陈呈浴并未向原审人民法院提出有关损失鉴定申请,原审法院将陈呈浴提供的该《鉴证报告》作为鉴定意见予以质证和认定,违反《中华人民共和国民事诉讼法》第七十六条第一款之规定,属适用法律错误。同时,依据《中华人民共和国民事诉讼法》第七十八条之规定,鉴定意见即使为原审法院依法委托,该鉴定意见在当事人提出异议的情况下,原审法院亦应通知鉴定人出庭作证,否则不能采信为认定案件事实的证据。第二,本案《鉴证报告》属投入费用鉴证,不能作为认定投资损失事实的依据。该《鉴证报告》在内容上虽列明了陈呈浴开采期间开挖的土方量和石方量及各项费用,但并未说明开挖的石方量中有商品荒料及形成多少商品荒料,即并未包含产品产出情况。根据2005年6月,昌宇公司委托山西省地质科学研究所进行的《内蒙古和林格尔县榆树沟村花岗岩矿区普查地质报告》及2005年9月8日内蒙古科瑞房地产评估有限公司出具的《内蒙古和林格尔县榆树沟村花岗岩矿区普查地质报告评审意见书》,均认为合作开采矿区矿体分布稳定,覆盖层或风化层较薄,裸露地表,陈呈浴所采矿区的平均图解荒料率为 25.03%。上述地质普查报告及评审意见均为采矿的基本资料,陈呈浴作为合作采矿当事人,对此应该明知,其在履行相关开采协议期间并未提出异议。对此,本院予以采信。昌宇公司主张《鉴证报告》所涉石方量中已有部分商品荒料产出,有一定可信性,且得到本院庭审查明事实的佐证,陈呈浴认为没有矿石产品产出,故意隐瞒重要案件事实,违背诚实信用的诉讼原则,对其陈述不予采信。再审期间,陈呈浴于 2014 年 7 月 20 日委托中国冶金地质总局内蒙古地质勘查院所作《内蒙古自治区和林格尔县榆树沟花岗岩矿区覆盖层调查报告》亦对矿区矿体的荒料率予以了调查,但该报告为陈呈浴单方委托,且勘测的是已经开挖的矿坑,矿体因开采已经破坏,无法予以认证,对此,本院不予采信。综上,本院认为,原审根据上述《鉴证报告》认定陈呈浴的投资损失,认定事实和适用法律均有错误,本院予以纠正。

(二)关于陈呈浴请求投资损失赔偿有无事实和法律依据的问题

根据再审期间本院查明的事实,陈呈浴请求投资损失赔偿无合同根据,亦无损失事实根据。第一,合同方面。根据双方认可的 5.1 协议,昌宇公司以其享有的采矿权与陈呈浴形成了合作开发矿山法律关系,该合作关系并不违背国家法律、法规的强制性规定,应为有效。陈呈浴认为其与昌宇公司构成矿山买卖合同关系及双方买卖关系无效的主张,无事实和法律根据,本院不予支持。根据 5.1 协议约定的相关内容,陈呈浴有组织实施采石生产和销售产品的权利(第三条),同时需自行解决生产、销售活动的资金、人力、物力,承担生产经营中因自身原因引起的各项责任义务(第六条);还具有保护矿山生态环境的义务、合理开采不得实施损坏开采的义务、按期给付矿山费用补偿金的义务等。另外,该协议第十条约定,"如乙方(陈呈浴)违反按期交付矿山费用补偿金之义务,甲方(昌宇公司)有权单方终止合同,造成的损失由乙方承担"。根据 2008 年 11 月 7 日呼市中院作出的(2008)呼法民二终字第 957 号民事判决所查明的相关事实,陈呈浴在合作期间不仅违反协议有关保护生态环境、合理开采的义务,而且也自认没有按期给付昌宇公司 2007 年度矿山费用补偿金,据此,在 5.1 协议被法院判决解除后,根据上述协议之规定,应自行承担有关损失。第二,损失事实方面。在原审、申请再审审查及再审庭审中,陈呈浴一直称其在矿山开采期内,只有投入没有产品产出,即尚未产生任何收益,但在应本院要求提供部分投资票据时,本院查明该部分票据包含部分(矿石)荒料生产、加工和销售票据,其对此未予否认,亦不能作出合理解释。本院认为,陈呈浴自行进行矿石生产和销售,亦承认昌宇公司对矿石生产和销售没有任何参与,其举出的有关投资票据不仅形式、内容存在严重瑕疵从而导致投资认定困难,根据其已有矿石生产和销售的事实,是否具有投资损失,亦无证据予以充分支持。同时,原审中,陈呈浴作为损失赔偿的请求人不仅未提供有关生产经营票据,而且对其应该掌握的票据前后表述不一,有时称其有三麻袋票据,有时称只是三小袋票据,有时称票据在他人处不能取得,有时称票据大部分丢失等。再审中,经多次催告陈呈浴限期提交全部生产经营票据,但其并未向最高人民法院补交。据此,陈呈浴请求投资损失赔偿的事实依据不足,最高人民法院不予支持。

再审法院判决

综上,原判决认定事实不清,适用法律错误,应予纠正。最高人民法院依照《中华人民共和国民事诉讼法》第二百零七条、第一百七十条第一款第二项、第三项之规定,判决如下:

一、撤销福建省高级人民法院(2013)闽民终字第 1266 号民事判决、福建省宁德市中级人民法院(2013)宁民初字第 188 号民事判决;

二、驳回陈呈浴的诉讼请求。

[选自《最高人民法院公报》2016 年第 3 期(总第 233 期)]

第二节　举证责任

071. 举证责任分配:合理转换举证责任

【审判专论】

证据是法院认定案件事实的根据,离开了证据这个手段,当事人主张的事实就不能获得支持,因此,诉讼的实质内容就是以证据证明案件事实的活动。而举证责任如何在双方当事人之间进行分配,即由哪一方当事人提供证据证明案件事实,并且在诉讼结束时,如果案件事实仍处于真伪不明的状态,由谁来承担败诉或不利的诉讼后果,无疑就成为诉讼的核心问题。根据《民事诉讼证据规定》第 2 条的规定,举证责任,是指当事人对自己提出的主张有提供证据进行证明的责任,具体包含行为意义上的举证责任和结果意义上的举证责任两层含义:其一,行为意义上的举证责任,是指当事人对自己提出的主张有提供证据的责任;其二,结果意义上的举证责任,是指当待证事实真伪不明时由依法负有证明责任的人承担不利后果的责任。结果意义上的举证责任只有在案件中的待证事实真伪不明时才能发挥作用,而在绝大多数案件中,当事人通过积极地履行行为意义上的举证责任已经使案件事实得以证明,法官完全能够从当事人提供的证据中获取内心确信的全部信息,并据此认定案件事实作出裁判,此时结果意义上的举证责任便无用武之地。因此,正确认识行为意义上的举证责任的可转移性,合理及时地在当事人之间转换举证责任,对于法官提高审判效率、发现案件真实至关重要。在一个具体的案件中,当原告按照举证责任的要求提供了依法官确信其主张存在的证据后,他已经履行了提供证据的责任,并就此卸下了举证责任的负担。此时,审理案件的法官对原告本证所证明的事实初步形成了内心的确信,原告提供证据的责任已经开始发生转移,反证意义上的提供证据责任开始发生。当被告提供了削弱原告本证的新证据,并使法官对本证无法确信时,被告在事实上已经完成了反证意义上的提供证据责任,此时,举证责任再次转移到原告一方。总之,行为意义上的举证责任围绕着法官对案件事实的判断与确信程度而不断地在双方当事人之间转移。因此,我们既不能在原告尚未就其主张的事实提供足以证明的证据之前,即要求中途转换举证责任,也不能机械地理解主张与举证之间的关系,强令一方当事人"一举到底",使本应由对方当事人承担的举证责任不能及时转换,从而减弱了民事诉讼证据之间的对抗性,贻误了法官发现案件真相的时机。

案例:张志强与徐州苏宁电器有限公司侵犯消费者权益纠纷案。[①] 张志强在苏宁公司以1600元的价格购买一台冰箱(以下简称第一台冰箱)。后因该机出现质量问题,苏宁公司两次上门进行维修仍未修复,遂为张志强更换一台同品牌同型号的冰箱(以下简称第二台冰箱),苏宁公司的工作人员将第二台冰箱送至张志强住宅楼下,在张志强及其家人不在场的情况下自行拆除外包装后,将第二台冰箱抬上楼交给张志强的家人。苏宁公司的工作人员未经张志强及其家人验货,未收回第一台冰箱的三包凭证、说明书等资料,同时也未将第二台冰箱的三包凭证等资料留下,未办理必要的交接手续,即带第一台冰箱离开。后张志强发现第二台冰箱上有污渍、霉斑等,认为该冰箱系使用过的旧冰箱,遂与苏宁公司进行交涉,双方协商未果。张志强以苏宁公司用旧冰箱冒充新机器予以调换,存在欺诈行为为由,起诉要求被告双倍返还购货款并赔偿损失。苏宁公司辩称其给张志强调换的冰箱是新机,亦无质量问题,不存在欺诈行为。

一审法院认为,证明第二台冰箱为新机的举证责任应由被告承担。被告不能证明其提供的第二台冰箱是新机,且在为原告提供商品的过程中存在服务瑕疵,给原告享受售后服务带来困难,具有过错。被告的行为违反了诚实信用原则,构成欺诈,判决苏宁公司返还张志强购货款1600元并赔偿张志强损失1600元,张志强返还苏宁冰箱一台。二审法院认为,张志强虽然提交了关于第二台冰箱情况的录像带,但没有其他证据相互印证,不能仅根据该录像带认定第二台冰箱是使用过的旧机器,张志强主张第二台冰箱是使用过的旧机器证据不足,在维持一审判决双方互相返还的基础上,改判驳回张志强要求苏宁公司赔偿1600元损失的诉讼请求。再审法院认为,张志强主张苏宁公司承担惩罚性赔偿责任,即应对苏宁公司是否存在欺诈行为承担举证责任。本案中,张志强已经提供了其制作的录像带,用以证明苏宁公司为其调换的第二台冰箱不是新机器,且存在诸多的表面缺陷。同时,第二台

---

① 再审判决日期:2006年4月21日,载《最高人民法院公报》2006年第10期。

冰箱如果是新机器,应当附有随机单证,苏宁公司亦承认未向张志强提供第二台冰箱的随机凭证(合格证、维修单、使用说明书等)。苏宁公司作为商品销售者,违反产品质量法的相关规定,未向作为消费者的张志强提供第二台冰箱的随机单证,其行为属于故意隐瞒真实情况,应认定为欺诈。苏宁公司在本案一审、二审乃至再审期间始终未出示该随机单证,不能确定第二台冰箱是否附有随机单证,亦即不能确定第二台冰箱是未经使用过的新机器,故对苏宁公司的抗辩意见不予支持。据此判决撤销二审判决,维持原一审判决。

从举证责任分配的角度来说,针对本案第二台冰箱是否为新机的焦点问题,张志强提供了其制作的录像带,陈述苏宁公司未向其提供第二台冰箱的随机单证,而第二台冰箱如果是新机器,应当附有随机单证,由于苏宁公司亦承认其未向张志强交付单证,故法官对张志强举证所证明的事实初步形成了内心的确信,按照行为意义上举证责任的可转移性原理,此时就应当要求苏宁公司就第二台冰箱是新机提供随机单证等证据,以削弱张志强所举证据的证明力。虽然苏宁公司也向法庭提供了第二台冰箱的储存单、提货单及送货人的证言,但由于始终未提供第二台冰箱的随机单证这一最直接的证据,因而只能表明其送货的过程,并不能足够削弱张志强举证的证明力,也就不能引起举证责任的再次转移,故再审法院据此认定苏宁公司提交的证据缺乏证明力,应承担举证不能的不利后果是对举证责任含义的准确理解和运用,是妥当的,也很好地阐释了合理转换举证责任比机械分配举证责任更重要的裁判理念问题。

(王松:《适用证据规则认定事实的理念和方法》)

【民诉法司法解释】

关于举证证明责任的分配问题,《民事诉讼法解释》第90条明确了举证证明责任的含义:“当事人对自己提出的诉讼请求所依据的事实或者反驳对方诉讼请求所依据的事实,应当提供证据加以证明,但法律另有规定的除外。在作出判决前,当事人未能提供证据或者证据不足以证明其事实主张的,由负有举证证明责任的当事人承担不利的后果。”第91条明确了举证证明责任分配的一般规则:“人民法院应当依照下列原则确定举证证明责任的承担,但法律另有规定的除外:(一)主张法律关系存在的当事人,应当对产生该法律关系的基本事实承担举证证明责任;(二)主张法律关系变更、消灭或者权利受到妨害的当事人,应当对该法律关系变更、消灭或者权利受到妨害的基本事实承担举证证明责任。”审判实践中应把握以下两点:

1. 关于举证证明责任概念的理解和适用。司法解释并未采纳举证责任或证明责任的概念,而是使用举证证明责任的表述,其目的在于强调:(1)明确当事人在民事诉讼中负有提供证据的行为意义的举证责任,只要当事人在诉讼中提出于己有利的事实主张,就应当提供证据;(2)当事人提供证据的行为意义的举证责任,应当围绕其诉讼请求所依据的事实或者反驳对方诉讼请求所依据的事实进行;(3)当事人在诉讼中提供证据,应当达到证明待证事实的程度,如果不能使事实得到证明,则当事人应当承担相应的不利后果。在具体内容上,举证证明责任与举证责任、证明责任内容一致。

2. 关于举证证明责任分配的一般规则。首先,司法解释第 91 条明确该规则适用的条件是没有特殊规则的适用,即"除法律、司法解释对举证责任分配有明确规定的外",依照该条规定确定举证责任的分配。其次,举证责任的分配具有法定性,举证责任是由法律分配,原则上并不能由法官通过个案来分配。适用该条规定,应当在对民事实体法规范进行类别分析的基础上,识别权利发生规范、权利消灭规范、权利限制规范和妨碍规范,并以此为基础确定举证责任的负担。法官在举证责任分配问题上是适用法律的过程,通过对实体法规范的分析发现法律确定的举证责任分配规则,而不是在个案中创造举证责任分配规定。最后,举证责任分配的基础,是对要件事实的分类。该条第一项和第二项举证责任的所指向的均为"法律关系的基本事实"。这里的基本事实与要件事实同义,指的是实体法律关系或者权利构成要件所依赖的事实,且完全立足于实体法规范,不涉及程序方面的事实。①

072. 经验法则的适用

【审判专论】

经验法则,又称表见证明,是指"无须经过像一般生活经验那样详细的解明就可以认定其存在的,并基于其定型化之性质而无须考虑个别事实具体情况的事态发展过程",也即在生活中,事态在通常情况下都是按照这样的过程来发展的。法官评判证据价值,认定案件事实离不开法官的生活经验知识,"证据是否具有证明价值,由审理事实者本于自己的生活经验、一般知识及对人类行为与动机的了解,合于理性地评估事实可能存在或不存在。简言之,依经验法则和论理法则,决定证明价值"。《民事诉讼证据规定》第 64 条也规定,"审判人员应当依照法定程序,全面、客观地审核证据,依据法律的规定,遵循法官职业道德,运用逻辑推理和日常生活经验,对证据有无证明力和证明力大小独立进行判断,并公开判断的理由和结果",明确将经验法则作为标准来评价法官判断的正当性。因此,法官在综合认定

① 沈德咏主编:《最高人民法院民事诉讼法司法解释理解与适用》,人民法院出版社 2015 年版,第 312、317 页。

全案证据时不得机械执法,必须符合社会大众所公认的经验法则,这样才能够真正实现司法上的公平和正义。如果法官认定的事实违背社会生活中一般人所公认的经验常识和逻辑规则,则依据这一事实所作出的判决将不会得到社会的普遍认可,很难说这样的判决是公平和正义的,是能为社会所接受的。

仍以前述案例“张志强与苏宁公司侵犯消费者权益纠纷案”为例,该案的再审裁判即有多处体现了经验法则的运用。首先,针对张志强提供的录像带,苏宁公司辩称,录像带里显示的冰箱不能证明就是该公司送去的第二台冰箱,而且录像带是在第二台冰箱送到张志强家中十余天后才制作的,在此时间内张志强的行为也可导致冰箱出现录像带里显示的缺陷。但从经验法则的角度看,按照苏宁公司抗辩意见所确定的证明标准,张志强要证明自己未更换过冰箱,就必须对自己购买冰箱后的全部行为作每天 24 小时不切换镜头的摄像,这对张志强作为一名普通消费者来说显然过于苛刻,有违常理。其次,针对张志强称苏宁公司未向其提供第二台冰箱随机单证,故第二台冰箱不是新机的陈述,苏宁公司辩称,因为第一台冰箱的随机单证没有收回而未提供第二台冰箱的随机单证,张志强可凭第一台冰箱的随机单证就第二台冰箱享受售后服务。这种抗辩意见也违反了经验法则,因为根据商业惯例,随机单证是商品的身份证明,与商品一一对应,具有不可替换性,苏宁公司的答辩既不符合常理,也与商品单证的特性不符。最后,苏宁公司作为商品经营者,既然未将第二台冰箱的随机单证提供给张志强,理应持有该单证,现在张志强提出苏宁公司未提供单证故该冰箱不是新机,这是不利于苏宁公司的证据,按照人之常情,苏宁公司如不希望该种不利的结果施加于自己,则在除有正当理由不能提供的情况下,须向法院提供该单证,以证明该单证所指向的冰箱为新机,但在法院审理期间苏宁公司无正当理由始终未提供,从而导致法院推定张志强不利于苏宁公司的主张成立,这也是法院运用经验法则得出的结论。综上,法院综合全案证据认定苏宁公司的行为构成欺诈,应当承担惩罚性赔偿责任,完全符合通常的事理、情理和法理,是对证明标准规则的正确适用。

(王松:《适用证据规则认定事实的理念和方法》)

【民诉法司法解释】

关于对证据的审核认定,《民事诉讼法》第 64 条第 3 款规定:“人民法院应当按照法定程序,全面地、客观地审查核实证据。”该规定过于抽象,可操作性不强,长期以来,审判人员往往依靠直觉对证据进行审核认定,证据的法律效果不稳定,法律适用上不统一,为此,《民事诉讼证据规定》第 64 条规定了法官审查判断证据的原则:“审判人员应当依照法定程序,全面、客观地审核证据,依据法律的规定,遵循法官职业道德,运用逻辑推理和日常生活经验,对证据有无证明力和证明力大小独立进行判断,并公开判断的理由和结果。"这实际上确认了以自由心证和经验法则作为判断证据价值的规则。此后,《民事诉讼法解释》第105条移植了《民事诉讼证据规定》第64条的规定:"人民法院应当按照法定程序,全面、客观地审核证据,依照法律规定,运用逻辑推理和日常生活经验法则,对证据有无证明力和证明力大小进行判断,并公开判断的理由和结果。"

【公报案例】

华镇名与孙海涛、吉林市轩宇房地产开发有限责任公司申请执行人执行异议纠纷案

[最高人民法院(2013)民申字第675号]

❖ **裁判摘要**

根据最高人民法院《关于民事诉讼证据的若干规定》第六十四条的规定,审判人员应当依照法定程序,全面、客观地审核证据,依据法律的规定,遵循法官职业道德,运用逻辑推理和日常生活经验,对证据有无证明力和证明力大小独立进行判断,并公开判断的理由和结果。

❖ **基本案情**

再审申请人(一审被告、二审上诉人):孙海涛

被申请人(一审原告、二审被上诉人):华镇名(曾用名华艳铭)

被申请人(一审被告):吉林市轩宇房地产开发有限责任公司

法定代表人:池铁吉,该公司董事长

再审申请人孙海涛因与被申请人华镇名、吉林市轩宇房地产开发有限责任公司(以下简称轩宇公司)申请执行人执行异议之诉纠纷一案,不服吉林省高级人民法院(2012)吉民一终字第13号民事判决,向最高人民法院提出再审申请。最高人民法院依法组成合议庭对本案进行了审查,现已审查终结。

再审申请人孙海涛再审申请称:(一)原判决认定许可执行,但没有执行标的确属被执行人轩宇公司这一基本事实的证据。华镇名只不过是在诉讼阶段对孙海涛占有的网点申请了诉讼财产保全。(二)孙海涛对讼争网点依法占有,应准用物权法占有保护条款,而非民事诉讼保全和执行条款,依法不得强制执行。华镇名对轩宇公司享有的是债权。孙海涛与轩宇公司于2006年3月2日签订商品房买卖合同,当日支付全部价款后,2006年年底就进户,开始占有使用网点。(三)原判决适用法律错误。原判决认定孙海涛对讼争网点没有占有,是机械的理解,仅仅凭保全时那个时点孙海涛不在讼争网点就认定其没有占有是在开法律玩笑。(四)原判决混淆法律关系。一审时查保全措施,二审时审判重点放在孙海涛是否善意取得上,就是不审华镇名能否具有对抗孙海涛的权利,是否可继续执行。孙海涛作为消费

者依法对讼争网点享有的是一种居住的优先权,只要查明其没有与轩宇公司串通损害轩宇公司的债权人即华镇名的合法利益,即应支持其抗辩,驳回华镇名许可执行讼争网点的诉讼请求。孙海涛依据《中华人民共和国民事诉讼法》第二百条第二项、第六项的规定申请再审。

被申请人华镇名答辩称,孙海涛的再审申请理由不能成立,请求予以驳回。

最高人民法院审查查明和确认以下事实:孙海涛与轩宇公司签订的商品房买卖合同,在合同双方当事人一栏,买受人写明是孙海涛,还写明了身份证号码,但地址和联系电话一栏空白;第三条,所购商品房的基本情况载明,"买受人购买的商品房(以下简称商品房,其房屋平面图见本合同附件一,房号以附件一上表示为准)为本合同第一条规定的项目中的第3[幢][座]20号网点东数第6个号房",建筑面积25.11平方米;第四条,计价方式与价款写明,每平方米4200元,总金额105462元;第五条,面积确认及面积差异处理,空白;第六条,付款方式及期限,空白;第七条,买受人逾期付款的违约责任,空白;第八条,支付期限约定,出卖人应当将具备下列条件,并符合本合同约定的商品房交付买受人使用:1. 该商品房经验收合格。2. 该商品房经综合验收合格。3. 该商品房经分期综合验收合格。4. 该商品房取得商品住宅交付使用批准文件。空白;第九条,出卖人逾期交房的违约责任,空白;第十条,规划、设计变更的约定,空白;第十一条,交接载明,商品房达到交付使用条件后,出卖人应当书面通知买受人办理交付手续。双方进行验收交接时,出卖人应当出示本合同第八条规定的证明文件,并签署房屋交接单。出卖人不出示证明文件或出示证明文件不齐全,买受人有权拒绝交接,由此产生的延期交房责任由出卖人承担。空白;第十二条载明,出卖人保证销售的商品房没有产权纠纷和债权债务纠纷。因出卖人原因,造成商品房不能办理产权登记或发生债权债务纠纷的,由出卖人承担全部责任。空白;第十三条,出卖人关于装饰、设备标准承诺的违约责任,空白;第十四条,出卖人关于基础设施、公共配套建筑正常运行的承诺,空白;第十五条关于产权登记的约定,空白;第十六条,保修责任,空白;第十九条,双方争议是通过仲裁还是诉讼解决,空白;第二十二条,本合同连同附件一式多少份,空白。在合同尾部,买受人签字栏写明孙海涛。本院询问时孙海涛陈述,该签字是其妻代签。买受人栏年月日,空白。

孙海涛举出的证明其已经全部支付网点价款的收据上的大小写数额不一致。小写的数额是合同金额"105462"元,大写的数额是"壹拾万零伍仟",后面没有"肆佰陆拾贰元整";收据上的财会主管、记账、出纳、审核、经办栏等皆为空白;收据上的落款年月日前皆为空白;收据上轩宇公司的公章没有盖在左下角的"单位盖章"处,而是盖在收据的中部偏右处。

2011年3月15日上午一审庭审时,孙海涛陈述,2006年3月2日,其妻代表其在商品房买卖合同上签字后,当场交完全款,轩宇公司就将网点钥匙交给了孙海涛本人。“我交了钱,就给我钥匙了。”

2013 年 8 月 16 日上午本院在吉林省吉林市中级人民法院询问孙海涛和华镇名。当问及“钥匙是交给你爱人了还是交给你了”时,孙海涛陈述:“交给我爱人了。”

二审正卷第 17 页第三张照片显示,讼争网点门上贴有吉林省吉林市中级人民法院查封讼争网点的民事裁定书,拍摄时间是 2007 年 10 月 12 日 14 时 44 分 27 秒。

法院认为

最高人民法院认为,本案再审审查涉及如下问题:

一、关于人民法院对讼争网点采取查封措施时,孙海涛是否已经占有了讼争网点的问题

根据一、二审法院查明的事实,2007 年 10 月 10 日,华镇名与轩宇公司因合同纠纷诉至法院。次日,华镇名申请诉讼财产保全。同日,吉林省吉林市中级人民法院作出(2007)吉中民一初字第 75 –3 号民事裁定书,查封了轩宇公司开发的坐落于吉林市江畔名苑小区 3 号楼 20 号网点(东数 6 号网点)在内的 23 套住宅、8 套网点、12 套车库。

2007 年 10 月 12 日,吉林省吉林市中级人民法院法官在对吉林市江畔名苑小区进行现场查封时,对该小区当时的物业管理公司吉林市天赐物业管理有限公司经理董胜强和江畔名苑小区建筑单位现场看管人员徐孟和进行了询问,经该两人证实:至 2007 年 10 月 12 日,吉林市江畔名苑小区 3 号楼有 24 户与轩宇公司办理了入户手续,涉案 3 号楼 20 号网点(东数 6 号网点)未进户。

2009 年 9 月 23 日,吉林省吉林市中级人民法院作出(2007)吉中民一初字第 75 –5 号民事裁定,对上述房屋继续查封。2010 年 2 月 5 日,吉林省吉林市中级人民法院作出(2007)吉中民一初字第 75 号民事判决,判令轩宇公司给付华镇名 837210 元及利息损失。判决生效后,华镇名向吉林省吉林市中级人民法院申请强制执行。案件进入执行程序后,孙海涛以讼争网点为其购买为由提出异议。

上述事实,不仅有华镇名的诉讼财产保全申请书、吉林省吉林市中级人民法院的民事裁定书、该院法官的询问笔录等作为证据证明,而且还有 2007 年 10 月 12 日 14 时 44 分 27 秒对讼争网点拍摄的照片为证,足以证明。孙海涛对此予以否认,但没有提供任何证据加以证明,本院不予采信。

孙海涛在本院开庭询问时陈述,其在与轩宇公司签订合同的当天即 2006 年 3 月 2 日,轩宇公司就将钥匙交给其妻。经查一审庭审笔录,其陈述是轩宇公司将钥匙交给了他本人。对钥匙究竟是交给他本人,还是其妻,孙海涛的陈述前后矛盾。讼争网点所在建筑在 2006 年 3 月并未竣工验收,水、电、气都没有通,该楼到现在

为止也没有商品房预售许可证明。考虑到一般情况下交钥匙时都必须预交水、电、气等费用,且是办理了入户手续后才由物业公司将钥匙交给住户,而孙海涛签合同当天拿到钥匙的陈述不仅不符合常理,而且其陈述自相矛盾,对房屋钥匙交给谁这样的重大行为,如果真的是当天交了,孙海涛应当记得非常清楚。根据商品房买卖合同第十一条的约定,双方进行验收交接时,要签署房屋交接单,但孙海涛并没有提供交付钥匙的任何证据。孙海涛的代理人王冬梅律师在二审的代理词中写到:“2006 年年底被告轩宇向上诉人交了钥匙。”综合考虑以上因素,本院确信 2006 年 3 月 2 日轩宇公司并没有将讼争网点的钥匙交给孙海涛或者其妻。由于孙海涛关于轩宇公司在签合同的当天交付钥匙的主张不能成立,而讼争网点在 2007 年 10 月 12 日前无人办理入户手续,本院认定,2007 年 10 月 12 日吉林省吉林市中级人民法院查封讼争网点时,孙海涛夫妇并没有讼争网点的钥匙。孙海涛再审申请时提出其在 2006 年年底进入讼争网点,其证据是其在 2006 年 3 月 2 日拿到了讼争网点的钥匙。由于该证据不能成立,因此孙海涛提出的这一主张就缺乏依据,本院不予支持。可见,孙海涛关于 2007 年 10 月 12 日吉林省吉林市中级人民法院查封讼争网点时,其已经占有讼争网点的主张不能成立。据此,孙海涛再审申请提出的前三个理由均不能成立。前三个理由成立的前提是 2007 年 10 月 12 日人民法院查封讼争网点时,孙海涛已经占有讼争网点。但是,孙海涛并没有在 2007 年 10 月 12 日对讼争网点依法占有,因此,其提出本案应准用物权法占有保护条款,而非民事诉讼保全和执行条款,依法不得强制执行的观点明显不能成立。孙海涛再审申请时主张,原判决适用法律错误。原判决认定孙海涛对讼争网点没有占有,是机械的理解,仅仅凭保全时那个时点孙海涛不在讼争网点就认定其没有占有是在开法律玩笑。依据上述论述,该理由也明显不能成立。此外,2006 年 10 月 12 日人民法院对讼争网点进行现场查封时,如果孙海涛已经占有该网点,那么孙海涛就应当提出异议。但孙海涛并没有提出异议。孙海涛的抗辩理由是其已经对外出租。对此,本院表示怀疑。因该网点所在楼房并未竣工,水、电、气皆没通,谁会承租?承租了承租人就会使用,那么讼争小区当时的物业管理公司就应当知晓,该小区当时的建筑单位现场看管人员徐孟和也应当清楚。但物业公司经理董胜强和徐孟和却证实,讼争网点当时无人进户。退一万步说,即使出租理由成立,因为承租方承租了就是为了使用,而现场查封状态也会保留一段时间,所以承租方就应当知道讼争网点已被查封的事实。知道后承租方就应当找孙海涛交涉,孙海涛也应当知道被查封的事实,然后提出异议。但孙海涛并没有提出异议。因此,孙海涛的这一抗辩理由不能成立。上述论述同时也能说明孙海涛关于其在 2006 年年底进入讼争网点的主张不能成立。2009 年 9 月 23 日人民法院继续查封讼争网点时,如果孙海涛当时已经占有该网点,那么孙海涛就应当提出异议。但孙海涛当时也没有提出异议。直到华镇名要求执行债务人轩宇公司的财产,案件进入执行程序后,孙海涛才以讼争网点为其购买为由提出异议。这也是补强本院认定的重要理由。

二、关于孙海涛是否在2006年3月2日已经支付讼争网点的全部价款,其是否享有"居住的优先权"的问题

孙海涛在再审申请时提出,其作为消费者依法对讼争网点享有的是一种居住的优先权,只要查明其没有与轩宇公司串通损害轩宇公司的债权人即华镇名的合法利益,即应支持其抗辩,驳回华镇名许可执行讼争网点的诉讼请求。本院认为,该申请理由不能成立。原因在于:

(一)孙海涛没有在2006年3月2日支付讼争网点的价款105462元。孙海涛一审期间没有提供这方面的证据。二审期间,其提交了两份新证据:证据一、现金支票存根5份,证明孙海涛一共在银行提了20万元现金,并且在3月2日向轩宇公司一次支付;证据二、注册资本实收明细表和企业法人营业执照,用于印证证据一。华镇名质证称:1.两份证据不属于新证据。2.不能体现钱款的用途。3.支票的主体是公司,应该认定为公司行为而不是孙海涛的行为。4.取款时间均发生在2006年2月份,和交款的时间间隔过长。本院认为,华镇名对此抗辩是成立的。理由在于:

第一,本院询问时,孙海涛陈述是"先交钱,后签合同",明显违背常理。一般人购买网点这样的不动产哪有合同都没签,就先支付价款的。本案合同价款105462元,如果不签合同,这个有整有零的合同价款是如何计算出来的?

第二,孙海涛与轩宇公司签订的商品房买卖合同本身疑点也很多。首先,孙海涛陈述合同尾部的"孙海涛"三个字是其妻代签的。孙海涛解释其理由是"因为我之前住院,身体不好","我写字难看"。在本院询问"对方知道你们是夫妻关系吗",孙海涛回答,"知道"。上述回答,令人生疑。对于一个具有完全民事行为能力的人,对于签约时在现场的人,仅需在签约时写下自己的名字和签字时间,身体不好、写字难看能够成为孙海涛让其妻代签字的正当理由吗?此外,如果轩宇公司知道孙海涛和其妻是夫妻关系,那用其妻的名义购买网点也行,何必多此一举,用孙海涛的名义呢?!正常情况下轩宇公司应该让在场的合同的对方当事人孙海涛本人签字。只有在极其罕见的特殊情况下,轩宇公司才会让在场的孙海涛的妻子代签字,且此时必须复印结婚证作为证据。如果不知道他们两人的关系,如果要证明,那要出示结婚证并复印,与其这样麻烦,还不如孙海涛自己在合同上签字,因为签字只是吹灰之力的事情。可见,孙海涛关于其妻代签字的陈述违背日常生活经验。其次,合同尾部"孙海涛"签字下面没有写明年月日,不符合签订合同时签字后马上书写年月日的一般签字习惯,也与日常生活经验相悖。再次,合同的很多重要内容空白,如:1.付款方式及期限;2.买受人逾期付款的违约责任;3.出卖人应当将具备何种条件的网点交付买受人使用,如该网点经验收合格,等等;4.双方如何交接网点。出卖人不出示证明文件或出示证明文件不齐全,买受人是否有权拒绝交

接;5. 出卖人逾期交房的违约责任;6. 关于产权登记的约定。最后,合同第三条约定,涉案房屋平面图见本合同附件一,房号以附件一上表示为准。但该合同并没有“附件一”。

第三,支票的主体不是孙海涛,而是公司。该款的所有权属于公司,而不属于孙海涛。孙海涛并没有举出其从该公司借款的证据。

第四,用支票提取现金的时间是 2 月 5 日、6 日、7 日、9 日、10 日,金额共计 20 万元,但孙海涛陈述支付讼争网点价款的时间是 3 月 2 日,期间相差 20 多天。也就是说,孙海涛将 20 万元现金放在家里有 20 多天时间,明显不合常理。这是因为,难道 20 多天前孙海涛就和轩宇公司协商好了要在 3 月 2 日购买讼争网点?如果这样的话,为什么不在 3 月 2 日当天或者前几天开出支票取现?或者将支票直接背书给轩宇公司?如果 20 多天前没有协商好,那么孙海涛举出的证据的证明力就非常弱,不符合日常生活经验,根据最高人民法院《关于民事诉讼证据的若干规定》第六十四条关于“审判人员应当依照法定程序,全面、客观地审核证据,依据法律的规定,遵循法官职业道德,运用逻辑推理和日常生活经验,对证据有无证明力和证明力大小独立进行判断,并公开判断的理由和结果”的规定,仅此证据不能让本院确信这些现金是用来支付讼争网点的价款的。

第五,轩宇公司没有出具正式发票,而是临时收据。轩宇公司并没有所售网点的商品房预售许可证明,自然人一次支付 10 余万元从这样的公司购买不动产,属于重大行为,风险自然很大。面对风险很大的行为,孙海涛本应采取必要的防范措施,但其不防范,不要求轩宇公司开具正式发票,令人生疑,因为临时收据可以不入账,是临时用的,而正式发票必须入账,是正式的,也有据可查。

第六,更为重要的是,收据本身也漏洞百出。1. 大小写数额不一致。小写的数额是合同金额“105462”元,但大写的数额却是“壹拾万零伍仟”,后面没有“肆佰陆拾贰元整”。对此明显的不一致,作为具有完全民事行为能力人的孙海涛为什么不要求轩宇公司重写呢?2. 财会主管、记账、出纳、审核、经办栏等皆为空白。为什么收款单位上述人员没有一个人签字呢?特别是经办人应当签字。孙海涛对此为什么不提出来呢?这明显不符合收款单位的工作人员书写收据的通常做法;3. 落款年月日前皆为空白。这也与收款单位的工作人员书写收据的通常做法不符;4. 公章并没有盖在左下角的“单位盖章”处,而是盖在收据的中部偏右处。

第七,鉴于轩宇公司承认收到该款的收据本身漏洞百出,该证据系孤证,没有任何入账记录佐证,且轩宇公司与华镇名具有利害关系,本院不能确信轩宇公司确实收到该款。根据最高人民法院《关于民事诉讼证据的若干规定》第八条关于“诉讼过程中,一方当事人对另一方当事人陈述的案件事实明确表示承认的,另一方当事人无须举证。但涉及身份关系的案件除外”的规定,自认的效果仅适用于诉讼的相互对立的双方当事人之间,而不能适用于第三人。换言之,第三人不受该自认的约束。本案中,原告是华镇名,被告是孙海涛和轩宇公司。孙海涛和轩宇公司在本案中不仅不是相互对立的一方,而且其诉讼目的一致,就是阻止华镇名对讼争网点的强制执行,故轩宇公司对于孙海涛交付其网点价款的自认,对华镇名没有约束力。因此,仅有轩宇公司的自认,而没有轩宇公司其他证据如入账记录佐证,加之自认的孤证不是正式发票,而是收据,收据本身也漏洞百出,本院不能确信轩宇公司收到该款。

第八,因为孙海涛关于轩宇公司交付钥匙的陈述虚假,而其所举出的收据本身因存在多处不符合日常生活经验的地方,不能让本院形成其在 2006 年 3 月 2 日已经支付价款的内心确信,所以其关于支付合同价款的陈述,虚假的可能性很大。

根据最高人民法院《关于民事诉讼证据的若干规定》第六十四条的规定,综合考虑以上八点因素,本院认定,孙海涛在 2006 年 3 月 2 日并没有向轩宇公司交付 105462 元网点价款。

(二)如前所述,2007 年 10 月 12 日查封时,孙海涛并没有占有讼争网点,既然没有占有,其就不享有所谓的“居住的优先权”,更何况网点并不是用于居住。加之孙海涛也没有在 2007 年 10 月 12 日查封前交付网点价款,那么孙海涛现在对讼争网点的占有就不是善意占有,而属于恶意占有。本院这样认定,还有许多证据印证,如孙海涛陈述“先交钱,后签合同”、在孙海涛在场的情况下其在合同上的签名却由其妻代签、合同尾部“孙海涛”签字下面没有写明年月日、合同的很多重要内容空白、取款时间和付款时间相隔过长、收据本身漏洞百出、孙海涛关于房屋钥匙交给谁的陈述相互矛盾,等等。

相反,华镇名申请查封的行为是善意的,合法的。华镇名是轩宇公司的债权人,在轩宇公司不主动履行债务的情况下,其对属于轩宇公司的讼争网点申请查封,请求强制执行,符合法律规定。人民法院查封时查明没有人对该网点占有,现在也查明孙海涛在查封前并没有将网点的价款交付轩宇公司,故华镇名的查封申请合法,人民法院的查封合法,因此,孙海涛的恶意占有不能对抗华镇名的查封申请,不能对抗人民法院的强制执行。换言之,轩宇公司的债权人华镇名有权对讼争网点申请查封,并请求强制执行。

三、关于在轩宇公司没有商品房预售许可证明的情况下,孙海涛与其签订商品房买卖合同的后果的问题

需要特别指出的是,在轩宇公司没有商品房预售许可证明的情况下(一直到现在都没有),孙海涛与轩宇公司签订了一份疑点重重的商品房买卖合同,根据城市房地产管理法第四十五条第一款第(四)项关于商品房预售,应当“向县级以上人民政府房产管理部门办理预售登记,取得商品房预售许可证明”的规定和最高人民法院《关于审理商品房买卖合同纠纷案件适用法律若干问题的解释》第二条关于“出卖人未取得商品房预售许可证明,与买受人订立的商品房预售合同,应当认定

无效,但是在起诉前取得商品房预售许可证明的,可以认定有效”的规定,该合同无效。由于无效合同自始无效、违法,法律对其进行的是否定评价,因此孙海涛与轩宇公司签订的合同不受法律保护,该合同的风险也只能由孙海涛自行承担。换言之,如果轩宇公司没有债务,或者自己主动偿还债务,不涉及其债权人申请人民法院强制执行的问题,那么孙海涛现在占有的网点就是安全的,不会被强制执行。但是,一旦轩宇公司与其债权人发生纠纷,一旦出现本案这样的情况,孙海涛现在占有的网点也可能得不到法律保护。因此,孙海涛遵守法律规定十分重要。假设孙海涛和轩宇公司遵守法律的规定,在轩宇公司具有商品房预售许可证明的情况下双方才签订商品房买卖合同,之后,将该合同办理备案登记,这样,人民法院查封时就能知道涉案房屋是否已经出售。如果知道已经出售,人民法院就会继续审查孙海涛是否支付部分或者全部价款,是否实际占有,孙海涛对未办理过户登记手续是否有过错等情况决定是否查封。这样孙海涛的合法权益就会得到保护。但实际情况却是,孙海涛和轩宇公司双方都不遵守法律的规定,在轩宇公司没有商品房预售许可证明的情况下双方还签订商品房买卖合同,导致合同无法办理登记备案,因此才会出现人民法院查封讼争网点时无法知道该网点是否已经由轩宇公司出售的情况,对此后果,只能由孙海涛和轩宇公司承担,而不能由申请查封人华镇名承担。可见,本案的根源在于孙海涛不守法上。对此,孙海涛本人难辞其咎,由其承担败诉的后果,是其自己一手造成的。

四、关于网点的所有权属于轩宇公司是否有证据证明和一、二审法院是否混淆法律关系的问题

孙海涛申请再审时主张,原判决认定准许执行,但没有执行标的确属被执行人轩宇公司这一基本事实的证据。该理由显然不成立,因为讼争网点占用土地的使用权属于轩宇公司,而讼争网点并没有登记为其他人所有,根据房随地走的确定物权归属的一般原则,应当认为该网点的所有权属于轩宇公司。

孙海涛在再审申请时还主张,原判决混淆法律关系。一审时查保全措施,二审时审判重点放在孙海涛是否善意取得上,就是不审华镇名能否具有对抗孙海涛的权利,是否可继续执行。该理由不能成立。一审法院认为:“华镇名对轩宇公司所享有的债权,经人民法院的生效裁判文书确认,合法有效。轩宇公司不能履行判决确定的还款义务,债权人华镇名申请执行轩宇公司的房产来抵偿债务,亦符合法律规定。本案被告孙海涛所举证据不足以证明其与轩宇公司之间的商品房买卖合同在本院对讼争房屋进行查封时已经实际履行,亦不能证明在本院进行查封时其已经实际占有讼争房屋,其所主张的轩宇公司在2006年3月2日已经将讼争房屋及钥匙交付给其使用的事实因不能提供充分证据予以证明本院不予支持。”一审法院的上述两点理由,就是在论证华镇名有权对讼争房屋进行查封,申请强制执行,其结果就是表明华镇名的权利能够对抗孙海涛的权利。二审法院认为:“孙海涛在轩

宇公司未取得商品房预售许可证的情况下购买本案诉争房屋,并且未能向法庭提供购买房屋的正规发票,其作为完全民事行为能力人,在购买房屋这一价值较大的商品时,没有尽到其相应的注意义务,双方买卖房屋的行为存在较大瑕疵。而且,孙海涛一、二审期间所提交的证据,均不足以证明其实际占有了诉争房屋,其提出的同时购买多套房屋的事实,并不能导致其对本案诉争房屋享有了相关权利。因此,孙海涛提供的证据,并不能证明其享有足以阻止本案诉争房屋转让、交付的相关实体权利,孙海涛的上诉主张,证据不足,本院不予支持。"从二审法院的说理看,其要论述的是华镇名的权利能够对抗孙海涛,华镇名有权对讼争房屋进行查封,申请强制执行。因此,孙海涛的此点再审申请理由不能成立。

法院裁定

综上,孙海涛的再审申请理由不符合《中华人民共和国民事诉讼法》第二百条第二项、第六项规定的情形。依照《中华人民共和国民事诉讼法》第二百零四条第一款之规定,裁定如下:驳回孙海涛的再审申请。

[选自《最高人民法院公报》(2014 年卷)]

073. 伪卡交易民事案件的举证责任

【审判专论】

伪卡交易民事案件中,持卡人、发卡行违反银行卡合同约定,构成违约的,应当根据《合同法》第 107 条、第 120 条的规定,承担相应违约责任。按照"谁主张,谁举证"的原则,持卡人、发卡行应当对其主张的违约方的违约行为承担举证责任。

伪卡交易民事案件中,持卡人应当提供银行卡、银行卡在涉案时间内使用记录、报警记录或挂失记录等证据材料。持卡人无正当理由拒不提供的,人民法院可以以证据不足为由驳回其诉讼请求。

伪卡交易民事案件中,发卡行、收单机构应当提供盗刷行为发生时的视频资料、交易单据、签购单等证据材料。发卡行、收单机构无正当理由拒不提供的,人民法院则可以适用《民事诉讼证据规定》第 75 条的规定,作出对其不利的认定。

鉴于密码私密性和唯一性的特点,如发卡行或收单机构有持卡人用卡过程中存在不规范使用银行卡和密码的证据,在持卡人没有充分证据予以反驳的情况下,人民法院可以认定持卡人没有尽到妥善保管密码的义务。

(广东省高级人民法院:《广东省高级人民法院关于审理伪卡交易民事案件工作座谈会纪要》)

074. 民间借贷纠纷举证责任的分配

【审判专论】

借贷合同的订立和款项交付是两项不同的事实，债权人对于自己主张的这两项事实均应承担相应的举证责任。原则上，债权人应当对借贷合意、借贷金额、期限、利率以及款项交付等承担证明责任，债务人主张借款本金、利息等债务已经归还或部分归还的，应当承担证明责任。民间借贷案情复杂，法官应根据具体案情灵活分担举证责任。

1. 对债权人能证明给付事实但不能提供借款协议，双方对借贷关系存在争议的，债权人应当就双方存在借贷关系进一步提供证据。对能够查明双方存在借贷关系的，按照民间借贷纠纷审理；查明债务属于其他法律关系引起的，法院应向当事人释明，由债权人变更诉讼请求和理由后，按其他法律关系审理，债权人坚持不予变更的，判决驳回诉讼请求。①

2. 对债权人能提供借款协议但无法证明给付事实的，将举证责任分配给主张协议已实际履行的债权人；对债权人能证明给付事实，也能提供借款协议，但债务人对借款协议或签名的真伪提出异议的，将申请鉴定的举证责任分配给主张协议虚假的债务人；对借款属于债务人个人债务还是夫妻共同债务不明的，将借款用于夫妻日常共同生活或经营的举证责任分配给债权人。②

债权人以借据主张债权，债务人抗辩称借据载明的借款金额包含利息或仅为利息，且提供的证据足以使法官对借据载明的本金数额产生合理怀疑的，可以确定由债权人就借据本金数额的真实性承担举证责任。③

3. 对需要通过司法鉴定确认借据是否真实的，双方均可申请鉴定，双方均不申请的，法院可根据具体案情作出处理：如果债权人仅凭借据起诉，没有其他证据佐证或者借据的真实性存在合理怀疑的，由债权人申请鉴定，债务人应提供笔迹比对样本。如果债权人提供的借据以及其他证据材料具备一定的可信性，债务人对借据的真实性提出异议，但未提供反驳依据的，由债务人申请鉴定。经依法释明，债权人或债务人不申请鉴定或不提供笔迹比对样本导致案件事实无法查清的，法院

---

① 浙江省高级人民法院浙高法〔2009〕297 号《关于审理民间借贷纠纷案件若干问题的指导意见》。

② 吕虹：《当前民间借贷案件存在的问题及审理对策》，载《法制与社会》2011 年第 4 期（下）。

③ 江苏省高级人民法院苏高法审委〔2009〕45 号《关于当前宏观经济形势下依法妥善审理非金融机构借贷合同纠纷案件若干问题的意见》。

依法裁判。①

(最高人民法院民一庭第五合议庭:《建立和完善我国民间借贷法律规制的报告》)

075. 双方当事人对同一事实分别举出相反的证据,但均没有足够的依据否定对方证据的,负有举证责任的当事人承担举证不力的责任

【公报案例】

君信创业公司诉绿谷伟业公司等出资合同纠纷案

[最高人民法院(2004)民二终字第260号]

❖ **裁判摘要**

双方当事人对同一事实分别举出相反的证据,但均没有足够的依据否定对方证据的,对案件事实负有举证责任的当事人,应承担举证不力的责任。

❖ **基本案情**

上诉人(原审原告):宁夏君信创业投资有限公司

法定代表人:侯羽乾,该公司董事长

被上诉人(原审被告):上海绿谷伟业生态工程有限公司

法定代表人:吴同新,该公司董事长

原审第三人:宁夏博尔泰力药业股份有限公司

法定代表人:王忠效,该公司董事长

上诉人宁夏君信创业投资有限公司(以下简称君信公司)为与被上诉人上海绿谷伟业生态工程有限公司(以下简称绿谷伟业公司)及原审第三人宁夏博尔泰力药业股份有限公司(以下简称博尔泰力药业股份公司)出资合同纠纷一案,不服宁夏回族自治区高级人民法院(2003)宁民商初字第17号民事判决,向最高人民法院提起上诉。法院依法组成由审判员吴庆宝担任审判长,代理审判员宫邦友、刘敏参加的合议庭进行了审理,书记员赵穗军担任记录。本案现已审理终结。

原审法院经审理查明:1998年6月,由宁夏药物研究所(以下简称药研所)、上海绿谷集团共同投资组建成立了宁夏东方神草制药有限公司,注册资本1000万元,药研所出资700万元(以实物折价投资);上海绿谷集团公司出资300万元(货币160万元、实物原料折价140万元)。同年8月,宁夏东方神草制药有限公司更

---

① 浙江省高级人民法院浙高法〔2009〕297号《关于审理民间借贷纠纷案件若干问题的指导意见》。

名为宁夏绿谷制药有限公司。2000 年 3 月,上海绿谷集团将其持有的宁夏绿谷制药公司的全部股份及其全部权益转让给绿谷伟业公司。2000 年 8 月 1 日,宁夏绿谷制药公司股东会议决议增资扩股,将宁夏绿谷制药公司注册资本增加至 3800 万元。决定:药研所增资 1200 万元,绿谷伟业公司增资 1600 万元;增资后,药研所与绿谷伟业公司各占宁夏绿谷制药公司 50% 的股份;新增出资应于 2000 年 9 月 30 日前分批缴足。2000 年 9 月 6 日,宁夏绿谷制药公司股东会议决议,同意药研所将其持有的宁夏绿谷制药公司的 1900 万元股份全部转让,其中 200 万元转让给原告君信公司,100 万元转让给内蒙古临河兴科药业有限公司。同意绿谷伟业公司转让部分股份,其中 300 万元转让给北京市大地科技实业总公司,100 万元转让给北京君益润泰投资咨询有限公司,200 万元转让给上海北融资产管理有限公司。原股东一致同意放弃本次股份转让的优先认购权。2000 年 10 月,上述各方订立了《发起人协议》,约定:1. 将宁夏绿谷制药公司变更为博尔泰力药业股份公司;2. 各发起人需在公司变更批准后 10 日内履行出资义务;3. 公司注册资本 3800 万元;4. 发起人未按本协议规定的期限、数额缴纳出资,每违约一天,违约方应缴付其违约部分出资额的千分之五作为违约金给履约方,该违约金依履约方出资比例分配。绿谷伟业公司新增扩股的 1600 万元,共有 15 笔的记载。投资的时间是 1999 年 9 月 24 日至 2000 年 9 月 18 日。其中由宁夏绿谷药业公司汇出代为投资的计 787 万元。其余为绿谷伟业公司相关账户汇出。合计 1600 万元。博尔泰力药业股份公司向绿谷伟业公司出具了相应的出资收据。随后,药研所、绿谷伟业公司实际完成了股份转让。宁夏绿谷制药公司及现在的博尔泰力药业股份公司均承认绿谷伟业公司投资 1600 万元已经实际到位。经验资机构验证,各股东出资已到位,出具了验资报告,并经工商机关进行了登记注册。

另查明,1997 年 2 月,上海绿谷集团公司与药研所共同投资组建成立了宁夏绿谷药业公司,现更名为宁夏博尔泰力药业营销有限公司(以下简称营销公司)。上海绿谷集团公司以实物折价 400 万元和货币资金 50 万元出资;药研所以实物折价 50 万元出资,公司注册资本为 500 万元。1998 年 12 月,宁夏绿谷药业公司增资扩股,将注册资本增至 1000 万元,其中上海绿谷集团公司占 700 万元,药研所占 300 万元。由上海绿谷集团公司控股。2000 年 3 月,上海绿谷集团公司将其在宁夏绿谷药业公司的股份全部转让给绿谷伟业公司。2000 年 9 月,宁夏绿谷制药公司(母公司)完成增资扩股后,上海绿谷伟业公司和药研所将宁夏绿谷药业公司(子公司)90% 的股份转让给宁夏绿谷制药公司。绿谷伟业公司和药研所各保留 5% 的股份。2003 年 10 月 21 日,君信公司以绿谷伟业公司出资不实为由起诉至原审法院,请求判令其向君信公司承担违约责任,保护合法权益不受侵犯。

争议焦点

本案争议的焦点是:绿谷伟业公司是否存在虚假出资的事实。

一审法院认为

君信公司提供的主要证据《宁夏审计厅关于宁夏博尔泰力药业股份有限公司股权投资等有关问题的审计调查报告》,系宁夏回族自治区审计厅就宁夏博尔泰力药业股份有限公司中国有资产存在的问题,进驻宁夏博尔泰力药业股份有限公司进行审计调查后向宁夏回族自治区政府领导提交的内部审计调查报告,不符合民事诉讼证据的形式要件和鉴定结论的证据要求,不予采信。君信公司的其他证据只能证明绿谷伟业公司出资的具体形式和资金来源,君信公司与绿谷伟业公司在一审庭审过程中均不提出审计鉴定申请。该院认为绿谷伟业公司是否存在虚假出资行为涉及企业财务管理的专门性问题,按照最高人民法院《关于民事诉讼证据的若干规定》,根据君信公司在一审中提供的证据,无法认定绿谷伟业公司是否属于虚假出资。故君信公司的诉讼请求不能成立。

一审法院判决

该院依照《中华人民共和国民事诉讼法》第一百二十八条、最高人民法院《关于民事诉讼证据的若干规定》第二条第二款之规定,判决如下:驳回君信公司的诉讼请求。

上诉

君信公司不服宁夏回族自治区高级人民法院上述民事判决,向本院提起上诉称:第一,原判对上诉人和被上诉人关于本案焦点即被上诉人绿谷伟业公司是否存在虚假出资的观点和理由没有作出评判,而是根据被上诉人控股的第三人(前身为绿谷制药公司)出具的"出资收据"和以其控股公司名义委托的中介机构出具的"验资报告"认定被上诉人足额出资。然而,该等文件均可以伪造或按照被上诉人的意志出具,尤其是在被上诉人一直控股第三人和宁夏绿谷药业公司,在两公司历史沿革中始终居于支配地位的背景下,上诉人通过核查营销公司的财务账目,发现无论过去的上海绿谷集团还是现在的被上诉人均没有对该公司如中介机构审计报告和验资报告所称的投资数额。被上诉人提供的《对账单》是在其控股宁夏绿谷药业公司期间制作的,中介机构审计报告和验资报告也是在其控股宁夏绿谷制药公司和宁夏绿谷药业公司期间委托出具的,该等文件的真实性、客观性很难令人信服。第二,就如何认定《宁夏审计厅关于宁夏博尔泰力药业股份有限公司股权投资等有关问题的审计调查报告》的证据效力问题,原判将书证与鉴定结论混淆。上诉人在提供该证据时并未将其作为鉴定结论单独使用,只是认为其内容与上诉人自己查明的事实相符而将其作为书证使用。宁夏审计厅的审计调查报告是在审计国有资产时发现被上诉人虚假出资的事实,其与本案当事人无任何关联关系,且原审法院专门就该报告进行了核实并进行质证,其证据效力应当得到肯定。根据"高度盖然性占优势"的证明标准,上诉人所举的该份由国家机关依职权制作的公文书证与被上诉人提供的单方制作和单方委托社会中介机构出具的证据相比,具有较强的证明力。即使没有宁夏审计厅审计调查报告,根据上诉人调取证据的请求,被上诉人应当提供其财务账目,但其拒不提供,说明该财务账目对其不利,应当依据推定规则推定上诉人主张成立。原判认为"被告是否存在虚假出资行为涉及企业财务管理的专门性问题","原告的现有证据无法认定被告是否属于虚假出资"。既然如此,原审法院应该依据职权委托中介机构对此问题进行审计,但原审法院不进行委托,导致能够查清的问题不去查,能够得出的结论拒绝作。这不仅违背了最高人民法院《关于民事诉讼证据的若干规定》,也违反了"法院不能拒绝裁判"的审判原则。综上,上诉人君信公司认为原判无论在事实上还是适用法律上均存在错误,请求二审法院撤销原审判决;判决被上诉人补足1307万元出资额或在不能补足时减少其在第三人的等额股份;判决被上诉人因虚假出资违反合同约定而向上诉人支付309万元违约金。

被上诉人绿谷伟业公司辩称:上诉人提供的宁夏审计厅出具的审计调查报告不具备最高人民法院《关于民事诉讼证据的若干规定》中的关于诉讼证据使用的"真实性"、"关联性"和"合法性"的要求。1. 证据的来源不明:上诉人向一审法院递交的审计报告只是一份复印件,上面没有加盖审计单位的印鉴,也没有具体审计人员的签名。一审庭审过程中,上诉人无法说明该份审计报告的合法来源,只声称是其上级公司宁夏圣雪绒国际集团有限公司提供。2. 证据的形成过程不合法:《中华人民共和国审计法》明确规定,审计机关的审计对象是国有企业、国有资产占控股地位或主导地位的企业;审计机关应当在审计前三日向被审计单位送达审计通知书;审计报告送达审计机关前应当征求被审计单位的意见。发起成立本案第三人博尔泰力药业股份公司的七家发起人的总共3800万股股份中没有一家是国有企业或国有资产占控股地位或主导地位的企业。此外,审计厅在审计过程中没有征求过第三人及其子公司的意见,也没有征求过公司股东和董事会的意见。因此,该次审计既非法定审计也非各方共同委托的审计;既未提供审计行为所依据的法律规定和审计过程中使用的证据材料,也未提供审计结论所依据的法律规定和事实依据。3. 该审计报告是一份孤证:根据君信公司在一审中提交的全部证据材料,宁夏审计厅的审计调查报告是君信公司用来支持其诉讼请求及否定绿谷伟业公司所提供证据的内容真实性的唯一证据。该审计报告的结论与第三人各方股东共同委托的会计师事务所所作的历次审计报告的内容和结论矛盾,但上诉人未能提出与该审计报告记载的事实和结论相关联、印证的证据。上诉人提交的审计报告的证明效力并不强于被上诉人提交的证据,也不能依据"高度盖然性占优势"的证明标准否认被上诉人提交的证据。首先,根据一审查明的事实,被上诉人向第三人增资的行为时间发生在先,而第三人向宁夏绿谷药业公司借款的时间发生在后。被上诉人从未成为过第三人的控股股东,也不存在利用控股优势编造虚假债务的行为。而且同期,第三人在受让被上诉人持有的宁夏绿谷药业公司的股份时,应支付给被上诉人767万元的股权转让款。该笔股权转让款直至2003年4月才由第三人支付给被上诉人。当时,被上诉人完全可以用对第三人的债权转成对第三人的股权,从而达到增资的目的。因此,被上诉人认为上诉人的结论仅仅是一种推定,没有法律依据。其次,上诉人仅仅用审计调查报告来证明上诉人的推定结论,逃避了其应承担的举证责任。最后,被上诉人认为其在一审庭审过程中提交合议庭的历次验资报告和审计报告均由第三人各方股东共同委托,与该公司各股东、被上诉人、第三人之间没有任何关联关系的中介机构审计后出具,且为各方股东认可,为相关行政管理机关接受备案。被上诉人认为其提交的这一系列证据的证明力大于上诉人提交的单一审计调查报告。

第三人博尔泰力药业股份公司未参加二审诉讼,亦未作陈述。

本院除认可原审法院查明事实外,二审期间,上诉人君信公司向本院提交宁夏回族自治区银川市中级人民法院(2004)银行终字第63号行政判决书和银川市兴庆区人民法院(2004)兴行初字第52号行政判决书。

二审法院认为

法院经审理认为:本案的待证事实为被上诉人绿谷伟业公司在宁夏绿谷制药公司(后更名为宁夏博尔泰力药业股份有限公司)增资扩股过程中是否存在利用控股优势编造债务进行资金循环手段虚假出资。争议的焦点是对双方证据证明力的认定。

一、上诉人君信公司的主要证据——《宁夏审计厅关于宁夏博尔泰力药业股份有限公司股权投资等有关问题的审计调查报告》经原审法院核实并经质证,系宁夏回族自治区审计厅就博尔泰力药业股份公司中国有资产存在的问题,进驻博尔泰力药业股份公司进行审计调查后向宁夏回族自治区政府领导提交的内部审计调查报告,其中涉及被上诉人绿谷伟业公司出资情况,其证据属性为书证而非司法机关委托审计部门出具的鉴定结论。且该审计报告亦未能直接、充分地证明被上诉人虚假出资的事实,不能作为定案依据:1. 宁夏审计厅的该次审计行为并非法定审计。根据《中华人民共和国审计法》以及《中华人民共和国审计法实施条例》的相关规定,审计机关的审计对象是国务院各部门和地方各级人民政府及其各部门的财政收支,国有的金融机构和企业事业组织的财务收支,以及其他依照审计法有关规定应当接受审计的国有企业、国有资产占控股地位或主导地位的企业的财政收支、财务收支。而发起成立第三人博尔泰力药业股份公司的七家发起人的总共3800万股份中没有一家是国有企业或国有资产占控股地位或主导地位的企业,因此,不属于审计厅的审计范围。2. 该次审计非争议各方共同委托的审计,系宁夏审计厅就博尔泰力药业股份公司中国有资产存在的问题,进驻博尔泰力药业股份公司进行审计调查后向宁夏回族自治区政府领导提交的内部审计调查报告,其中涉及被上诉人绿谷伟业公司出资情况,属传来证据、间接证据,不具有针对性。3. 该审计报告既未提供审计行为所依据的法律规定和审计过程中使用的证据材料,也未提供审计结论所依据的法律规定和事实依据,故不予认定。关于上诉人在二审过程中提供的两份行政判决书的效力,虽然该审计报告的证明力在这两份行政判决中得到认可,但与本案并无实质性牵连,不能因而增强该证据的证明力。

二、被上诉人提供了其与宁夏绿谷药业公司之间的《对账单》、公司登记管理机关备案的相关验资报告、被上诉人向第三人的出资凭证、收据和由第三人各方股东共同委托的中介机构出具的审计报告等证据证明其完全真实足额地履行了增资义务。上诉人对被上诉人所提供的证据的证明力不予认可,认为该等文件系由被上诉人及由其控股的公司单方制作或单方委托中介机构出具,均可以伪造或按照被上诉人的意志出具,并请求被上诉人提供其原始的财务账目。针对被上诉人拒不提供其原始账目的行为,上诉人主张适用推定规则,认为上诉人应当提供其财务账目,但其拒不提供,说明该财务账目对其不利,应当推定上诉人主张成立。为此,最高人民法院认为,上诉人对被上诉人系列证据证明力的否认以及被上诉人拒不提供原始财务账目的行为,在一定程度上削弱了被上诉人提供的证据的证明力,但并不能必然推导出被上诉人虚假出资的结论。

综上,最高人民法院认为:双方当事人对同一事实分别举出相反的证据,但均没有足够的依据否定对方证据,因证据的证明力有限,不能作出对上诉人有利的认定,且君信公司在一、二审中均未对绿谷伟业公司是否构成瑕疵出资申请委托审计,亦未进一步举出对己方有利的证据,故其上诉理由与请求不能成立,本院予以驳回。原审法院认定事实与本院所查明事实基本吻合,且适用法律正确,原审判决应予维持。根据最高人民法院《关于民事诉讼证据的若干规定》第七十三条、第二条的规定,应由对本案事实负有举证责任的上诉人君信公司承担举证不力的责任。

二审法院判决

驳回上诉,维持原判。

076. 消极确认诉讼案件的受理及举证责任的分配

【案例指导】

中国信达资产管理公司沈阳办事处与中国中钢集团公司保证合同纠纷上诉案

[最高人民法院(2009)民二终字第119号]

❖ 基本案情

上诉人(原审被告):中国信达资产管理公司沈阳办事处

负责人:禹华初,该办事处主任

被上诉人(原审原告):中国中钢集团公司

法定代表人:黄天文,该公司总裁

辽宁省高级人民法院查明:2007年11月26日,中钢集团收到信达公司沈阳办发出的《催收函》。该函内容为:"中国钢铁工贸集团公司(原中国冶金进出口总公司):1994年12月19日,中国银行抚顺分行与'抚顺特殊钢集团有限责任公司'(原为'抚顺钢厂')签署贷款合同,贷款金额为16600万奥地利先令,该项贷款由中国钢铁工贸集团公司(原中国冶金进出口总公司)提供不可撤销的还款担保;贷款合同约定贷款的到期日为2006年12月30日;2000年6月30日,中国银行将4150万奥地利先令的债权实施了债转股,……我单位于2004年6月7日从中国银行抚顺分行接收了该借款债权以及贵单位提供的担保债权。接收相关债权后,我单位积极向借款人催要,但是,借款人以各种理由拒绝偿还。截至2007年9月30日,债权总计1171.32万欧元。由于贵单位出具'不可撤销的还款担保书',因此,请贵单位最迟在12月1日之前正式回函,明确表示尽快履行担保责任的意向,并提供切实可行的偿还债务的具体计划。否则,我单位将根据法律的相关规定,依法通过诉讼途径解决相关的债权债务问题。"

另查明,中国钢铁工贸集团公司于2004年8月18日更名为中钢集团。抚顺钢厂成立于1980年6月,2001年7月因未进行年检被吊销营业执照。1994年1月27日,抚顺钢厂为独家发起人,实行部分改组,定向募集法人股及发行内部职工股,登记注册成立抚钢股份有限公司。1995年6月1日,抚顺钢厂以截至1995年4月末全部所有者权益1424400625.82元中的901334997.51元作为出资,通过整顿定向募集股份公司——抚钢股份有限公司,登记注册成立抚钢有限公司。1995年8月15日,抚钢有限公司更名为抚顺特殊钢有限公司。1997年8月27日,抚顺特殊钢有限公司更名为抚顺特殊钢(集团)有限责任公司。2004年12

月7日,信达公司沈阳办在辽宁日报刊登的催收公告记载:"债务人:抚顺特殊钢(集团)有限责任公司、借款合同签署时间:1999年12月19日,借款合同文书号:转贷协议,担保人:中国钢铁工贸集团公司(原名:中国冶金进出口总公司),担保合同签署时间:1994年7月7日,担保合同文书号:不可撤销的还款担保书,债权人名称:中国银行抚顺分行。"催收公告中的中国钢铁工贸集团公司即中钢集团的前身。

在该案开庭后法庭第二次指定的举证期限内,信达公司沈阳办提供了中国冶金进出口公司为抚顺钢厂向中国银行出具的"不可撤销的还款担保书"复印件一份,经质证,中钢集团对该担保书的真实性提出异议,要求信达公司沈阳办提供该担保书原件,但在法庭第三次宽延的举证期限内信达公司沈阳办仍未能提供该担保书原件。

2007年12月26日,中钢集团以其相关档案未见《催收函》中所称的"不可撤销的还款担保书"为由,向辽宁省高级人民法院提起诉讼,请求判决中钢集团不承担对信达公司沈阳办1171.32万欧元的担保责任;诉讼费由信达公司沈阳办承担。

一审法院认为

辽宁省高级人民法院认为:首先,中钢集团对信达公司沈阳办依法享有诉权。根据《中华人民共和国民事诉讼法》第一百零八条之规定,诉权是当事人基于民事纠纷的事实,要求法院进行裁判的、争议双方平等享有的程序性权利。诉权的发生根据是当事人之间民事纠纷的存在,只要当事人与民事纠纷存在利害关系,就有权基于纠纷的事实要求法院对处于不明确状态的权利义务关系作出合乎法律的判断。当事人是否具备正当原告资格,取决于提起诉讼的当事人在这一诉讼中是否具有诉的利益。只要中钢集团具有通过判决除去现已存在的危险和不安的法律上的利益,就享有受判决保护的实体利益。本案中,因为信达公司沈阳办在2007年11月26日发给中钢集团的《催收函》中,明确要求中钢集团履行担保责任,偿还总额为1171.32万欧元(合人民币126883239.00元)的担保债务,而中钢集团不认可《催收函》中提出的巨额担保债务。因此,中钢集团与信达公司沈阳办对该笔担保债务的存在与否有争议;而信达公司沈阳办在《催收函》中关于要求中钢集团"最迟在2007年12月1日之前正式回函,明确表示尽快履行担保责任的意向,并提供切实可行的偿还债务的具体计划。否则将根据法律的相关规定,依法通过诉讼途径解决相关的债权债务问题"的意思表示,使中钢集团的财产权利存在发生争议的危险,处于不确定状态。而担保合同虽为从合同,但最高人民法院《民事案件案由规定》(法发〔2008〕11号)之第78项,明确规定了保证合同纠纷为独立案由。说明保证合同虽为从合同,但可成独立的案由,即当事人可单就保证法律关系形成诉讼。另外,本案属于合同纠纷,涉案标的12000万元,根据最高人民法院《关于调整高级人民法院和中级人民法院管辖第一审民商事案件标准的通知》(法发〔2008〕

10 号)之相关规定,本案应由最高人民法院进行审理。因此,中钢集团作为原告提起要求判决其对信达公司沈阳办不承担 1171.32 万欧元保证责任的诉讼,符合我国法律、法规的相关规定,其依法享有诉权;作为被要求明确表示尽快履行担保责任意向、并提供切实可行的偿还债务的具体计划、否则将被诉诸法律的中钢集团,其提起本案诉讼,通过确认判决消除这种法律上的不安定性,亦不存在违背常理及对诉权滥用的问题。而且本案中钢集团通过诉讼形式消除存在的经济风险,亦并不违反法律规定。

其次,信达公司沈阳办对其主张的担保关系依法应承担举证责任。本案中,虽然信达公司沈阳办没有以提起诉讼的方式要求中钢集团承担担保责任,但是,其于 2007 年 11 月 26 日向中钢集团的前身中国钢铁工贸集团公司发出的《催收函》中,以中国钢铁工贸集团公司的前身原中国冶金进出口总公司出具的"不可撤销的还款担保书"为依据向中钢集团主张了担保债权,即信达公司沈阳办以双方间存在保证关系为依据向中钢集团主张担保权利。而本案的诉讼正是由此而引发。最高人民法院《关于民事诉讼证据的若干规定》第五条规定:"在合同纠纷案件中,主张合同关系成立并生效的一方当事人对合同订立和生效的事实承担举证责任。"因此,信达公司沈阳办对双方间担保关系的存在负有举证责任,其对"不可撤销的还款担保书"的真实性、合法性负有证明义务,否则应依法承担举证不能的不利后果。

由于信达公司沈阳办对其在《催收函》中要求中钢集团承担担保责任、偿还担保债务所依据的"不可撤销的还款担保书",在法庭指定的举证期限内始终未能提供,虽在另行指定的宽延期内提供了该担保书的复印件,但因中钢集团对其真实性提出异议,信达公司沈阳办又未能提供其他证据予以支持,故根据最高人民法院《关于民事诉讼证据的若干规定》第十条关于"当事人向人民法院提供证据,应当提供原件或者原物"、第四十九条关于"对书证、物证、视听资料进行质证时,当事人有权要求出示证据的原件或者原物。……"及第六十九条关于"无法与原件、原物核对的复印件、复制品不能单独作为认定案件事实的依据"的规定,对该担保书该院不予采信,对其证明的事实不能予以认定。而且,根据中钢集团提供的信达公司沈阳办于 2004 年 12 月 7 日在《辽宁日报》刊登的催收公告记载:担保人为中钢集团的前身原中国钢铁工贸集团公司、担保合同签署时间为 1994 年 7 月 7 日、债权人为中国银行抚顺分行、债务人为抚顺特殊钢(集团)有限责任公司的借款合同签署于 1999 年 12 月 19 日,借款合同文书号是转贷协议。对此,信达公司沈阳办亦没有提供证明中钢集团为中国银行抚顺分行与抚顺特殊钢(集团)有限责任公司的转贷协议提供保证的相关证据。最高人民法院《关于民事诉讼证据的若干规定》第二条第二款规定:"没有证据或者证据不足以证明当事人的事实主张的,由负有举证责任的当事人承担不利后果。"因此,根据现有证据可以认定,双方当事人间不存在担保法律关系;中钢集团关于对信达公司沈阳办不承担偿还总额为 1171.32 万欧元(合人民币126883239.00元)担保责任及由信达公司沈阳办承担本案诉讼费用的请求,该院予以支持。

一审法院判决

综上,根据《中华人民共和国民事诉讼法》第一百零八条、《民事案件案由规定》第78项、最高人民法院《关于民事诉讼证据的若干规定》第二条第二款、第五条、第十条、第三十四条、第四十九条、第六十九条之规定,案经该院审判委员会讨论决定,判决:中钢集团对信达公司沈阳办在《关于尽快履行担保责任的催收函》(信沈函〔2007〕59号)中依据“不可撤销的还款担保书”所主张的款项不承担担保责任。案件受理费676216.20元,由信达公司沈阳办承担。

上诉

上诉人信达公司沈阳办上诉称,一、一审判决将本案定性为担保合同纠纷错误,本案属于“债务不存在的消极确认之诉”,该消极确认之诉在我国不具备生存条件,且被上诉人提起的本案诉讼不具备消极确认之诉的要件。上诉人的发函催收行为,并未对被上诉人造成任何实际的损害后果,被上诉人并不具备提起确认之诉的诉讼利益,原审法院不应受理本案诉讼。二、一审判决要求上诉人对担保关系存在负举证责任,属于适用法律错误。“谁主张,谁举证”是我国基本的举证规则,举证责任倒置必须基于法律的明确规定。本案应由中钢集团对其主张承担举证责任。上诉人在本案中对被上诉人并没有提出诉讼请求,不应承担举证责任。在上诉人已提交了被上诉人出具的《不可撤销的还款担保书》复印件、而被上诉人又不能举证推翻该复印件的情况下,应推定担保关系存在,驳回上诉人的诉讼请求。三、上诉人始终认为法院不应受理被上诉人的起诉,以及举证责任在于被上诉人,因此一审时没有向法院提交证据。上诉人二审提交的证据证明,被上诉人的前身中国冶金进出口总公司是涉案贷款的担保人,且中国银行抚顺分行此前多次对中国冶金进出口总公司进行了催收。只是由于时间久远加之人员变动,中国银行抚顺分行没能找到担保书原件。但转贷协议约定由中国冶金进出口总公司提供担保、中国银行抚顺分行存有保证书复印件,以及中国银行抚顺分行的数次催收,足以证实中国冶金进出口总公司出具担保函的事实,至少无法得出上诉人与被上诉人间不存在担保关系的结论。如驳回被上诉人的起诉或其诉讼请求,对其实体权利并不会造成实际影响。相反则可能导致被上诉人逃离了本应承担的担保责任,严重损害上诉人的合法权益。原审判决在事实认定和法律适用上均存在明显错误,请求二审法院依法撤销原决,改判驳回被上诉人的起诉或诉讼请求。

被上诉人中钢集团答辩称,中钢集团对本案有合法诉权,符合民事诉讼法关于起诉的形式要件。原审法院对双方举证责任的分配符合法律和司法解释规定,应由信达公司沈阳办承担举证责任。从本案实体看,中钢集团没有为抚顺钢厂提供担保,更没有为抚顺特殊钢集团有限责任公司提供过担保,不应承担担保责任。信达公司沈阳办试图在没有任何证据的情况下通过驳回中钢集团诉请的判决结果间接达到为其今后另行起诉提供判决依据的目的。请求二审法院查明事实,依法维持一审判决。

最高人民法院认定原审法院查明的有关催收函、中国钢铁工贸集团公司更名以及催收公告的事实。

另查明,中国银行抚顺分行与抚顺钢厂于1994年12月19日签订的《关于抚顺钢厂改造“500”轧机建高精度模具扁钢生产线项目使用奥地利贴息贷款的转贷协议》(原件)载明“担保人系指将另行按本协议附件三的格式签署担保书的中国冶金进出口总公司”“担保书系指由担保人中国冶金进出口总公司和银行于一九九四年七月七日按本协议附件三的格式签署的担保协议”等。

信达公司沈阳办提交的中国冶金进出口总公司于1994年7月7日向中国银行抚顺分行出具的《不可撤销的还款担保书》(复印件)载明,“鉴于抚顺钢厂以合同编号为940019的借款合同向贵行申请总金额为166600万奥先令的奥地利贴息外汇贷款……应借款人的请求,中国冶金进出口总公司特此作为担保人开立以贷款人为受益人的不可撤销的还款担保书,以担保人现有及将来的所有财产保证按时偿还由贷款人向借款人提供的贷款及其他有关款项……”

另,庭审后信达公司沈阳办向最高人民法院提交的国家经济贸易委员会国经贸改〔1994〕43号《关于抚顺钢厂模具扁钢生产线利用外资技术改造项目可行性研究报告的批复》(复印件)载明“国外贷款本息由项目新增能力出口钢材设立专项外汇账户偿还,出口数量根据还贷进度在年度中核定。届时,如企业偿还有困难,由中国冶金进出口总公司负责偿还”。中国银行中银贷〔1994〕72号《关于抚顺钢厂改造“500”轧机建高精度模具扁钢生产线项目利用奥地利贴息贷款协议及有关事项的通知》(复印件)载明“根据中国冶金进出口总公司与奥地利GFM公司为抚顺钢厂改造‘500’轧机建高精度模具扁钢生产线项目签订的商务合同……商务合同进口商为中国冶金进出口总公司……贷款货币金额及比例为166000000奥先令”。鉴于信达公司沈阳办提交的上述两份文件系复印件且并不影响本案判决,二审法院未再组织当事人进行质证,亦不作为二审法院查明的事实予以认定。

二审法院认为

最高人民法院审理认为,诉权是当事人请求法院行使审判权保护其民事权益的权利,当事人行使诉权需要具备当事人之间存在现实争议和诉的利益两个要件。本案信达公司沈阳办向中钢集团发出《关于尽快履行担保责任的催收函》后,双方之间就中钢集团是否应当承担担保责任的争议已经存在,而且中钢集团存在通过诉讼尽早明确其法律地位的确认利益,由此避免由于争议所导致的不确定性,因此,中钢集团提起要求确认其不承担担保责任的诉讼,符合法律规定,原审法院受理此案并无不当。

中钢集团提起诉讼请求判决其对本案所涉债务不承担担保责任,应当依法承担举证责任。作为一个主张消极事实的诉讼,其举证责任,一是要求作为原告的中钢集团应当履行举证证明不存在担保关系的义务;二是当双方是否存在担保关系的事实真伪不明、无法判断时,中钢集团应当承担举证不能的法律后果。在这种确认某种法律关系不存在的诉讼,对于原告而言,因其主张没有签订担保合同,其提供证据证明没有存在的事实有现实困难,因此,其行为意义上的举证责任因其客观上无法提供证据证明而完成。但是,这并不当然代表其结果意义上的举证责任亦已完成,而需要反观作为被告的信达公司沈阳办是否有证据证明中钢集团关于担保关系不存在的主张不成立。因信达公司沈阳办未在本案中提出反诉,因此,信达公司沈阳办的上述证明责任并不意味着其应承担担保关系确实存在的举证责任,而是通过信达公司沈阳办的抗辩和证明来判断中钢集团主张的事实是否成立。如果信达公司沈阳办没有提供任何存在担保关系可能性的证据,则中钢集团所主张的关于双方不存在担保法律关系的事实即可确认。但是,如果信达公司沈阳办提供了足以令人怀疑中钢集团关于双方不存在担保法律关系主张的有关证据,即使并不当然能够充分证明担保关系存在,因中钢集团无法进一步举证推翻信达公司沈阳办的有关证据并充分证明双方之间不存在担保关系的事实,即因中钢集团举证未达到证明标准以致事实真伪不明时,根据举证责任的分配原则,中钢集团应当承担败诉的法律后果。原审法院在信达公司沈阳办未提起反诉的情况下,将担保关系成立的举证责任分配给信达公司沈阳办,于法无据,最高人民法院依法予以纠正。

本案中钢集团诉讼中提供了信达公司沈阳办的催收函、辽宁日报公告、抚顺钢厂工商档案和中国中钢工贸集团公司更名的工商档案等证据,以此证明其与信达公司沈阳办之间不存在担保法律关系。而信达公司沈阳办提供了中国银行抚顺分行与抚顺钢厂于 1994 年 12 月 19 日签订的《关于抚顺钢厂改造“500”轧机建高精度模具扁钢生产线项目使用奥地利贴息贷款的转贷协议》(原件)、中国冶金进出口总公司于 1994 年 7 月 7 日向中国银行抚顺分行出具的《不可撤销的还款担保书》(复印件)等证据,以此证明双方之间存在担保法律关系。从上述双方提供的证据看,虽然信达公司沈阳办的上述证据能否充分证明双方之间存在担保法律关系尚存在一定的不确定因素,但由此可以认定担保关系成立的概率远大于中钢集团主张的双方不存在担保法律关系的概率。在目前双方是否存在担保法律关系的事实不清的情况下,应当依法驳回中钢集团关于其不承担担保责任的诉讼请求。鉴于信达公司沈阳办在本案中并未提出反诉,因此,关于信达公司沈阳办是否对中钢集团享有担保债权,本案不予审理。

二审法院判决

综上,最高人民法院依据《中华人民共和国担保法》第三条,《中华人民共和国民事诉讼法》第六十四条、第一百零八条、第一百五十三条第一款第(二)项、第一百五十八条,最高人民法院《关于民事诉讼证据的若干规定》第二条的规定,判决:一、撤销辽宁省高级人民法院(2007)辽民三初字第103号民事判决;二、驳回中国中钢集团公司的诉讼请求。

❖ 评析

1. 关于人民法院是否应予受理消极确认诉讼问题

确认之诉分为积极的确认之诉与消极的确认之诉。消极确认之诉系对消极事实,如主张某一法律行为或者某一法律事实不存在而提起的有关诉讼。本案原审原告中钢集团提起诉讼请求法院认定其与信达公司沈阳办之间不存在担保法律关系,属于对消极事实的确认诉讼。本案当事人争议的首要问题是人民法院是否应当受理当事人提起的消极确认之诉。之所以对此类案件是否应予受理存在争议,主要是考虑有关当事人是否会借此无端甚至恶意挑起诉讼,一方面给对方当事人造成诉累;另一方面给法院造成司法资源的浪费。我们认为,人民法院对于消极确认之诉既不能一概予以受理,亦不能一概拒之于门外,而是要从诉讼权利行使的基本要件上作出合理判断。

诉讼权利,是指当事人请求法院行使审判权保护其民事权益的权利,是法律赋予当事人的一项基本权利,是当事人进行诉讼活动的前提和基础。当事人行使诉权需要具备两个要件,一是当事人之间存在争议,二是原告有诉的利益。这里需要强调的是,对于当事人之间存在的争议,应该是指双方当事人之间既已存在或发生的争议,而非原告假想的或未来将要发生的争议。而原告的诉的利益,是指法律上的利益而非实际利益。

本案中,一方面,信达公司沈阳办向中钢集团发出《关于尽快履行担保责任的催收函》,认为中钢集团应为抚顺特殊钢集团有限责任公司16600万奥地利先令的贷款承担担保责任,而中钢集团认为其不应承担上述债务的担保责任,双方就是否存在担保法律关系已经存在了现实的争议。另一方面,在上述争议的基础上中钢集团产生了消除动摇其法律地位因素的确认利益,需要通过诉讼尽早明确自己在这一争议中的法律地位,从而避免由于争议导致的不确定性而致经济上和精神上的不安定状态,包括信誉损失、精神损失和可能的经济损失,因此,中钢集团在诉讼中享有了法律上的诉的利益。信达公司沈阳办抗辩中提到的其发函催收行为没有也不可能对中钢集团造成不利后果,中钢集团的民事权利没有受到侵害,系指实际上的利益损害,而作为诉权行使要件的诉的利益强调的是法律上的利益而非事实上的利益,因此,对信达公司沈阳办的上述抗辩,最高人民法院未予支持。综上,本案中钢集团提起要求确认其不承担担保责任的诉讼,符合法律规定,人民法院应予受理。

2. 关于消极确认诉讼的举证责任分配问题

由于消极确认诉讼案件中原告主张的是某一事实不存在,如果按照"谁主张,谁举证”的一般举证责任分配原则,要求原告对于其认为根本不存在的某一事实举证予以证明,似乎不合情理,也正因此,才产生了对于消极确认诉讼举证责任分配的争论,这个问题也是本案中当事人争议的第二个主要问题。

我们认为,对于这种消极确认之诉的举证责任仍应按照证明责任分配的一般原则进行分配,即由原告中钢集团对其提起不承担担保责任承担举证责任。从诉讼法理论上看,举证责任既包括行为意义上的举证责任,也包括结果意义上的举证责任。行为意义上的举证责任,是指负有举证义务的一方当事人应当依法履行举证证明其主张的义务。结果意义上的举证责任,是指当负有举证义务的一方当事人所主张的事实真伪不明、无法判断时,其应当承担举证不能的法律后果。

本案中,对于负有举证责任的原告中钢集团而言,因其主张确认其与信达公司沈阳办之间不存在担保法律关系,双方没有签订担保合同,客观上其不可能提供证据证明没有存在的东西,这时候,其行为意义上的举证责任因其客观上无法提供证据证明其认为本身即不存在的东西而完成。但是,其行为意义上的举证责任的完成,并不当然代表其结果意义上的举证责任亦已完成。这时候就要反观作为被告的信达公司沈阳办是否有证据反证证明中钢集团关于担保关系不存在的主张不能成立。因信达公司沈阳办未在本案中提出反诉,因此,在消极确认诉讼中消极事实是否存在的举证虽然更多仰仗于否定消极事实存在的一方当事人提交的有关证据,但是这种事实状态不能在逻辑上推理出举证责任已经从原告一方转移到被告一方,即这种证明并不说明举证责任倒置给了被告信达公司沈阳办。这里的目的在于通过信达公司沈阳办的抗辩和证明来判断原告中钢集团所主张的消极事实是否成立。如果信达公司沈阳办没有提供任何令法官相信二者可能存在担保关系的证据,则中钢集团所主张的其与信达公司沈阳办之间不存在担保法律关系的事实应当说是明确的,人民法院可以结合“直接证据应当在被告手里”这样的经验法则,认定原告已经依法履行了举证责任,并判决支持原告的诉讼请求。但是,如果信达公司沈阳办提供了足以令法官怀疑原告主张不存在担保法律关系的有关证据,哪怕并不当然能够充分证明担保关系存在的,这种情况下,因原告中钢集团无法进一步举证推翻被告的有关证据,无法充分证明担保关系不存在的事实,即因原告举证未达到证明标准以致事实真伪不明时,根据举证责任分配的上述原则,这里更多强调的是结果意义上的举证责任,即应由原告中钢集团承担败诉的法律后果。

这里要强调的是,如果信达公司沈阳办在本案中对于中钢集团关于其不承担担保责任的诉讼请求提出了反诉,即其主张中钢集团应当承担担保责任的诉讼请求,则信达公司沈阳办应当依法承担举证责任,如果其无法证明双方之间存在担保法律关系的,则人民法院应当依法驳回其反诉请求,而支持中钢集团的诉讼请求。

3. 关于中钢集团诉请是否应予支持的问题

从上述有关消极确认诉讼举证责任分配问题的分析看,本案中中钢集团的诉讼请求是否能够得到支持,关键在于信达公司沈阳办是否能够提供证明双方之间存在担保法律关系的证据或者是否能够提供足以令人怀疑原告主张不存在担保法律关系的有关证据。即使中钢集团在本案中没有提供任何证据,只要信达公司沈阳办没有提供证明双方之间存在担保法律关系的证据或者提供足以令人怀疑原告主张不存在担保法律关系的有关证据,则中钢集团的主张即应成立。

但在本案中,在中钢集团提供了信达公司沈阳办的催收函、辽宁日报公告、抚顺钢厂工商档案和中国中钢工贸集团公司更名的工商档案等有关证据材料后,信达公司沈阳办向法院提供了中国银行抚顺分行与抚顺钢厂于 1994 年 12 月 19 日签订的《关于抚顺钢厂改造“500”轧机建高精度模具扁钢生产线项目使用奥地利贴息贷款的转贷协议》(原件)、中国冶金进出口总公司于 1994 年 7 月 7 日向中国银行抚顺分行出具的《不可撤销的还款担保书》(复印件)、国家经济贸易委员会国经贸改〔1994〕43 号《关于抚顺钢厂模具扁钢生产线利用外资技术改造项目可行性研究报告的批复》(复印件)、中国银行中银贷〔1994〕72 号《关于抚顺钢厂改造“500”轧机建高精度模具扁钢生产线项目利用奥地利贴息贷款协议及有关事项的通知》(复印件),以及中行抚顺分行的多份催款通知等证据,这些证据所载明的有关内容,虽然对于是否能够充分证明双方之间存在担保法律关系尚存在一定的不确定因素,但至少足以令我们相信中钢集团关于双方不存在担保法律关系的主张证据不充分,不足以对抗目前信达公司沈阳办提供的上述证据,在此基础上,中钢集团又未进一步提供证据否定上述信达公司沈阳办的相关证据。另外,本案还有其特殊性,即本案所涉债权人和担保人均为国家金融机构和国有企业,所涉贷款项目为国家八五重点技改项目。因此,最高人民法院综合上述举证责任的分配和有关证据,在目前双方是否存在担保法律关系的事实不甚清楚的情况下,判决驳回了中钢集团关于其不承担担保责任的诉讼请求。

4. 关于判决驳回中钢集团诉讼请求的法律后果问题

消极确认之诉审查的重点在于原告所主张的消极事实是否存在,而非被告抗辩的积极事实是否存在。因在法律世界中,存在客观事实和法律事实之分,因此,虽然客观上消极事实存在和积极事实存在是两个相反的事实,即消极事实不存在就等于积极事实存在,但在法律认定上,判决驳回原告关于消极事实存在的诉讼请求,并不当然能够推理出积极事实就一定存在的结果,这中间还存在法律事实不清的情形,除非主张积极事实存在的一方当事人能够提供充分证据证明其主张的积极事实后尚可认定积极事实的存在。

因此,本案驳回中钢集团关于其不承担担保责任的诉讼请求,只是意味着“中钢集团提供的证据不足以使担保关系不存在的主张成立”,而不意味着本案对“担保关系存在”这一被告反驳意见加以确认。信达公司沈阳办是否对中钢集团享有担保债权,一是需要信达公司沈阳办的明确主张,如提起反诉或者另行起诉;二是在其向法院提起诉请后,需要通过其举证责任的承担来充分证明其对中钢集团享有担保债权,只有证据充分时才能予以支持。鉴于本案中信达公司沈阳办并未提出反诉,因此,最高人民法院判决对信达公司沈阳办是否享有担保债权未予审理。信达公司沈阳办如要主张担保债权,可以另行提起诉讼,但本案生效判决并不当然能够证明其所主张的担保事实存在。

上述处理,对于双方当事人而言都是公平的。即中钢集团主张双方之间担保法律关系不存在,由其承担举证责任予以证明,无法证明时驳回其诉讼请求。信达公司沈阳办如主张担保关系存在的,则由信达公司沈阳办承担举证责任,如其无法举证证明双方之间存在担保法律关系的,则驳回其诉讼请求。反之亦然。

(张勇健、刘敏:《消极确认诉讼案件的受理及举证责任分配问题——上诉人中国信达资产管理公司沈阳办事处与被上诉人中国中钢集团公司保证合同纠纷上诉案》)

077. 当事人伪造、毁灭重要证据妨碍法院审理案件应承担对其不利的法律后果

【公报案例】

茅德贤、成县茨坝须弥山实业有限公司、甘肃有色地质勘查局106队、成县恒兴矿业有限公司与白银有色金属公司采矿权纠纷案

[最高人民法院(2011)民二终字第22号]

❖ **裁判摘要**

一、根据《中华人民共和国行政处罚法》第七条的规定,公民、法人或者其他组织因违法受到行政处罚,其违法行为对他人造成损害的,应当依法承担民事责任。行为人因过错侵害他人民事权益的,应当承担相应的赔偿责任,行为人因同一行为已受到行政处罚的,不影响其承担民事责任。

二、根据最高人民法院《关于民事诉讼证据的若干规定》第二条的规定,当事人对自己提出的诉讼请求所依据的事实或反驳对方诉讼请求所依据的事实有责任提供证据加以证明。没有证据或者证据不足以证明当事人的事实主张的,由负有举证责任的当事人承担不利后果。案件调查处理过程中,当事人恶意阻挠调查取证,致使调查部门无法取得相关证据的,当事人应当承担举证不能的法律后果。

三、行为人侵犯他人财产造成损失的,应当承担赔偿责任,特别是恶意侵犯国有资产的行为所付出的成本不同于一般民事交易行为中的成本,计算侵权损失数额时不应予以剔除。

上诉人(原审被告):茅德贤

上诉人(原审被告):成县茨坝须弥山实业有限公司

法定代表人:王志吕,该公司董事长

上诉人(原审被告):甘肃有色地质勘查局106队

法定代表人:龙晓,该队队长

上诉人(原审被告):成县恒兴矿业有限公司

法定代表人:茅德贤,该公司董事长

被上诉人(原审原告):白银有色金属公司

诉讼代表人:白银有色金属公司破产清算组

上诉人茅德贤、成县茨坝须弥山实业有限公司(以下简称须弥山公司)、甘肃有色地质勘查局106队(以下简称106队)、成县恒兴矿业有限公司(以下简称恒兴公司)为与被上诉人白银有色金属公司(以下简称白银公司)采矿权纠纷一案,不服甘肃省高级人民法院(2008)甘民二初字第15号民事判决,向本院提起上诉,本院于2010年3月24日以(2009)民二终字第144号民事裁定将本案发回甘肃省高级人民法院重新审理。甘肃省高级人民法院经重审后,于2010年9月8日作出(2010)甘民二初字第15号民事判决。茅德贤、须弥山公司、106队与恒兴公司均不服,向最高人民法院提起上诉。

原审法院经审理查明:106队作为甘肃省地质勘查局下属的专门负责李家沟铅锌矿地质勘探工作的专业机构,于1986年3月向全国矿产储量委员会提交了《甘肃省成县李家沟铅锌矿床地质勘探报告》。1988年1月5日,全国矿产储量委员会正式审批核准了由甘肃有色地质勘探公司106队呈报的《甘肃省成县李家沟铅锌矿床地质勘探报告》。本案涉案三个盗采采场即Ⅰ号矿体、105线Ⅲ2矿体、109线Ⅲ2矿体的矿石品位、比重计算方式及矿体产状在该报告中均有具体的记载和描述。

1998年9月2日,白银公司取得国土资源部颁发的证号为1000009820009的《采矿许可证》。该许可证载明:采矿许可证有效期为1998年9月至2013年9月,生产规模为66万吨/年,矿区面积1.44平方公里,开采深度1375~700米标高。其范围拐点坐标为:1.3756848(X)、35563555(Y);2.3756500(X)、35563810(Y);3.3757000(X)、35565410(Y);4.3757335(X)、35565500(Y);5.3757765(X)、35564810(Y);6.3758065(X)、35564885(Y);7.3758175(X)、35564590(Y);8.3757300(X)、35564130(Y);9.3757000(X)、35563855(Y)。经对比得出,涉案的Ⅰ号、105线Ⅲ2号、109线Ⅲ2号三个采场在上述九个拐点圈定的范围内;上述九个拐点圈定的矿区范围与须弥山公司持有的采矿许可证载明的15个拐点圈定的范围既不相交也不重叠。

2006年10月22日,白银公司在对其管护区内王家沟一民采矿硐进行巡查监测时,发现在Ⅲ2 矿体 102 地质勘探线附近有新近焊堵的钢筋栅栏。次日,白银公司拆除栅栏后发现有大规模越界开采区域,被告 30 余名工作人员在白银公司所属的Ⅰ号矿体区域进行大规模的盗采活动,在现场抓获了正在实施盗采活动的黄渚选矿厂的三名工人赖丁谊、赖丁诚和苏世赞,在该三名正在实施盗采工作的工人的带领下,对盗采现场进行了实地探查,并同步进行了现场摄像。当日,白银公司即向有关行政主管部门予以汇报。2006 年 10 月 28 日,陇南市国土资源局与成县国土资源局组成了陇南市县联合调查小组赶赴盗采矿区进行现场实地勘探调查。2006 年 11 月 24 日,由甘肃省国土资源厅牵头再次组成了省、市、县三级政府和各职能部门共同参加的联合调查组对被告盗采情况进行调查。

在调查期间,调查组委托白银公司工程测量人员对 23 日发现的三个盗采采场进行了实测:(1)在Ⅰ号矿体区域已经形成长约 80.6 米的回采矿房,利用浅孔压矿,采场内有 9 个出矿短穿,压矿高度达 10 米,平均采幅 7 米,已开采至 97 地质勘探线附近。(2)在Ⅲ2 号矿体 105 线附近勘查到正在掘进的斜上山、下斜井、大型车场、巷场、大量 0.75M3 矿车和比较完善规范的通风、供风、供电、供水、通信、运输系统,已经形成高 6 米、采幅 3 米、采场长度 50 米的规模采场。(3)在越界采矿区域的标高为 1190 米的Ⅲ2 矿体,有一采场长度为 30 米,宽度为 6 ~ 8 米,高度为 16 米,有 5 个出矿口,矿石品位 10% 以上,爆落的矿石已基本出空,对盗采情形调查小组进行了实地拍照。2006 年 11 月 23 日,依据调查组的指示和实际测量结果,白银公司形成实测资料报告和三个盗采采场的水平平面图。根据该测量结果,Ⅰ号矿体(97 线采场)被盗采矿量为 14508 吨,Ⅲ2 号矿体(105 线采场)被盗采矿量为 2700 吨,Ⅲ2 号矿体(109 线采场)被盗采矿量为 10080 吨。三个采场损失矿量合计:27288 吨。

2006 年 10 月,白银公司与案外人交易的五张增值税专用发票显示当期锌精矿的交易价格分别为 21954 元/吨、21971 元/吨、22831 元/吨、21971 元/吨、21992 元/吨,平均价格为 22143.8 元/吨。2006 年 10 月,白银公司与案外人交易的两张增值税专用发票显示当期铅精矿的交易价格分别为:11380 元/吨、11440 元/吨、11380 元/吨、11340 元/吨,平均价格为 11385 元/吨。

2006 年 11 月 23 日至 11 月 30 日期间,经调查组核实越界开采主体是须弥山公司徐明山铅锌矿。越界开采地段为Ⅲ2 矿体 102 线至 109 线(含 105 线Ⅲ2 矿体和 109 线Ⅲ2 矿体两处)和Ⅰ矿体 97 线一带。

2006 年 11 月 7 日,甘肃省成县国土资源局发出成国土资字〔2006〕153 号《关于再次限期清理疏通柒家沟口采矿坑道的通知》,要求须弥山公司于 11 月 11 日前将其采矿坑道全部疏通;2006 年 11 月 20 日,该局再次发出成国土资字〔2006〕160 号《关于加快限期清理疏通柒家沟口采矿坑道的通知》称:“我局已于 2006 年 10 月 31 日和 11 月 7 日先后两次通知你矿对采矿坑道内全部崩塌封堵段落清理疏通,并将疏通情况书面报告我局,但你矿至今未报清障情况。现再次通知你矿,接此通知后三日内疏通坑道。”

2006年11月25日,甘肃省地质矿产勘查开发局第一地质矿产勘查院(以下简称一勘院)对涉案采空区资源量估算,出具了《厂坝铅锌矿97线、105线(标高1190米)采空区资源量估算报告》(以下简称《估算报告》)。该报告估算有两部分:“一、105线(标高1190)采场,二、97线采场。”将白银公司起诉的三处盗采地点与之对比得知:(1)该报告“一、105线(标高1190)采场”部分,实际上是白银公司起诉主张的109线Ⅲ2号矿体部分;(2)该报告中“二、97线采场”实际上是白银公司起诉主张的Ⅰ号矿体部分,报告申明“97线采场因封堵无法现场进行勘查”;(3)白银公司主张的105线Ⅲ2号矿体部分在该报告中没有提及。

2006年11月28日,茅德贤在“越界开采调查平面图”上签字确认,并由黄渚选矿厂加盖公章确认。

2007年9月13日,陇南市国土资源局作出陇国土资罚〔2007〕2号《矿产资源行政处罚决定书》,以须弥山公司自2006年以来超越批准的矿区范围,进入李家沟矿区范围采矿,违反了相关法规为由,对其作出行政处罚:“1.没收越界开采的矿石量4907吨,折合人民币1048135元;2.并处以违法所得5%的罚款52407元。”从恒兴公司提交的证据七中显示,该行政处罚认定越界开采矿石量4907吨包括两部分,一是《估算报告》认定的109线Ⅲ2号矿体的矿量2005.36吨,二是对白银公司主张的97线Ⅰ号矿体14508吨矿量乘以20%得出的2901.6吨。

2008年10月27日,因越界开采造成损失,白银公司向原审法院提起诉讼称:其所有的李家沟铅锌矿地处甘肃省成县黄渚镇,1998年9月2日由国土资源部颁发了证号为1000009820009的《采矿许可证》,有效期为1998年9月至2013年9月。2006年10月22日,白银公司在对管护区内王家沟一民采矿硐进行监测时,发现Ⅲ2矿体102地质勘探线、105地质勘探线一带,以及97地质勘探线附近有越界开采活动,立即向各级政府部门报告,请求相关部门进行调查。同年11月23日至11月30日,甘肃省国土资源厅会同甘肃省安监局、陇南市国土资源局、陇南市安监局、成县人民政府、成县国土资源局等有关单位组成联合调查组对越界开采情况进行了现场调查,查明越界开采的主体是须弥山公司徐明山铅锌矿,越界开采地段为Ⅲ2矿体102线至109线和Ⅰ矿体97线一带。经过测算,被开采矿石量为27288吨。须弥山公司徐明山铅锌矿系三被告共同所有,2003年11月24日,黄渚选矿厂、须弥山公司、106队三家签订《联合探矿协议》,连同须弥山公司《甘肃成县茨坝须弥山铅锌矿普查》项目一并纳入,三方所占探矿比例分别为45%、35%、20%;2004年10月10日,由须弥山公司申请取得须弥山公司徐明山铅锌矿《采矿许可证》。根据上述事实,被告之越界开采行为已构成对白银公司依法取得采矿权的严重侵害,故请求人民法院判令四被告共同赔偿白银公司损失5234.85万元并承担本案全部诉讼费。

另查明:2007 年 5 月 21 日,甘肃省白银市中级人民法院就白银公司申请破产事宜作出(2007)白中民破字第 2 号民事裁定:宣告白银公司破产还债。2007 年 11 月 20 日,该院作出(2007)白中民破字第 2 - 2 号民事裁定:“一、宣告白银公司破产还债程序终结;……三、清算组继续履行法定职责。”

庭审中白银公司出示了《采矿许可证》原件,采矿权人为白银公司,证号为 1000009820009,矿山名称为白银有色金属公司李家沟铅锌矿,证明在白银公司破产程序终结后至本案庭审时未办理采矿权人变更手续。

2003 年 11 月 24 日,须弥山公司(甲方)与黄渚选矿厂(乙方)、106 队(丙方)三方签订《联合探矿协议》约定:将乙方和丙方持有的探矿权合并为甲方探矿权,甲方在矿区内确保安全的原则下,进行探矿。2004 年 10 月 10 日,由须弥山公司申请取得须弥山公司徐明山铅锌矿《采矿许可证》,证号为:620000410071,有效期至 2012 年 10 月。2005 年 6 月 17 日,须弥山公司与黄渚选矿厂签订了《关于联合开发矿产资源、明确责任的协议书》约定由黄渚选矿厂独立实施生产经营并承担一切安全责任。

甘肃省成县工商局颁发的注册号为 6226241003013 的黄渚选矿厂《企业法人营业执照》表明,该企业经济性质为联营企业。经白银公司申请原审法院调查取得的黄渚选矿厂的工商登记档案证明:黄渚选矿厂系由黄渚镇政府、天水市北道区矿业开发公司、苟辉等 19 个自然人、陇南地委劳动服务公司等多家主体共同投资设立的联营企业;2002 年 12 月 1 日,陇南地委劳动服务公司收到返还的联营卅资款 30 万元;2004 年 4 月 28 日,黄渚选矿厂出资者成县黄渚镇政府与茅德贤签订《关于成县黄渚选矿厂(一车间)全部资产转让合同》;2004 年 3 月 16 日,黄渚选矿厂出资者天水市北道区矿业开发公司与茅德贤签订《关于成县黄渚选矿厂(二车间)全部资产转让合同》;2004 年 4 月 8 日,苟辉等 19 人与茅德贤签订《关于成县黄渚镇铅锌选矿厂个人转让股份的协议》。该工商档案还证明:从 2004 年年底至 2007 年黄渚选矿厂被注销前,该厂已经成为茅德贤为唯一出资人的个人企业。2007 年 10 月 17 日,黄渚选矿厂被注销,债权债务未清理。2007 年 10 月 15 日,黄渚选矿厂向成县工商行政管理局出具证明,内容为“原成县黄渚铅锌选矿厂办理的安全生产许可证、采矿许可证、污染物排放许可证,现由成县恒兴矿业有限公司使用”。

2007 年 10 月 25 日,恒兴公司成立,注册资金为 1100 万元,系由甘肃锌宇矿业有限公司投资控股设立的子公司,以铅锌矿采选、销售为一体的有限公司。其中:甘肃锌宇矿业有限公司出资 660 万元,占企业总投资的 60%。茅德贤出资 440 万元,占总投资的 40%。

一审法院认为

原审法院经审理认为:根据当事人的诉辩主张以及庭审质证意见,各方当事人争议的焦点为:(1)白银公司清算组、茅德贤的诉讼主体是否适格。(2)四被告是否侵犯了白银公司清算组的采矿权,是否应当承担民事责任。(3)如何承担民事责任及赔偿数额多少。

1.关于白银公司清算组和茅德贤的诉讼主体是否适格问题。本案越界开采行为发生在白银公司李家沟铅锌矿,该《采矿许可证》载明的采矿权人为白银公司。2007年5月21日,甘肃省白银市中级人民法院以(2007)白中民破字第2号民事裁定宣告其破产还债后,依法成立白银公司清算组对破产企业财产行使管理权。在破产程序终结后,该清算组并未撤销,由白银市中级人民法院裁定继续履行职责。故对于越界开采行为,白银公司清算组以其名义向人民法院提起诉讼,符合《中华人民共和国民事诉讼法》第一百零八条的规定,其作为原告的诉讼主体适格。就此问题在原审一审中原告方已经举证证明,各被告均表示认可。由于被告106队系发回重审后参加本案诉讼,经该院释明后,被告106队表示没有异议。黄渚选矿厂在其法人营业执照上记载的是联营企业,但是截止到2004年4月底,黄渚铅锌选矿厂其他出资人的出资已全部转让给了茅德贤个人。2006年10月23日本案侵权纠纷发生时,黄渚选矿厂系茅德贤个人所有,该厂被注销后债权债务应由茅德贤个人承担。白银公司清算组向茅德贤主张权利符合法律规定,并无不当。

2.关于四被告是否侵犯白银公司清算组采矿权,是否应当承担民事责任的问题。法庭审理过程中,四被告对侵权事实的真实存在均不持异议,只是对各自应否承担民事责任提出了意见。须弥山公司和恒兴公司提出,盗采事件已经行政主管部门处罚过,根据一事不二罚的原则,白银公司清算组无权提出民事赔偿诉求。该院认为,一事不二罚是行政处罚法的基本原则,指行政机关不能就同一行政违法事实进行两次处罚。本案白银公司清算组提出的是民事侵权赔偿诉讼,与行政处罚是两个不同的法律关系。陇南市国土资源局根据《中华人民共和国矿产资源法》相关规定对须弥山公司作出了行政处罚,但该行政处罚仅是须弥山公司因违反行政法所承担的责任,并不能代替其应当承担的其他法律责任。同时,根据《中华人民共和国行政处罚法》第七条第一款关于"公民、法人或者其他组织因违法受到行政处罚,其违法行为对他人造成损害的,应当依法承担民事责任"之规定,白银公司清算组提出民事侵权赔偿之诉符合法律规定。

关于四被告在本案中如何承担相应的民事责任一节,庭审查明的事实表明:一是黄渚选矿厂、须弥山公司、106队从联合探矿发展到联合采矿,各有分工,利益共享;二是在联合体中各自的任务和工作内容不同,黄渚选矿厂负责采矿作业、须弥山公司提供采矿许可证、106队将原用于探矿作业的矿硐作为联合采矿的主运输巷道;三是在侵权行为发生后的行政违法责任的承担上也证明三者在侵犯白银公司清算组采矿权上的共同意思联络和风险共担的合意,被行政处罚的主体是须弥山公司,而罚款是由茅德贤安排代为缴纳的。因而,黄渚选矿厂、须弥山公司、106队系共同侵权;黄渚选矿厂被注销后,其民事责任应当由其业主茅德贤和部分财产的继受者恒兴公司共同承担。

3. 关于赔偿数额的问题。民事赔偿数额的大小取决于侵权损失的大小。侵权损失的确定在本案集中在两个方面:首先是盗采矿量的确认;其次是盗采矿石价格的确认。该院依据查明的事实分述如下:

关于被盗采矿量的问题。白银公司清算组主张的27288吨矿石的损失是在联合调查组调查期间其对盗采现场进行实测取得各项数据后,根据106队上报国家矿产储量委员会审核过的地质报告中确定的矿石品位及计算公式严格计算出来的,数据的取得和计算方式是客观真实和较为全面的。须弥山公司、恒兴公司认为实测数据不真实的问题,要从以下几个方面去考量:首先,是在侵权事件发生后,黄渚选矿厂没有保护现场,而是采取了多次爆破封堵的方式阻挠越界开采矿石的有关调查,致使损失无法准确核实。这些情节已被省、市、县三级政府和矿产资源职能机构的行政文件所确认。此外,在拍摄的盗采现场的数码相片和摄像资料中均有反映和印证。即便是在一勘院的《估算报告》中也明确表示97线采场因为封堵根本没有进去,其对105线Ⅲ2采场根本就没有提及。在本次诉讼中,各被告没有针对该问题向法庭举出相反的证据。根据证据优势原则和《中华人民共和国民事诉讼法》第一百零二条第一款第(一)项“伪造、毁灭重要证据妨碍人民法院审理案件”之规定,黄渚选矿厂应当就其爆破封堵毁灭重要证据的行为承担对其不利的法律后果。其次,是白银公司清算组在计算矿石量时所采用的铅锌矿的品位和计算公式都是有着充分依据的。其援引的全国矿石储量委员会审核的地质报告具有相当的权威性,加之该报告关于铅锌矿石品位及比重计算公式系专门针对涉案的Ⅰ号和Ⅲ2号矿体,具有很强的针对性;该报告关于105线Ⅲ2矿体和97线Ⅰ号矿体产状倾角的描述与专门负责成县李家沟铅锌矿床地质探查工作的106队绘制的《李家沟铅锌矿床97线储量计算剖面图》《李家沟铅锌矿床105线储量计算剖面图》中产状的倾角完全一致。被告所举一勘院《估算报告》仅系三个盗采采场其中一个的部分矿量,其本身就不完整,而造成这种残缺的直接原因是黄渚选矿厂的爆破封堵和拒不清理。黄渚选矿厂和茅德贤在越界开采平面图上签字盖章的行为应当是对这一问题最好的诠释。

关于铅精矿和锌精矿的价格问题。被告质疑不应按市场价格赔偿,就此问题在《中华人民共和国侵权责任法》中已有较为明确的规定,即侵犯财产权的以被侵权财产的市场价格进行赔偿。白银公司清算组对于铅精矿、锌精矿的购买价格所做的解释是合理的。白银公司清算组提交的铅精矿和锌精矿发票均是1996年10

月当期与案外人的市场交易价格,属于侵权行为发生当时的市场价格,其计算方法是分别将铅精矿和锌精矿的四个单价分别相加后,再以总价格除四得出的当期市场平均价格,符合侵权责任法关于侵犯财产权损失以被侵犯财产当期市场价格计算的精神。

一审法院判决

该院依照《中华人民共和国民法通则》第一百一十七条、第一百三十条之规定,判决:茅德贤、须弥山公司、106 队于判决生效后十日内连带赔偿白银公司清算组5234.85 万元。恒兴公司对于茅德贤承担赔偿部分在其承接的黄渚选矿厂的财产范围内承担补充赔偿责任。案件受理费 303543 元,由茅德贤负担 103543 元,须弥山公司负担 100000 元,恒兴公司负担 100000 元。

上诉

茅德贤、须弥山公司、106 队及恒兴公司均不服原审法院上述民事判决,向最高人民法院提起上诉,茅德贤上诉称:原审判决认定事实不清,适用法律错误,请求:撤销原审法院上述民事判决,并依法改判;判令诉讼费用由白银公司清算组承担。主要理由有:

1. 原审判决认定事实不清、证据不足。(1)原判关于"本案涉案三个盗采采场"的认定错误。陇南市国土资源局与甘肃省国土资源厅在相关报告中对该"10·23"事件均定性为"越界开采"而非"盗采";开采场所也非如此。即使矿产资源行政主管机关对事件性质及涉案采场认定错误,在非依法定理由、未经法定程序撤销之前,任何机关或行政相对人均不得随意改变其内容。(2)原判关于"在调查期间,调查组委托被上诉人白银有色金属公司破产清算组对采场进行了实测"的认定错误。白银公司清算组对采场进行实测的时间是 2006 年 10 月 23 日,该实测进行的时间在成立市级调查组之前,更在成立省、市、县三级联合调查组之前。既然调查组尚未成立,就不可能产生调查期间;在本案中没有任何调查组的委托手续或者委托记录,更没有组织上诉人对该委托调查的证据材料予以质证。(3)原判认定一勘院的《估算报告》中"105 线采场部分"予以主观分割没有事实根据;一勘院系具有独立法人地位的矿产资源储量评审机构,对 105 线采场相 97 线采场的矿产资源储量进行估算,作出的《估算报告》亦经矿产资源主管部门的认定,具备合法性和客观真实性;原判认为《估算报告》不足以认定案件事实,应当依法交由法定的鉴定部门补充鉴定或者重新鉴定,而非超越职权直接予以认定其有无证明力。(4)上诉人及黄渚选矿厂在《越界开采调查平面图》上签字确认,并有黄渚选矿厂加盖公章确认,与原判认定的事实之间不具有任何关联性;白银公司清算组、须弥山公司清理的是自己享有矿权的采矿坑道,并不能证明上诉人及黄渚选矿厂实施了爆破封堵行为;白银公司清算组的矿权范围内存在民采废弃矿硐,并非越界开采行为所致。(5)陇南市国土资源局的《矿产资源行政处罚决定书》,系国家矿业行政主管机关作出的具体行政行为,具有法定的公信力与执行力,在未经法定程序撤销之前,即是对越界开采事件中的矿石单价、矿石总量、违法所得总额的最终认定;该行政处罚与本案民事侵权赔偿诉讼虽系不同的法律关系,但该处罚决定是国家矿产资源行政主管机关在查清客观事实的基础上适用法律的结果,系案件基本事实的重要证据,与民事侵权法律关系并不矛盾。(6)关于赔偿数额的认定问题。白银公司清算组对采场进行的《实测资料》仅系当事人陈述,自身并不具备对矿产资源储量进行评审的资质,不能作为认定案件事实的依据;原判认定白银公司清算组举证的铅精矿、锌精矿的发票价格符合法律关于当期市场价格的精神,但原判并没有考虑矿石开采成本、管理成本、销售成本、资源税金及规费、围岩废石数量,以及当地的实际选矿水平、回收率等因素,其所计算的赔偿数额不具有客观真实的事实基础,也违背了反不正当竞争法关于"补偿实际损害"的基本精神。

2. 原审判决适用法律不当。新设立的恒兴公司承继接受了原黄渚铅锌选矿厂的全部优质资产,并在企业住所、法定代表人、经营范围及其经营方式等方面都没有发生任何变化,恒兴公司还是在原黄渚铅锌选矿厂的资产基础上,按照原有的既定经营目标继续进行生产经营活动,也当然成为原黄渚铅锌选矿厂权利义务概括承继的主体,茅德贤个人亦因此不能成为黄渚铅锌选矿厂注销后债权债务承担的适格主体。原判对黄渚选矿厂实施爆破封堵和拒不清理行为的认定,系违法推定,于法无据。

须弥山公司上诉称:原审判决认定事实不清,证据不足,请求予以撤销,依法改判。主要理由有:(1)越界开采的矿石量和损失,应由具备资质的第三方专业机构鉴定评估,成者由联合调查组对白银公司清算组的实测结果核实确认后才能确定。一审法院未经查证即排除了该公司提交的甘肃省国土资源厅三级调查组的调查结果《关于"10·23"越界开采事件调查处理意见的请示》《行政处罚决定书》等公文书证的证明力,仅凭白银公司的单方实测资料认定越界开采量等案件事实,没有法律根据,是对民诉法的违反。一勘院受联合调查组的委托,于 2006 年 11 月 25 日所出具的《估算报告》真实可靠。(2)一审判决适用法律错误,显失公平。一审法院判决黄渚选矿厂应当就其爆破封堵毁灭重要证据的行为承担对其不利的法律后果,是对法律的错误适用和对白银公司的明显偏袒。一审判决适用侵权责任法判决侵权人按被侵权财产的市场价格进行赔偿,是对法律的错误理解导致的错误适用。赔偿时,因越界开采而发生的本应由白银公司自行开采而必须发生的成本和费用及税款,按照损益相抵的原则应在产品销售价格中予以扣除。白银公司在计算损失额时,按照白行实测的越界开采量和地质储量报告中的理论品位,计算得出的铅、锌金属量,实际上只是一种理论数据,而并非工业生产中的实际可产出量。侵权责任法在司法实践中不具有溯及既往的效力。

106 队上诉称:请求二审法皖依法撤销原审判决,依法改判或发回重审;判令

本案上诉费用由白银公司清算组承担。主要理由有:

1.106 队并非本案的侵权责任主体。一审判决认定 106 队为本案共同侵权人,证据明显不足。(1)2003 年 11 月 24 日签订的《联合探矿协议》,其内容是在其享有合法探矿权利的区域内进行探矿的合作事宜,且根据该协议,106 队已将其享有的探矿权确认归须弥山公司所有,具体探矿工作由其独立实施,106 队并未继续参与。从该份协议内容,无法证明 106 队存在与他人进行联合"采矿"以及"共同实施与侵权行为"相关的意思表示。106 队虽与须弥山公司及黄渚选矿厂在 2003 年建立联合探矿的法律关系,但自 2004 年 5 月即向主管部门提交了普查报告,探矿工作自此结束,须弥山公司自 2004 年 10 月依法取得徐明山采矿权时采矿权范围内的联合探矿关系早已终止。陇南市国土资源局的调查报告所称"至此,三方联合探矿变为联合采矿"的认定,没有任何有效证据支持。即便如此,三方联合采矿的法律关系,也因为存在合法的采矿权(徐明山采矿权)而属于合法有效的法律关系。(2)一审判决认定 106 队将原用于探矿作业的矿硐作为联合采矿的主运输通道,属于认定错误,缺乏事实依据。106 队从未有意将涉案的探矿矿硐交于任何第三人进行合法或非法使用;在探矿工作结束后,106 队没有继续对该探矿矿硐进行管理和看护的法律义务。甘肃省、陇南市两级政府主管部门的反复调查和认定,本案越界开采的侵权人为须弥山公司,并由其承担了相应的行政责任,并未认定 106 队构成共同侵权。

2.关于本案侵权损害后果即财产损失的计算。一审判决均存在一定程度的错误,严重加重了侵权人的负担。(1)关于侵权矿石的数量依据。根据甘肃省三级政府部门进行的联合调查结果以及陇南市国土资源局作出的《矿产资源行政处罚决定书》可知,侵权矿石数量应为 4907 吨,其中Ⅲ2 号矿体 109 线为 2005 吨,而一审法院却仅根据白银公司单方测量结果,将侵权矿石量认定为 27288 吨,错误可想而知。一勘院的《估算报告》所确认的侵权矿石量同样证明上述三级政府主管部门认定侵权矿石数量依据的客观、科学以及公正性。(2)关于侵权矿石的品位依据。一审法院根据白银公司提交的《甘肃省成县李家沟铅锌矿床地质勘查报告》所显示的矿石品位(铅 1.29%,锌 8%)来计算矿石的铅精矿和锌精矿数量,属于证据采信不当,认定结果错误,该勘查报告形成于 1986 年 3 月,当时的勘查技术水平及勘查设备明显落后于 2009 年,其勘查的精度和误差自然较大,相对而言,一勘院于 2006 年侵权事件发生后作出的《估算报告》和白银公司委托甘肃省地质矿产勘查开发局第二地质矿产勘查院于 2009 年 11 月作出的《甘肃省成县李家沟铅锌矿床资源储量核实报告》以及评审意见书所确定的数据,更加科学、准确,应予采信。(3)关于侵权财产的市场价格依据。侵权行为发生于 2006 年 10 月,如果白银公司提供的是 1996 年的销售发票,如何能认定为是"属于侵权行为发生当时的市场价格"呢?白银公司提交法庭质证的增值税发票为锌精矿 5 张,铅精矿 2 张,共计 7 张,如何能认定为“其计算方法是分别将铅精矿和锌精矿的四个单价分别相加后,再以总价格除四得出的当期市场平均价格”呢? 应当结合上诉人提供的销售价格、案外人提供的销售价格,以及甘肃省当期政府的统计价格来综合确定,才更为客观、公正。白银公司提交的部分发票,存在关联交易的嫌疑,不应被作为认定案件的依据。既然一审判决认为“侵犯财产权损失以被侵犯财产当期市场平均价格计算”,那么侵权人侵犯的是白银公司对涉案矿山资源的开采权,就应当以侵权人已经侵犯的矿山资源采矿权的市场平均价格来进行计算,而不应当以铅精矿和锌精矿的市场平均价格来计算。应当对被侵权的矿山进行矿业权转让价格评估,根据评估结果确定损失,才符合侵权责任法精神。(4)关于侵权财产损失的计算。《中华人民共和国侵权责任法》第十九条规定的立法原意应当是将“损失发生时的市场价格”作为具体计算的依据,同时需考虑相关因素,综合确定,而并非直接依据该价格进行确定。根据《矿业权评估指南》以及矿山开采、选矿诸多环节的理论及实际操作常识,由于侵权人侵害的是铅锌矿山资源,而矿山资源只有经过开采、选矿、运输、管理,才能最终转化为铅精矿和锌精矿,如果按照铅精矿和锌精矿直接计算确定铅锌矿山资源的损失,则无疑是将矿山资源的开采成本、选矿成本、开采损失、选矿损失、管理费用、运输费用等即使由被上诉人自己开采也必须承担的成本和费用作为损失强加给了侵权人,必然是错误的。对此观点,甘肃省高级人民法院在(2008)甘民二初字第 15 号民事判决书中给予了正确的分析和认定。

恒兴公司上诉称:原审判决认定事实不清,证据不足,适用法律错误,请求依法撤销并改判。主要理由有:(1)越界开采的矿石量和损失,应由具备资质的第三方专业机构鉴定评估,或者由联合调查组对被上诉人的实测结果核实确认后才能确定。一审法院仅凭白银公司的单方实测资料认定越界开采量没有法律根据。该实测资料与李矿字〔2006〕18 号中反映的情况及省、市两级政府行政主管机关的调查结论相互矛盾。一勘院受联合调查组的委托,于 2006 年 11 月 25 日所出具的《估算报告》真实可靠。(2)一审判决适用法律错误,判决显失公平。一审判决黄渚选矿厂应当就其爆破封堵毁灭重要证据的行为承担对其不利的法律后果,是对法律的错误适用和对白银公司的明显偏袒。《甘肃省国土资源厅关于白银公司成县李家沟铅锌矿区“10·23”越界开采事件调查处理意见的请示》等行政主管机关的文件及专业机构的现场评估报告等公文书证,其证明力应大于被上诉人提交的欠缺真实性要件的一般书证及图纸、照片、影像资料等间接证据的证明力。一审判决适用侵权责任法判决侵权人按被侵权财产的市场价格进行赔偿,是对法律的错误理解导致的错误适用。本案的侵权行为发生于 2006 年,侵权责任法对本案中的侵权行为并无溯及力,应根据《民法通则》第一百一十七条规定的折价赔偿责任形式确定民事责任。本案中白银公司的损失应当相当于其自行开采、加工、销售被越界开采的相同数量的矿石所能获得的净利润,而不是销售总收入。白银公司就四方上诉人的上诉共同答辩称:一审判决认定事实清楚,适用法律正确,证据采纳合法,应予维持。本案越界开采的采场涉及三个,并非上诉人所称的两个,有陇南市国土资源局的报告及白银公司的实测报告说明。白银公司的实测报告是陇南市国土资源局与甘肃省国土资源厅要求白银公司参与行政处罚调查,并协助调查组作出的,该报告及附图现存档在陇南市国土资源局的相关卷宗中,相关附图上有茅德贤及黄渚选矿厂的签字盖章,法院予以采纳正当合法。关于矿量的计算,如果换算成原矿,费用会更高,白银公司计算时是按照国家规定的计算公式计算出来的,回采率、品位等已把废矿剔除,均有相应计算。主体问题上,四方上诉人均符合被告地位,依法均应承担民事责任。

最高人民法院除确认原审法院查明的案件事实外,另查明:

1. 陇南市国土资源局2006年11月2日向陇南市人民政府递交的陇国土资报〔2006〕71号《陇南市国土资源局关于成县李家沟矿区“10·23”非法越界开采情况的调查报告》载明:按照市政府领导批示精神,根据《成县李家沟矿业有限责任公司关于“10·23”非法越界开采的紧急报告》,我局组成联合调查组,从10月28日至10月30日进行调查得知,黄渚选矿厂申请取得甘肃成县茨坝南铅锌矿普查项目《勘查许可证》,有效期从2001年12月28日至2003年12月28日。2003年11月24日,须弥山公司、黄渚选矿厂、106队三家签订《联合探矿协议》,三方所占探矿比例分别为45%、35%、20%。2004年10月10日,须弥山公司申请取得须弥山公司徐明山铅锌矿《采矿许可证》,有效期至2012年10月。至此,三方联合探矿变为联合采矿。在探矿阶段,经与厂坝铅锌矿签订了联合监测协议,而形成目前徐明山矿(柒家沟矿硐)作为主运输巷道的原106队探矿巷道。经查看和调查,李家沟矿反映的“10·23”非法越界开采的问题是存在的,基本情况是相符的。由于未能及时采取有效措施保护好现场,未能及时责令徐明山矿柒家沟矿硐(原106队探矿巷道)立即停止一切采矿活动和炸封、封堵行为,致使这次调查工作无法进行技术监测,准确核实界定采矿区范围。

2. 甘肃省国土资源厅于2007年2月13日向甘肃省人民政府提交的甘国土资发〔2007〕31号《甘肃省国土资源厅关于白银公司成县李家沟铅锌矿区“10·23”越界开采事件赴理意见的请示》载明:根据徐守盛省长的批示,省国土资源厅会同省安监局、陇南市国土资源局、陇南市安监局、成县政府、成县国土资源局、白银公司等有关单位组成联合调查组,于11月23日至11月30日对“10·23”越界开采情况进行了调查。联合调查组听取了白银公司李家沟铅锌矿对越界开采情况的介绍,对李家沟铅锌矿及须弥山公司徐明山铅锌矿有关资料进行了认真查阅,查明越界开采的主体是须弥山公司徐明山铅锌矿。越界开采地段为Ⅲ2矿体102线至109线和I矿体97线一带,与白银公司反映的情况基本一致。联合调查组委托一勘院对越界区域的开采矿石量进行测算,109线附近采场采矿量经测算约为2005

吨,97 线附近采场由于采矿巷道已封堵,无法进入,不能准确测算采矿量。本次越界开采发生在 1155 米中段,该中段实际利用的却是柒家沟口原有色地勘局 106 队探矿坑道。

3. 甘肃省国土资源厅牵头组成三级联合调查组对涉案越界采矿事件进行调查,白银公司系调查组成员之一。调查组的主要职责为:(1)对须弥山公司徐明山铅锌矿进行采掘工程勘测;(2)对回采矿石量进行技术鉴定;(3)提交技术监测调查报告。

4. 1999 年 10 月 11 日,106 队与黄渚选矿厂签订的《甘肃省成县茨坝铅锌矿联合探矿合同》约定:黄渚选矿厂占有 70% 探矿权,106 队占有 30% 探矿权;106 队负责探矿过程中的技术及管理工作,编写探矿设计,并报甘肃有色地勘局批准后实施,同时配备所需的各专业技术人员,并严格按设计要求和规范施工;探矿过程中回收的矿石,申请转入探采结合后以及申请转入正规开采后所采的矿石均按上述探矿权比例分配。

5. 2001 年 1 月 18 日,黄渚选矿厂与 106 队签订《甘肃省成县厂坝—李家沟铅锌矿床外围东铅锌矿详查合作勘查合同》,约定:双方在已联合进行探矿的基础上,愿意继续联合风险探矿,达到开发条件时双方继续联合开发直至开采闭坑为止。上述双方关于 1999 年 10 月 11 日订立的合同其余内容在本合同中亦予再次明确。

6. 2002 年 4 月 23 日,106 队、黄渚选矿厂与成县茨坝选厂须弥山矿签订《联合探矿协议》,约定:成县茨坝选厂须弥山矿所持采矿证在另外两方的探矿区内愿意投入资金,进一步探矿,取得联合探矿权资格,联合探矿权单位为须弥山公司。该探矿工作由 106 队设计,成县茨坝选厂须弥山矿组织施工。该协议生效后,106 队、黄渚选矿厂提供前期相关地质资料;106 队负责提供地质探矿坑道测量及地质资料等,并两至三个月监测一次;在联合探矿实施经营过程中,由联营方黄渚选矿厂与 106 队各派一名矿石监管人员进行监督工作;在两家矿区域内,如遇到相互入界后探采互相打通时,优先以黄渚选矿厂坑道为主,106 队坑道主动绕道继续探采。

7. 2003 年 11 月 24 日,须弥山公司、黄渚选矿厂、106 队三家签订的《联合探矿协议》载明:三方同意将须弥山公司与黄渚选矿厂、106 队的探矿证合并,变更为须弥山公司探矿权,实行统一规划、统一管理,特签订本联合探矿协议:三方同意将上述两个探矿权合并在须弥山公司名下,由三方共同出资,依法勘查开发;三方愿投入一定资金进行联合勘查,三方所占探矿比例分别为:须弥山公司 45%,黄渚选矿厂 35%,106 队 20%;须弥山公司组织施工管理,106 队作为有资质的地质勘查单位在新联合的探矿权区域实施地质勘查工作。联合公司按公司法实行管理。

8. 在法院二审庭审中,106 队认可三方依上述几份协议约定比例数次分配回收的及所采的矿石。

9. 原审判决第26页第2段第5行中"铅精矿和锌精矿发票是1996年10月当期与案外人的市场交易价格"属笔误,年份应系2006年10月。

二审法院认为

最高人民法院经审理认为:根据当事人上诉与答辩意见,本案二审争议焦点为:(1)茅德贤、106队应否成为本案被告。(2)本案侵权损失数额应如何确定。(3)四方上诉人应如何承担本案民事责任。

关于茅德贤与106队应否成为本案被告问题。黄渚选矿厂系涉案联合探矿协议的签约主体之一,亦为"10·23"越界开采的实际操作主体,该厂作为联营企业至2004年4月,其全部出资已由茅德贤个人受让;该厂虽已被当地工商部门注销,但该厂未就其债权债务予以清算,故茅德贤应依法对黄渚选矿厂的债权债务承担民事责任。白银公司向茅德贤主张权利,并要求其承担侵权责任,符合我国民事诉讼法及民法通则的规定,原审判决将茅德贤列为本案被告,并无不当,本院予以维持。本案一、二审查明的事实表明,自1999年10月至2003年11月,黄渚选矿厂、106队与须弥山公司签订数份联合探矿合同与合作勘查合同,合同约定各方联合探矿、探采结合、逐步转入正规开采,直至开采闭坑为止;约定106队负责技术及管理工作.提供技术资料;对三方各自所占探矿比例、矿石回收分配比例等均作出了相应约定,且三方认可实际已依约履行。陇南市国土资源局的相关调查报告亦认定三方由联合探矿变为联合采矿,而本次越界开采的主运输巷道系106队原探矿巷道。可见,没有106队将自己的探矿权合并到须弥山公司名下,并将自己有权使用的原有探矿巷道作为此次非法越界开采的主运输巷道,供须弥山公司与黄渚选矿厂实际使用,没有106队多年的技术支持,就不会有本案非法越界开采后果的发生。因此,原审判决将106队列为本案被告,同样符合我国《民事诉讼法》第一百零八条的规定。茅德贤与106队关于自己不应成为本案被告的上诉请求不能成立,法院不予支持。

关于本案侵权损失数额的确定问题。从本案查明的事实看,关于涉案"10·23"越界开采事件,陇南市国土资源局与甘肃省国土资源厅已分别组织调查组进行了调查,并分别作出了《陇南市国土资源局关于成县李家沟矿区"10·23"非法越界开采情况的调查报告》与《甘肃省国土资源厅关于白银公司成县李家沟铅锌矿区"10·23"越界开采事件处理意见的请示》,陇南市国土资源局还作出了《矿产资源行政处罚决定书》,就该事件作出了基本结论与处理。当地政府均表态该事件为非法越界开采国有矿藏,事件严重情况与白银公司李家沟铅锌矿反映的情况基本一致;一、二审中,各方当事人对本案侵权事实的存在均予认可。因此,本案作为侵权损害赔偿纠纷,侵权事实客观存在,其与陇南市国土资源局就该事件作出行政处罚,属于民事与行政两个不同性质的法律关系,二者在认定事实、适用法律政策方面的依据均有所不同。《中华人民共和国行政处罚法》第七条第一款明确规定:“公民、法人或者其他组织因违法受到行政处罚,其违法行为对他人造成损害的,应当依法承担民事责任。”四方上诉人要求按照陇南市国土资源局作出的《矿产资源行政处罚决定书》确认本案民事责任,缺乏法律依据,法院不予支持。关于侵权损失赔偿数额,包括越界采矿数量与矿石损失单价的确认,以及应否剔除越界开采成本问题。一审中,白银公司为支持自己的主张向法庭提供了一系列证据材料,包括参与当地政府调查期间形成的实测资料报告、采场水平平面图、增值税专用发票等,经过一审法庭质证,有关当事人对其真实性或者表示认可,或者虽提出异议,但并未提出相应的反驳证据。法院二审中,原审四被告均提出上诉,认为原审判决在证据的认定与采纳方面不符合我国法律要求,经本院释明后,各方仍均未提出相应有效的合法证据予以反驳。根据最高人民法院《关于民事诉讼证据的若干规定》第二条“当事人对自己提出的诉讼请求所依据的事实或者反驳对方诉讼请求所依据的事实有责任提供证据加以证明。没有证据或者证据不足以证明当事人的事实主张的,由负有举证责任的当事人承担不利后果”之规定,四方上诉人应当承担举证不能的法律责任。首先,白银公司主张的27288吨矿石损失数量问题,该数量系地方政府两次组织调查前后,白银公司清算组作为联合调查组成员对越界开采现场实际测量取得数据,再依据国家矿产储量委员会审核通过的106队作出的相关地质报告所确定的矿石品位及计算公式严格计算出来的;且包括该数据在内的有关越界开采的事实情况报告得到了陇南市国土资源局以及甘肃省国土资源厅三级联合调查组的肯定,并成为陇南市国土资源局作出行政处罚的基本依据之一,具有相当的权威性。该数据系理论计算结果,本应通过实地核查予以印证,但由于黄渚选矿厂在越界开采行为被发现后,不但没有停止侵权、保护现场,反而多次实施爆破、封堵等恶意阻挠行为,陇南市国土资源局多次发文责令其停止侵权行为并立即清理,但黄渚选矿厂拒不清理,阻挠有关调查,致使矿产损失至今无法准确核实。该爆破、封堵行为是本案侵权行为的延续和实际损失不能准确核查的主要原因,已被地方与矿产资源管理机构的有效行政文件所确认。在地方政府组织的调查组对该越界开采事件调查处理过程中,茅德贤与黄渚选矿厂在该调查组成员白银公司清算组出具的“越界开采调查平面图”上签字、加盖公章,对自己实施的侵权行为以及该行为实施的范围、位置予以认可。而在本案诉讼中,茅德贤又拒绝承认黄渚选矿厂实施了爆堵行为,否认该厂越界开采行为与损害后果之间的关联性,有违诚实信用原则,据此,法院不予支持。至于一勘院基于甘肃省国土资源厅三级联合调查组委托就侵权事实所作的《估算报告》亦明确97线采场因为封堵无法进入,但该报告对105线Ⅲ2采场未提及,一些损失计算所必要的数据未提供,原审法院对该《估算报告》未予采纳,符合我国民事诉讼证据规则的规定,并无不妥。法院二审中,106队向法院提出申请,请求由权威部门就本案侵权产生的矿石损失予以鉴定。

对此,最高人民法院认为,基于本案业已查明的案件事实,已不可能恢复越界开采当时的历史原貌,本案已不存在进行相关鉴定的条件,故法院不予准许。原审判决认定本案越界开采矿石数量为27288吨,并以国家矿产储量委员会1988年1月审批的106队呈报的《甘肃省成县李家沟铅锌矿床地质勘探报告》所确定的矿石品位及计算公式计算本案侵权损失数额,符合我国民事诉讼证据规则的基本要求,并无不妥,法院予以维持。其次,四方上诉人在上诉意见中均提出在计算损失具体数额时应当采用原矿价格而非精粉价格。法院在二审期间依职权走访咨询了国土资源部、陇南市国土资源局与物价局等部门,均无法查询到确切的涉案原矿石的市场价格或者国家指导性价格等直接证据;如前所述,由于上诉人方面的原因,采场已无法恢复原状,本案已不具备法定的鉴定条件,上诉人又未提出有效的合法证据加以反驳,依照证据规则要求,上诉人应当承担举证不能的法律后果。故原审判决实际采纳白银公司2006年(非1996年)10月即越界开采被发现当月购买铅精粉和锌精粉价格发票的平均值,符合本院民事诉讼证据规则的要求,法院予以维持。对于上诉人提出的计算损失具体数额时应剔除开采、选矿成本与损失、支出的管理运输费用、税费等问题。法院认为,本案系侵犯采矿权纠纷,本案中的越界开采行为系非法侵权行为,不同于一般的合法商业交易行为。该非法行为持续多年,使国有矿山资源遭受巨大破坏,造成国有资产的流失,严重损害了国家利益;在该侵权行为被发现、相关国家管理部门三令五申立即停止侵权的情况下,侵权人仍通过爆破、封堵等手段阻挠调查,毁灭证据,已被国家有关部门予以行政处罚,故对这种恶意侵权行为人民法院应当进行制裁。原矿石被开采出来后经过加工、运输等生产程序,转换成精粉等深加工产品,在计算侵权损失时扣除开采、运输、人工工资、税收等必要的成本,得出净利润予以赔偿,是一般正常合同交易损害赔偿纠纷中通常使用的计算方法。本案当事人的侵权行为完全不同于一般矿石开采交易,而是恶意侵犯国有资产,性质严重,造成的国有资产损失难以估量,将如此恶意侵权行为所付出的成本由受害方国有企业承担,既无法律依据,亦不合情理。且上诉人在一审反驳、二审上诉中经法院释明后均拒绝提供自己非法越界开采成本的相关证据,故法院对此不予支持。因此,上诉人关于重新确认价格和损失的上诉请求缺乏事实和法律依据,不能成立,法院不予支持。

关于本案侵权损失的民事责任承担问题。从法院二审查明的事实看,须弥山公司、黄渚选矿厂与106队自1999年10月以来签订数份联合探矿合同,合同内容证明各方合作关系经历了联合探矿、探采结合到正规开采这样一个不断推进"直至开采闭坑为止"的过程。因此,该三方关系并非单纯的联合探矿关系,而是联合探矿发展到联合采矿的长期合作关系。甘肃省地方政府就本次非法越界开采行为的认定与处理表明,该三方当事人多年来实际按照上述合同约定内容履行了合同,各方亦获得了收益。对此,各方当事人在本案一、二审中均予认可。因此,须弥山公司、黄渚选矿厂与106队实际不仅联合探矿,亦实际联合采矿,106队提供自用矿硐、技术力量,获取收益,为本次越界开采提供条件并奠定了基础。该三方当事人就联合探矿与联合采矿存在共同的意思联络与风险共担的合意,在本案中存在共同的侵权行为,该共同侵权行为与白银公司合法采矿权的损失之间存在直接的因果关系,根据《中华人民共和国民法通则》第一百一十七条关于"侵占国家的、集体的财产或者他人财产的,应当返还财产,不能返还财产的,应当折价赔偿"和第一百三十条关于"二人以上共同侵权造成他人损害的,应当承担连带责任"之规定,须弥山公司、黄渚选矿厂与106队应对本案侵权造成的损失承担连带赔偿责任。原审判决判令须弥山公司、茅德贤与106队连带赔偿白银公司的损失具有事实依据,符合法律规定,并无不当,本院予以维持。既然黄渚选矿厂在本案中应承担民事责任,而恒兴公司接收了黄渚选矿厂的采矿许可证等财产,故原审判决判令恒兴公司就茅德贤承担赔偿部分在其承接黄渚选矿厂的财产范围内承担补充赔偿责任,同样具有事实依据,符合法律规定,法院予以维持。本案四方上诉人有关原审判决认定侵权损害数额错误、证据不足、其不应承担民事责任的上诉请求缺乏事实与法律依据,均不能成立,法院不予支持。

二审法院判决

最高人民法院认为,原审判决认定事实基本清楚,适用法律正确,裁判得当,本院依照《中华人民共和国民事诉讼法》第一百五十三条第一款第(一)项之规定,判决:驳回上诉,维持原判。

【民诉法司法解释】

证明妨害的推定,是指因不负有举证责任的当事人一方的行为致使其持有的对证明待证事实具有相当证明意义的证据未能在诉讼中提供、损毁灭失或者丧失证明价值,使待证事实无证据可资证明,导致待证事实处于真伪不明状态时,在事实认定上,法律就负有举证责任当事人的事实主张,作出对其有利的调整。《民事诉讼证据规定》第75条对此作出了明确规定:"有证据证明一方当事人持有证据无正当理由拒不提供,如果对方当事人主张该证据的内容不利于证据持有人,可以推定该主张成立。"也就是说,在持有证据的一方当事人拒不提供证据的情况下,作出推定对方当事人主张的证据内容成立的解释。《民事诉讼法解释》在以下两个方面对该规则作出了新的规定:

1. 针对书证中适用证明妨害规则,《民事诉讼法解释》第112条专门作出规定:"书证在对方当事人控制之下的,承担举证证明责任的当事人可以在举证期限届满前书面申请人民法院责令对方当事人提交。申请理由成立的,人民法院应当责令对方当事人提交,因提交书证所产生的费用,由申请人负担。对方当事人无正当理由由拒不提交的,人民法院可以认定申请人所主张的书证内容为真实。"一般来说,在有证据证明书证被对方当事人控制或者持有书证的当事人负有法定、约定或者依习惯上保存、保管义务的情况下,如果该证据不提供,待证事实将陷于真伪不明的状态,即事实存在有否法官均无法形成内心确信时,当事人申请的理由才能成立。当然,对方当事人如果有正当理由,如提交证据将使当事人或者相关人遭受重大不利益的,证据持有人可以拒绝提供,具体应根据个案的情况进行判断,持有证据的当事人拒绝提交书证的后果。

2. 对书证妨害证明行为可以进行制裁。《民事诉讼法解释》第 113 条规定:"持有书证的当事人以妨碍对方当事人使用为目的,毁灭有关书证或者实施其他致使书证不能使用行为的,人民法院可以依照民事诉讼法第一百一十一条规定,对其处以罚款、拘留。"《民事诉讼法》第 111 条规定,"伪造、毁灭重要证据,妨碍人民法院审理案件的",人民法院对于诉讼参与人可以根据情节轻重予以罚款、拘留。司法解释实际上是对毁灭书证进行了进一步解释,即法律规定毁灭证据不仅指对书证本身的灭失,造成书证不能在诉讼证明中使用的,在效果上与证据灭失无异,也可以归入毁灭证据的情形,适用相同的罚则。[①]

第三节　举证时限

078. 举证时限

【审判专论】

最高人民法院于 2008 年 12 月颁布法发〔2008〕42 号《关于适用〈关于民事诉讼证据的若干规定〉中有关举证时限规定的通知》(以下简称《举证时限通知》),明确举证期限的内涵,将举证期限区分为两种情形:第一种是不少于 30 日的期限,适用于当事人提供证明支持其主张的基础事实的证据。第二种是由法院酌情确定的期限,适用于就某一特定事实或者特定证据要求当事人进一步提供证据的情形,以降低新的证据出现的概率,解决因对举证期限理解不正确导致的不适当适用证据失权问题;同时,将在期限内是否已经客观存在和未提交证据是否存在故意或者重大过失作为认定新的证据时的参考因素,为认定新的证据提供裁量的尺度,确立了认定新的证据的指导性标准。

(王松:《适用证据规则认定事实的理念和方法》)

---

① 沈德咏主编:《最高人民法院民事诉讼法司法解释理解与适用》,人民法院出版社 2015 年版,第 374 页。

【公报案例】

江西圳业房地产开发有限公司与江西省国利建筑工程有限公司建设工程施工合同纠纷案

[最高人民法院(2006)民一终字第52号]

❖ 裁判摘要

根据最高人民法院《关于民事诉讼证据的若干规定》第三十四条的规定,当事人应当在举证期限内向人民法院提交证据材料,当事人在举证期限内不提交的,视为放弃举证权利,人民法院可以根据对方当事人提供的证据认定案件事实。但是,被视为放弃举证权利的一方当事人依法仍享有抗辩权,人民法院对其抗辩应当依法审查,抗辩有理的应当予以采纳、支持。

❖ 基本案情

上诉人(原审被告):江西圳业房地产开发有限公司

法定代表人:梁耀科,该公司总经理

被上诉人(原审原告):江西省国利建筑工程有限公司

法定代表人:张国仔,该公司董事长

上诉人江西圳业房地产开发有限公司(以下简称圳业公司)为与被上诉人江西省国利建筑工程有限公司(以下简称国利公司)建设工程施工合同纠纷一案,不服江西省高级人民法院(2005)赣民一初字第5号民事判决,向最高人民法院提起上诉。法院依法组成合议庭,于2006年9月12日公开开庭审理了本案。圳业公司的委托代理人汤忠赞、万艺娇,国利公司的委托代理人王开定、闵翰奇到庭参加了诉讼。本案现已审理终结。

一审法院经审理查明:2002年6月6日,江西省进贤县人民政府(以下简称进贤县人民政府)与深圳市圳昌投资实业有限公司(以下简称圳昌公司)签订《进贤县政府大院开发及新区建设合同书》。2002年6月8日,圳昌公司向进贤县人民政府出具授权委托书,委托圳业公司全权负责该项目的开发、经营和建设。2002年6月12日,圳业公司申请设立"进贤县政府大院开发行政中心建设项目总指挥部",并经进贤县工商行政管理局依法核准。进贤县政府大院开发行政中心建设项目总指挥部分别于2002年9月1日、2003年2月25日、2003年3月10日与国利公司签订了三份《建设工程施工合同》及其《补充协议书》,建设工程项目分别为进贤县行政中心建设工程县政府大楼、档案馆、食堂及宾馆。合同约定的承包范围为土建工程(基础、主体、屋面、砌筑、塑钢窗、抹灰楼地面、水电安装等),三份合同的工程总价款为人民币1424万元。工程项目采用可调价格,合同价款调整方法、范围为:按施工图、变更通知书、签证单进行调整,调整范围不得超过圳业公司与进贤县政府决算价格,最终价格以进贤县政府审定认可的造价为基础。合同约定国利公司承建的工程项目全面竣工结算后,圳业公司半年内需向国利公司支付90%工程款,土建保修期满付7%,余款3%作为工程质保金。国利公司同意在工程总造价上让利8%。结算依据为2001年《全国统一建筑(安装)工程定额》(江西省单位估价表),按三类取费。工程质量标准:政府大楼及档案馆为市级优良工程,如达不到市优将扣除工程总造价3%作为违约金;宾馆、食堂为合格工程。合同关于工程竣工结算约定:发包人(圳业公司)收到承包人(国利公司)递交的竣工结算报告及结算资料后28天内进行核实,给予确认或者提出修改意见。发包人收到竣工结算报告及结算资料后28天内无正当理由不支付工程竣工结算价款,从第29天起按承包人同期向银行贷款利率支付拖欠工程价款的利息,并承担违约责任。在施工过程中,圳业公司将合同约定的屋面、水电安装工程发包给他人施工。圳业公司分别于2004年9月23日、2004年11月8日和2004年12月30日收到国利公司递交的进贤县行政中心建设工程——档案馆、政府大楼、食堂、宾馆楼的工程决算书。工程决算书反映的工程总造价为24742895.8元。2004年8月25日,国利公司承建的县政府大楼、档案馆、食堂、宾馆通过竣工验收并投入使用。食堂、宾馆楼经验收评定为合格工程;政府大楼、资料楼经南昌市建设工程质量监督站评为市级优质结构工程;政府大楼经南昌市城乡建设委员会评定为市级优良工程。2005年4月1日,进贤县政府大院开发行政中心建设项目总指挥部向各施工单位发出通知,要求各施工单位尽快提供齐全有效的决算资料进入决算程序。至本案起诉之日止,圳业公司共向国利公司支付工程款人民币1264万元。国利公司单方提供的工程决算显示,圳业公司尚欠国利公司工程款12102895.8元。

一审法院另查明:圳昌公司与进贤县人民政府签订《进贤县政府大院开发及新区建设合同书》第十一条约定:"新区建设工程验收合格后,双方进行财务结算,结算必须在验收之日起壹个月内完成。"圳昌公司与进贤县人民政府的工程结算至今未进行。

一审法院通知当事人的举证期限为2005年8月15日前,并于2005年9月12日、9月29日两次组织双方当事人进行证据交换。在此期间,圳业公司未提出对本案所涉工程造价进行司法鉴定的申请。2005年10月8日,圳业公司向一审法院提出书面申请,要求就本案所涉工程项目款项进行司法鉴定。在移送鉴定中,圳业公司对鉴定事项范围提出异议,且未在通知要求的时间内按规定交纳鉴定费用,一审法院司法技术处于2006年3月17日将案件退回。

2005年12月13日,国利公司向一审法院提出先予执行申请,一审法院经审查,于2006年1月16日作出(2005)赣民一初字第5-2号民事裁定,由圳业公司向国利公司支付200万元。此款已执行完毕。

因涉案工程款未结清,国利公司于2005年4月27日向江西省南昌市西湖区人民法院(以下简称西湖区人民法院)提起诉讼。西湖区人民法院受理后,圳业公司提出管辖权异议。2005 年 5 月 23 日,西湖区人民法院将本案移送江西省高级人民法院。国利公司的诉讼请求是:判令圳业公司清偿工程款 1210 万元及利息 90 万元;由圳业公司承担本案的案件受理费和财产保全费。

一审法院认为

一审法院认为:圳业公司申请并经工商行政管理部门依法核准设立进贤县政府大院开发行政中心建设项目总指挥部,该指挥部与国利公司所签订的三份《建设工程施工合同》及其《补充协议书》,系当事人的真实意思表示,其内容没有违反国家法律及行政法规的禁止性规定,应为合法有效。该指挥部因无法人资格,其民事责任由圳业公司承担。圳业公司对其在本案中的诉讼地位无异议,该院依法予以确认。国利公司按合同约定履行了义务,完成了承包范围内的县政府大楼、档案馆、食堂及宾馆土建工程。工程竣工后,圳业公司向国利公司支付了部分工程款。在工程结算中,国利公司向圳业公司分别递交了县政府大楼、档案馆、食堂及宾馆的工程决算书。双方签订的建设工程施工合同中关于工程竣工结算条款约定,发包人收到承包人递交的竣工结算报告及结算资料后 28 天内进行核实,给予确认或者提出修改意见,发包人收到竣工结算报告及结算资料后 28 天内无正当理由不支付工程竣工结算价款,从第 29 天起按承包人同期向银行贷款利率支付拖欠工程价款的利息,并承担违约责任。最高人民法院《关于审理建设工程施工合同纠纷案件适用法律问题的解释》第二十条规定:“当事人约定,发包人收到竣工结算文件后,在约定期限内不予答复,视为认可结算文件的,按照约定处理。承包人请求按照竣工结算文件结算工程价款的,应予支持。”国利公司提出的关于圳业公司支付所欠工程款的诉讼请求,符合双方之间的约定及最高人民法院上述司法解释的规定,依法应予支持。圳业公司收到国利公司递交的工程决算书后,未在合同约定的时间内对决算问题提出任何异议。圳业公司关于国利公司未向其提交完整的决算资料,导致决算工作无法正常进行,责任完全在国利公司的抗辩理由不能成立。双方当事人所签订的建设工程施工合同虽然约定工程项目采用可调价格,合同价款调整方法、范围为:按施工图、变更通知书、签证单进行调整,调整范围不得超过圳业公司与进贤县人民政府决算价格,最终价格以进贤县人民政府审定认可的造价为基础,但圳业公司与进贤县人民政府至今未就承建的工程造价进行决算,进贤县人民政府最终审定认可的造价无法确定。在对本案所涉工程款可调部分价格进行司法鉴定时,圳业公司未在法院对外委托鉴定部门通知要求的时间内按规定交纳鉴定费用,应视为圳业公司行使诉讼权利中对鉴定请求的放弃。国利公司在诉讼请求中,要求判令圳业公司清偿所欠工程款 1210 万元。诉讼中,国利公司递交书面材料,说明在起诉时未将双方当事人签订的补充协议中 8%(计 197.92 万元)让利从工程款中减去,圳业公司实际尚欠国利公司工程款 1012.08 万元。此为国利公司在法律规定范围内对自己民事权利的处分,一审法院予以准许。上述款项减去通过先予执行圳业公司向国利公司支付的200万元,圳业公司向国利公司支付的工程款应为812.08万元。国利公司要求圳业公司支付所欠工程款利息90万元,因未能提供计算依据,所欠工程款利息数额只能按一般利息计算规则予以确定。且依据合同约定,国利公司诉请所欠工程款中还含有3%的工程质量保修金。合同约定土建工程质量保修期为一年,现保质期已过,但依据合同约定,保修金在返还时不计算利息。故国利公司关于要求圳业公司支付利息的诉请,一审法院部分不予支持。

一审法院判决

一审法院依照《中华人民共和国合同法》第六十条、第一百零七条、第一百零九条,最高人民法院《关于审理建设工程施工合同纠纷案件适用法律问题的解释》第十七条、第二十条,最高人民法院《关于民事诉讼证据的若干规定》第二十五条,《中华人民共和国民事诉讼法》第十三条之规定,判决:圳业公司于判决生效之日起15日内向国利公司支付工程款812.08万元及利息(利息数额自2005年1月28日开始按中国人民银行发布的同期同类贷款利率计算至执行完毕时止,但工程款中3%保修金不计利息)。案件受理费75010元、财产保全费65520元,共计140530元,由圳业公司承担90%,即126477元;由国利公司承担10%,即14053元。

上诉

圳业公司不服一审判决,于2006年5月28日向最高人民法院提出上诉,请求撤销江西省高级人民法院(2005)赣民一初字第5号民事判决,驳回国利公司的一审全部诉讼请求并由其承担一、二审全部诉讼费用。其主要上诉理由是:1.一审判决认定证据和适用法律均有错误。工程变更单并未得到建设单位的确认,但一审判决对国利公司提供的六份工程变更单全部予以确认;依据工作联系函认定国利公司在2004年11月8日向圳业公司递交进贤县政府大楼工程决算资料,亦属认定事实错误;对涉案《会议纪要》及于国利公司的效力不予认定,系适用法律错误。2.国利公司提交的决算资料不全,且迟迟没有补齐,国利公司要求支付工程款的条件未成就,无权要求圳业公司支付工程款。一审判决错误适用关于审理建设工程施工合同纠纷案件的司法解释,将单方面的决算书作为支付工程款的依据。3.工程决算书存在计算错误,多算工程款金额达11378038.05元,其中一笔就多算1879343.98元。4.一审判决程序违法,对圳业公司的财产进行保全及先予执行不当,对涉案工程的全部工程造价没有进行司法鉴定。涉案工程为政府投资工程,进贤县人民政府为涉案工程的建设方,圳昌公司为代建方,法院应当通知其参加诉讼。

国利公司答辩时请求维持原判,驳回圳业公司的上诉请求。其主要理由是:1.2004年8月25日,国利公司承建的涉案工程通过竣工验收并交付使用。圳业公司对国利公司提交的工程竣工结算书分别予以签收,充分说明圳业公司对国利公司工作联系函所述内容的确认。在合同约定的期限内,圳业公司未对有关结算书提出异议。2. 一审法院规定的举证期限为 2005 年 8 月 15 日,圳业公司于同年 10 月 8 日才提出鉴定申请,违反了证据规则的有关规定。一审法院同意鉴定后,圳业公司又拒不预交鉴定费用,致使鉴定无法进行,应承担举证不能的责任。3. 关于工程变更单的问题。六份工程变更单均有国利公司与圳业公司的签章,双方当事人对工程量变更的意思表示一致,圳业公司应当根据工程变更单支付工程款;国利公司与圳业公司之间系建设工程承包合同关系,圳业公司与进贤县人民政府之间则为房地产开发合同关系,国利公司未与进贤县人民政府签订任何协议,根据各方当事人权利义务的相对性,送交工程变更单应由进贤县人民政府确定的义务人圳业公司完成。涉案工程已通过竣工验收并交付使用,进贤县人民政府是验收单位之一,该事实足以证明进贤县人民政府对整个工程量的确认。4. 国利公司与圳业公司在合同中明确约定了结算期限,圳业公司在约定的结算期限内未对国利公司提交的结算资料进行确认或修改,圳业公司应承担违约责任。5. 关于 2005 年 1 月 8 日《会议纪要》的效力问题。熊小平虽是国利公司委派的项目经理,但根据双方合同(通用条款第 1.5 条)的规定,项目经理只有负责施工管理、履行合同的职能,无权代表国利公司订立、变更或解除合同。该《会议纪要》对国利公司不具有法律约束力。6. 一审法院裁定采取财产保全措施和先予执行,终止司法鉴定,依照合同约定判决扣除 8% 的让利工程款,均符合法律规定。

法院二审查明:本案中的"资料楼"即《建设工程施工合同》约定的档案馆;圳业公司不是 2005 年 1 月 8 日《会议纪要》的参与方;国利公司编制的工程结算书因计算错误,多算工程款 1879343.98 元。

2006 年 12 月 26 日,国利公司变更诉讼代理人:委托该公司职员熊韶云为该公司在本案二审中的诉讼代理人,解除与闵翰奇的委托代理合同。

法院二审期间,国利公司于 2007 年 2 月 2 日出具《确认函》,明确表示放弃工程款的利息 60 万元;放弃因编制工程结算书中计算错误而多算的工程款 1879343.98 元,两项合计 2479343.98 元。

法院二审查明的其他事实与一审法院查明的事实相同。

二审法院认为

法院认为:圳业公司与国利公司签订的三份《建设工程施工合同》及其《补充协议书》,是双方当事人的真实意思表示,其内容不违反法律法规的规定,应认定合法有效。上述合同对双方当事人均具有约束力。当事人二审期间争议的主要问题是:

(一)关于支付工程款的条件是否已经成就的问题。国利公司已经履行了合同义务,且涉案工程已通过验收并交付使用,圳业公司对工程质量不持异议。此后,国利公司依约将竣工结算文件提交给圳业公司。圳业公司在收到竣工资料后的

28 日内,既不表示认可也未提出修改意见,违反了双方当事人选择适用的建设部制定的《建设工程施工合同》格式文本中第 33 条第 3 款的规定,从第 29 天起,支付工程款的条件成就。圳业公司的违约行为不能阻却支付工程款条件的成就。

关于 2005 年 1 月 8 日《会议纪要》对工程款支付时间的影响。圳业公司以该《会议纪要》及 2005 年 1 月 18 日国利公司向其递交的《工程款正常支付申报表》和其分四次通过工商银行向国利公司支付工程款的九张凭证作为证据,主张该《会议纪要》对双方当事人具有约束力。根据该《会议纪要》,国利公司已经领取了部分工程款,在有关工程总结算完成前,不得再索要工程款。国利公司则认为,圳业公司提出的《工程款正常支付申请表》及付款凭证举证不属于新证据,对这些在举证期限届满后提交的证据不予认可。国利公司还主张,《会议纪要》上虽有其项目经理熊小平的签字,但其并不负责国利公司财务和工程结算。未经公司授权,熊小平在该纪要上签字无效。上诉人支付全部工程款的条件已经成就。本院认为,该《会议纪要》列明的与会方并不包括圳业公司,作为与会的工程款付款义务人在该纪要上盖章的是圳昌公司。该纪要与圳业公司没有直接关系,即使圳业公司举出的相关付款凭证证明国利公司已经领取了部分工程款,也并不能证明其通过该《会议纪要》承诺不向圳业公司索要工程款。由于圳昌公司、圳业公司均为独立的法人,是不同的民事主体,圳业公司关于"圳昌公司就是圳业公司"的主张不能成立,其关于《会议纪要》形成后至进贤县人民政府有关工程总结算完成前,国利公司不得要求圳业公司支付工程款的主张亦不能成立。因此,对于圳业公司关于支付工程款条件未成就的主张,法院不予支持。

(二)关于工程款的计算问题。鉴于本案合同约定工程采用可调价格,双方当事人在价格调整问题上存在争议。圳业公司认为,一审判决将国利公司提交的六张工程变更单全部予以确认是错误的,其中两份没有建设单位代表签字、一份没有设计单位代表签字。这三张工程变更单是无效的。国利公司则坚持认为六张变更单有效。经审查,这六份工程变更单中虽有两份没有建设单位代表签字,但均系圳业公司提出变更,并由其和国利公司、监理单位的代表签字后经双方当事人盖章确认。由于涉案合同是在双方当事人之间履行的,作为发包方的圳业公司有义务将工程变更单提交建设单位、设计单位代表签字,即使工程变更单存在未提交有关代表签字的瑕疵,也不能成为其否认工程变更单效力的理由。因此,一审法院认定六份工程变更单有效并无不当。对圳业公司关于部分工程变更单未经建设单位等签字确认,应认定无效的主张,法院不予支持。

圳业公司虽主张已付清全部工程款,但不能提出有效证据加以证明。因此,一审法院只能以国利公司提供的证据作为计算工程款的依据。尽管圳业公司提出了通过鉴定确定工程款数额的请求,且这一请求因其未按期交纳鉴定费而未能得到支持,但在确定工程款数额问题上,圳业公司仍享有抗辩权。对于其抗辩,法院仍应进行审查。圳业公司提出因国利公司计算工程款有误,致使一审判决认定的工程款数额多了1879343.98元。法院二审期间,国利公司对误算工程款一事予以确认并明确表示放弃向圳业公司主张1879343.98元工程款的诉讼请求,本院对此依法予以确认。圳业公司关于一审判决多算上述工程款的抗辩有理,本院予以支持。

(三)关于一审判决适用最高人民法院《关于审理建设工程施工合同纠纷案件适用法律问题的解释》第二十条之规定是否正确的问题。适用本条司法解释的前提条件是,当事人之间约定了发包人收到竣工结算文件后,在约定的期限内不予答复,则视为认可竣工结算文件。本案当事人只是选择适用了建设部制定的建设工程施工合同格式文本,并没有对发生上述情况下是否以承包人报送的竣工结算文件作为工程款结算依据一事作出特别约定。因此,不能以该格式合同文本中的通用条款第33条第3款之规定为据,简单地推定出发包人认可以承包人报送的竣工结算文件为确定工程款数额的依据。圳业公司关于本案不应适用最高人民法院《关于审理建设工程施工合同纠纷案件适用法律问题的解释》第二十条的上诉理由成立,法院予以支持。

本案不适用最高人民法院《关于审理建设工程施工合同纠纷案件适用法律问题的解释》第二十条之规定,以承包人单方提交的竣工结算文件作为确认工程款数额的依据,并不意味着《建设工程施工合同》中通用条款第33条第3款的内容,对双方当事人没有约束力,违反这一规定,仍应承担违约责任。之所以维持一审判决以国利公司向圳业公司报送的竣工结算文件作为确认工程款数额基础的结论,是因为在一审诉讼中,国利公司将该竣工结算文件作为确定工程款数额的证据提交后,圳业公司没有在一审法院指定的举证期限内提出相反的证据,亦未在这一期限内申请鉴定。在一审法院同意就与工程款有关的问题进行鉴定后,圳业公司以不同意一审法院确定的鉴定范围为由,未在一审法院负责对外委托鉴定工作的部门指定的期限内交纳鉴定费,致使鉴定工作未能进行,应承担举证不能的后果。在此情况下,人民法院只能以一方当事人提供的证据作为确认工程款的依据。

(四)关于一审程序是否违法的问题。一审法院根据国利公司提出的财产保全申请和江西联友房地产开发有限公司出具的担保,依法裁定冻结、查封、扣押圳业公司的财产。之后,该院又根据国利公司提交的《先予执行申请书》和江西联友房地产开发有限公司另行出具的担保,依法裁定从冻结款中向国利公司支付200万元,用以支付为国利公司所拖欠的民工工资等,圳业公司声称国利公司没有提供担保与事实不符,一审法院的先予执行措施符合法定条件。本案一审中工程造价的鉴定未能进行,是由于圳业公司放弃鉴定权利的行为造成的。国利公司未将涉案工程的建设单位进贤县人民政府、开发商圳昌公司列为第三人,后两者也未申请参加诉讼,且二者均非涉案合同义务的承担者,故一审法院未将后两者追加为第三人并无不当。圳业公司关于一审程序违法的上诉理由不能成立,法院不予采信。

(五)关于工程款利息的计算问题。圳业公司上诉请求驳回国利公司的全部诉讼请求,应当包括驳回国利公司关于工程款利息的诉讼请求。法院二审期间,国利公司以《确认函》的方式表示放弃60万元工程款利息。国利公司的上述意思表示真实,不违反法律规定,本院对此予以认可。根据双方当事人所签合同约定,工程款的利息应当从国利公司向圳业公司提交竣工结算报告第29天起算。由于国利公司起诉时主张的利息总额为90万元,扣除其自愿放弃的60万元,国利公司主张的工程款利息应当以30万元为限。因以中国人民银行同期同类贷款利率计息,所得利息总数已经超过30万元,故国利公司所得工程款利息应为30万元。

综上,一审判决在计算工程款数额和确认利息起算日期上有误,适用法律不当,依法应予纠正。

二审法院判决

依照《中华人民共和国民事诉讼法》第一百五十三条第一款第(二)项之规定,判决如下:

变更江西省高级人民法院(2005)赣民一初字第5号民事判决为:江西圳业房地产开发有限公司于本判决生效之日起15日内给付江西省国利建筑工程有限公司工程款6394467.67元及利息30万元。

如逾期不履行本判决确定之金钱给付义务,应当依照《中华人民共和国民事诉讼法》第二百三十二条之规定,加倍支付迟延履行期间的债务利息。

(选自《中华人民共和国最高人民法院公报2007年卷》)

079. 因反驳证据提出的新证据不属超过举证期限的证据

【案例指导】

大连实德集团有限公司与中国农业银行股份有限公司沈阳和平支行、原审被告沈阳东鹏机械施工有限公司金融借款保证合同纠纷案

[最高人民法院(2010)民二终字第63号]

上诉人(原审被告):大连实德集团有限公司

法定代表人:徐明,该公司董事长

被上诉人(原审原告):中国农业银行股份有限公司沈阳和平支行

负责人:曹杰,该行行长

原审被告:沈阳东鹏机械施工有限公司

法定代表人:李秋伟,该公司董事长

上诉人大连实德集团有限公司(以下简称实德集团)为与被上诉人中国农业银

行股份有限公司沈阳和平支行(原名称为中国农业银行沈阳市和平支行,2009年8月12日更名为现名,以下均简称为和平支行)、原审被告沈阳东鹏机械施工有限公司(以下简称东鹏公司)金融借款保证合同纠纷一案,不服辽宁省高级人民法院(2009)辽民二初字第8号民事判决,向最高人民法院提起上诉。最高人民法院依法组成由审判员钱晓晨担任审判长,审判员刘敏、代理审判员李京平参加的合议庭进行了审理,书记员袁红霞担任记录,本案现已审理终结。

一审法院查明:2004年4月27日,实德集团向中国农业银行沈阳市盛京支行(以下简称盛京支行)出具实德集团全体董事一致同意实德集团为东鹏公司向盛京支行贷款人民币1000万元提供连带责任担保的《董事会决议》。同年5月18日,东鹏公司与盛京支行签订(沈盛)农银借字(2004)0003号《借款合同》,约定:东鹏公司向盛京支行申请人民币贷款1000万元,贷款利率为年利率5.841%,借款及还款期限分别为2004年5月18日和2005年5月17日;同日,实德集团与盛京支行签订(沈盛)农银保字(2004)第0003号《保证合同》,为东鹏公司的该笔借款向盛京支行提供连带责任担保。盛京支行审查后,于当日向东鹏公司发放了该笔贷款。

2004年4月28日,实德集团向盛京支行出具实德集团全体董事一致同意实德集团为东鹏公司向盛京支行贷款人民币1000万元提供连带责任担保的《董事会决议》。同年5月19日,东鹏公司与盛京支行签订(沈盛)农银借字(2004)0004号《借款合同》,约定:东鹏公司向盛京支行申请人民币贷款1000万元,贷款利率为年利率5.841%,借款及还款期限分别为2004年5月19日和2005年5月18日;同日,实德集团与盛京支行签订(沈盛)农银保字(2004)第0004号《保证合同》,为东鹏公司的该笔借款向盛京支行提供连带责任担保。盛京支行审查后,于当日向东鹏公司发放了该笔贷款。

2004年5月9日,实德集团向盛京支行出具实德集团全体董事一致同意实德集团为东鹏公司向盛京支行贷款人民币1000万元提供连带责任担保的《董事会决议》。同年5月25日,东鹏公司与盛京支行签订(沈盛)农银借字(2004)0006号《借款合同》,约定:东鹏公司向盛京支行申请人民币贷款1000万元,贷款利率为年利率5.841%,借款及还款期限分别为2004年5月25日和2005年5月24日;同日,实德集团与盛京支行签订(沈盛)农银保字(2004)第0006号《保证合同》,为东鹏公司的该笔借款向盛京支行提供连带责任担保。盛京支行审查后,于当日向东鹏公司发放了该笔贷款。

2004年5月10日,实德集团向盛京支行出具实德集团全体董事一致同意实德集团为东鹏公司向盛京支行贷款人民币1000万元提供连带责任担保的《董事会决议》。5月26日,东鹏公司与盛京支行签订(沈盛)农银借字(2004)0007号《借款合同》,约定:东鹏公司向盛京支行申请人民币贷款1000万元,贷款利率为年利率5.841%,借款及还款期限分别为2004年5月26日和2005年5月25日;同日,实德集团与盛京支行签订(沈盛)农银保字(2004)第0007号《保证合同》,为东鹏公司的该笔借款向盛京支行提供连带责任担保。盛京支行审查后,于当日向东鹏公司发放了该笔贷款。

2004年5月27日,实德集团向盛京支行出具实德集团全体董事一致同意实德集团为东鹏公司向盛京支行贷款人民币500万元提供连带责任担保的《董事会决议》。同年6月21日,东鹏公司与盛京支行签订(沈盛)农银借字(2004)0008号《借款合同》,约定:东鹏公司向盛京支行申请人民币贷款500万元,贷款利率为年利率5.841%,借款及还款期限分别为2004年6月21日和2005年6月20日;同日,实德集团与盛京支行签订(沈盛)农银保字(2004)第0008号《保证合同》,为东鹏公司的该笔借款向盛京支行提供连带责任担保。盛京支行审查后,于当日向东鹏公司发放了该笔贷款。

2004年5月28日,实德集团向盛京支行出具实德集团全体董事一致同意实德集团为东鹏公司向盛京支行贷款人民币450万元提供连带责任担保的《董事会决议》。同年6月22日,东鹏公司与盛京支行签订(沈盛)农银借字(2004)0010号《借款合同》,约定:东鹏公司向盛京支行申请人民币贷款450万元,贷款利率为年利率5.841%,借款和还款期限分别为2004年6月22日和2005年6月21日;同日,实德集团与盛京支行签订(沈盛)农银保字(2004)第0010号《保证合同》,为东鹏公司的该笔借款向盛京支行提供连带责任担保。盛京支行审查后,于当日向东鹏公司发放了该笔贷款。

2004年5月26日,实德集团向盛京支行出具实德集团全体董事一致同意实德集团为东鹏公司向盛京支行贷款人民币1590万元提供连带责任担保的《董事会决议》。同年6月30日,东鹏公司与盛京支行签订(沈盛)农银借字(2004)0011号《借款合同》,约定:东鹏公司向盛京支行申请人民币贷款1590万元,贷款利率为年利率5.841%,借款及还款期限分别为2004年6月30日和2005年6月22日;同日,实德集团与盛京支行签订(沈盛)农银保字(2004)第0011号《保证合同》,为东鹏公司的该笔借款向盛京支行提供连带责任担保。盛京支行审查后,于当日向东鹏公司发放了该笔贷款。

2004年7月19日,实德集团向盛京支行出具实德集团全体董事一致同意实德集团为东鹏公司向盛京支行贷款人民币1590万元提供连带责任担保的《董事会决议》。同年8月24日,东鹏公司与盛京支行签订(沈盛)农银借字(2004)0013号《借款合同》,约定:东鹏公司向盛京支行申请人民币贷款1590万元,贷款利率为年利率5.841%,借款及还款期限分别为2004年8月24日和2005年8月23日;同日,实德集团与盛京支行签订(沈盛)农银保字(2004)第0013号《保证合同》,为东鹏公司的该笔借款向盛京支行提供连带责任担保。盛京支行审查后,于当日向东鹏公司发放了该笔贷款。

2004年7月20日,实德集团向盛京支行出具实德集团全体董事一致同意实德集团为东鹏公司向盛京支行贷款人民币470万元提供连带责任担保的《董事会决议》。同年8月25日,东鹏公司与盛京支行签订(沈盛)农银借字(2004)0017号《借款合同》,约定:东鹏公司向盛京支行申请人民币贷款470万元,贷款利率为年利率5.841%,借款及还款期限分别为2004年8月25日和2005年8月24日;同日,实德集团与盛京支行签订(沈盛)农银保字(2004)第0017号《保证合同》,为东鹏公司的该笔借款向盛京支行提供连带责任担保。盛京支行审查后,于当日向东鹏公司发放了该笔贷款。

2004年7月20日,实德集团向盛京支行出具实德集团全体董事一致同意实德集团为东鹏公司向盛京支行贷款人民币1490万元提供连带责任担保的《董事会决议》。同年8月31日,东鹏公司与盛京支行签订(沈盛)农银借字(2004)0018号《借款合同》,约定:东鹏公司向盛京支行申请人民币贷款1490万元,贷款利率为年利率5.841%,借款及还款期限分别为2004年8月31日和2005年8月24日;同日,实德集团与盛京支行签订(沈盛)农银保字(2004)第0018号《保证合同》,为东鹏公司的该笔借款向盛京支行提供连带责任担保。盛京支行审查后,于当日向东鹏公司发放了该笔贷款。

2004年8月17日,实德集团向盛京支行出具实德集团全体董事一致同意实德集团为东鹏公司向盛京支行贷款人民币1990万元提供连带责任担保的《董事会决议》。同年9月21日,东鹏公司与盛京支行签订(沈盛)农银借字(2004)0023号《借款合同》,约定:东鹏公司向盛京支行申请人民币贷款1990万元,贷款利率为年利率5.841%,借款及还款期限分别为2004年9月21日和2005年9月20日;同日,实德集团与盛京支行签订(沈盛)农银保字(2004)第0023号《保证合同》,为东鹏公司的该笔借款向盛京支行提供连带责任担保。盛京支行审查后,于当日向东鹏公司发放了该笔贷款。

2004年8月19日,实德集团向盛京支行分别出具实德集团全体董事一致同意实德集团为东鹏公司向盛京支行贷款人民币1030万元及550万元提供连带责任担保的两份《董事会决议》。同年9月29日,东鹏公司与盛京支行分别签订(沈盛)农银借字(2004)0029号及(沈盛)农银借字(2004)0030号两份《借款合同》,均约定:东鹏公司向盛京支行申请人民币贷款1030万元和550万元,贷款利率均为年利率5.841%,借款和还款期限均为2004年9月29日和2005年9月21日;同日,实德集团与盛京支行签订(沈盛)农银保字(2004)第0029号及(沈盛)农银保字(2004)0030号两份《保证合同》,为东鹏公司的上述两笔借款向盛京支行提供连带责任担保。盛京支行审查后,于当日向东鹏公司发放了该两笔贷款。

2004年9月8日、9日,实德集团分别向盛京支行出具实德集团全体董事一致同意实德集团为东鹏公司向盛京支行贷款人民币1690万元和450万元提供连带责任担保的两份《董事会决议》。同年10月26日,东鹏公司与盛京支行分别签订(沈盛)农银借字(2004)0031号及(沈盛)农银借字(2004)0033号两份《借款合同》,约定:东鹏公司向盛京支行申请人民币贷款1690万元和450万元,贷款利率均为年利率6.372%,借款时间均为2004年10月26日,还款期限分别为2005年10月24日和10月25日;同日,实德集团与盛京支行分别签订(沈盛)农银保字(2004)第0031号及(沈盛)农银保字(2004)第0033号两份《保证合同》,为东鹏公司的该两笔借款向盛京支行提供连带责任担保。盛京支行审查后,于当日向东鹏公司发放了该两笔贷款。

2004年9月9日,实德集团分别向盛京支行出具实德集团全体董事一致同意实德集团为东鹏公司向盛京支行贷款人民币700万元和800万元提供连带责任担保的两份《董事会决议》。同年11月11日,东鹏公司与盛京支行签订(沈盛)农银借字(2004)0035号及(沈盛)农银借字(2004)0036号两份《借款合同》,约定:东鹏公司向盛京支行申请人民币贷款700万元和800万元,贷款利率均为年利率6.696%,借款及还款期限分别均为2004年11月11日和2005年10月25日;同日,实德集团与盛京支行分别签订(沈盛)农银保字(2004)第0035号、(沈盛)农银保字(2004)0036号两份《保证合同》,为东鹏公司的该两笔借款向盛京支行提供连带责任担保。盛京支行审查后,于当日向东鹏公司发放了该两笔贷款。

2004年10月8日,实德集团向盛京支行分别出具实德集团全体董事一致同意实德集团为东鹏公司向盛京支行贷款人民币340万元及400万元提供连带责任担保的两份《董事会决议》。同年11月19日,东鹏公司与盛京支行分别签订(沈盛)农银借字(2004)0038号和(沈盛)农银借字(2004)0040号两份《借款合同》,以保证担保方式向盛京支行申请人民币贷款340万元和400万元,贷款利率均为年利率6.696%,借款及还款期限分别均为2004年11月19日和2005年11月18日;同日,实德集团与盛京支行分别签订(沈盛)农银保字(2004)第0038号、(沈盛)农银保字(2004)0040号两份《保证合同》,为东鹏公司的该两笔借款向盛京支行提供连带责任担保。盛京支行审查后,于当日向东鹏公司发放了该两笔贷款。

2004年10月8日,实德集团向盛京支行出具实德集团全体董事一致同意实德集团为东鹏公司向盛京支行贷款人民币800万元提供连带责任担保的《董事会决议》。同年11月24日,东鹏公司与盛京支行签订(沈盛)农银借字(2004)0037号《借款合同》,约定:东鹏公司向盛京支行申请人民币贷款800万元,贷款利率为年利率6.696%,借款及还款期限分别为2004年11月24日和2005年11月18日;同日,实德集团与盛京支行签订(沈盛)农银保字(2004)第0037号《保证合同》,为东鹏公司的该笔借款向盛京支行提供连带责任担保。盛京支行审查后,于当日向东鹏公司发放了该笔贷款。

2004年10月10日,实德集团向盛京支行分别出具实德集团全体董事一致同意实德集团为东鹏公司向盛京支行贷款人民币600万元及800万元提供连带责任担保的两份《董事会决议》。同年12月3日,东鹏公司与盛京支行分别签订(沈盛)农银借字(2004)0049号、(沈盛)农银借字(2004)0050号两份《借款合同》,以保证担保方式向盛京支行申请人民币贷款600万元和800万元,贷款利率均为年利率6.696%,借款及还款期限均分别为2004年12月3日和2005年12月2日;同日,实德集团与盛京支行分别签订(沈盛)农银保字(2004)第0046号、(沈盛)农银保字(2004)0047号两份《保证合同》,为东鹏公司的该两笔借款向盛京支行提供连带责任担保。盛京支行审查后,于当日向东鹏公司发放了该两笔贷款。

上述借款合同中均约定:借款用途为借新还旧;借款担保方式为保证担保;还款方式为按月结息,结息日为每月的第20日。并约定:借款人不按本合同约定的期限归还贷款本金的,贷款人有权对逾期贷款根据逾期天数按日利率万分之二点一计收逾期利息;对应付未付利息,贷款人有权按执行利率计收复利。

上述《保证合同》中均约定:保证范围包括主合同项下的债务本金、利息、逾期利息、复利、罚息、违约金、损害赔偿金以及诉讼费、律师费等债权人实现债权的一切费用;保证期间为主合同约定的债务人履行债务期限届满之日起二年;明确指向所担保的借款合同,并记载:保证人已收到并阅知所保证的主合同;并均以黑体字注明"债权人已提请保证人对本合同各印就条款作全面、准确的理解,并应保证人的要求作了相应的条款说明。签约各方对本合同含义认识一致"。

2005年4月27日、28日、30日,盛京支行向东鹏公司分别发出(沈盛)农银到通字(2005)第0001号、(沈盛)农银到通字(2005)第0002号、(沈盛)农银到通字(2005)第0003号、(沈盛)农银到通字(2005)第0004号四份《贷款到期通知书》,称东鹏公司所贷的四笔人民币1000万元将于2005年5月17日、18日、24日和25日到期,要求其准备资金,如期偿还。东鹏公司在该通知书上盖章确认。2005年5月31日,盛京支行向东鹏公司发出(沈盛)农银到通字(2005)第0009号《贷款到期通知书》,称东鹏公司所贷人民币500万元将于2005年6月20日到期,要求其准备资金,如期偿还。东鹏公司在该通知书上盖章确认。2005年6月1日,盛京支行向东鹏公司发出(沈盛)农银到通字(2005)第0010号《贷款到期通知书》,称东鹏公司所贷人民币450万元将于2005年6月1日到期,要求其准备资金,如期偿还。东鹏公司在该通知书上盖章确认。2005年6月2日,盛京支行向东鹏公司发出(沈盛)农银到通字(2005)第0011号《贷款到期通知书》,向东鹏公司催收到期的1590万元贷款。称东鹏公司所贷人民币1590万元将于2005年6月2日到期,要求其准备资金,如期偿还。东鹏公司在该通知书上盖章确认。2005年8月3日,盛京支行向东鹏公司发出(沈盛)农银到通字(2005)第0016号《贷款到期通知书》,向东鹏公司催收到期的1590万元贷款。称东鹏公司所贷人民币1590万元将于2005年8月23日到期,要求其准备资金,如期偿还。东鹏公司在该通知书上盖章确认。2005年8月4日,盛京支行向东鹏公司分别发出(沈盛)农银到通字(2005)第0018号、(沈盛)农银到通字(2005)第0019号两份《贷款到期通知书》,称东鹏公司所贷人民币1490万元和470万元将于2005年8月24日到期,要求其准备资金,如期偿还。东鹏公司在该通知书上盖章确认。2005年8月31日,盛京支行向东鹏公司发出(沈盛)农银到通字(2005)第0023号《贷款到期通知书》,称东鹏公司所贷人民币1990万元将于2005年9月20日到期,要求其准备资金,如期偿还。东鹏公司在该通知书上盖章确认。2005年9月1日,盛京支行分别向东鹏公司发出(沈盛)农银到通字(2005)第0029号、(沈盛)农银到通字(2005)第0030号两份《贷款到期通知书》,称东鹏公司所贷人民币1030万元和550万元将于2005年9月21日到期,要求其准备资金,如期偿还。东鹏公司在该通知书上盖章确认。2005年9月30日,盛京支行分别向东鹏公司发出(沈盛)农银到通字(2005)第0037号、(沈盛)农银到通字(2005)第0032号、(沈盛)农银到通字(2005)第0033号、(沈盛)农银到通字(2005)第0036号四份《贷款到期通知书》,称东鹏公司所贷人民币1690万元、450万元、700万元及800万元将于2005年10月24日、25日到期,要求其准备资金,如期偿还。东鹏公司在该通知书上盖章确认。2005年10月28日,盛京支行分别向发出(沈盛)农银到通字(2005)第0042－0044号三份《贷款到期通知书》,称东鹏公司所贷人民币800万元、400万元和340万元将于2005年11月18日到期,要求其准备资金,如期偿还。东鹏公司在该通知书上盖章确认。2005年11月11日,盛京支行向东鹏公司发出(沈盛)农银到通字(2005)第0049—0050号两份《贷款到期通知书》,称东鹏公司所贷人民币600万元和800万元将于2005年12月2日到期,要求其准备资金,如期偿还。东鹏公司在该通知书上盖章确认。

2005年5月18日,盛京支行向东鹏公司发出(沈盛)农银催通字(2005)第0001号《债务逾期催收通知书》,催收2005年5月17日到期的贷款本金1000万元,东鹏公司盖章确认;5月19日盛京支行向东鹏公司发出(沈盛)农银催通字(2005)第0002号《债务逾期催收通知书》,催收2005年5月18日到期的贷款本金1000万元,东鹏公司盖章确认;5月25日盛京支行向东鹏公司发出(沈盛)农银催通字(2005)第0003号《债务逾期催收通知书》,催收2005年5月24日到期的贷款本金1000万元,东鹏公司盖章确认;5月26日盛京支行向东鹏公司发出(沈盛)农银催通字(2005)第0004号《债务逾期催收通知书》,催收2005年5月25日到期的贷款本金1000万元,东鹏公司盖章确认;6月21日盛京支行向东鹏公司发出(沈盛)农银催通字(2005)第0005号《债务逾期催收通知书》,催收2005年6月20日到期的贷款本金500万元,东鹏公司盖章确认;6月22日盛京支行向东鹏公司发出(沈盛)农银催通字(2005)第0006号《债务逾期催收通知书》,催收2005年6月21日到期的贷款本金450万元,6月22日东鹏公司盖章确认;6月23日盛京支行向东鹏公司发出(沈盛)农银催通字(2005)第0007号《债务逾期催收通知书》,催收2005年6月22日到期的贷款本金1590万元,东鹏公司于6月25日盖章确认;8月24日盛京支行向东鹏公司发出(沈盛)农银催通字(2005)第0009号《债务逾期催收通知书》,催收2005年8月24日到期的贷款本金1590万元,东鹏公司于8月26日盖章确认;8月25日盛京支行向东鹏公司分别发出(沈盛)农银催通字(2005)第0012号及(沈盛)农银催通字(2005)第0013号两份《债务逾期催收通知书》,催收2005年8月24日到期的贷款本金1490万元及470万元,东鹏公司均于8月27日盖章确认;9月21日,盛京支行向东鹏公司发出(沈盛)农银催通字(2005)第0017号《债务逾期催收通知书》,催收2005年9月20日到期的贷款本金1990万元,东鹏公司于9月23日盖章确认;9月22日,盛京支行向东鹏公司分别发出(沈盛)农银催通字(2005)第0023号及(沈盛)农银催通字(2005)第0024号两份《债务逾期催收通知书》,催收2005年9月21日到期的贷款本金550万元及1030万元,东鹏公司均于9月24日盖章确认;10月25日,盛京支行向东鹏公司发出(沈盛)农银催通字(2005)第0025号《债务逾期催收通知书》,催收2005年10月24日到期的贷款本金1690万元,东鹏公司于10月26日盖章确认;10月27日,盛京支行向东鹏公司分别发出(沈盛)农银催通字(2005)第0023号及(沈盛)农银催通字(2005)第0026－0028号三份《债务逾期催收通知书》,催收2005年10月25日到期的贷款本金800万元、700万元及450万元,东鹏公司均于10月27日盖章确认;11月19日,盛京支行向东鹏公司分别发出(沈盛)农银催通字(2005)第0031－0033号三份《债务逾期催收通知书》,催收2005年11月18日到期的贷款本金800万元、400万元及340万元,东鹏公司均于11月20日盖章确认;12月3日,盛京支行向东鹏公司分别发出(沈盛)农银催通字(2005)第0037号及(沈盛)农银催通字(2005)第0038号两份《债务逾期催收通知书》,催收2005年12月2日到期的贷款本金600万元及800万元,东鹏公司均于12月4日盖章确认。

2007年1月22日,盛京支行分别向东鹏公司发出(沈盛)农银催通字(2007)第0005～0026号共计二十二份《债务逾期催收通知书》,催收上述二十二份《借款合同》项下的到期借款本金20240万元及所欠利息1380753.51元。同年2月2日,东鹏公司在上述二十二份《债务逾期催收通知书》上盖章确认。同年3月23日,盛京支行再次向东鹏公司发出(沈盛)农银催通字〔2007〕第0048－0052号五份《债务逾期催收通知书》,催收上述已到期的借款本金20240万元及所欠利息4031124.18元。东鹏公司亦在该通知书上盖章确认。

2008年2月12日,和平支行向东鹏公司发出(沈和)农银催通字〔2008〕第11号～15号五份《债务逾期催收通知书》,催收上述二十二笔合计20240万元借款本金及18340257.75元利息。同年2月18日,东鹏公司在该通知书上盖章确认。

2007年4月8日,盛京支行向实德集团发出(沈盛)农银保通字(2007)第

0079～0100号共计二十二份《担保人履行责任通知书》,就东鹏公司所欠本金20240万元及其相应利息,要求实德集团立即履行担保责任。上述《担保人履行责任通知书》由辽宁省公证处指派公证员孙凯辉和工作人员郎钢随同盛京支行工作人员祁秀敏、吕佳,于2007年5月10日前往实德集团法人地址大连市西岗区高尔基路38号及大连市甘井子区振兴路198号的实德工业园,送达给实德集团,辽宁省公证处就此出具了(2007)辽证民字第1353号及(2007)辽证民字第1354号《公证书》。该两份《公证书》均记载:"申请人中国农业银行沈阳市盛京支行负责人李宗伟的委托代理人祁秀敏于二〇〇七年五月八日向我处提出申请,对该银行向大连实德集团有限公司送达《担保人履行责任通知书》行为进行证据保全。"(2007)辽证民字第1354号《公证书》上记载:"根据《中华人民共和国公证法》及《公证程序规则》的规定,本处指派公证员孙凯辉及本处工作人员郎钢于二〇〇七年五月十日下午15:05随同中国农业银行沈阳市盛京支行工作人员祁秀敏、吕佳前往大连实德集团有限公司(地址:大连市西岗区高尔基路38号,邮编:116011),中国农业银行沈阳市盛京支行工作人员祁秀敏将38份《担保人履行责任通知书》[编号:(沈盛)农银保通字(2007)第0079～0116号]送达与该公司工作人员孙某,该工作人员未在送达回执上签名。"(2007)辽证民字第1353号《公证书》上记载:根据《中华人民共和国公证法》及《公证程序规则》的规定,本处指派公证员孙凯辉及本处工作人员郎钢于2007年5月10日上午10:30随同中国农业银行沈阳市盛京支行工作人员祁秀敏、吕佳前往大连实德集团有限公司(地址:大连市甘井子区振兴路198号,邮编:116113),拟从8号岗进入该公司送达《担保人履行责任通知书》,被该公司保安人员阻止,中国农业银行沈阳市盛京支行工作人员祁秀敏将38份《担保人履行责任通知书》[编号:(沈盛)农银保通字(2007)第0079～0116号]留置于大连实德集团有限公司办公地址8号岗内保安人员处。该两份《公证书》的落款时间均为2007年5月14日。

综上,东鹏公司、实德集团与盛京支行于2004年5月18日至12月3日间,分别共签订二十二份借款合同和保证合同,贷款人民币合计20240万元。贷款到期后,东鹏公司一直未向和平支行偿还贷款本金,并从2007年1月开始积欠利息。截至2009年2月9日,东鹏公司共拖欠和平支行贷款本金20240万元,积欠自2007年1月起至2009年2月9日的利息37613861.65元。实德集团亦未履行保证责任。

另查明:2008年2月,经中国农业银行辽宁省分行批准,省行营业部对部分支行行政级别和隶属关系进行调整,盛京支行由原省行营业部管理变更为和平支行管理。

还查明:2009年11月5日,辽宁省公证处向该院出具一份《辽宁省公证处对(2007)辽证民字第1353号、第1354号公证书的几点说明》。记载:……根据规定及公证工作实践,公证机构应在当事人提出公证申请后,公证书送达申请人前这一期间内收取公证费,而绝非仅仅局限在当事人提出公证申请后这一时刻。……公证人员郎钢的个人有效证件上均为“钢”,因此其在上述二份《公证书》所附现场记录中均签写为其个人有效证件中“郎钢”二字……

再查明:和平支行为证明其对实德集团的担保债权未超过诉讼时效期间,提供了盛京支行于2007年1月22日向实德集团发出、实德集团均于同年2月16日盖具公章和法定代表人名章的二十二份(沈盛)农银保通字(2007)第0003-0024号《担保人履行责任通知书》。对此,实德集团提供大连市公安局出具的“实德集团原旧印:公章壹枚已收回”的《证明》,主张其原公章已于2006年3月28日由公安机关收回销毁,故申请对《担保人履行责任通知书》上加盖的实德集团公章及法定代表人名章进行司法鉴定。

2009年2月10日,和平支行向辽宁省高级人民法院提起诉讼,请求判令东鹏公司偿还贷款本息240013861.65元及自2009年2月9日起至给付日止的全部逾期付款利息及罚息,并承担本案诉讼费用;同时判令实德集团对东鹏公司所应偿还的上述款项承担连带保证责任。

一审法院认为

一审法院认为:盛京支行与东鹏公司及实德集团签订的借款合同和保证合同,系双方当事人的真实意思表示,内容不违反法律、法规的禁止性规定,应确认合法有效。合同签订后,盛京支行依约履行了贷款义务。贷款到期后,东鹏公司及实德集团均未按约定偿还,应承担偿还借款本息义务和担保义务。根据辽农银营办发〔2008〕97号文件,盛京支行于2008年2月隶属于和平支行管理,故和平支行依法向东鹏公司及实德集团主张权利,于法有据。

关于和平支行的主债权是否超过诉讼时效期间的问题。因和平支行与东鹏公司间的二十二份《借款合同》是在2004年5月18日至12月3日之间签订的,约定第一笔借款合同履行期限届满时间为2005年5月17日,最后一笔是2005年12月2日,故根据《中华人民共和国民法通则》第一百三十五条关于诉讼时效的相关规定,该二十二笔借款合同中第一笔的诉讼时效届满日为2007年5月17日,最后一笔是2007年12月2日。而和平支行分别在2005年8~11月、2007年的1月22日、3月23日及2008年2月12日,针对上述借款及所欠利息向东鹏公司发出了《债务逾期催收通知书》,东鹏公司均在该相关通知书上盖章确认。因此,和平支行向东鹏公司发出《债务逾期催收通知书》的行为,每次均是在诉讼时效期间内主张权利。根据《中华人民共和国民法通则》第一百四十条关于时效中断的相关规定,和平支行每次向东鹏公司发出《债务逾期催收通知书》的行为,均导致本案诉争债权的诉讼时效中断。故自2008年2月12日起至和平支行提起诉讼的2009年2月,和平支行的主债权未超过诉讼时效期间。

关于实德集团对涉案借款的借款用途均系借新还旧是否明知的问题。因盛京支行与东鹏公司签订的二十二份借款合同中,均明确记载借款用途为"借新还旧";与实德集团签订的二十二份保证合同中,均明确指向主合同编号,且合同中明确记载"保证人已收到并阅知所保证的主合同"。因此,实德集团对其担保的二十二笔借款的用途为"借新还旧"是明知的,实德集团辩称其对主合同借款用途不明知没有事实和法律依据。

关于和平支行的担保债权是否超过诉讼时效期间的问题。因为实德集团与盛京支行签订的二十二份保证合同中均约定保证期间为"主合同约定的债务人履行债务期限届满之日起二年",根据本案二十二笔主合同关于履行期限届满之日的约定,第一笔借款的保证期间届满的时间应为 2007 年 5 月 17 日,第二十二笔应为 2007 年 12 月 3 日。而辽宁省公证处依盛京支行的申请,于保证期间届满前的 2007 年 5 月 10 日就上述相关担保债权向实德集团公证送达了《担保人履行责任通知书》。虽然实德集团提出该公证书上记载的"郎钢"非公证员、名字与公证档案中的亦不同,和平支行系 2007 年 5 月 11 日缴纳的公证费用,而送达《担保人履行责任通知书》的行为却发生在 2007 年 5 月 10 日,故该《公证书》不具有法律效力。但因《公证程序规则》第五十四条明确规定:"公证机构派员外出办理保全证据公证的,由二人共同办理,承办公证员应当亲自外出办理。"根据该规定,办理保全证据公证,公证机构须派二人共同办理,承办公证员应亲自出行,但未规定二人均应为公证员。本案所涉《公证书》中明确记载"辽宁省公证处指派公证员孙凯辉和工作人员郎钢"外出办理公证事务,该处的"公证员孙凯辉"即该涉案事务的承办公证员,其与工作人员郎钢共同办理该公证事务,符合《公证程序规则》的上述规定。虽公证档案中书写为"郎刚",与公证书上的"郎钢"的"钢"不一致,但辽宁省公证处已对此出具证明,该处公证人员郎钢的有效身份证件上均为"钢",而两份《公证书》及所附现场记录中均亦签写为"钢",故实德集团仅因公证机构内部文稿中名字的书写方式与正式文件的书写方式不同,而认为该公证非二人共同办理没有事实和法律依据。同时,《公证程序规则》第二十二条规定"公证机构受理公证申请后,应当按照规定向当事人收取公证费。公证办结后,经核定的公证费与预收数额不一致的,应当办理退还或者补收手续。"根据《公证书》记载,和平支行于 2007 年 5 月 8 日提出申请,于 2007 年 5 月 11 日缴纳公证费,公证处于 2007 年 5 月 14 日作出公证书,属于公证机构受理公证申请后收取公证费,符合《公证程序规则》的规定。对此,辽宁省公证处亦作出说明:"根据上述规定及公证工作实践,公证机构应在当事人提出公证申请后,公证书送达申请人前这一期间内收取公证费,而绝非仅仅局限在当事人提出公证申请后的这一时刻。"因此,实德集团关于《公证书》不具效力的观点,不能成立。和平支行提供的该两份《公证书》,能够证明和平支行在保证期间内向实德集团主张了担保债权,并导致了和平支行担保债权诉讼时效的起算。故自 2007 年 5 月 10 日至和平支行向该院提起诉讼的 2009 年 2 月,和平支行的担保债权亦未超过诉讼时效期间。也因此，虽然实德集团对和平支行提供的2007年1月的二十二份《担保人履行责任通知书》上其加盖的公章及法定代表人名章提出鉴定申请，但因是否鉴定对诉讼时效问题没有影响，故对该通知书上加盖的相关印鉴无须进行鉴定。

同时，和平支行与东鹏公司签订的二十二份《借款合同》均明确约定贷款利率、按月结息、结息日为每月的第20日；借款人不按本合同约定的期限归还贷款本金的，贷款人有权对逾期贷款根据逾期天数按日利率万分之二点一计收逾期利息；对应付未付利息，贷款人有权按执行利率计收复利。因此，和平支行在本案中按照借款合同关于正常利率、逾期利率、复利的约定，计算出东鹏公司自2007年1月至2009年2月共积欠利息为37613861.65元，而东鹏公司对和平支行主张的欠款本息均不持异议，故对和平支行主张的欠款本息数额应予采纳。

综上，因和平支行对东鹏公司及实德集团的主债权及担保债权均未超过诉讼时效期间，现有证据证明实德集团明知主合同的借款用途系借新还旧而为其提供连带保证担保，且实德集团关于和平支行涉案贷款行为不具合法性的抗辩均无事实和法律依据，故东鹏公司应向和平支行偿还所欠贷款本金20240万元及其相应利息和罚息，实德集团应对上述款项及本案诉讼费用承担连带保证责任。

一审法院判决

依照《中华人民共和国合同法》第一百九十六条、第一百九十八条、第二百零五条、第二百零六条、第二百零七条，《中华人民共和国担保法》第六条、第十八条、第三十一条，最高人民法院《关于适用〈中华人民共和国担保法〉若干问题的解释》第三十九条，以及《中华人民共和国民事诉讼法》第一百二十八条之规定，并经该院审判委员会讨论决定，判决：一、由东鹏公司偿还和平支行贷款本金20240万元及其相应利息和罚息（截至2009年2月9日的利息为37613861.65元，2009年2月9日以后至付清之日止的利息按借款合同约定的利率执行，逾期罚息自2009年2月9日起至付清之日止按中国人民银行规定的同期逾期罚息计算标准计付）。上述给付义务限判决发生法律效力后十日内履行完毕，逾期不履行的，依照《中华人民共和国民事诉讼法》第二百二十九条的规定，加倍支付迟延履行期间的债务利息。二、实德集团对东鹏公司的上述债务承担连带给付责任。三、实德集团承担上述担保责任后，有权向东鹏公司追偿。

上诉

实德集团不服上述民事判决，向最高人民法院提起上诉称：一、原审判决以被上诉人和平支行超过举证期限提交的2007年5月10日公证送达的《担保人履行责任通知书》作为认定其在诉讼时效期间内主张权利的证据，违反法定程序，原审判决回避了该份证据是在严重违反程序的情况下出具的事实。本案原审法院确定的最后举证期限为首次开庭之日。在当次开庭中,和平支行仅向法庭出具了一份加盖有实德集团印章的《担保人履行责任通知书》,但该份通知书不是通过公证送达的,而且所加盖的印章是实德集团已经通过公安机关销毁的印章。为此,实德集团申请对印章进行鉴定,但原审法院未同意实德集团的申请。在第二次开庭时,和平支行提交了一份通过辽宁省公证处公证送达的《担保人履行责任通知书》,由于该份通知书是在举证期限届满后提交的,已经超过了举证期限,实德集团拒绝对此证据进行质证,但法庭未予同意。实德集团在坚持不同意质证的情况下,提出《公证书》记载的地址不是实德集团的法定地址,无实德集团签收的证明,无法证明实德集团收到该材料,且公证送达程序违法,不符合《公证程序规则》要求的两名公证员办理的规定,故不能作为支持其主张的证据。时隔一个多月,第三次开庭中,和平支行提交了一份新的《公证书》,其上记载了和平支行工作人员于2007年5月10日,到实德集团注册登记的法定地址送达《担保人履行责任通知书》的情况。实德集团提出该证据超过举证期限依法不得质证更不能采信,原审法院仍以同样的理由未予同意,并最终在判决中以该份证据作为判决实德集团承担保证责任的证据。依据最高人民法院《关于民事诉讼证据的若干规定》的规定,和平支行经过几次开庭之后向法院提交的证据,不属于该规定中的新证据,原审法院审理时不应组织质证。超过举证期限的证据不具有合法性,不能作为法院判决依据。二、和平支行提交的辽宁省公证处出具的《公证书》违反相关规定,不具有证明效力。和平支行向法庭提交的《公证书》因程序不合法及文书瑕疵应认定无效,理由为:1. 依据《公证程序规则》第二十二条规定,"公证机构受理公证申请后,应当按照规定向当事人收取公证费",受理之后,方可代为办理公证申请事项。该《公证书》中列明的公证送达的时间为2007年5月10日,而公证卷宗记载的收费时间为2007年5月11日,即办理公证事项在前而受理在后,其送达行为不能认定为公证机关正常业务范围内的行为,所以公证送达因受理程序不合法而不具有法律效力。2. 依据《公证程序规则》第五十四条规定:"公证机构派员外出办理保全证据公证的,由二人共同办理,承办公证员应当亲自外出办理。"公证人员应在送达记录上署名。但经核查,"公证送达记录"上一名叫"郎钢"的人员在履行公证送达职责时并不具有公证员身份,辽宁省公证处的公证行为不符合《公证程序规则》第五十四条应由两名公证员共同办理的规定,因人员组成不合法,应认定为程序不合法,该《公证书》不具有法律效力。3. 在公证卷宗中"郎刚"的名字与《公证书》中列明的"郎钢"名字不一样,从本人的签字来看,字体也大不一样,所以《公证书》卷宗与文书存在重大瑕疵,在没有经过确认及更正的前提下,不应具有法律效力,不能作为定案证据。三、针对实德集团提出的对和平支行出具的《担保人履行责任通知书》上不真实印章的鉴定申请,原审法院采取忽视的态度,损害了实德集团的权益。请求撤销原判,改判实德集团不承担保证责任。

和平支行答辩称：一、关于和平支行向实德集团签发的两次《担保人履行责任通知书》的法律效力问题。1.诉讼中，实德集团只对公章的真实性提出了鉴定申请，没有对法定代表人名章提出异议，根据《中华人民共和国民法通则》第四十三条之规定，法定代表人的行为应由该公司承担责任。故原审法院按此规定又结合上诉人在该公章销毁后继续使用过等情况，认为没有必要再进行鉴定，从而认定该份证据有效。2.第三次开庭时，实德集团向法院提交了两份证据，一是大连市公安局出具的印章销毁证明书，二是大连声鹭印章研究制作有限公司出具的橡胶印使用说明，和平支行针对其提交的两份证据提交了2007年5月14日通过公证处送达的《担保人履行责任通知书》。如果说和平支行的证据超过举证期限，首先是实德集团提交的证据超过举证期限。本案一审先后开了六次庭，和平支行一直是针对实德集团的陆续举证和质证而进行的举证和质证，以反驳其辩解。况且，实德集团对公证送达《担保人履行责任通知书》证据的异议，是在质证结束后才提出，其质证行为表明已经接受并同意和平支行的举证行为。根据最高人民法院《关于民事诉讼证据的若干规定》第三十四条第二款关于“对于当事人逾期提交的证据材料，人民法院审理时不组织质证。但对方当事人同意质证的除外”的规定，以及最高人民法院《关于适用〈关于民事诉讼证据的若干规定〉中有关举证时限规定的通知》第一条关于“前述规定的举证期限届满后，针对某一特定事实或特定证据或者基于特定原因，人民法院可以根据案件的具体情况，酌情指定当事人提供证据或者反证的期限，该期限不受‘不得少于三十日’的限制”的规定，该份证据可以作为判决依据。二、关于辽宁省公证处《公证书》的证明效力问题。根据《公证程序规则》第五十四条规定，“公证机构派员外出办理保全证据公证的，由二人共同办理，承办公证员应当亲自外出办理。”这里没有规定必须二人都是公证员。该《公证书》明确记载“辽宁省公证处指派公证员孙凯辉和工作人员郎钢”共同外出办理公证事务，公证处的行为完全符合《公证程序规则》的相关规定。至于工作人员名字的同音不同字，公证处已向法院提交了解释和确认。实德集团以此否认《公证书》的证明效力，于法无据。三、实德集团转移变卖资产，请求法院尽快审理以维护国有资产的安全。一审法院根据和平支行的申请采取保全措施，查封了实德集团易变现可执行的足额资产，但一审法院在实德集团未提供担保的情况下解除了查封，实德集团在解除查封后提供的担保与查封的资产相比不具有可执行性，且一审法院至今也未予查封。嗣后，实德集团将解封的资产变卖、抵押、质押。本案涉及的资产是和平支行代为管理的国家财政部的资产，实德集团的行为有可能造成国有资产的流失，故请求二审法院尽快审理，并责成一审法院尽快查封实德集团的资产，以确保国家资产的安全。请求驳回上诉，维持原判。

最高人民法院二审审理期间，实德集团向该院提交了调查取证及鉴定申请书，请求调取辽宁省公证处的公证文书档案，传唤盛京支行工作人员祈秀敏、吕佳，辽宁省公证处公证员孙凯辉、郎钢出庭接受法庭质证,并对辽宁省公证处(2007)辽证民字第1353、1354号公证书及其公证档案的真实性进行鉴定。最高人民法院依法到辽宁省公证处调查取证,查阅了辽宁省公证处(2007)辽证民字第1353、1354号公证卷宗,并就上述两份公证书的形成过程分别向辽宁省公证处公证人员孙凯辉、郎钢,以及盛京支行工作人员祈秀敏、吕佳进行了询问。对于(2007)辽证民字第1353、1354号两份公证书的形成过程,上述人员陈述称,2007年5月10日上午一行四人先开车去了实德集团的经营地点(厂区),即大连市甘井子区振兴路198号送达,但为了确保送达的准确性,之后又专门到大连市工商局查询了实德集团的注册地址,并于同日下午按照查询的注册地址即大连市西岗区高尔基路38号再次进行了送达,辽宁省公证处根据两次送达行为分别制作了(2007)辽证民字第1353号和第1354号公证书。另,公证人员郎钢对其使用不同钢字解释称,由于书写习惯问题,一般非正式场合其习惯用"刚"字,如实德集团上诉中提到的公证书内部拟文稿中和公证处公示栏内,而正式文件中其使用身份证中使用的"钢"字。最高人民法院调查取证后对有关证据和证人组织当事人双方进行了质证。庭审中,实德集团对于公证卷宗中的代码为221010670751、流水号为04003844的《辽宁省地方税务统一发票业务联》无异议,和平支行出示了公证卷宗中加盖有大连市工商企业咨询服务中心档案咨询专用章的《私营企业注册内容查询卡》复印件原件,实德集团核对后表示对其形式上的真实性无异议。另外,和平支行为证明其2007年5月10日和公证员一起开车去了实德集团的两个地址进行送达,还向法院出具了当日出入沈阳和大连的高速公路收费凭证及到工商机关复印材料的收费凭证、餐费等票据原件,实德集团对上述证据的形式真实性亦表示无异议,但表示是否是去大连向其送达不确定。

最高人民法院除认定原审法院查明的事实外,另查明,辽宁省公证处(2007)辽证民字第1353、1354号公证书卷宗档案中代码为221010670751、流水号为04003844的《辽宁省地方税务统一发票业务联》载明,付款单位为盛京支行,时间为2007年5月11日,税务登记号为210103463005553,项目为公证费,金额为2000元,加盖有辽宁省公证处地税发票专用章。上述卷宗档案中加盖有大连市工商企业咨询服务中心档案咨询专用章的《私营企业注册内容查询卡》复印件载明了实德集团住所地为大连市西岗区高尔基路38号等企业信息,落款时间为2007年5月10日。再查明,实德集团上诉中提到的签有"郎刚"字样的文书系公证书拟文稿,辽宁省公证处工作人员郎钢的身份证及对外出具的公证书所附《送达现场记录》中的签字均为郎钢。

二审法院认为

最高人民法院经审理认为,本案当事人对于和平支行与东鹏公司之间的借款关系以及实德集团为上述借款提供连带责任担保的事实无异议,二审争议的焦点问题是和平支行起诉要求实德集团承担担保责任是否超过了诉讼时效,实德集团是否因此免除担保责任。

关于和平支行举证是否超过举证期限问题。和平支行在原审法院指定的举证期限内向法庭出具了一份加盖有实德集团印章的《担保人履行责任通知书》,以此证明其在保证期间内依法向担保人实德集团主张了权利,实德集团以上述《担保人履行责任通知书》上加盖的印章是其已通过公安机关销毁的印章为由,向法院提交了大连市公安局出具的印章销毁证明书等反驳证据,并提出对加盖印章进行鉴定的申请后,和平支行通过向法院提交辽宁省公证处(2007)辽证民字第 1353 号《公证书》予以反驳,在实德集团提出上述《公证书》送达地址不是其法定地址后,和平支行再次提交辽宁省公证处(2007)辽证民字第 1354 号《公证书》进行反驳等行为,符合最高人民法院《关于民事诉讼证据的若干规定》第四十条关于"当事人收到对方交换的证据后提出反驳并提出新证据的,人民法院应当通知当事人在指定的时间进行交换"的规定。证据交换过程实际上包括了庭审中质证的部分功能,质证的主要内容是双方当事人对对方提出的证据进行质辩,即一方当事人对对方提出证据的有效性和真实性进行攻击,另一方则对对方的攻击进行防御,无论是在证据攻击还是证据防御中都涉及新的用以攻击或者防御的证据的提出,这种新证据的提出恰恰是当事人在举证、进行证据交换以及质证中所必需的。原审法院对于当事人在证据交换后提出反驳并提出的新证据再次进行交换质证,并不违反法律规定。实德集团以和平支行在双方上述反复攻击防御中提出的新的证据超过举证期限为由,主张辽宁省公证处出具的《公证书》系无效证据不能作为定案依据的上诉理由,最高人民法院不予支持。

关于辽宁省公证处出具的《公证书》的效力问题。作为公证事项为保全送达行为的公证书,其目的在于证明送达行为确已发生,实德集团并未提交相反证据推翻《公证书》载明的相关人员于 2007 年 5 月 10 日两次分别向大连市甘井子区振兴路 198 号和大连市西岗区高尔基路 38 号送达《担保人履行责任通知书》的事实,相反,辽宁省公证处(2007)辽证民字第 1353 号和第 1354 号公证书卷宗档案中加盖有辽宁省公证处地税发票专用章的、明确载明缴费时间为 2007 年 5 月 11 日的《辽宁省地方税务统一发票业务联》,以及卷宗档案中加盖有大连市工商企业咨询服务中心档案咨询专用章的、落款时间为 2007 年 5 月 10 日的《私营企业注册内容查询卡》复印件等,进一步证明了两份公证书载明的送达行为的真实性。根据《中华人民共和国民事诉讼法》第六十七条关于"经过法定程序公证证明的法律行为、法律事实和文书,人民法院应当作为认定事实的根据。但有相反证据足以推翻公证证明的除外"的规定,原审法院以辽宁省公证处的公证书作为证据,认定和平支行在本案所涉多笔债权保证期间最早到期日 2007 年 8 月 23 日前的同年 5 月 10 日向实德集团主张了担保债权,其于 2009 年 2 月向法院提起诉讼并未超过诉讼时效为由,判决实德集团对宏元集团的本案所涉债务向和平支行承担连带责任,并无不当,应予维持。

辽宁省公证处在和平支行2007年5月8日向其提出公证送达申请、同年5月10日依据申请向实德集团送达后,于同年5月11日向和平支行收取公证费,并不违反《公证程序规则》第二十二条关于"公证机构受理公证申请后,应当按照规定向当事人收取公证费"的规定。《公证程序规则》第五十四条关于"公证机构派员外出办理保全证据公证的,由二人共同办理,承办公证员应当亲自外出办理"的规定,并未要求办理公证的二人均需具有公证员身份,因《公证书》中明确载明的公证员系"孙凯辉",因此,《公证送达记录》中的郎钢是否具有公证员身份并不影响《公证书》的效力。作为办理公证的辅助人员郎钢,虽然在公证卷宗的内部《公证书拟文稿》中使用了"郎刚"字样,但在对外出具的《公证书》正式文件中使用的"郎钢"与其身份证的"郎钢"是一致的,辽宁省公证处为此已向原审法院出具了说明,因此,实德集团关于在没有经过确认及更正的情况下上述《公证书》不具有法律效力的上诉理由,最高人民法院不予支持。

实德集团对于辽宁省公证处出具的《公证书》及其公证档案的真实性存在异议,应在和平支行向原审法院提交《公证书》后及时提出鉴定申请,实德集团在二审期间向最高人民法院提出鉴定申请已经超过了举证期限,根据最高人民法院《关于民事诉讼证据的若干规定》第二十五条关于"当事人申请鉴定,应当在举证期限内提出"的规定,最高人民法院对其申请不予受理。实德集团如有证据证明辽宁省公证处伪造本案所涉公证书并给其造成损失的,可依法向其主张权利。

原审法院在依据辽宁省公证处出具的公证书认定和平支行提起诉讼未超过诉讼时效的前提下,对和平支行首次开庭时向法院提交的、未作为本案认定依据的《担保人履行责任通知书》上加盖的实德集团公章是否为已被公安机关销毁的印章未予鉴定,并无不当,实德集团以此为由主张原审法院损害其合法权益,于法无据,该院不予支持。

二审法院判决

最高人民法院依照《中华人民共和国担保法》第十八条、第三十一条,最高人民法院《关于适用〈中华人民共和国担保法〉若干问题的解释》第三十四条,最高人民法院《关于民事诉讼证据的若干规定》第四十条,《中华人民共和国民事诉讼法》第六十七条、第一百五十三条第一款第(一)项、第一百五十八条之规定,判决:驳回上诉,维持原判。

❖ 评析

本案当事人对于和平支行与东鹏公司之间的借款关系以及实德集团为上述借款提供连带责任担保的事实无异议,二审争议的焦点问题是和平支行起诉要求实德集团承担担保责任是否超过了诉讼时效,实德集团是否因此免除担保责任。

1. 关于和平支行举证是否超过举证期限问题

和平支行在原审法院指定的举证期限内向法庭出具了一份加盖有实德集团印章的《担保人履行责任通知书》,以此证明其在保证期间内依法向担保人实德集团主张了权利,实德集团以上述《担保人履行责任通知书》上加盖的印章是其已通过公安机关销毁的印章为由,向法院提交了大连市公安局出具的印章销毁证明书等反驳证据,并提出对加盖印章进行鉴定的申请后,和平支行通过向法院提交辽宁省公证处〔2007〕辽证民字第 1353 号《公证书》予以反驳,在实德集团提出上述《公证书》送达地址不是其法定地址后,和平支行再次提交辽宁省公证处〔2007〕辽证民字第 1354 号《公证书》进行反驳等行为,符合最高人民法院《关于民事诉讼证据的若干规定》第四十条关于"当事人收到对方交换的证据后提出反驳并提出新证据的,人民法院应当通知当事人在指定的时间进行交换"的规定。证据交换过程实际上包括了庭审中质证的部分功能,质证的主要内容是双方当事人对对方提出的证据进行质辨,即一方当事人对对方提出证据的有效性和真实性进行攻击,另一方则对对方的攻击进行防御,无论是在证据攻击还是证据防御中都涉及新的用以攻击或者防御的证据的提出,这种新证据的提出恰恰是当事人在举证、进行证据交换以及质证中所必需的。原审法院对于当事人在证据交换后提出反驳并提出的新证据再次进行交换质证,并不违反法律规定。实德集团以和平支行在双方上述反复攻击防御中提出的新的证据超过举证期限为由,主张辽宁省公证处出具的《公证书》系无效证据不能作为定案依据的上诉理由,应不予支持。

2. 关于辽宁省公证处〔2007〕辽证民字第 1353 号和第 1354 号《公证书》的证明效力问题

作为公证事项为保全送达行为的公证书,其目的在于证明送达行为切实发生,实德集团并未提交相反证据推翻两份《公证书》载明的相关人员于 2007 年 5 月 10 日两次分别向大连市甘井子区振兴路 198 号和大连市西岗区高尔基路 38 号送达《担保人履行责任通知书》的事实;相反,辽宁省公证处〔2007〕辽证民字第 1353 号和第 1354 号公证书卷宗档案中加盖有辽宁省公证处地税发票专用章的、明确载明缴费时间为 2007 年 5 月 11 日的《辽宁省地方税务统一发票业务联》,以及卷宗档案中加盖有大连市工商企业咨询服务中心档案咨询专用章的、落款时间为 2007 年 5 月 10 日的《私营企业注册内容查询卡》复印件等,进一步证明了两份公证书载明的送达行为的真实性。根据《中华人民共和国民事诉讼法》第 67 条关于"经过法定程序公证证明的法律行为、法律事实和文书,人民法院应当作为认定事实的根据。但有相反证据足以推翻公证证明的除外"的规定,原审法院以辽宁省公证处的公证书作为证据,认定和平支行在本案所涉多笔债权保证期间最早到期日 2007 年 8 月 23 日前的同年 5 月 10 日向实德集团主张了担保债权,其于 2009 年 2 月向法院提起诉讼并未超过诉讼时效为由,判决实德集团对东鹏公司的本案所涉债务向和平支行承担连带责任,并无不当,应予维持。

辽宁省公证处在和平支行 2007 年 5 月 8 日向其提出公证送达申请、同年 5 月 10 日依据申请向实德集团送达后,于同年 5 月 11 日向和平支行收取公证费,并不违反《公证程序规则》第 22 条关于"公证机构受理公证申请后,应当按照规定向当事人收取公证费"的规定。《公证程序规则》第五十四条关于"公证机构派员外出办理保全证据公证的,由二人共同办理,承办公证员应当亲自外出办理"的规定,并未要求办理公证的二人均需具有公证员身份,因《公证书》中明确载明的公证员系"孙凯辉",因此,《公证送达记录》中的郎钢是否具有公证员身份并不影响《公证书》的效力。作为办理公证的辅助人员郎钢,虽然在公证卷宗的内部《公证书拟文稿》中使用了"郎刚"字样,但在对外出具的《公证书》正式文件中使用的"郎钢"与其身份证的"郎钢"是一致的,辽宁省公证处为此已向原审法院出具了说明,因此,实德集团关于在没有经过确认及更正的情况下上述《公证书》不具有法律效力的上诉理由,应不予支持。

3. 关于实德集团提出的鉴定申请是否受理问题

实德集团对于辽宁省公证处出具的《公证书》及其公证档案的真实性存在异议的,应在和平支行向原审法院提交《公证书》后及时提出鉴定申请,实德集团在二审期间向最高人民法院提出鉴定申请已经超过了举证期限,根据最高人民法院《关于民事诉讼证据的若干规定》第 25 条关于"当事人申请鉴定,应当在举证期限内提出"的规定,故对其申请应不予受理。实德集团如能证明辽宁省公证处伪造本案所涉公证书并给其造成损失的,可依法向其主张权利。

4. 关于原审法院对和平支行首次提交的《担保人履行责任通知书》上加盖的实德集团公章是否应予鉴定问题

原审法院在依据辽宁省公证处出具的公证书认定和平支行提起诉讼未超过诉讼时效的前提下,对和平支行首次开庭时向法院提交的、未作为本案认定依据的《担保人履行责任通知书》上加盖的实德集团公章是否为已被公安机关销毁的印章予以鉴定,并无不当,实德集团以此为由主张原审法院损害其合法权益,于法无据,不予支持。

5. 关于财产保全问题

和平支行二审期间向最高人民法院申请财产保全,因其一审期间已经就此向原审法院申请,原审法院在作出(2009)辽民二初字第 8 号查封东鹏公司和实德集团财产的裁定后,先后作出了四份解除查封的裁定。对于(2009)辽民二初字第 8-4 号民事裁定,和平支行以实德集团对解除查封没有提供实质性资产担保和实德集团对解除查封提供的担保无效等为由,向原审法院申请复议,在承办案件的合议庭和业务庭均认为和平支行的异议成立,应依法撤销上述裁定并立即对实德集团相应资产进行查封的情况下原审法院审判委员会对此争议问题在没有进行集体表决的情况下,一方面表示要进一步审查所提供担保的合法性,另一方面要求承办人口头答复和平支行驳回其复议请求并告知其你院非常重视其申请,不符合法律规定。对此,我合议庭上次合议后已经书面函告和平支行,根据《中华人民共和国民事诉讼法》第九十九条的规定,其对辽宁省高级人民法院作出的解除查封实德集团相关财产的(2009)辽民二初字第8-4号民事裁定不服,应当通过复议程序予以解决。在原审法院上述民事裁定仍然生效的情况下,其向最高人民法院另行申请财产保全,于法无据,该院不予受理。同时,最高人民法院已发函给辽宁省高级人民法院,指出其不当做法,并请其对和平支行提出的复议申请及时依法进行审查,裁定正确的,书面通知驳回你行申请;裁定不当的,作出新的裁定变更或者撤销原裁定,并及时查封相关财产。

(刘敏:《因反驳证据提出的新证据不属超过举证期限的证据》)

080. 二审期间,法院接受了当事人的鉴定申请,鉴定结果可作为新的证据

【地方审判】

当事人一审期间未提出鉴定申请,而在二审期间提出的,如果二审法院经审理认为该鉴定涉及关键事实认定,同意当事人申请的,该鉴定结果可作为新的证据。

当事人一审期间提出鉴定申请未被法院接受,在二审期间又提出鉴定申请的,二审法院经审理认为应当鉴定的,该鉴定结果是新的证据。

[《北京市高级人民法院审理民商事案件若干问题的解答之五(试行)》]

最高人民法院《关于民事诉讼证据的若干规定》第41条第2项规定:"二审程序中的新的证据包括:一审庭审结束后新发现的证据;当事人在一审举证期限届满前申请法院调查取证未获准许,二审法院经审查认为应当准许并依当事人申请调取的证据。"与举证责任的性质和分配原则相适应,审计、鉴定等查证程序的申请启动权和为了证明而履行的申请义务、举证义务均在当事人,实现查证工作和作出裁判的决定权则在法院。二审法院为了查清案件事实,应有权决定鉴定与否,前提是当事人在一审或二审提出了鉴定申请。对此问题的讨论分歧主要在于二审法院为查明事实将案件发回重审还是直接进行鉴定,我们认为应从案件的具体情况出发,由二审法院决定。

[关于《北京市高级人民法院审理民商事案件若干问题的解答之五(试行)》的说明]

081. 超过举证时限举证不必然导致证据失权

【审判专论】一

《民事诉讼证据规定》第 34 条第 1 款规定:当事人应当在举证期限内向人民法院提交证据资料,当事人在举证期限内不提交的,视为放弃举证权利。由于《民事诉讼证据规定》规定的举证时限期间过短,司法实务界,对于超过举证时限举证是否导致证据失权,存在不同的观点。第一种观点认为:应严格适用《民事诉讼证据规定》的观点,当事人的证据在举证期限内不提交的,视为放弃举证权利,法院不组织质证,除非对方当事人同意质证或者所举的证据是新证据。第二种观点认为:我国《民事诉讼法》第 139 条规定,当事人在法庭上可以提出新的证据,该条并没有规定当事人在举证期限内不提交证据,即应视为放弃举证权利。《民事诉讼证据规定》对新证据进行了严格限定,不利于保护当事人的合法权益。《民事诉讼证据规定》仅为司法解释,而民事诉讼法的效力高于前者,因此还应依照民事诉讼法的规定对超过举证期限所举的证据组织质证、认证。如果严格按照《民事诉讼证据规定》所规定的举证期限举证,会在司法实务中会引发大量因未及时举证而出现证据失权的现象,这将损害当事人的合法权益,激化社会矛盾,产生不良社会效果。事实上,大部分法院法官在司法实务中,均采取第二种做法,未轻易因当事人未在举证时限内举证就认定证据失权。故建议放宽举证时限的期限。

(宋晓明、张雪楳:《民生诉讼程序若干疑难问题》)

【审判专论】二

关于举证期限及法院依职权取证的问题。《民事诉讼证据规定》第 34 条规定证据应当在举证期限内提出,逾期提出的,法院不组织质证。而商事案件中所需证据有时并非自始就存在,而是要等到一定时间后才能形成(比如年度会计报告),当事人很可能在举证期限届满后仍然提交证据。对此,如果这些证据是在一审举证期限届满后新发现的证据,或者是一审庭审结束后新发现并在二审中提交的证据,按照《民事诉讼证据规定》第 41 条,这些证据材料不应被认定为失权证据;如果某些证据材料已经存在且当事人也知晓其可以作为证据,但在举证期限届满后提交,笔者认为这些证据也不应单独以逾期为由而被排除。因为《民事诉讼证据规定》规定法院可以指定举证期间(且不能少于 30 日),当事人也可以协商确定该期间,所以举证期限具有任意期间的性质,不属于法定期间。而且对逾期提交的证据,法院“不组织质证”,应理解为是法院的职权,而不应是法院的义务。对举证期限届满后提交的证据,法院应当"从宽"处理。

(宋晓明、杜军:《商事诉讼形势之应对与审判制度完善的思考》)

【审判专论】三

证据规则中的举证时限规则,当事人需要在当事人协商确定或者法院指定的期限内提交证据(诉讼实务中一般由法院指定),从司法解释的文义解释上看,当事人因故意或过失未能在举证时限内提交证据的,只要对方当事人不同意质证,法院就将逾期举证视为当事人放弃举证的权利,将逾期提交的证据排除在诉讼之外,不再对其组织质证。应当看到,确立举证时限虽然有利于促使当事人在合理的期限内提交证据,解决法院审理案件有审限而当事人举证却无期限的矛盾,但由于重要的证据被失权,也阻碍了法院通过诉讼发现真实,使得裁判不能建立在客观真实的基础之上,并且使得另外一方当事人因为对方当事人程序上的过错而获得实体上的不当利益(如已经获得清偿的债权人再次得到偿付,本应承担赔偿责任的侵权行为人可免于赔偿)。显然,证据失权具有严重妨害实体公正实现的效果,法院在适用这一规定时应当格外的慎重,至少对逾期举证只有一般过错的当事人不宜采用证据失权。即使对存在重大过错的当事人,也应当运用利益衡量的方法,在考量证据失权给该当事人带来的实体上的损失以及给对方当事人带来的利益是否相称后,再来作出失权与否的决定。① 就本质而言,举证时限是用来督促当事人在法定的期限内尽快举证,尽可能缩短审判的周期,但实践的结果表明,举证时限更多地成为一方当事人限制另一方当事人的有利工具,而最终呈现给法庭的证据材料让法官左右彷徨,似是而非者居多。由于法律事实距离客观事实甚远,被裁判驳回的当事人缠诉的多了,不服判的多了,社会的不满多了,法官的威信降低了。这样的事实和后果让法官不得不处在检讨中。② 因此,法官绝不能片面强调法律事实而忽略客观事实,不能单纯强调证据规则的作用而机械理解和适用其裁判案件,尤其不能如同适用实体法律规范一样,用死板的标准来衡量各种不同证据的证明力,在诉讼中必须充分发挥当事人参与诉讼和法官指挥推进诉讼的作用,发挥法官的主观能动性,由法官运用职业道德准则、经验法则和逻辑规则等裁判案件,确保其对事实的认定尽可能最大限度地与客观事实相吻合,符合通常人的正义观念,以实现程序保障和实质正义。

---

① 李浩:《实体公正与程序公正:偏差与回归》,载《人民法院报》2008 年 7 月 15 日。

② 宋鱼水法官曾撰文指出,这几年社会对法官的评价是:只重证据,不顾事实,法官走在社会中,有时候很难找到相信法官的群体。参见宋鱼水:《论法官的选择》,载《法学家》2008 年第 3 期。

案例一:东方公司广州办事处诉中山市工业原材料公司等借款担保合同纠纷案。① 最高人民法院在判决书中指出:“关于建设总公司应否对上述325万美元承担担保责任问题。原审判决判令建设总公司对上述借款不承担担保责任的理由就是债权人没有在保证期间内向其主张权利。二审质证时,广州办事处向本院提交了两份载明时间为1998年6月16日,催款金额分别为1611031.25美元和325万美元的《催收通知书》,以此证明其向主债务人原材料公司和保证人建设总公司主张权利没有超过二年诉讼时效和二年保证期间。虽然原材料公司和建设总公司不同意对上述证据材料进行质证,但也认可其曾分别以借款人和保证人的身份在该《催收通知书》上签字盖章。由于本案系二审,对于当事人在二审中提供的证据材料,本院可以根据个案情况决定主持质证。原材料公司和建设总公司以广州办事处直至二审期间才提供上述证据材料,已超过举证期限为由,不同意质证,并不影响本院根据个案情况对上述证据材料予以审查和采信。因原材料公司和建设总公司对其在《催收通知书》上加盖公章一事予以认可,故应当认定该《催收通知书》是真实的。广州办事处向主债务人原材料公司和保证人建设总公司主张权利没有超过二年诉讼时效和二年保证期间。建设总公司应当对上述325万美元的借款本息承担连带责任。”据此,公报提炼出以下裁判要旨:对于当事人在二审期间提供的证据,人民法院可根据案件的具体情况决定质证。经质证后的证据可以作为认定事实的依据。

案例二:江西圳业房地产开发有限公司与江西省国利建筑工程有限公司建设工程施工合同纠纷案。② 最高人民法院在判决书中指出:“关于工程款的计算问题……圳业公司虽主张已付清全部工程款,但不能提出有效证据加以证明。因此,一审法院只能以国利公司提供的证据作为计算工程款的依据。尽管圳业公司提出了通过鉴定确定工程款数额的请求,且这一请求因其未按期交纳鉴定费而未能得到支持,但在确定工程款数额问题上,圳业公司仍享有抗辩权。对于其抗辩,本院仍应进行审查。圳业公司提出因国利公司计算工程款有误,致使一审判决认定的工程款数额多了1879343.98元。本院二审期间,国利公司对误算工程款一事予以确认并明确表示放弃向圳业公司主张1879343.98元工程款的诉讼请求,本院对此依法予以确认。圳业公司关于一审判决多算上述工程款的抗辩有理,本院予以支持。”据此,公报提炼出以下裁判要旨:根据《民事诉讼证据规定》第34条的规定,当事人应当在举证期限内向人民法院提交证据材料,当事人在举证期限内不提交

---

① 最高人民法院(2004)民二终字第207号,判决时间:2005年1月27日,载《最高人民法院公报》2005年第6期。

② 最高人民法院(2006)民一终字第52号,判决时间:2007年3月13日,载《最高人民法院公报》2007年第6期。

的，视为放弃举证权利，人民法院可以根据对方当事人提供的证据认定案件事实。但是，被视为放弃举证权利的一方当事人依法仍享有抗辩权，人民法院对其抗辩应当依法审查，抗辩有理的应当予以采纳、支持。

如前所述，前述案例一、二的裁判是对举证时限规则的准确理解和适用，很好地阐释了适用证据规则是解决纠纷的手段而非最终目标的裁判理念问题，对举证时限和证据失权规则的适用具有指导意义。这两个案例的裁判也明确诠释了以下规则：举证时限规则绝对不是针对广大农村和广大城市的贫民，而主要是针对那些有条件举证，但故意不举证的当事人。那些请不起律师甚至不知道证据为何物这样的当事人，如果实在举不出证据来，或者有证据拿不出来，法院应该依职权调取证据；如果当事人在举证时限内举证确实有困难，法院应该给当事人放宽一些时间，而绝不应该机械和轻易地适用举证时限规则，损害当事人尤其是弱势一方当事人的合法权益，造成案结事不了，在社会上产生不好的影响。①

（王松：《适用证据规则认定事实的理念和方法》）

【民诉法司法解释】

2012 年《民事诉讼法》第 65 条规定了举证时限规则："当事人对自己提出的主张应当及时提供证据。人民法院根据当事人的主张和案件审理情况，确定当事人应当提供的证据及其期限。当事人在该期限内提供证据确有困难的，可以向人民法院申请延长期限，人民法院根据当事人的申请适当延长。当事人逾期提供证据的，人民法院应当责令其说明理由；拒不说明理由或者理由不成立的，人民法院根据不同情形可以不予采纳该证据，或者采纳该证据但予以训诫、罚款。"举证时限，是指负有举证责任的当事人，应当在法律规定或者法院指定的期限内提供证据，逾期提供证据，将承担由此产生的不利后果。举证时限规则，体现了程序公正的基本价值，是诉讼效率价值的基本要求，也体现了民事诉讼诚实信用原则和程序安定的要求，具有积极意义。《民事诉讼法解释》第 99 ~ 102 条对举证时限制度作出了进一步解释。

1. 民事诉讼法设定了当事人负有及时提供证据的法定义务，解决了《民事诉讼证据规定》为当事人设定举证期限在立法上依据不足的问题。"当事人对自己提出的主张应当及时提供证据"的规定，本身就意味着人民法院可以根据案件审理的需要对当事人提供证据的时间作出要求，当事人必须遵守这种时间要求，履行法律设定的及时提供证据的义务。

---

① 最高人民法院《关于适用〈中华人民共和国民事诉讼法〉审判监督程序若干问题的解释》（法释〔2008〕14 号）第 39 条规定用诉费制裁和损害赔偿请求权的方式，促使当事人在原审程序中应当遵循举证时限的有关规定。

2. 举证期限的确定。与《民事诉讼证据规定》相比,修改后民事诉讼法只规定了法院指定举证期限,而未明确当事人可否协商确定举证时限。《民事诉讼法解释》第99条明确了举证期限的确定规则:“人民法院应当在审理前的准备阶段确定当事人的举证期限。举证期限可以由当事人协商,并经人民法院准许。人民法院确定举证期限,第一审普通程序案件不得少于十五日,当事人提供新的证据的第二审案件不得少于十日。举证期限届满后,当事人对已经提供的证据,申请提供反驳证据或者对证据来源、形式等方面的瑕疵进行补正的,人民法院可以酌情再次确定举证期限,该期限不受前款规定的限制。”该条规定明确了以下四点规则:(1)举证期限的确定时间。《民事诉讼证据规定》第33条第1款规定人民法院在受理诉讼的阶段确定举证期限,《民事诉讼法解释》改变了这种做法,规定人民法院在审理前准备阶段,即答辩期届满后至开庭审理前的阶段,确定当事人提供证据的期限。(2)举证期限的确定方式。《民事诉讼法解释》延续《民事诉讼证据规定》的思路,规定了人民法院确定和当事人协商并经人民法院准许两种方式。(3)具体期限的确定。第一审普通程序案件的举证期限不得少于十五日;二审程序中当事人提供新的证据的,举证期限不得少于十日。(4)不受举证期限约束的除外情形。《民事诉讼证据规定》未规定除外情形,《最高人民法院关于适用〈关于民事诉讼证据的若干规定〉中有关举证时限规定的通知》(法发〔2008〕42号,2008年12月11日)则规定对于反驳证据允许人民法院酌情指定,《民事诉讼法解释》延续了该通知的基本思路,同时增加了补强证据,即举证时限对主要证据发挥作用,反驳证据和补强证据不受举证期限的限制。如前述大连实德集团有限公司与中国农业银行股份有限公司沈阳和平支行、原审被告沈阳东鹏机械施工有限公司金融借款保证合同纠纷案[最高人民法院(2010)民二终字第63号],即属于因反驳证据提出的新证据不属超过举证期限的证据的情形。

一般来说,当事人和法官对应当提供哪些证据证明案件的关键事实,有一个逐步认识的过程。要使当事人能够正确履行及时提供证据的义务,人民法院对当事人举证负有指导义务。在案件审理过程中,人民法院应当明确当事人应当提供的具体证据,如证明借款合同存在的借条,证明其对房屋有所有权的房产证等,在此基础上,才确定该具体证据的举证期限,做到有的放矢。因此,人民法院要确定的是具体证据的举证期限,而不是对整个案件的所有证据笼统地确定一个举证期限;人民法院在民事案件审理过程中确定当事人的举证期限不一定是一次性的,有些复杂案件要根据诉讼发展不同阶段的需要,多次确定当事人应当提供的证据和提供该证据的期限。①

3. 举证期限的延长。《民事诉讼法解释》第100条规定:“当事人申请延长举

---

① 王胜明主编:《中华人民共和国民事诉讼法释义》,法律出版社2012年版,第152页。

证期限的,应当在举证期限届满前向人民法院提出书面申请。申请理由成立的,人民法院应当准许,适当延长举证期限,并通知其他当事人。延长的举证期限适用于其他当事人。申请理由不成立的,人民法院不予准许,并通知申请人。”当事人在举证期限内提供证据确有困难,申请延长期限的,人民法院应当围绕其是否在期限内提供证据确有困难,即主要是否存在客观上的障碍进行审查。当事人申请理由成立的,人民法院可以斟酌案件具体情况,酌情确定延长的期限,同时,该延长的举证期限适用于其他当事人。

4. 为双方当事人提供程序上的保障。《民事诉讼法解释》第 101 条规定:“当事人逾期提供证据的,人民法院应当责令其说明理由,必要时可以要求其提供相应的证据。当事人因客观原因逾期提供证据,或者对方当事人对逾期提供证据未提出异议的,视为未逾期。”当事人逾期提供证据的,人民法院应当责令其说明理由,必要时可以要求其提供相应的证据,保障其有机会陈述逾期提供证据的原因,赋予其陈述和辩解的机会。基于程序公正的基本要求,应当为双方当事人提供平等的发表意见、辩论和举证的机会,使对方当事人有机会对其理由进行质疑和辩驳,从而在当事人之间对抗的过程中,更好地查明当事人逾期提供证据的真实原因,便于根据当事人逾期提供证据的具体情况确定其承担相应的责任和后果。此外,在两种例外情形下,即当事人因客观原因逾期提供证据,或者对方当事人对逾期提供证据无异议的,逾期提供的证据视为未逾期,不发生逾期后果。

5. 逾期提供证据的正当理由。对于当事人逾期提供证据是否具有正当理由,应当结合当事人的主观因素,判断是否存在客观原因。如果当事人逾期提供证据是基于自身所不能控制的客观原因,如不可抗力、社会事件以及其他非当事人自身所能控制的因素,其主观上不存在故意和过失,应当认为其未及时提供证据具有正当理由。

6. 逾期举证的法律后果。逾期举证的法律后果是举证时限制度的核心内容,也是举证时限制度发挥其价值功能的关键。根据《民事诉讼证据规定》,逾期举证,除对方当事人同意质证外,法院不组织质证,产生证据失权的后果;而修改后民事诉讼法则对逾期举证的当事人规定了说明理由的义务,如理由不成立也并非一律认定证据失权,而是选择了多元化的制裁方式,包括不予采纳证据;采纳证据但同时给予训诫或罚款的处罚。《民事诉讼法解释》第 102 条进一步明确:“当事人因故意或者重大过失逾期提供的证据,人民法院不予采纳。但该证据与案件基本事实有关的,人民法院应当采纳,并依照民事诉讼法第六十五条、第一百一十五条第一款的规定予以训诫、罚款。当事人非因故意或者重大过失逾期提供的证据,人民法院应当采纳,并对当事人予以训诫。当事人一方要求另一方赔偿因逾期提供证据致使其增加的交通、住宿、就餐、误工、证人出庭作证等必要费用的,人民法院可予支持。”修改后民事诉讼法和《民事诉讼法解释》对逾期举证法律后果的多元化规定,改变了《民事诉讼证据规定》的单一后果模式,使法院可以根据不同情形选择适用。对逾期举证的缓和规制,符合审判实践的诉求,有利于实体公正的实现,也能够满足立法者提高诉讼效率、强化集中审理的立法意图,值得肯定。①

具体来说,当事人没有正当理由,违反提供证据的时间要求的,根据当事人逾期提供证据的主观过错程度,适用训诫、罚款直至证据失权等不同的责任和后果。训诫或罚款是将逾期举证定性为妨害民事诉讼行为而采取的较为缓和的处罚;证据失权则是对逾期举证最为严厉的惩罚。逾期举证且无正当理由的当事人应承担何种法律后果,法院应当综合考虑当事人取证的难易程度、是否有律师代理、当事人的主观过错程度以及该证据在认定案件事实中的地位和作用等因素裁量决定,适用不同的责任和后果。其一,当事人非因故意或者重大过失未及时提供证据的,不发生证据失权后果,可以在采纳该证据的同时适用训诫这种轻微的处罚。其二,当事人因故意或者重大过失逾期提供证据的,原则上发生证据失权的后果,当事人提供的证据将不被采纳,但有例外情形,即该证据涉及案件基本事实②证明,对案件基本事实有证明价值的,不失权但适用训诫、罚款。在证据失权情形下,由于当事人已经承担最为严厉的后果,不再适用训诫、罚款这些制裁措施;在例外情形下,证据不失权,但其拖延诉讼的行为对民事诉讼造成妨害,应处以训诫和罚款。当然,当事人因故意或者重大过失逾期提供的证据与案件基本事实有关的,人民法院在审查时应当审查该证据与案件要件事实的关联性,即审查该证据对于要件事实的证明是否有价值,是否使要件事实的存在更有可能或者没有可能,而不能仅仅根据当事人的主张确定。其三,无论当事人逾期提供证据基于何种程度的主观过错,对方当事人均有权要求其赔偿因此产生的相应损失。③

这种根据当事人逾期提供证据的主观状态来确定逾期举证的后果的思路,在

---

① 熊跃敏:《传承与超越:举证时限制度的新发展》,载《检察日报》2012 年 10 月 15 日。

② 《民事诉讼法解释》第 335 条规定:"民事诉讼法第一百七十条第一款第三项规定的基本事实,是指用以确定当事人主体资格、案件性质、民事权利义务等对原判决、裁定的结果有实质性影响的事实。"这里的基本事实,与要件事实、主要事实的含义相同。作为待证事实的实体法事实,学理上分为三个层次:一是要件事实,指由民事实体法规范规定的作为形成特定民事权利义务关系基本要素的事实,也就是构成适用该实体法律规范内容的要件事实,或者说法律条文中规定的要件事实。例如,因果关系的存在是侵权责任成立的要件之一,原告主张其患疾病系由于被告企业排放污染物所致,原告主张的这一事实,便是要件事实。二是间接事实,指用来推断要件事实是否存在的事实。在一些情况下,要件事实本身难以用直接方式证明,需要通过先证明与要件事实有关的另一些事实,来间接地推断要件事实存在与否,如被告的污染行为是否导致原告患病这一要件事实常常难以直接证明,需要通过与此有关的间接事实来推断因果关系的有无。三是辅助事实,指与证据能力和证明力有关的事实,即对于明确证据的证据能力的有无或证明力的大小有所作用的事实,如证人与当事人之间是否存在亲属关系,直接关系到证言证明力的大小。参见李浩:《民事诉讼法学》,法律出版社 2011 年版,第 206 ~ 207 页。

③ 沈德咏主编:《最高人民法院民事诉讼法司法解释理解与适用》,人民法院出版社 2015 年版,第 343 ~ 345 页。

《最高人民法院关于适用〈关于民事诉讼证据的若干规定〉中有关举证时限规定的通知》即有体现。该通知第10条在关于新的证据的认定问题上提出,应当结合“当事人未在举证期限或者司法解释规定的其他期限内提供证据,是否存在故意或者重大过失的情形”认定。分层设置举证时限后果的规定,吸收了司法实践经验,体现了行为、过错与责任的一致性,符合实践的需要,具有积极意义。①

(王松)

① 最高人民法院民事诉讼法修改研究小组编著:《〈中华人民共和国民事诉讼法〉修改条文理解与适用》,人民法院出版社2012年版,第143页。

第五章 诉讼调解与和解

082. 行业协会与人民法院联合调处纠纷

【审判政策与精神】

多渠道创新纠纷解决机制。要在总结试点经验的基础上积极探索行业协会与人民法院联合调处纠纷的工作机制,探索保险业协会与人民法院对于保险纠纷的诉调对接机制,探求快速解决纠纷的有效途径。要积极参与建立金融资本市场统一执法机制工作。

(《最高人民法院民事审判第二庭2012年工作要点》)

【司法解释】

最高人民法院关于人民法院进一步深化多元化纠纷解决机制改革的意见

法发〔2016〕14号

9. 加强与商事调解组织、行业调解组织的对接。积极推动具备条件的商会、行业协会、调解协会、民办非企业单位、商事仲裁机构等设立商事调解组织、行业调解组织,在投资、金融、证券期货、保险、房地产、工程承包、技术转让、环境保护、电子商务、知识产权、国际贸易等领域提供商事调解服务或者行业调解服务。完善调解规则和对接程序,发挥商事调解组织、行业调解组织专业化、职业化优势。

2013年1月4日,最高人民法院与中国保险监督管理委员会联合下发《关于在全国部分地区开展建立保险纠纷诉讼与调解对接机制试点工作的通知》(法〔2012〕307号),确定在32个地区相应级别人民法院和保险监管机构作为试点单位开展保险纠纷诉讼与调解对接机制试点工作。通知强调,开展建立保险纠纷诉讼与调解对接机制试点工作,应遵守依法公正、高效便民和积极稳妥等三个工作原则。通知要求,试点地区法院可以根据《最高人民法院关于扩大诉讼与非诉讼相衔接的矛盾纠纷解决机制改革试点总体方案》(法〔2012〕116号)的精神,建立特邀调解组织名册、特邀调解员名册。要健全名册管理制度，向保险纠纷当事人提供完整、准确的调解组织和调解员信息，供当事人自愿选择。要充分利用法院诉讼与调解对接工作平台，有条件的法院还可以提供专门处理保险纠纷的调解室，供特邀调解组织、特邀调解员开展工作。通知要求，保险监管机构应加强对保险行业调解组织的工作指导，监督其规范运行。应指导当地保险行业协会建立行业调解组织并明确调解组织经费来源，协助保险行业调解组织建立、完善调解员遴选制度，为调解提供稳定资金和人员保障。①

083. 已经发生法律效力的调解书，人民法院发现确有错误，必须进行再审

【公报案例】

武汉中联证券劳动服务公司与港澳祥庆实业返还财产纠纷案

[最高人民法院(2005)民四提字第1号]

❖ 裁判摘要

一、根据《中华人民共和国民事诉讼法》第八十五条的规定，人民法院审理民事案件，根据当事人自愿进行调解的，也必须在事实清楚的基础上分清是非。

二、对于已经发生法律效力的调解书，当事人虽然没有申请再审，但损害了案外人的合法权益，人民法院发现确有错误，必须进行再审的，人民法院可以按照审判监督程序进行再审。

❖ 基本案情

原审原告：武汉中联证券劳动服务公司

法定代表人：丁道纯，该公司经理

原审被告：港澳祥庆实业

法定代表人：郑炎光，该公司董事长

原审原告武汉中联证券劳动服务公司(以下简称中联公司)与原审被告港澳祥庆实业(以下简称澳门祥庆)返还财产纠纷一案，湖北省高级人民法院于1996年11月7日作出(1996)鄂经初字第73号民事调解书，已经发生法律效力。因当事人澳门祥庆申请再审，湖北省高级人民法院经再审于2001年3月23日作出(2001)鄂高法监二民再字第10号民事调解书，后又因案外人澳门富昌地产提出异

---

① 《最高人民法院中国保监会联合下发通知，在部分地区试点保险纠纷诉调对接机制》，载《人民法院报》2013年1月5日第1版，《通知》全文载第4版。

议,湖北省高级人民法院对本案进行第二次再审并于2003年9月5日作出(2003)鄂高法监二民再字第5号民事裁定书。最高人民法院经复查,于2005年7月15日作出(2005)民四监字第19号民事裁定,对本案进行提审。最高人民法院依法组成由审判员陆效龙担任审判长,代理审判员任雪峰、高晓力参加评议的合议庭,刘永申担任书记员,于2005年11月17日公开开庭审理了本案。澳门祥庆的法定代表人郑炎光及其委托代理人关安平、彭学军到庭参加诉讼,中联公司经本院合法传唤,无正当理由未到庭应诉。本案现已审理终结。

湖北省高级人民法院经一审查明:1994年11月16日,澳门祥庆与中联公司签订一份合作开发石家庄火车站空调候车厅协议,约定:1994年11月底,澳门祥庆出资11000000元,中联公司出资9000000元,投资款18个月收回,按年利率25%计息;收回投资款后,其余8年零6个月的石家庄火车站候车大厅项目的营业收入,按澳门祥庆55%,中联公司45%进行分配。协议签订后,中联公司依约将投资款9000000元汇到澳门祥庆。1995年4月5日,澳门祥庆以其名义又与石家庄火车站华通总公司签订合作经营合同,共同经营石家庄火车站候车大厅,澳门祥庆占其股份45%。1996年3月23日,澳门祥庆向中联公司出具《股权转让书》称:“我公司所欠中联公司投资本金和投资回报款12375000元,如果在1996年6月30日以前不能按期归还,我公司愿将石家庄火车站候车大厅项目所占45%的股份全部转让给中联公司所有。”因澳门祥庆未履行义务,中联公司于1996年8月27日以澳门祥庆为被告向湖北省高级人民法院提起诉讼,要求澳门祥庆偿付投资本金9000000元人民币和约定的投资回报款3375000及其逾期利息。在审理过程中,经湖北省高级人民法院主持调解,双方当事人达成如下协议:一、澳门祥庆于1996年12月31日前偿付中联公司投资本金9000000元,投资回报款3370000元,逾期利息810000元,共计13180000元。逾期不付,则按《民事诉讼法》第二百三十二条执行。二、案件受理费81885元,其他诉讼费8115元,财产保全费62395元,共计142395元,中联公司承担71197.50元,澳门祥庆承担71197.50元。诉讼费、财产保全费共计142395元,已由中联公司预交,澳门祥庆按应承担的款额于1996年12月31日前付给中联公司。湖北省高级人民法院于1996年11月7日作出(1996)鄂经初字第73号民事调解书,对上述协议予以确认。

此后,澳门祥庆以湖北省高级人民法院(1996)鄂经初字第73号调解书内容违法等为由,向湖北省高级人民法院申请再审。湖北省高级人民法院于2001年3月12日作出(2001)鄂高法监二民字第70号民事裁定书,决定对(1996)鄂经初字第73号案进行再审。

湖北省高级人民法院再审确认了一审查明的事实。案件审理过程中,经湖北省高级人民法院主持调解,双方当事人自愿达成如下协议:一、解除澳门祥庆与中联公司所签订的《关于合作开发石家庄火车站候车大厅的协议》,注销武汉银庆物业有限公司;二、澳门祥庆向中联公司返还本金人民币9000000元,并支付相应的资金占用费及其他补偿费人民币4740000元;三、中联公司向澳门祥庆据实返还从石家庄冀庆服务有限公司和更名后的石家庄冀昌服务有限公司获取的全部收益和资金(含原审执行款),该款项澳门祥庆与中联公司于本调解书生效后一个月内进行清算,中联公司不享有上述服务公司的股权;四、上述第二、三项相抵后,不足或超出部分的款项从本协议生效之日起,按人民银行一年期流动资金同期贷款利率分段计算资金占用费,清算完毕后,澳门祥庆因上述服务有限公司股权变更发生的问题,由澳门祥庆负责;五、原审诉讼费、财产保全费、执行费由中联公司负担(已履行),再审诉讼费人民币68700元由澳门祥庆负担。湖北省高级人民法院于2001年3月23日作出(2001)鄂高法监二民再字第10号民事调解书,对上述协议予以确认。湖北省高级人民法院在该调解书中同时表述:本调解书经双方当事人签收后,即具有法律效力,该院(1996)鄂经初字第73号民事调解书和该院(1997)鄂执字第5-1号、5-2号民事裁定书即视为撤销。

因在执行(2001)鄂高法监二民再字第10号民事调解书时案外人提出异议,湖北省高级人民法院又于2002年6月28日作出(2002)鄂高法监二民字第54号民事裁定书决定对该案再审。湖北省高级人民法院经过再次再审又作出(2003)鄂高法监二民再字第5号民事裁定,其查明:该院(1996)鄂经初字第73号民事调解书发生法律效力后,澳门祥庆未依约履行该调解书确定的义务。该院在执行中将澳门祥庆在原石家庄冀庆旅行服务有限公司45%的股权强制转让给中联公司。1997年5月26日,中联公司与澳门富昌地产达成协议,约定将上述企业45%的股权有偿转让给澳门富昌地产。同年7月,该院裁定将上述企业45%的股权变卖给澳门富昌地产。另查明,前述澳门富昌地产于1991年成立,以纳税人翁文雄名义登记于澳门财税厅,其营业税档案编号为52286,已于1998年4月结束营业,翁文雄于1998年4月死亡。向该院提出异议的澳门富昌地产是于2001年4月成立,以纳税人翁德慧名义登记于澳门财税厅,营业税档案编号为98349,该澳门富昌地产(以下简称新富昌地产)与前述澳门富昌地产(以下简称老富昌地产)之间无法律上的财产承接关系。湖北省高级人民法院认为:在该院执行中参与本案的老富昌地产与本案有法律上的利害关系,已于1998年4月结束营业。而向该院提出异议的新富昌地产并未参与本案的审理与执行,与本案没有法律上的利害关系,其于2001年9月向该院提出异议系冒用持牌人为翁文雄且已结束营业的老富昌地产的名义。该院(2002)鄂高法监二民字第54号民事裁定书认定事实有误。经该院审判委员会讨论决定,依据《中华人民共和国民事诉讼法》第一百四十条第一款第十一项、最高人民法院《关于适用〈中华人民共和国民事诉讼法〉若干问题的意见》第109条并参照最高人民法院《关于适用〈中华人民共和国民事诉讼法〉若干问题的意见》第201条的规定,裁定如下:撤销该院(2002)鄂高法监二民字第54号民事裁定书和(2003)鄂高法监二民再字第5-1号民事裁定书。

最高人民法院提审期间,对于湖北省高级人民法院(1996)鄂经初字第73号民事调解书查明的事实,澳门祥庆除对其中"中联公司依约将投资款9000000元汇到澳门祥庆"的表述认为属于笔误提出异议外,对其他事实均无异议。对于汇款部分的事实,澳门祥庆主张9000000元中联公司先汇到武汉银庆物业有限公司,而不是直接汇到澳门祥庆,但澳门祥庆对于其占用该款项的事实予以认可。故对于(1996)鄂经初字第73号民事调解书确认的事实,除其中表述中联公司依约将投资款9000000元汇到澳门祥庆属于笔误外,其他事实均有相关证据证明,当事人亦无异议,本院予以确认。对于汇款的事实,本院查明中联公司将9000000元先汇到武汉银庆物业有限公司,后该笔款项被澳门祥庆占用。

法院还查明以下事实:澳门祥庆的法定代表人郑炎光于1996年11月5日代表澳门祥庆签署了(1996)鄂经初字第73号案的调解协议。中联公司于1996年11月11日签收了湖北省高级人民法院(1996)鄂经初字第73号民事调解书。李国强于1996年11月12日代表澳门祥庆签收了(1996)鄂经初字第73号调解书。李国强签收调解书时向人民法院提交了一份授权委托书,该委托书写明:"兹委托本公司副总经理李国强先生为全权代表,负责处理有关武汉中联证券劳动服务公司诉本公司的合作开发工程合同纠纷的调解活动。"委托书落款处加盖了澳门祥庆的印章,同时有董事长郑炎光的签字。

因澳门祥庆未履行(1996)鄂经初字第73号民事调解书中确定的义务,中联公司向湖北省高级人民法院申请执行。湖北省高级人民法院在执行过程中于1997年3月4日作出(1997)鄂执字第5-1号民事裁定书,裁定书载明申请执行人为中联公司,被执行人为澳门祥庆,湖北省高级人民法院裁定将澳门祥庆在石家庄冀庆旅行服务有限公司的红利(截至1997年2月28日)提取、支付给中联公司,以抵偿部分债务;将澳门祥庆在石家庄冀庆旅行服务有限公司所占有的45%股权,从1997年3月1日起转让给中联公司所有,以抵偿债务。此后,中联公司又申请将湖北省高级人民法院裁定归其所有的澳门祥庆的股权变卖给老富昌地产。湖北省高级人民法院于1997年9月14日作出(1997)鄂执字第5-2号民事裁定书,裁定将澳门祥庆在原石家庄冀庆旅行服务有限公司所占有的45%权益,变卖给老富昌地产,以抵偿债权人中联公司的债务。上述裁定作出后,当事人办理了审批、变更登记等手续,老富昌地产取得了合作企业的股权。

澳门祥庆因不服湖北省高级人民法院(1996)鄂经初字第73号民事调解书,于2000年4月5日向湖北省高级人民法院提出申诉,其申诉理由是:(1)澳门祥庆从未签收过该调解书,亦未委托或指定任何他人签收过该调解书,尽管调解书经李国强凭一份无明确委托事项的授权委托书签收,但其签收属越权代理,并不对澳门祥庆产生法律效力,该调解书并未生效,对本案的执行无法定依据。(2)中联公司请求澳门祥庆偿付的9000000元系双方合资兴办武汉银庆物业有限公司而向该公司的投资,中联公司就该款项提起诉讼无合同依据和法律依据,应予驳回。

另查明:湖北省高级人民法院为执行(2001)鄂高法监二民再字第10号民事调解书,于2001年9月21日作出了(2001)鄂执字第16-1号裁定书,裁定将老富昌地产在石家庄冀昌旅行服务有限公司(原石家庄冀庆旅行服务有限公司)所占有的45%的股权执行回转给澳门祥庆所有。

新富昌地产及翁德慧因对湖北省高级人民法院(2001)鄂高法监二民再字第10号民事调解书及(2003)鄂高法监二民再字第5号民事裁定书存在异议,向法院反映称:1. 富昌地产在石家庄冀昌旅行服务有限公司的股权系合法取得,富昌地产已经支付了股权转让金,股权应受法律保护。富昌地产的股权取得和澳门祥庆与中联公司之间的财产返还纠纷不存在法律上的因果关系。2. 湖北省高级人民法院在2001年再审时,在未告知富昌地产的情况下直接作出了涉及处分富昌地产名下股权的(2001)鄂高法监二民再字第10号调解书,处分他人合法权益,属内容违法,应予以撤销。澳门祥庆申请再审也已经超过了两年的诉讼时效。3. 湖北省高级人民法院在执行中作出相应执行回转的裁定,是执行了案外人的财产,严重侵犯了富昌地产的民事权益和诉权。4. 新富昌地产与老富昌地产虽然在澳门财政厅分别登记,但新富昌地产事实上承接了老富昌地产的所有权利义务,有权承接上述合作企业的外方股权。退一步说,翁德慧作为翁文雄的合法继承人,以继承人的身份也完全有权主张老富昌地产的股权。湖北省高级人民法院(2003)鄂高法监二民再字第5号民事裁定驳回新富昌地产的异议,对翁德慧以继承人身份提出的异议置之不理,缺乏法律依据。

法院经审理认为:湖北省高级人民法院一审作出(1996)鄂经初字第73号民事调解书后,在执行过程中,老富昌地产依法取得了原澳门祥庆在内地合作企业的股权,并办理了相关的审批、变更登记手续,成为合作企业的股东。老富昌地产的持牌人翁文雄于1998年去世,老富昌地产已经于1998年4月结束营业。新富昌地产于2001年4月成立,持牌人为翁德慧。新富昌地产未能提供充分的证据证明其在法律上承接了老富昌地产的权利义务,故不能认定新富昌地产与本案存在法律上的利害关系。老富昌地产因(1996)鄂经初字第73号调解书的执行参与到本案中来,本案的再审结果特别是执行措施的采取,与老富昌地产存在法律上的利害关系。老富昌地产已经结束营业,其持牌人翁文雄去世。根据翁文雄之妻(翁德慧之母)余彩婵的声明书、相关的身份证明材料、在澳门初级法院的遗产管理人声明笔录等,可以认定翁文雄之女翁德慧系翁文雄的合法继承人,且其接受其他继承人的委托暂管相关财产,故翁德慧是与本案有利害关系的案外人,有权就老富昌地产的相关权益向人民法院反映有关情况。且即使案外人与本案无利害关系,但根据其反映的情况,上级人民法院发现下级人民法院作出的法律文书确实存在错误,仍须予以纠正。根据本院(93)民他字第1号《关于民事调解书确有错误当事人没有申请再审的案件人民法院可否再审的批复》的规定,对已经发生法律效力的调解书,人民法院如果发现确有错误,而又必须再审的,当事人没有申请再审,人民法院根据民事诉讼法的有关规定精神,可以按照审判监督程序再审。

最高人民法院《关于适用〈中华人民共和国民事诉讼法〉若干问题的意见》第二百零四条规定:当事人对已经发生法律效力的调解书申请再审,适用《民事诉讼法》第一百八十二条的规定,应在调解书发生法律效力后二年内提出。(1996)鄂经初字第73号民事调解书的两方当事人分别在1996年11月11日和12日签收了调解书,该调解书生效时间为1996年11月12日。澳门祥庆未在法律规定的两年期限内申请再审。卷宗材料显示其仅于2000年4月5日向湖北省高级人民法院提出申诉。澳门祥庆的申诉理由是:(1)澳门祥庆从未签收过该调解书,亦未委托或指定任何他人签收过该调解书,尽管调解书经李国强凭一份无明确委托事项的授权委托书签收,但其签收属越权代理,并不对澳门祥庆产生法律效力,该调解书并未生效,对本案的执行无法定依据。(2)中联公司请求澳门祥庆偿付的9000000元系双方合资兴办武汉银庆物业有限公司而向该公司的投资,中联公司就该款项提起诉讼无合同和法律依据,应予驳回。根据查明的事实,本案中郑炎光作为澳门祥庆的董事长、法定代表人,代表该公司于1996年11月5日在(1996)鄂经初字第73号案的调解协议上签字。此后,郑炎光又以董事长身份于1996年11月7日出具了一份委托书,该委托书写明:"兹委托本公司副总经理李国强先生为全权代表,负责处理有关武汉中联证券劳动服务公司诉本公司的合作开发工程合同纠纷的调解活动。"委托书落款处加盖了澳门祥庆的印章,同时有董事长郑炎光的签字。该份委托书的内容充分表明李国强有权代表澳门祥庆签收调解书。(1996)鄂经初字第73号调解书已经双方当事人签收生效,澳门祥庆的第(1)点申诉理由不能成立。澳门祥庆与中联公司之间合作开发石家庄火车站候车大厅项目并未实际进行,澳门祥庆又与他人签订了共同经营石家庄火车站候车大厅的合作经营合同,且将中联公司的9000000元资金占用。中联公司依据合作开发协议,以澳门祥庆为被告向人民法院提起诉讼,要求其返还款项,而非要求武汉银庆物业有限公司返还投资。澳门祥庆与中联公司在自愿的基础上达成调解协议,澳门祥庆承诺返还其占用的相关款项,人民法院出具调解书予以确认,符合法律规定。澳门祥庆的第(2)点申诉理由亦不能成立。湖北省高级人民法院对(1996)鄂经初字第73号民事调解书决定再审,但无论是决定再审的裁定还是在经过再审后作出的(2001)鄂高法监二民再字第10号民事调解书,均未阐明决定再审的理由及(1996)鄂经初字第73号调解书如何违法,再审缺乏事实和法律依据。

湖北省高级人民法院对(1996)鄂经初字第73号民事调解书再审后作出的(2001)鄂高法监二民再字第10号民事调解书,除对原调解书的内容全部予以维持外,增加了一项内容即要求中联公司将从石家庄冀昌服务有限公司(原石家庄冀庆服务有限公司)取得的全部收益和资金(含原审执行款)返还给澳门祥庆,中联公司不享有在该合作企业的股权。而该项中所指的执行款是中联公司因执行(1996)鄂经初字第73号调解书而取得的。(2001)鄂高法监二民再字第10号民事调解书在维持(1996)鄂经初字第73号民事调解书内容的同时,又确认中联公司将原执行款返还澳门祥庆,内容存在矛盾,是非不清,违反了《中华人民共和国民事诉讼法》第八十五条有关人民法院审理民事案件,应根据当事人自愿的原则,在事实清楚的基础上,分清是非,进行调解的规定。本案中联公司作为原告提起诉讼,要求被告澳门祥庆承担责任,且一审及再审时,澳门祥庆均未提起反诉。湖北省高级人民法院再审后作出的(2001)鄂高法监二民再字第10号民事调解书,却对作为原告的中联公司返还被告澳门祥庆款项的内容予以确认,程序上存在问题,违反了不告不理这一民事诉讼的基本原则。且即使执行中存在问题,亦应通过执行程序解决,而不应作为申请再审的理由通过审判监督程序解决。《中华人民共和国民事诉讼法》第八十九条第一款明确规定:"调解达成协议,人民法院应当制作调解书。调解书应当写明诉讼请求、案件的事实和调解结果。"根据该规定,调解书是解决当事人之间实体争议的法律文书。最高人民法院法释〔1998〕17号《关于人民法院发现本院作出的诉前保全裁定和在执行程序中作出的裁定确有错误以及人民检察院对人民法院作出的诉前保全裁定提出抗诉人民法院应当如何处理的批复》第一条也明确规定:"人民法院院长对本院已经发生法律效力的诉前保全裁定和在执行程序中作出的裁定,发现确有错误,认为需要撤销的,应当提交审判委员会讨论决定后,裁定撤销原裁定。"因此,人民法院在执行程序中所作裁定是否应予撤销不应在调解书中作出表述。湖北省高级人民法院在(2001)鄂高法监二民再字第10号民事调解书中表述该院为执行(1996)鄂经初字第73号调解书所作(1997)鄂执字第5-1号、5-2号民事裁定书视为撤销,违反法律规定。老富昌地产根据(1996)鄂经初字第73号民事调解书及相关执行的裁定依法取得了原澳门祥庆在内地合作企业的股权,湖北省高级人民法院在未阐述任何理由的情况下,即在(2001)鄂高法监二民再字第10号调解书中表述原执行裁定视为撤销,否定了老富昌地产取得股权的合法依据,损害了老富昌地产的合法权益。

综上,湖北省高级人民法院(1996)鄂经初字第73号民事调解书并不存在违法的情形,澳门祥庆的申诉理由不能成立。湖北省高级人民法院在未指明(1996)鄂经初字第73号调解书存在何种错误的情况下即决定再审,对该案进行的再审缺乏事实和法律依据,且其经再审后作出的(2001)鄂高法监二民再字第10号民事调解书,在实质上确认了(1996)鄂经初字第73号民事调解书中曾经确认的内容后,在被告澳门祥庆未提出反诉的情况下,又对原告中联公司向被告澳门祥庆返还因执行(1996)鄂经初字第73号民事调解书所取得的执行款的内容予以确认,违背了

《中华人民共和国民事诉讼法》第八十五条应该在分清是非的基础上进行调解的规定,亦违反了民事诉讼中不告不理这一基本原则。同时,湖北省高级人民法院在调解书中明确表述该院在执行(1996)鄂经初字第73号民事调解书时所作裁定视为撤销,违反法律规定,超出了调解书的适用范围。湖北省高级人民法院虽作出(2002)鄂高法监二民字第54号民事裁定书决定对(2001)鄂高法监二民再字第10号案进行再审,但其再审后并未对案件实体问题进行处理,而又作出(2003)鄂高法监二民再字第5号民事裁定书撤销了(2002)鄂高法监二民字第54号民事裁定书,程序上存在问题。法院依据《中华人民共和国民事诉讼法》第八十五条、第一百七十七条、第一百八十四条之规定,判决如下:

一、撤销湖北省高级人民法院(2003)鄂高法监二民再字第5号民事裁定书和(2001)鄂高法监二民再字第10号民事调解书;

二、维持湖北省高级人民法院(1996)鄂经初字第73号民事调解书的法律效力。

(选自《中华人民共和国人民法院公报2007年卷》)

084. 依法生效的调解书具有强制执行效力,法院有权对调解书是否具有可执行性进行审查

【公报案例】

伊宁市华强新型建材有限责任公司不服新疆维吾尔自治区高级人民法院执行裁定案

[最高人民法院(2014)执监字第80号]

❖ 裁判摘要

一、依法生效的调解书不仅是对当事人在自愿、合法基础上达成的权利义务协议内容的确定,而且也是具有强制执行效力的法律文书。

二、可采取强制执行措施的生效法律文书所确定的内容必须具有给付性,如果一方当事人不按照确定的给付内容履行,另一方当事人可以就该确定的给付内容向人民法院申请强制执行。因此,人民法院在受理执行案件时,首先应对申请人的债权请求权是否存在予以审查,即有权对调解书等法律文书是否具有可执行性进行审查,主要包括审查法律文书是否已经生效、义务人是否在法律文书确定的期限内履行义务、法律文书确定的强制执行条件是否明确等。

三、调解书等生效法律文书中所确定的基于双方违约责任而导致的给付义务,取决于未来发生的事实,即当事人双方在履行生效调解书过程中是否违约以及违

约程度等，属于与案件审结后新发生事实相结合而形成的新的实体权利义务争议，并非简单的事实判断，在执行程序中直接加以认定。缺乏程序的正当性和必要的程序保障。为能够更加有效地保障各方当事人的合法权益，应允许当事人通过另行提起诉讼的方式予以解决。

❖ **基本案情**

申诉人（申请执行人）：伊宁市华强新型建材有限责任公司

法定代表人：王华，该公司董事长

被申诉人（被执行人）：李正伯

申诉人伊宁市华强新型建材有限责任公司（以下简称华强公司）不服新疆维吾尔自治区高级人民法院（2013）新执二监字第148号执行裁定，向最高人民法院提出申诉。最高人民法院受理后，依法组成合议庭审查。本案现已审查终结。

本院经审查查明，华强公司与李正伯买卖合同纠纷一案，伊宁市人民法院于2010年5月25日作出了（2010）伊民初字第1514号民事调解书，主要内容为：1. 被告李正伯自2010年5月1日起至2010年11月31日止给原告华强公司供烧结多孔砖1350万块（其中5月供砖150万块，6~8月每月供砖270万块，9~10月每月供砖170万块，11月供砖50万块），单价每块0.36元，由被告负责运输（伊宁市范围内，运输地点由原告提前1天告知被告）。另每座窑存砖超过一圈时，原告支付超过部分每块0.015元。2. 被告李正伯若不能按约定完成当月的供砖量，必须在次月内补足，若次月仍未补足则按不足部分每块0.29元补偿给原告华强公司。3. 原告华强公司每月30日与被告李正伯结算，并在5个工作日内结清当月所购砖款，逾期每日按日万分之五承担违约金，被告李正伯总计提供200万元国家认可的税务发票（普通发票）。4. 被告李正伯在完成当月约定的供砖量后方可自行销砖，原告华强公司不得阻碍，在供砖期间，被告不得自行与原告的客户联系结算。5. 双方严格履行上述协议，若原告未按约定付款，则承担未付款部分30%的违约金，若被告未供够砖数，除每块按0.29元补偿原告外，还应承担未供部分30%的违约金。6. 双方再无其他纠纷。本案受理费4828元，邮寄费60元，由原告负担3000元，被告负担1888元。

李正伯按上述调解书确定的内容履行至2010年6月后再未继续履行。华强公司分别于同年7月3日、9月6日向伊宁市人民法院申请执行，要求李正伯履行调解书确定的供砖义务，李正伯亦因履行调解书确定的义务向伊宁市人民法院提出相关要求，法院组织双方进行了协商。后李正伯于2010年7月16日向新疆维吾尔自治区高级人民法院伊犁哈萨克自治州分院申请再审，请求撤销伊宁市人民法院（2010）伊民初字第1514号民事调解书，2011年4月6日新疆维吾尔自治区高级人民法院伊犁哈萨克自治州分院作出（2010）伊州民申字第157号民事裁定，驳回李正伯的再审申请。2011年4月25日，李正伯向新疆维吾尔自治区高级人民法院申请再审,新疆维吾尔自治区高级人民法院于2012年11月26日作出(2012)新民申字第1210号民事裁定,驳回李正伯的再审申请。

2011年5月20日,华强公司向伊宁市人民法院申请执行,要求被执行人李正伯支付违约金4350326.94元,迟延履行金52万元。2012年1月9日,伊宁市人民法院立案执行,2012年1月11日,伊宁市人民法院向被执行人李正伯发出(2012)伊执字第31号执行通知书,通知被执行人李正伯3日内履行向华强公司支付案款4350326.94元的义务,负担申请执行费45903元。因被执行人李正伯未按执行通知书履行支付案款的义务,伊宁市人民法院于2012年2月27日作出(2012)伊执字第31号执行裁定,内容为:冻结、划拨被执行人李正伯存款4396229.94元;扣留、提取被执行人李正伯收入4396229.94元;查封、扣押、冻结、拍卖、变卖被执行人李正伯的财产4396229.94元。被执行人李正伯不服该裁定,向伊宁市人民法院提出执行异议申请,2012年5月20日,伊宁市人民法院作出(2012)伊执异字第31-1号执行裁定,驳回被执行人李正伯的执行异议。李正伯不服该裁定,于2012年6月5日向新疆维吾尔自治区高级人民法院伊犁哈萨克自治州分院提出复议申请。2013年3月21日,新疆维吾尔自治区高级人民法院伊犁哈萨克自治州分院作出(2012)伊州执复字第00012号执行裁定,驳回李正伯的复议申请。

2013年4月8日,李正伯向新疆维吾尔自治区高级人民法院申诉,认为伊宁市人民法院作出的(2010)伊民初字第1514号民事调解书中的违约条款不具有可执行性。该调解书内容上是对原买卖合同条款的变更,通过法院达成了一个新的买卖协议;华强公司申请执行并未提供李正伯违约的证据,而李正伯于2010年6月26日委托伊犁公证处对华强公司的违约行为进行了公证,证明华强公司的违约事实,但执行法院不予采纳;华强公司至今尚欠其砖款,该调解书在履行过程中违约的责任人是华强公司;在执行程序中直接裁定确定李正伯违约责任及违约金额,剥夺了李正伯对违约责任及违约金数额的上诉权利。

新疆维吾尔自治区高级人民法院经审查认为,在执行中,双方当事人对在履行伊宁市人民法院(2010)伊民初字第1514号民事调解书过程中谁应负违约责任,产生较大分歧,双方都举证对方违约。执行法院在执行程序中适用实体法直接确认当事人在履行调解书过程中的违约责任,超出了执行审查的范围,该违约责任的确定需通过诉讼程序解决。伊宁市人民法院作出的(2012)伊执异字第31-1号执行裁定和新疆维吾尔自治区高级人民法院伊犁哈萨克自治州分院作出的(2012)伊州执复字第00012号执行裁定均超出了执行裁定的范围,不利于保护双方当事人的合法权益,应予撤销。据此,新疆维吾尔自治区高级人民法院于2013年12月9日作出(2013)新执二监字第148号执行裁定,裁定撤销了上述两份裁定。

申诉人华强公司不服新疆维吾尔自治区高级人民法院作出的(2013)新执二监

字第148号执行裁定,向本院申诉称:1.新疆维吾尔自治区高级人民法院直接作出裁定撤销了伊宁市人民法院作出的(2012)伊执异字第31-1号执行裁定和新疆维吾尔自治区高级人民法院伊犁哈萨克自治州分院作出的(2012)伊州执复字第00012号执行裁定,没有给申诉人陈述和申辩的权利,有违公正、公平和公开的司法原则。2.新疆维吾尔自治区高级人民法院的裁定适用法律存在问题。本案系买卖合同纠纷,依法成立的合同,当事人应当全面履行。根据最高人民法院《关于人民法院民事调解工作若干问题的规定》第十九条规定:"调解书确定的担保条款条件或者承担民事责任的条件成就时,当事人申请执行的,人民法院应当依法执行。"该条中"担保条款或者民事责任的条件"均涉及民事实体法,并且都包含一方履行、另一方接受履行的过程。对于先履行的一方如不履行义务,对方即可以申请法院强制执行,无须再进行民事诉讼审理后执行。本案的调解书中,双方的履行有先后顺序:李正伯供货,华强公司接货并按约定支付价款。如李正伯不供货,华强公司即可向法院申请执行。李正伯关于华强公司没有向其发出供货提示的辩解不成立。首先,假设华强公司不履行调解书,李正伯可以采取提存、申请执行的方式来履行,但李正伯没有这样做。其次,华强公司申请李正伯履行供砖义务,李正伯立即向法院申请再审,要求撤销调解书,不履行供货义务。最后,华强公司申请执行时,建筑用砖已大幅涨价,远高于调解书确认的价格。综上,请求撤销新疆维吾尔自治区高级人民法院作出的(2013)新执二监字第148号执行裁定,维持伊宁市人民法院作出的(2012)伊执异字第31-1号执行裁定和新疆维吾尔自治区高级人民法院伊犁哈萨克自治州分院作出的(2012)伊州执复字第00012号执行裁定。

被申诉人李正伯称:华强公司的申诉请求不能成立,请求依法驳回。主要理由是:1.李正伯没有违约,调解内容显然是对2009年的销售合同的变更,约定对方自提,还约定结算方式和违约责任。李正伯一直按合同履行,对方为提高砖价,不拉砖,造成砖厂的砖堆积,没办法正常生产,有公证为据。2.本案重点是调解书是否具有可执行性,一般调解书对权利义务约定非常明确,不存在争议。而本案调解书是对双方权利义务的约定,若一方违约,才支付违约金,到底是谁违约,存在很大争议,不宜在执行程序中直接确定,调解书不适合直接执行。

法院认为

本院经审查认为,依法生效的调解书不仅是对当事人在自愿、合法基础上达成的权利义务协议内容的确定,而且也是具有强制执行效力的法律文书。根据最高人民法院《关于人民法院执行工作若干问题的规定(试行)》第18条的规定,申请执行的法律文书应当有给付内容,且执行标的和被执行人明确。故对于可采取强制执行措施的生效法律文书所确定的内容必须具有给付性,如果一方当事人不按照确定的给付内容履行,另一方当事人可以就该确定的给付内容向人民法院申请强制执行。因此,人民法院在受理执行案件时,首先应对申请人的债权请求权是否存在予以审查，即有权对调解书等法律文书是否具有可执行性进行审查，主要包括审查法律文书是否已经生效、义务人是否在法律文书确定的期限内履行义务、法律文书确定的强制执行条件是否明确等。就本案而言，调解书的主文主要有两个方面的内容，一是当事人双方互负给付义务，即被告李正伯负有给付原告华强公司烧结多孔砖1350万块的义务，原告华强公司负有按照单价每块0.36元给付价款的义务。可见，就调解书确定的双方互负给付义务而言，调解书具有给付内容，本案属于具有执行内容的案件。当事人一方未按调解书确定的内容履行时，另一方可以向人民法院申请执行。二是违约责任的约定。违约责任的约定体现在四个条款中，即第一条约定：每座窑存砖超过一圈时，原告支付超过部分每块0.015元；第二条约定：被告李正伯若不能按约定完成当月的供砖量，必须在次月内补足，若次月仍未补足则按不足部分每块0.29元补偿给原告华强公司；第三条约定：原告华强公司每月30日与被告李正伯结算，并在5个工作日内结清当月所购砖款，逾期每日按日万分之五承担违约金；第四条约定：双方严格履行上述协议，若原告未按约定付款，则承担未付款部分30%的违约金，若被告未供够砖数，除每块按0.29元补偿原告外，还应承担未供部分30%的违约金。由此可见，因调解书并没有明确一方当事人已经违约所应承担的责任，需要对该调解书所约定的违约责任的确定性予以判断，不属于本应在该案诉讼中应当解决而没有解决的问题，不可通过审判监督程序予以解决，且本案当事人李正伯已分别向新疆维吾尔自治区高级人民法院伊犁哈萨克自治州分院和新疆维吾尔自治区高级人民法院申请再审，均因不符合法律规定的条件而被驳回。本案调解书中所确定的基于双方违约责任而导致的给付义务，取决于未来发生的事实，即当事人双方在履行生效调解书过程中是否违约以及违约程度等，属于与案件审结后新发生事实相结合而形成的新的实体权利义务争议，并非简单的事实判断，在执行程序中直接予以认定，缺乏程序的正当性和必要的程序保障。为能够更加有效地保障各方当事人的合法权益，应允许当事人通过另行提起诉讼的方式予以解决。华强公司认为新疆维吾尔自治区高级人民法院适用法律错误的理由不能成立，新疆维吾尔自治区高级人民法院（2013）新执二监字第148号执行裁定的结论并无不当，应予维持。

法院裁定

参照《中华人民共和国民事诉讼法》第二百零四条之规定，根据最高人民法院《关于人民法院执行工作若干问题的规定（试行）》第129条之规定，裁定如下：

驳回伊宁市华强新型建材有限责任公司的申诉请求。

［选自《最高人民法院公报》2015年第12期（总第230期）］

085. 二审期间双方当事人达成和解协议且撤回上诉的一方当事人不履行和解协议，另一方当事人申请执行一审判决的，人民法院应予支持

【指导案例】2号

吴梅诉四川省眉山西城纸业有限公司买卖合同纠纷案

关键词：民事诉讼 执行 和解 撤回上诉 不履行和解协议 申请执行一审判决

❖ 裁判要点

民事案件二审期间，双方当事人达成和解协议，人民法院准许撤回上诉的，该和解协议未经人民法院依法制作调解书，属于诉讼外达成的协议。一方当事人不履行和解协议，另一方当事人申请执行一审判决的，人民法院应予支持。

相关法条

《中华人民共和国民事诉讼法》第二百三十条第二款

❖ 基本案情

原告吴梅系四川省眉山市东坡区吴梅收旧站业主，从事废品收购业务。约自2004年开始，吴梅出售废书给被告四川省眉山西城纸业有限公司（简称西城纸业公司）。2009年4月14日双方通过结算，西城纸业公司向吴梅出具欠条载明：今欠到吴梅废书款壹佰玖拾柒万元整（￥1970000.00）。同年6月11日，双方又对后期货款进行了结算，西城纸业公司向吴梅出具欠条载明：今欠到吴梅废书款伍拾肆万捌仟元整（￥548000.00）。因经多次催收上述货款无果，吴梅向眉山市东坡区人民法院起诉，请求法院判令西城纸业公司支付货款251.8万元及利息。被告西城纸业公司对欠吴梅货款251.8万元没有异议。

一审法院经审理后判决：被告西城纸业公司在判决生效之日起十日内给付原告吴梅货款251.8万元及违约利息。宣判后，西城纸业公司向眉山市中级人民法院提起上诉。二审审理期间，西城纸业公司于2009年10月15日与吴梅签订了一份还款协议，商定西城纸业公司的还款计划，吴梅则放弃了支付利息的请求。同年10月20日，西城纸业公司以自愿与对方达成和解协议为由申请撤回上诉。眉山市中级人民法院裁定准予撤诉后，因西城纸业公司未完全履行和解协议，吴梅向一审法院申请执行一审判决。眉山市东坡区人民法院对吴梅申请执行一审判决予以支持。西城纸业公司向眉山市中级人民法院申请执行监督，主张不予执行原一审判决。

裁判结果

眉山市中级人民法院于2010年7月7日作出(2010)眉执督字第4号复函认为:根据吴梅的申请,一审法院受理执行已生效法律文书并无不当,应当继续执行。

裁判理由

法院认为:西城纸业公司对于撤诉的法律后果应当明知,即一旦法院裁定准予其撤回上诉,眉山市东坡区人民法院的一审判决即为生效判决,具有强制执行的效力。虽然二审期间双方在自愿基础上达成的和解协议对相关权利义务做出约定,西城纸业公司因该协议的签订而放弃行使上诉权,吴梅则放弃了利息,但是该和解协议属于双方当事人诉讼外达成的协议,未经人民法院依法确认制作调解书,不具有强制执行力。西城纸业公司未按和解协议履行还款义务,违背了双方约定和诚实信用原则,故对其以双方达成和解协议为由,主张不予执行原生效判决的请求不予支持。

【地方审判】

对于执行和解,《民事诉讼法》第230条第2款规定:"申请执行人因受欺诈、胁迫与被执行人达成和解协议,或者当事人不履行和解协议的,人民法院可以根据当事人的申请,恢复对原生效法律文书的执行。"对于诉讼外和解协议,最高人民法院在其发布的指导性案例第2号"吴梅诉四川省眉山西城纸业有限公司买卖合同纠纷案"中确定以下裁判要点:"民事案件二审期间,双方当事人达成和解协议,人民法院准许撤回上诉的,该和解协议未经人民法院依法制作调解书,属于诉讼外达成的协议。一方当事人不履行和解协议,另一方当事人申请执行一审判决的,人民法院应予支持。"因此,一方当事人不履行和解协议,对方当事人应申请执行原生效判决。由于和解协议不具有消灭生效判决既判力的效力,依据和解协议提起新的民事诉讼,构成重复诉讼,人民法院对该诉讼应裁定不予受理。

[吉林省高级人民法院关于印发《吉林省高级人民法院民二庭关于商事审判若干疑难问题的解答(一)》的通知(2014年12月16日)]

第六章 释明权的司法实践

086. 释明权行使的原则

【审判专论】

1. 公开原则。法官行使释明权,将对当事人的诉讼权利和实体权利产生重大影响,因此,释明应当公开,不能搞“暗箱操作”,否则会引起对方当事人的合理怀疑,也不利于保护当事人的诉讼权利。在实践中要求做到:(1)释明的时间与场合必须向双方当事人公开。释明时必须公开说明,不要私下与一方口头解释。(2)释明的内容必须公开。也就是说,释明应当充分,不能粗糙、简单,该释明的内容,应全部、彻底地告知当事人,以使相关当事人明白,从而让其自由的决定采取相应的诉讼对策,实现释明的目的。(3)释明的内容应当记入笔录,包括记入庭审笔录或者单独作调查笔录,由当事人核对无误后签字。

2. 对等原则。释明内容不是针对当事人一方的,在个案中,既可能向原告释明,也可能向被告释明,还可能向第三人释明,所以法官在行使释明权时应当坚持对等原则,对当事人诉讼权利的释明要等量齐观,不能厚此薄彼。对等原则要求法官做到:(1)应对诉讼法律关系的相关当事人释明。即按照个案的具体情况,该向原告释明的,就要向原告释明,该向被告释明的,就要向被告释明,第三人也是如此。(2)向一方释明的,必须告知对方。当法官依法向一方释明时,该当事人就会因此享受到相应的诉讼利益,而如果另一方当事人对此朦胧不知,就无法采取对策,从而失去辩解和举证机会,导致双方的权利失衡。所以,无论通过何种途径、利用何种方式,法官均应在向一方当事人释明后,尽快告知对方当事人。

3. 适度原则。所谓适度,是指释明权的行使应使当事人足以清楚法官释明的意图,明了自身诉讼行为的后果和案件的审理趋势,并且不至于损害另一方当事人的合法权益。当然通过立法是不可能对释明权的限度进行详细规范的,释明权的适度使用,更主要的还是要依靠法官的办案经验及公允良心。就个案而言,法官应在多大范围内、在何种程度上行使释明权,法官拥有一定程度的自由裁量权。法官在行使释明权的时候,一方面要防止过度行使释明权,不该行使释明权的时候不能行使,以免破坏实质意义上的辩论主义原则、处分原则及法官的中立原则。另一方面又要防止法官过分消极,该行使释明权的时候不行使,违背了诉讼的实质公正,走向当事人主义的极端。正如谷口安平教授所述:"法院进行释明在一定程度内是义务,在该程度以上成为权限,再过一定限度时则为违法。"

(邹碧华、高琼、李一萌:《法官释明权行使中的若干问题》)

【地方审判】

浙江省高级人民法院关于规范民商事案件中法官释明的若干规定(试行)

浙高法〔2009〕419 号

第一条 释明是法官的一项审判职责。释明应当遵循合法、公开、中立、适度、有利于诉讼的原则。

第二条 释明的内容一般限于阐释法律规定、告知诉讼风险及诉讼相关的事项,但不得违反辩论原则、处分原则。

第三条 释明应当根据案件审理的实际需要,在立案、送达、证据交换、调解、开庭、庭后等阶段适时进行。

第四条 释明可以采用书面方式,也可以口头告知,但具有下列情形之一的,应当将释明情况记录在案:

(一)诉讼主体瑕疵或有遗漏的;

(二)当事人主张的法律关系性质或民事行为效力与法院认定可能不一致的;

(三)指定举证期间及告知逾期举证的法律后果;

(四)举证责任的分配;

(五)重新指定举证期间的;

(六)拟采用拟制自认规则,对当事人的意思作出强制认定的;

(七)拟适用拒证推定规则,对案件事实作出强制认定的;

(八)其他可能对当事人权利发生失权效果,或者影响案件处理结果的情形。

第五条 一方当事人提出诉讼主张和诉讼理由后,应当由另一方当事人自己提出反驳主张和理由,包括权利发生、权利妨碍、权利消灭、权利制约等抗辩。法官不得帮助当事人提出权利抗辩事由和辩论理由。

第六条 案件经合议庭评议、审判委员会讨论作出决定的,法官不得作与合议庭或审判委员会意见不一致的释明,亦不得向当事人泄露合议庭或审判委员会等内部讨论的不同意见。对未经合议庭评议、审判委员会讨论、可能引起争议的重大事项,法官不得释明。

087. 法官释明权的恰当行使

【审判专论】一

关于释明的限度

释明权的行使虽然有助于实质正义的实现,但是任何一项好的制度也会有其负面效应,释明权制度也不例外。过度行使释明权,就会破坏当事人诉讼地位的平等性,否定《民事诉讼法》的平等原则,不能实现裁判的正义性。因此,应当将释明权控制在当事人主张的范围这一合理的限度内行使,具体应当遵循以下原则:

1. 诚实信用原则,并以探明当事人之真实意思为目的。诉讼上的诚信原则有三重机能,它既是当事人行使诉讼权利、履行诉讼义务的行为准则,更是法官行使审判权、履行审判义务的行为准则,是法官平衡各种诉讼利益的基准。这就要求法官在行使释明权时,应本着诚实、善意的态度,着眼于维护当事人之间的利益平衡,了解当事人的真实意图。法官应当围绕双方当事人的请求和争点,以谨慎而有限的中立方式公开发问、提示,从积极引导协助当事人进行充分陈述事实,明确争点和进行有效辩论的角度来行使释明权,从而有针对性地发现真实,而不能过多地介入当事人之间的攻防过程。

2. 法官中立原则,并且程序应当公开透明。法官中立原则是指法官在诉讼过程中对争议各方当事人保持一种超然无偏袒的态度和地位,不偏不倚、客观公正地审判案件。法官的释明之度,应以当事人请求及陈述中有需要释明情形的线索存在为限,如果当事人的请求及陈述中根本没有那个意思,则释明权的行使还是要受到处分主权原则和辩论主义的限制;如果当事人的请求及陈述中已经包含了某种对诉讼有意义的意思,但仅仅是囿于法律知识、诉讼技巧或者表述能力等方面的原因而未能表达出来,法官应予以相应的释明。释明权行使的目的是启发、晓谕当事人作出充分、合理的诉讼行为,因此法官不得利用释明代替当事人主张、辩论和处分,不得主动代替当事人作出攻击、防御行为或者作出选择。这主要体现在三个方面:一是法官可以通过释明促使当事人澄清或者补充其主张,但不得以释明的方式直接在当事人现有主张之外提出新的主张;二是不得以释明之名,行代替当事人辩论之实,对当事人没有声明的事项,法官一般不得释明,除非该事项直接影响案件的法律关系或者事实的认定;三是在当事人的主张内容有矛盾时,如既主张违约同时又要求侵权赔偿,不得代替当事人作出选择或者处分诉讼权利。

3. 法官在释明时,应当在各方当事人均在场的情况下,摒弃传统的命令、通告的纠问式庭审方式,先行告知释明的具体原因,谨慎而有限地说明自己的意见和理由,诚恳地征求当事人的意见,并将释明行为记录在案。是否响应法官的释明,当事人享有程序选择权,有权自主决定是否遵从。当事人对法官释明的内容不作回应的,视为对其诉讼权利的处分,法官不得代替其作出判断,只能以攻击防御方法不明或者未能进一步补充说明为由作出对该当事人不利的判断;当事人根据法官的释明改变诉讼请求的,法官应当重新指定举证期限,给予对方当事人必要的准备时间。

(贺小荣、王松:《法院释明权的方法及其合理限制》)

【审判专论】二

法官释明权是大陆法系民事诉讼中的一项重要法律制度,大陆法系各国将释明制度视为维护当事人权利的"大宪章"。释明权又称为阐明权,是指在民事诉讼中,当事人的主张或陈述不正确、不明确、不充分,或者当事人对证据规则的理解或对己方提供的证据的充足性产生错误认识时,法官依职权对当事人进行发问、提醒,启发当事人把不当的予以排除、修正,把不明确的予以澄清,把不充分的予以补充。释明权实质上是一种诉讼指挥权,是法官在履行审判职权时,基于裁决者程序居中性与诉讼主体能力缺陷的冲突,在不损害居中超然性前提下,主动利用理性语言,对诉讼能力缺陷方进行程序救济,以保证当事人诉讼能力适度平衡。

释明权可以分为消极释明、积极释明和处分释明三类,其中消极释明是指当事人诉讼主张及陈述不明了,或者由于当事人与法官沟通不够而引起法官或者对方当事人未能充分理解另一方当事人主张的情况下,法官主动向当事人发问,或者对方当事人向法院求问,要求另一方当事人予以回答;积极释明是指当事人的主张、陈述以及证据材料不完整,或者当事人应当主张的事实或证据没有提出的情况下,法官应当通过发问或提示等方法暗示当事人提出应主张而未主张的事实,提示他就某个问题进行主张或者举证等;消极释明与积极释明主要限于事实主张和举证的层次,而处分释明是当事人诉讼请求、诉讼标的或者诉讼主体不适当时,法官提醒当事人增加、变更或者放弃诉讼请求或者变更诉讼标的的一种释明。

(邹碧华、高琼、李一萌:《法官释明权行使中的若干问题》)

【审判专论】三

法院恰当行使释明权有助于确定案件事实和准确适用法律。即使英美法系法官,"出于功利考虑,诉讼案件膨胀这一无法回避的现实,也促使他们不得不通过扩大法官职权来提高司法效率”。审判实践中,一些案件被提起上诉和被申请再审常常就是因为原审法院对一些问题未予释明,造成当事人在原审中未行使相关权利,所以其希望在法院的再次审理中行使权利。法院在商事案件一、二审程序中,应合理行使释明权。首先,在下列情形下,法院应当释明:当事人的请求或抗辩不明确甚至出现矛盾时,法院不能以此为基础作出裁判,此时必须询问当事人以查明事实;法律明文赋予当事人某项权利,当事人未以此项权利而以其他理由提出请求或进行抗辩时,法院应当询问当事人是否行使此项权利;法院在审理中应当告知当事人围绕焦点问题举证,在焦点问题变化后,应当告知当事人就新的焦点补充举证,以防止当事人对法律和事实的误解而自以为举证充分。其次,法院的释明应当中立,应当在庭审过程中释明,不能向当事人私下释明。最后,法院应当尊重当事人的处分权,在法院释明后当事人仍然坚持原来意见的,法院不应阻止和干预。

(宋晓明、杜军:《商事诉讼形势之应对与审判制度完善的思考》)

088. 法官释明权行使不当导致的法律后果

【审判专论】

释明权行使的程度应由法官依据程序正义和实体正义的价值取向,根据案件和当事人的具体情况而定。释明权制度设立的初衷是平衡当事人在诉讼能力上的差异,保证获得公平的竞争和对抗的机会,所以法官应依当事人诉讼能力的大小、是否有律师代理诉讼等情况相应调整其释明行为。

法官依照法律应当行使释明权,但是,如果法官在诉讼过程中因个人素质或法律水平等多种原因不当行使了释明权,会产生怎样的法律后果呢?

我们认为,《民事诉讼证据规定》已经明确释明权是法官的权利和义务,法官不行使释明权而导致当事人败诉的,也是上诉法院将案件发回重审的法定理由之一,这样做是为了促使法官积极而又谨慎的行使释明权。如《民事诉讼证据规定》第3条规定,“人民法院应当向当事人说明举证的要求及法律后果,促使当事人在合理期限内积极、全面、正确、诚实地完成举证”。按照这一规定。人民法院受理案件时应当履行举证告知义务,这是适用举证责任原则判决案件的法定前提。如果人民法院没有向当事人说明举证的要求及不举证的法律后果,从而导致当事人贻误举证时机,人民法院判决对其不利,当事人为此提起上诉,二审法院可以程序违法而裁定撤销原判,发回重审。同样,对《民事诉讼证据规定》第35条,人民法院在诉讼过程中,发现案件的法律关系性质或民事行为的效力与当事人主张不一致时,法官应当行使释明权,将法律观点向当事人开示,并告知当事人可以变更诉讼请求。如果人民法院不对当事人行使该释明权,就判决驳回其诉讼请求,使当事人受到"不意打击",二审法院也应当以程序违法,发回重审。

(邹碧华、高琼、李一萌:《法官释明权行使中的若干问题》)

【地方审判】

原审人民法院未依照《最高人民法院关于民事诉讼证据的若干规定》第35条的规定行使释明权,第二审人民法院能否依据《民事诉讼法》第170条第1款第4项的规定发回重审?

《民事诉讼法》第170条第1款第4项强调发回重审的事由仅限于"严重违反法定程序",该项规定中和《最高人民法院关于适用〈中华人民共和国民事诉讼法〉若干问题的意见》第181条规定中列举的严重违反法定程序情形的共性在于,程序违法行为限制或剥夺了当事人的重要权利,可能直接影响到审判结果的公正性。而未行使释明权,可能会增加当事人的诉累,影响诉讼效率,但当事人可以另诉主张权利,并不涉及审判结果的公正性问题。因此,原审人民法院未依照《最高人民法院关于民事诉讼证据的若干规定》第35条的规定行使释明权不属于严重违反法定程序,第二审人民法院不能依据《民事诉讼法》第170条第1款第4项的规定发回重审。

[吉林省高级人民法院关于印发《吉林省高级人民法院民二庭关于商事审判若干疑难问题的解答(一)》的通知(2014年12月16日)]

089. 释明权行使的时间

【审判专论】

法官行使释明权可以在立案、证据交换、调解、开庭、庭后、判决后等阶段进行。尤其在对于诉讼过程中出现的法律用语、法律专业术语及其他相关事项,当事人表示不能理解或表示疑惑时,或者从其态度明显能看出,其未能理解相关问题时,法官可以根据时机及场合对当事人进行释明。

1. 案件受理阶段。根据我国现行民事诉讼制度,法院在决定受理前,至少要审查原告的资格、被告是否明确、诉求及主张是否具体、是否属民事诉讼范围及受诉法院管辖四方面内容,不符合受理条件则裁定不予受理。(1)法院主管的释明。法官发现起诉人的起诉事项不属于人民法院受理民事案件的范围的,应当根据相关法律规定向起诉人释明法院对该案无审判权,并告之向有关职能部门申请处理。

(2)管辖权的释明。法官发现起诉人不是向有管辖权的人民法院起诉的,应告知起诉人依照民事诉讼管辖制度的规定,向有管辖权的人民法院起诉。

2.证据交换阶段。在证据交换的过程中,法官应适时地引导当事人按一定的顺序交换证据,并对有关问题进行必要的释明:告知当事人证据交换的规则和顺序;在当事人的主张不明确或有矛盾、不充分的情况下,法官依职权向当事人提出关于事实或法律上的质问,促使当事人提供证据,对有争议的问题提出鉴定、申请延长举证期限的提出等。

3.开庭审理阶段。由于举证时限和证据交换制度的确立,当事人提出证据一般应在庭审前完成。开庭审理阶段,当事人对案件的法律关系、事实关系的陈述相互矛盾、模糊不清,可以发问的方式进行释明;对证据的对应性、证明用途、证明目的,证人对事实的陈述,鉴定结论或审计报告的法律效力等问题,可以发问的方式进行释明;对依职权调取的证据以主动说明的方式向当事人释明。

4.宣判阶段法官对判决理由的释明。民事诉讼法理论上将这种释明称为法官法律见解或者法律心证公开。公开心证及表明法律见解是释明权制度的一个重要组成部分,其法律根据在于防止突然判决给当事人意想不到的打击,即要求法官对法律适用进行释明是为了防止来自法院的突袭,这种对心证公开的要求,可以让当事人与法官在相同的法律框架内进行交流,以达到法官探求当事人真意,当事人充分了解法官用法的心理过程的目的,当事人在充分了解法律时则对自己的诉讼案件胜诉或败诉作出比较理性的判断,减少不必要的上诉或申诉,实现息讼、保障社会稳定的根本目的。

5.二审阶段的释明。在二审阶段,法官主要在以下四种情形下行使释明权:

(1)对上诉请求的释明。上诉请求不明确的,法官应询问当事人明确具体的请求;当事人的上诉请求超过一审的范围的,告知当事人不予受理。(2)对二审举证的释明。上诉人提出新的证据的,审查是否属于《民事诉讼证据规定》规定的限定范围,如属于新证据的告知对方当事人可针对新证据进行反驳;不属于新证据的则告知其不予质证、采纳的原因;当事人在一审举证期限届满前申请人民法院调取的证据,对方当事人提出异议,应向对方当事人进行释明并要求对方当事人质证。(3)对一审中当事人提出但没有进行处理的请求,征询双方意见是否同意调解,对调解不成的发回重审。(4)对当事人陈述不清的部分进行询问,使其表述的意思明晰。

6.判决后的释明。如海南省高级人民法院近日出台《关于实行判后释明听证的规定》,规定在判决生效后,法院对本院作出的民商、行政案件裁判生效后的两个月内,根据当事人的申请,公开组织听证会,针对申请释明的问题向当事人作出解释。

目前规定当事人提出释明申请的情况主要有5种:(1)认为证据运用不当,遗漏证据或者有证据证明的主要事实没有认定或认定有误,影响裁判结果的;(2)认为作为裁判依据的重要证据未经质证,或者虽经质证但采信不当,影响裁判结果的;(3)认为确定举证责任分担不当,造成裁判结果不公的;(4)认为适用法律明显不当,影响裁判结果的;(5)认为诉讼主体错误,没有依法履行释明义务,裁决中遗漏诉讼请求或者超越诉讼请求,造成裁判结果不公的。

释明听证会一般均由各级法院的资深法官组成,由法院院长、副院长或者审判委员会专职委员主持,其他成员由立案庭庭长或者副庭长、原审判庭庭长或副庭长以及主持人指定的其他资深法官组成。合议庭认为原判正确,释明听证已经对申请释明的事项作出了相应的释明,应当向当事人送达《释明意见书》;认为案件本身存在错误或有严重瑕疵,符合复查条件,决定立案复查的,应书面通知有关当事人;一次释明不够,未能说明清楚,需要再次举行释明听证会的,通知申请人择日再行听证。听证合议庭对当事人反映案件可能存在违法审判或者违纪情况的,应当转交纪检监察部门调查处理。

(邹碧华、高琼、李一萌:《法官释明权行使中的若干问题》)

090. 释明权行使的方式

【审判专论】

法官一般应在当事人各方在场的情况下行使释明权,可以采用书面形式,也可以采用口头形式如发问、询问、告知,但对于会产生失权后果等可能对案件裁判起决定性作用的事项的释明必须由书记员记录在案。

当事人主张的法律关系或者民事行为的效力不符合法律规定时应如何告知当事人?最高人民法院在对《民事诉讼证据规定》第35条进行说明中,确立了三条原则:首先,在案件审理过程中,法官认为当事人主张的法律关系的性质或者民事行为的效力不符合法律规定时,应该休庭合议,以体现合议的严肃性。经过合议,如果当事人主张的法律关系的性质或者民事行为的效力与人民法院根据案件事实作出的认定一致的,合议庭可以继续开庭,这时就不用告知当事人合议庭的认定了。如果当事人主张的法律关系的性质或者民事行为的效力与人民法院根据案件事实作出的认定不一致的,那么合议庭就应当在继续开庭后告知当事人。其次,关于如何具体告知,最高人民法院的说明认为,合议庭不能明确无误地告知当事人案件的法律关系的性质是什么,或者民事行为的效力是什么,只能告知当事人案件的法律关系还可能是什么,或者民事行为的效力还可能是什么。同时,为避免当事人讼累,法院应就可能出现的法律关系或者民事行为,要求当事人举证,告知当事人可以变更诉讼请求,使对自己有利,并告知当事人,如果当事人不变更诉讼请求的,法院将根据已有的证据材料作出裁判。之所以不赞成明确无误地告知当事人案件的法律关系的性质是什么,或者民事行为的效力是什么,主要理由有二:一是合议庭作出认定后,一旦庭长、院长或者审判委员会不同意合议庭的认定,就会损害法庭的严肃性,损害法律的权威;二是案件还没有审理完毕,合议庭不能对案件事实作出认定,否则会影响法官的中立地位。最后,就告知的方式问题,最高人民法院的说明中认为,合议庭采用口头告知的方式即可,不过书记员应当将此准确地记入笔录,并让当事人在笔录上签名,以免日后当事人否认合议庭告知而无据可查。

(邹碧华、高琼、李一萌:《法官释明权行使中的若干问题》)

091. 释明权行使的范围

【审判专论】一

1. 当事人的诉讼请求不明确或者不充分的,应予释明。由于当事人文化水平参差不齐,对案件的声明就可能存在相互矛盾、模糊不清的情况。法院若将其作为裁判的基础则难以作出符合真实情况的裁判,也就需要法官向当事人发问使不明确的声明明确化。不过法院的发问仍应受辩论主义的限制,当事人没有声明的事项,法院不得发问。比如当事人在起诉状中只提出赔偿请求,但没有写明具体数额,或者可以要求赔偿全部损失而只要求赔偿部分损失,或者列出的赔偿项目不完整,无论在起诉审查阶段还是开庭审理阶段,法官都应当要求当事人进行补充说明,使其意思进一步明确。又如被告人在答辩状中不仅要求驳回原告诉讼请求,还要求判令原告承担某种责任,但又未明确提出反诉,法官也应主动提示,要求其对是否反诉予以明确答复。

2. 对当事人明显不当的诉讼请求或者诉讼行为,应当通过释明加以变更或消除。在当事人的声明中未能清楚说明有关事项时,法院可以令当事人再就有关事项加以陈述。如果当事人的陈述毫无意义或带有诈欺性,可以行使释明权将其消除。比如在返还特定物的诉讼中,如果已经查明原物已经灭失,而原告仍然要求返还原物,法官应当行使释明权,要求其除去或更改该项诉讼请求。

3. 证据材料不充分时,可以通过释明令其补充。当事人就其主张之事实,未声明证据或未充分举证时,法官不应立即以该当事人未尽举证责任,不能认定其主张的事实而判决其败诉,应当向其行使释明权,促使其举证。实际上,当事人提供的诉讼证据不充分的情况在审判实务中是大量存在的,其中有的是由于当事人误认为自己就该事项并无举证责任,有的是由于当事人误认为其所举证据已经足够,此时法官应当向当事人发问,提示他应当提供相应和充分的证据材料。经提示后,如果当事人仍未提供充分而有力的证据,法官认为此时判决的时机已经成熟,可以判令其败诉,承担诉讼中的不利风险。

4. 当事人忽略或误认法律观点,应予释明。为促进诉讼的集中高效进行,充分保护当事人的合法权益,如果当事人忽略或误认了法律观点,法官行使释明权,就案件的法律适用问题和当事人进行必要的沟通和交流,较之对法律适用问题保持沉默而作出一个突袭性裁判显然更为妥当,更容易实现诉讼的目的。具体理由如下:

其一,当事人程序主体性原则要求法官就适用法律问题与当事人认识不一致时,应当向当事人予以释明,而不得作出突袭性裁判。诉讼理由是使当事人提出的诉讼请求得以成立的根据,具体包括事实根据和法律根据。其中法律根据与事实根据不同,它只是诉讼理由的选择性要件,因为对案件事实作出法律上的评价是法官的职责,不能因为当事人不懂法而判其败诉。适用法律是法官的职责,当事人无须陈述具体的法律根据,但这并不意味着法官就案件的法律适用问题就可以不与当事人进行任何沟通和交流了,因为当事人在有关案件法律观点方面的认识与法官头脑中的法律观点可能并不一致,这就可能会导致当事人的“攻击”与“防御”活动不得要害,容易对当事人造成“裁判的不意打击”。例如,原告将其向被告交付的款项视为一种投资的合伙行为,因而在诉讼上主张分享因合伙投资而带来的股份利益,被告则抗辩称原告交付款项的行为是一种借贷行为,主张返还本金及相应的利息而拒绝原告享有股份权益,但法官在庭审中却认为当事人之间的资金交易行为因违反法律的强制性规定而属于无效民事行为,这时法官就应当将其对该案的认识及时告知双方当事人,以便当事人能够在法官于审判职务上所确立的法律框架之内重新部署攻击与防御体系,否则如果法官不释明其心证而径行作出判决,败诉方当事人甚至包括胜诉方当事人自然会因感到受到了法院的突袭性裁判而不满,因为他们是在法院作出判决后才知晓判决理由而未能即时提供因应措施,而且这也使得辩论主义的功能与价值受到了极大的损害,很难说这样的判决是公正和正义的,是能为社会所接受的。

其二,在某些情况下,当事人选择不同的法律诉因会带来不同的诉讼结果,如果当事人对此认识和诉请不明确,法官应释明促使其明确。在一些案件中,法律根据完全有可能成为民事纠纷的焦点问题。例如在违约和侵权请求竞合的情况下,寻求不同的法律依据甚至会带来不同的法律后果,此时如果当事人同时以违约和侵权这两个相互冲突的法律依据作为其主张权利的诉讼理由,必然会影响到其请求权能否成立,影响法官的裁判结果。不仅如此,在同一案件中并存不同的法律关系,使得争议焦点、证明责任、法律适用等裁判内容存在较大差异,如果法官对此不予以区分而一并进行审理,也必然会导致案件的法律关系混乱、争议焦点冲突、庭审层次凌乱,也就不可能实现案件的正确审判。

其三,为防止突袭性裁判,给予当事人就法律解释适用有辩论的机会,将法官向当事人释明法律、指导当事人正确地参与诉讼规定为法官的应尽职责,不仅有国外立法例可供参考,在我国法律中也已有明确规定。如德国《民事诉讼法》第278条第3款就规定,"某一法律观点,如当事人一方明知而忽略之,认为是无关紧要的,法院只能在该观点不是关系到附带请求时,而且法院已给予发表意见的机会后,才支持当事人的判断"。也就是说,"法官持有与当事者不同的法律观点时,不应以'法律问题是法官的专属权限'为理由而保持沉默,而应当向当事者进行开示并尽量求得共同的理解。这样的开示近来被法学界提到法官的义务的高度,称为'法律观点开示义务',并称为程序保障的重要内容之一"。我国《民事诉讼证据规定》第35条也规定,法院查明的法律关系性质或者效力与当事人认识不一致的,法官应当告知当事人对法律关系重新定性。这就意味着此时法官必须向当事人解释法律,并告知其可以变更诉讼请求,促使当事人正确理解法律规定并作出明确选择,并以当事人最终选择的诉讼请求和诉讼理由作为裁判依据。

(贺小荣、王松:《法院释明权的方法及其合理限制》)

【审判专论】二

释明权的范围是指法官对哪些情形行使释明权以及应当如何行使释明权。释明权的范围过宽,容易陷入职权主义;释明权过窄,则不能弥补当事人主义诉讼模式的缺陷。我们认为,释明的范围包括事实的释明、法律的释明,具体包括以下内容:

1. 有关事实的释明

(1)有关诉讼请求的释明。①诉讼请求不明确的释明。所谓诉讼请求,是指在民事诉讼中,当事人一方通过法院向相对方提出实体权利之请求。诉讼请求不明确是指当事人提出的诉讼主张不明了,或者自相矛盾,使法院无法理解其真意,足以影响法院的判决。法院可直接发问,让当事人将自己的诉讼主张陈述清楚。此时的释明应以探知当事人真实意思为限,不能影响当事人对自己实体权利的处理。

例如有的当事人将诉讼请求表述为"请求被告恢复原状或赔偿经济损失";又如在房屋买卖纠纷案件中,当事人的诉讼请求表述为"要求被告交付房屋或退还已付房款",此类请求法官应提醒当事人,询问当事人请求权的基础是什么。②诉讼请求不充分的释明。诉讼请求不充分表现为两个方面,一是量上的不充分,比如在人身损害赔偿案件中,原告由于不懂法律,只提出了赔偿医疗费的诉讼请求,而未请求赔偿因误工而减少的收入等;二是质上的不充分,原告基于同一事实本可以提出多项诉讼请求,而只提出其中一部分,例如,在名誉权受到损害后,由于原告不知道可以请求赔偿精神损失而未提出此诉讼主张。在当事人诉讼请求不充分时,法院可以向当事人发问,探知当事人之真意,如果当事人确实不知道可以提出如此之多的诉讼请求,法院应当行使释明权。当事人在权利被释明后,补充诉讼请求的,法院应予以允许。

(2)有关事实主张的释明。诉讼中,当事人提出的主张与抗辩须有事实依据。在当事人提出的事实资料包括主张与抗辩所依据的事实不明确、不充分、矛盾或不适当时,法院应通过释明,使其主张或抗辩明确、清楚、充分、适当,不允许法院未经释明就以当事人主张不明为由排斥其主张。

值得注意的是,当出现当事人主张的事实不明确、不清楚、不充分,法官应该做的是释明,而不是去主动调查。

(3)有关证据的释明。审判实践中,不少法官认为,法院受理案件后,向当事人寄发受理通知书、应诉通知书的同时,还向当事人寄发了举证通知书。举证通知书内容丰富,包含了举证责任、举证期限及证据失权等相关规定,既然这些内容对当事人都有了交代,法官就无须对当事人再作什么释明。我们认为,这是一个认识误区。举证通知书所载内容仅为一般告知内容,并不代表案件中所有需要告知的事项。随着案件审理的推进,无论是在事实方面还是在法律方面均会出现各种需要向当事人释明的内容。例如,法官在进行举证指导后,当事人各自提交己方证据后,根据这些证据证明力的大小,法官应当将证据评价的结果告诉当事人,尤其是要告诉举证不利的一方当事人,要求其进一步补充证据。有时,在审理案件时,这种过程可能会反复很多次。这种情况下,法官的释明工作实际上是动态的、不断变化发展的。因此,行使释明权应当贯穿于案件审理的全过程。那种以为寄发了举证通知书就一劳永逸、法官就没有了举证指导职责的想法是不正确的。

法官对当事人的举证进行释明,主要包括以下几个方面:①举证责任分配的释明;②证明要求的释明;③证明方法的释明;④强制性后果的释明;⑤自认事项的释明;⑥失权事项的释明。

①举证责任分配的释明。有的案件中,当事人自持举证责任应由对方承担,故均不提供可能已经掌握的证据或提出相应的调查、鉴定申请,此时法官对举证责任的认定是否应当向当事人释明?

我们认为,应当将法官的心证告知当事人,而不宜简单地以结果意义上的举证责任判决应承担举证责任的当事人败诉。法律对举证责任的划分只作原则性规定,很多具体情形下只能由法官“根据法律或经验法则,政策精神及公正、诚信原则为基础,参酌当事人的请求及主张合理分配”,带有很强的主观性,如果不就此释明,就可能使当事人的处分权落空。一方面法官对法律的解释,防止必然会对一方当事人形成的不意打击;另一方面也有助于提高诉讼效率。在一些由谁提出申请的案件中,如因被告否认原告提供欠条上签字的真实性,虽然对于应由谁提出字迹鉴定的申请存在争议,但是着重点应放在这一事实的查明上,故法官应当将心证告知其认为应承担举证责任的原告或被告,而不是简单地以原告或被告未在举证期限内提出鉴定申请而判决其败诉。

②拟制自认中的释明。《民事诉讼证据规定》第 8 条第 2 款规定了拟制自认,由于拟制自认的制度设计对一方当事人将会产生自认的不利后果,因此,首先,对于一方当事人就对方的陈述事实既不承认又不否认的,法官应当向该当事人明确说明这种消极的诉讼行为可能会被认定为对对方当事人陈述事实的拟制自认。其次,要说明拟制自认视为当事人自认的法律后果,对于对事实的承认将导致承认对方的诉讼请求的,也应予以说明。最后,在就上述两方面进行充分说明后,再向该当事人询问其是否仍坚持既不承认又不否认的消极态度。以上均应明确无误地记录笔录,方可作为拟制自认的认定。

实践中值得注意的是,当事人对于对方的主张,虽然没有积极争执,但是可以从其他陈述中看出争执的意思时,不得视为拟制自认。如买卖合同中,原告诉请被告支付货款并支付迟延履行违约金,被告在抗辩中仅仅提出买卖合同不成立,虽然该抗辩没有直接涉及违约金部分,但是迟延履行违约金本身源于买卖标的物的给付,被告对买卖合同成立的异议,当然包括了对违约金的争执,因此,在这种情况下,不能把合同不成立的抗辩看作对违约金部分的自认。

③《民事诉讼证据规定》第 34 条第 2 款规定的证据失权及失权效力排除的释明。对于当事人逾期提交的证据,经审查又不属于新的证据的,当事人有拒绝质证的权利,当事人逾期提交的证据称为失权证据。法官的释明有两项:一是对当事人逾期提交的证据是否属于新的证据向双方当事人释明,如法官认为该证据系新的证据,应当告知提交证据的对方当事人予以质证并可以针对新的证据提交反驳证据;该反驳证据应视为与新的证据等值。二是如果法官认为当事人逾期提交的证据不是新的证据,应首先告知对方当事人享有拒绝质证的权利,并告知如果当事人同意质证的,逾期提交证据的失权效力可能排除的法律后果。

④举证内容能否包括指导当事人提出新的诉讼资料?对于法院能否通过释明使当事人提出新的诉讼资料,理论界颇有争议,我们认为,此种情形下的释明仍是在当事人主张之下的释明,让当事人提出新的资料、证据,是对当事人真实意愿的尊重,能够让当事人更好地进行平等对话,便于法院查明事实,并不违背司法为民、司法公正的基本原则。

2. 有关法律的释明。实践中,有的法官认为,当事人只需主张事实、提交证据、提出自己的辩论意见就行,法官怎么判是法官的事情,所以在对案件作出判决之前,法官的法律观点无须向当事人公开。我们认为,这又是一个认识误区。

诉讼法上有一个重要概念,叫做“法官的法律观点公开义务”。这一义务要求法官将自己的法律观点及时向当事人公开。法官向当事人公开法律观点,被认为是法官行使释明权的一项重要内容。首先,法官及时将自己对案件的法律观点告诉当事人,有利于当事人及时提出自己的反对意见,这种反对意见有利于让法官对自己的观点进行更全面的反思。其次,法官及时将自己对案件的法律观点告诉当事人,有利于当事人根据法官的法律观点调整诉讼策略。这是因为法律观点不同,当事人的诉讼重点、诉讼方向都可能会发生变化。例如,合同纠纷案件中,当事人主张合同有效要求继续履行,但法官经审查认为合同无效应返还财产,此时,不仅诉讼请求要发生变更(如违约之诉要变更为赔偿之诉),而且相关证据的提供也要发生变更。在合同有效的情况下,当事人可能只需按照合同条款主张对方承担违约金或赔偿金即可,无须另行证明损失的存在,但在合同无效的情况下,当事人如要对方承担赔偿责任,就必须举证证明损失的存在。最后,法官及时将自己对案件的法律观点告诉当事人,有利于当事人围绕这一观点展开证据上的攻击与防御。如在一起租赁合同纠纷案件中,原、被告认为双方的法律关系是联营,法官认为是"名为联营,实为租赁"。从该案的事实特征看,法官的这一观点是正确的,但法官在作出判决之前一直未将此结论告知当事人,致当事人的诉讼请求、诉讼主张及抗辩、举证、质证等情况均未作出相应的调整,造成对当事人的突袭判决。

在诉讼法法理上,在法官的法律观点与当事人所持法律观点不相一致的情况下,法官如果不将自己的法律观点向当事人公开就对案件作出判决的话,这种情况就被认为发生了"来自法官的诉讼突袭"。其危害性毋庸多言。近年来,在德、法、日等发达国家,由于诉讼日益专业化,社会公众认知水平不能及时跟上诉讼法的发展速度,这些国家的诉讼法全面加强了法官释明权的规定,其中一项重要内容,就是要加强法官的法律观点公开义务。其目的就是填平日益加剧的诉讼专业化与社会公众认知能力之间的鸿沟,避免"来自法官的诉讼突袭"。就我国的国情而言,社会公众的法律认知能力及诉讼能力普遍较差,因此,加强法官的法律观点公开,是建立社会主义司法理念的必然要求。

近年来,我国司法改革非常强调法官在裁判文书中的说理,我们绝大部分法官也已经做到了在裁判文书中公开法官的法律观点,但仅此是不够的。其实,最高法院颁布的《民事诉讼证据规定》对法官的法律观点公开义务也有要求。该规定第3条所提出的诉讼指导,应当包括公开法律观点的内容;第35条则规定了法官所认定的法律关系的性质和效力与当事人认知不一致时,法官应当将自己的法律观点告知当事人。当然,法律观点并不仅限于此。

但是,应当注意的是,法官向当事人公开的法律观点,应当正确、有把握。在一些复杂案件中,法律问题较为复杂,有的法官在向当事人公开法律观点时,其观点并不成熟,极易引起当事人不满或无所适从。所以,法官在公开法律观点时,应当慎重,在遇到较复杂的法律问题时,最好经过合议庭评议或经过慎重讨论,尽量保证法律观点的准确性。

（邹碧华、高琼、李一萌：《法官释明权行使中的若干问题》）

【地方审判】

浙江省高级人民法院关于规范民商事案件中法官释明的若干规定（试行）

浙高法〔2009〕419 号

三、诉讼请求及法律问题的释明

第十四条　对当事人提出的诉讼请求不明确、不充分、不正确的，法官可以要求当事人就诉讼请求的具体内容进行说明。

当事人的诉讼请求不明确，即当事人的诉讼主张不明了、有歧义或自相矛盾，法官应当要求当事人将诉讼主张陈述清楚，但应以了解当事人真实意思为限，不能影响当事人对自己实体权利的处分。

当事人的诉讼请求不充分，即当事人因对法律理解不够而造成不能充分提出诉讼主张，如应一并主张的诉讼请求没有主张，且可能产生失权后果的，法官应当根据案件的具体情况，告知其法律的相关规定。经释明，当事人在理解法律上并无障碍，仍坚持原诉讼请求的，应尊重当事人对自己权利的处分，根据当事人的主张进行裁判。

当事人的诉讼请求不正确，即当事人诉讼请求与相关法律规定的要求不一致时，法官应当告知不正确的原因及可能产生的法律后果，告知当事人可变更诉讼请求。经释明，当事人仍不变更的，可视案件具体情况依法处理。

第十五条　当事人主张的法律关系性质或民事行为的效力与法院根据案件事实作出的认定不一致的，法官应当告知当事人可以变更诉讼请求。

在告知当事人可变更诉讼请求时，应当告知当事人变更诉讼请求或诉讼主张并不意味着其必然胜诉。

经释明，当事人要求变更诉讼请求的，法官应当重新指定举证期限，但各方当事人均表示无须重新指定举证期限的除外。

第十六条　当事人主张的法律关系性质或民事行为效力存有较大争议，法官一时难以认定的，释明时应当遵循谨慎原则。

当事人主张的法律关系性质或民事行为效力明显有误的，法官可以视情况即时释明。

第十七条　当事人的请求权基础不明确或存在竞合情形的，法官应当告知当事人予以明确或者作出选择。经释明，当事人仍不予以明确或作出选择的，法官可根据其提出的诉讼请求、事实和理由依法处理。

第十八条　当事人的诉辩意见不明确或自相矛盾，法官可以要求当事人陈述清楚,或经法官归纳、总结后,由当事人确认或补充。

一方当事人的答辩或辩论意见未涵盖对方当事人的全部诉讼主张或辩论意见的,法官应当告知该当事人就对方当事人所提出的要点是否认同发表意见,必要时可将该方当事人遗漏的要点归纳或概括后,逐条进行询问。

对双方当事人均未涉及但存在疑点且构成裁判基础的事项,法官应当进行释明。

第十九条 当事人对法律用语、法律概念以及其他相关法律事项不能理解或者表示疑惑的,法官应当随时进行释明。

四、事实和证据问题的释明

第二十条 对当事人的举证责任,法官除了以举证通知书的形式告知外,还可根据当事人提出的诉讼请求及其请求权基础所指向的法律规范中所包含的要件事实,具体释明案件的举证责任分配原则。

第二十一条 当事人对要件事实的举证责任承担有异议的,法官应当明确告知当事人举证责任承担的理由,并告知其不遵从该种举证责任分配要求的法律后果。

当事人因法律认知能力较弱或情绪偏激等原因不能理性对待自己的举证义务,从而可能给案件公正处理带来影响的,法官在告知其举证不能后果的同时,应耐心做好解释引导工作。

第二十二条 法官可以根据案件情况及当事人法律知识、诉讼经验等方面的实际,向当事人释明要件事实所要达到的证明要求。如果当事人所提供的证据不能达到证明要件事实的证明要求,或者当事人在证据上没有明显优势的,法官可以要求当事人继续提供证据。

第二十三条 证据交换阶段,法官应当让双方当事人了解对方的诉讼主张和提交的证据,使双方当事人能针对对方提交的证据进行充分地辩驳、质证和提供相反证据。人民法院对证据交换的情况应当制作笔录。

第二十四条 对在证据交换中经当事人认可并记录在卷的证据,法官应当在庭审中予以说明,据此方可作为定案的根据。

第二十五条 当事人向法院申请调查收集证据,人民法院经审查认为不符合《证据规定》规定的条件,应当及时向当事人说明理由,告知当事人按照规定的时间自行收集,并告知申请人举证期限届满前不能提供证据的,仍由负有举证责任的当事人承担举证不能的法律后果。

当事人应当申请人民法院调查收集证据而未提出申请的,如该证据对案件的审理结果明显起到决定作用,法官可以向双方当事人分析争议焦点,从诉讼证明的角度告知相关事项的证明要求,并可询问双方当事人围绕这一争议焦点是否需要人民法院调查收集的证据,但一般不得直接指明某项证据。

第二十六条 对于当事人在举证期限届满后提供的证据,无论是否认定为“新的证据”,法官都应当向当事人说明理由。

对方当事人拒绝对“新的证据”进行质证的,法官应当向其释明可能构成“放弃质证或者予以认可”的法律后果,并记入笔录。

第二十七条 在质证过程中,法官应当引导双方当事人围绕证据的真实性、合法性、关联性和证明力,充分发表质证意见,使法官对案件事实足以形成心证。

第二十八条 在案件审理中,对案件的审理结果明显会起到决定作用的事项需要鉴定、评估、审计,但当事人未提出申请的,法官应当明确对该事项负有举证责任的当事人,并告知其在人民法院指定的期限内无正当理由不提出鉴定申请或者不预交鉴定费用或者拒不提供相关材料,致使该争议事实无法通过鉴定结论予以认定的法律后果。

当事人对法院委托鉴定、评估结论有异议的,法官应当确定异议期,并告知其逾期提出异议的法律后果。对要求重新鉴定的,应当告知当事人对符合《证据规定》第二十七条所列情形进行举证证明。

在鉴定、评估、审计费用超过或接近争议标的金额,或者鉴定、评估或审计费用明显过高不符合诉讼经济的要求时,法官可以告知当事人改用成本较低的证明方式。

第二十九条 有证据证明一方当事人持有证据无正当理由拒不提供的,法官应当充分说明《证据规定》第七十五条的规定,即可能推定对方当事人所提出的对其不利的主张成立。

第三十条 在庭审过程中,一方当事人陈述事实后,另一方当事人既未表示承认也未否认,法官应当向当事人充分说明《证据规定》第八条第二款的内容,明确告知其如仍不作承认或否认表示的,将可能被视为对该项事实的承认。但涉及身份关系的事实除外。

第三十一条 当事人在法庭辩论终结前撤回自认的,法官应当作如下释明:

(一)对方当事人同意撤回自认的,法官应告知其撤回自认的法律后果;

(二)对方当事人不同意撤回自认的,法官应当询问自认一方当事人撤回自认的理由,并查明是否存在《证据规定》第八条第四款规定的“重大误解”的情形,如果撤回理由成立的,应告知对方当事人自认方有权撤回及撤回的法律后果。

092. 法官行使释明权对当事人的效力

【审判专论】

实践中往往会碰到这样的情况,法官依法行使释明权后,有的当事人可能不按法官的提醒去做。如《民事诉讼证据规定》第35条虽然从正面规定了“人民法院应当告知当事人可以变更诉讼请求”,但并未进一步规定当事人拒绝变更之法律后果。

例如,董某将其在某房地产公司的股权以9万元转让给李某,董某在转让时称公司无负债。但转让后,李某才得知公司有外债300余万元。为此李某起诉,要求法院确认双方的股权转让协议无效。法院向李某释明,该股权转让协议是可撤销合同。但李某拒绝变更诉讼请求。此时,法官应如何处理?实践中有两种不同的做法:一种做法是,当事人拒绝变更诉讼标的和诉讼请求,法院经过审理后,可以不依当事人确认的诉讼请求,而是通过自行认定的法律关系的性质和民事行为的效力来进行判决。另一种做法是,法官在行使释明权后,当事人不按照法官的提醒或晓谕去做的,应当将法官和当事人的诉讼行为记录笔录,但是法官应当针对当事人的诉讼请求予以判决。

我们认为,释明权是告知当事人的义务,而非替当事人做选择。释明制度的引入,既然是对“当事人主义”的消极影响而进行的修正,就应当以“当事人处分”作为前提。法官只能根据诉讼的具体情况,对有必要进行澄清的法律关系予以释明,告知当事人可以变更诉讼请求,但不能违反“当事人处分”原则强令当事人变更诉讼请求,或者在当事人不变更诉讼请求的情况下,擅自根据自行认定的法律关系进行判决。这也是民事诉讼“不告不理”的体现。实践中应注意:

1. 对于“当事人举证”方面的释明,法官行使了释明义务,但当事人并不照此去做,人民法院不能充当运动员主动去帮助当事人调查收集证据,而只能根据当事人提供的现有证据去判案。对于当事人不按释明去举证导致败诉,引起上诉的,二审法院只能维持原判。

2. 对于“适用法律”方面的释明,如《民事诉讼证据规定》第35条规定的释明,因对此的释明即是对当事人之间法律关系的释明,这要涉及当事人的诉讼请求的变更或选择问题。如果当事人在法官行使释明后,不去变更诉讼请求,而一味坚持原诉讼请求,法院应当将法官和当事人的诉讼行为记入笔录,仍应针对当事人的原诉讼请求予以审理判决,而不应按法院认为的法律关系的框架和理念进行裁判。如当事人认为合同有效,起诉要求对方承担违约责任,但法院审理过程中认为合同应为无效,双方应互相返还财产,赔偿损失,并就此对该当事人进行释明,但当事人仍坚持合同有效,要求对方承担违约责任。此时,法院不能直接判合同无效,互相返还财产,赔偿损失,而应直接判决驳回当事人的诉讼请求,否则就会造成诉外判决。

当然,驳回当事人诉请之后,这并不会影响当事人以另一法律关系或请求权重新起诉的权利,因重新起诉的诉讼标的与本案不同,不会违反“一事不再理”原则,当事人以其他请求权重新起诉的,法院仍应受理。

(邹碧华、高琼、李一萌:《法官释明权行使中的若干问题》)

093. 法官行使释明权后，当事人不变更诉讼请求时的处理

【公报案例】

北京新中实经济发展有限责任公司、海南中实（集团）有限公司与华润置地（北京）股份有限公司房地产项目权益纠纷案

［最高人民法院（2004）民一终字第107号］

❖ **裁判摘要**

根据最高人民法院《关于民事诉讼证据的若干规定》的规定，一审诉讼中，当事人主张的法律关系的性质或民事行为的效力与法院根据案件事实作出的认定不一致的，法院应当告知当事人可以变更诉讼请求；当事人坚持不变更诉讼请求的，法院应当驳回其起诉，而不应作出实体判决；法院径行对当事人未予主张的法律关系作出裁判，既是代替当事人行使起诉权利，又剥夺了对方当事人的抗辩权利，构成程序违法。

❖ **基本案情**

上诉人（原审被告）：北京新中实经济发展有限责任公司

法定代表人：王天怡，该公司董事长

上诉人（原审被告）：海南中实（集团）有限公司

法定代表人：王天怡，该公司董事长

被上诉人（原审原告）：华润置地（北京）股份有限公司

法定代表人：王印，该公司董事长

上诉人北京新中实经济发展有限责任公司（以下简称新中实公司）和上诉人海南中实（集团）有限公司（以下简称海南中实公司）与被上诉人华润置地（北京）股份有限公司（以下简称华润公司）房地产项目权益纠纷一案，北京市高级人民法院于2004年8月6日作出（2003）高民初字第715号民事判决。新中实公司和海南中实公司对该判决不服，向最高人民法院提起上诉。最高人民法院依法组成合议庭于2005年3月1日、3月4日开庭审理了本案。本案现已审理终结。

经审查，2003年8月7日，华润公司向一审法院起诉称，1992年6月25日，海南中实企业有限公司（海南中实公司前身）与北京市西城区华远建设开发公司（华润公司前身，以下简称华远公司）签订合作开发北京市西城区阜外大街危改区房地产项目协议约定，华远公司负责项目三通一平及工程建设的各种手续，分得房屋售后利润的20%，海南中实公司负责资金安排，分得利润的80%。同年9月19日，

双方签订补充协议,进一步明确分工,约定华润公司利润扩大到25%。1993年2月8日,双方签订危改公建工程补充合同,约定将补充协议中的利润分成改为一次性包死,由海南中实公司支付5000万元并交付5000平方米的房产。华远公司出具委托书,全权委托海南中实公司开发项目。1994年10月20日,新中实公司承诺代为履行上述协议项下应由海南中实公司履行的全部义务。1995年12月26日,华远公司与新中实公司签订了双方分配股利和利润的补充协议,将原约定交付5000平方米房屋改为支付现金方式。新中实公司于1996年8月9日及1997年1月27日分别支付了1000万元利润和200万元逾期付款的利息后,未再付款。故要求新中实公司支付项目转让费9000万元、违约金4579万元(截止到2003年7月9日止)并承担诉讼费用。

新中实公司和海南中实公司辩称,华润公司提出支付项目转让费9000万元及违约金的要求,缺乏事实及法律依据,不应得到保护和支持,请求依法驳回华润公司的诉讼请求。

一审法院经审理查明:1992年5月,北京市西城区计划经济委员会、北京市西城区城市建设管理委员会对华远公司关于阜外大街危旧房改造可行性研究报告批复,同意华远公司对阜外大街破旧危房进行改造;总占地约8.3公顷、代征地6公顷、规划用地2.3公顷;小区危房改造按照北京市建设总体规划要求,以商业办公及相应配套设施建设为主,拆除危旧房面积52042平方米,新建房屋面积15万平方米;总投资7.0838亿元,其中拆迁费3.3560亿元、建设费3.7278亿元,建设资金通过房改和房地产开发筹措,做到资金平衡并有节余;要求据此同有关部门进行拨地、拆迁、规划设计等前期准备工作。同年5月,华远公司取得了北京市城市规划管理局同意对北京市西城区阜外大街进行危房改造(建筑面积待定)的规划设计条件通知书。

1992年6月25日,华远公司与海南中实公司签订合作开发北京市西城区阜外大街危改项目协议书约定,合作开发危改区地上面积4.79万平方米,地下面积1万平方米,占地约2万平方米(含市政分摊部分);总投资3.0309亿元,单方造价5229元/平方米,其中三通一平以前的总投资1.7558亿元,预计工程建设投资1.1591亿元,四源费、电贴等1160万元;预计全部外售后回收资金4.64亿元(单方售价8000元/平方米),总利润为1.6091亿元;华远公司负责办理项目三通一平前的所有手续及拆迁安置工作,如立项、拨地、拆迁等;负责工程建设期内的各种手续;协助海南中实公司组织设计、施工监理、组织竣工验收;提供前期的工作计划、拆迁进度、使用资金计划等,海南中实公司根据计划安排资金,及时支付各类款项,按房屋售后利润的20%(扣除前期费用)一次性付给华远公司;海南中实公司得80%,其中包括协助海南中实公司组织资金和销售的香港大通有限公司应获的20%的利润;双方组成联合办公室,对外以华远公司名义开发组织资金,对内为华远公司的一个业务部等。同年9月,华远公司取得了北京市城市规划管理局颁发的项目建设用地规划许可证,确认阜外大街危改项目用地面积约7.3公顷。

1992年9月19日,华远公司与海南中实公司签订补充协议约定,海南中实公司组织全部资金,双方按华远公司25%和海南中实公司75%利润分成;组成指挥部,华远公司负责立项、规划批文、报建、办理土地使用批文、开工证等手续和组织拆迁;海南中实公司负责资金、设计、施工、装修等;双方成立合资公司;本协议签订后,华远公司提供给海南中实公司红线图批文、土地证等全部正式、合法、有效批准文件复印件,待海南中实公司支付第一笔拆迁费4000万元,华远公司用该款所购房屋合同或土地证进行抵押,待合资公司成立后,由海南中实公司转给合资公司,同时华远公司将全部批文正本提供给海南中实公司,以后转给合资公司;在搬迁费中扣除前期工作中的海南中实公司支付的1180万元前期费用;工程分:一期6万平方米定名为富豪公寓,二期为该公寓东侧,三期为该公寓西侧;本协议与1992年6月25日协议有抵触以补充协议为准;海南中实公司支付定金50万元等。同年12月,北京市城市规划管理局下发审定设计方案通知书,确定危改小区占地面积7.3公顷,其中规划用地4.17公顷,规划建筑性质为商业办公、写字楼。

1993年2月8日,华远公司与海南中实公司签订危改区公建工程补充合同,就合作开发事宜双方约定:合作开发项目总用地约8.3公顷,其中代征地约6公顷,规划用地2.3公顷左右,规划审定总面积为20万平方米左右(含地下);该项目要求建成现代化地区级综合业务用房、大型公建配套、商住、公寓及市区干道,并配置7条大市政管线;合作方式:(一)资金投入,项目全部投资由海南中实公司负责筹措;(二)利润分成,双方将1992年9月19日签订的合作协议25%和75%分成修改为,华远公司分成利润一次性包死,在保证华远公司提供规划批准图上面积情况下,海南中实公司向华远公司支付5000万元及交付该项目中5000平方米商业及办公用房,其余利润统归海南中实公司所有;华远公司除提供项目已获批准规划方案及各种批件,办理手续外,委托海南中实公司全权开发项目及对外销售;海南中实公司负责项目规划审定方案批准后的全部工程前期工作、项目红线内拆迁安置和平地及项目的建设、商品房销售经营;华远公司在上述合作条件下,同意海南中实公司对该项目进行具体操作和实施;在一期工程开工后,销售部分的60%~80%海南中实公司向华远公司支付2500万元,二期工程竣工后再支付2500万元;一期工程竣工后交付5000平方米面积用房作为利润;土地使用权出让和土地使用费缴纳,在华远公司协助下由海南中实公司承担。双方1992年9月19日合作合同与本协议冲突部分,以本协议为准等。

1993年2月,北京市经济体制改革办公室批准成立北京华远房地产股份有限公司(以下简称华远股份公司),该公司总资本为25000万元,其中法人股为

22500万元,华远公司在其中占国有法人股8703万元。1993年6月,华远公司注销工商登记。2001年12月,华远股份公司变更名称为华润公司。

1993年9月23日,北京市城市规划管理局复函新中实公司,同意新中实公司提前施工,按设计方案先行土方工程。同年10月20日,华远股份公司与新中实公司共同向北京市西城区计划经济委员会提出立项更名申请称,双方共同承接的危改项目已经开始动迁,土地有偿出让手续正在办理,外销工作正全面展开。为便于新中实公司外销内销和回迁手续的办理,申请在不改变新中实公司与华远股份公司原有合作条件和利润分成的前提下,准许以新中实公司名义办理计委立项更名手续。同年11月6日,北京市西城区计划经济委员会、北京市西城区建设管理委员会批复华远股份公司和新中实公司,同意项目立项单位变更为新中实公司,危改任务仍按原定规划计划和改造要求由上述两单位合作承担。同年11月11日,北京市城市规划管理局批文通知,同意以(92)市建地字136号(即建设用地规划许可证)批准华远公司开发的7.3公顷用地,变更为新中实公司使用。同年11月27日,新中实公司取得了北京市西城区阜成门大街现状路北侧的国有土地使用权证。

1994年10月20日,新中实公司致函华远股份公司称:新中实公司是海南中实公司的全资子公司,海南中实公司与华远公司签署的合作开发协议,由新中实公司代海南中实公司履行。

1994年11月7日,华远股份公司与海南中实公司签订137号补充协议约定,双方原1993年2月8日合同书约定的海南中实公司应于1994年底支付华远公司5000万元,双方同意该5000万元作为海南中实公司向华远股份公司的股东贷款,借款自1994年12月31日起,月息12‰。当日,华远股份公司与海南中实公司签订关于137号补充协议的内部协议约定,双方签订的137号补充协议,只是海南中实公司配合华远股份公司对外融资需要,对海南中实公司没有任何法律约束力。对该内部补充协议,华润公司在庭审质证中表示不予认可。

1995年12月26日,华远股份公司与新中实公司签订184号关于应分配股利房和利润的补充协议约定,阜外大街首期建筑已进行60%以上面积的销售工作,应向华远股份公司交付2500万元利润,该2500万元于1995年12月31日前实际支付给华远股份公司,同时华远股份公司将2500万元借给新中实公司作为周转金,期限半年,于1996年6月30日归还,贷款协议双方另签;原约定交付5000平方米用房,改为以现金方式于1995年12月31日前向华远股份公司支付,每平方米1万元,合计支付5000万元。该5000万元作为新中实公司贷款,期限11个月,于1996年11月30日前归还,贷款协议另行签订;二期工程竣工后应支付的2500万元,仍按原协议执行。同时,新中实公司与华远股份公司就上述协议内容签订了两份借款合同约定,新中实公司2500万元借款,于1996年7月31日(7个月借期)一次还本付息;5000万元,于1996年12月30日(12个月借期)一次还本付息,月息12.06‰,逾期计复利,本金按月加收10%罚息。

1996年12月20日,华远股份公司与新中实公司签订危改工程利润分配第二补充协议约定,新中实公司同意提前支付华远股份公司利润,在新中实公司支付华远股份公司利润后,华远股份公司同意放弃全部项目权益。双方经协商对6月25日协议、2月8日协议、12月26日协议内容进行修改:将原合同中二期工程竣工后应支付给华远公司的2500万元利润仍按原协议执行,改为2500万元利润提前到1996年12月31日前支付华远股份公司;除本协议修改内容外,原协议其他内容不变。在新中实公司全部支付利润后,华远股份公司放弃原协议中项目所有权益(提供的贷款除外),但仍承担协助完成项目的未尽事宜。同年12月20日和12月28日,华远股份公司与新中实公司分别签订借款合同约定,新中实公司向华远股份公司分别借款2500万元和6500万元,并分别于1997年12月28日和1997年6月30日偿还本息。

1997年3月13日,新中实公司向华远股份公司出具确认书,主要内容为:根据1995年12月签署的合同,新中实公司应在1997年1月向华远股份公司支付777万元利息,由于资金紧张,不能按期如数支付,于1997年1月支付了200万元,尚欠577万元,新中实公司承诺上述欠款于1997年6月30日前支付。

2001年3月20日,华远股份公司与新中实公司对阜外项目应付款及利息签订协议约定,新中实公司2001年3月30日前支付50万元;在新中实公司与中行北京分行、建行西四支行诉讼完成前,华远股份公司不向新中实公司提出还款要求;项目二期竣工时,支付全部尾款;新中实公司同意将国宾饭店1万平方米办公楼抵押给华远股份公司。

根据双方签订的上述合作协议、补充协议约定和双方的共同申请,新中实公司陆续取得了项目的土地使用权证和建设手续,并变更了房地产项目立项人为新中实公司,对危改项目进行了开发建设。一期工程包括道路改造及公寓、酒店,项目建设在1994年开工,现该部分项目已基本完成,新中实公司称由于项目投入资金较大,且全部工程还没有完成,向银行还贷尚在进行,没有对项目进行结算,还未取得利润收益,至今二期工程没有开工建设。在此期间,在华远股份公司的催促下,新中实公司在1996年和1997年支付给华远股份公司共1000万元,双方约定的其他应付款(借款)新中实公司未向华远股份公司支付。

一审庭审中,华润公司承认,其在1993年取得立项和规划用地许可证后,未对项目进行投资和办理建设用地的征地手续,也没有取得土地使用证。关于双方约定的组建项目公司和抵押财产等事项,双方没有落实办理。

一审期间,一审法院通知海南中实公司参加诉讼。海南中实公司表示,海南中实公司最初与华远公司就北京市西城区阜外大街危改项目所签的一系列协议,海南中实公司均未实际履行,合同的全部权利义务均转由其所属的全资子公司新中实公司履行。海南中实公司认可并同意新中实公司替代协议中海南中实公司的合同主体地位并承担相应的权利义务。华润公司和新中实公司对此均表示认同。

一审法院另查明,华润公司的前身为华远公司。新中实公司是海南中实公司的全资子公司,负责北京项目的开发建设。海南中实企业有限公司于1997年12月变更名称为海南中实公司。

一审法院认为

房地产的开发经营和转让应当依法进行。华润公司与海南中实公司为合作开发危改项目于1992年6月和9月签订了合作开发协议及补充协议,两份协议均是以华润公司负责立项并提供相应的建设用地手续,海南中实公司负责建设资金及建设施工,双方按照约定的比例分配利润等为主要内容,协议体现了双方真实意思,不违背法律。由此,可确认上述两份协议具有合作开发房地产项目的性质,属有效合同。在此基础上,双方于1993年2月8日签订补充协议,对1992年9月签订协议中华润公司利润分成部分进行修改,变为华润公司的利润分成一次性包死,但双方合作开发的性质并无改变。双方签订的该份协议仍是以合作开发为基础,具有合作的性质,双方在向政府申报立项的文件中明确,不改变原有合作条件和利润分成,准许以新中实公司的名义办理立项更名手续。政府在批准变更立项单位为新中实公司的同时,要求危改任务仍由华润公司和新中实公司合作承担。故应确认为在不改变合作关系的前提下,双方同意将项目交新中实公司开发建设,新中实公司因此取得了项目的开发建设手续,成为项目所有人也实际进行了建设。根据上述查明的事实和证据,新中实公司取得危改项目开发建设权完全是基于双方的合作关系,并非华润公司的项目权的转让。华润公司主张项目转让缺乏依据,不予确认。

1993年2月8日,双方签订补充协议,约定华润公司将在合作项目中享有的利润分成一次性包死,由海南中实公司给付华润公司,应视为华润公司对双方合作项目中自己应获权益的转让,新中实公司和海南中实公司多次通过不同形式对华润公司应取得收益,向华润公司付款予以确认并承诺给付,但至今未向华润公司全部兑现,违背了诚信原则。故对华润公司要求新中实公司给付转让款9000万元的诉讼请求,予以支持。因海南中实公司是双方合作协议及补充协议的签约主体,其将合同权利义务转由其所属的新中实公司享有和履行,属企业内部行为,华润公司并无异议,现项目虽由新中实公司取得但不能免除海南中实公司的合同责任。因此,海南中实公司应与新中实公司共同对华润公司承担给付责任。

考虑到双方对房地产项目进行合作开发,运作得不够规范,鉴于双方对华润公司所获利益的形式和条件多次进行变化,对造成现在的纠纷均有一定责任,根据本案实际情况,对新中实公司和海南中实公司未付款的行为不宜按违约处理。对华润公司要求支付违约金的请求,不予支持。

一审法院判决

该院依照《中华人民共和国民法通则》第八十八条第一款、第一百零六条第一款的规定，判决：(一)新中实公司和海南中实公司于判决生效后三十日内给付华润公司9000万元；(二)驳回华润公司的其他诉讼请求。

上诉

新中实公司和海南中实公司不服一审判决，向最高人民法院提起上诉，请求撤销一审判决，驳回华润公司的全部诉讼请求，由华润公司承担诉讼费用。主要理由：1. 华润公司主张双方为项目转让关系，一审法院根据已查明的事实，认为双方之间没有项目转让关系而是合作开发关系，在华润公司经释明坚持不变更诉讼请求的情况下，应驳回其诉讼请求。一审法院在对合作开发未予审理的情形下，擅自将项目转让纠纷变更为合作开发并径行判决由新中实公司承担付款责任，属未诉而判，违反了民事诉讼法中不告不理的基本原则，剥夺了新中实公司和海南中实公司的抗辩权利。2. 海南中实公司没有实际履行合同，华润公司亦没有向海南中实公司提出任何权利主张，新中实公司替代海南中实公司属合同主体变更，因此，海南中实公司不应列为原审被告，亦不应承担共同付款责任。3. 华润公司提供的其前身为华远公司的证明材料不能证明其合法的原审原告主体身份。4. 本案已超过诉讼时效。5. 华润公司的行为属倒卖批文，双方1993年2月28日的补充协议违反了国务院关于房地产公司不得转手倒卖、不得转让商品房建设计划的行政法规的强制性规定，应认定无效。所谓项目转让款亦属非法利润，不应支持。

华润公司答辩称，一审判决认定事实清楚，适用法律正确，应予维持。主要理由：1. 华润公司提起诉讼的依据是双方之间自愿签署若干份协议书的法律事实，非项目转让的法律关系。一审法院围绕华润公司的起诉依据进行审理，双方进行了充分的举证、质证及法庭辩论，不存在剥夺新中实公司抗辩权利的情形。2. 华润公司起诉时确定的案由为房地产项目转让纠纷，一审法院通过对证据的审查，将本案案由进一步确定为房地产项目权益(转让)纠纷，并无不当。法院在结案时有权也应当依据法庭查明的当事人之间实际存在的法律关系确定案由。3. 一审法院依职权追加海南中实公司为原审被告并进行了告知，新中实公司对此当庭表示认可。4. 华润公司不仅提交了关于主体资格的相应证据，且双方签署的若干有延续性的协议亦表明新中实公司及海南中实公司对华润公司的名称变更及主体身份是认可的。5. 双方就转让款的数额及支付事宜一直在进行磋商，本案债权未超过诉讼时效。6. 本案协议性质为合作开发房地产项目，是双方在平等自愿基础上的真实意思表示，且不违反当时的法律规定，属有效协议。华润公司已依约履行了义务，对项目进行投资和缴纳土地出让金属新中实公司的合同义务。7. 新中实公司引用的“倒卖批文”的两个规定，因不能用来调整民事法律行为及不属于法律和行政法规而不能适用于本案。

法院二审查明:一审庭审结束后,一审法院经审理认为华润公司诉请主张的“房地产项目转让关系”不成立,遂向华润公司行使释明权,告知其变更诉讼请求。华润公司坚持不予变更。

法院二审查明的其他事实与一审法院查明的事实基本相同。

二审法院认为

法院认为,一审期间,华润公司在起诉状、庭审陈述及所附证据材料中,均明确表示其主张项目转让款的依据为双方之间存在房地产项目转让的法律关系。一审法院基于审理查明的事实认为,华润公司诉请主张的“项目转让关系”不能成立,遂于庭审结束后至一审判决前,多次向华润公司行使释明权,告知其变更诉讼请求,否则自行承担诉讼风险,但华润公司拒绝对诉讼请求予以变更。

根据最高人民法院《关于民事诉讼证据的若干规定》的规定,一审诉讼过程中,当事人主张的法律关系的性质或民事行为的效力与一审法院根据案件事实作出的认定不一致,一审法院应当告知当事人可以变更诉讼请求。本案中,经一审法院告知后,华润公司仍未变更诉讼请求,由于华润公司主张的法律关系性质与一审法院根据案件事实认定的不一致,一审法院不应作出实体判决,而应驳回华润公司的起诉。一审法院在华润公司经释明仍未变更诉讼请求的情形下,径行对华润公司未予主张的法律关系予以裁判,既替行了华润公司的起诉权利,又剥夺了新中实公司和海南中实公司的抗辩权利,违反了人民法院审理民事案件的法定程序。

二审法院裁定

综上,一审判决违反法定程序,应予纠正。根据《中华人民共和国民事诉讼法》第一百零八条第(一)项、第(三)项,最高人民法院《关于适用〈中华人民共和国民事诉讼法〉若干问题的意见》第186条及最高人民法院《关于民事诉讼证据的若干规定》第三十五条之规定,裁定如下:一、撤销北京市高级人民法院(2003)高民初字第715号民事判决;二、驳回华润置地(北京)股份有限公司的起诉。

【地方审判】

当事人起诉的法律关系不正确或不存在,法官行使释明权后,当事人不变更诉讼请求的,一审法院应当从程序上裁定驳回起诉,以便当事人在明确法律关系后重新起诉。

当事人主张的民事行为的效力与事实不一致,属于在法律关系确定的情况下对实体问题的认定,法官行使释明权后,当事人不变更诉讼请求的,一审法院应当从实体上作出判决。

[《北京市高级人民法院审理民商事案件若干问题的解答之五(试行)》]

《民事诉讼证据规定》第35条第1款规定:“诉讼过程中,当事人主张的法律关系的性质或者民事行为的效力与人民法院根据案件作出的认定不一致的,不受本规定第三十四条规定的限制,人民法院应当告知当事人可以变更诉讼请求。”这属于法官必须以职权行使释明权的范围。法官只能向当事人释明案件的法律关系还可能是什么,或者民事行为的效力还可能是什么;可能认定的法律关系或效力,并要求当事人举证;告知当事人可以变更诉讼请求,如果其不变更诉讼请求,人民法院将根据已有的证据材料作出裁判。释明权的范围不宜过大。其他方面,如证据方面问题,可通过“举证告知书”指导举证;抗辩权方面问题,则由当事人自己处分和行使。释明权的行使在一定程度上有助于实体正义的实现,但也可能在行使该项权力时有损程序正义,破坏当事人诉讼地位的平等性。所以释明权的行使应体现为法官的“提示”,而绝不是直接给予答案,即不能明确无误地告知当事人案件的法律关系性质是什么,或者民事行为的效力是什么。之所以不能明确告知,是因为案件毕竟还没有审理完毕,我国又没有中间判决的规定,故此时的释明只能是一种提示,否则将有损法院的中立地位,违背诉讼当事人平等原则。法官行使释明权后,如果当事人变更了诉讼请求,则法官应重新确定举证期限,已开庭的案件,应重新开庭。

[关于《北京市高级人民法院审理民商事案件若干问题的解答之五(试行)》的说明]

094. 释明不当的相关救济措施

【审判专论】一

关于释明错误的程序救济

1. 对依据法律的任意性规定而属于法官自由裁量权范畴的释明权,如文书的送达、诉之分离与合并等大多数诉讼指挥权,在性质上属于法官享有的司法行政行为,当事人享有知情权,但不得提出异议;对可能对当事人的权利造成重大影响的释明权,当事人不仅享有知情权,而且有权提出异议,法院必须予以答复。

2. 对当事人有权提出异议的事项,当事人享有对法官释明的知情权、异议权、复议权和因法官释明不当并对一审裁判不服的上诉权,二审法院享有终局复议决定权和二审审查决定权。法官应当公开释明,并允许双方当事人对其释明行为提出异议。如果对方当事人认为法官的该项释明违反了法律规定的范围或条件,或者将产生不公平的后果,明显违背中立立场时,有权就此向法官提出异议,法官应当立即对其释明的妥当性向异议人作出解释,解释其释明具有正当性的理由,并决定是否继续进行释明或者对释明作出变更或取消的决定。如果此时持异议的当事人仍然不能接受法官的解释,仍然认为法官滥用了释明权,有权提出书面异议,法官对之应当以裁定形式作出答复。基于诉讼经济的考虑,原则上当事人对该释明裁定不能上诉,只能提出复议,由审理法院的上一级法院审查后作出维持、变更或撤销该释明的终局决定;但如果当事人认为由于法官行使释明权作出了错误裁判,当事人有权就此提起上诉,二审法院经审查,如果认为一审法院确实行使释明权不当并因此导致错误裁判,当事人上诉理由成立的,应认定原审违反法定程序,此时如果双方当事人自愿形成由二审法院径行裁判的合意,二审法院可据此直接作出改判,同时发挥审级监督职能,发函一审法院指出其释明错误的内容和原因;如果双方当事人没有达成由二审法院就该案件直接作出终审判决的协议,二审法院应裁定撤销原判,发回原审法院重审,以维护当事人的审级利益。

3. 法官可以主动对其释明及时作出改正。从法官的角度来说,如果法官主动发现原释明有误时,应当向当事人说明原因并在一审审理期限内作出改正;但如果裁判文书已作出并已向当事人送达,则只能通过法定程序即二审或再审程序纠正。

(贺小荣、王松:《法院释明权的方法及其合理限制》)

【审判专论】二

为防止法官不当行使释明权,各国除了以法律明确规定释明权的范围和严格选拔法官确保法官素质以达到事前控制外,同时还赋予当事人异议的权利。

1. 事前控制措施。第一,法律明确规定释明权的范围、行使方式、行使时机和法律效果等,使法官在行使释明权时有据可依。第二,确保法官的素质。释明制度的良好运作除了法律上明确的规定外,还对法官的素质提出了更高的要求。个案的诉讼中,是否需要释明、以何种方式释明、释明的程度、释明后的裁判等问题,都需要法官尽一个善良正直、有较高的法律理论功底和社会经验的人作出判断。作为一名法官,应能正确把握释明权制度的功能和作用,在妥善处理当事人辩论和法院裁判的关系上公正有效地保护当事人的权益。

2. 事后救济措施。我国《民事诉讼法》对法官故意或过失地行使释明权的法律责任并无相应的规定。我们认为,在法官行使释明权可能过度的场合,应当赋予当事人异议权,即当事人可以对法官的释明行为提出异议,而且对于当事人提出的异议法院应当有书面的裁定,这样有利于法院内部对法官的监督和评判。另外还应赋予当事人的赔偿请求权,因法官行使释明权不当导致当事人损失的,该当事人可以申请法院进行赔偿。

审判实践中，发生以下情况时应如何处理？

1. 当事人根据法院的释明变更了诉讼请求，但事后合议庭发现自己释明错误的，该如何处理？补救的办法只能是在判决之前通知该方当事人再次变更诉讼请求并通知对方当事人。我们认为，行使释明权必须有一个成熟的前提，不能在对观点存在争议的情况下做出释明；涉及诉讼请求的释明，最好不要在质证和辩论之前行使，应在原告的诉讼请求、理由以及证据经过法庭审理的程序，并经合议庭评议后向当事人释明，由当事人做出选择。

2. 当事人根据法院的释明变更了诉讼请求，但事后审判委员会对合议庭或者法官的释明不予认可的，如何处理？审判委员会否定合议庭的释明权的，应将案件退回合议庭，由合议庭对释明问题重新作出研究并通知当事人再次变更。

（邹碧华、高琼、李一萌：《法官释明权行使中的若干问题》）

095. 诉讼主体错误时的释明

【审判专论】

在诉讼中，经常会遇到原告起诉的对象有误的情况，在此情况下，法院不应对原告释明其所诉被告主体有误而要求其变更被告，因为根据诉讼恒定原则，在民事诉讼中变更被告的做法是不妥当的，人民法院在此种情况下仅仅可以向其行使有限的释明权，由原告决定是否撤回对不适格被告的诉讼请求或者决定是否另行起诉适格被告。但是人民法院对原告起诉的被告主体有遗漏时，可以向原告行使释明权提示其是否决定追加被告，这种情况下的释明权的行使实质上是增加诉讼请求的释明权的行使。

（邹碧华、高琼、李一萌：《法官释明权行使中的若干问题》）

096. 诉讼时效的释明

【审判专论】

诉讼时效，又称消灭时效，是指权利人于一定期间内不行使请求权即丧失请求法院保护其权利的权利。法官能否不待当事人主张而主动适用诉讼时效，现行法律并未明定。

我们认为，被告一方提出原告请求超过诉讼时效期间，是一种抗辩权的行使，完全属于当事人处分权行使的范畴，法官不得就此向一方当事人进行释明，否则就是行使释明权过度的行为。实践中应注意:(1)时效期间届满以后,法院不应当主动依据职权审查时效是否已经届满,无论是在起诉阶段,还是在诉讼过程中,法院都不能主动援引时效规定。援引时效抗辩权,不仅可以拒绝权利人的请求,而且将导致其义务转化为自然债务。(2)一旦义务人提出时效的抗辩,无论是在正式答辩中提出,还是在法庭辩论中提出,法院都有义务审查时效届满的情况。如果当事人没有提出时效的抗辩,应当认为其抛弃了时效利益。(3)经法官释明,一审中当事人已经提出诉讼时效的抗辩,二审法院不能因为一审法官行使释明权过度而发回重审或者径行改判,而只能通过其他程序进行处理。

(邹碧华、高琼、李一萌:《法官释明权行使中的若干问题》)

【说明】

关于人民法院应否对诉讼时效问题进行释明,《最高人民法院关于审理民事案件适用诉讼时效制度若干问题的规定》(法释〔2008〕11号,自2008年9月1日起施行)第3条已有明确规定:"当事人未提出诉讼时效抗辩,人民法院不应对诉讼时效问题进行释明及主动适用诉讼时效的规定进行裁判。"因为诉讼时效抗辩权是颠覆性权利,义务人在法院释明后主张诉讼时效抗辩权的,将会使裁判结果较之其不主张诉讼时效抗辩权的情形发生根本性变化,即将导致法院对权利人的权利不予保护。而即使义务人不行使诉讼时效抗辩权,在权利人有充分证据证明其享有权利的情形下,义务人依法依约履行合同义务是诚实信用原则的根本要求,并不会给义务人造成不公平的后果,反而有利于鼓励义务人的诚实履约行为,有利于我国社会诚信体系的建立。还应指出的是,在义务人无主张诉讼时效抗辩权的意思表示的情形下,如果人民法院主动对诉讼时效问题进行释明,则无异于提醒和帮助义务人逃债,有违诚实信用的基本原则,也有违法院居中裁判的中立地位。因此,该司法解释规定,当事人一方未提出诉讼时效抗辩,人民法院不应对诉讼时效问题进行释明。

097. 违约责任的释明

【审判专论】

1. 关于违约金过高调整的释明。在违约之诉中,合同所约定的违约金过分高于原告的实际损失,而被告却并未就此提出抗辩,要求法院予以调整,这种情况下,法官能否向被告释明?

对此有三种不同的观点:第一种观点认为,这属法律问题,应当释明。若不释明,会导致判决显失公正,难以取得较好的社会效果。第二种观点认为,对违约金过高不应释明,否则会影响法官的中立性,引起原告不满。第三种观点认为,原则上不应释明,但可根据实际情况区别对待。对已聘请律师的当事人,不予释明;对没有聘请律师的当事人,如其提出了其他抗辩理由且自认为足以防御而未考虑到违约金问题的,法官可以适当方式提示。

我们认为,《合同法》第 114 条规定,合同约定的违约金低于造成的损失的,当事人可以请求人民法院予以增加;约定的违约金过分高于造成的损失的,当事人可以请求人民法院予以适当减少。在当事人未提出要求调整违约金的情况下,法院不得主动对约定违约金标准进行调整。因为合同关系是当事人之间的利益关系,即使违约金数额过高或过低,只要当事人自愿接受的,因不涉及社会公共利益、国家利益或他人的利益,没有必要对此进行主动干预。故当事人如果没有提出合同中约定的违约金计算标准过高或过低的,法院应当根据合同约定的标准计算违约金。

2. 在违约责任承担方面的释明。对于违约责任方式的取舍方面,一般来说,属于当事人处分权行使的范畴,法官不应当主动介入行使释明权。但是如果当事人请求人民法院判令对方继续履行合同,而法官经过审理认为合同不宜继续履行时该如何处理?我们认为,根据《合同法》第 110 条的规定,当事人一方不履行非金钱债务或者履行非金钱债务不符合约定的,对方可以要求履行,但是在法律上或者事实上不能履行等情形的,不应要求对方当事人继续履行合同债务。此时,法官可以向原告一方释明,由原告变更诉讼请求,在原告一方坚持不变更请求的情况下,人民法院仅就合同是否继续履行作出裁判(确认合同不再继续履行,驳回原告要求继续履行合同的请求),对于合同解除后的处理,待裁判生效后由原告通过另行起诉等方式解决。

(邹碧华、高琼、李一萌:《法官释明权行使中的若干问题》)

【说明】

审判实践表明,对于在守约方提起的违约之诉中,违约方通常以合同不成立、合同不生效、合同无效或者不构成违约进行免责抗辩而未提出违约金调整请求的情形,为了避免给违约方带来法官先入为主、判决前已经认定其构成违约的误解,减轻当事人诉累,防止将来产生不必要的调整过高的违约金之诉,人民法院可以就违约金是否过高的问题进行释明,即假设违约成立,是否认为违约金过高。对于已经向违约方进行释明但违约方坚持不提出调整违约金请求的,人民法院应当遵循《合同法》意思自治原则,一般不予主动调整。但是如果按照约定违约金标准判决将严重违反公序良俗原则、诚实信用原则和公平原则并导致利益严重失衡的,人民法院可以根据《合同法》第5条"当事人应当遵循公平原则确定各方的权利和义务"的规定进行调整。[①]但当事人在一审程序中经法院释明未请求调整违约金,在二审程序中提出调整的,法院不应支持。[②]

① 王闯:《当前人民法院审理商事合同案件适用法律若干问题》,载《法律适用》2009年第9期。

② 李国慧:《聚焦合同法适用问题,推动民商事司法发展——就合同法司法实务相关问题访最高人民法院民二庭庭长宋晓明》,载《法律适用》2009年第11期。

第七章 小额诉讼与民事公益诉讼

第一节 小额诉讼程序

098. 贯彻实施小额诉讼程序的意义

【审判政策与精神】

小额诉讼程序有助于人民群众接近司法。在法治社会,不论争议所涉及标的额的大小,当事人都有权诉诸法院,请求司法救济以获得司法平等保护。而民事诉讼法对当事人诉权的平等保障则表现为两个方面:一是程序权的保障,即当事人进入民事诉讼程序后如何保障当事人充分行使诉权;二是程序的保障,即保障当事人都有机会走向法院、接近司法、"接近正义"。对于利益较大的争议案件而言,当事人可能愿意适用相对复杂的普通程序、简易程序并为此支付较高的诉讼成本。而对于日常生活中的小额争议而言,当事人可能会因法律知识的欠缺或诉讼成本高于诉讼利益而理性选择放弃诉讼。当前,随着社会经济转型的加速,人民群众之间小额标的纠纷不断增加,现有简易程序立法及司法解释日益呈现出滞后性。不少小额纠纷,人民群众基于诉讼成本高昂、诉讼程序复杂等原因不愿将之提交法院解决。而小额诉讼程序以其更加简易化的程序设计、低廉的诉讼成本以及便捷高效的裁判过程,大大方便了当事人诉讼,对解决小额纠纷具有独一无二的优势。

小额诉讼程序有助于降低诉讼成本、合理匹配司法资源。随着社会转型的加速,各种民事纠纷数量不断增长。诉讼案件的增多,一方面体现了人民群众权利意识的苏醒;另一方面也使得当事人的诉讼负担日益增加。因此,当事人对小额案件的程序选择必须考虑诉讼成本上的投入与产出的关系。而小额诉讼程序快捷、简便的程序设计满足了当事人以最低诉讼成本,最快速解决纠纷的需求。

任何国家,在一定时期内司法资源总是有限的。因此,必须用有限的资源,实现司法制度收益的最大化——最大限度地解决纠纷。如果对小额案件仍适用普通程序或简易程序,将不可避免地造成司法资源的浪费,使得司法资源无法更多地投向更为复杂的民事纠纷,从而最终导致司法资源的配置失衡。而小额诉讼程序一审终审、庭审简化、庭审时间自由、审限压缩等独特制度设计,都服务于“快收、快审、快结”这一主题,可以有效节省司法成本,快捷、及时、有效地维护当事人的合法权益,实现社会公平和正义。

(高民智:《贯彻实施新〈民事诉讼法〉之一——关于小额诉讼程序的理解与适用》)

099. 适用小额诉讼程序审理案件时,要始终坚持“调解优先、调判结合”的工作原则

【审判政策与精神】

适用小额诉讼程序的案件标的金额较小,双方争议不大,调解成功的概率较高。因此,在适用小额诉讼程序审理案件时,要始终坚持“调解优先、调判结合”的工作原则,尽可能通过庭前、庭审、庭后各环节引导、组织当事人进行调解。在调解时,除了遵循自愿、合法原则以外,还要注意调解方法的正当性、灵活性和可操作性,努力实现案结事了,充分发挥诉讼调解的职能作用,确保达到法律效果与社会效果的统一。

小额诉讼程序作为新的诉讼模式,实行的是一审终审,涉及的都是人民群众的切身利益,社会关注度很高。因此,要对适用小额诉讼程序时可能出现的不确定因素有清醒认识,并提前就其实施问题进行有针对性的部署。贯彻实施小额诉讼程序,应重点做好以下几项准备工作:首先,各高级人民法院要组织辖区内基层人民法院及其派出法庭法官就小额诉讼程序的理解与适用进行认真学习、培训;其次,要结合本地审判实际,对小额诉讼程序的适用提前落实好经费、物资保障;再次,提前准备好适用小额诉讼程序时可能出现的突发事件的应急预案;最后,要提前选配好作风正派、业务能力强、调解水平高、熟悉当地社情民意的资深法官作为适用小额诉讼程序审理案件的第一批承办法官,先行先试。在经过一段时间实践,积累一定经验后,再逐步扩大小额诉讼案件承办法官的范围。小额诉讼程序作为新生制度,刚开始施行时,难免会遇到一些困难和阻力。各级人民法院一定要认识到位、人员到位、物资到位、预案到位,确保小额诉讼程序实施工作开好局,起好步。

(高民智:《贯彻实施新〈民事诉讼法〉之一——关于小额诉讼程序的理解与适用》)

100. 小额诉讼程序适用案件范围及标的金额上限的确定

【审判政策与精神】

(一)关于小额诉讼程序的案件范围问题

小额诉讼程序是简易程序的再简化,适用的对象是事实清楚、权利义务关系明确、争议不大,标的额为各省、自治区、直辖市上年度就业人员年平均工资30%以下的民事案件。我们认为,对符合这一要求的下列单一金钱给付案件应当适用小额诉讼程序:(1)买卖合同纠纷、借款合同纠纷、租赁合同纠纷和服务合同纠纷案件;(2)身份关系清楚,仅在给付的数额、时间上存在争议的抚养费、赡养费、扶养费纠纷案件;(3)责任明确,原告主张的损失金额确定的机动车交通事故责任纠纷和其他人身损害责任纠纷案件;(4)供用水、电、气、热力合同纠纷案件;(5)银行卡纠纷案件;(6)劳动关系清楚,仅在劳动报酬、工伤医疗费、经济补偿金或者赔偿金等案件的给付数额和给付时间上存在争议的劳动合同纠纷案件;(7)劳务关系清楚,仅在劳务报酬的给付数额和给付时间上存在争议的劳务合同纠纷案件;(8)其他金钱给付纠纷。同时,对于下列案件,暂时可不适用小额诉讼程序:(1)涉及人身关系争议、财产确权争议的案件;(2)追加当事人或者提起反诉的案件;(3)涉及知识产权的案件。

(二)关于小额诉讼程序的标的金额问题

由于《民事诉讼法》第162条并未明确各省、自治区、直辖市上年度就业人员年平均工资未出台时如何确定受理案件标的金额上限,故只能参照最近年度标准执行。我们建议,新修改的《民事诉讼法》2013年1月1日开始施行后,在各省、自治区、直辖市2012年度城镇单位就业人员年平均工资数额公布前,按已公布的各省、自治区、直辖市2011年度城镇单位就业人员年平均工资数额作为当地小额诉讼程序适用案件标的金额。各省、自治区、直辖市2012年度城镇单位就业人员年平均工资数额公布后,按2012年标准计算。2014年及其以后年度以此类推。至于2013年1月1日前已适用简易程序审理但尚未审结的案件,基于程序的安定性考虑,在新《民事诉讼法》施行后可适用简易程序继续进行审理。

(高民智:《贯彻实施新〈民事诉讼法〉之一——关于小额诉讼程序的理解与适用》)

【民诉法司法解释】

关于适用小额诉讼程序审理的案件范围,2012年《民事诉讼法》第162条规定:“基层人民法院和它派出的法庭审理符合本法第一百五十七条第一款规定的简单的民事案件,标的额为各省、自治区、直辖市上年度就业人员年平均工资百分之三十以下的,实行一审终审。”该条规定适用小额诉讼程序的案件应具备三个要件:一是事实清楚、权利义务关系明确、争议不大的简单民事案件;二是标的额为各省、自治区、直辖市上年度就业人员年平均工资百分之三十以下的案件;三是应为基层人民法院及其派出法庭审理的第一审民事案件。对于第一个要件,《民事诉讼法解释》用两个条文作了进一步明确:

1. 司法解释第二百七十四条就金钱给付类案件中可以适用小额诉讼程序的案件类型作了规定:“下列金钱给付的案件,适用小额诉讼程序审理:(一)买卖合同、借款合同、租赁合同纠纷;(二)身份关系清楚,仅在给付的数额、时间、方式上存在争议的赡养费、抚育费、扶养费纠纷;(三)责任明确,仅在给付的数额、时间、方式上存在争议的交通事故损害赔偿和其他人身损害赔偿纠纷;(四)供用水、电、气、热力合同纠纷;(五)银行卡纠纷;(六)劳动关系清楚,仅在劳动报酬、工伤医疗费、经济补偿金或者赔偿金给付数额、时间、方式上存在争议的劳动合同纠纷;(七)劳务关系清楚,仅在劳务报酬给付数额、时间、方式上存在争议的劳务合同纠纷;(八)物业、电信等服务合同纠纷;(九)其他金钱给付纠纷。”

适用该条规定,应注意以下三点:(1)人身损害赔偿纠纷只有在责任明确的前提下,才能适用小额诉讼程序。例如,道路交通事故损害赔偿纠纷因通常有交警部门的责任认定,且对于小额的交通事故责任纠纷案件,侵权人多数可以通过保险来分散其赔偿责任风险,往往双方的争议不大,①属于责任明确范畴。(2)身份关系、劳动关系、劳务关系清楚,是指在涉及身份关系、劳动关系、劳务关系的纠纷中,双方当事人对存在身份关系、劳动关系或劳务关系无异议,或者虽有异议,但人民法院依据已有证据足以认定当事人之间存在身份关系、劳动关系或劳务关系的情形。在此前提下,当事人在赡养费、抚育费、扶养费、劳动报酬、工伤医疗费、经济补偿金或者赔偿金、劳务报酬等金钱给付的数额、时间、方式上存在争议,可以适用小额诉讼程序。(3)适用小额诉讼程序的案件不仅限于金钱给付类案件,鉴于民事诉讼法第一百六十二条规定并未限定金钱给付案件适用小额诉讼程序,在条件成熟的情况下,对金钱给付范围外的案件适用小额诉讼程序的问题可以作积极探索。②

2. 司法解释第二百七十五条就不适用小额诉讼程序的案件类型作了规定:“下列案件,不适用小额诉讼程序审理:(一)人身关系、财产确权纠纷;(二)涉外民事纠纷;(三)知识产权纠纷;(四)需要评估、鉴定或者对诉前评估、鉴定结果有异议

---

① 盛勇强、王茜等:《关于开展小额诉讼审判工作问题》,载《人民司法·应用》2013 年第 13 期。

② 沈德咏主编:《最高人民法院民事诉讼法司法解释理解与适用》,人民法院出版社 2015 年版,第 720 页。

的纠纷；（五）其他不宜适用一审终审的纠纷。”实践中应注意以下三点：(1)法律、司法解释明确规定不适用简易程序的案件，不应适用小额诉讼程序。例如，《民事诉讼法解释》第257条即规定：“下列案件，不适用简易程序：（一）起诉时被告下落不明的；（二）发回重审的；（三）当事人一方人数众多的；（四）适用审判监督程序的；（五）涉及国家利益、社会公共利益的；（六）第三人起诉请求改变或者撤销生效判决、裁定、调解书的；（七）其他不宜适用简易程序的案件。”显然这些案件不能适用小额诉讼程序。(2)涉及海事赔偿责任限制基金程序中的相关确权案件，不适用小额诉讼程序。(3)责任不明确的人身损害赔偿纠纷，以及涉及是否有劳动关系、劳务关系存在争议的纠纷，不属于简单民事案件，不适用小额诉讼程序。①

关于适用小额诉讼程序审理的案件标准中各省、自治区、直辖市上年度就业人员年平均工资如何确定的问题，《民事诉讼法解释》第272条规定：“民事诉讼法第一百六十二条规定的各省、自治区、直辖市上年度就业人员年平均工资，是指已经公布的各省、自治区、直辖市上一年度就业人员年平均工资。在上一年度就业人员年平均工资公布前，以已经公布的最近年度就业人员年平均工资为准。”据此，人民法院在决定案件适用程序的时间点，系以已公布的最近年度就业人员年平均工资作为标准判断案件标的金额是否符合适用小额诉讼程序审理的要求。根据已公布的最近年度就业人员年平均工资标准决定案件适用小额诉讼程序审理后，即便案件审理过程中，所在省、自治区、直辖市公布了上一年度就业人员年平均工资数额且该数额的百分之三十低于案件标的金额，也不宜再将案件裁定转为普通程序或简易程序一般性规定审理。

101. 小额诉讼程序的释明问题

【审判政策与精神】

在确定适用小额诉讼程序审理案件后，一般可在开庭前以书面《小额诉讼须知》等方式向当事人告知小额诉讼程序的适用条件、审判组织、审理方式、一审终审、申请再审权利等重大事项，并要求当事人对上述书面《小额诉讼须知》进行签收。对当事人提出适用小额诉讼程序的异议，如果异议成立，可以裁定按简易程序的一般性规定处理或将案件转入普通程序；异议不成立的，裁定驳回其异议申请。

（高民智：《贯彻实施新〈民事诉讼法〉之一——关于小额诉讼程序的理解与适用》）

---

① 沈德咏主编：《最高人民法院民事诉讼法司法解释理解与适用》，人民法院出版社2015年版，第723页。

【民诉法司法解释】

1.关于人民法院适用小额诉讼程序审理案件应当向当事人告知事项问题,《民事诉讼法解释》第276条规定:“人民法院受理小额诉讼案件,应当向当事人告知该类案件的审判组织、一审终审、审理期限、诉讼费用交纳标准等相关事项。”人民法院应在案件开庭前明确告知当事人:该类案件的审判组织为审判员独任制审理、一审判决即为生效判决、当事人不得上诉、审理期限不超过三个月、诉讼费用减半收取等事项,还可以告知当地适用小额诉讼程序审理的案件标的金额上限、适用的案件类型、不适用小额诉讼程序的情形、当事人可以提出异议以及申请再审救济、裁判文书将会简化等事项,尽可能使用《小额诉讼程序须知》等类似书面形式告知当事人,并要求当事人签收后存档。

2.关于小额诉讼程序是否强制适用问题,全国人大法工委的扈纪华介绍,我国《民事诉讼法》采取的是法定适用立法例,①《民事诉讼法》已经规定符合小额诉讼程序条件的案件,应当强制适用。对于当事人主动规避适用小额诉讼程序的情形,人民法院应就案件是否符合小额诉讼程序适用条件和标的额标准进行严格审查,一旦确认案件符合《民事诉讼法》第157条第1款和相关司法解释规定的适用简易程序的案件,且标的额在所在省、自治区、直辖市上年度就业人员年平均工资百分之三十以下的范围,就应当适用小额诉讼程序进行审理,实行一审终审。对符合小额诉讼程序审理条件的案件,当事人不能合意排除。②

3.对本应适用普通程序或简易程序一般性规定审理的案件,当事人能否合意选择适用。《民事诉讼法解释》的起草者认为,案件的繁简、难易与标的额有一定的关系,但并没有必然的联系,并不是一种成比例的关系。实践中也会有案件标的额虽然超过了省、自治区、直辖市上年度就业人员年平均工资的百分之三十,但案件事实清楚、权利义务关系明确、争议不大的案件,对于这类案件,在民事诉讼法没有明确禁止的情形下,实践中可以对当事人的选择适用做进一步有益探索。③ 例如,《浙江省高级人民法院关于适用小额诉讼程序审理民事案件相关问题的意见》第5条即规定:“对符合适用小额诉讼程序其他条件,但案件标的额在规定标准④以上、

① 季秀平、朱金东:《小额诉讼程序运行现状及制度完善——“小额诉讼程序研讨会”综述》,载《人民法院报》2014年12月17日。

② 沈德咏主编:《最高人民法院民事诉讼法司法解释理解与适用》,人民法院出版社2015年版,第707页。

③ 沈德咏主编:《最高人民法院民事诉讼法司法解释理解与适用》,人民法院出版社2015年版,第708页。

④ 该意见第2条第2款规定:“2013年1月1日至浙江省高级人民法院发布2013年小额诉讼案件标的限额前,本省适用小额诉讼程序审理的民事案件标的额不得超过人民币14000元。”

10万元以下的案件，开庭审理前经双方当事人同意，可以适用小额诉讼程序审理。”①

4. 关于当事人对人民法院适用小额诉讼程序审理案件提出异议的处理问题，《民事诉讼法解释》第281条规定：“当事人对按照小额诉讼案件审理有异议的，应当在开庭前提出。人民法院经审查，异议成立的，适用简易程序的其他规定审理；异议不成立的，告知当事人，并记入笔录。”当事人对适用小额诉讼程序提出异议，要求转为普通程序时，应当在开庭前提出异议。其异议成立，适用简易程序其他规定的，不用裁定形式；异议成立的，人民法院将案件转为普通程序审理，应当用裁定形式，并向当事人书面告知合议庭组成人员。此前适用小额诉讼程序审理中双方当事人已经确认的事实，可以不再进行举证、质证。

102. 小额诉讼程序中当事人的答辩期和举证期

【审判政策与精神】

对双方当事人均到庭的案件，人民法院可在告知当事人放弃答辩期和举证期限的后果并经当事人确认放弃后，立即开庭审理。如当事人明确表示不放弃举证期限，则当事人可自行约定举证期限，但约定的期限不超过10天。当事人没有约定的，由人民法院指定不超过10天的举证期限。如已放弃举证期限的当事人又提出延期举证的申请，则一般不予准许。对于开庭之后新发现的证据，可根据相关规定决定是否准许当事人提交。如因未放弃举证期限的当事人申请延期举证无法在1个月内结案的，则经批准，可以延长至3个月，如有需要可转入普通程序审理。如当事人明确表示不放弃答辩期，则可在普通程序规定的15天答辩期基础上，视情况缩短至7天以内。

（高民智：《贯彻实施新〈民事诉讼法〉之一——关于小额诉讼程序的理解与适用》）

【民诉法司法解释】

关于小额诉讼程序审理中当事人举证期限和答辩期问题，《民事诉讼法解释》第277条规定：“小额诉讼案件的举证期限由人民法院确定，也可以由当事人协商一致并经人民法院准许，但一般不超过七日。被告要求书面答辩的，人民法院可以在征得

① 该意见载齐奇主编：《“八项司法”的发展与深化——浙江法院司法创新成果》，法律出版社2013年版，第892页。

其同意的基础上合理确定答辩期间,但最长不得超过十五日。当事人到庭后表示不需要举证期限和答辩期间的,人民法院可立即开庭审理。”应注意的是:1. 特殊情形下,当事人协商确定的举证期可以超过七日,但不得超过十五日。因为小额诉讼程序属于简易程序范畴,而根据《民事诉讼法解释》第266条规定,当事人对适用简易程序的案件,可以在协商一致并经人民法院准许后约定不超过十五日的举证期限,故小额诉讼案件当事人约定举证期限也不得超过十五日。2. 当事人双方在到庭前已明确表示口头答辩的,人民法院可以立即开庭审理或者确定开庭日期。[①]

103. 小额诉讼审理程序的特殊规定

【审判政策与精神】

适用小额诉讼程序审理的案件,通知当事人开庭可以不必传票传唤,但通知原告、被告开庭时间、地点应有已通知当事人的具体书面材料入卷。在通知开庭时,可要求当事人在开庭时携带所有证据并通知证人出庭,争取做到一次开庭,当庭宣判,当庭送达裁判文书。

庭审中,当事人有正当事由不能到庭时,经对方当事人同意,可利用视频技术开庭审理。庭审可不受法庭调查、法庭辩论、最后陈述以及法庭调解的顺序限制,可以灵活地安排询问证人的时间。当事人申请利用视频技术等方式询问证人理由正当的,可予准许。

另外,适用小额诉讼程序公开审理案件,可不必在开庭3日前公布当事人姓名、案由、开庭时间和地点。至于开庭时间,则可以根据当事人的共同申请并经人民法院同意后,在晚间、休息日或法定节假日进行开庭。适用小额诉讼程序审理的案件还可到当事人工作场所所在地、住所地或争议发生地等进行开庭。

(高民智:《贯彻实施新〈民事诉讼法〉之一——关于小额诉讼程序的理解与适用》)

104. 小额诉讼程序向其他程序的转化问题

【审判政策与精神】

考虑到适用小额诉讼程序审理的民事案件比适用简易程序普通规定审理的案

---

① 沈德咏主编:《最高人民法院民事诉讼法司法解释理解与适用》,人民法院出版社2015年版,第730页。

件更为简单,故建议在立案之日起1个月内审结案件。在1个月内不能审结的,可区分下列情形进行处理:如因案件排期等原因导致1个月内不能审结的,经批准,可以延长审限至3个月;如经审理发现当事人诉请涉及人身关系争议、财产确权争议等金钱给付之外的争议,案情复杂,不宜适用小额诉讼程序的,经批准,可裁定按简易程序的一般性规定处理或将案件转入普通程序。按简易程序一般性规定处理的,如双方均未提供新证据且案件已经开庭审理,无须另行开庭;案件转入普通程序的,应组成合议庭,重新开庭,继续审理。

(高民智:《贯彻实施新〈民事诉讼法〉之一——关于小额诉讼程序的理解与适用》)

【民诉法司法解释】

关于适用小额诉讼程序审理的案件因当事人的原因转为按简易程序其他规定或普通程序审理以及程序转化后举证、质证问题,《民事诉讼法解释》第280条规定:“因当事人申请增加或者变更诉讼请求、提出反诉、追加当事人等,致使案件不符合小额诉讼案件条件的,应当适用简易程序的其他规定审理。前款规定案件,应当适用普通程序审理的,裁定转为普通程序。适用简易程序的其他规定或者普通程序审理前,双方当事人已确认的事实,可以不再进行举证、质证。”应注意的是:1.人民法院将案件转化为普通程序审理时,应采用裁定形式,口头或书面裁定均可。2.将适用小额诉讼程序审理的案件转为适用简易程序的其他规定或普通程序审理,是案件审理的继续,此前适用小额诉讼程序审理中,双方当事人经过举证、质证确认的事实,可以不再进行举证、质证。3.在具体案件中,当事人为适用小额诉讼程序而先为一部分请求的,可以考虑参照我国台湾地区“民事诉讼法”第436条之16项的规定:“当事人不得为适用小额程序而为一部请求。但已向法院陈明就其余额不另起诉请求者,不在此限。”①

105.适用小额诉讼程序审理的案件,可简化裁判文书

【审判政策与精神】

适用小额诉讼程序审理的案件,可简化裁判文书,在裁判文书中只记载当事人姓名、案件事实要点、裁判基本理由、给付金额及期限等。在条件成熟时,还可以直接将裁判文书要素填充到统一制作的表格,或制作只记载诉讼参加人基本情况和裁判主

---

① 沈德咏主编:《最高人民法院民事诉讼法司法解释理解与适用》,人民法院出版社2015年版,第740页。

文的令状等方式进一步简化裁判文书。为了确保裁判文书简化落到实处,各高级人民法院可以因地制宜,制作各类关于适用小额诉讼程序的法律文书样式,下发辖区内基层人民法院及其派出法庭参照使用,以增加司法活动的权威性和稳定性。

(高民智:《贯彻实施新〈民事诉讼法〉之一——关于小额诉讼程序的理解与适用》)

【民诉法司法解释】

关于适用小额诉讼程序审理的案件裁判文书简化问题,《民事诉讼法解释》第282条规定:"小额诉讼案件的裁判文书可以简化,主要记载当事人基本信息、诉讼请求、裁判主文等内容。"

在这方面可以参考借鉴深圳市中级人民法院针对一审简易民商事案件进行的裁判文书简化改革,该院2012年7月针对不同类型案件,设计了令状式、要素式和表格式三类简易文书格式。这三类文书的适用对象是案情简单、事实争议不大的一审简易民商案件。首先,令状式文书适用于标的额为20万元以下的小额速裁及事实争议不大的信用卡透支、按揭欠款、欠缴物业管理费、房屋租金、工伤保险待遇等7类纠纷。该类文书去除了传统格式中的原告诉称、被告辩称、法院查明和法院认为这"四段论",仅包含诉讼参与人称谓和法院裁判主文,实际是裁判结果"证明书",它能配合小额速裁,让当事人第一时间拿到裁决。其次,要素式文书适用于劳动争议、交通事故、婚姻家庭等纠纷。该类文书针对纠纷的构成要素展开,诉讼双方需首先各自填写相应的要素,法院开庭时将双方填写的要素进行对比,庭审紧扣有争议的要素部分进行。在裁判文书上,对无争议要素法院直接认定,一笔带过;对有争议部分,才写明诉辩意见和法院认定的事实、理由和依据,该部分不区分事实和说理,采取"夹叙夹议"符合阅读习惯的写作方式。最后,表格式与要素式基本一致,只是将要素用表格方式列明。[①]这几种裁判文书简化模式均可以适用于小额诉讼案件的裁判文书制作,可根据案件具体情况和实际选择适用。

106. 对适用小额诉讼程序作出的判决申请再审,尽量让当事人向原审人民法院申请

【审判政策与精神】

如果当事人对适用小额诉讼程序所作的裁判不服申请再审,可从将矛盾"化解

① 林劲标:《深圳简易民商案件裁判文书"瘦身"》,载《人民法院报》2013年6月3日。

在基层、化解在当地”出发，通过主动释明、积极引导等方式，尽量让当事人选择向原审人民法院申请再审，实现“为大局服务”与“为人民司法”的和谐统一。

（高民智：《贯彻实施新〈民事诉讼法〉之一——关于小额诉讼程序的理解与适用》）

【民诉法司法解释】

关于小额诉讼案件裁判再审救济问题，《民事诉讼法解释》第426条用两款作出规定。其中第1款规定：“对小额诉讼案件的判决、裁定，当事人以民事诉讼法第二百条规定的事由向原审人民法院申请再审的，人民法院应当受理。申请再审事由成立的，应当裁定再审，组成合议庭进行审理。作出的再审判决、裁定，当事人不得上诉。”该款基于申请再审的管辖法院无法律明确加以规定，故确定为原审人民法院；适用的再审事由仍是《民事诉讼法》第200条的第13项事由，根据小额诉讼程序设立初衷以及简便快捷的功能，采取一裁终局。

第2款规定：“当事人以不应按小额诉讼案件审理为由向原审人民法院申请再审的，人民法院应当受理。理由成立的，应当裁定再审，组成合议庭审理。作出的再审判决、裁定，当事人可以上诉。”该款是针对不应当适用小额诉讼程序而原审予以适用的案件，因其剥夺了当事人的上诉权，属于适用法律确有错误的情形，当事人可以仅以此为由向原审人民法院申请再审，再审时应当按照普通民事案件的一审程序予以再审。对该类再审裁判，当事人可以提出上诉。①

第二节 民事公益诉讼程序

107. 民事公益诉讼的适用范围

【审判政策与精神】

新《民事诉讼法》第55条规定民事公益诉讼的适用范围是“污染环境、侵害众多消费者合法权益等损害社会公共利益的行为”。这种列举加概括式的规定，主要有两层意思：一是污染环境、侵害众多消费者合法权益的行为只有在损害公共利益时，才可基于维护社会公共利益提起公益诉讼。如果针对污染环境、侵害消费者合法权益的行为，直接请求保护个体利益，则不属于本条公益诉讼的范围，而属于一

① 沈德咏主编：《最高人民法院民事诉讼法司法解释理解与适用》，人民法院出版社2015年版，第1129页。

般普通民事诉讼即私益诉讼。公共利益的核心在于公共性,涉及不特定多数人的利益。尽管代表人诉讼涉及众多当事人,但受害人可以确定,诉讼目的是为维护个人利益,故仍然属于私益诉讼。二是可以提起民事公益诉讼的案件包括但不限于"污染环境""侵害众多消费者合法权益"两类案件,公益诉讼的适用范围还可以根据实践的发展稳步拓展。鉴于民事公益诉讼还处于初步施行阶段,目前的适用范围应暂限于污染环境、侵害众多消费者合法权益这两类情形为宜。

(高民智:《贯彻实施新〈民事诉讼法〉之二——关于民事公益诉讼的理解与适用》)

108. 民事公益诉讼的起诉主体

【审判政策与精神】

新《民事诉讼法》第 55 条规定公益诉讼的起诉主体为"法律规定的机关和有关组织"。关于其中"法律规定的"限制范围问题,目前有两种不同观点。第一种观点认为,"法律规定的"既限制"机关",又限制"有关组织";第二种观点认为,"法律规定的"仅限制"机关",而不限制"有关组织"。综合分析有关立法资料和立法工作者的释义可知,立法本意并不强调"有关组织"须由法律规定,而是说明"至于哪些组织适宜提起公益诉讼,可以在制定相关法律时作出进一步明确规定,还可以在司法实践中逐步探索。"我们赞同第二种观点,认为"有关组织"不受"法律规定的"限制,但应当与起诉事项有一定的关联。

关于"法律规定的机关",含义是可以提起公益诉讼的机关,要有明确的法律依据。这个依据不仅要求机关的设立和职能由法律规定,其可以提起公益诉讼的权利也要由法律明确规定。从现行法律看,目前可以提起民事公益诉讼的机关,仅有《中华人民共和国海洋环境保护法》第 90 条第 2 款规定的"依照本法规定行使海洋环境监督管理权的部门"。

关于"有关组织"的范围,需要人民法院在司法实践中逐步探索确定。鉴于司法实践经验不足,有关社会组织的技术力量、诉讼能力等情况参差不齐,为保障在维护社会和谐稳定的前提下有序、有效地开展公益诉讼,建议人民法院目前原则上先探索受理具备以下条件的有关组织所提起的民事公益诉讼:1. 依法登记成立的非营利性环境保护组织或者消费者协会;2. 按照其章程长期实际专门从事环境保护或者消费者权益保护公益事业;3. 有专职环境保护、消费者权益保护专业技术人员和法律工作人员 10 人以上;4. 提起的诉讼符合其章程规定的设立宗旨、服务区域、业务范围。如果《中华人民共和国消费者权益保护法》《中华人民共和国环境保护法》修改后,作出了相关规定,再依照特别的规定受理。

同时,我们特别建议,对于以下两类公益诉讼,人民法院不宜受理。一是单纯以诉讼为业的组织提起的民事公益诉讼。因单纯以诉讼为业的组织是接受委托作为诉讼代理人参与诉讼,而不是直接作原告提起诉讼。二是针对破坏海洋生态、海洋水产资源、海洋保护区造成国家重大损失的行为,有关组织提起公益诉讼索赔国家损失的。因为《海洋环境保护法》第 90 条第 2 款已经明确规定:“对破坏海洋生态、海洋水产资源、海洋保护区,给国家造成重大损失的,由依照本法规定行使海洋环境监督管理权的部门代表国家对责任者提出损害赔偿要求。”该条款既是赋权条款,也是限定条款,即将海洋生态资源损失索赔主体限定为行使海洋环境监督管理权的部门,排除了有关组织。

(高民智:《贯彻实施新〈民事诉讼法〉之二——关于民事公益诉讼的理解与适用》)

【民诉法司法解释】

从我国的现行管理体制和减少滥诉风险的角度看,为了使公益诉讼制度既能在我国适度开展,又能有序进行,目前提起公益诉讼的主体不宜过宽,为此,民事诉讼法第五十五条规定“法律规定的机关和有关组织”可以向人民法院提起公益诉讼。

1. 关于环境公益诉讼的起诉主体,包括法律规定的机关和有关组织。其中,法律规定的机关,是指可以提起公益诉讼的机关,要有明确的法律依据。对于提起环境公益诉讼的“有关组织”,《环境保护法》第 58 条对社会组织的规定是:依法在设区的市级以上人民政府民政部门登记;专门从事环境保护公益活动连续五年以上且无违法记录。根据环境保护法和《环境公益诉讼解释》(法释〔2015〕1 号,自 2015 年 1 月 7 日起施行),社会组织应当符合下列条件:

(1)依法在设区的市级以上人民政府民政部门登记的社会团体、民办非企业单位以及基金会等。根据《环境公益诉讼解释》第 3 条的规定,“设区的市级以上人民政府民政部门”,包括设区的市,自治州、盟、地区,不设区的地级市,直辖市的区以上人民政府民政部门。

(2)专门从事环境保护公益活动连续五年以上且无违法记录。对于该条件,应把握以下两点:第一,根据《环境公益诉讼解释》第 4 条的规定,社会组织章程确定的宗旨和主要业务范围是维护社会公共利益,且从事环境保护公益活动的,可以认定为环境保护法第五十八条规定的“专门从事环境保护公益活动”。司法解释对社会组织提起诉讼的地域范围未予限制。同时,社会组织在起诉前的成立时间必须满五年,一些专门为提起某项环境民事公益诉讼而临时成立的社会组织不应赋予其原告资格。需要注意的是,社会组织提起的诉讼所涉及的社会公共利益,应与其宗旨和业务范围具有关联性。第二,根据《环境公益诉讼解释》第5条的规定,社会组织在提起诉讼前五年内未因从事业务活动违反法律、法规的规定受过行政、刑事处罚的,可以认定为环境保护法第五十八条规定的"无违法记录"。《环境公益诉讼解释》将"无违法记录"限定为社会组织未因从事业务活动违反法律、法规的规定受过行政、刑事处罚,不包括情节轻微的违规行为,也不包括社会组织成员以及法定代表人个人的违法行为,同时,还将违法行为发生的时间限定在提起诉讼前的五年内。[①] 因此,社会组织提起环境公益诉讼的,应当提交社会组织登记证书、章程、起诉前连续五年的年度工作报告书或者年检报告书,以及由其法定代表人或者负责人签字并加盖公章的无违法记录的声明。

2. 关于消费者公益诉讼的起诉主体,也包括法律规定的机关和有关组织。消费者因与经营者掌握的信息不对称,财力不对等等原因,打起官司来"势单力薄"。2013年10月25日修改后的《消费者权益保护法》第47条规定:"对侵害众多消费者合法权益的行为,中国消费者协会以及在省、自治区、直辖市设立的消费者协会,可以向人民法院提起诉讼。"该条规定赋予了中国消费者协会和在省、自治区、直辖市设立的消费者协会提起公益诉讼的权利,消协组织可以代表众多消费者切实发挥维权作用。消费者领域的公益诉讼主要针对众多且不特定的消费者受到侵害。比如不公平、不合理的格式条款、格式合同,侵害的就是众多且不特定的消费者的利益。再如一些虚假广告和虚假宣传侵害对象也是众多且不特定,这些都可由消费者协会依法提起公益诉讼。[②]

109. 民事公益诉讼的管辖法院

【审判政策与精神】

在目前民事公益诉讼初步施行阶段,为保证案件审理效果,我们倾向认为民事公益诉讼原则上应由侵权行为地或者被告住所地中级人民法院受理。海洋环境公益诉讼案件,由污染发生地或者损害结果地、采取预防污染措施地海事法院依照《海事诉讼特别程序法》专门管辖;海事法院的上诉审高级人民法院可以概括指定海事法院受理省内陆源污染海域及通海水域污染公益诉讼。

---

① 《规范环境公益案件审理,切实维护环境公共利益——最高人民法院环境资源审判庭负责人就〈关于审理环境民事公益诉讼案件适用法律若干问题的解释〉答记者问》,载《人民法院报》2015年1月7日。

② 崔清新、陈菲、周蕊:《消费者权益保护法20年"首修",修改后将于明年3·15"首秀"》,载《人民日报》2013年10月26日。

为了保证裁判尺度的统一,有必要对民事公益诉讼实行集中管辖,即就同一损害社会公共利益的行为,同一原告或者不同原告向两个以上有管辖权的人民法院提起民事公益诉讼的,后立案的人民法院应将案件移送先立案的人民法院。

(高民智:《贯彻实施新〈民事诉讼法〉之二——关于民事公益诉讼的理解与适用》)

【民诉法司法解释】

关于公益诉讼案件的管辖,《民事诉讼法解释》第285条规定:“公益诉讼案件由侵权行为地或者被告住所地中级人民法院管辖,但法律、司法解释另有规定的除外。因污染海洋环境提起的公益诉讼,由污染发生地、损害结果地或者采取预防污染措施地海事法院管辖。对同一侵权行为分别向两个以上人民法院提起公益诉讼的,由最先立案的人民法院管辖,必要时由它们的共同上级人民法院指定管辖。”对此应把握以下两点:

1.关于级别管辖。鉴于公益诉讼案件涉及社会公共利益,往往涉及人数众多,审理程序复杂,审理执行难度大,社会关注度高,目前尚处于探索积累阶段,原则上由中级人民法院管辖较为妥当。

2.关于公益诉讼案件的管辖权转移。公益诉讼案件一般由中间人民法院管辖。但根据《民事诉讼法》第38条关于管辖权转移的规定,上级人民法院可以将本院管辖的第一审公益诉讼案件交下级人民法院审理。《环境公益诉讼解释》第6条第2款也规定:“中级人民法院认为确有必要的,可以在报请高级人民法院批准后,裁定将本院管辖的第一审环境民事公益诉讼案件交由基层人民法院审理。”这主要是考虑到贵州省清镇市人民法院等有些开展公益诉讼较早的基层人民法院已经积累了一定的审判经验,取得了较好的效果。当然,中级人民法院在交由基层人民法院管辖时,应当履行一案一授权的报批程序,事先报请高级人民法院批准。

3.关于集中管辖。依照现行法律规定,公益诉讼案件的原告主体往往有两个以上。为避免形成重复诉讼,特别是不同法院受理不同原告针对同一侵权行为提起的公益诉讼,既严重浪费了司法资源,也可能存在作出不同或者矛盾裁判的弊端,司法解释对公益诉讼的管辖法院进行限制,由同一法院集中管辖,这符合诉讼一次性解决的实践需求。①

---

① 沈德咏主编:《最高人民法院民事诉讼法司法解释理解与适用》,人民法院出版社2015年版,第757页。

110. 民事公益诉讼是司法行为,要与行政行为相区分

【审判政策与精神】

确定公益诉讼案件的受理条件,首先要准确把握民事公益诉讼的定位。民事公益诉讼是司法行为,要与行政行为相区分。对属于行政管理职权范围内的事项,人民法院不宜受理,当事人可向有关机关申请解决。行政机关提起民事公益诉讼,人民法院要审查其是否已经用尽了法律法规规定的行政执法措施,如果行政机关还可以通过行使行政权力来制裁违法行为、维护社会公共利益,则人民法院不宜受理。其次,《民事诉讼法》规定的公益诉讼属于民事诉讼,要与行政诉讼相区分。当事人因行政机关不作为或对其处理决定不服等事宜提起的诉讼,系行政诉讼,人民法院不能作为民事诉讼受理。

为了防止当事人滥诉,人民法院审查受理民事公益诉讼时,除审查起诉人是否具备新《民事诉讼法》第119条第2~4项规定的条件外,还应当注意根据新《民事诉讼法》第121条关于起诉状的规定,要求起诉人提供初步证据证明环境污染或者侵害众多消费者合法权益等侵权行为及其对社会公共利益的危害性,并说明其诉讼请求的合理性。对不具备起诉条件的,应裁定不予受理。

(高民智:《贯彻实施新〈民事诉讼法〉之二——关于民事公益诉讼的理解与适用》)

111. 数个原告针对同一损害社会公共利益的行为提起公益诉讼,总体上尽可能合并审理

【审判政策与精神】

如果数个原告针对同一损害社会公共利益的行为提起公益诉讼,为节约司法资源,提高司法效率,保持裁判尺度的统一,我们建议总体上应尽可能采取合并审理的方式解决,具体可以分两种情况处理:(1)人民法院受理法律规定的机关或者有关组织提起的民事公益诉讼后,其他法律规定的机关或者有关组织又就同一损害社会公共利益的行为,对同一被告提出相同或者同类诉讼请求的,人民法院不宜受理。(2)法律规定的机关或者有关组织就同一环境污染事故,对同一责任人分别起诉提出不同种类的请求,或者分别起诉不同责任人的,符合合并审理条件的,人民法院应合并审理。

(高民智:《贯彻实施新〈民事诉讼法〉之二——关于民事公益诉讼的理解与适用》)

【民诉法司法解释】

关于其他依法具有起诉资格的机关和有关组织参加公益诉讼的问题,《民事诉讼法解释》第 287 条规定:“人民法院受理公益诉讼案件后,依法可以提起诉讼的其他机关和有关组织,可以在开庭前向人民法院申请参加诉讼。人民法院准许参加诉讼的,列为共同原告。”本条规定依法可以提起诉讼的其他机关和有关组织申请参加诉讼,需要具备两个条件:一是具有起诉的原告资格,主要指除本案原告以外的,符合《消费者权益保护法》第 47 条、《环境保护法》第 58 条以及《环境公益诉讼解释》第 1 条、第 2 条规定的机关或者社会组织;二是要在公益诉讼案件开庭之前申请参加。人民法院收到申请后,应及时审查是否符合法定条件。符合条件的,应当准许参加诉讼,将其列为共同原告;不符合条件的,应当裁定不予受理。

有关机关和组织向人民法院申请参加公益诉讼,如果在开庭之后提出的,人民法院如何处理,《民事诉讼法解释》未作规定。《环境公益诉讼解释》第 10 条则明确规定:“人民法院受理环境民事公益诉讼后,应当在立案之日起五日内将起诉状副本发送被告,并公告案件受理情况。有权提起诉讼的其他机关和社会组织在公告之日起三十日内申请参加诉讼,经审查符合法定条件的,人民法院应当将其列为共同原告;逾期申请的,不予准许。”

112. 民事公益诉讼的原告可以依据《侵权责任法》提起诉讼请求,但不得通过诉讼获得私利

【审判政策与精神】

原则上,民事公益诉讼的原告可以依据《侵权责任法》第 15 条的规定,请求责任人承担停止侵害、排除妨碍、消除危险、恢复原状、赔偿损失等责任。目前有争议的问题主要是民事公益诉讼的原告可否请求损害赔偿。从《海洋环境保护法》第 90 条的规定看,民事公益诉讼的原告是可以请求赔偿损失的。但是,民事公益诉讼的性质决定了原告不能通过诉讼获得私利。原告代表国家提起诉讼,人民法院判决责任人承担赔偿责任的,一并判决原告受领赔款后向国库交纳。原告申请人民法院执行有关生效判决时,人民法院应当要求其提供财政部门指定的收款账户。

(高民智:《贯彻实施新〈民事诉讼法〉之二——关于民事公益诉讼的理解与适用》)

113. 在不损害社会公共利益的前提下,民事公益诉讼可以适用调解

【审判政策与精神】

在民事公益诉讼立法调研的过程中,关于民事公益诉讼能否适用调解,一直存在较大争议。有部分意见基于调解可能损害公共利益,认为民事公益诉讼不宜调解。我们认为,调解制度本身要求无论公益诉讼或者私益诉讼均不得损害社会公共利益;调解可以使公共利益及时得到有效填补,并不必然损害社会公共利益。因此,原则上在不损害社会公共利益的前提下,民事公益诉讼仍然可以适用调解。

(高民智:《贯彻实施新〈民事诉讼法〉之二——关于民事公益诉讼的理解与适用》)

【民诉法司法解释】

关于公益诉讼调解的审查问题,《民事诉讼法解释》第289条规定:"对公益诉讼案件,当事人可以和解,人民法院可以调解。当事人达成和解或者调解协议后,人民法院应当将和解或者调解协议进行公告。公告期间不得少于三十日。公告期满后,人民法院经审查,和解或者调解协议不违反社会公共利益的,应当出具调解书;和解或者调解协议违反社会公共利益的,不予出具调解书,继续对案件进行审理并依法作出裁判。"对此应当把握以下三点:

1. 民事公益诉讼允许当事人和解,人民法院可以调解。考虑到经济发展和化解矛盾的需要,在查清事实、保障社会公共利益,保证环境恢复责任履行的前提下,对于双方可以在环境恢复责任的费用数额、履行时间、方式上达成一致并申请以调解方式结案的,应当在严格审查的基础上予以准许。

2. 公益诉讼的调解协议或者和解协议在审查确认前应当公告,接受社会监督。为保障原告的处分权不损害社会公共利益,使公众知晓协议内容,双方达成的协议应当公告。其他主体认为协议损害国家利益、社会公共利益和他人合法权益的,可以向人民法院提出异议。《环境公益诉讼解释》第25条也规定:"环境民事公益诉讼当事人达成调解协议或者自行达成和解协议后,人民法院应当将协议内容公告,公告期间不少于三十日。公告期满后,人民法院审查认为调解协议或者和解协议的内容不损害社会公共利益的,应当出具调解书。当事人以达成和解协议为由申请撤诉的,不予准许。调解书应当写明诉讼请求、案件的基本事实和协议内容,并应当公开。"

3. 人民法院在公告期满后,结合其他主体提出的意义,依法对协议内容进行审查,对于不损害国家利益、社会公共利益和他人合法权益的协议,出具调解书予以确认;协议内容虽然不损害社会公共利益,但如果法院认为出具判决书更有利于维护社会公共利益,也可以不予确认。①

114. 民事公益诉讼的诉讼费用统一执行《诉讼费用交纳办法》等一般规定

【审判政策与精神】

有观点认为,人民法院应当准许民事公益诉讼的原告免交案件受理费、保全申请费等诉讼费用,以鼓励人们维护公共利益;也有观点认为,民事公益诉讼的原告仍需预交诉讼费用,以防止滥诉。诉讼费用的交纳(包括缓减免)是由国务院统一规定的,目前执行国务院于2006年12月19日发布的《诉讼费用交纳办法》。关于民事公益诉讼的诉讼费用的交纳,需要进一步研究,由国家行政主管部门决定是否作出特别规定。在国家没有出台特别规定之前,民事公益诉讼的诉讼费用仍应统一执行国务院《诉讼费用交纳办法》等一般规定。

(高民智:《贯彻实施新〈民事诉讼法〉之二——关于民事公益诉讼的理解与适用》)

115. 民事公益诉讼程序中没有特殊规定的适用新《民事诉讼法》的一般规定

【审判政策与精神】

对于民事公益诉讼的其他问题,如具体的审理程序、证据规则、保全申请与担保、判决的执行等,在没有出台特别规定之前,应尽可能遵照新《民事诉讼法》的一般规定。有关海洋环境污染的民事公益诉讼,还应当适用《海事诉讼特别程序法》的相关规定。

(高民智:《贯彻实施新〈民事诉讼法〉之二——关于民事公益诉讼的理解与适用》)

---

① 沈德咏主编:《最高人民法院民事诉讼法司法解释理解与适用》,人民法院出版社2015年版,第769~770页。

第八章

诉讼时效

第一节　诉讼时效概述

116. 法院应否主动审查诉讼时效

【审判专论】

关于该问题,我国当前并无明确的法律规定或相应的司法解释。在司法实践中,对于诉讼时效是由法官主动审查还是由当事人主张一直都颇有争鸣,认识不一。肯定观点认为,最高人民法院《关于适用〈中华人民共和国民事诉讼法〉若干问题的意见》第153条关于"当事人超过诉讼期间起诉的,人民法院应予受理。受理后查明无中止、中断、延长事由的,判决驳回其诉讼请求"的规定,正是法院应主动审查诉讼时效的制度依据。否定观点认为,肯定观点存在是有原因的和深刻的历史背景的,即在民法通则制定之时,我国深受苏联民法理论和立法的影响,而苏联是基于计划经济和单一公有制经济制度,侧重于对国家、集体利益进行保护,故在其1964年《民法典》第82条中规定,不论当事人申请与否,法院应主动适用诉讼时效。后来,我国《民法通则》在此问题上进行了模仿。但是,随着我国社会主义市场经济的发展,在倡导私法自治的民法领域,在当事人未以对方主张权利超过诉讼时效作抗辩的情况下,法院不应主动审查诉讼时效。理由如下:第一,诉讼时效制度属于私法范畴。是否主张诉讼时效抗辩,属当事人意思自治的范畴,故当事人不以诉讼时效权利抗辩时,法官也不应主动审查诉讼时效,否则违反意思自治原则。第二,法院在民事诉讼中处于居中裁判地位,应坚持"不告不理"的原则,其审查的范围一般限于当事人的主张,对双方当事人均未主张的事实和请求,除非其明显违反国家利益和社会公益,法院不应主动加以干涉。法官主动审查诉讼时效,偏离了中立地位,有违公正。第三,随之审判方式有职权主义转向当事人主义,与职权主义相适应的法官应当主动审查诉讼时效的观点已被逐步否定。第四,诉讼时效只能由当事人主张而不能由法官主动审查是罗马法诉讼时效制度的一项重要原则。

其原意是对"权利上的睡眠者"放弃司法保护,近代以来,诉讼时效制度的设定宗旨更重要在于平衡权利人与义务人之间的利害关系,重于社会利益的维护。现代不论大陆法系还是英美法系均承袭了这一罗马法原则,绝大多数国家民法典都规定了法官断案不能主动审查诉讼时效。

(宋晓明、张雪楳:《诉讼时效制度适用中的疑难问题》)

【民诉法司法解释】

关于当事人超过诉讼时效期间起诉的问题,《民事诉讼法解释》第 219 条修改了《民事诉讼法若干意见》第 153 条的内容,规定:"当事人超过诉讼时效期间起诉的,人民法院应予受理。受理后对方当事人提出诉讼时效抗辩,人民法院经审理认为抗辩事由成立的,判决驳回原告的诉讼请求。"首先,诉讼时效期间是否经过,并不影响法院受理案件,故当事人超过诉讼时效期间提起的诉讼,人民法院应予受理。其次,多数观点认为,我国关于诉讼时效的效力应采抗辩权发生说,即如果义务人援引抗辩权,权利人的权利将转化为自然权利,法院不予保护;如果义务人不援引抗辩权,则权利人的权利仍然是一种完整的权利,法院仍予以保护。[①]基于此,《诉讼时效规定》第 3 条规定:"当事人未提出诉讼时效抗辩,人民法院不应对诉讼时效问题进行释明及主动适用诉讼时效的规定进行裁判。"《民事诉讼法解释》第 219 条规定吸收了诉讼时效司法解释的法律精神。据此,在对方当事人进行诉讼时效抗辩的情况下,法院查明诉讼时效期间届满的,应实体判决驳回原告的诉讼请求;当事人未提出诉讼时效抗辩的,法院不得对诉讼时效问题进行释明及主动适用诉讼时效的规定进行裁判。[②]

117. 缺席审判的情况下,人民法院不应主动援引诉讼时效规定进行裁判

【审判专论】

缺席判决是与对席判决相对而言的。我国《民事诉讼法》第 143 ~ 145 条[③]对

① 最高人民法院民事审判第二庭编著:《最高人民法院关于民事案件诉讼时效司法解释理解与适用》,人民法院出版社 2008 年版,第 77 页。

② 沈德咏主编:《最高人民法院民事诉讼法司法解释理解与适用》,人民法院出版社 2015 年版,第 573 页。

③ 我国《民事诉讼法》第 143 条规定:"原告经传票传唤,无正当理由拒不到庭的,或者未经法庭许可中途退庭的,可以按撤诉处理;被告反诉的,可以缺席判决。"第 144 条规定:"被告经传票传唤,无正当理由拒不到庭的,或未经法庭许可中途退庭的,可以缺席判决。"第 145 条规定:"宣判前,原告申请撤诉的,是否准许,由人民法院裁定。人民法院裁定不准许撤诉的,原告经传票传唤,无正当理由拒不到庭的,可以缺席判决。"

缺席判决进行了规定。其对缺席的界定,限于当事人经合法传唤未到庭或虽到庭但未经法院许可中途退庭这两种情形,而未提出答辩状或虽到庭但不进行辩论并不构成缺席。应当说,原告的起诉权与被告的应诉权或答辩权同为当事人的诉讼权利,上述诉讼权利的行使都会给当事人带来诉讼利益。遵循司法程序正义理念,法院裁判原则上应建立在双方当事人均出庭并充分进行辩论的基础之上,以便法官全面听取各方意见、查明事实,作出公正裁判。因此,各国民事诉讼法均规定了民事诉讼程序的对决判决模式。但在司法实务中,往往存在当事人无正当理由不到庭或者到庭后又中途退庭的问题。在该情形下,如若法院无止境地坐视一方当事人的恶意懈怠而置另一方当事人的正当利益要求于不顾,使缺席方怠于行使其诉讼防御权利成为了法院作出判决的障碍,则有违司法公正。因此,民事诉讼法理论认为,缺席视为缺席方承认相对方相关事实和诉讼主张,可以作出缺席判决。正因为此,就诉讼时效抗辩权的行使而言,在缺席判决的情形,应视为缺席方不行使该抗辩权,故人民法院不应主动适用诉讼时效的规定进行裁判。但应予注意的是,虽然当事人未到庭或者在退庭之前未当庭提出诉讼时效抗辩,但如果其提交的书面答辩意见中提出诉讼时效抗辩的,则应认定其提出诉讼时效抗辩,人民法院应对诉讼时效问题进行审理。

(张雪楳:《人民法院应否主动援引诉讼时效的规定进行裁判》)

118. 起诉期间与诉讼时效期间的区别

【审判专论】

诉讼时效,是指权利人不行使权利的事实状态持续经过法定期间,其权利即丧失请求法院强制力保护的制度。所谓起诉期间,是指法律规定的提起诉讼的期间,其系对诉权的限制期间。起诉期间与诉讼时效期间虽均属因时间经过对权利发生的影响,但两者存在本质区别:

第一,两者立法目的不同。起诉期间的立法目的是促使权利人尽快行使诉权,以通过司法裁决的方式确定权利义务关系;而诉讼时效期间的立法目的是督促权利人行使权利、维护稳定的交易秩序。

第二,两者适用的权利不同。起诉期间适用的权利为诉权;而诉讼时效期间适用的权利为请求权。

第三,两者是否为可变期间不同。诉讼时效期间为可变期间,但起诉期间为不变期间。

第四,两者的法律效力不同。起诉期间的法律效力是,期间经过,权利人提起诉讼的,人民法院不予受理。诉讼时效期间的法律效力是,期间经过,义务人享有诉讼时效抗辩权,义务人进行诉讼时效抗辩的,权利人的权利不能得到法院的强制力保护。

(张雪楳:《诉讼时效司法解释疑难问题阐释》)

119. 诉讼时效制度法定性的司法适用

【审判专论】

《诉讼时效规定》第2条对诉讼时效制度的法定性进行了规定。诉讼时效制度的立法目的是维护社会公益,故其为强行性规定,不允许当事人排除其适用、变更诉讼时效期间、预先放弃诉讼时效利益。

在对该条规定进行理解与适用时,应注意以下几个问题:

第一,正确理解当事人关于履行期限的变更约定是否属于变相延长或者缩短诉讼时效期间问题。在讨论过程中,有观点认为,当事人可以通过对履行期限的变更约定变相变更诉讼时效期间的,这有违诉讼时效的法定性。我们认为,诚然,根据我国《民法通则》第137条关于诉讼时效起算点的规定以及诉讼时效中断事由的规定,从表面形式上看,当事人通过延长或者缩短履行期间的方式确实可以起到延长或者缩短诉讼时效期间的作用,但其并非属于非法变相变更诉讼时效期间的行为。根本原因在于两者的性质不同。履行期限是当事人约定的履行合同义务的期限,换言之,履行期限是权利人权利能够通过义务人履行的方式得以实现的合理预期。但诉讼时效期间不同,其是法院能否保护权利人权利的期限。履行期限如何变更,均不能导致普通诉讼时效期间或者特殊诉讼时效期间这一法定期间的变更,只不过由于关于诉讼时效期间起算点的特殊规定以及诉讼时效期间为可变期间的性质而导致了权利人的权利受法院保护的期间实质被延长或者缩短的现象,但其不属于该条所禁止的诉讼时效期间的变更。

第二,当事人关于应在一定期间起诉的约定是否有效问题。关于该问题,有观点认为,由于诉讼时效的效力是胜诉权消灭说,故其应属于当事人对诉讼时效期间的约定,故根据第2条不允许当事人协议变更诉讼时效期间的法理,该约定无效。我们原则同意无效的观点,但认为,其并非对诉讼时效期间的约定。诉讼时效期间是法院保护当事人权利的期间,该期间并非在诉讼程序中才存在,即使未进入诉讼程序,该期间仍然存在。而前述关于应在一定期间起诉的约定实质是对起诉期间的约定,而民事诉权为当事人的法定权利,不允许当事人自主约定排除或者限制,因此,除非法律和行政法规对起诉期间有特别规定,否则,当事人对起诉权进行限制的约定应为无效。

(张雪楳:《诉讼时效司法解释疑难问题阐释》)

120. 诉讼时效抗辩权行使阶段规定的适用

【审判专论】

《诉讼时效规定》第 4 条对诉讼时效抗辩权的行使阶段进行了规定。

该条第 1 款规定,当事人在一审期间未提出诉讼时效抗辩,在二审期间提出的,人民法院不予支持,但其基于新的证据能够证明对方当事人的请求权已过诉讼时效期间的情形除外。在对该款进行理解时,应注意其包括两层含义:

第一,一般情形下,当事人一方在一审期间未提出诉讼时效抗辩,在二审期间提出的,人民法院不予支持。

一般而言,各国的一审程序均具有查清案件基本事实的功能,因此,当事人应在一审审理过程中提出诉讼请求和抗辩理由,以固定诉争焦点,查清案件事实。正因为此,我国最高人民法院《关于适用〈中华人民共和国民事诉讼法〉若干问题的意见》第 182 条、第 184 条分别对二审提出新的诉讼请求和遗漏一审诉讼请求的情形做出除非当事人在二审期间自愿进行调解,否则应发回重审或者另行起诉的规定,亦即原则上将请求权的行使期间限制在一审期间。依据对等原则,对答辩权的行使应与请求权的行使进行同样的限制。关于答辩权的行使,世界上存在两种立法例,一种是答辩失权主义,另一种是答辩随时提出主义。答辩失权主义的立法模式,要求被告必须在法定的期间内提出答辩,未如期提出答辩的,将产生对被告不利的法律后果。根据我国《民事诉讼法》第 125 条的规定,我国并未规定答辩失权制度。因此,基于克服答辩随时提出主义弊端的考虑,《民事诉讼证据规定》第 32 条作出"应在一审答辩期届满前提出书面答辩"的规定。该规定虽为倡导性规定,并不产生答辩失权的效力,但其对规范答辩行为,维护民事诉讼程序的安定性具有积极的意义。因此,我们认为,诉讼时效抗辩权的行使,原则上也应在一审期间提出,一审期间未提出、二审期间提出的,人民法院不应予以支持,除非当事人有二审新的证据足以证明该事实。

第二,在遵循前述基本原则的基础上,基于实体公正与程序公正相统一的原则,司法解释规定了例外情形,即如果在二审期间该当事人有新的证据足以证明权利人的请求权已过诉讼时效期间而提出诉讼时效抗辩的,人民法院应予支持。

对该例外情形的把握,应注意的是,其必须同时具备两个条件:

条件一:必须是义务人基于二审新的证据提出诉讼时效抗辩权。有观点认为,义务人仅仅基于其诉讼时效抗辩权提出诉讼时效抗辩,不一定要基于证据。而且,其提出的诉讼时效抗辩是否可以获得支持、是否有新证据,是如何进行采信和认定的问题,因此无须明确规定必须基于二审新的证据提出诉讼时效抗辩。该主张确有其道理,诉讼时效抗辩权为义务人的实体权利,且诉讼时效期间已经经过的事实为否定事实,根据举证责任分配上的控制力原则,一般应由主张诉讼时效期间未过的当事人承担举证责任,故义务人只需提出诉讼时效抗辩即可,并不以其有证据证明诉讼时效期间已过的事实为必要。当然,在司法实务中,也不排除义务人需举证证明诉讼时效期间已经经过的情形,如对于权利人所举其在诉讼时效期间内向义务人主张权利的证据,义务人可以通过举出相反证据予以推翻等。因此,在二审期间,也存在义务人基于二审新证据推翻权利人在一审期间提交的、证明诉讼时效期间中断的证据的情形。在该情形下,如果义务人在二审期间其有新证据足以证明诉讼时效期间已经经过的,为实现程序法保护实体公正的制度目的,人民法院应对义务人的诉讼时效抗辩权予以支持。而且,这样规定,符合我国规定的二审续审制的制度目的和含义。再有,由于终审程序尚未结束,权利人、义务人之间的权利义务关系尚未固定,故根据二审新的证据证明的事实,义务人提出新的抗辩足以推翻原审判决的,也不存在影响社会交易秩序稳定的问题。

条件二,必须是义务人基于该二审新的证据足以证明权利人的权利已过诉讼时效期间。尽管义务人基于二审新的证据提出诉讼时效抗辩,但人民法院能否对当事人的诉讼时效抗辩权予以支持,则应视该新的证据证明的事实能否成立的事实而定。

第三,这里,关于义务人在二审期间提出诉讼时效抗辩的,应予审理的情形,不应区分上诉主体,具体而言,无论是义务人上诉引发二审还是权利人上诉引发二审,均一概适用。

第四,关于诉讼时效抗辩权在一审、二审期间的具体行使阶段问题,司法解释并未明确限定具体的时间。在讨论过程中,曾先后有应限定在答辩期届满前、庭审结束前、判决做出前以及不应规定具体行使阶段的观点。基于个案的复杂性以及实现实体公正与程序公正统一的基本目的,我们最后采纳了否定观点,没有规定具体的提出阶段,而是概括地规定在一审期间未提出诉讼时效抗辩和在二审期间提出诉讼时效抗辩,以便于法官在公正理念的指导下进行自由裁量。

(张雪楳:《诉讼时效司法解释疑难问题阐释》)

121. 无效合同所涉请求权的诉讼时效问题

【审判专论】

在合同无效法律关系中,主要有确认合同无效请求权、返还财产请求权、赔偿

损失请求权三种请求权。在司法实务中,主要涉及两类诉讼时效问题:

第一,上述请求权是否适用诉讼时效规定。

确认合同无效请求权虽明为请求权,但实质为实体法上的形成权,因此,通说认为,其不适用诉讼时效的规定,而应适用除斥期间的规定。但由于无效合同制度涉及国家利益和社会公共利益的保护问题,故我国《合同法》并未对确认合同无效请求权的除斥期间进行规定。返还财产请求权为不当得利请求权的,应适用诉讼时效的规定。

赔偿损失请求权是因缔约过失责任而产生的债权请求权,故也应适用诉讼时效的规定。

第二,适用诉讼时效规定的请求权,诉讼时效期间应从何时起算。

该问题是目前理论界和司法实务界争论最大的问题,主要有三种争议观点:第一种观点认为,应从合同被确认无效之日起算。理由是:合同无效只能由法院或者仲裁机构确认,只有在判决或裁决确认合同无效之时才产生返还财产及赔偿损失请求权,权利人才知道或者应当知道其权利受到侵害,诉讼时效期间才起算。至于因合同无效而导致的权利人的不利益,可通过实体法的规定依公平原则进行解决,不应以诉讼时效起算点的提前起算来解决。第二种观点认为,应从履行期限届满之日开始起算。理由是:当事人基于合同有效而签订和履行合同,其对权利实现的合理预期为合同履行期限届满之日,故在合同履行期限届满后,当事人知道或者应当知道其权利受到侵害,而无论合同事后是否被确认无效。而且,合同无效产生的损失,多因合同当事人不履行合同义务产生,而非因合同被确认无效产生。第三种观点认为,上述两种观点均存在不足,前者会产生权利睡眠问题,后者则会带来无效合同按有效对待的无奈,应综合前两种规定做折中规定,即:合同被确认无效,返还财产、赔偿损失请求权的诉讼时效期间从合同被确认无效之日起计算。但合同履行期限届满、当事人没有履行或者没有完全履行合同的,当事人以合同无效为由请求返还财产、赔偿损失的,诉讼时效期间从履行期限届满之日起计算。理由是:在当事人基于合同有效而订立和履行合同的情形下,其对合同权利实现的合理预期为履行期限届满之日。因此,当事人一方或者双方在合同履行期限届满后,没有履行或者没有完全履行合同义务的,对方当事人应当认识到其权利受到侵害,故诉讼时效应从合同履行期限届满之日起算。但如果当事人双方已完全履行合同义务,其权利已得到实现,故其在履行期限届满之日不知道或者不应当知道权利受到侵害。只有在合同被确认无效之后,其才知道或者应当知道权利受到侵害,故诉讼时效应从合同被确认无效之日起算。

(宋晓明、刘竹梅、张雪楳:《〈最高人民法院关于审理民事案件适用诉讼时效制度若干问题的规定〉的理解与适用》)

第二节 诉讼时效的适用范围

122. 诉讼时效的主要适用范围是请求权

【审判专论】

(1)物权、人格权等支配权,均不适用诉讼时效的规定。支配权的典型特征是权利人可以自己的行为行使权利,享受利益,无须请求他人协助。不仅通常并不直接关涉相对人利益,而且在不作为行使权利的场合,对于主体是否怠于行使权利自外观上难以辨识,所以,支配权不单纯因诉讼时效期间届满而消灭或减损效力。担保物权不适用诉讼时效的规定,但通说认为,担保人享有的追偿权的性质为债权请求权,应适用诉讼时效的规定。《物权法》第 176 条即规定,提供物的担保的第三人承担担保责任后,有权向债务人追偿。由于担保人在承担担保责任后才享有追偿权,故追偿权的诉讼时效从担保人承担担保责任之日起开始计算。

(2)解除合同权、撤销合同权、确认合同无效请求权等形成权,均不适用诉讼时效的规定。形成权是否为诉讼时效客体,曾存在争议。有学者认为,形成权是对特定人的权利,在这一点上与债权相同,其行使具有期间限制,该期间即为诉讼时效期间。另有学者认为,民法上对形成权的行使所规定的期间是除斥期间,并非诉讼时效期间,故其非诉讼时效客体。我们认为,形成权是指权利人依自己单方意思表示,使自己与他人间的法律关系发生变动的权利。形成权与支配权具有的共同特点是权利行使的单方性和无须他人协助性。但其不同点在于,支配权往往存在以不作为的方式行使的情形,而形成权一般以权利人积极行使权利为重要形式,而且,其具有特定的相对方,从这一点进行分析,似乎其应当适用诉讼时效。但民法赋予特定的民事主体形成权的目的在于由当事人自己决定法律关系是否需发生变动,如果需变动,可以按照自己的意愿、以单方面的意思表示即可产生变动的效果,相对方只能被迫接受该变动的后果,无须相对方的协助。由于享有形成权的权利人可依据自己的行为使法律关系发生变动,对相对人利益影响甚巨,故有必要设立法律制度对其行使进行约束,而诉讼时效制度只有在义务人提出抗辩的情况下才发生法院不予保护的效力,而形成权人可依单方意志即可变动法律关系,显然,诉讼时效制度不足以约束形成权,因此,法律设立了除斥期间制度对其行使进行限制。解除合同权、撤销合同权、确认合同无效请求权均系形成权,均不适用诉讼时效的规定。关于分割共有物请求权,有观点认为其为物权请求权。但分割共有物请求权虽明为请求权,但其不以共有物受到伤害为前提,因而不符合物权请求权的基本特征。究其实质,其通过请求人的单方法律行为即使法律关系发生变动,因此,应属于形成权。

(3)抗辩权不适用诉讼时效的规定。抗辩权不适用诉讼时效的规定。抗辩权是指义务人对权利人行使权利的拒绝给付的权利。其仅在对方当事人发动请求时才能行使,行使与否取决于相对方是否提出请求,具有被动性,故不应受诉讼时效期间的约束。

(4)物权请求权不适用诉讼时效的规定。在我国理论界和实务界,关于物权请求权是否适用诉讼时效的规定,争论颇大,主要有肯定说、否定说、折中说三种观点。排除妨害请求权以及消除危险请求权不适用诉讼时效制度,各种观点的分歧主要在于对物权请求权性质的界定不同。肯定说将物权请求权的性质认定为债权请求权;否定说实质将物权请求权的性质认定为物权的权能,与物权不可分离。我们认为,物权请求权是指物权在遭受侵害或者可能遭受侵害时,物权人有权要求恢复物权的圆满状态或者防止侵害的权利。一般而言,在物权受到侵害后,首先适用物权请求权进行保护,在物权请求权保护不能、不充分的情形下,适用侵权请求权予以保护。《物权法》在物权的保护一章对物权请求权制度进行了规定。由于物权请求权与作为债权请求权的侵权请求权有本质不同,因此,认为物权请求权为债权请求权进而认为其适用诉讼时效的规定理由不够准确。

(5)人格请求权不适用诉讼时效的规定。关于人格权请求权是否适用诉讼时效的规定,存在争议。主要观点有三:第一种观点认为,应适用诉讼时效制度,理由在于其实质为一种债权请求权。第二种观点认为,不具有财产利益内容的人格权请求权不适用诉讼时效制度,理由在于:人格权请求权分为具有财产利益内容和不具有财产利益内容的人格权请求权两种。人格权请求权系基于支配权而产生,与支配权的存在共存,若适用诉讼时效的规定,则影响人格权的绝对支配效力,影响人的人格和生存,故不具有财产利益内容的人格权请求权不适用诉讼时效制度。但具有财产利益内容的人格权请求权为债权请求权,应适用诉讼时效的观点。第三种观点认为,人格权请求权不适用诉讼时效的规定。人格权请求权主要包括排除妨碍、消除影响、赔礼道歉等非具有财产利益内容的请求权。由于其与作为支配权的人格权共存,若适用诉讼时效的规定,则影响人格权的绝对支配效力,影响人的人格和生存,故其不应适用诉讼时效的规定。具有财产利益的人格权请求权为债权请求权而非真正意义上的人格权请求权,其应适用诉讼时效的规定。我们认为,对该问题的解决,主要取决于对人格权请求权的性质的认定及其内容分析。通常所说的人格权请求权,实际上主要是指具体的人格权请求权。人格权请求权的目的在于预防和停止侵害以及填补损害,因此,人格权请求权可以分为不作为请求权和作为请求权两个方面:前者在内容上包括停止侵害、消除危险、恢复名誉等。后者在内容上主要包括加害人赔偿损害。

其中,对不具有财产利益内容的请求权为人格权请求权并不持异议。其权利来源为作为绝对权的人格权,其设定目的、功能、构成要件均与物权请求权相同,均系保护绝对权恢复圆满状态的手段性的权利,而非债权请求权,因此,就是否适用诉讼时效制度而言,两者法理相同。而且,不具有财产利益内容的请求权不具有财产性,其关系到作为民事主体的人的人格存续、生存利益以及伦理道德问题,故不应适用诉讼时效的规定。对于具有财产利益内容的请求权是否为人格权请求权存在争议。我们认为,究其实质,争议主要根源于如何区分绝对权请求权和侵权请求权。首先应明确的一个前提是,人格权请求权和侵权请求权是共同保护人格权的方法,因此,两者不应是互相包含关系,而应是相互独立关系。如果认为侵权请求权的构成要件包括过错、无过错请求权并不包括在侵权请求权的范围之内,则应认定因侵害人无过错侵害人格权的请求权为人格权请求权;如果认为侵权请求权包括无过错的情形,则应认定其为侵权请求权。如果从人格权请求权与侵权请求权不同的功能和目的角度进行分析,则认定赔偿损失请求权为侵权请求权更为适宜,因为:人格权请求权的目的和功能是恢复人格权的圆满状态,而侵权请求权的目的和功能是以货币方式弥补损失。即使认为人格权请求权包括赔偿损失请求权带有财产利益内容的请求权,但由于该请求权的目的在于弥补损失,并不影响人格权行使的圆满状态,故应认定其不适用诉讼时效的规定。

(6)知识产权中的财产权请求权适用诉讼时效的规定。知识产权包括著作权、专利权及商标权,具有人身权和财产权的双重属性。知识产权具有支配性、排他性,为防止知识产权长久存在而阻碍科技进步,法律规定了知识产权的有效期对其予以限制,但该有效期并非诉讼时效期间。知识产权请求权是指权利人在其知识产权的圆满状态受到侵害或者有妨害时,得请求加害人为一定行为或者不为一定行为,以回复知识产权圆满状态的权利。由于知识产权具有人身权和财产权的内容,故知识产权请求权也带有人身权请求权和财产权请求权的双重内容。举例言之,侵害著作权人署名权的,权利人可要求消除影响,此系人身权请求权的内容。侵害专利权的,权利人可要求停止侵害、排除妨碍,此系物权请求权中的内容。关于知识产权请求权的内容,我国《民法通则》及各知识产权特别法分别进行了规定,如《民法通则》第118条,《专利法》第60条,《商标法》第53条、第56条、第57条。我们认为,下列知识产权请求权不适用诉讼时效的规定:停止侵害请求权、排除妨害请求权、消除危险请求权、消除影响请求权、赔礼道歉请求权等。

(张雪楳:《论诉讼时效客体》)

123.不适用诉讼时效规定的债权请求权

【审判专论】

债权请求权以财产利益为内容,不具支配性。若权利人长期怠于行使权利,会使法律关系处于不确定状态,不利于维护交易秩序。因此,其适用诉讼时效的规定。但基于保护社会公共利益的考虑,下列债权请求权不适用诉讼时效的规定:

(1)兑付存款本息请求权不适用适用诉讼时效的规定。有观点认为,活期存款并未规定提取期限,定期存款虽有存储期限约定,但按照金融业惯例,可到期后自动转存,因此,存款合同实质为未定履行期限的合同,故兑付存款本金请求权应适用未定履行期限的合同诉讼时效起算点的规定,而非不适用诉讼时效的规定。如果规定不适用,在侵权请求权和兑付本息请求权竞合的情形下,权利人可能由于兑付存款本息请求权不适用诉讼时效期间的规定而怠于行使其请求权,对金融机构不利。在权利人第一次向金融机构请求兑付本息被拒付后其长久不再主张权利的情形下,仍规定该兑付本息请求权不适用诉讼时效期间的规定,与法理不符。我们认为,从本质上分析,兑付存款请求权确为债权请求权。正如前文所述,存款法律关系具有特殊性,即其无特定的履行期限,因此,存款人得随时请求金融机构兑付,此为金融业惯例。故兑付存款本息请求权适用诉讼时效期间与该特殊性不相符合。而且,存款请求权的实现关系到公众的生存利益,如果兑付存款本息请求权适用诉讼时效的规定,在一定期间经过后不受法院保护,则将危害到民众的生存权,故该请求权不应适用诉讼时效的规定。

(2)基于债券产生的还本付息请求权不适用诉讼时效期间的规定。依发行主体的不同,债券分为国债、金融债券和企业债券。国债、金融债券因有国家和金融机构的信誉作为还本付息的担保,认购人基于对于上述发行人的信赖而购买债权,上述投资具有类似于储蓄的性质,关涉社会公众利益,故基于国债、金融债券产生的返本付息请求权不适用诉讼时效的规定。关于企业债券,根据相关规定,我国企业债券的发行采取间接发行方式,即由债券承销商进行承销,债券承销商为金融机构。承销包括包销和代销两种方式。证券代销是指证券公司代发行人发售证券,在承销期结束时,将未售出的证券全部退还给发行人的承销方式。证券包销是指证券公司将发行人的证券按照协议全部购入或者在承销期结束时将售后剩余证券全部自行购入的承销方式。包销和代销的法律关系和法律后果不同。代销法律关系中,发行人与承销商之间成立的是委托代理法律关系,承销人以发行人的名义销售证券，依据委托的相关法理，代销的法律后果由委托人也即发行人承担。承销法律关系中，发行人与承销人之间是买卖法律关系，证券的所有权发生转移。正因为存在承销法律关系，所以，我们认为，在债券发行法律关系中，存在内外部两层关系。外部关系是发行人、承销商与认购人之间的关系。内部关系是发行人与承销商之间的关系。在外部法律关系中，认购人基于对金融机构的信赖而购买债券，购买该债券也具有类同于储蓄的性质，且因其具有要式性而具有较强的公示效力，涉及广大认购人的利益保护问题，关涉社会公益，因此，基于对不特定对象发行的企业债券产生的还本付息请求权也不应适用诉讼时效期间的规定。而针对小范围特定对象发行的企业债券不涉及公共利益，其本质为企业与认购人之间的普通债权债务关系，因此，应适用诉讼时效的规定。在内部法律关系中，关于承销商与发行人之间的兑付债券本息请求权是否适用诉讼时效的规定存在争议。一种观点认为，根据（法经〔1994〕103号）最高人民法院经济审判庭《关于代理发行企业债券的金融机构应否承担企业债券发行人债务责任问题的复函》关于“金融机构接受企业债券发行人的委托代理发行企业债券……如果债券推销人金融机构代企业债券发行人垫款向企业债券持有人兑付本息时，该推销人金融机构则成为债券持有人，亦应向企业债券的发行人和（或）担保人主张民事权利”的规定，在代销法律关系中，代销商代企业债券发行人垫款向企业债券持有人兑付本息后，其成为持券人，享有持券人的兑付债券本息请求权。包销分为全额包销和余额包销。包销人在垫付债券本息或者其买入债券后，其亦成为债券持有人，享有持券人的兑付债券本息请求权。但由于承销人与发行人之间的债券本息兑付法律关系是发生在特定主体之间的债权债务关系，不涉及社会公益，不具有类储蓄的性质，且在承销协议中多约定承销商向发行人兑付债券本息的期限，因此，该兑付债券本息请求权应适用诉讼时效的规定。反对观点则认为，既然公众向承销商请求兑付债券本息的请求权不受诉讼时效的约束，那么，承销商在垫付债券本息后，取得了债券持有人的身份，属于债权转移，其享有的兑付本息请求权与社会公众享有的兑付债券本息请求权并无本质的差异，故也不应适用诉讼时效的规定。在包销商买入债券的情形下，包销商也系不特定的公众。否则，因社会公众享有的兑付本息请求权不受诉讼时效的限制，故其不按期请求兑付债券本息导致承销商兑付债券本息的时间不统一，进而承销商向债券发行人请求兑付债券本息的时间也不统一、承销商频繁请求发行人兑付债券本息问题的发生，有违诉讼效率原则。

（3）缴纳税收请求权不适用诉讼时效的规定。国家对符合课税要素的特定纳税人，有请求其履行税收债务的权利，因此通说认为国家征收税款请求权具有债权性质。我国的现行立法的相关规定也体现了这一观点。如《税收征收管理法》的规定，欠缴税款的纳税人因怠于行使到期债权，或者放弃到期债权，或者无偿转让财产,或者以明显不合理的低价转让财产而受让人知道该情形,对国家税收造成损害的,税务机关就可以依照《中华人民共和国合同法》的有关规定行使代位权、撤销权。有观点认为,由于缴纳税收请求权本质上为债权,其适用合同法关于撤销权、代位权的规定,故其也应适用民法关于诉讼时效的规定。我们认为,由于税收债权系公法上的债权,如其适用诉讼时效的规定,则意味着国家税款不能得到法院保护、国家财政因而受到影响,进而影响国家利益和社会利益的保护和实现问题,因此,不应适用诉讼时效的规定。

(4)基于投资关系产生的缴足出资请求权不适用诉讼时效规定。关于基于投资关系产生的缴足出资请求权是否适用诉讼时效期间的规定问题,有观点认为,出资请求权发生在股东与公司之间,系相对人之间特定的债权债务关系,应适用诉讼时效期间的规定。我们认为,足额出资是股东对公司的法定义务,该义务不应因诉讼时效届满而丧失强制执行力。否则,有违公司资本充足原则,而公司拥有充足的资本是其开展正常经营活动的保证。公司资产也系其对外承担民事责任的一般担保,故如果规定补足出资请求权适用诉讼时效的规定则不利于公司的发展,也不利于对其他足额出资的股东及公司债权人的保护。

(张雪楳:《论诉讼时效客体》)

第三节 诉讼时效的起算、中断、中止

124. 当事人约定对同一笔债务分期履行的,给付某一笔债务请求权的诉讼时效期间应从最后一期履行期限起算的理由

【审判政策与精神】

第一,符合同一债务的特征。从债法法理分析,当事人约定同一笔债务分期履行的,其订立合同的目的是对同一笔债务约定分期履行,该债务为一个单一的整体,具有整体性和唯一性。其是在当事人签订合同之时即以确定,只不过对于债务的履行当事人约定了分期履行,而非一次性履行而已,尽管因为对整体债务分别约定了分期履行的期限和数额,使每一期债务具有一定的独立性,但该独立性不足以否定整体性,整体性和唯一性是该债务的根本特征。史尚宽先生即认为,这种债权属于普通债权分期给付,而非定期金债权,"至普通债权之定有给付期间或以一债

权分作数期给付者,不包括在内”。①

给付每一期债务请求权的诉讼时效期间从最后一期履行期限届满之日起算是同一笔债务具有唯一性和整体性的根本要求。

第二,符合诉讼时效制度的立法目的。权利人没有在每一期履行期限届满后即主张权利,并非其怠于行使权利,而系其基于对同一债务具有整体性以及不同期债务具有关联性的合理信赖,通常把每一次的履行行为看作一个完整的合同关系的一部分,认为其可以从最后一期履行期限届满之日再主张权利。而且,当事人之间签订分期给付债务合同的目的在于全面履行合同约定的义务,因此,尽量维持双方的债权债务关系和信任关系是解决履行障碍的基本态度。为促进双方的友好合作关系,权利人也不愿或者不想在部分债权受到侵害后就立刻主张权利。因此,规定从最后一期履行期限届满之日起算诉讼时效期间,可以保护权利人的合理信赖利益,也不违背诉讼时效制度督促权利人行使权利的立法目的。

第三,有利于减少诉累、实现诉讼效率。规定诉讼时效期间从最后一期履行期限届满之日起算,可以避免当事人为主张权利而激化矛盾,避免频繁起诉,有利于节约司法资源,减少诉累、实现诉讼效率。

需要说明的是,在对本条进行适用时应注意以下两点:

第一,本条是对给付分期履行债务中的某一笔债务请求权的诉讼时效期间起算点的规定,而非对给付全部债务请求权的诉讼时效期间起算点的规定,后者当然应从最后一期履行期限届满之日起算诉讼时效期间。

第二,本条适用的情形是对同一笔债务约定分期履行。所谓同一笔债务,是指该债务在合同订立之时即已经确定,时间因素对其内容和范围不再起作用,受到时间因素影响的只是履行的方式。该类债务的典型表现形式为约定分期还款、分期交货的借款之债、买卖之债等。详言之,在借款合同法律关系中,借款合同多约定:贷款人一次性给付借款人全部款项后,借款人分期偿还。在司法实践中,分期偿还的约定主要有两种形式:一种是明确约定总的债务履行期限和数额以及分期偿还的数额、期限;另一种是只约定了总的履行期限,而对分期履行的期限和数额未作具体约定。对于该两类分期履行合同,相关判决均认定诉讼时效期间应从最后一笔履行期限届满之日起算。

(宋晓明、刘竹梅、张雪楳:《〈最高人民法院关于审理民事案件适用诉讼时效制度若干问题的规定〉理解与适用》)

---

① 史尚宽:《民法总论》,中国政法大学出版社2000年版,第642页。

125."未定履行期限的合同"所涉请求权的诉讼时效起算

【审判专论】

《诉讼时效规定》第 6 条对"未定履行期限的合同"所涉请求权的诉讼时效起算问题进行了规定。在起草该条规定时,我们主要遵循了这样的思路,即根据合同法的相关规定,确定合同的履行期限,继而明确诉讼时效的起算点。详言之,一般而言,在合同明确约定履行期限的情形下,如果义务人不履行合同义务,则诉讼时效期间应从履行期限届满之日起算。因此,如果能够依据合同法的规定,运用合同解释方法,明确无履行期限合同的履行期限则可以依据上述规定确定未约定履行期限的合同所涉请求权的诉讼时效期间起算问题。关于如何确定未约定履行期限的合同的履行期限,《合同法》主要在第 61 条、第 62 条进行了规定,故我们分别根据上述规定对未约定履行期限的合同所涉请求权的诉讼时效期间起算问题进行了明确。

(1)依照《合同法》第 61 条的规定,可以确定履行期限的,诉讼时效期间从履行期限届满之日起计算。《合同法》第 61 条规定,在合同生效后,如当事人就质量、价款或者报酬、履行地点等内容没有约定或者约定不明确的,可以协议补充;不能达成补充协议的,按照合同有关条款或者交易习惯确定。该条规定了两种确定履行期限的方法,即事后双方当事人协议补充和按照合同相关条款或者交易习惯确定。

(2)在无法确定履行期限的情形下,根据《合同法》第 62 条的规定,适用随时履行原则,并据此明确诉讼时效起算点。根据随时履行原则,在权利人第一次向义务人主张权利时,根据义务人是否同意履行义务的情况我们规定了两种情形:

①义务人同意履行义务的,则依据"宽限期"确定诉讼时效的起算点。依据《合同法》第 62 条第 4 项的规定,履行期限不明确的,债务人可以随时履行,债权人也可以随时要求履行,但应当给对方必要的准备时间。因此,在权利人第一次向义务人主张权利且义务人同意履行的情形下,权利人应给予义务人必要的准备时间,理论上将其称为宽限期。应予注意的是,宽限期为法定期限,而非约定期限。在宽限期届满之后,义务人仍不履行义务的,权利人应认识到自己的权利受到侵害,故诉讼时效期间应在宽限期届满之日起算。因此,《诉讼时效规定》参照《担保法解释》第 33 条关于"主合同对主债务履行期限没有约定或者约定不明的,保证期间自债权人要求债务人履行义务的宽限期届满之日起计算"的规定,规定:"不能确定履行期限

的，诉讼时效期间从债权人要求债务人履行义务的宽限期届满之日起计算。”

②债务人在债权人第一次向其主张权利之时明确表示不履行义务的，诉讼时效期间从债务人明确表示不履行义务之日起计算。债权人依据随时履行原则得随时请求义务人履行义务，在其第一次向债务人主张权利之时，如果债务人明确表示其不履行义务，则债权人应即认识到自己的权利受到侵害，故诉讼时效期间从债务人明确表示不履行义务之日起计算。

（张雪楳：《诉讼时效司法解释疑难问题阐释》）

126. 连带债务中的诉讼时效中断在债务人间的法律效力

【审判政策与精神】

关于连带债务中的时效问题。向承担连带责任的债务人中的一人主张权利，诉讼时效中断的法律效力及于其他连带债务人，这是学术界和国外立法中普遍接受的观念。需要注意的是，承担连带责任的债务人中的一人向债权人承认债务，诉讼时效中断的法律效力不及于其他连带债务人。其原因在于，虽债务具有连带性，但对诉讼时效利益的放弃不能代他人放弃，因此，承认债务的债务人对债权人承担债务后，对其他承担连带责任的债务人不享有追偿权。

（《加强调查研究　探索解决之道——最高人民法院民二庭庭长宋晓明就在全国民商事审判工作会议中提出的若干疑难问题答记者问》）

【审判专论】

第一种观点认为，诉讼时效中断的效力不应及于其他连带债务人，理由在于：债权人主张权利，应向义务人本人或其他能将债权人主张权利的意思表示转达给债务人的人作出。任一连带债务人均应向债权人承担全部清偿责任，在债权人在向一债务人主张权利后，其无须再向其他债务人主张权利，被主张权利的债务人也无须要求其他债务人向债权人清偿，故被主张权利的连带债务人并不一定将权利人主张权利的意思表示转达给其他连带债务人，因此，认为诉讼时效中断的效力一定及于其他债务人不妥。第二种观点认为，诉讼时效中断的效力应及于其他连带债务人，理由在于：连带债务人对债务承担连带责任，任一债务人承担全部债务清偿责任后均可向其他连带债务人追偿，如果认定诉讼时效中断的效力不及于其他连带债务人主张权利，则因债权人未向其他债务人主张权利，因诉讼时效期间已过，该债务成为自然债务，其他连带债务人享有诉讼时效抗辩权，则债务人的追偿权难以实现。抑或理解为债务人享有追偿权使其他债务人获得的诉讼时效利益得不到保障。由于连带债务人只拿债务的外部连带性和内部的相互追偿性，故权利人向其中一人主张权利，应认定诉讼时效中断的效力及于其他连带债务人。

（宋晓明、张雪楳：《诉讼时效制度中适用的疑难问题》）

127. 追偿债权的诉讼时效应当如何计算

【案例指导】

中国黄金集团公司与中国建设银行股份有限公司武汉省直支行等单位委托贷款合同纠纷案以及辽宁黄金公司与葫芦岛水泉金矿借款合同纠纷案

随着 2002 年 11 月 6 日国务院批复组建中国黄金集团公司，以及财政部 2003 年 7 月 2 日依据国务院批复内容确定原由国家投入的黄金生产开发基金和黄金地质勘探转为中国黄金集团公司的国家资本金，并对中国黄金集团公司申报的第一批占用两项基金的 369 户企业进行专项核查，确定了具体企业名单和占用金额（共计 321345.58 万元），之后全国各地陆续发生了一系列由中国黄金集团公司在全国范围内向占用黄金生产开发基金和黄金地质勘探基金的单位起诉索要偿还该两项基金的案件。该类案件的共同特点是案件所涉占用该两项基金的时间跨度大，最长的达 30 年之久，而且经历了我国对黄金生产有关基金在投放及管理体制上从最早的拨款方式改变为贷款方式的转换，债权人起诉所依据的借款合同和委托贷款合同所约定履行期限一般早已届满，相应的债权方已由原中央所属黄金企事业单位或者过去的中国黄金总公司，转化为中国黄金集团公司，此类案件的被告一方通常以借款合同和委托贷款合同早已超过诉讼时效为由提出抗辩。因此，一件案件处理可能对现已起诉案件处理或者众多潜在纠纷的解决起到导向作用，从而影响大，范围广。最近湖北省高级人民法院和辽宁省高级人民法院均以此作为问题向最高人民法院请示。此问题不仅牵涉到如何判断当事人请求是否超过诉讼时效以及诉讼时效的起算点应从何时开始计算，以及如何判断是否存在诉讼时效中断、中止或者延长的情形，尤其是在某种特定情况下如何认定属于未授权给公民、法人经营管理的国家财产受到侵害的从而不受诉讼时效期间限制的情形等许多在理论上有争议，在司法审判中同样也是一个常见的难以判断的法律问题；同时，另一方面又涉及如何理解适用有关国家政策的问题。本文试图从湖北省高级人民法院鄂高法〔2006〕548 号《关于上诉人中国黄金集团公司与被上诉人中国建设银行股份有限公司武汉省直支行、湖北省嘉鱼县人民政府、嘉鱼黄金开发公司、湖北省嘉鱼蛇屋山金矿有限责任公司、嘉鱼县国有资产监督管理局委托贷款合同纠纷一案如何适用法律问题的请示》以及结合同类的辽宁省高级人民法院〔2006〕辽民二终字第91号《关于辽宁黄金公司与葫芦岛水泉金矿借款合同纠纷一案的请示》,谈点认识和看法,以便对处理同类案件提供参考。

一、案情概述和争议焦点

1995年6月13日,冶金工业部黄金管理局按照国务院1994年9月29日国函〔1994〕104号文件批准的冶金工业部《黄金地质勘探资金管理暂行办法》中关于加快黄金工业改革步伐,对黄金地质勘探资金由原来的拨款方式改变为实行有偿使用,并委托有关银行代理发放、回收业务等有关规定,与中国人民建设银行签订一份《委托代理协议》,约定:根据国务院国函〔1994〕104号文,冶金工业部黄金管理局(以下简称甲方)委托中国人民建设银行(以下简称乙方)代理1995年度黄金地质勘探资金贷款发放和回收业务。乙方同意接受委托,并将以前年度的黄金地质勘探拨款转成贷款等。甲方在乙方设立委托基金户,根据项目贷款计划,分期分批将款项存入其委托基金户。在存款额度内,由甲方通过乙方下达委托贷款基金到借款单位经办行。根据上述《委托代理协议》,1995年12月26日,中国人民建设银行湖北省分行营业部(后更名为中国人民建设银行湖北省直支行)与湖北省嘉鱼蛇屋山金矿有限责任公司签订一份《中国人民建设银行人民币资金借款合同》,约定:按照中国人民建设银行与冶金工业部黄金管理局的《委托代理协议》以及冶金部黄金管理局冶黄地〔1995〕113号文件下达的计划,湖北省嘉鱼蛇屋山金矿有限责任公司向中国人民建设银行湖北省分行营业部借款人民币369万元,此款已用于地质勘探,借款期限自1991年至1997年12月21日;此合同是还款合同,不计利息,到期一次还本。同日,中国人民建设银行湖北省分行营业部与湖北省嘉鱼蛇屋山金矿有限责任公司还签订了一份《中国人民建设银行人民币资金借款合同》,约定:根据中国人民建设银行与冶金部黄金管理局冶黄地〔1995〕113号文下达计划,湖北省嘉鱼蛇屋山金矿有限责任公司向中国人民建设银行湖北省分行营业部借款人民币300万元,借款将用于地质勘探,借款期限自1995年12月至1998年12月,贷款利率按年7.74%计算。借款合同签订后,冶金部黄金管理局于1996年4月4日将贷款300万元直接汇入湖北省嘉鱼蛇屋山金矿有限责任公司。借款期满,湖北省嘉鱼蛇屋山金矿有限责任公司未按约定偿还借款本息。

与此相类似的辽宁黄金公司起诉葫芦岛水泉金矿借款合同纠纷一案,其涉及的争议标的物是黄金开发基金,而非黄金地质勘探基金。款项往来发生时间分别从1985年冶金部辽宁黄金公司按国家计委核定的投资指标分三次信汇给锦西水泉金矿50万元,到1988年12月22日因锦西水泉金矿选矿厂扩建工程向中国黄金总公司借款53万元,中国黄金总公司采取通过中国人民建设银行锦西市支行与锦西水泉金矿签订黄金委托贷款合同借款53万元,期限自1988年4月至1993年4月,担保单位是锦西市石灰窑乡工业公司。1991年10月和1992年8月20日的两笔,是由中国黄金总公司与锦西水泉金矿直接签订的黄金生产开发基金借款合同,第一笔借款金额是105万元,约定的还款期限从1992年至1994年止;第二笔借款金额是25万元,约定用于更新改造项目,只还本不付息。自1992年6月至1997年6月,偿还借款金额的30%;其余金额,期满后一次还清。共计金额233万元。1995年1月11日,锦西水泉金矿更名为葫芦岛水泉金矿。2003年8月1日,中国黄金集团公司将辽宁省各占用两项基金企业的债权全部转给辽宁黄金公司作为其国家资本金(含葫芦岛水泉金矿所占用的233万元黄金生产开发基金)。2005年4月22日,葫芦岛水泉金矿给付辽宁黄金公司10万元,其余所占用的223万元黄金生产开发基金一直未予偿还。

2002年11月6日,国务院针对国家经贸委国经贸企改〔2002〕421号《关于报请批准中国黄金集团公司组建方案和章程的请示》以国函〔2002〕102号《关于组建中国黄金集团公司有关问题的批复》,同意在原中央所属黄金企事业单位基础上,由中国黄金总公司依法变更登记组建中国黄金集团公司。集团公司成员包括原中央所属黄金企事业单位、中国黄金总公司投资的企业(全资企业45个,控股企业11个,事业单位5个),以及原由国家投入的黄金生产开发基金和黄金地质勘探基金、基本建设经营性基金和“拨改贷”资金转为集团公司资本金后形成权益所涉及的企业(具体名单由财政部另行核定)。集团公司的注册资本由财政部核定。中国黄金集团公司领导班子和人员由中央管理;资产管理及有关的财务关系由财政部负责。2003年7月2日,财政部依据国务院上述文件精神对中国黄金集团公司下发了《关于黄金生产开发基金和黄金地质勘探基金有关问题的通知》(财政部〔2003〕272号文),将原由国家投入的黄金生产开发基金、黄金地质勘探基金转为中国黄金集团公司的国家资本金,并对中国黄金集团公司申报的第一批占用两金的369户企业进行专项核查,确定了具体企业名单和占用金额。湖北嘉鱼县蛇屋山金矿所欠黄金地勘基金660万元及其利息以及葫芦岛水泉金矿所占用的233万元黄金生产开发基金债务均列入其中。2003年7月29日,中国黄金集团公司以中金基金函〔2003〕45号发出《关于要求归还黄金生产开发基金和黄金地质勘探基金有关问题的通知》,确定原国家经贸委黄金管理局(包括原国家黄金管理局、原冶金工业部黄金管理局)和原中国黄金总公司的有关债权债务由中国黄金集团公司承担,相关事宜由其负责办理,并通知占用黄金生产开发基金和黄金地质勘探基金的有关企业按要求予以归还所欠基金。2004年12月6日,中国黄金集团公司以挂号信的方式向湖北省嘉鱼蛇屋山金矿有限责任公司发出了《关于要求落实中国黄金集团公司出资人权益的函》,敦促其尽快归还所欠黄金地勘基金,否则采取必要手段维护权益。中国黄金集团公司于2005年5月25日向湖北省武汉市中级人民法院提起诉讼,后上诉于湖北省高级人民法院。案件当事人争议焦点在于中国黄金集团公司或者辽宁黄金公司向债务人主张相应的债权是否超过法定的诉讼时效?

二、已有判决和分歧意见

受理中国黄金集团公司起诉湖北省嘉鱼蛇屋山金矿有限责任公司等委托贷款合同纠纷一案的湖北省武汉市中级人民法院认为，案件所涉《委托代理协议》、《借款合同》已为当事人所实际履行，应为合法有效。其中的还款合同，是中国建设银行接受冶金部黄金管理局的委托，为落实国函〔1994〕104 号文件精神，作为代理银行与业主签订的，是嘉鱼蛇屋山金矿对“八五”期间黄金地勘拨款资金转成贷款的确认，是债权债务关系存在的证明。还款合同的订立将拨款关系变为平等民事主体之间的借贷法律关系，其真实合法性不能否认。中国黄金集团公司依法承担了冶金部黄金管理局对嘉鱼蛇屋山金矿享有的债权，其作为诉讼主体适格。湖北省嘉鱼蛇屋山金矿有限责任公司接收取得了原蛇屋山金矿的采矿权，原嘉鱼蛇屋山金矿的债务应由湖北省嘉鱼蛇屋山金矿有限责任公司承担。本案《借款合同》中约定的还款期限分别是 1997 年 12 月 21 日、1998 年 12 月，因原告并未提交引起诉讼时效中断、中止或者延长的相关证据，故该案诉讼时效届满日应分别为 1999 年 12 月 21 日和 2000 年 12 月。中国黄金集团公司于 2004 年 12 月 6 日主张权利已超过诉讼时效期间，且未得到相关债务人对债权的重新确认，故在其起诉时，该案诉讼时效已经届满。中国黄金集团公司主张该案债权为国家债权，不受诉讼时效限制。但国家财产受到侵害不受诉讼时效期间限制的前提是该财产没有授权给公民、法人经营、管理，而案件中的国家地勘基金，按照《黄金地质勘探资金管理暂行办法》第三条、第四条规定，是由冶金部黄金管理局负责管理，统筹安排；黄金地勘资金贷款的发放、回收业务由冶金部黄金管理局委托有关银行代理。因此，其管理主体为冶金部黄金管理局，该局有责任及时依法清收发放的资金，不存在不受诉讼时效期间限制的法定事由，因此中国黄金集团公司的诉讼请求依法应不予保护，判决驳回其诉讼请求。

中国黄金集团公司不服原一审判决，向湖北省高级人民法院提起上诉，称该案《委托代理合同》约定该合同自双方签字盖章之日起生效，全部贷款回收后终止，因此合同至今仍在有效期内。黄金局作为国家的一个职能部门或者直接是国家权力的一个部门，绝不是民法规范中所指的授权经营和管理的公民和法人。黄金局在每年都通过文件和下达贷款回收计划的方式，向各省黄金局催要欠款，直至 2001 年以后国务院机构进行调整，此项工作才中断过一段时间，该行为应属法律规定的其他可以中断时效的情形。因此，不应认定该案超过诉讼时效。

湖北省高级人民法院审判委员会对中国黄金集团公司的该案诉讼请求是否超过诉讼时效问题形成了两种意见：多数意见认为，该案已超过诉讼时效。理由是：(1)1994 年 9 月 29 日国务院国函〔1994〕104 号文件批准冶金部《黄金地质勘探资金管理暂行办法》第 3 条已经明确规定：“黄金地质勘探资金由冶金部黄金管理局负责管理……”黄金地勘资金实行有偿使用，由原来的拨款方式改为贷款方式。

(2)本案资金系黄金局委托建行省直支行与嘉鱼蛇屋山金矿签订《借款合同》,两份合同约定的还款期限分别为1997年12月、1998年12月,但中国黄金集团公司2004年12月6日才主张权利,超过了两年的诉讼时效。少数意见认为,该案没有超过诉讼时效。理由是:(1)最高人民法院《关于贯彻执行〈中华人民共和国民法通则〉若干问题的意见》(试行)第170条规定:"未授权给公民、法人经营管理的国家财产受到侵害的,不受诉讼时效期间限制。"(2)2003年7月2日,财政部对中国黄金集团公司下发的《关于黄金生产开发基金和黄金地质勘探基金有关问题的通知》(财政部〔2003〕272号文),明确将原由国家投入的黄金生产开发基金和黄金地质勘探基金转为中国黄金集团公司的国家资本金,并要求中国黄金集团公司进行清理。该通知的附件《占用黄金生产开发基金和黄金地质勘探基金企业名单和数额明细表》列明了所涉债权。因此,两项基金授权给中国黄金集团公司经营管理的时间应是财政部文件下发之日。在此之前,两项基金属未授权给公民、法人经营管理的国家财产。该案诉讼时效应以此作为起算点,该案没有超过诉讼时效期间。

三、对问题的认识

正如上述,案件所涉及问题还是一个如何确定诉讼时效起算点的问题。我国现有有关法律对诉讼时效是有直接规定的,我国《民法通则》第137条规定诉讼时效期间从知道或者应当知道权利被侵害时起计算,但这仅是一般的笼统规定。如果真要将此规定落实到千差万别、纷繁复杂的具体个案中,就有个如何理解适用问题。"徒法不足以自行",说明法律不能自行适用到案件中去,法律是抽象的,必须要通过一种中介,即法官主观地能动地活动面对所查明事实,阐释法律,正确处理案件调处纷争,从而实现司法公正和社会公平。法官适用法律不是一个机械套用条文过程,首先要理解法律含义,有时要运用创造性思维和适用方式去阐述法律真谛,有时还需要弥补法律规范上自身可能存在的漏洞和缺陷,有时还需排除法律规范在含义上不明确、不确定之处,这是法律本身追求社会正义价值目标的要求。探究法律规范的真正含义的方法是众多的,有文义、体系、目的、当然、历史、合宪、比较等各种解释法律方法,又可以运用如目的性扩张和限缩、反对解释、类推等法律漏洞填补技术,其中利益平衡也不失为一种很重要的法律方法,同时也是一种法律解释方法,特别在民商事纠纷案件处理中显得尤为常用和重要,高度集中体现了民法最基本的公平平等、诚实信用原则的综合运用,突出强调通过法官能动的自由裁量权运用寻找社会中各种利益均衡,例如在借款合同纠纷案件当中涉及的债权人、债务人和担保人三者之间,在案件处理上也是要权衡利益关系的。当然任何自由裁量权的运用也都是在大的法律限制范围之内,以求得社会实质正义的实现。

(一)如何理解我国法律有关诉讼时效起算点的规定以及在本案中的适用时效是指一定事实状态的存在持续地经过法定期间而依法对民事权利发生一定民事法律效果的法律事实,不同于除斥期间和其他期限,具有法定性、可变性、强制性和利益性。诉讼时效一般认为即为消灭时效,其实诉讼时效并非与取得时效相对应,而消灭时效才与取得时效相对应,消灭时效概念和含义远要比诉讼时效大,诉讼时效仅是消灭时效大概念中的一种类型。这种最根本的区别在于诉讼时效本质上是权利人丧失或者减损了请求国家法律对其权利强制保护的权利,大多学者可能将这种结果归之为胜诉权消灭或者抗辩权产生等理论。而消灭时效更多理解是民事法律关系中主体的实体权利消灭,是实体法上权利的灭失,而不单纯地体现程序法上对实体权利的影响。其次,诉讼时效适用对象限于请求权。消灭时效不仅仅限于请求权,其他对支配权、形成权和抗辩权均同样适用。那么,权利的行使为何一定要设定一个时效对之进行限定或者限制?按照王泽鉴先生观点,大致有四点理由:一是体现法律不保护"在权利上睡眠者"的思想,督促权利人及时行使权利,"保护勤勉者,不保护懒惰者",加速财产流转,否则权利人不作为可能导致义务人能够因此而获取利益;二是尊重现存秩序,避免现存秩序动荡不稳定,维护既存的信赖利益,稳定业已存在财产秩序和交易秩序;三是为了保护债权人避免因时日久远举证困难致使正当权益遭受损失;四是简化法律关系,减少纠纷和社会负担,降低交易成本。因此,最根本的目的在于维护社会秩序基础上提高效率。自从罗马法十二铜表法出现取得时效,继而创设有效诉权,区别于罗马市民法的永久诉权,开始了对权利行使加以限制的时效制度,从而被欧洲民法所继承发扬光大,无一不体现这样的思想。设立时效制度的意义在于不仅要保护交易安全,更要促进注重交易的快捷和效率,敦促人们尽快行使权利,否则便会丧失某种利益。有人认为时效制度的创设是公平和效率两种利益博弈的平衡,但从根本上应该说其意义主要在于推动效率方面,这是由时效制度的最根本本质属性所决定的,所以也有人认为诉讼时效的设立从某种意义上与生俱来就是与人类公平正义原则相违背的。

诉讼时效适用的主要范围是请求权,与除斥期间适用形成权有本质区别,请求权之外的支配权、形成权和抗辩权因其自身特点,不可能或者没有必要规定诉讼时效限制,但其中的形成权有除斥期间限制。但也有人认为,对某种特定债权以及支配权和抗辩权均同样适用或者存在时效问题。诉讼时效适用并非所有请求权,最明显的如基于人格、身份关系中特定人格、身份请求确认便不应受到诉讼时效期间的限制,否则不符合人类社会伦理。而对因人格、身份关系受到损害而产生的损害赔偿请求权,仍然属于债权请求权的范围,而且具有财产内容,仍然应适用诉讼时效。对物权请求权是否适用诉讼时效?理论上有肯定说、否定说和区别说之分,顾名思义很好理解。其中区分说总的意思就是将物权上涉及的具体的请求权作个划分,某些物权请求权内容适用诉讼时效,而某些物权内容则不适用诉讼时效。即认为物权当中的排除妨害、消除危险、物权确认请求权依其性质不适用诉讼时效,主要理由认为停止侵害、排除妨碍、消除危险请求权不论该行为是否延续或者停止,均没有必要规定诉讼时效限制。物权确认请求权也不适宜规定诉讼时效限制;但是与此相区别如果要求行使物权中具有给付性质的返还原物和恢复原状请求权则应受到诉讼时效的限制。这就如同对无效合同确认请求权多数人认为不应有诉讼时效限制,而对因无效合同导致的返还、赔偿责任等请求权则应有诉讼时效限制。但同时认为对返还原物和恢复原状适用诉讼时效的情形亦应加以区别,按照德国和我国台湾地区等大陆法系国家和地区普遍的做法,对已登记的不动产物权请求权不适用诉讼时效,而未登记请求权的不动产物权和动产物权则适用诉讼时效。这是因为登记的不动产具有公信力,所有权不会发生不确定以至于影响交易安全。大多学者同意区别说观点。那么,对于诉讼时效期间届满后的法律后果到底是什么?理论上和各国立法例亦有四种不同的观点和做法:(1)实体权利消灭主义,此种观点实质是将诉讼时效等同于消灭时效。日本民法典采用此立法例,其第167条规定:债权因10年间不行使而消灭;所有权以外的财产权,因20年间不行使而消灭。(2)诉讼权利消灭主义,但实体权利仍然存在。法国民法典采用此立法例,其第2262条规定,一切物权或债权的诉权,均经30年的时效而消灭。1922年《苏联民法典》第44条也规定起诉权逾法律规定之期间而消灭。(3)抗辩权发生主义,即当诉讼时效届满后,义务人仅取得拒绝履行的抗辩权,权利人的实体权利与诉权均不消灭,仍然可以行使,但可能受到义务人行使抗辩权的影响。德国民法典采用此立法例,其第222条第1款规定,消灭时效完成后,义务人有权拒绝给付。(4)胜诉权消灭主义,即认为在诉讼时效期间届满后当事人起诉权仍然存在,但起诉后不能胜诉,从而使债权无法真正获得法律强制保护,成为所谓自然债或者叫不受法律强制保护的裸体权利。此理论建立在苏联法学家顾尔维奇将诉权分为程序意义上的诉权和实体意义上诉权的二元诉权理论基础上,也为我国民法关于诉讼时效法律后果的正统理论。但是也有人认为,我国法律对诉讼时效的效力采取权利人丧失胜诉权和义务人取得时效抗辩权二者合一说,认为这是一个事物的两个方面。胜诉权消灭主义的合理性首先说明了诉讼时效届满后民事权利不能受到法律强制保护的原因,同时也阐释了诉讼时效届满后不能导致实体权利本身消灭,变成自然债的结果。但这种理论的缺陷在于逻辑上的自相矛盾,按道理胜诉权消灭产生于诉讼行为开始之前,但实际当中的胜诉权消灭必须是在诉讼程序开始以后在审理完毕之后才能真正确认,这是有悖逻辑的;同时,胜诉权是否一定是制度上权利,存在疑问,多数人认为它只是审判之后的一种可能性结果,并非严格意义上的制度权利。当然何为制度上的权利,也很难界定。此外,它也不能从文字上很严谨表明在执行程序中以及非诉案件中两样适用的是诉讼时效。最根本的问题还在于胜诉权的概念要求与诉讼时效适用不得由法官依职权主动审查援用精神相背离,因为实体意义上的胜诉权丧失与否,则必须由法官查明,否则无法判断诉讼的输赢胜败。对于诉讼时效期间届满后的四种法律后果的主张,各有利弊,实体权消灭主义,使得诉讼时效的效力过于僵硬,结果简单化,使得诉讼时效与消灭时效完全重叠。起诉权消灭说虽并未剥夺权利人的实体权利,但未经法官审理即以已过诉讼时效之由剥夺当事人实现主张的机会,本末倒置。胜诉权消灭主义,与诉讼中浓重职权主义色彩联系在一起,与民法自治强调当事人处分权的根本精神不相符合。抗辩权发生主义,避免了其他学说的种种弊端,比较符合时效制度根本属性和目的即不保护"在权利之上睡眠者"思想,体现私法自治的精神。同时,避免了对当事人各种权利保护不周延,体现民商事诉讼中的当事人主义。时效届满的后果是义务人取得拒绝给付的抗辩权,但对权利人不发生实体权利和诉权消灭问题。对诉讼时效届满后义务人自动履行行为也有了比较合理的缓冲,为大多国家和学者所推崇。王利明教授主编的《中国民法典草案建议稿及说明》第 234 条规定诉讼时效概念与效力也采用这样的观点。

抗辩权发生主义比胜诉权消灭主义更接近人类社会公平正义的伦理价值观,但抗辩权发生主义有必要对请求权的理论和立法进行概念调整,请求权不应随诉讼时效期间届满丧失,只是赋予与请求权相对抗的抗辩权强大到足以对抗请求权。抗辩权主义调和了时效原理与公平正义原则之间的矛盾冲突面,更接近法律所追求公平正义的目标。但是,也有人认为与采用抗辩权主义相配套应该建立真正的消灭时效制度,超过诉讼时效期间的权利通过债务人抗辩权方式变成不受法律保护的裸体权利,但实体权利并没有消灭,有的权利人可能会因此而误入歧途,既然公力无法救济,只有通过私力救济方式以实现公权力所不能救济的权利,这样会造成很多社会不稳定因素,不利于构建社会主义和谐社会整体目标。从事物的另一面来看,也就是有必要建立与消灭时效相对应的取得时效制度,譬如在司法实践中,借款合同超过诉讼时效,对贷款方因借款人抗辩不能追偿回借款合同项下本金和利息,对借款人而言就理所当然地取得了有关款项。先不论此是否公平,但这一来一去就牵涉到贷款人丧失了什么和借款人得到了什么,但是这两者各自法律依据何在?对贷款人丧失了借款合同项下什么权利,正如上面分析存在不同的理论,但是借款人得到了借款合同项下什么权利,这在我国现有法律规定找不到相应理论和依据的,我国民法通则只规定拾得物归所有人、无主物归国家,但没有明确规定超过诉讼时效而丧失胜诉权的对方当事人则获得相应争议财产或者利益。我国法律并没有规定取得时效制度,取得时效制度理论也只有在外国民法理论中才有,但实际做法中却承认了借款人的取得。这次颁布的物权法中也没有相关规定,但在人大法工委的民法典草案却有区分不动产和动产的取得时效制度的设计:不动产权利人不行使权利,致使诉讼时效期间届满的,占有他人财产经过 5 年,取得不动产的所有权。强调取得时效只有在诉讼时效期间届满后才能具有;没有用善意概念,因为心理状态很难有统一衡量标准。对此问题,也有人提出可以通过建立长期的诉讼时效期间的变通办法来在某种程度上解决实践中出现这样的问题,即通过对某种特定关系拉长我国现有二年诉讼时效规定到十年时间,在一定程度上能够避免对取得时效问题的纠缠,以维系较长的社会信用关系。如把借款合同中的返还本金及利息的请求权的时效扩大到十年;另外相类似的有人身伤害的损害赔偿请求权;基于所有权和他物权的返还请求权;基于劳动合同或者雇佣合同关系的工资报酬请求权;基于建筑物的买卖合同所有权和使用权的转让的请求权也都同样提出十年保护期间的建议。这不仅是个我国诉讼时效规定是否过短问题,更是诉讼时效届满后果及其意义的思考。

我国《民法通则》第 137 条规定:诉讼时效期间从知道或者应当知道权利被侵害时起计算。但是,从权利被侵害之日起超过二十年的,人民法院不予保护。有特殊情况的,人民法院可以延长诉讼时效期间。据此,我国法律在诉讼时效起算点上采取的是对各国立法例所采取的主观标准或者客观标准而所采取的一种折中主义的“被侵害说”,即主、客观兼容标准,在具体内容上不仅要在客观上有权利实际侵害的事实,同时还要有权利人在主观上知道其权利受到侵害的主观条件;在不能确定权利人是否知道的时候按照实际情况确定一个权利人是否应当知道的标准,而不完全按照权利人的主观感受来确定。对此有人认为对我国诉讼时效制度理论应当进行重新构建,在诉讼时效期间的起算点上要吸纳外国经验,采用“可行使论”,从而可以避免侵害论要对权利以及权利被侵害等概念进行定义,特别是对于未定期限的债权根本就不存在所谓被侵害的概念更是“侵害论”理论上缺陷,并列举了大陆法系多数国家民法典对诉讼时效期间的起算点规定自请求权发生之日起开始进行。如《德国民法典》第 198 条和修订后的《德国民法典》第 199 条,意即请求权一旦形成,不论权利人是否知道,都开始计算诉讼时效。但也有人认为,尽管请求权已经形成,仍然无法避免权利人因不知情而超过诉讼时效期间的情形。“被侵害说”的某些情况下,权利人是否知道其权利遭受损害,义务人很难举证,法官也难以查清事实,这就需要按照主客观相结合标准,采用一定的客观方式弥补主观标准的不确定性。例如,在违约之诉中应当从债务人违反合同之日开始计算,而不考虑权利人知道的因素。在合同对履行期限作出了明确约定情况下,合同一方在履行期到来以后不履行或者不完全履行合同,就应当视为另一方知道其违约,没有必要探究当事人真正何时知道对方违约的准确时间。

对于没有约定履行期限的,应当如何确定时效的起算点,有三种观点,一是认为应当从债权成立起开始计算;二是认为应当从权利人主张权利而义务人拒绝履行义务时开始计算;三是认为应当从债权人作出催告后,给予债务人的宽限期届满之时起开始计算。这是因为在合同当事人没有规定履行期限的时候,首先要确定履行期限才能确定是否构成违约,因为如果履行期限不确定则债务人不知道何时开始履行,谈不上违约的问题。关于履行期限的确定,我国《合同法》第 62 条规定,债权人随时有权要求债务人履行义务,债务人有权随时提出履行,但应当给对方合理的准备时间。债权人提出请求履行并给予对方必要的准备时间的,从该准备期限届满之日开始计算。如果在宽限期届满以后,债务人仍然不履行义务将构成违约,诉讼时效将从此时开始计算。

对于无效合同确认之诉应否受到诉讼时效的约束,有肯定说和否定说,理由是当事人主张合同无效的主要目的是追求无效合同的法律后果返还财产、赔偿损失,是一种债权请求权,应受时效的限制。反之如果不受,就会为不诚实人在事过境迁之后借口合同无效谋求不当利益大开方便之门;对此也有人认为应根据当事人主张合同无效是绝对无效还是相对无效而有所区分,绝对无效不受诉讼时效期间限制,而相对无效则应受时效的限制。这里绝对无效或者相对无效是相对于违反法律规范中禁止性条款还是管理性条款而定,而非指合同的全部无效或者部分无效。但多数人认为无效合同确认诉讼不应受到诉讼时效的约束,理由是认为既然认定合同无效,那是公权力干预结果,不应考虑合同经历的时间过程;其次是形成权性质决定必要规定诉讼时效。

黄金地勘基金和黄金开发基金借款合同纠纷案件所涉诉讼时效或中断事实是清楚的。湖北嘉鱼蛇屋山金矿案借款合同期限届满日分别是 1997 年 12 月 21 日和 1998 年 12 月,那么,相应的诉讼时效届满日应分别为 1999 年 12 月 21 日和 2000 年 12 月。在此期间,没有证据证明冶金部黄金管理局或者受托人中国建设银行湖北省直支行向债务人主张相应的债权或其他情形,从而引起诉讼时效中断、中止或者延长。中国黄金集团公司称冶金部黄金管理局当时每年都通过文件和下达贷款回收计划的方式向各省黄金局催要欠款应属法律规定的其他可以中断时效的情形,没有超出诉讼时效。这里牵涉到法律规定诉讼时效中断方式的理解问题,根据我国民法通则第一百四十条规定,“诉讼时效因提起诉讼、当事人一方提出要求或者同意履行义务而中断”,只是规定三种方式可以引起诉讼时效中断。从这三种方式来看,三种行为都必须发生在债权人与债务人之间才能起到权利主张的效果,如果双方或者单方不是债权人或者债务人本身,便不能起到权利主张的效果。

(二)对何种情况下属于未明确授权任何单位、个人经营管理的国家财产不受诉讼时效期间限制的理解

案件争议是否超过诉讼时效问题的关键在于如何确定借款合同诉讼时效的起算点和期间,而核心在于案件所涉黄金地质勘探资金和黄金开发基金直至 2003 年 7 月 2 日国家明确将此两项基金授权给黄金集团公司作为其资本金之前包括当初黄金局通过银行向借款人放贷,其财产权归属和性质问题,是否属于未授权给公民、法人经营管理的国家财产?中国黄金集团公司真正对该资金拥有所有权,应该从 2003 年 7 月 2 日财政部对黄金集团下发了《关于黄金生产开发基金和黄金地质勘探基金有关问题的通知》(〔2003〕272 号文)开始计算。现在的关键问题是此前冶金部黄金局能否成为财产权主体或者其对两项黄金到底承担什么样的财产责任?我国《民法通则》第 2 条规定,“中华人民共和国民法调整平等主体的公民之

间、法人之间、公民与法人之间的财产关系和人身关系”;第5条规定,“公民、法人和合法的民事权益受法律保护,任何组织和个人不得侵犯”。在其第3章法人第3节规定了机关法人、事业法人和社团法人。第50条规定,“有独立经费的机关从成立之日起,具有法人资格”。从中可以理解,机关法人理所当然地可以成为民事财产权的主体。但是案件所涉冶金部或者外贸部黄金局只是机关法人的内部的职能部门,应该不算机关法人。尽管它不能作为机关法人,它自身能否就完全排除了以自身身份行使某些权利、承担某些义务呢?国务院国函〔1994〕104号文件批准冶金部《黄金地质勘探资金管理暂行办法》第3条规定:“黄金地质勘探资金由冶金部黄金管理局负责管理……”但是,对此确实有个理解问题,这仅是一个形式问题,是个管理形式,应认为是冶金部黄金管理局在代行财政部某些权利,真正所有权和管理权均在财政部,直至2003年这个财产权才由财政部代表国家明确授权给中国黄金集团公司,从而作为它的资本金,直至此时中国黄金集团公司才有条件和权利义务主张权利。对此,从大的背景看经历了国家经济政策由计划的商品经济向市场经济转化的过程,就黄金地勘和开发基金使用方式的演变来看,经历了由计划经济条件下国家无偿拨付使用,到适应有计划的商品经济以及社会主义市场经济条件的改革需要,改变为有偿使用,其性质也发生了根本变化,即将原带有行政隶属色彩的拨款关系变为平等民事主体之间的借贷关系,但是这种性质的改变并不导致财产的所有权及其相应衍生权益归属发生改变。

(三)本案诉讼时效应如何计算

黄金地质勘探资金和黄金开发基金不论经历了计划拨款、后来通过银行委托贷款的“拨改贷”,或者由当时中国黄金总公司直接向企业发放贷款等方式,都是国家尝试向黄金企业支付款项的一种形式,是在摸索体制转变,对此不能认为产权即资金所有权明确无误就是黄金局的,总体上两项基金的所有权仍然是国家的,由财政部代表国家行使财产权。财政部有关文件也对此重申和确认。尽管当时款项性质和名称有所不同,有的叫投资,有的叫借款,但这个财产的所有权最终确定给中国黄金集团公司应当从2003年7月2日财政部下发了《关于黄金生产开发基金和黄金地质勘探基金有关问题的通知》开始计算,相应诉讼时效也应当从此时开始计算。

在此之前,黄金地勘基金或者黄金开发基金所有权并没有明确归属谁所有,也没有将用益物权明确授权给哪个单位,从这个意义上讲,可以认定属于未明确授权任何单位、个人进行经营的国有财产。虽然借款合同在其内容有规定偿还借款的期限,但不能以此作为确定诉讼时效期限。

(朱海年:《中国黄金集团公司及其下属企业向黄金生产开发基金和黄金地质勘探基金追偿债权的诉讼时效应当如何计算》)

【请示与答复】

最高人民法院对湖北省高级人民法院关于中国黄金集团公司与中国建设银行股份有限公司武汉省直支行等委托贷款合同纠纷一案如何适用法律问题的请示的答复

〔2006〕民二他字第51号　2007年2月16日

湖北省高级人民法院：

你院鄂高法〔2006〕548号《关于上诉人中国黄金集团公司与被上诉人中国建设银行股份有限公司武汉省直支行、湖北省嘉鱼县人民政府、嘉鱼黄金开发公司、湖北省嘉鱼蛇屋山金矿有限责任公司、嘉鱼县国有资产监督管理局委托贷款合同纠纷一案如何适用法律问题的请示》收悉。经研究，答复如下：

2002年11月6日国务院《关于组建中国黄金集团公司有关问题的批复》（国函〔2002〕102号）以及财政部2003年7月2日相应下发的《关于黄金生产开发基金和黄金地质勘探基金有关问题的通知》（财建〔2003〕272号），明确将原由国家投入的黄金生产开发基金和黄金地质勘探基金转为中国黄金集团公司的国家资本金，并附有占有该两项基金企业名单及数额明细表。上述两项基金授权给中国黄金集团公司经营管理的时间为财政部财建〔2003〕272号文件下发之日即2003年7月20日，因此，中国黄金集团公司及其下属企业对上述两项基金行使追偿权的诉讼时效应当自该日开始计算。

128. 诉讼时效中断事由的认定

【审判专论】

在民商事审判实务中，有严格限定和认定诉讼时效中断事由的倾向。尽管督促权利人行使权利是诉讼时效的一个目的，但其并非唯一目的，近年以来，倾向观点认为，诉讼时效制度的主要目的在于平衡当事人双方的利益，维护社会秩序，而非偏于限制权利人行使权利。诚实信用原则是私法领域的基本原则，债务人依法、依约履行债务是上述原则的根本要求，因此，对权利人权利的限制不能背离对权利人合法权利予以保护的民商法的基本原则，而且后者应优于前者，在可作出两种解释的情形，应作有利于债权人的解释，不能偏于督促权利人行使权利、对权利人进行限制的目的，而纵容债务人不履行债务甚至是恶意逃债的不诚信行为。诉讼时效中断制度设定的目的在于明确和维持权利，只要有证据证明有明确和维持权利的事由，就应认定诉讼时效中断。例如，如果权利人有主张权利的意思表示，且该意思表示到达或应到达义务人,就应当认定权利人主张了权利,诉讼时效中断。

(宋晓明、张雪楳:《诉讼时效制度适用中的疑难问题》)

129. 诉讼时效中断事由中"权利人主张权利"的认定

【审判专论】

关于权利人主张权利这一中断事由的判断标准,主要有两种观点。第一种观点采出发主义说,认为只要权利人向义务人作出主张权利的意思即可认定诉讼时效中断,该主张权利的意思无须到达义务人。第二种观点采到达说,认为导致诉讼时效中断,除具备债权人单方向义务人作出主张权利的意思这一要件外,还需具备该意思表示到达对方当事人的要件。理论和实务中,在相对人间以口头方式主张权利的情形下,认为应以相对人了解主张权利的意思为诉讼时效中断的认定要件,在采直接向义务人发送书面催收文书的情形下,则以该文书到达义务人作为认定时效中断的要件。当然,关于采用发送信件、数据电文等方式主张权利的情形,应采发出主义还是到达主义现存争议。司法实务中,我们实际已认可了发出主义,如一般认为,只要债权人有积极主张权利的内心意思表示以及行为(表意行为和送达行为),即使该主张权利的意思未实际到达债务人,但只要债权人有证据证明该地址为有效地址(曾有效发送相关邮件或者电子邮件,或者其系义务人所留),依正常发出方式该主张权利的意思应当到达债务人,就应该认定权利人向债务人积极主张了权利,诉讼时效中断。当然,如义务人有相反证据证明权利人主张权利的意思不能到达的情形除外。在目前司法实务中,义务人多在权利人直接向其送达主张权利文书时拒绝签收,导致权利人举证困难。而如果认可在采取邮寄或者发送数据电文方式主张权利的情形下,无论义务人是否实际收到该文书,只要有合理事由证明该文书应当到达就认定在发出之时诉讼时效期间中断,则有利于解决权利人主张权利举证难的问题。而且,在我国的一些民商事立法中,也有类似规定,如《专利法》第28条规定,国务院专利行政部门收到专利申请文件之日为申请日。如果申请文件是邮寄的,以寄出的邮戳日为申请日。

(张雪楳:《论诉讼时效中断》)

130. 银行委托他人催收行为可产生中断诉讼时效的效力

【地方审判】

实践中,一些银行基于风控流程和降低成本的目的,对信用卡债权催收由资产保全部门或打包委托给专门公司、律师事务所进行，造成向债务人发出催收通知的单位或部门有时并非提起诉讼的原告，此时能否认定催收通知的法律效果，并进而可以引起诉讼时效中断？我们认为，不管是银行内部保全部门还是外发公司或是律师事务所，具体实施催收行为，只要按银行名义进行的，则应认定催收函件的法律效果。

（广东省深圳市中级人民法院：《关于信用卡纠纷案件的调研报告》）

131. 政府部门履行经济管理职能的行为可产生中断诉讼时效的效力

【审判专论】

关于政府部门的行为在诉讼时效中断中的效力认定问题。依其性质和地位，相关政府部门履行相应的经济管理职能，如中国人民银行、银监会负责金融机构和相关金融事务的管理职能，各级政府负责本级政府所辖范围内的行政、经济事务的管理职能，发改委负责投资、价格等经济事务的管理职能。在民商事法律关系中，政府部门的行为分为三类：第一类是上述主体直接参与民事活动，成为民商事主体；第二类是上述主体不直接参与民商事活动，而是授权其他民商事主体从事民商事活动；第三类是上述主体不参与民商事活动，仅是依据其行政或者经济管理职能对相对人之间的纠纷进行调解。在从事第一类行为时，上述政府机关为民商事主体，其主张权利的行为当然具有诉讼时效中断的效力。在从事第二类行为时，上述主体所作出的主张权利的行为也应具有诉讼时效中断的效力。该情形最为典型的体现为在因拨改贷、贷改投行为而发生的民商事纠纷案件中，计委（后改为发改委）、财政部等相关政府主管部门对上述资金如何处理所作的相关政策性规定在诉讼时效制度中的效力认定问题。我国财政预算内投资基金的适用经过了一个发展、变换的历程。在20世纪70年代，基本建设经营性基金试行的是无偿拨款制度，后在80年代改为贷款制度，此为“拨改贷”。在拨改贷过程中，该基金的管理由国家和地方计委负责，其经办银行为建设银行，即由各级建设银行与用资人之间签订贷款合同，实行款项的有偿使用。在司法实务中，争议问题为国家或者省级计划部门下发的关于回收上述由基本建设经营性基金所转贷款的文件，能否作为债权人主张权利的证据。下面以建设银行某支行、某自来水公司、某电子仪器厂借款担保合同纠纷一案为例进行分析。某自来水公司使用的某省基本建设基金由省计委管理，后转为贷款由建设银行某支行作为贷款人与用资人自来水公司签订借款合同。某电子仪器厂为担保人。后根据《关于该省基本建设“拨改贷”投资划转建设总公司经营管理的通知》规定,该部分贷款由建行某省分行一并向建投总公司移交,建投总公司作为债权人委托建设银行某支行继续回收贷款本息。因某自来水公司到期未偿还款项,建设银行某支行遂诉至法院,要求债务人、担保人承担还款责任及担保责任。在审查是否具有诉讼时效中断事实时,关于省计划委员会单独或与中国建设银行某省分行联合下发的关于省基本建设经营性基金贷款会后计划的政府文件是否具有实施时效中断效力存在争议。我们认为,尽管本案的当事人并不包括省计委和省建行,但究其实质,省计委是该笔国家基本建设基金的实际管理者和受托人,因此,其为本案贷款真正权利人的受托人,尽管其在下发文件时是以政府的身份下发的,但由于其同时兼备公司的管理者以及真正权利人受托人的双重身份,故其作出的政府文件如有向义务人主张权利的意思表示,并有证据证明其发出并应当到达义务人的,则该政府文件应具有诉讼时效中断的效力。一般而言,在司法实务中相关政府文件载明的内容可能是要求对相关资金予以清理,要求义务人返还款项,也可以是写明其管理的所有款项及列明所有的义务人及使用资金数额,并有要求偿还资金的意思表示。在从事第三类行为时,由于政府部门居间调解,当事人双方均参加,权利人主张权利以及义务人承认义务的事实明确,故因此而形成的会议纪要、和解协议、还款计划等证据均能证明权利主张和义务承认的事实,故该政府行为具有诉讼时效中断的效力。

(张雪楳:《论诉讼时效中断》)

132. 撤诉有诉讼时效中断的效力

【审判专论】

起诉后撤诉的法律效力问题,取决于对撤诉性质的正确认定。根据我国《民事诉讼法》的规定,撤诉分为三种,即起诉后主动撤诉,起诉后因未交诉讼费而被视为撤诉以及起诉后被按撤诉处理。权利人撤诉是撤回诉权,放弃的是司法救济的请求,因此,民事诉讼法有"诉的撤回视为未起诉"的基本原理,权利人的撤诉与未起诉具有同样的法律效果,对请求权不产生任何影响,故诉讼时效不因曾有的起诉行为(因该起诉行为在被撤回后已不存在)而中断。但在起诉状副本已送达义务人的情形下,由于权利人主张权利的意思表示已到达义务人,故构成权利人向义务人主张权利这一诉讼时效中断事由,诉讼时效因此中断。简言之,起诉后撤诉的,起诉不具有诉讼时效中断的效力,但在起诉状副本已经到达义务人的情形除外。起诉状副本已经到达义务人的,诉讼时效期间从提起诉讼之时中断,从允许撤诉的裁定生效之日起重新起算。因和解撤诉的,诉讼时效期间从提起诉讼之时中断。义务人未按照约定的履行期限履行义务的,诉讼时效期间从履行期限届满之日起重新起算。这里应予指出的是,因起诉后撤诉行为而发生诉讼时效中断的效力不是一句"提起诉讼"这一中断事由的存在而是基于权利人向义务人主张权利这一中断事由的存在。

(张雪楳:《论诉讼时效中断》)

133."提起诉讼"导致诉讼时效期间中断的界定

【审判专论】一

提起诉讼为权利人采取请求公权力主体救济其权利的方式。我国《民法通则》第140条只规定了提起诉讼为诉讼时效中断的一种事由,但关于何为提起诉讼,未予明确界定,遂在司法实务中引发争论,目前争议观点主要有三种。第一种观点为法院受理说。第二种观点为起诉状副本送达义务人说。第三种观点为法院申请立案说。我们认为,如何认定权利人提起诉讼,关键在于如何正确认识该诉讼时效中断事由的设定目的以及请求权的性质。提起诉讼这一诉讼时效中断事由的设定目的在于权利人通过公权力机关寻求权利救济故应发生诉讼时效中断的效力。从民事诉讼法理论而言,法院进入实体审理系以诉具备的要件为前提,我们这里所指提起诉讼,当然也指符合《民事诉讼法》第119条规定的起诉要件的诉,从这一角度而言,似乎提起诉讼应以法院受理作为认定要件,但从诉讼时效中断制度侧重于保护权利人权利的角度分析,将诉讼时效的中断点认定在权利人向人民法院提交书面起诉状或者口头起诉之时,更有利于保护权利人的利益,如在提交书面起诉状或者口头起诉状之时尚未超过诉讼时效期间而在受理之时已届诉讼时效期间的情形或者在法院因政策性原因而作出中止立案的情形。因此只要权利人向法院提交起诉材料或者口头起诉,就应当认定其主张了权利,而无论法院是否进入受理和审理程序。该观点与第一种观点所持诉的两要素说并不矛盾,这里的提起诉讼是指提起合法的诉的情形,提起非法之诉,不予受理或者驳回起诉,一般不应发生诉讼时效中断的效力。请求权有两种含义:一种是作为实体法上的请求权;另一种是作为程序法上的请求权。当事人对自己权利的救济主要可采取公力救济和私力救济两种方式。权利人向义务人主张权利系其采取私力救济的方式,其根据的是实体法上请求权向义务人主张权利,其主张权利的相对认为义务人,故该意思表示一般应到达义务人。而提起诉讼系公力救济的方式,其主张的请求权为程序法上的请求权(当然其最终目的是实现实体法上的请求权),在该方式中,权利人的所谓相对人应针对法院而非义务人,因此,在权利人请求法院保护权利的意思表示到达法院时,该意思表示即生效,即应具有诉讼时效中断的效力,而不要去权利人的意思表示到达义务人才生效。

(张雪楳:《论诉讼时效中断》)

【审判专论】二

《诉讼时效规定》第12条规定,当事人一方向人民法院提交起诉状或者口头起诉的,诉讼时效从提交起诉状或者口头起诉之日起中断。有观点据此认为,只要当事人提起诉讼即导致诉讼时效中断,而无论起诉后是否撤诉、被裁定不予受理或者驳回起诉。我们认为,该观点有失绝对。《诉讼时效规定》第12条规定的意旨在于解决在认定"提起诉讼"这一诉讼时效中断事由时,如何界定诉讼时效中断点问题,并未表明,只要当事人提起诉讼,诉讼时效即当然因提起诉讼行为而中断,起诉具有诉讼时效中断的认定标准应是起诉行为足以证明权利人以提起诉讼的方式向适格义务主体主张权利的意思表示明确。详言之,在对该条进行理解时应注意以下两点:

第一,一般而言,权利人提起的诉应为符合我国《民事诉讼法》第119条规定的起诉要件或者特殊诉讼要件的合法之诉,或者虽未完全具备上述要件,但其具备的起诉要件已足以证明权利人以提起诉讼的方式向适格义务主体主张权利的意思表示明确。因此,在认定撤诉、不予受理或者被裁定驳回起诉时,均应以上述标准作为认定起诉是否具有诉讼时效中断的标准,而不能绝对地认定其具有诉讼时效中断的效力或者不具有诉讼时效中断的效力。举例言之,如:因原告非为与本案有直接利害关系的公民、法人和其他组织而被不予受理或者驳回起诉。由于原告并非适格的权利主体,故其起诉对于真正权利人与义务人之间的债权债务关系并不具有诉讼时效中断的效力。当然,如果事后真正的权利人对非权利人的起诉行为进行追认,授予其代为起诉,则非权利人的起诉行为因获得授权或被追认而具有诉讼时效中断的效力。再如:因不属于人民法院受理民事诉讼的范围或者受诉人民法院管辖而不予受理或驳回起诉。其涉及两个问题:其一,因不属于人民法院受理民事诉讼的范围而不予受理的,是否具有诉讼时效中断的效力。我们认为,其有两种情形,即该纠纷不是民事纠纷或者该纠纷虽属民事纠纷但不属于人民法院主管范畴。在纠纷并非民事纠纷的情形下,如为行政纠纷、为刑事纠纷,但向人民法院提起民事诉讼的,因其并非民事法律关系,更不存在民事权利的诉讼时效问题,因此,无所谓诉讼时效问题,更谈不上诉讼时效中断。在为民事纠纷,但法院无主管权利的情形下,则起诉应具有诉讼时效的效力。如在当事人约定以仲裁方式解决纠纷的情形下,基于"或裁或审"原则,人民法院不应受理该民事纠纷案件。但由于权利人请求具有裁决权的机关保护其民事权利的意思表示存在,且仲裁与诉讼具有同等解决纠纷的效力,故在该情形下,诉讼时效中断。其二,因不属于受诉人民法院管辖而不予受理的,是否具有诉讼时效中断的效力。我们认为,在原告仅诉错法院,而其提起的"诉"具备起诉的其他要件的情形下,由于其向法院请求保护其民事权利的意思表示明确,故尽管其诉错法院,其起诉行为也应具有诉讼时效中断的效力。

第二,这里的提起诉讼,不仅包括权利人提起民事诉讼的情形,也应包括权利人提起刑事附带民事诉讼的情形。此外,如果权利人为保护民事权利提起行政诉讼,即使提起的行政诉讼不被受理,但如果仅是其对案件性质认识错误,但主张的对象、事实理由均无错误,则也应认定其提起行政诉讼的行为对于民事权利具有诉讼时效中断的效力。

(张雪楳:《诉讼时效司法解释疑难问题阐释》)

134. 与提起诉讼具有同等诉讼时效中断效力的事项及其撤回对诉讼时效中断的影响

【审判专论】

一般而言,下列事项与提起诉讼具有同等诉讼时效中断的效力:(1)申请仲裁;(2)申请支付令;(3)申请破产、申请债权;(4)为主张权利而申请宣告义务人死亡或失踪;(5)申请诉前财产保全、诉前禁令等诉前措施;(6)申请强制执行;(7)在诉讼中主张抵销。在适用申请破产、申请债权的规定时应予注意的是,申请破产是指由债权人申请破产的情形;而申报债权是指债务人申请破产的情形。在适用为主张权利而申请宣告义务人失踪或死亡的规定时应予注意的是,根据《民事诉讼法》第183条、第184条的规定,有权申请宣告失踪或者死亡的被宣告失踪或者死亡人的利害关系人,而该利害关系人作出申请不一定是为主张权利,因此,这里强调了是申请人为主张权利而申请宣告失踪或者死亡。在适用申请强制执行规定时,根据《民事诉讼法》第224条以及其司法解释第256条的规定,可以申请强制执行的文书包括发生法律效力的民事判决、裁定、刑事判决、裁定中的财产部分,仲裁裁决书、公证债权文书。关于对公证债权文书申请强制执行,可发生诉讼时效中断效力,现无异议。关于法院生效裁判文书、仲裁裁决书确认的债权申请强制执行是否具有诉讼时效中断效力问题,存在争议。我们认为,关于法院生效判决确定后的债权能否适用诉讼时效制度,取决于对诉讼时效效力以及执行期限的正确认识。诉讼时效的效力在于在诉讼时效期间内,债权人的债权受法院强制力保护,该法院强制力保护,既包括法院进行裁判,也包括判决后法院予以强制执行,因此,生效法院判决文书所确定的债权也应适用时效期间的规定。

在适用在诉讼中主张抵销规定时应予注意的是,这里所谓抵销具有诉讼时效中断的效力,不是指据以提起诉讼的债权债务关系,而是指债务人据以进行抵销的债权债务关系,即主动债权,该主动债权因债务人在诉讼中提出抵销而具有诉讼时效中断的效力。

上述情形中权利人撤回申请或者主张的,申请或者主张不具有诉讼时效中断的效力,但主张权利的意思表示已经到达义务人的情形除外。在申请诉前财产保全、诉前禁令等诉前措施后未定法定期间提起诉讼的,应视为权利人撤回其上述申请,上述申请不发生法律效力,故不具有诉讼时效中断的效力,但该主张权利的意思表示已到达义务人的情形除外。

(张雪楳:《论诉讼时效中断》)

135. 义务人同意履行义务可导致诉讼时效中断

【审判专论】

我国《民法通则》第140条规定了义务人同意履行义务为诉讼时效中断的事由。所谓义务人同意履行义务,是指义务人承认并同意履行义务。之所以规定义务人承认即导致诉讼时效中断,是因为义务人向权利人承认义务,推翻了原诉讼时效进行的事实基础,使债权得以明确和维持,故无须权利人再通过其他方式明确和维持权利。而且,该义务人主动向债权人承认债权的行为也使权利人产生合理信赖,其认为无须以其他方式明确和维持权利即可发生诉讼时效中断的效力,此情形下,权利人不主张权利不应视为其怠于行使权利。具体到承认而言,其并非以承认者内心有诉讼时效中断的效果意思为必要,而其之所以发生诉讼时效中断的效力,系基于法律的直接规定。我们认为,在承认的情形下,即可发生诉讼时效中断的效力,而不必要求义务人还需有同意履行义务的意思。这样规定有利于保护权利人利益,也可对司法实务中,义务人在确认单、询证函上签字或者盖章即可认定诉讼时效中断进行合理的解释。

一般而言,义务人承认的主体,应为义务人本人或被授权主体,如义务人以及其财产保管人、监护人、代理人等。义务人承认既可采明示方式也可采默示方式。在司法实务中较常见的有义务人作出延期履行、分期履行、部分履行、支付利息、提供担保、制定清偿债务计划等承诺或者行为。

(张雪楳:《论诉讼时效中断》)

136. 债权转让的，债权转让通知到达债务人之日起诉讼时效中断效力

【审判专论】

在债权转让情形下，债权人向债务人发出债权转让通知的，符合诉讼时效中断制度明确和维持权利存在的要件，应具有诉讼时效中断的效力。“债权的移转或者债务的移转本身即包含请求的意思，可以考虑引起中断。”当然，严格地说，从学理上分析，债权转让通知仅属观念通知而非意思表示，如果其仅告知债务人债权转让的事实而无主张权利的意思表示的，一概认定其具有诉讼时效中断的效力，恐显绝对。因此，在认定债权转让通知具有诉讼时效中断效力时，如果其系因构成“当事人一方提出要求”这一诉讼时效中断事由而中断时效的，则应具备能够从通知事实中推出权利人有主张权利的意思表示这一要件。如果不能从通知事实中推出权利人有主张权利的意思表示，但义务人在通知上签字或者盖章的，也可应认定义务人承认债务，也应具有诉讼时效中断的效力。

（张雪楳：《论诉讼时效中断》）

137. 债务承担情形下，诉讼时效从债务承担意思表示到达债权人之日起中断

【审判专论】

第一，债务转移情形下，由于系原债务人和新的债务人向权利人同意履行义务，故其发生诉讼时效中断效力的事由为义务人同意履行义务，因此，该款规定，应构成“原债务人对债务承认”。在何种情形下，构成“原债务人对债务承认”呢，应注意区别债务承担的不同种类而进行适用。依原债务人是否退出债权债务关系，债务承担可以分为债务转移和债务加入两种情形。

在债务转移情形下，我国《合同法》第84条规定，债务人将合同的义务全部或者部分转移给第三人的，应当经债权人同意，即应遵循“债权人同意主义规则”。因此，“债务转移”，在征得债权人同意的过程中，无论是原债务人还是新债务人均对所负债务予以了确认，同意履行债务，故应认定诉讼时效期间中断。

在债务加入情形下，如系原债务人与债务承担人或者债务承担人、原债务人、债权人签订债务承担协议，则因为足以认定原债务人向债权人作出履行债务

的意思表示,故应认定诉讼时效中断。但在债务加入人与债权人签订债务承担协议、原债务人不知情的情形下,能否对原债务人发生诉讼时效中断的效力,尚存争议。第一种观点认为,应具有诉讼时效中断的效力。因为债务承担人承担的是原债务,根据债的同一性原理,债务加入人向权利人承认债务,原债务诉讼时效中断,该诉讼时效中断的效力应及于原债务人。而且,无论原债务人是否知道新债务人加入,但其并未否定债务的真实存在。第二种观点认为,不应具有诉讼时效中断的效力。因为债务加入人并非原债务人,其不能代替原债务人放弃诉讼时效利益。因此,在原债务人不知债务加入、未承认原债务的情形下,原债务人并无向债权人承认债务的意思表示,故债务加入人对原债务的承认的这里不能当然及于原债务人。否则,在债权人与债务加入人签订债务承担协议的情形下,如果原债务将届诉讼时效期间,可能存在债权人与债务加入人恶意串通,签订原债务人并不知晓的债务加入协议而使原债务的诉讼时效期间因债务加入人的加入而中断,损害原债务人的诉讼时效利益的问题。司法解释采纳了第二种观点。

第二,义务人承认债务的意思表示到达或者应当到达权利人时诉讼时效才中断。至于该意思表示是由原债务人向原债权人作出,还是债务加入人向原债权人作出,还是两者共同向原债权人作出,则依个案而定。在新债务人向原债权人作出情形下,该行为应为债务加入人代表原债务人为意思表示的行为。

(最高人民法院诉讼时效司法解释工作小组:《诉讼时效司法解释调研综述》)

138. 刑事报案或者控告具有诉讼时效中断效力

【审判专论】

我们认为,刑事犯罪行为因其侵害的社会关系的不同,其客体可分为直接客体、同类客体和一般客体。对于作为被害人的权利人而言,公安机关、人民检察院对上述犯罪行为的侦查行为,人民法院对上述犯罪行为的审理行为,是其代表国家对损害社会利益的行为主张权利,同时,也可以视为其代表被害人(权利人)向犯罪嫌疑人(义务人)主张权利。当然,其前提是公安机关、人民检察院对上述犯罪行为的侦查,来源于当事人一方对犯罪嫌疑线索的报案或者控告或者当事人一方已经知道或者其民事权利受到侵害。报案或者控告行为本身意味着,被害人(权利人)公安机关、人民检察院、人民法院等国家司法权机关采用公权利在侦查犯罪的同时保护其民事权利。如《刑事诉讼法》第84条即规定,被害人对侵犯其人身、财产权利的犯罪事实或者犯罪嫌疑人,有权向公安机关、人民检察院或者人民法院报案或者控告。因此，其报案、请求公权力机关保护其民事权利的意思表示明确，该意思表示应在到达或者应当到达公权力机关时即发生法律效力。因此，权利人向公安机关、人民检察院、人民法院报案或者控告，请求保护其民事权利的，诉讼时效从其报案或者控告之日起中断。

（张雪楳：《诉讼时效司法解释疑难问题阐释》）

139. 诉讼时效中止事由中“其他障碍”的认定

【审判专论】

诉讼时效中止，是指在诉讼时效期间进行中的特定阶段，因一定的法定事由的发生而使权利人无法行使请求权，诉讼时效期间暂时停止计算。由此定义可见，诉讼时效中止必须有法定事由的存在。

我国《民法通则》第139条规定：“在诉讼时效期间的最后六个月内，因不可抗力或者其他障碍不能行使请求权的，诉讼时效中止。从中止时效的原因消除之日起，诉讼时效期间继续计算。”不可抗力为不能预见、不能避免和不能克服的客观情况，包括自然灾害（如地震、洪水、台风）和人的活动（如战争、罢工）。发生不可抗力时，即使权利人主观上要求主张或行使权利（不只是行使权利），但由于司法机关无法正常运转，义务人下落不明等原因，权利人客观上无法或不便在诉讼时效期间行使请求权，法律将此作为诉讼时效中止的事由。不可抗力的事由有可能发生在义务人身上，也可能发生在权利人身上。应当注意的是，如果虽有不可抗力事由发生，但该事由并不影响权利人行使权利的，即未造成权利人不能主张权利或者提起诉讼的，则不属于诉讼时效中止的法定事由。还需要特别说明的是，这里的行使权利是指行使请求权，亦即权利主张，而不是权利实现。

其他障碍属于概括性规定。但何为“其他障碍”，什么样的事由构成“其他障碍”范围内的法定事由，《民法通则》中没有规定，在审判实践中亦存在混乱。有鉴于此，2009年《诉讼时效规定》第20条对《民法通则》第139条的“其他障碍”作出了进一步解释。

（1）权利被侵害的无民事行为能力人、限制民事行为能力人没有法定代理人，或者法定代理人死亡、丧失代理权、丧失行为能力。根据法律规定，无行为能力人由其法定代理人代理进行民事活动，限制行为能力人可进行与其年龄或智力水平相适应的法律行为。除此之外，应由其法定代表人代理进行或者经法定代表人许可后方可进行。在权利人为无民事行为能力人或限制民事行为能力人的情形下，要求他们自己行使权利或者为中断时效行为（向义务人主张权利或提起诉讼）是相当困难的,甚至不可能。因此,在法定代理人确定之前,应当使诉讼时效中止计算。在法定代理人死亡、法定代理人丧失代理权或者丧失行为能力,无民事行为能力人和限制民事行为能力人回复至无法定代理人的状态下,亦然。需要说明的是,限制行为能力人如果具备与其智力发展水平相适应的行为能力,能够向义务人主张权利或者提起诉讼,没有法定代理人的情形则不应当成为诉讼时效中止的事由。

(2)继承开始后未确定继承人或者遗产管理人。根据法律规定,继承开始,即意味着被继承人死亡。当继承人或遗产管理人尚未确定时,被继承人生前的权利无法行使,被继承人的债权人亦因无请求或起诉的相对人,或者不知道相对人为谁,而无法主张权利或提起诉讼,以导致诉讼时效中断。该情形属于客观上难以行使权利的事由,应当构成诉讼时效中止的事由。

(3)权利人被义务人或者其他人控制无法主张权利。权利人被义务人或者其他人控制,无法向义务人主张权利或提起诉讼,多见于权利人与义务人之间存在某种特殊的关系的场合。此种情形下,如果诉讼时效期间继续计算,会对权利人产生不公平的结果。对此,司法解释没有给予具体列举,审判实践中主要包括以下情形:

①义务人与权利人之间存在代表与被代表的关系,即义务人是权利人的法定代表人。在该情形下,义务人为权利人的意思表示机关,权利人的意思被义务人控制,权利人主张权利的意思表示必须由义务人或义务人授权方能进行,在义务人不代表权利人也不授权他人代理权利人作出行使权利或主张权利等意思表示时,权利人在客观上无法行使权利。从另一角度讲,义务人与权利人之间不存在平等关系,法定代表人集义务人与权利人于一身,不可能让自己向自己主张权利或者自己起诉自己的情形发生。需要强调的是,该情形只应存在于法定代表人在任期间,其控制权利人的意志,导致诉讼时效中止。

②权利人系义务人的控股子公司。公司即法人之间虽然根据法律的规定为独立的民事主体,但根据《公司法》的规则,公司的控股股东可以控制公司的经营行为。如果义务人为公司的控股股东,即可以控制权利人的经营管理和意志,在其不同意权利人为主张权利的行为时,权利人客观上无法主张权利。

③义务人与权利人之间存在监护与被监护关系。监护是对未成年人和精神病人的人身、财产及其他合法权益进行监督和保护的民事法律制度。由于被监护人的年龄和智力水平所限,其民事权利由监护人代为行使,当监护人与被监护人之间存在权利义务关系时,要求被监护人对监护人行使权利是不可能的,或者说要求监护人代表被监护人利益对自己主张权利,也是不现实的。因此,在监护关系存续期间,权利人的意志被义务人控制不能主张权利,应属于诉讼时效中止的事由。

④权利人被义务人或者其他人限制人身自由。权利人被义务人或他人非法控制,丧失人身自由,是无法主张或委托他人主张权利或提起诉讼的,此种情形应属

于诉讼时效中止的事由。但在刑事诉讼程序过程中,一般而言,尽管权利人被采取刑事强制措施等,仍可依法委托代理人主张权利,此种情况不应属于诉讼时效中止的事由。

在我国,对于当事人双方具有婚姻关系,能否作为诉讼时效中止事由的问题存有争议。有观点认为,从我国亲亲相隐的法律传统考虑,应当允许此种情况作为诉讼时效中止的事由。因为在婚姻关系存续期间,一方若要向他方为主张权利或提起诉讼等中断时效行为定有顾虑,而在双方互相信赖之时,又往往忽略了权利的行使。也有观点认为,夫妻关系的存在并非导致当事人一方不能行使权利的客观障碍,当事人只是由于夫妻关系的存在不愿主张权利,并非不能主张权利,因此仅以夫妻关系的存在即认定诉讼时效中止有失妥当。笔者同意后一种意见。因为我国《民法通则》和《诉讼时效》规定的是当发生某种客观障碍导致权利人客观上不能行使请求权时,诉讼时效中止,婚姻关系的存在并不在客观上必然导致权利人无法行使权力。同理,监护关系也不应当构成作为监护人的权利人向被监护人权利主张的中止事由。

(4)"其他导致权利人不能主张权利的客观情形"也属于诉讼时效中止的事由,必须具备以下要件:

①发生了客观障碍事由,该事由可能发生在权利人身上,也可能发生在义务人身上;

②客观上阻止权利人主张权利,即并非权利人主观上不想、不愿主张权利,而是客观上无法或不能主张权利;

③主体指权利人而言,义务人发生了客观事由,并不必然导致权利人不能主张权利;

④是主张权利不能,而不是实现权利不能。

当然,客观事由还要发生在诉讼时效期间届满前六个月。

(刘竹梅:《民事诉讼时效中止事由之探析》)

140. 诉讼时效中止、中断、延长的证据认定标准

【审判专论】

有观点认为,在制定诉讼时效司法解释时,应注意把握确立诉讼时效制度的价值取向,在此基础上明确认定诉讼时效中止、中断、延长的标准。诉讼时效制度的价值体现为公平与效率价值的平衡,其设定目的在于对债权人债权和义务人抗辩权的平衡保护。在对诉讼时效中止、中断证据的认定上应基于社会正当伦理对证

据进行审查。应设定宽松的认定标准,不要求证据充分、明确,只要具有合理性即可。在无相反证据足以推翻的情况下,对瑕疵证据也应采信。

(最高人民法院诉讼时效司法解释工作小组:《诉讼时效司法解释调研综述》)

第四节　诉讼时效抗辩权的行使与放弃

141. 放弃诉讼时效抗辩权属于放弃诉讼时效利益

【审判专论】

诉讼时效利益是指因诉讼时效期间的存在、经过、届满,当事人及第三人享有的利益,该利益既包括诉讼时效期间开始前的利益、诉讼时效期间进行中的利益也包括诉讼时效期间届满后的利益。因诉讼时效制度的法定性以及基于保护处于弱势地位的义务人的考虑,在诉讼时效完成之前,各国法律均规定,当事人不得预先放弃诉讼时效利益。对于义务人而言,在诉讼时效期间开始前,其得因诉讼时效制度而享有在诉讼时效期间完成后取得抗辩权的预期利益。在诉讼时效期间进行中,其享有因诉讼时效期间经过而产生的利益,即若之后不发生诉讼时效中断事由,诉讼时效期间可以继续进行而届满。诉讼时效期间届满后,其享有诉讼时效抗辩权,享有拒绝履行义务的利益,该利益的放弃被称为诉讼时效利益的事后放弃,也有学者将其称为诉讼时效利益的事后抛弃。由此可见,诉讼时效利益的事后放弃实质为义务人放弃诉讼时效抗辩权。诉讼时效利益的放弃包括但不限于诉讼时效利益的事后放弃,放弃诉讼时效利益的内涵及外延均大于诉讼时效抗辩权。

(张雪楳:《论诉讼时效抗辩权的放弃》)

142. 放弃诉讼时效抗辩权的构成要件及其法律后果

【审判专论】

第一,放弃权利的主体需具有权利能力、行为能力和处分能力。因放弃诉讼时效抗辩权系对权利的处分,故放弃权利的主体需具有权利能力、行为能力和处分能力。在司法实务中,作出放弃诉讼时效抗辩权意思表示的主体可能是有权主体也能是无权主体,权利人及其授权主体为有权主体,而非权利人或者非其授权主体为非权利主体。如法人的保安、销售人员未经授权即以公司的名义在催收债权通知书上签字为无权行为,不应认定为法人放弃诉讼时效抗辩权。自然人的好友未经授权就代为承诺义务人将履行诉讼时效期间已过的债务也不应认定义务人放弃诉讼时效抗辩权等。

第二,放弃诉讼时效抗辩权应向权利人作出,但不以权利人同意作为生效要件。从性质上而言,放弃诉讼时效抗辩权的行为是意思表示行为。因该行为系有相对人的意思表示行为,故其应对相对人作出,"惟是抛弃,系有相对人一方的意思表示,应向权利人为之,方生效力"。但由于放弃诉讼时效抗辩权的行为为义务人的单方处分行为,故无须相对人同意。放弃诉讼时效抗辩权的行为对权利人实为增益行为,故不以其同意和接受为生效要件不会对其利益作出损害。当然,尽管我们说放弃诉讼时效抗辩权为义务人的单方行为,不以权利人同意作为生效要件,但在司法实务中,也存在当事人双方以企业行为放弃诉讼时效抗辩权的情形,举轻以明重,在义务人单方放弃诉讼时效抗辩权时我们尚且确认其有效性,那么,在当事人双方以契约的方式放弃诉讼时效抗辩权时我们也应确认其有效性。

第三,放弃诉讼时效抗辩权需以权利人知道其享有权利为要件。因放弃诉讼时效抗辩权的行为为意思表示行为,即义务人需有放弃权利的意思表示,因此,放弃诉讼时效抗辩权需以义务人知道诉讼时效完成及其享有权利作为要件。如果义务人不知道诉讼时效完成及其享有诉讼时效抗辩权,则不能认定其放弃诉讼时效抗辩权。"依德国最高法院之见解,必义务人知悉时效已经完成,而抛弃者,视为有效。"

第四,放弃诉讼时效抗辩权可以采取明示或者默示方式两种方式。明示方式是指以口头、书面、当事人了解的某种符号或其他社会公众通用的表意方式进行表达或表示的方式,他人通过该表示可直接了解表意人的意思表示。默示方式是指非以社会习用方法为表达或表示,他人根据具体情况才能推知外观意思的情形,因此又被称为"意思证明"。默示的意思表示所采用的表达方法可以是沉默加行动,特殊情况下也可以是单纯沉默,其中依行动的模式又称为积极默示、意思实现,我国的《民法通则》《合同法》均明确规定了该种意思表示的效力。一般而言,认定义务人以行为的方式放弃诉讼时效抗辩权的情况主要有:义务人全部或者部分履行诉讼时效期间已过的债务,为诉讼时效期间已过的债务提供担保,委托他人履行诉讼时效期间已过的债务,将自己未过诉讼时效期间的债权与权利人已过诉讼时效期间的债权抵销,请求延期履行、进行和解等。单纯的沉默一般被认为没有意思表示。究其实质,对沉默意思表示的认定体现了对社会交易安全、第三人信赖利益的保护以及对当事人间利益平衡,因此,只有在法律有直接规定或者当事人有事先约定的情况下,才可以将沉默视为意思表示的方式。在司法实务中,关于义务人以沉默的方式不行使诉讼时效抗辩权能否认定其放弃诉讼时效抗辩权,存在争议。我们认为,由于诉讼时效抗辩权的行使与否关系到权利人权利的保护以及社会交易秩序的稳定,故我们应为诉讼时效抗辩权的行使设定一个期间。在该期间内如不行使权利,则不能再行使该权利。但在该期间完成之前,义务人不行使诉讼时效抗辩权,不能认定其放弃诉讼时效抗辩权。

除上述四个要件外,关于义务人放弃诉讼时效抗辩权是以承认原债务的存在作为要件还是以同意履行原债务为要件,存在争议。有观点认为,应以承认原债务存在作为要件。只要义务人承认原债务存在,就应认定放弃诉讼时效抗辩权,以利于保护权利人利益和维护诚实信用这一民法基本原则。我们对此持有异议,认为应以义务人同意履行原债务作为放弃诉讼时效抗辩权的要件。理由在于:从放弃诉讼时效抗辩权制度的价值取向进行分析,该制度是对义务人进行保护的制度。由于诉讼时效期间完成,义务人已享有权利,故对诉讼时效抗辩权的放弃实质为对使义务人重新负担债务行为的认定,对于权利的丧失和放弃的认定条件应相对严格,在义务人已取得权利的情形下,应作偏重于义务人的理解,以实现权利人与义务人之间的利益平衡。从诉讼时效抗辩权的内涵进行分析,诉讼时效期间届满,义务人享有诉讼时效抗辩权,即享有拒绝给付的权利。因此,只有在同意履行诉讼时效期间已过的债务,即同意给付的情形下,才应认定其放弃诉讼时效抗辩权。

放弃诉讼时效抗辩权的法律后果是:诉讼时效期间视为未届满,义务人不能再行使诉讼时效抗辩权拒绝给付,债务从自然债务转为完全债务。诉讼时效期间从义务人放弃诉讼时效抗辩权之日起重新计算。如果义务人约定了新的还款期限而其未依约履行义务的,则诉讼时效期间从还款期限届满之日起重新起算。

(张雪楳:《论诉讼时效抗辩权的放弃》)

143. 被告未以诉讼时效为由提出抗辩时法院的处理

【地方审判】

当事人未以超过诉讼时效期间为由提出抗辩的,法院不主动对诉讼时效问题进行审查。

当事人在一审中未以诉讼时效为由提出抗辩,而在二审中以超过诉讼时效期间为由提出上诉请求的,二审法院不应予以支持。

[《北京市高级人民法院审理民商事案件若干问题的解答之五(试行)》]

此问题争议比较大。一种意见认为,我国民事法律关于时效的规定比较短,对权利人的保护不够。法院应主动进行审查。另一种意见认为,时效问题与当事人的实体利益息息相关,是一种抗辩权,需基于当事人的提起才产生权利消灭的法律后果。我们选择了第二种意见。

[关于《北京市高级人民法院审理民商事案件若干问题的解答之五(试行)》的说明]

144. 实务中义务人承诺履行义务的行为是否具有放弃诉讼时效抗辩权的内心效力意思的认定

【审判专论】

由于内心的效力意思需依赖行为而外化为意思表示,而意思与表示常存在不一致性,如存在有无真意的意思表示或者反真意的意思表示,因此,在司法实务中,如何认定义务人承诺履行义务的行为系具有放弃诉讼时效抗辩权的内心效力意思,是我们应注意解决的问题。一般而言,判定法律行为是否依其表达的意思的内容发生效力,有三种学说,即意思主义、表示主义和折中主义。意思主义认为,内心效力意思为认定法律行为效力的要件,表示本身不能作为认定法律行为效力的要件。其目的在于保护表意人的私意。表示主义认为,无论表意人的内心效力意思为何,只要其有表示行为,则应认定其效力。其目的在于保护交易安全。折中主义认为,判断法律行为的效力,应结合内心效力意思和外在表示进行认定,而不应绝对采取任一要件。应当说,折中说注重平衡保护表意人的私意和交易安全的公益,是较为科学的。具体到诉讼时效抗辩权主观要件的认定上,我们认为,应采折中主义,并偏重于表示主义行为,以实现其协调保护公益和私益的意旨,即在司法实务中,如果义务人同意履行诉讼时效期间已过债务的承诺,一般可据此推定其具有放弃诉讼时效抗辩权的法律效力意思。但由于上述情形下,确实存在义务人不知道诉讼时效期间已过的事实情形下作出上述承诺的情形,简言之,其并无放弃上述时效抗辩权的内心效力意思,存在内心效力意思与法律效力意思不一致的情形,如果一概认定只要义务人有前述行为即应推定其放弃诉讼时效抗辩权,有违放弃诉讼时效抗辩权的根本法理。因此,如果在义务人作出前述承诺后,确有证据证明其无放弃诉讼时效抗辩权的内心效力意思,则不能认定义务人放弃诉讼时效抗辩权。这符合推定的意思表示可以以反证予以推翻的基本原理。这样认定,便于司法实务操作,也并不违背义务人的真意,未加重其法律责任,因为在其作出上述行为之时,对承担债务已有心理预期。这样规定,也有利于促进义务人基于诚实信用原则履行债务、保护债权人权利。

(张雪楳:《论诉讼时效抗辩权的放弃》)

145. 义务人同意履行已过诉讼时效期间的义务但以减免部分债务为条件的,不认定其放弃诉讼时效抗辩权

【审判专论】

司法实务中,存在义务人明确表示同意履行诉讼时效期间已过的义务,但以减免部分债务作为条件的情形。在该情形下,如果当事人双方未对减免债务达成一致意见,能否认为义务人放弃了其同意履行的部分债务的诉讼时效抗辩权呢?有观点认为,既然义务人表示其同意履行诉讼时效期间已过的部分债务,则应认定其放弃了该部分债务的诉讼时效抗辩权。我们认为,在这种情形下,应认定义务人放弃诉讼时效抗辩权为附条件行为,其以减免部分债务作为其放弃剩余债务诉讼时效抗辩权的条件,因当事人就减免债务未达成一致,义务人履行诉讼时效期间已过债务的条件并未成就,故不能认定其放弃诉讼时效抗辩权。

(张雪楳:《论诉讼时效抗辩权的放弃》)

146. 放弃诉讼时效抗辩权与义务人自愿履行的区别

【审判专论】

诉讼时效期间届满,义务人享有诉讼时效抗辩权,得拒绝履行义务。在义务人提出诉讼时效抗辩的情形下,债务成为自然债务,法院对权利人的权利不予保护。但义务人放弃诉讼时效抗辩权的,自然债务恢复法院保护的强制力,成为完全债务。

所谓义务人自愿履行,是指诉讼时效期间届满,义务人不知诉讼时效期间已过的事实而自愿履行债务后,其不得以不知诉讼时效期间已过为由请求撤销该履行行为。

义务人自愿履行行为与放弃诉讼时效抗辩权的不同主要表现在两个方面:

(1)义务人自愿履行不以义务人知道或者应当知道诉讼时效期间已过的事实为要件;而放弃诉讼时效抗辩权以义务人知道或者应当知道诉讼时效期间已过的事实为要件。

(2)义务人自愿履行为实践行为,而放弃诉讼时效抗辩权非实践行为。

在司法实务中,由于未能正确区分义务人自愿履行行为与放弃诉讼时效抗辩权,曾有关于放弃诉讼时效抗辩权为实践行为的错误认识,故司法解释对两制度进行了区别规定。

(宋晓明、刘竹梅、张雪楳:《〈最高人民法院关于审理民事案件适用诉讼时效制度若干问题的决定〉的理解与适用》)

147. 债务人单方承诺履行诉讼时效期间已过债务后反悔的，债务仍恢复强制执行力

【审判专论】

关于该问题的认定，主要取决于义务人单方承诺履行诉讼时效期间已过债务的效力认定问题。正如前文所述，诉讼时效期间届满，债权债务关系仍然存在，只是由于抗辩权的行使，法院不再对权利人的债权予以保护，债权不具有强制执行力而已。而放弃诉讼时效抗辩权系单方法律行为，由于义务人的单方承诺即可发生效力，即可认定义务人放弃诉讼时效抗辩权，使原不具有强制执行力的债务恢复了强制执行力，成为效力圆满的债务，因此，该债务具有可强制执行性。由于承诺已发生效力，故义务人有效承诺后反悔的，人民法院不应予以支持。

（张雪楳：《论诉讼时效抗辩权的放弃》）

148. 对超过诉讼时效期间的债务，债务人书面承认但只同意偿还部分债务的，应认定债务人放弃部分债权的诉讼时效抗辩权

【审判专论】

关于该问题，有观点认为，应认定债务人放弃全部债务的诉讼时效抗辩权。理由在于：债务人书面承认全部欠款数额，是对欠款事实的确认，尽管只同意履行部分债务，但在该情形下，只要义务人认可了义务，则从保护权利人权利的角度考虑，应认定同意履行部分义务的现有事实状态已推翻原全部债务已过诉讼时效期间的状态，因此，应当视为其对原债务的重新确认。我们认为，应认定债务人放弃部分债权的诉讼时效抗辩权。理由在于：判定义务人是否放弃诉讼时效抗辩权，应以其同意履行义务作为要件而非其承认义务的存在作为要件。我国《民法通则》第 40 条及相关解释将义务人同意履行义务作为诉讼时效中断的事由，而非义务人承认作为诉讼时效中断的事由。依当然解释，举轻以明重，在放弃诉讼时效抗辩权的情形下，以义务人同意履行已过诉讼时效期间的债务，而非承认作为判定义务人是否放弃所属诉讼时效抗辩权的要件更符合法理。讨论问题所及，债务人只同意偿还部分债务，故应认定债务人放弃部分债务的诉讼时

效抗辩权。

(张雪楳:《论诉讼时效抗辩权的放弃》)

149. 义务人自愿履行部分诉讼时效期间届满的债务不能直接认定其放弃诉讼时效抗辩权

【审判专论】

我们认为,应区分情形进行分析。在义务人自愿履行部分债务且其有证据证明其不知诉讼时效完成的事实而为部分履行的,则不能认定义务人放弃部分或者全部债务的诉讼时效抗辩权。只能根据义务人自愿履行法理,认定义务人不能请求返还对部分债务所为的给付,但其可拒绝义务人关于继续履行剩余债务的请求。因此,在此情形下,权利人要求义务人履行全部债务,人民法院不应予以支持。在义务人以行为方式默示放弃诉讼时效抗辩权的情形下,除非有其他证据予以佐证义务人放弃全部诉讼时效期间已过的债务的诉讼时效抗辩权,否则,不能只根据义务人的部分履行行为认定其放弃全部债务的诉讼时效抗辩权,而只能认定其只放弃部分债务的诉讼时效抗辩权。

(张雪楳:《论诉讼时效抗辩权的放弃》)

150. 转让诉讼时效已过的债权,仅通知义务人不应认定其放弃诉讼时效抗辩权,但义务人在转让通知上签字的应认定其放弃诉讼时效抗辩权

【审判专论】

关于该问题,有观点认为,虽然债权转让通知非意思表示行为,但原债权人及受让人将债权转让事实告知债务人的目的,在于明确债权,告知债务人应向新的债权人履行债务,故从这一意义上说,认定告知债权转让的事实实质也包含有向债务人主张权利的意思表示,而债务人签字或者盖章的行为表明,其同意向新债权人履行债务,因此,应认定债务人同意履行诉讼时效期间已过的债务,债务人放弃诉讼时效抗辩权。我们认为,关于该问题,应从债权转让通知的性质以及放弃诉讼时效抗辩权的含义两个方面进行分析。债权转让仅为意思通知,其目的在于明确债权和告知转让债权的事实,但不一定具有要求义务人履行义务的意思表示,而构成放弃诉讼时效抗辩

权的要件之一是义务人同意履行诉讼时效完成的债务,而在义务人仅为承认债务存在而无同意履行的情形下,不应认定义务人放弃诉讼时效抗辩权。因此,一概推定通知债权转让即表明权利人向义务人主张权利并不妥当。当然,在司法实务中,如果债权转让中有请求义务人履行义务的意思表示,而义务人在该债权转让通知上签字或者盖章的,则应认定义务人同意履行诉讼时效期间已过的债务,义务人放弃诉讼时效抗辩权。

(张雪楳:《论诉讼时效抗辩权的放弃》)

151. 对诉讼时效期间届满的债务提供担保的,在签订担保合同后不得以诉讼时效期间已过为由进行抗辩

【审判专论】

关于该问题,《德国民法典》第 222 条第 2 款进行了否定性规定,即"为履行已经时效消灭的请求权而为的给付,虽不知时效消灭而为给付者,也不得请求返还。义务人以契约承认或提出担保者,亦同"。我国台湾地区"民法"也作出同样规定。正如前文所述,前述国家和地区作出前述规定,主要是因为其将提供担保行为视为债务履行行为,而无论其是否真正履行。最高人民法院《关于适用〈中华人民共和国担保法〉若干问题的解释》第 35 条借鉴前述国家和地区的规定对提供保证担保的情形进行了规定,即"保证人对已超过诉讼时效期间的债务承担担保责任或者提供保证的,又以超过诉讼时效为由抗辩的,人民法院不予支持",但其未对设定担保物权的情形进行规定。我们认为,担保人提供人保和物保的基本法理相同。由于提供担保是担保人的真实意思表示,无论主债务人是否已过诉讼时效期间,认定其承担担保责任都符合其真实意思表示,也未加重其担保责任,故在签订了担保合同后,担保人再以诉讼时效期间届满为由进行抗辩的,人民法院不予以支持。

(张雪楳:《论诉讼时效抗辩权的放弃》)

152. 债务人在催款通知单、征询函、对账单等上签字盖章的行为是否认定为放弃诉讼时效抗辩权取决于上述文书是否具有催收债权的意思表示

【审判专论】

在起草和适用法释〔1999〕7 号最高人民法院关于《超过诉讼时效期间借款人

在催款通知单上签字或者盖章的法律效力问题的批复》的过程中,有观点认为,关于债务人在催收贷款通知单上签字或者盖章行为的法律效力,可以有两种解释:第一种解释为债务人只是认可其收到债权人送达的文书;第二种解释是债务人同意履行债务。该司法解释虽有利于保护债权人的利益,但确实存在前述存在两种理解问题。在诉讼时效期间已过、义务人已取得诉讼时效抗辩权而非只是诉讼时效期间部分经过而取得的部分时效利益的情况下时,认定放弃诉讼时效抗辩权不应过于宽松,应注意平衡保护债权人和债务人之间的利益。因此,不宜一概认定在催收通知单上签字或者盖章之时债务人即放弃诉讼时效抗辩权。详言之,如果债务人在债权人催收(或要求履行债务)文书上签字或者盖章的,应认定其同意履行债务,但债务人有相反证据证明其无同意履行义务的情形除外。这样规定,既符合法理,也维护了司法解释的稳定性和连续性。一般而言,下列情形可认定为义务人并无同意履行义务的意思表示:义务人虽在催收欠款通知书上签字或者盖章,但同时明确写明,其不认可该债务,其不同意履行该债务,签字或者盖章只代表其收到该通知书等。

义务人在权利人发出的征询函、对账单、确认书、欠款单上签字或者盖章是否应认定义务人放弃诉讼时效抗辩权问题,我们认为,正如前文所述,债务人在催收款单上签字或盖章被认定为对原债务的重新确认,实质是以该文件有催收债权的意思表示为条件的。而对账单、欠款单、确认书、征询函本身只是对债务是否存在以及数额多少的确认,并非催收债务,故如上述文书无主张权利的意思表示,则不能仅根据债务人主张上述文书上签字或盖章就认定义务人放弃诉讼时效抗辩权。当然,如果上述文书具有催收债权的意思表示,而债务人签字或者盖章的则可认定义务人放弃时效抗辩权。

(张雪楳:《论诉讼时效抗辩权的放弃》)

153. 主债务超过诉讼时效期间,保证人在催收贷款通知书的保证人一栏签字的,是否放弃诉讼时效抗辩权的认定

【审判专论】

主债务超过诉讼时效期间,保证人在债权人发出的催收逾期贷款通知书的保证人一栏内签字或者盖章,能否认定保证人放弃诉讼时效抗辩权问题。关于该问题,存在争议。有观点认为,根据前述对法释〔1999〕7号司法解释的修改意见,只要保证人在催款通知书上签章的,如无相反意思表示,即可认定存在重新

提供担保的意思表示。我们认为,应区分两种情形进行分析。第一,该催收行为发生在保证期间届满之后。这实质涉及对保证期间与诉讼时效性质与作用的正确认识问题。保证期间为除斥期间,期间已过,保证责任消灭,保证人不再承担保证责任,也无所谓诉讼时效的适用。由于签字有两种含义,即表示收到通知书或表示愿意承担保证责任,而后一种意思的推定,一般取决于催款通知书的内容应符合合同法和担保法有关担保合同成立的规定,即构成要约,且保证人签字或者盖章构成承诺。因此,在一般情形下,如果保证人在保证期间届满后又在催款通知书上签字,如果根据该催款通知书的内容并不能认定其愿意对已过保证期间的债务承担保证责任,只是表明其收到催款通知书而已,那么,保证人不应承担保证责任。因此,法释〔2004〕4 号最高人民法院《关于人民法院应当如何认定保证人在保证期间届满后又在催款通知书上签字问题的批复》对此问题进行了规定。第二,权利人在保证期间内对保证人主张了权利或者对主债务人提起诉讼或者仲裁的情形。在该请形下,保证期间作用消灭,保证债务的诉讼时效开始起算(但在一般保证情形下,如果主债务未经强制执行,债权人不应对保证人主张权利,故在主债务经强制执行前,一般保证债务的诉讼时效期间并未起算)。根据我国《担保法》第 20 条的规定,保证人可以主张主债务人的权利,该权利当然包括主债务人的诉讼时效抗辩权。对于保证人在债权人的催款通知单上签字或者盖章行为同样存在只是认可收到文书和同意继续提供担保两种解释,因此,如果保证人有证据证明其未放弃诉讼时效抗辩权,就不应认定其同意对诉讼时效期间已过的债务提供担保。

(张雪楳:《论诉讼时效抗辩权的放弃》)

154. 对超过诉讼时效的债务达成的还款协议的认定

【审判专论】

法复〔1997〕4 号最高人民法院《关于超过诉讼时效期间当事人达成的还款协议是否应当受法律保护问题的批复》规定,超过诉讼时效期间,当事人双方就原债务达成还款协议,属于新的债权、债务关系。但也有观点认为,既然还款协议基于原债务而产生,故其并未脱离原债权债务关系的存在,只是双方当事人通过签订还款协议的方式达成合意,明确表明义务人放弃诉讼时效抗辩权,是自然债务恢复强制执行力,是对原债务的重新确认。即使还款协议改变了履行期限、债务数额,但这只表明当事人之间对原债务的部分确认,对原债务达成和解,而并不意味着成立了新的债权债务关系。还有观点认为,如果只是债务人同意履行诉讼时效期间已过的债务,当事人对原债务的履行期限进行了变更,或者只是减少了债务数额,而未变更原债务的其他内容,则在该情形下,认定义务人放弃其诉讼时效抗辩权更为合适。史尚宽先生即认为,以契约承认,在德国民法典视为给付。以契约为抛弃诉讼时效抗辩权。当然,如果债务人和债权人之间签订的还款协议约定的还款数额高于原债务,则如果仍然认定义务人放弃诉讼时效抗辩权并不妥当。因为,对于还款协议中约定的与原债务数额相同的部分,我们可以认定义务人放弃了该债务的诉讼时效抗辩权,但对于高于原债务额的部分,由于并不存在原债务,我们也不可能认定义务人放弃诉讼时效抗辩权,对该部分,我们只能认定权利人与义务人之间成立新的债权债务关系,如果作如上理解,则会出现这样的问题,即在同一合同中,只不过由于还款协议系基于原债务而签订,就将同一合同关系中的不同数额的债务理解为不同的债务,即原债务和新债务,这过于牵强,割裂了法律关系的同一性。因此,如果还款协议约定的债务数额高于原债务,在认定为当事人间形成新的债权债务较为合适;如果还款协议约定的还款数额低于或者等于原债务数额,则认定为义务人放弃诉讼抗辩权较为合适。应当说,无论是认定成立新的债权债务关系,还是重新确认原债务,对于原债务的保证人而言,债权人与债务人之间签订还款协议均不能对保证人发生效力。详言之,在认定成立新债的情形下,保证人只为旧债承诺承担保证责任,未承诺对新债承担保证责任,故不能认定其为新债的保证人。在认定确认原债务的情形下,由于保证人可以行使主债务人的诉讼时效抗辩权,故主债务人放弃诉讼时效抗辩权并不能否定保证人的诉讼时效抗辩权。然而,认定成立新的债务或者承认确认原债务,则对违约金的确定存在影响。违约金对债务的存在具有从属性,债务有效存在,违约金也可依法主张,债务不存在,也不存在主张违约金的情形。具体到还款协议的性质认定上,如果认定重新确认原债务,则违约金的计算应从义务人违反原合同的违约之日开始,而如果认定为成立新的债权债务关系,则违约金的计算应从约定的新债务履行期限届满之日开始计算。而在司法实务中,虽然法院依据前述司法解释的规定认定当事人之间对诉讼时效期间已过的债务达成还款协议在当事人之间成立新的债权债务关系,但在违约金的认定上,却是从原债务的违约之日起算。

(张雪楳:《论诉讼时效抗辩权的放弃》)

155. 对超过诉讼时效期间的债务,义务人自愿履行后不得再行使诉讼时效抗辩权

【审判专论】

所谓义务人自愿履行,是指无论义务人是否知道诉讼时效期间已过的事实,只

要其处于自愿履行诉讼时效期间已过的债务,就应认定该履行行为有效,其不得以诉讼时效期间已过为由主张撤销自愿履行行为。其法理依据是诉讼时效的效力以及债的效力。无论是对诉讼时效的效力是采抗辩权发生观点还是胜诉权丧失说,均表明在义务人提出诉讼时效抗辩时,债权人的债权即不再受法院保护,其债务丧失了请求法院强制执行其债务的效力。根据债法原理,债的效力包括请求力、受领力、强制执行力,其中,请求力包括其以私力方式请求义务人履行义务的效力和其以公力救济方式请求义务人履行义务的效力。在诉讼时效完成的情形下,其请求力减弱、强制执行力丧失,但受领力仍然存在,仍然可依其享有的自然债权受领义务人的给付,在义务人自愿履行的情形下,其受领债务人的给付并非不当得利,而无论义务人在给付时是否知道诉讼时效期间已过的事实。因此,在义务人以单方行为或者以双方行为放弃诉讼时效抗辩权、诉讼时效期间已过之后自愿给付情形,义务人再提出诉讼时效抗辩,人民法院不应予以支持。义务人履行了诉讼时效期间已过的债务后,又以超过诉讼时效为由反悔的,法院不予支持。

(张雪楳:《论诉讼时效抗辩权的放弃》)

156. 一审未提出诉讼时效抗辩,二审、再审提出的,法院不应当支持,但二审提出新证据的除外

【审判专论】

(1)当事人一方在一审期间未提出诉讼时效抗辩,在二审期间提出的,人民法院应否支持的问题实质涉及答辩权的行使期间以及二审的审理范围问题。

关于答辩权的行使,世界上存在两种立法例:一种是答辩失权主义;另一种是答辩随时提出主义。根据我国《民事诉讼法》第 113 条的规定,①我国并未规定答辩失权主义。但由于答辩随时提出主义对于固定诉争焦点、确定案件事实存在不稳定性,尤其在答辩方恶意延迟答辩、进行诉讼突袭的情形下,对对方当事人的权利保护不利,有违程序安定原则,因此,《民事诉讼证据规定》第 32 条作出了“应在一审答辩期届满前提出书面答辩”的规定。该规定系倡导性规定,对规范答辩行为,维护民事诉讼程序的安定性具有积极的意义。根据上述法理和规定,司法解释规定,义务人在一审期间未提出诉讼时效抗辩,在二审期间提出的,人民法院不予支持。

---

① 2012 年《民事诉讼法》为 125 条。

根据我国现行《民事诉讼法》第151条[①]关于“第二审人民法院应当对上诉请求的有关事实和适用的法律进行审查”的规定,我国民事诉讼采用二审续审制。所谓续审制,是指第二审承接第一审继续进行审理的方法。续审制审理模式下,二审既是法律审,又是事实审,在二审期间,当事人可以提出新的证据,进一步陈述案件的事实,法院可以对一审未尽事实和适用法律问题进行审理。续审制更多地体现了对实体公正功能的追求,也有助于实现诉讼效率。因此,在第1款我们作了但书规定,即“但其基于新的证据能够证明对方当事人的请求权已过诉讼时效期间的情形除外”。

(2)在终审判决做出前,当事人一方未提出诉讼时效抗辩,基于诉讼时效抗辩权申请再审或者在再审审理过程中提出诉讼时效抗辩,人民法院不应支持。

如前所述,诉讼时效抗辩权的行使期间一般应限制在一审阶段,特殊情形可以在二审阶段行使。而终审判决作出后,当事人之间的权利义务关系已经确定,尤其是在生效判决已被部分或全部执行完毕的情形下,社会交易秩序已经因生效判决的作出趋于确定。如果仍然对义务人基于诉讼时效抗辩权提出的再审申请予以支持,则不利于维护司法程序的安定,也有违诉讼时效制度维护社会秩序稳定的立法目的。义务人依法依约履行合同义务是诚实信用原则的根本要求,即使人民法院不对诉讼时效问题进行审查、对义务人的诉讼时效抗辩权不予支持,也并不会给义务人造成实质不公平的后果。因此,法院不应任由义务人突破审级限制,不应对当事人基于诉讼时效抗辩权提出的再审申请予以支持,以维护诚实信用的基本原则。综上,我们认为,无论当事人一方是否基于新的证据证明的诉讼时效事实申请再审,人民法院均不予支持;当事人基于其他再审事由获得支持进入再审后,在再审审理过程中提出诉讼时效抗辩的,人民法院也不应予以支持。

(张雪楳:《诉讼时效司法解释疑难问题阐释》)

---

① 2012年《民事诉讼法》为151条。

第九章 送达和保全

第一节 送达

157. 信用卡案件中诉讼文书的送达

【审判专论】

在信用卡透支案件中,银行维权的程序是:先是向持卡人发出债务催收函,要求其偿还欠款本息,待索要无果或银行发现多数案件中的持卡人已经下落不明后,才到人民法院提起诉讼。

法院受理案件后,由于这类持卡人的流动性大,住址不确定,办案人员普遍反映存在“送达难、成本高、公告多”的情况。有的持卡人变换多处住址,法院只得逐一向其邮寄诉讼文书,在邮寄送达找不到被告时,还得进行公告送达,案件的送达成本较高。待60日公告期届满后,法院才能对案件进行实体审理。而此时,很多债权人(银行)已经等待了几个月。总之,基层法院反映目前审理此类信用卡欠款案件,普遍存在“案件标的额小、耗时耗力、审判工作效率低”的现象。

实践中,为了提高审判工作效率,有的法院已尝试将邮寄送达与公告送达同步进行,以求尽量缩短案件审结的时间。但这种做法显然有悖于民事诉讼法司法解释的相关规定。

(王宪森、侯春雷:《关于银行卡民事纠纷案件及诉讼实务问题的调研报告》)

【地方审判】

目前,深圳市福田、罗湖两区法院为了解决信用卡透支案件普遍存在送达难问题,均采取其他送达方式和公告送达同时进行的“两条腿走路”的办法,如果能直接送达以直接送达的时间为准,否则以公告送达时间为准,从而节约公告送达的时间。理由是大量透支案件银行已经过内部催收发现持卡人下落不明才起诉的,与其做大量工作去送达最终还是送达不了,白白浪费时间精力,最终还是要公告,还不如先行公告。从效果看,确实加快了案件的审理周期,而且除了个别案件外,也基本没有出现问题。故对这一做法,是否可行,还有待上级法院作出具体规定。我们认为,送达是当事人行使诉权的前提,是人民法院程序公正的基础,送达问题处理不好,容易出现程序上的硬伤。部分案件在穷尽其他法定的送达方式后仍然送达不了是客观存在,公告送达只是最终兜底的解决办法,并非优先或可以同步实行的方式。《民事诉讼法》第84条规定公告送达的条件是"受送达人下落不明,或者其他方式无法送达的"才能公告送达。最高人民法院《关于送达的司法解释》第10条也规定,除公告送达外,其他送达方式可以同步进行,以先到者为送达时间,明确排除了公告送达可以与其他送达方式同步进行。实践中已经出现个别案件缺席审理后,持卡人现身申请检察机关抗诉的情况。因此,目前解决银行卡案件送达周期长的问题,还是不能突破现有法律的明确规定,尽量加快其他送达方式的送达周期,在其他送达方式的送达方法上可以多想办法,多创新,多尝试用电邮、电话录音、传真等即时通讯方式进行,充分发挥司法专邮的作用,只要能证明已经实际送达的方式都可以大胆一试。至于能不能通过银行起诉前对持卡人的催收时的无法送达对相关证据直接推定被告下落不明而公告送达,值得研究。我们认为,因为银行是当事人一方,其催收行为与法院送达行为性质不同,不能同一而论,而且目前银行相当多的催收行为是外包给专门的催收公司或律师事务所来进行的,所以还是应持审慎的态度。

(广东省深圳市中级人民法院:《关于信用卡纠纷案件的调研报告》)

【地方意见】

上海市高级人民法院关于审理信用卡纠纷案件的若干指导意见

一、送达

1. 如信用卡领用合约中明确约定诉讼期间送达地址,并约定受诉法院邮寄到该地址即视为送达的,该约定应属有效。受诉法院应依法根据上述地址进行送达。

2. 推行多地址"一次性送达"机制。法院受理案件后,应及时一次性邮寄送达持卡人户籍所在地、工作地、实际居住地等多个送达地址。其中一个地址有效送达的,即视为有效送达。

3. 法院邮寄送达被退回的邮件,应区别不同情形及时进行处理:

(1)对符合复送条件的,应及时组织专人复送;

(2)对持卡人及其代收义务人拒收的,可将诉讼文书张贴或放置于其实际居住地或者工作地,进行留置送达,具体实施按照我院2007年印发的《民事诉讼涉及送达的若干问题解答(一)》的规定处理;

(3)受送达人送达地址不明,但能通过电话等方式联系的,按照我院2007年印发的《民事诉讼涉及送达的若干问题解答(三)》第三条的规定处理。

(4)在诉前调解或者诉讼中已有效送达,如其后法院邮寄的诉讼文书被退回的,按照我院2007年印发的《民事诉讼涉及送达的若干问题解答(二)》第六条的规定处理。

(5)应慎重认定当事人“下落不明”,严格按照《中华人民共和国民法通则》的司法解释第二十六条,和我院2007印发的《民事诉讼涉及送达的若干问题解答(三)》的规定处理。

(6)对无法送达的,应及时进行公告送达。

4. 法院在采用邮寄等方式进行送达时,可以同时进行公告送达。

5. 在诉前调解和诉讼中送达法律文书时,同时书面告知最高人民法院、最高人民检察院《关于办理妨害信用卡管理刑事案件具体应用法律若干问题的解释》的相关内容,提醒持卡人积极参与诉讼和调解,依法守信,维护自身权利。

6. 可以在一定范围内开展手机短信送达的试点工作。试点必须审慎、稳妥,把握以下几项要求:

(1)进一步与电信部门加强合作,保证电子证据的真实性、完整性和安全性。

(2)采取先易后难的原则,可选择部分被告为本市的,小额、争议不大的信用卡透支案件,在简易程序中进行手机短信送达试点。

(3)加强信用卡纠纷案件手机短信送达的宣传工作,建立统一的短信平台,制定标准的送达文本,提高当事人对法院手机短信送达的认知程度。

158. 法院将诉讼文书及传票等以专递方式邮寄送达的,受送达人拒绝签收或对回执上的签名不认可时法院的处理

【地方审判】

法院采用专递方式邮寄送达的,受送达人拒绝签收,邮政机构的工作人员将拒收情况记明并将邮件退回法院的,受送达人拒绝签收之日应认定为送达之日;受送达人对回执上的签名不认可,但没有证据证明签名系邮政机构造假的,应认定为已经送达。

[《北京市高级人民法院审理民商事案件若干问题的解答之五(试行)》]

最高人民法院《关于人民法院专递方式邮寄送达民事诉讼文书的若干规定》(法释〔2004〕13号)对专递方式进行了规定。实践中,受送达人拒绝签收情形下,

可能邮政机构工作人员简单写一下"拒收"就退回来了,对此,只要没有证据证明"拒收"系邮政机构造假,我们就宜采取认可的态度。因为通常情况下,邮政机构与案件没有利害关系。如果受送达人称签名的人不是本单位的负责人或办公室、收发室、值班室的工作人员,法院应如何处理?我们认为也要采取宽松的态度,只要有人签收,没有证据证明签名系邮政机构造假,就视为已送达,以保证程序能正常进行下去。现在许多写字楼的物业与租户之间有委托收发关系,写字楼就一个收发室,所有这个楼里公司的邮件都由这个收发室收,签收的人当然不是某个公司的人员,但只要这个收发室的人签收了,就应视为已实际送达到了这个公司。如果邮政机构返回法院的是空白回执,就不能视为已送达,应当要求邮政机构重新送达或进行补记、作出情况说明,将程序补充完整。

[关于《北京市高级人民法院审理民商事案件若干问题的解答之五(试行)》的说明]

159. 签收人的认定

【审判专论】

我国民事诉讼法及其司法解释对法律文书的签收人进行了规定。《民事诉讼法》第85条规定,送达诉讼文书,应当直接送交受送达人。受送达人是公民的,本人不在交他的同住成年家属签收;受送达人是法人或者其他组织的,应当由法人的法定代表人、其他组织的主要负责人或者该法人、组织负责收件的人签收;受送达人有诉讼代理人的,可以送交其代理人签收;受送达人已向人民法院指定代收人的,送交代收人签收。《民事诉讼证据规定》第81条规定,向法人或者其他组织送达诉讼文书,应当由法人的法定代表人、该组织的主要负责人或者办公室、收发室、值班室等负责收件的人签收或盖章。我们认为,尽管上述关于签收人的规定实质对法律文书签收人的规定,但由于对于主张权利文书签收的法理与上述法理相同,故上述规定应可适用于对债权文书签收的情形。在司法实务中,是否义务人的任一职员或者任一家庭成员在主张权利文书上的签收均应认定为义务人签收,存在争议。有观点认为,文书的签收只是对主张权利行为的承认,系观念上的通知,故不要求签收人具有完全行为能力和权利能力。因此,除义务人本人外,义务人的其他具有完全行为能力的被授权主体也具有签收权。如义务人是法人或者其他组织的,由于其法定代表人、负责人系法人的代表机构,其本身行为代表法人,故其可以签收。法人或者其他组织的负责收发信件的部门赋予签收信件的职责,因此,其职务行为也应认定为法人行为。其他被授权主体也当然具有签收权。义务人是自然人的,根据法律的规定,其同住亲属被拟制为义务人,故我国民事诉讼法作出了受送达人的同住成年家属享有签收权规定,当人,我们认为,成年家属的范围有些狭窄,规定为具有完全行为能力人的亲属更为妥当。因为,签收人具有完全行为即符合行为能力要件,而完全行为能力人不限于成年人。当然,上述主体之外的其他义务人授权主体也具有签收权。应予注意的是,法人或者其他组织的其他部门、个人,如果依其地位和职责不具有收发信件的权利,则其签收行为不能代表法人行为。例如,个人的受雇人、法人或者其他组织的保安、保洁人员未经授权不具有签收主张权利文书的权利。

(张雪楳:《论诉讼时效中断》)

160. 运用留置送达和电子送达制度的要求

【审判政策与精神】

新《民事诉讼法》对留置送达的方式作出了新的规定,即视听资料可以作为送达文书的证明。以拍照、录像等视听资料记录送达过程要包括以下几方面内容:一是受送达人或其同住成年家属确实居住于此地;二是送达人已经向受送达人或其同住成年家属交付送达文书,但受送达人或其同住成年家属拒绝接收或拒绝在文书上签字盖章的情况;三是送达人将文书留置于受送达人或其同住成年家属的居住地。

人民法院决定采用电子送达方式,必须首先经过当事人同意,只有在当事人能够并愿意接受和使用电子送达方式,人民法院才可以采用这一新途径。电子送达要能够方便法院和当事人之间送达诉讼文书,而不是使这一过程变得更加艰难或者给当事人增加不必要的负担。新《民事诉讼法》列举了电子送达的两种主要途径,即传真和电子邮件,但并没有仅限于这两种,还采用了兜底性条款,即“能够确认其收悉的方式”,人民法院应当注意电子送达媒介的确认。

实践中,要充分保证受送达人的知情权和自愿选择权,电子送达中应当要求受送达人自行提供并签字确认能够收到诉讼文书的数据系统地址,人民法院应当保存好诉讼文书已经发出及到达对方系统的相关证据。在审判实践中必须严格遵守民事诉讼法规定,不能将电子送达方式适用范围任意扩大,判决书、裁定书和调解书不能采用电子送达方式。

(高民智:《贯彻实施新〈民事诉讼法〉之五——关于立案制度的理解与适用》)

【民诉法司法解释】

1. 关于留置送达问题,《民事诉讼法解释》第131条第2款明确人民法院可以在住所地以外向当事人直接送达法律文书,该条规定:"人民法院可以在当事人住所地以外向当事人直接送达诉讼文书。当事人拒绝签署送达回证的,采用拍照、录像等方式记录送达过程即视为送达。审判人员、书记员应当在送达回证上注明送达情况并签名。"这种送达方式在国外又称为偶遇的送达,不在当事人的住所地,但人民法院明确该受送达人为当事人的,可以直接送达。这有利于增加送达的有效性,节约司法资源,同时,这也要求全社会都应尊重司法。[①]

2. 关于电子送达,《民事诉讼法》第87条在电子送达适用的诉讼文书范围中采用了一般加排除法,将判决书、裁定书和调解书排除在可电子送达的文书范围内。《民事诉讼法解释》第135~136条增加规定了以下内容:

(1)电子送达媒介。《民事诉讼法解释》第135条第1款规定:"电子送达可以采用传真、电子邮件、移动通信等即时收悉的特定系统作为送达媒介。"

(2)电子送达地址确认。《民事诉讼法解释》第136条规定:"受送达人同意采用电子方式送达的,应当在送达地址确认书中予以确认。"据此,送达人应当向受送达人进行充分的说明和提示,保证受送达人对送达中可能存在的技术性问题有所了解。同时,电子送达中应要求受送达人自行提供并签字确认能够收到诉讼文书的数据系统地址。送达人只要将诉讼文书传送到该地址或号码,原则上视为送达,当事人不得再就该地址本身以及是否收到诉讼文书产生争议。

(3)电子送达的日期。《民事诉讼法解释》第135条第2款规定:"民事诉讼法第八十七条第二款规定的到达受送达人特定系统的日期,为人民法院对应系统显示发送成功的日期,但受送达人证明到达其特定系统的日期与人民法院对应系统显示发送成功的日期不一致的,以受送达人证明到达其特定系统的日期为准。"《民事诉讼法》第87条第2款规定,电子送达以到达对方特定系统的日期为送达日期,不论受送达人是否真正实际接收并了解送达文书的内容,只要受送达人同意以电子送达方式接收诉讼文书,并自行提供了接受送达的传真号码、电子邮箱地址或通信设备号码,人民法院将诉讼文书发送到受送达人指定的电子信息系统时,就视为送达已经完成并发生相应的送达效力。司法解释同时规定了例外情形,即受送达人有证据证明到达其特定系统的日期与人民法院对应系统显示发送成功的日期不

---

① 沈德咏主编:《最高人民法院民事诉讼法司法解释理解与适用》,人民法院出版社2015年版,第412页。

一致的,以受送达人证明到达其特定系统的日期为准。①

161. 被告方数个企业法人的法定代表人为同一人,法律文书可仅送达至其中一个企业法人

【公报案例】

中国长城资产管理公司昆明办事处与昆明新人人海鲜酒楼有限责任公司、昆明新人人金实酒楼有限责任公司借款合同纠纷案

[最高人民法院(2007)民二终字第210号]

❖ **裁判摘要**

人民法院审理民事案件中,鉴于被告方数个企业法人的法定代表人为同一人,且其在各企业法人中的法定职权与义务基本相同,故在向被告方送达开庭传票等法律文书时,仅送达至其中一个企业法人,并通过该企业法人向被告方其他企业法人转交或者留置送达的做法,并不影响当事人的诉讼权利,不属于审判程序违法。

❖ **基本案情**

上诉人(原审被告):昆明新人人海鲜酒楼有限责任公司

法定代表人:潘福松,该公司总经理

被上诉人(原审原告):中国长城资产管理公司昆明办事处

负责人:许希民,该办事处总经理

被上诉人(原审被告):昆明新人人金实酒楼有限责任公司

法定代表人:潘福松,该公司总经理

上诉人昆明新人人海鲜酒楼有限责任公司(以下简称海鲜酒楼)为与被上诉人中国长城资产管理公司昆明办事处(以下简称长城公司昆明办事处)、昆明新人人金实酒楼有限责任公司(以下简称金实酒楼)借款合同纠纷一案,不服云南省高级人民法院(2006)云高民二初字第25-3号民事判决,向最高人民法院提起上诉。法院依法组成由审判员金剑锋担任审判长、审判员王东敏、代理审判员殷媛参加的合议庭进行了审理,书记员赵穗军担任记录。本案现已审理终结。

原审法院审理查明:1998年1月至2001年12月间,海鲜酒楼分四笔共向中国农业银行昆明市分行贷款1900万元。2001年12月31日,海鲜酒楼分两笔共向中国农业银行昆明市护国支行贷款1070万元。1999年10月12日,海鲜酒楼向中国

① 沈德咏主编:《最高人民法院民事诉讼法司法解释理解与适用》,人民法院出版社2015年版,第417页。

农业银行富民县支行(以下简称富民县农行)出具《担保承诺书》一份,承诺愿为富民粤宝开发有限责任公司(以下简称粤宝公司)1997年12月23日在富民县农行贷款350万元提供担保,担保期限至2001年12月30日,如到期粤宝公司无力归还贷款,海鲜酒楼愿意代粤宝公司偿还以上贷款本息。之后,粤宝公司归还了20万元借款本金。2001年10月30日,海鲜酒楼再次向富民县农行出具《担保承诺书》一份,承诺愿意为粤宝公司向富民县农行贷款330万元的延期贷款继续提供担保,并愿承担连带责任及还款责任。

根据财政部财债字〔2000〕102号《关于印发〈金融资产管理公司有关财政财务政策的规定〉的通知》及财金〔2000〕44号《关于资产管理公司资本划转有关问题的补充通知》文件的规定,中国农业银行、中国长城资产管理公司共同下发了中长资函〔2001〕813号《关于资本项下投资项目接收、划转的批复》及中长资发〔2003〕22号《关于划转资本项下投资项目有关问题的通知》。根据该两份文件精神,省农行将其对海鲜酒楼享有的3300万元的债权本金,作为资本划转(转让)给长城公司昆明办事处,并已获批准。2001年12月30日,省农行、原告以及海鲜酒楼签订《协议》一份,约定省农行对被告海鲜酒楼享有的以上3300万元债权全部转让给长城公司昆明办事处。

2003年3月18日,为进一步明确债务的偿还,海鲜酒楼、金实酒楼、又一村公司共同与长城公司昆明办事处签订《债务协议》一份,主要约定:海鲜酒楼、金实酒楼和又一村公司共同作为债务主体负有向长城公司昆明办事处归还全部债务的义务;贷款期限调整为六年,即2002年1月1日至2007年12月31日;偿还期限为逐年归还长城公司昆明办事处债务本金,即2003年归还400万元,2004年归还450万元,2005年归还500万元,2006年归还800万元,2007年归还1150万元。此外,该协议第九条第三款、第十一条第一款还明确长城公司昆明办事处为了确保债权安全性、收益性和流动性,有权按规定期限收回或提前收回债权本金、利息;原告、海鲜酒楼、金实酒楼、又一村公司四方中任何一方违反该协议约定的任何一款,对方均有权依法采取相应维护措施。同日,海鲜酒楼、金实酒楼、又一村公司还共同与长城公司昆明办事处签订《抵押(担保)合同》一份,约定:为保证按《债务协议》的约定履行还款义务,海鲜酒楼、金实酒楼及又一村公司愿意对所欠长城公司昆明办事处的债务承担连带保证责任,同时,海鲜酒楼自愿用坐落于昆明市环城西路611~613号C座1~3层1151平方米(产权证号:200204922号)、昆明市环城西路611~613号附属楼1151平方米(产权证号:9803122号)的房产设定抵押,为《债务协议》项下的债务提供抵押担保。长城公司昆明办事处、海鲜酒楼、金实酒楼及又一村公司还就《债务协议》和《抵押(担保)合同》于2003年10月8日到昆明市公证处办理了公证。2003年10月13日,长城公司昆明办事处与海鲜酒楼就海鲜酒楼用于抵押的财产到昆明市房产管理局办理了抵押登记,长城公司昆明办事处还领取了登记部门颁发的昆明市房他字第200312775号和200312776号《房屋他项权证》。

因海鲜酒楼、金实酒楼和又一村公司并未按照《债务协议》的约定履行还款义务，长城公司昆明办事处又与海鲜酒楼、金实酒楼和又一村公司于2005年8月12日签订《补充协议》一份，约定：海鲜酒楼、金实酒楼和又一村公司对省农行所划转给长城公司昆明办事处的3300万元债权予以确认，并将还款期限修改为一年期，即自2005年9月21日起至2006年9月20日止，海鲜酒楼、金实酒楼及又一村公司必须在还款期限之前归还长城公司昆明办事处全部贷款本息，在约定的还款期间如海鲜酒楼、金实酒楼和又一村公司连续两个季度不能按现行贷款利率支付利息，则长城公司昆明办事处有权提前收回全部贷款本息。

2004年1月6日、2004年7月13日、2004年12月21日、2005年6月21日以及2005年12月31日，长城公司昆明办事处向海鲜酒楼、金实酒楼及又一村公司先后进行了五次催收。在长城公司昆明办事处催收期间，2005年9月21日至2005年12月21日间，海鲜酒楼共欠当季利息465465元未予以支付；2005年12月22日至2006年7月31日间应支付当季利息1119974.80元，实际支付720000元，尚欠399974.80元未付。截至2006年7月31日，被告海鲜酒楼、金实酒楼、又一村公司共欠贷款本金3300万元，利息及罚息4293247.69元，本息合计37293247.69元。因多次催收未果，长城公司昆明办事处遂诉至法院。

一审法院认为

原审法院审理认为：省农行、长城公司昆明办事处与海鲜酒楼签订的《协议》以及长城公司昆明办事处与海鲜酒楼、金实酒楼及又一村公司签订的《债务协议》、《补充协议》以及《抵押(担保)合同》系依据国家法律和相关政策的规定自愿签订，系各方当事人真实意思表示，且《抵押(担保)合同》的抵押双方也到房产登记部门办理了抵押登记，上述四份合同合法有效。在《协议》中约定的省农行向长城公司昆明办事处转让的3300万元债权，由海鲜酒楼向农行借贷的2970万元和为粤宝公司借贷的330万元担保债务组成，海鲜酒楼在签订《协议》时自愿作为债务人来偿还粤宝公司向富民县农行借贷的330万元债务，该行为并不违反国家法律和行政法规的规定，对此应予准许；在签订《债务协议》《补充协议》时，海鲜酒楼、金实酒楼、又一村公司对上述转让的3300万元债权进行了确认，并自愿作为债务人共同偿还上述3300万元债务，该行为亦未违反国家法律和行政法规的规定，对此也应予准许。上述四份合同签订后，各方当事人均应按上述四份合同的约定，积极履行自己的义务，但海鲜酒楼、金实酒楼及又一村公司并未按双方最后签订的《补充协议》约定的最后还款期限，即在2006年9月20日前偿还3300万元的债务，亦未按季足额支付利息，其行为已构成违约，应承担相应的违约责任。长城公司昆明办事处从省农行处受让取得了本案3300万元债权，其有权向债务人海鲜酒楼、金实酒楼及又一村公司主张权利,长城公司昆明办事处在本案中放弃对又一村公司起诉,仅起诉海鲜酒楼和金实酒楼系其自主行使权利的行为,对此该院予以准许;在本案中,长城公司昆明办事处要求被告海鲜酒楼、金实酒楼承担偿还贷款本息的责任及实现其抵押权的主张有事实和法律依据,对此该院予以支持。鉴于本案合同约定的最后还款期限已届满,双方所签的《债务协议》和《补充协议》因履行期限届满已自然到期,并不存在还要解除的问题,本案中只是存在各方当事人是否按约履行以及是否有违约行为的问题,因此,长城公司昆明办事处请求解除《债务协议》及《补充协议》的主张事实上已无必要。此外,因长城公司昆明办事处未能向法庭提交其支付律师代理费用的相关证据,对其要求对方承担其为实现债权而产生的费用的主张该院不予支持。

一审法院判决

该院依照《中华人民共和国民法通则》第一百零八条、《中华人民共和国合同法》第六十条第一款、第二百零六条、第二百零七条以及《中华人民共和国担保法》第五十三条之规定,判决:一、由被告昆明新人人海鲜酒楼有限责任公司、昆明新人人金实酒楼有限责任公司于判决生效之日起 10 日内向原告中国长城资产管理公司昆明办事处归还借款本金 3300 万元,截至 2006 年 7 月 31 日的利息及罚息 4293247.69 元,本息合计 37293247.69 元,及 2006 年 8 月 1 日起至款项还清之日止的利息及罚息(利息及罚息按照中国人民银行规定的同期逾期贷款利率计付)。二、被告昆明新人人海鲜酒楼有限责任公司、昆明新人人金实酒楼有限责任公司不能偿还上述借款及利息时,原告中国长城资产管理公司昆明办事处可以被告昆明新人人海鲜酒楼有限责任公司的抵押物,即位于昆明市环城西路 611 ~613 号 C 座 1 ~3 层产权证号为 200204922 号和 9803122 号的房产,折价或者以拍卖、变卖该财产的价款优先受偿。三、驳回原告中国长城资产管理公司昆明办事处的其他诉讼请求。

上诉

海鲜酒楼不服原审法院的上述民事判决,向最高人民法院提起上诉称:1. 一审判决程序违法。一审审理期间,一审法院于 2007 年 2 月 28 日向上诉人送达了于 2007 年 4 月 2 日进行证据交换,2007 年 4 月 3 日开庭审理的诉讼文书,并要求上诉人将上述诉讼文书转交本案另外两被告(即昆明新人人金实酒楼有限公司、昆明新人人又一村饮食有限责任公司),在上诉人明确表示无法转交上述开庭诉讼文书后,一审法院将上述开庭文书留置上诉人处,视为对其余两被告的送达。2007 年 4 月 2 日,上诉人就此向一审法院提出了书面异议,上诉人认为:原审被告金实酒楼,原审被告新人人又一村饮食有限责任公司系独立法人,有各自不同的投资主体和法人资产结构,其注册地址和经营场所均不与上诉人注册地址和经营场所一致,一审法院将诉讼文书留置上诉人处视为对其余两被告的送达,明显不当,剥夺了诉讼当事人的诉讼权利,同时也剥夺了上诉人对本案实体问题与本案其他被告相互质证,甄别的计划以及影响了裁判者对全案的审查和判断。2. 一审判决认定本案所涉及合同有效明显失当。一审法院认为省农行与上诉人和被上诉人签订的《协议》以及上诉人与被上诉人签订的《债务协议》、《补充协议》以及《抵押(担保)合同》有效,显失偏颇。2001 年 12 月 30 日省农行,上诉人、被上诉人签订协议,该协议第三条约定:“如果乙、丙双方(即上诉人与长城公司)同意合作,重组公司……即有关 3300 万元的债权将由甲方转让给乙方。”可见,本协议系附条件的法律行为,即本协议生效的条件为上诉人与长城公司“同意合作,重组公司”。本协议在履行过程中,长城公司以上诉人支付投资利润较少为由拒绝重组上诉人,本协议即丧失了生效的条件。上诉人与被上诉人长城公司其后签订的《债务协议》《补充协议》《抵押(担保)合同》,应认定为无效合同。2000 年 11 月 10 日,国务院《金融资产管理公司条例》第二条明确规定:金融资产管理公司,是指经国务院决定设立的收购国有银行不良贷款、管理和处置因收购国有银行不良贷款形成的资产的国有独资银行金融机构。第十条规定,金融资产管理公司在其收购的国有银行不良贷款范围内,从事业务活动,而本案所涉贷款,在原省农行时是按农行正常贷款进行管理的,按照银行贷款五级分类管理办法,该贷款不是不良贷款。长城公司受让及处置该贷款的行为系无效行为。

被上诉人长城公司昆明办事处答辩称:1. 一审法院在本案的审理过程中不存在程序违法的问题。在一审人民法院对本案进行审理的过程中,被答辩人海鲜酒楼为了达到继续占用国有资产进行经营获取经营利益的目的,故意拖延诉讼钻法律的空子,在程序上大做文章,在明知一审法院完全具有管辖权的情况下,为拖延诉讼提出管辖权异议,并在一审法院驳回其对管辖权提出的异议后,向最高人民法院提出上诉,其拖延诉讼的目的和企图由此可见一斑。就在最高人民法院同样作出驳回被答辩人海鲜酒楼管辖权异议的上诉后,被答辩人在一审法院依法向其送达开庭传票、证据交换等相关诉讼文书后,在法庭于 2007 年 4 月 2 日依法对本案公开开庭审理时,被答辩人及其委托代理人均无正当理由拒不到庭参加庭审。被答辩人在根本不遵守庭审时间,不尊重法庭审理的情况下,又故伎重演公然以“一审判决程序违法”,“剥夺了诉讼当事人的诉讼权利”为由请求二审法院对本案“发回重审”,可见被答辩人为达到拖延诉讼的目的已到了无以复加的地步。2. 一审判决对本案所涉合同性质的认定完全符合法律的规定并无任何不当。省农行、答辩人与被答辩人签订的《协议》以及答辩人与被答辩人签订的《债务协议》《补充协议》《抵押(担保)合同》完全系各方当事人自愿签订的,系各方当事人真实的意思表示,且所签订的协议及合同的内容并不违反国家的法律和相关政策的规定,所签《抵押(担保)合同》中涉及的抵押物也依法向登记机关办理了抵押登记。因此一审法院对本案所涉四份合同,作出合法有效的认定完全符合法律的规定,根本不存在“明显失当”的问题。而被答辩人在按照《债务协议》的约定履行了向答辩人归还部分借款的银行利息后,便拒不按照债务协议的约定按期向答辩人归还借款本息,在答辩人多次催收无果的情形下,答辩人为维护自身权益免受被答辩人的继续侵害,向人民法院依法提起诉讼。因此被答辩人将其拒不按照协议约定履行支付利息致使答辩人向法院提起诉讼的违约行为,诡辩成答辩人认为其支付投资利润较少因而拒绝重组公司的无效行为,被答辩人真是为达目的已到了不择手段的地步。综上,一审判决无论在程序上还是在实体的处理上均符合法律的规定并无任何不当,被答辩人在根本未参加法庭对案件进行实体审理的情况下,为达其非法目的提出的上诉请求及事实和理由根本不能成立,为此答辩人请求二审人民法院在查明事实的基础上,依法驳回被答辩人的上诉请求,维持一审法院客观公正的判决。

被上诉人金实酒楼未予答辩。

最高人民法院查明的事实与原审法院查明的事实基本一致。

二审法院认为

最高人民法院认为:海鲜酒楼与金实酒楼的法定代表人为同一人,两个公司法定代表人的法定职权与义务基本相同。因此,原审法院通过向海鲜酒楼送达开庭传票等法律文书后转交金实酒楼或者留置送达,并不影响当事人的诉讼权利,更未造成当事人实体权利的损害,上诉人关于“审判程序违法”的上诉理由不能成立,本院予以驳回。

云南省农行、长城公司昆明办事处与海鲜酒楼签订的《协议》、长城公司昆明办事处与海鲜酒楼、金实酒楼签订的《债务协议》、《补充协议》和《抵押合同》是各方当事人真实意思表示,对转让的3300万元债权进行了确认,海鲜酒楼、金实酒楼共同承诺偿还上述债务。同时,根据《抵押合同》办理了抵押登记。上述合同符合我国法律法规的规定,内容合法有效,法院予以确认。上述四份合同成立生效后,海鲜酒楼、金实酒楼并未按照双方最后签订的《补充协议》约定的还款期限偿还债务、支付利息,其已构成违约,应当承担违约责任。长城公司昆明办事处有权向债务人海鲜酒楼、金实酒楼主张权利,其请求海鲜酒楼、金实酒楼承担偿还贷款本息的责任和实现抵押权的主张,法院予以支持。海鲜酒楼上诉请求没有事实根据和法律依据,本院予以驳回。

二审法院判决

原审判决认定事实清楚,适用法律正确,最高人民法院根据《中华人民共和国民事诉讼法》第一百五十三条第一款第(一)项的规定,判决如下:

驳回上诉,维持原判。

第二节 保全

162. 因财产保全引起的损害赔偿纠纷,适用过错责任归责原则

【公报案例】

江苏中江泓盛房地产开发有限公司诉陈跃石损害责任纠纷案

❖ **裁判摘要**

因财产保全引起的损害赔偿纠纷,适用侵权责任法规定的过错责任归责原则。财产保全制度的目的在于保障将来生效判决的执行,只有在申请人对财产保全错误存在故意或重大过失的情况下,方可认定申请人的申请有错误,不能仅以申请保全标的额超出生效裁判支持结果作为判断标准。

❖ **基本案情**

原告:江苏中江泓盛房地产开发有限公司

法定代表人:周月平,该公司董事长

被告:陈跃石

原告江苏中江泓盛房地产开发有限公司(以下简称中江泓盛公司)因与被告陈跃石发生损害责任纠纷,向江苏省东台市人民法院提起诉讼。

原告中江泓盛公司诉称:在被告陈跃石诉原告建设工程施工合同纠纷一案中,被告申请盐城市中级人民法院依法对原告在建设银行东台支行账户上的400万元采取保全措施,后经盐城市中级人民法院(2012)盐民初字第0232号民事判决,仅判令原告判决生效后十天内给付被告工程款161.5771万元,并承担相应利息。被告不服,上诉至江苏省高级人民法院,江苏省高级人民法院二审判决维持原判,该判决现已生效。根据《中华人民共和国民事诉讼法》第一百零五条的规定,被告申请保全错误应当依法赔偿被申请人的损失。故诉请法院,判决被告赔偿原告损失10.004629万元。

被告陈跃石辩称:被告申请财产保全的措施不具备行为的违法性、因果关系和主观过错三要件,应当认定被告申请保全的行为合法有效,依法不构成侵权。(1)被告申请财产保全的措施不具备行为的违法性,被告作为正当的债权人申请保全,是为了保证裁决能够得到顺利全面执行,其目的合法;被告对其申请财产保全的行为提供了担保,程序合法;该保全申请经法院依法审查,裁定许可,法院的生效判决对被告的诉求予以了部分支持,其结果合法;(2)被告申请保全与原告中江泓

盛公司遭受经济损失之间无因果关系,原告遭受经济损失的原因是自己行为所致,根据有关法律规定,当事人对保全裁定不服的可以申请复议,但原告并未申请复议,因此可以认定是原告自己的行为使其遭受经济损失;(3)被告申请财产保全的行为尽到了合理注意的义务,被告的诉求是要求原告支付工程款将近700多万元(含利息),但被告在申请保全时仅要求法院保全原告的资产400万元,其申请并未超出诉讼标的,被告在原诉讼过程中,无故意捏造事实或故意夸大诉求的事实,被告基于现有的事实和证据提出的诉求已经尽到了一个普通人的合理注意义务,即使法院没有全部支持其诉讼请求,也不能认定其申请诉讼保全的行为错误。因此,原告提起的诉讼无事实和法律依据,请求法院驳回原告诉讼请求。

江苏省东台市人民法院一审查明:

2007年11月,原告中江泓盛公司经招投标被确定为"滨河花园"小区限价房开发建设总承包人。东台市市政养护管理所与中江泓盛公司签订东台市"滨河花园"小区限价房开发建设总承包合同书。2007年12月3日,中江泓盛公司(甲方)与东台市第二建筑工程有限公司、盐城金盛建筑工程有限公司、盐城万盛建筑工程有限公司(乙方)签订《协议》(下称"四方协议")一份,甲方将位于东台镇海新村二组滨河花园部分工程发包给乙方,其中东台市第二建筑工程有限公司(下称"二建公司")承建15#、18#、20#、21#楼,建筑面积计15 987.78平方米。2008年7月25日,东台市市政养护管理所、中江泓盛公司作为招标人向二建公司出具中标通知书,确定其为滨河花园(二标段)中标人。同日,中江泓盛公司与二建公司签订建设工程施工合同(下称"备案合同",该合同已在东台市招标投标管理中心备案),约定中江泓盛公司将滨河花园二标段工程发包给二建公司,合同价款为1922.685万元,采用固定价格合同。后案涉建设工程完工并经竣工验收。

2010年1月27日,二建公司经批准变更为江苏创迎建设有限公司(以下简称创迎公司)。2012年11月24日,创迎公司向原告中江泓盛公司及泓建集团公司出具债权转让通知书,将案涉工程款的本金及相应利息均转让给被告陈跃石,并书面通知中江泓盛公司、泓建集团公司。该债权转让通知书载明:泓建集团公司、中江泓盛公司:创迎公司于2008年7月25日与贵公司签订了一份建设工程施工合同,约定将贵公司承建的滨河花园二标段工程发包给原二建公司,总价款为1922.685万元。后二建公司如期完工,该工程也通过了竣工验收。贵公司除在施工进程中陆续给付创迎公司工程款1001万元外,其余一直未付。现创迎公司将贵公司拖欠的上述工程款以及该工程的所有合同权利,依法转让给陈跃石。请贵公司立即将拖欠创迎公司的工程款本金及相应的利息一并支付给陈跃石。因中江泓盛公司未能及时给付工程款,陈跃石于2012年12月10日诉至盐城市中级人民法院,要求中江泓盛公司立即支付工程款699.3686万元,支付逾期利息60.89107万元(暂计算至2012年11月27日,请求人民法院计算至给付之日),并承担诉讼费。审理中,陈跃石向盐城市中级人民法院提出财产保全申请,并提供担保,请求依法查封中江泓盛公司、泓建集团公司价值人民币400万元的资产或相应资金。2013年1月9日,盐城市中级人民法院作出(2012)盐民初字第0232－1号民事裁定书,裁定查封、扣押、冻结中江泓盛公司、泓建集团公司价值人民币400万元的资产或相应资金,并于当日冻结了中江泓盛公司在中国建设银行股份有限公司东台支行账户存款400万元,冻结期满后进行多次续冻至2014年7月7日止。后于2014年5月23日解除了冻结。盐城市中级人民法院于2013年11月14日作出(2012)盐民初字第0232号民事判决书,认定四方协议和备案合同均为无效合同,案涉工程款应当以实际履行的四方协议作为结算依据,遂判决中江泓盛公司于本判决生效后十日内给付陈跃石工程款161.5771万元,并承担以626.5771万元为基数从2009年12月26日起至2011年1月31日止、以311.5771万元 为基数从2011年2月1日起至2012年1月21日止、以161.5771万元为基数从2012年1月22日起至判决确定履行之日止按中国人民银行同期同类贷款利率计算的利息;泓建集团公司对上述款项承担连带清偿责任。陈跃石不服一审判决,上诉至江苏省高级人民法院,该院于2014年4月9日判决驳回上诉,维持原判。判决生效后,中江泓盛公司于2014年5月13日、2014年5月15日、2014年5月21日通过法院给付陈跃石工程款161.5771万元、利息83.912884万元,合计245.489984万元。

一审法院认为

江苏省东台市人民法院一审认为:

《中华人民共和国民事诉讼法》第一百零五条规定,申请保全有错误的,申请人应当赔偿被申请人因保全所遭受的损失。申请人申请财产保全错误,造成被申请人财产损失,属于以过错责任为归责原则的一般侵权行为。根据我国侵权责任法的基本理论,一般侵权责任的构成要件应当包括:行为的违法性、损害事实的存在、违法行为与损害后果之间有因果关系、行为人主观有过错四个要件。

(1)从行为人是否存在主观过错来看。根据债权转让通知载明的内容,被告陈跃石在接受债权转让时,知悉的事实是:工程总工程价款为1922.685万元,原告中江泓盛公司在施工进程中陆续给付工程款1001万元,创迎公司将案涉工程款的本金及相应利息均转让给陈跃石。陈跃石与中江泓盛公司建设工程施工合同纠纷一案中,陈跃石起诉时扣除甲供材料等项目222.3164万元,其诉讼标的为699.3686万元及其利息,陈跃石的起诉属于正常的诉讼行为,并未恶意行使权利,不存在主观上的过错。(2)从行为是否存在违法性来看。陈跃石申请对中江泓盛公司价值400万元的资产或相应资金予以冻结,并提供了相应的担保,其申请诉讼保全的数额未超出其诉讼请求的标的额,陈跃石申请诉讼保全的行为符合法律规定,不存在违法性。(3)从是否存在损害事实来看。当事人对自己提出的主张,有责任提供证据。对因保全造成的损失原告仅提供了农业银行的《固定资产借款合同》、《银行服务协议》,原告未能提供诉讼保全期间实际向银行借款的证据,本案原告要求赔偿损失依据不足。

综上,在双方当事人存在争议且因原告不及时给付工程款引起诉讼的情况下,原告中江泓盛公司以诉请标的额与经法院审理后判决的金额不一致,认定被告陈跃石申请保全错误,缺乏事实和法律依据,故对原告要求被告赔偿因保全错误造成损失的诉讼请求,依法不予支持。

一审法院判决

江苏省东台市人民法院依照《中华人民共和国侵权责任法》第六条第一款、《中华人民共和国民事诉讼法》第六十四条第一款、第一百零二条、第一百零五条,最高人民法院《关于民事诉讼证据的若干规定》第二条的规定,于2014年7月18日作出判决:驳回原告江苏中江泓盛房地产开发有限公司要求被告陈跃石赔偿损失的诉讼请求。

上诉

中江泓盛公司不服一审判决,向江苏省盐城市中级人民法院提起上诉称:(1)损失客观存在,陈跃石主观上存在过错,其本身就是实际施工人,在整个施工过程中与上诉人的结算都是按照四方协议结算的,其申报的价格也是按照四方协议866元每平方,而其主张的是按照1000多每平方主张的,这一事实生效判决中已认定,陈跃石明知双方履行的合同是866元每平方,而其达到多得利益的目的多诉讼,以另外的无效合同主张1000多每平方,其主观上存在恶意诉讼的故意。(2)退一步讲,即使陈跃石没有恶意诉讼的故意,其也存在相应的过失,其在起诉时,没有对诉讼请求能否得到法院支持这一诉讼风险进行合理判断,没有审慎的决定保全的数额,至少主观上存在过失。按照民事诉讼法的相关规定,即使陈跃石没有过错也应当承担责任。请求二审法院支持上诉人的诉讼请求。

被上诉人陈跃石答辩称:一审认定事实清楚,判决正确,应予维持。

江苏省盐城市中级人民法院经审理,确认了一审查明的事实。

二审法院认为

江苏省盐城市中级人民法院二审认为:

因财产保全引起的损害赔偿纠纷,应当适用侵权责任法规定的过错责任归责原则。财产保全制度的目的在于保障将来生效判决的执行,因此只有在申请人对出现财产保全的错误存在故意或重大过失的情况下,方可认定为申请人的申请有错误,不能仅以申请保全标的额超出生效裁判支持结果作为判断标准。

在盐城中院(2012)盐民初字第0232号一案中,被上诉人陈跃石以创迎公司(二建公司)对上诉人中江泓盛公司的工程款债权受让人身份起诉,其向中江泓盛公司主张权利的依据也是创迎公司与中江泓盛公司签订的备案合同。虽然备案合同经法院审查后被最终认定无效并以四方协议作为结算工程价款的最终依据,并直接导致陈跃石的诉讼请求没有完全得到法院的支持,但是备案合同客观上是经过相关招投标程序并经相关管理部门认可的,目前未有证据且生效判决也未认定陈跃石为创迎公司承建工程的实际施工人,亦无证据证明陈跃石知晓存在四方协议。在存在两份合同的情形下,作为创迎公司工程款债权受让人,即使陈跃石清楚创迎公司在申请拨付工程款时按照866元每平方结算,其在诉讼中选择依据债权转让通知书中载明的备案合同主张权利,并无明显重大过错,未违反普通人的注意义务。加之中江泓盛公司在诉讼中认为工程款支付条件未成就并不同意支付工程款,而生效判决并未采纳其抗辩意见,因此,综合案件实际情况,不能认定陈跃石在盐城中院(2012)盐民初字第0232号一案中的财产保全申请有错误,一审法院未支持中江泓盛公司要求陈跃石赔偿损失的诉讼请求并无不当。

综上所述,上诉人中江泓盛公司上诉理由不能成立,一审判决判处正确,应予维持。

二审法院判决

江苏省盐城市中级人民法院根据《中华人民共和国民事诉讼法》第一百七十条第一款第(一)项的规定,于2014年11月16日作出判决:驳回上诉,维持原判。

[选自《最高人民法院公报》2016年第6期(总第236期)]

163. 有义务协助法院采取保全措施的第三人,恶意侵害保全申请人的债权,导致申请人债权无法实现而受到损害的,该第三人应当对申请人承担侵权行为损害赔偿责任

【公报案例】

上海普鑫投资管理咨询公司诉中银国际证券公司财产损害赔偿纠纷案

❖ 裁判要旨

有义务协助法院采取保全措施的第三人,恶意侵害保全申请人的债权,拒不协助保全,或者采取其他措施妨害保全,导致最终裁判文书无法执行,申请人债权无法实现而受到损害的,该第三人应当对申请人承担侵权行为损害赔偿责任。

基本案情

原告:上海普鑫投资管理咨询有限公司

法定代表人:季文,该公司董事长

被告:中银国际证券有限责任公司

法定代表人:许刚,该公司董事长

原告上海普鑫投资管理咨询有限公司(以下简称普鑫公司)因与被告中银国际证券有限责任公司(以下简称中银国际)财产损害赔偿纠纷一案,向上海市徐汇区人民法院提起诉讼。

原告普鑫公司诉称:上海市第一中级人民法院(以下简称一中院)在审理本案原告诉另案被告上海嘉恒实业发展有限公司(以下简称嘉恒公司)、深圳市唯美特信息咨询有限公司(以下简称唯美特公司)、上海腾武企业发展有限公司(以下简称腾武公司)委托合同纠纷一案期间,执行法官依原告申请,于 2004 年 5 月 21 日到唯美特公司指定证券交易的中银营业部要求查询、冻结该公司资金账户下 151 个股东账户的股票。其时,本案被告认为其自身亦持有对该公司的债权,故被告明知唯美特公司资金账户实际存在,只是将名字改为"唐静",却谎称营业部没有该公司的账户。当法官出示下挂于唯美特公司名下的 5 个股票账户时,被告又予推托,拒绝协助冻结。5 月 24 日上午,被告未经唯美特公司同意,私自陆续将唐静名下的 549 万股"中房股份"转移到中银国际下属的各地营业部,以规避保全,致使一中院仅冻结到唐静名下的 5 个股东账户。同月 26 日,法官再次至中银国际办理唐静名下剩余 146 个股东账户冻结手续,中银国际又要求法院到该公司下属的外地营业部去办理手续,而实际上,中银国际已经擅自将唐静名下的 143 个股东账户,从外地营业部转移至中银国际上海欧阳路证券营业部,并且还向上海市第二中级人民法院(以下简称二中院)起诉唯美特公司并申请财产保全。同日,二中院在上海欧阳路营业部冻结了相关账户。6 月 3 日,本案原告与另案被告嘉恒公司、唯美特公司、腾武公司之间的纠纷以调解结案,被告嘉恒公司应给付本案原告人民币(以下币种同)6220 万元并承担受理费 321 010 元及保全费 300 520 元。调解书生效后,原告共收到执行回款 40 181 600 元,余款 22 639 930 元始终未获清偿。故原告诉至法院,请求判令被告赔偿原告按照 2004 年 6 月 7 日 538 万股"中房股份"市值 19 045 200 元及以该款为基数,自 2004 年 6 月 7 日至判决生效之日止,按中国人民银行同期贷款利率计算的利息损失。

被告中银国际辩称:其行为不构成侵权,原告普鑫公司在申请保全过程中自身存在的重大过失是其未能成功冻结款项的原因。不同意原告的诉请。

上海市徐汇区人民法院一审查明:

2004 年 5 月 11 日,唯美特公司向中银国际广元西路证券营业部出具声明书,申请将其开设的资金账号户名更改为唐静,并声明该账户下的资产属其所有。当月 20 日,一中院对普鑫公司诉嘉恒公司、唯美特公司、腾武公司一案出具裁定书,冻结唯美特公司原在中银国际所属各证券营业部开立的 151 个股东账号项下的证券、资金。当月 21 日,一中院执行法官到唯美特公司指定证券交易的中银国际上海广元西路证券营业部,要求查询、冻结相关股票及资金账户余额,并向中银国际上海广元西路证券营业部提供了5个股东账号作为查询线索。执行法官在向中银国际出具查询介绍信的同时,还向其送达了查封、冻结嘉恒公司、唯美特公司、腾武公司6220万元财产的民事裁定书。但中银国际告知执行法官如需打印账户资料,须到中银国际总部办理相关查询转批手续。该日,中银国际遂未同一中院办理冻结措施。当月24日上午,中银国际未经唯美特公司同意,擅自陆续将唐静名下146个股东账户中的5491089股"中房股份"的指定交易由中银国际上海广元西路营业部转移到中银国际下属在牡丹江、天津、武汉和重庆的四处营业部,仅留下一中院在当月21日提供的5个股东账户名下235242股"中房股份"。24日下午,一中院向中银国际送达了冻结唐静在中银国际上海广元西路营业部开设的资金账户名下全部股票、其他证券和资金余额(股票:572万股"中房股份")的协助执行通知书和民事裁定书。中银国际遂协助一中院冻结了上述5个留在广元西路营业部的股东账户中的235242股"中房股份"股票。同月26日上午,一中院再次至中银国际总部办理唐静名下剩余146个股东账户的股票冻结手续,并再次向中银国际送达了相关协助执行通知书及民事裁定书。中银国际又要求一中院到中银国际下属在牡丹江、天津、武汉和重庆的四处营业部去办理手续,并称唯美特公司的股票已质押给中银国际,且法院若要冻结股票,应到营业部去办理。一中院则要求中银国际对此备案,今后若有其他法院冻结此151个股东账号项下股票,中银国际应告知已被一中院冻结。同日,中银国际再次在未经唯美特公司同意的情况下,擅自将唐静名下的143个股东账户(注:账户内股票合计5380719股"中房股份")的指定交易从牡丹江、天津、武汉和重庆四处营业部转移到中银国际上海欧阳路营业部,仅在天津和武汉留下3个股东账户(注:该3个账户项下股票合计110370股"中房股份")。此时,二中院亦已于当日对中银国际起诉嘉恒公司、唯美特公司委托合同纠纷一案作出裁定书,冻结嘉恒公司和唯美特公司银行存款54559050元或查封等值财产及权益。中银国际则立即为二中院办妥了诉争5380719股"中房股份"的冻结手续。次日,一中院分赴天津和武汉,将中银国际留下的三个股东账户内的110370股"中房股份"予以冻结。

2004年6月3日,一中院就普鑫公司诉嘉恒公司、唯美特公司、腾武公司委托合同纠纷一案出具(2004)沪一中民三(商)初字第144号民事调解书,确认嘉恒公司于同月7日向普鑫公司支付6000万元及利息220万元,受理费合计621530元亦由嘉恒公司承担,唯美特公司、腾武公司对嘉恒公司的上述债务承担连带担保责任。同月21日,一中院根据上述民事调解书作出(2004)沪一中执字第417号民事裁定书,冻结、扣划被执行人嘉恒公司、唯美特公司、腾武公司银行存款62 886 332元及相应利息。同年8月16日,一中院对中银国际上海广元西路营业部发出公函,要求其纠正有关错误行为,并对唯美特公司持有的股票实施查封。当月17日,中银国际复函一中院,称其不存在未按规定协助法院办理查封手续的问题。同年9月9日,东方证券股份有限公司(以下简称东方证券)提交变更执行人申请书,称普鑫公司已将上述民事调解书项下的债权整体转让给东方证券,据此申请将执行申请人变更为东方证券。但该申请未获一中院准许。

2005年4月,二中院就中银国际起诉嘉恒公司、唯美特公司等委托合同纠纷一案作出判决,判决唯美特公司不对中银国际承担责任。该案后经二审判决,唯美特公司仍不向中银国际承担责任。同年10月28日,兰州铁路公安局到中银国际上海欧阳路证券营业部办理了诉争股票的轮候冻结手续。同年11月,一中院出具裁定书,裁定(2004)沪一中民三(商)初字第144号民事调解书中止执行。至此,普鑫公司在该案共计收到执行回款40181666.41元,余款22639863.59元始终未获清偿。2007年5月,诉争股票被之前实施轮候冻结的兰州铁路公安局转至兰州铁路运输中级法院予以了处理。2011年6月13日,东方证券向普鑫公司出具函件,解除双方的《债权转让协议》,并明确剩余22639930元应由普鑫公司自行通过法律手段收回,普鑫公司回函同意。同年10月20日,普鑫公司提起本案诉讼。

争议焦点

本案的争议焦点是:中银国际转移证券、妨害法院进行财产保全的行为,是否侵害财产保全申请人即普鑫公司对被申请人享有的债权。普鑫公司就其债权受损,可否依照《侵权责任法》请求中银国际承担侵权赔偿责任。

一审法院认为

上海市徐汇区人民法院一审认为:

中银国际在明知普鑫公司已通过一中院对唯美特公司实施财产保全的情况下,未经唯美特公司同意,擅自以变更指定交易的方式违法转移唯美特公司财产,使法院针对普鑫公司债权所采取的保全措施因此大部分落空,并最终导致普鑫公司在该案的诉讼债权未获全额清偿。中银国际上述转移财产的行为主观恶意明显,该行为同普鑫公司因债权未获清偿所产生损失的因果关系也相当明确,故中银国际对普鑫公司侵权的事实成立。鉴于普鑫公司对诉争损失的造成不负任何过错,故中银国际应赔偿普鑫公司因侵权引起的全部损失。现普鑫公司主张由中银国际按照诉争股票在生效民事调解书确定的给付之日的市值计付赔偿数额以及据此计算利息损失的起算日期,予以支持。虽然法院查明的被转移股票数略大于普鑫公司主张数额,但根据不告不理原则,本案对该部分超额股票不予处理。

一审法院判决

据此,上海市徐汇区人民法院根据《中华人民共和国侵权责任法》第六条第一款、第十五条第一款第(六)项的规定,作出如下判决:中银国际应于判决生效后十日内赔偿普鑫公司19045200元,并按中国人民银行同期公布的1年期流动资金贷款基准利率赔偿普鑫公司上述款项自2004年6月7日起至判决生效之日止的利息损失。

上诉

一审判决后，中银国际及普鑫公司均不服，向一中院提起上诉。中银国际称，原审判决对于中银国际构成侵权行为的事实认定错误，其不构成侵权，且其行为与普鑫公司受损害之间不具有因果关系，故请求撤销原判，改判驳回普鑫公司的原审全部诉请。普鑫公司称，原审判决正确，但对利息计算的利率有误，要求改判中银国际按中国人民银行公布的同期贷款基准利率赔偿普鑫公司的利息损失。

一中院经二审，确认了一审查明的事实。

二审法院认为

一中院二审认为：普鑫公司诉请中银国际承担侵权行为损害赔偿责任，此以普鑫公司存在受《中华人民共和国侵权责任法》保护的权利为前提。该法第二条第二款规定："本法所称民事权益，包括生命权、健康权、姓名权、名誉权、荣誉权、肖像权、隐私权、婚姻自主权、监护权、所有权、用益物权、担保物权、著作权、专利权、商标专用权、发现权、股权、继承权等人身、财产权益。"本案中，普鑫公司因对唯美特公司执行无着而提起诉讼，其受损害者，实质是普鑫公司对唯美特公司所享有的债权。债权在前述法律条款中并未特别列举，至于其是否属于该条款所称"财产权益"，换言之，债权是否在侵权法保护之列，二审认为，侵权法旨在调和、平衡被害人损失，填补与社会公众行为自由两种利益，实现被害人保护、维持社会一般行为自由以及吓阻违法行为的有机统一。因其要求行为人对社会上所有他人的权利负有一般性的注意义务，不以行为人与该他人间有何种法律关系为前提，因此，该他人受法律保护的权利原则上须为绝对权（如所有权、人格权），即可以让社会公众知晓该权利的存在。而债权系债权人与债务人间相对性的权利，不易为外部获知，如要求外部的行为人对债权保护负有注意义务，则行为人难免遭受不测之损害，社会公众亦将因对其自身行为所可能产生的后果无法预见而致其行为自由受到过度约束，在被害人保护与社会一般行为自由的法益衡量上有失均衡，故债权不应与绝对权受同等程度之法律保护。但是债权并非被完全排除在侵权法的保护范围之外，如果行为人明知他人存在或有可能存在的债权，而恶意加以侵害的，即无上述遭受不测损害之虞，此种情形下，使行为人对其积极追求的损害后果承担侵权赔偿责任，始能实现侵权法平衡法益的制度功能，保护合法权益、吓阻违法行为。

本案中，中银国际在收到一中院的保全通知和相关民事裁定书之后，对于普鑫公司对唯美特公司可能享有的债权即已处于明知状态，但其非仅拒不协助办理保全手续，反而未经唯美特公司同意，将证券从上海广元西路营业部转移至全国四地，又要求执行法官自行前往各该地办理保全手续，明显存在转移财产、妨害法院采取保全措施的故意。再结合中银国际在二中院起诉唯美特公司的案件，中银国际在二中院依其申请准许保全之后，立即将绝大部分证券又从上述四地转回上海欧阳路营业部，并于当日即与二中院办妥保全手续，足以认定中银国际明显系出于其自身利益考虑,恶意阻挠普鑫公司申请在先的保全,以此非法手段争夺财产保全的次序,其侵害普鑫公司合法权益的恶意至为明显。综合上述分析,中银国际存在恶意侵害普鑫公司债权的行为,普鑫公司有权就其债权受损依照《侵权责任法》请求保护。

中银国际另称,其行为与普鑫公司债权受损之间不存在因果关系。对此,二审认为,侵权法意义上的因果关系的成立,应同时具备以下两项要件:其一,若无此行为,即不会产生损害;其二,依社会通念判断,若有此行为,则通常均会产生此种损害后果。就本案观察,一方面,若中银国际能协助一中院进行保全,则普鑫公司的债权不至于执行无着;另一方面,中银国际妨害保全的行为,依社会通念判断,足可造成债务人转移隐匿财产,或者该财产被其他权利人保全等各种危及债权人实现权利的情况,本案中唯美特公司的证券也正是在普鑫公司保全不成后,遭他人轮候查封,最终导致普鑫公司遭受损害。综上,中银国际的行为与普鑫公司受到损害之间,存在侵权法意义上的因果关系。故对中银国际的该项意见,不予采信。

综据上述,原审判决中银国际向普鑫公司承担侵权行为损害赔偿责任,并无不当,中银国际的上诉理由不能成立。

对于普鑫公司的上诉理由,二审认为,原审法院按中国人民银行同期公布的一年期贷款基准利率支持普鑫公司要求赔偿利息的诉请,并无不当,普鑫公司上诉请求变更利息计算方式,缺乏法律和合同依据,二审不予采信。

二审法院判决

综上,原审认定事实清楚,适用法律正确,程序合法。一中院依照《中华人民共和国民事诉讼法》第一百五十三条第一款第(一)项及第一百五十八条之规定,判决如下:

驳回上诉,维持原判。

[选自《最高人民法院公报》2014 年第 10 期(总第 216)]

164. 当事人向法院申请采取保全措施是否错误的认定

【公报案例】

李正辉诉柴国生财产损害赔偿纠纷案

[最高人民法院(2012)民申字第 1282 号]

❖ 裁判摘要

向人民法院申请采取保全措施是当事人的诉讼权利,但申请有错误的,申请人应当赔偿被申请人因保全所遭受的损失。如何判断当事人的申请是否错误,《中华人民共和国民事诉讼法》对此并没有作出规定。判断申请人的申请是否存在错误,应当结合具体案情,通过审查申请人是否存在通过保全损害被申请人合法权益的过错、保全的对象是否属于权属有争议的标的物、被申请人是否存在损失、是否为了保证判决的执行等因素予以考虑,不宜简单地以判决支持的请求额与保全财产数额的差异判断申请人是否有错误。

❖ 基本案情

再审申请人(一审原告、二审上诉人):李正辉

被申请人(一审被告、二审被上诉人):柴国生

再审申请人李正辉因与被申请人柴国生财产损害赔偿纠纷一案,不服广东省高级人民法院(2011)粤高法民一终字第87号民事判决,向最高人民法院申请再审。最高人民法院依法组成合议庭对本案进行了审查,现已审查终结。

李正辉申请再审称:

(一)柴国生在另案(最高人民法院[2009]民二终字第43号,以下简称"43号案")一审时,申请保全了李正辉名下广东雪莱特光电科技股份有限公司(以下简称雪莱特公司)6186180股股票(保全当日2007年9月28日雪莱特公司股票收盘价为每股17.2元,约10640万元)及两处房产、一辆机动车(价值约220万元),总共价值10860万元,但法院最终只支持了柴国生2374万元(法院生效判决判令李正辉向柴国生退还雪莱特公司股票348259股及赔偿1929余万元。判决生效之日,雪莱特公司股票价格为每股12.77元)的诉讼请求。柴国生超标的申请查封了8486万元,超过合理范围,属于保全错误。原审判决未能认定柴国生的保全错误行为,属于法律适用错误。

(二)最高人民法院(2010)民申字第572号案件(以下简称"572号案")与本案案情类似,根据该案中的裁判观点,本案柴国生的超额错误保全行为构成侵权。

(三)柴国生错误申请保全,应当承担保全期间标的物价值贬损的风险。柴国生对李正辉所持股票申请保全,限制了李正辉对股票的处分权,根据权利义务相适应的原则,柴国生应当承担股票价格波动造成的价值贬损的风险。雪莱特公司股票在被保全期间发生价格下跌,属于柴国生申请保全应当预见和承担的风险,柴国生应当承担该部分损失的赔偿责任。这种责任包括三方面:一是李正辉所持股票在禁售期内,发生了贬值损失。这部分损失应由柴国生予以赔偿。二是在李正辉所持股票可自由流通后的股价损失,该损失应按该股票解禁日与解封日价值之间的差额计算。原审判决已查明相关事实却未能判决支持,于法无据。三是柴国生保全李正辉巨额财产,应当赔偿李正辉因此遭受的该期间利息损失。柴国生对李正辉的财产采取诉讼保全,限制了李正辉的处分权,导致李正辉无法利用被保全的财产从事经营活动。因此,判令柴国生赔偿超额保全部分财产在保证期间的利息

损失,是公平合理的。

(四)柴国生的错误保全和未能及时解除保全,致使李正辉处分股票需缴纳税费,该部分税费应由柴国生承担。原审判决未能支持李正辉该项请求是错误的。

综上,李正辉依据《中华人民共和国民事诉讼法》第二百条第六项的规定请求再审本案。

柴国生提交书面答辩意见认为,柴国生在"43 号案"中的保全申请行为符合法律规定,不存在申请错误的情形;李正辉认为柴国生保全申请错误没有任何事实和法律依据。李正辉在再审申请中陈述的其所持有的股票在保全期间发生的贬值损失根本不存在,更不存在股价利息损失;李正辉以雪莱特公司股票在限售期内的历史最高点价格计算其损失并要求柴国生赔偿毫无依据。李正辉称由于柴国生在股权纠纷案终审判决后没有及时向法院申请解封标的物,导致其增加了个人所得税的支出,并要求柴国生赔偿其损失毫无依据。李正辉依法缴纳个人所得税是其作为公民的法定义务。故请求驳回李正辉的再审申请。

法院认为

(一)关于柴国生在"43 号案"中申请保全是否存在错误的问题

《中华人民共和国民事诉讼法》第一百条第一款规定:"人民法院对于可能因当事人一方的行为或者其他原因,使判决难以执行或者造成当事人其他损害的案件,根据对方当事人的申请,可以裁定对其财产进行保全、责令其作出一定行为或者禁止其作出一定行为;当事人没有提出申请的,人民法院在必要时也可以裁定采取保全措施。"第一百零五条规定:"申请有错误的,申请人应当赔偿被申请人因保全所遭受的损失。"根据这些规定,申请保全是当事人的诉讼权利,但如果权利行使不当,造成他人财产损失的,应当予以赔偿。在"43 号案"中,柴国生提起诉讼的原因是其认为讼争股票依据双方签订的协议在李正辉服务不满五年的情况下应全部返还,为保证将来判决得以执行,对所涉股票申请了保全,其行为本身不具备违法性。虽然生效判决未支持柴国生的全部诉讼请求,但就案件的证据而言,不足以认定柴国生具有通过保全来损害李正辉财产的故意或明显过失。同时,财产保全制度的设立目的是为了保护当事人的合法权益和保证将来人民法院生效的裁判文书得以执行。人民法院采取保全措施,必然会使得被保全的当事人不能自由地对被保全的财产进行事实上或法律上的处分。因此,仅以法院生效判决支持的诉讼请求额少于保全财产数额来判断柴国生保全错误,与民事诉讼法规定的保全制度不符。

(二)关于柴国生的保全行为是否给李正辉造成了股票损失的问题

根据《中华人民共和国民事诉讼法》第一百条和第一百零五条的规定,只有在申请人的保全申请有错误时,才应赔偿被申请人因此所遭受的损失。股票的价格是波动的,从双方提供的雪莱特公司股票的价格变动情况来看,虽然在查封之日即

2007 年 9 月 28 日雪莱特公司股票的价格为 17.2 元/股,但根据《中华人民共和国公司法》第一百四十二条第一款"发起人持有的本公司股份,自公司成立之日起一年内不得转让。公司公开发行股份前已发行的股份,自公司股票在证券交易所上市之日起一年内不得转让"的规定,雪莱特公司的股票首次公开发行的时间是 2006 年 10 月 25 日,也就是说最早要到 2007 年 10 月 25 日,李正辉名下的股份才能上市交易,即使柴国生没有申请法院采取保全措施,李正辉也不可能在 2007 年 10 月 16 日将其名下的股票变现。2007 年 8 月 28 日李正辉从雪莱特公司离职,根据《中华人民共和国公司法》第一百四十二条第二款"公司董事、监事、高级管理人员离职半年内,不得转让其所持有的本公司股份"的规定,在 2008 年 2 月 27 日前,李正辉作为该公司的高管人员不能转让其所持有的公司股份。从 2008 年 2 月 28 日至 2010 年 2 月 22 日的股票价格变动情况来看,2008 年 2 月 27 日至 2010 年 2 月 22 日期间雪莱特公司的股票日平均收盘价为 8.41 元/股。其中 2008 年 11 月 4 日股票收盘价仅为 3.75 元/股,到深圳市中级人民法院解封之日的 2010 年 2 月 22 日,当日股票收盘价已涨为 9.46 元/股。如果按 2008 年 11 月 4 日的 3.75 元/股的股价计算,扣除应退还给柴国生的 348 259 股股票及股票变现后应缴纳的个人所得税,剩余股票价值与柴国生申请保全的股票价值基本相当。李正辉以雪莱特公司股票价格的最高点来计算其损失并请求由柴国生赔偿没有依据,依法不应支持。由于股市的特殊性,其风险无法预见,以股票价格的波动来认定柴国生申请保全的行为侵害了李正辉的合法权益没有合理性。另外,在查封期间,李正辉未向法院或柴国生提出过要对被保全的股票进行交易、变卖,也未依法申请置换查封物。

李正辉持有股票在禁售期届满后,在被查封期间,如果认为其存在损失,则存在如何计算损失的问题。从双方当事人提供的材料分析,从 2008 年 2 月 28 日起至 2010 年 2 月 22 日期间,雪莱特公司股票收盘价,最高为 15.33 元/股,最低为 3.75 元/股,日平均收盘价为 8.41 元/股,低于解封日的价格。如果认为李正辉持有的股票在查封期间存在损失,难以确定计算其损失的股票基价。对比 2008 年 2 月 28 日至 2010 年 2 月 22 日期间的平均价与 2010 年 2 月 22 日的股价,李正辉不存在损失。李正辉后出售其股票共获利 84357958.45 元。

(三)关于税收损失应由谁承担的问题

李正辉在再审申请中还提出,判决生效后柴国生没有及时向人民法院申请解封标的物,导致其增加了个人所得税的支出,应由柴国生赔偿。2009 年 12 月 31 日财政部、国家税务总局、证监会发布《关于个人转让上市公司限售股所得征收个人所得税有关问题的通知》规定自 2010 年 1 月 1 日起,对个人转让限售股取得的所得,征收个人所得税。2009 年 9 月 4 日李正辉签收"43 号案"的二审判决,其应当按照判决所确定的内容自觉履行义务,但其没有主动履行,应当承担由此产生的不利的法律后果。税收是国家征收的,与申请保全行为没有必然联系。李正辉再审申请中提出由柴国生赔偿其多支付的个人所得税损失没有依据,本案二审判决未予以支持是正确的。

(四)关于本案与"572号案"的关系问题

"572号案"虽然与本案皆是因申请财产保全引起的纠纷,但两案有重大差别:一是被保全人是否存在损失。"572号案"中,当事人申请保全的标的物是电子产品等,不宜采取保全措施,本案柴国生申请查封的财产主要是雪莱特公司的股票。依现行市场行情,电子产品的价格呈下降趋势;股票价格呈波动趋势,有涨有跌。"572号案"的被保全人确有损失,而本案被保全人并无损失。二是被保全的当事人过错情形不同。"572号案"的保全申请人乐金飞利浦曙光电子有限公司和被保全人东莞牡丹电视机厂对被保全财产的损失的产生均有过错,而本案中难以认定柴国生申请保全存在过错。"572号案"驳回双方当事人的再审申请出于平衡双方利益及该案的实际情况考虑,并未确定判断保全错误的标准。实际上,对本案有参考意义的案例是最高人民法院(2011)民申字第271号案,该案明确了对权属有争议的标的物申请保全不构成保全错误的意见。

法院裁定

综上所述,李正辉的再审申请不符合《中华人民共和国民事诉讼法》第二百条第六项规定的情形。依照《中华人民共和国民事诉讼法》第二百零四条第一款规定的情形,裁定如下:驳回李正辉的再审申请。

[选自《中华人民共和国最高人民法院公报》(2014年卷)]

第十章 审理程序

第一节　普通程序概述

165. 商事办案审理步骤规范

【审判专论】

诉讼标的是确定请求权基础的前提，而确定的请求权基础又是案件审理的逻辑起点和方向。鉴于此，我们在确定以传统诉讼标的理论为基础，辅以法官释明的诉讼标的确定模式的情况下，围绕上述三个核心要素，结合审判实践需要，归纳了一套商事办案的审理步骤。

第一步，复查案件的受理条件。此步骤旨在复核仲裁协议、法定前置程序、诉讼费收取等立案阶段遗漏或者暂缓处理的程序性问题。

第二步，审查当事人的主体资格。此步骤旨在确定案件适格的当事人。

第三步，审查原告的诉讼请求。此步骤旨在固定原告诉讼请求，为确定原告的请求权基础做好铺垫。此步骤的关键在于，要求法官根据确认之诉、给付之诉、形成之诉等不同的诉讼类型，辅以释明等手段，审查确定原告明确、具体的诉讼请求，以便于接下来确定请求权基础。

第四步，审查原告主张的请求权基础。此步骤乃商事办案思路之核心，旨在审查、确定原告主张的法律关系，并在该法律关系上进行审理。此步骤根据传统诉讼标的理论，强调“一案一法律关系”，强调法律关系是确定审理思路的逻辑起点，必须予以审查、确定。对于原告主张的法律关系不明，或与法院认定的不一致，或请求权发生竞合等情形，则要求法院基于彻底解决纠纷的民事诉讼原则，进行必要的释明，引导、帮助当事人予以明确。只有请求权基础确定了，案件的审理方向和法官的审理思路才会清晰，才会避免偏差。随之而来的事实认定、诉的合并、既判力客观范围确定等问题，也会迎刃而解。

第五步，审查被告的答辩要点。此步骤旨在审查确定被告的答辩内容，一是判断是否构成反诉,二是便于法官接下来归纳、整理争议焦点。

第六步,归纳争议焦点。根据原被告的诉辩主张归纳争议焦点,争议焦点确定了,案件的审理方向也就确定了。

第七步,寻找实体法律规范。案件的审理方向确定了,法官就要进入"找法"的过程,寻找相应适用的实体法律规范,并根据该实体法律规范,明确需要逐项审理的法律构成要件。

第八步,审查证据并认定事实。第八步旨在围绕争议焦点和实体法律规范的构成要件,组织当事人进行举证、质证,并根据证据规则认定案件事实。

第九步,根据认定的事实作出裁判。第九步旨在将查明的案件事实,与实体法律规范的构成要件,逐一进行分析比对,根据比对结果作出裁判,原告主张事实完全符合某法律规范所规定的法律构成要件,即予支持,反之,不予支持。

(上海市高级人民法院课题组:《商事办案思路与诉讼标的理论研究》)

166. 自由裁量权行使的方式及规制和保障机制

【审判专论】

(一)自由裁量权行使的条件、原则和方法

1. 自由裁量权行使的条件。自由裁量权存在于案件审理的各个阶段,但并不是所有案件都存在自由裁量权。一般来说,以下几种情况可允许法官行使自由裁量权:一是法律明确授权的。法律授权可以是直接授权根据案件具体情况进行裁量,也可以是授权从几种法定情形中选择其一进行裁量,或者在法定的范围、幅度内进行裁量。二是法律虽未明确授权,但由于其所使用的表述不够具体、明确,无法为法官提供确定结论的,法官需要结合案件具体情况行使自由裁量权,对法律精神、规则或者条文进行阐释。三是事实认定过程。法官在证据材料的搜集、证据证明力的认定以及证明标准的判断等方面都不可避免存在裁量空间。当然,并不是所有案件事实的认定都存在自由裁量权,证据规则具体、明确的,只能严格依照证据规则作出判断,不能行使自由裁量权。四是出现法律没有规定的新类型案件时,法官需行使自由裁量权,根据法律原则和精神对案件进行审理。需要强调的是,法律明确规定的,法官不应违背法律规定行使自由裁量权。

2. 自由裁量权行使的原则。自由裁量权体现于具体案件审理中,个案特殊性决定自由裁量权行使无法设立具体规则,但可以通过原则对自由裁量权使提供方向性指引。当前,我国司法裁判技术尚不成熟,加强自由裁量权的原则规范尤为必要,具体可以包括以下几项原则:一是合法原则。行使自由裁量权应当具备相应条件,遵循法定程序,符合法律、法规和司法解释的精神以及基本法理的要求,不能违反法律明确、具体的规定,这是对自由裁量权行使最基本的要求。二是合理原则。行使自由裁量权要充分考虑公共政策、社会主流价值观念、社会发展的阶段性、社会公众的认同度等因素,正确把握不同审判工作的裁判理念,正确处理好公共利益与个人利益、人身利益与财产利益、生存利益与商业利益的关系,确保裁判结果应符合社会发展方向,努力实现法律效果与社会效果的统一。三是公正原则。行使自由裁量权应坚持实体公正与程序公正并重,在程序上应严格保持中立,平等对待各方当事人,不能有所偏袒,在实体上应注重裁量结果与社会公众对公平正义普遍理解的契合性,裁判结果应符合司法公平正义的要求。四是公开原则。公开原则是指应通过适当的方式,公开自由裁量过程中所涉及的程序、方法、结果等事项,做到裁量过程公开、裁量理由公开、裁量结果公开。五是审慎原则。审慎原则要求行使自由裁量权时,应增强责任意识,在充分理解法律精神、依法认定案件事实的基础上,审慎作出裁判,不得随意、草率行使自由裁量权。

3. 自由裁量权行使的方法。司法裁判方法是法官根据现有法律规范为具体个案寻找结论的方法,统一司法裁判方法是正确行使自由裁量权的重要保障。审判实践中,通过司法裁判方法能够获得确定结论的,不能行使自由裁量权;需要行使自由裁量权的,应当明确自由裁量权存在的环节,并运用正确的方法,实现自由裁量权行使的标准化、客观化。从审判过程来看,司法裁判方法包括事实认定方法、法律发现方法、法律解释方法、法律适用方法等。其中,法律解释方法包括狭义法律解释方法和法律漏洞填补方法。前者指文义解释、体系解释、历史解释和目的解释以及不确定概念具体化等方法;后者指当然推理、类推适用、目的性扩张、目的性限缩以及非正式法律渊源补充等方法。当前,理论界与实务界对司法裁判方法已经进行大量研究,对一些方法已经形成相对统一的观点,审判实践中应当正确运用这些方法。此外,在一些疑难复杂案件中,应正确利用利益衡量方法行使自由裁量权。利益衡量包括客观利益的衡量以及价值取舍。利益衡量必须注意与法条结合,通过衡量得出的结论不能离开法律理由的说理和论证,必须经得起法律规范以及相关法学理论的检验,以免沦为个人的任意决断。

(二)自由裁量权行使的程序制约机制

我国当前所处的历史发展阶段和特殊国情决定自由裁量权有其存在的必要性和正当性,应予充分肯定。从我国司法机关的定位以及司法环境来看,当前应以加强"规范"行使自由裁量权为目标。

第一,司法机关的地位决定应规范自由裁量权。根据我国《宪法》和《人民法院组织法》的规定,全国人民代表大会是最高国家权力机关,法院是由全国人民代表大会以及地方各级人民代表大会选举产生并对其负责的,除了最高人民法院可以制定司法解释外,立法权和法律解释权都归属于全国人民代表大会和全国人民代表大会常委会,法院只能严格根据法律的规定审理案件。从这个角度来看,我国的司法机关更多是立法的执行机构,其主要职能是根据法律规定审理案件,没有创造法律和解释法律的权限。因此,自由裁量权应受严格规制。

第二,司法裁判技术的不成熟要求加强自由裁量权的规范。不管是英美法系还是大陆法系的自由裁量权问题,都是以成熟的司法裁判技术存在为基础的。英美法系倡导自由裁量权,是因为其所坚持的遵循先例原则导致了法律的僵化,需要法官行使自由裁量权进行突破。我国经过 30 多年的法治建设,民商立法得到很大的发展,但统一司法裁判方法尚未形成,司法裁判技术仍较为粗糙,对法官解释法律、认定事实的拘束有限,造成法官存在较大自由裁量权的表象。在此情况下,应尽快建立统一司法裁判方法,提高广大法官司法裁判能力,引导法官正确行使自由裁量权。

第三,司法外部环境要求加强自由裁量权的规范。自由裁量权的行使对法官个人的能力、知识与经验要求较高,而当前我国广大法官的个人素养和业务水平尚未完全达到这一要求,自由裁量权容易被不当行使。同时,我国当前司法体制改革尚未完全到位,法院审理案件在个别情况下仍可能受一些外部因素的影响。这导致了法官有时难以正确行使自由裁量权,“同案不同判”现象较为突出,不仅严重损害当事人的合法权益,而且影响了人民法院和法官在当事人和社会大众面前的公正形象。因此,客观的司法环境要求加强自由裁量权的规范,实现司法公正。

公正的程序能够消除法官在案件审理中可能存在的恣意因素,促使法官将法律正确适用于具体案件,实现实体公正。同时,公正程序具有独立的价值,能够增强当事人对裁判结果的认同度,实现裁判的正当性。自由裁量权的行使欠缺具体的实体标准,强化程序规范尤为重要。

1. 强化诉讼程序规范。民事诉讼法以及相关司法解释对案件的起诉、受理、开庭、举证、质证、辩论、认证、裁判等审理环节进行了规定,法官行使自由裁量权应当严格遵循以上相关规定。在民商事案件中,应特别强调当事人诉讼权利对法官自由裁量权的制约。首先,应充分保障当事人的申请回避权,防止非正当因素可能对行使自由裁量权产生的负面影响。其次,应充分尊重当事人在诉讼中的处分权,法官一般只能在当事人的诉讼请求范围内行使自由裁量权。当事人放弃或者未主张的,应该予以尊重。最后,应依法保障当事人的辩论权。应进一步完善庭审程序,提高庭审质量,通过庭审解决自由裁量权行使中的难点问题;对可能影响当事人实体性权利或程序性权利的自由裁量事项,应将其作为争议焦点,允许当事人进行辩论;未经过充分质证、辩论的证据裁量不得作为裁判依据。此外,应充分保障当事人的知情权,当事人对自由裁量权行使提出疑问的,法官应对行使自由裁量权的依据、考量因素等事项予以释明。

2. 强化审判组织规范。审判组织是行使自由裁量权的主体,强化审判组织建设,是保障自由裁量权正确行使的重要途径。因此,应对行使自由裁量权的审判组织进行规范,提高自由裁量权行使的质量。首先,应加强对独任审判员的规范。当前,我国大部分案件是由独任审判员审理,这些案件有部分涉及自由裁量问题。为减少自由裁量权行使中的随意性,应通过合理的程序对独任审判员行使自由裁量权进行规范。当然,对独任审判员的程序规范应注意可行性,在案多人少矛盾十分突出的情况下,过于复杂的程序对广大基层法院可能是个无法承受的负担。其次,应强化合议庭审判职责。合议庭全体成员应依法履行职责,平等参与案件的审理,并对行使自由裁量权的问题进行重点评议。最后,应充分发挥审判委员会对自由裁量权行使的把关作用,对一些可能影响当事人重大实体性权利或程序性权利的事项,且有重大争议的,应由审判委员会讨论决定。

3. 强化裁判文书规范。裁判文书是审判行使的最终格式的体现,加强裁判文书规范,公开裁判过程,可以对法官行为形成有效制约,也可以使当事人了解裁判过程,提高司法裁判公信力和权威性。自由裁量权的行使是法官个人主观选择和判断的过程,难以用外在的标准进行衡量,存在一定的隐蔽性,强化裁判文书规范,让法官通过裁判文书公开自由裁量权过程,是消除自由裁量权神秘性最为有效的方式。因此,行使自由裁量权的裁判文书应加强案件事实认定理由的论证,应公开所援引和适用的法律条文,并结合案件事实阐明法律适用的理由,充分论述自由裁量结果的正当性和合理性,使当事人能够清晰地看到法律适用于具体案件事实的逻辑过程。

4. 强化审判管理。法院承担的是审判职能,但该职能是由具体的人来履行,且离不开一定的物质基础,这就决定法院内部不可避免会有一些行政管理事务。这些行政管理事务可能与法院审判工作有所交叉、混合,甚至与审判权行使发生某种冲突,并在一定程度上会影响审判权的行使。自由裁量权的行使具有相对灵活性,受行政管理事务影响的可能性更大。因此,有必要加强法院内部的审判管理,通过法院内部管理规范,对自由裁量权的行使过程及结果进行监督,促进自由裁量结果的公正合理。首先,应完善案件流程管理制度,对立案、分案、排期、开庭、裁判、执行等各个审判环节进行规范,确保自由裁量权按照法定程序公开、公正、有序地行使。其次,应完善案件质量评查机制,探索涉自由裁量权案件的评查标准,将自由裁量权的行使纳入案件质量评查范围,对不当行使自由裁量权的情形,应结合审判质量考核的相关规定予以处理。

5. 合理规范审级监督和审判监督。审级制度和审判监督的功能在于通过纠正确有错误的裁判,统一裁判标准,保护当事人合法权益。自由裁量权的行使受法官个人主观因素影响较大,加强审级监督和审判监督可以促使法官认真履行审判职责,谨慎行使自由裁量权。值得注意的是,自由裁量权的监督应该注意监督的程度和深度,不能以一种自由裁量权取代另一种自由裁量权。因此,对下级法院依法正当行使自由裁量权作出的裁判结果,上级法院应当依法予以维持;下级法院行使自由裁量权明显不当的,上级法院才可予以撤销或变更;原审法院行使自由裁量权显著不当的,才可以按照审判监督程序予以撤销或变更。

(三)自由裁量权行使的保障机制

1.加强司法解释。任何法律都无法完全消除自由裁量权的存在,但可以通过合理的方式尽可能地将自由裁量权约束在相对合理的空间内,避免同类案件自由裁量结果差异过大,从而使自由裁量权的行使处于一个相对合理的、一般公众可接受的范围内。由于我国民商事立法领域遵循的是"宜粗不宜细"的立法思路,客观上为法官自由裁量权留下了较大空间。因此,应加强司法解释工作,细化立法中的原则性条款和幅度过宽条款,规范选择性条款和授权条款,及时清理已过时或与新法产生冲突的司法解释,保持司法解释的协调性和时效性,减少不必要的自由裁量空间。

2.加强案例指导。判例制度虽是英美法系的产物,但当前大陆法系国家和地区也都纷纷建立各种不同形式的案例制度,对新类型案件进行指导,以应对成文法的不足。最高人民法院于2010年下发了《关于案例指导工作的规定》,正式启动案例指导工作,并逐步开始发布指导性案例。为增强自由裁量权指导的针对性,应在公布的指导性案例中,有针对性地筛选出在诉讼程序展开、案件事实认定和法律适用中涉及自由裁量事项的案例,对考量因素和裁量标准进行类型化。

3.加强沟通协调。为了进一步减少同案不同判现象,应通过审判工作机制的完善统一裁量标准。法院内部应建立健全各审判机构、各审判组织之间的审判信息传递机制,及时发现自由裁量权行使中存在的问题,努力实现法院内部裁判标准统一。上级法院应建立法律适用协调机制,解决辖区法院的法律适用问题。不同法院之间应加强沟通协调,努力做到不同地区法院对同类案件裁判结果基本一致,保证正确行使自由裁量权。

4.加强法官队伍建设。司法裁判权的行使离不开具体的法官,提高自由裁量权的行使水平,应当切实加强法官队伍建设。应做好法官的选任和培训工作,提升法官的司法裁判能力;应加强法官职业道德建设,培养法官职业共同体意识,形成共同的法律价值观;应严格执行宪法、法官法的规定,加强法官职业保障,保护法官正当行使自由裁量权。此外,还应加强对自由裁量权行使的监督,对滥用自由裁量权并构成违纪违法的人员,应依据有关法律法规及纪律规定进行处理。

5.制定裁判指引。自由裁量权的范围广泛,但行使的环节相对较为集中,因此,可以对自由裁量权行使问题较为集中的案件类型开展调研,总结审判经验,制定相关裁判指引,引导正确行使自由裁量权。例如,可以就合同纠纷、公司类纠纷、金融类纠纷、侵权纠纷、物权纠纷等民商事案件的自由裁量权行使出台相应的裁判指引,保证自由裁量权的行使更为严谨、规范。

[宋晓明、雷继平、林海权:《自由裁量权的行使及其规制(下)》][①]

【司法文件】

最高人民法院关于在审判执行工作中切实规范自由裁量权行使保障法律统一适用的指导意见

法发〔2012〕7号

中国特色社会主义法律体系如期形成,标志着依法治国基本方略的贯彻实施进入了一个新阶段,人民法院依法履行职责、维护法制统一、建设社会主义法治国家的责任更加重大。我国正处在重要的社会转型期,审判工作中不断出现新情况、新问题;加之,我国地域辽阔、人口众多、民族多样性等诸多因素,造成经济社会发展不平衡。这就要求人民法院在强化法律统一适用的同时,正确运用司法政策,规范行使自由裁量权,充分发挥自由裁量权在保障法律正确实施,维护当事人合法权益,维护司法公正,提升司法公信力等方面的积极作用。现就人民法院在审判执行工作中切实规范自由裁量权行使,保障法律统一适用的若干问题,提出以下指导意见:

一、正确认识自由裁量权。自由裁量权是人民法院在审理案件过程中,根据法律规定和立法精神,秉持正确司法理念,运用科学方法,对案件事实认定、法律适用以及程序处理等问题进行分析和判断,并最终作出依法有据、公平公正、合情合理裁判的权力。

二、自由裁量权的行使条件。人民法院在审理案件过程中,对下列情形依法行使自由裁量权:

(一)法律规定由人民法院根据案件具体情况进行裁量的;

(二)法律规定由人民法院从几种法定情形中选择其一进行裁量,或者在法定的范围、幅度内进行裁量的;

(三)根据案件具体情况需要对法律精神、规则或者条文进行阐释的;

(四)根据案件具体情况需要对证据规则进行阐释或者对案件涉及的争议事实进行裁量认定的;

(五)根据案件具体情况需要行使自由裁量权的其他情形。

三、自由裁量权的行使原则。

(一)合法原则。要严格依据法律规定,遵循法定程序和正确裁判方法,符合法律、法规和司法解释的精神以及基本法理的要求,行使自由裁量权。不能违反法律

① 载《人民法院报》2012年5月23日。

明确、具体的规定。

(二)合理原则。要从维护社会公平正义的价值观出发,充分考虑公共政策、社会主流价值观念、社会发展的阶段性、社会公众的认同度等因素,坚持正确的裁判理念,努力增强行使自由裁量权的确定性和可预测性,确保裁判结果符合社会发展方向。

(三)公正原则。要秉持司法良知,恪守职业道德,坚持实体公正与程序公正并重。坚持法律面前人人平等,排除干扰,保持中立,避免偏颇。注重裁量结果与社会公众对公平正义普遍理解的契合性,确保裁判结果符合司法公平正义的要求。

(四)审慎原则。要严把案件事实关、程序关和法律适用关,在充分理解法律精神、依法认定案件事实的基础上,审慎衡量、仔细求证,同时注意司法行为的适当性和必要性,努力实现办案的法律效果和社会效果的有机统一。

四、正确运用证据规则。行使自由裁量权,要正确运用证据规则,从保护当事人合法权益、有利查明事实和程序正当的角度,合理分配举证责任,全面、客观、准确认定证据的证明力,严格依证据认定案件事实,努力实现法律事实与客观事实的统一。

五、正确运用法律适用方法。行使自由裁量权,要处理好上位法与下位法、新法与旧法、特别法与一般法的关系,正确选择所应适用的法律;难以确定如何适用法律的,应按照立法法的规定报请有关机关裁决,以维护社会主义法制的统一。对同一事项同一法律存在一般规定和特别规定的,应优先适用特别规定。要正确把握法律、法规和司法解释中除明确列举之外的概括性条款规定,确保适用结果符合立法原意。

六、正确运用法律解释方法。行使自由裁量权,要结合立法宗旨和立法原意、法律原则、国家政策、司法政策等因素,综合运用各种解释方法,对法律条文作出最能实现社会公平正义、最具现实合理性的解释。

七、正确运用利益衡量方法。行使自由裁量权,要综合考量案件所涉各种利益关系,对相互冲突的权利或利益进行权衡与取舍,正确处理好公共利益与个人利益、人身利益与财产利益、生存利益与商业利益的关系,保护合法利益,抑制非法利益,努力实现利益最大化、损害最小化。

八、强化诉讼程序规范。行使自由裁量权,要严格依照程序法的规定,充分保障各方当事人的诉讼权利。要充分尊重当事人的处分权,依法保障当事人的辩论权,对可能影响当事人实体性权利或程序性权利的自由裁量事项,应将其作为案件争议焦点,充分听取当事人的意见;要完善相对独立的量刑程序,将量刑纳入庭审过程;要充分保障当事人的知情权,并根据当事人的要求,向当事人释明行使自由裁量权的依据、考量因素等事项。

九、强化审判组织规范。要进一步强化合议庭审判职责,确保全体成员对案件审理、评议、裁判过程的平等参与,充分发挥自由裁量权行使的集体把关机制。自由裁量权的行使涉及对法律条文的阐释、对不确定概念的理解、对证据规则的把握以及其他可能影响当事人重大实体性权利或程序性权利事项,且有重大争议的,可报请审判委员会讨论决定,确保法律适用的统一。

十、强化裁判文书规范。要加强裁判文书中对案件事实认定理由的论证,使当事人和社会公众知悉法院对证据材料的认定及采信理由。要公开援引和适用的法律条文,并结合案件事实阐明法律适用的理由,充分论述自由裁量结果的正当性和合理性,提高司法裁判的公信力和权威性。

十一、强化审判管理。要加强院长、庭长对审判活动的管理。要将自由裁量权的行使纳入案件质量评查范围,建立健全长效机制,完善评查标准。对自由裁量内容不合法、违反法定程序、结果显失公正以及其他不当行使自由裁量权的情形,要结合审判质量考核的相关规定予以处理;裁判确有错误,符合再审条件的,要按照审判监督程序进行再审。

十二、合理规范审级监督。要正确处理依法改判与维护司法裁判稳定性的关系,不断总结和规范二审、再审纠错原则,努力实现裁判标准的统一。下级人民法院依法正当行使自由裁量权作出的裁判结果,上级人民法院应当依法予以维持;下级人民法院行使自由裁量权明显不当的,上级人民法院可以予以撤销或变更;原审人民法院行使自由裁量权显著不当的,要按照审判监督程序予以撤销或变更。

十三、加强司法解释。最高人民法院要针对审判实践中的新情况、新问题,及时开展有针对性的司法调研。通过司法解释或司法政策,细化立法中的原则性条款和幅度过宽条款,规范选择性条款和授权条款,统一法律适用标准。要进一步提高司法解释和司法政策的质量,及时清理已过时或与新法产生冲突的司法解释,避免引起歧义或规则冲突。

十四、加强案例指导。各级人民法院要及时收集、整理涉及自由裁量权行使的典型案例,逐级上报最高人民法院。最高人民法院在公布的指导性案例中,要有针对性地筛选出在诉讼程序展开、案件事实认定和法律适用中涉及自由裁量事项的案例,对考量因素和裁量标准进行类型化。上级人民法院要及时掌握辖区内自由裁量权的行使情况,不断总结审判经验,提高自由裁量权行使的质量。

十五、不断统一裁判标准。各级人民法院内部对同一类型案件行使自由裁量权的,要严格、准确适用法律、司法解释,参照指导性案例,努力做到类似案件类似处理。下级人民法院对所审理的案件,认为存在需要统一裁量标准的,要书面报告上级人民法院。在案件审理中,发现不同人民法院对同类案件的处理存在明显不同裁量标准的,要及时将情况逐级上报共同的上级人民法院予以协调解决。自由裁量权的行使涉及具有普遍法律适用意义的新型、疑难问题的,要逐级书面报告最高人民法院。

十六、加强法官职业保障。要严格执行宪法、法官法的规定,增强法官职业荣誉感,保障法官正当行使自由裁量权。要大力建设学习型法院,全面提升司法能力。要加强法制宣传,引导社会和公众正确认识自由裁量权在司法审判中的必要性、正当性,不断提高社会公众对依法行使自由裁量权的认同程度。

十七、防止权力滥用。要进一步拓展司法公开的广度和深度,自觉接受人大、政协、检察机关和社会各界的监督。要深入开展廉洁司法教育,建立健全执法过错责任追究和防止利益冲突等制度规定,积极推进人民法院廉政风险防控机制建设,切实加强对自由裁量权行使的监督,对滥用自由裁量权并构成违纪违法的人员,要依据有关法律法规及纪律规定进行严肃处理。

167. 民商事审判自由裁量权的规范

【审判专论】

民商事审判的自由裁量权,是指人民法院审理民商事案件,在法律规定范围内、法律规定不具体或在法律没有规定的情况下,对具体案件的程序和实体问题,酌情作出裁判的权力。规范法官自由裁量权,应当明确具体的适用条件。在民商事立法中,赋予法官自由裁量权或者没有明文赋予法官自由裁量权的情形很多,但是却没有具体规定法官自由裁量权的适用情形,没有统一的适用条件。因此,应当明确法官可以行使自由裁量权限于以下五种情形:一是法律明文规定由法院根据案件事实的具体情况进行裁量的;二是法律规定由法院从几种法定情形中选择其一裁量的;三是法律规定由法院在法定的范围、限度内裁量的;四是法律规定不具体或法律没有明确规定的;五是法律规定法院可以行使自由裁量权的其他情形。在五种情形之外的,法官不得随意行使自由裁量权。法律、法规或者司法解释已经明确规定的,不得行使自由裁量权。

民商事审判自由裁量权的行使应当遵循一定的原则和基本价值取向,不得任意行使,更不得滥用自由裁量权。自由裁量的基本价值取向应当坚持公共利益、生命和生存利益高于其他利益,符合社会的基本价值观念。行使自由裁量权要遵循公正与效率原则,坚持公正与效率并重。同时坚持自由裁量的公开性原则,自由裁量的内容和结果必须公开,在裁判文书中说明自由裁量的方法和理据,充分说理。

行使自由裁量权应当设置具体程序和方法:(1)严格依照法定诉讼程序进行,充分保障各方当事人行使诉讼权利。应根据证据规则和具体案情公正合理分配举证责任,全面客观、准确分析认定证据的证明力。对双方或一方当事人诉讼能力较低的案件,应根据办案需要依职权积极调查收集证据,并积极引导诉讼,努力实现办案程序公正与实体公正的统一。(2)应当根据民商事法律的基本原则,结合审判实践经验和法学原理,参照民事政策、民俗习惯、商业惯例和行业规则,对案件作出公正、合理的裁判。(3)应当理性合理,正确运用法律解释方法和合同解释规则,在充分认知案件法律事实的基础上,审慎进行利益衡量,裁量方法和结果应当理性合理,力求裁判结果符合公平、正义的司法理念。

行使自由裁量权的依据,也是保证裁判正当化的依据。一是依据民商事法律的基本原则进行裁量,如诚实信用原则、公平原则等;二是依据民商事审判长期积累的经验和做法;三是依据基本法理,已经达成共识的学术观点和认知;四是依据民事政策、民俗习惯、商业惯例和行业规则;五是依据指导性案例进行自由裁量,自由裁量应当参照指导性案例,如作出与指导性案例相反裁量,需提交审委会讨论决定。

行使自由裁量权应当遵循裁判尺度统一的处理规则:(1)自由裁量的案件不得适用类推原则,重大案件自由裁量应提交审委会审议。由于自由裁量的案件是根据案件的具体情况,在法律没有规定,或者规定不明确,或者在一定范围内进行裁量,判决的结果适用于个案,不一定适用于其他案件。因此,不能由此案的自由裁量类推于他案,特别是判决结果不能统一适用,其他案件的判决可能裁量的幅度和范围有所变化。对于重大案件,特别是影响范围广、涉及群体性和稳定性案件,行使自由裁量权应当由审判委员会审议,慎重作出裁判。(2)行使自由裁量权应当协调统一。同一法院的不同审判业务庭对同一类的案件应当统一自由裁量的尺度。尽管裁判结果在个案中有所不同,但裁量的依据、尺度和方法应当统一,防止同一类案件的裁判结果出现过大偏差。如发生重大争议,应提交审委会讨论决定,由审判委员会统一把握裁判尺度,统一标准,审判委员会决定的案件,也可以作为同类案件行使自由裁量权的指导性案例。(3)自由裁量的案件应当经过审批,自由裁量的裁判文书应当报批,不得由独任法官和合议庭自行签发裁判文书。(4)二审和再审案件审理中,在没有正当理由和充足依据的情况下,不得随意撤销或者改判自由裁量判决,以维护自由裁量的合法性,保障自由裁量权的行使。对于自由裁量权的行使,既要规范,也应当进行保障。民商事审判中很多案件必须进行自由裁量方可作出判决,必须保障合理的自由裁量,保障判决的合理性,保障法律效果和社会效果的统一。对于自由裁量的案件,如果仅仅以自由裁量为由改变原审判决,将会使判决的稳定性受到影响,不利于裁判尺度的统一。在二审和再审案件中,撤销或改判自由裁量判决,应当阐明正当理由和具备充足依据。

(广东省高级人民法院课题组:《关于广东省民商事案件裁判尺度不统一问题的调研报告》)

【地方意见】

广东省高级人民法院关于规范民商事审判自由裁量权的意见(试行)

为规范民商事审判自由裁量权,统一全省民商事案件的裁判尺度,依法平等保护诉讼当事人的合法权益,提高司法公信力,根据民商事法律、法规的有关规定,结合我省民商事审判实际,制定本意见。

第一条 民商事审判的自由裁量权,是指人民法院审理民商事案件,在法律规定范围内,法律规定不具体或在法律没有规定的情况下,对具体案件的程序和实体问题,酌情作出裁判的权力。

第二条 人民法院审理民商事案件遇有下列情形之一时,可以行使自由裁量权:

(一)法律明文规定由法院根据案件事实的具体情况进行裁量的;

(二)法律规定由法院从几种法定情形中选择其一裁量的;

(三)法律规定由法院在法定的范围、限度内裁量的;

(四)法律规定不具体或法律没有明确规定的;

(五)法律规定法院可以行使自由裁量权的其他情形。

第三条 法律、法规以及司法解释明确裁量条款的,人民法院不得行使自由裁量权。

第四条 审理民商事案件行使自由裁量权,应严格依照法定诉讼程序,依法充分保障各方当事人行使诉讼权利。

第五条 审理民商事案件行使自由裁量权,应当贯彻公正与效率原则,力求办案效率,依法及时公平、公正保护各方当事人的合法权益。

第六条 审理民商事案件行使自由裁量权,应当坚持公共利益高于个人利益;生命利益高于财产利益;生存利益高于商业利益等价值取向,力求办案法律效果与社会效果的统一。

民商事案件自由裁量的结果不得违反社会的基本价值观念,不得损害社会公共利益和第三人的合法权益。

第七条 审理民商事案件行使自由裁量权,应根据证据规则和具体案情公正合理分配举证责任,全面、客观、准确分析认定证据的证明力。对双方或一方当事人诉讼能力较低的案件,应根据办案需要依职权积极调查收集证据,并积极引导诉讼,努力实现办案程序公正与实体公正的统一。

第八条 审理民商事案件行使自由裁量权,应根据民商事法律的基本原则,结合审判实践经验和法学原理,参照民事政策、民俗习惯、商业惯例和行业规则,对案件作出公正、合理的裁判。

第九条 审理民商事案件行使自由裁量权,应当理性合理,正确运用法律解释方法和合同解释规则,在充分认知案件法律事实的基础上,审慎进行利益衡量,裁判结果应符合公平、正义的司法理念。

第十条 本院或同一级别法院对同一类型案件的同一法律问题,已有先行裁判作出自由裁量的,应审慎参照,不得类推。

重大、疑难、复杂案件或涉及维稳的群体性案件如需作出自由裁量,应提交本院审判委员会讨论决定。

第十一条 审理民商事案件行使自由裁量权,应当参照最高人民法院或省高级人民法院公布的指导性案例。对同一类型案件的同一法律问题,如作出与指导性案例相反的裁判,应提交本院审判委员会讨论决定。

第十二条 同一法院的不同审判庭对同一类型的民商事案件行使自由裁量权,应当建立沟通、协调机制,统一裁判尺度。对案件的程序和实体问题如有重大争议,应提交本院审判委员会讨论决定。

第十三条 审理民商事案件行使自由裁量权,应在裁判文书中说明自由裁量的方法和理据,论述自由裁量结果的正当性和合理性。

第十四条 审理民商事案件行使自由裁量权,裁判文书应当报批,独任审判法官或合议庭不能自行签发裁判文书。

第十五条 适用二审程序的民商事案件,如无正当理由和充足依据,不得撤销或变更一审法院行使自由裁量权作出的裁判。

适用再审程序的民商事案件,如无正当理由和充足依据,不得撤销或变更本院或下级法院行使自由裁量权作出的生效裁判。

本意见自2009年3月23日始施行。

168. 案由的确定

【审判专论】

第一,关于民事案由与人民法院受案范围的关系问题。2011年最高人民法院发布《关于印发修改后的〈民事案件案由规定〉的通知》(法发〔2011〕42号)(以下简称《通知》)明确要求正确认识民事案件案由的性质与功能,不得将2011年《案由规定》等同于《民事诉讼法》第108条[①]规定的受理条件,不得以当事人的诉请在《民事案件案由规定》中没有相应案由可以适用为由,不予受理或者驳回起诉,影响当事人诉权的实现。《通知》之所以作出上述规定,主要是针对审判实践中,有的法院以当事人的诉请在《案由规定》中找不到对应的案由为由,而不予立案或者驳回当事人起诉的情形。所以《通知》明确,案由仅是人民法院对民事案件进行分类管理的手段,或者说反映了人民法院受理各种民事案件的类型概况。确定某一纠纷案件是否应当受理,法院不能依据《案由规定》,而应当根据民事诉讼法关于民事案件受理条件的规定来判断。人民法院不能以案由中没有规定而剥夺了当事人的诉

① 2012年《民事诉讼法》修改为119条。

权,甚至损害当事人的合法权益。

第二,关于案由的适用顺序问题。2011 年《案由规定》同样延续 2008 年《案由规定》的划分体例,将民事案由分为四级。那么,一审法院立案时首先应该适用哪一级案由?《通知》要求,一审法院立案时应当根据当事人诉争法律关系的性质,首先适用 2011 年《案由规定》中列出的第四级案由,第四级案由没有规定的,则适用第三级案由;第三级案由中没有规定的,则可以直接适用相应的第二级案由或者第一级案由。在审判实践中,部分法院的立案部门为了工作上的简便,在立案时,即使有第四级或第三级案由也不适用,而是直接适用第一级或第二级案由。这样做虽然是立案活动简便、省事,但导致了案件统计的准确性存在较大偏差,不利于上级法院及时掌握所审理案件的类型,也不利于审判决策。所以,第一审法院在立案时,应该首先适用下级案由,在下一级没有规定时,再适用上一级案由。对于地方各级人民法院对审判中出现的可以作为新的第三级民事案由或者应当规定为第四级民事案由的新的纠纷类型,《通知》中也规定,可以及时报告最高人民法院,最高人民法院将定期收集、整理、筛选,及时细化、补充相关案由。

第三,关于同一诉讼中涉及两个以上法律关系的案由确定问题。对于该种情况,《通知》以两种法律关系是否具有主从法律关系来确定应适用的案由。对于同一诉讼中涉及两个以上的法律关系,属于主从关系的,一审法院应当以主法律关系确定案由,但当事人仅以从法律关系起诉的,则以从法律关系确定案由;对于不属于主从关系的,则以当事人诉争的法律关系确定案由,均为诉争法律关系的,则按诉争的两个以上法律关系确定并列的两个案由。

第四,关于请求权竞合情形下的案由确定问题。在请求权竞合的情形下案由如何确定?对此情况,《通知》要求一审法院应当按照当事人自主选择行使的请求权,根据当事人诉争的法律关系的性质,确定相应的案由。

第五,关于当事人起诉的法律关系与实际诉争的法律关系不一致时的案由确定问题。在审判实践中,经常会出现当事人起诉时是某种法律关系,但经过人民法院审理后,发现其实际诉争的法律关系与起诉时的法律关系不一致的情形。对此,《通知》规定对于当事人起诉的法律关系与实际诉争的法律关系不一致时,一审法院结案时应当根据法庭查明的当事人之间实际存在法律关系的性质,相应变更案件的案由。

第六,关于当事人在诉讼过程中增加或者变更诉讼请求导致当事人诉争的法律关系发生变更时的案由确定问题。在审判实践中,也经常会出现当事人在诉讼过程中增加或者变更诉讼请求,并最终导致当事人诉争的法律关系发生变更。《通知》明确规定,对于当事人在诉讼过程中增加或者变更诉讼请求导致当事人诉争的法律关系发生变更的,法院应当相应变更案件的案由。

(李相波:《2011 年修改后的〈民事案件案由规定〉中有关商事案由修改的主要内容及适用中应注意的问题》)

169. 当事人主张的法律关系的性质或者民事行为的效力与人民法院根据案件事实作出的认定不一致的，应当向当事人释明并询问是否变更诉讼请求

【审判专论】

A公司与张某为解决双方之间的股权争议签订了《和解协议》，后因《和解协议》的履行发生争议。当事人争议焦点在于《和解协议》的效力，原审法院在以下三点未向当事人释明，导致并不能妥善解决纠纷：第一，张某反诉主张《和解协议》因系欺诈及乘人之危而签订应当无效。根据《合同法》第54条的规定，欺诈及乘人之危情形下合同当事人仅得请求变更或者撤销合同。第二，《和解协议》中约定"期满张某未付清全款的，本协议失效"，可见该协议的约束力还受张某是否付清款项的影响。原审法院应就该问题适时向当事人释明并作相应处理。第三，本案表面争议围绕《和解协议》，实质问题是双方的股权权益纠纷，A公司依《和解协议》起诉之目的仍是解决双方股权争议。所以，如果认定前述失效约定导致《和解协议》失效，A公司并不能获得《和解协议》中的权利，这与该公司的订约目的及诉讼目的均有较大出入，原审法院应向A公司释明其是否变更诉讼请求。

（《最高人民法院民二庭近两年发回重审、指令再审案件审理情况》）

170. "一事不再理"原则

【公报案例】一

奉化步云公司与上海华源公司商标所有权转让纠纷不予受理案

［最高人民法院（2003）民二终字第169号］

❖ **裁判摘要**

人民法院经依法审判民事案件，作出发生法律效力的民事判决后，该案的被告又就同一事实向人民法院起诉的，虽然不属重复起诉，但依据"一事不再理"的原则，人民法院仍应当作出不予受理的裁定。

上诉人（原审原告）：奉化步云工贸有限公司

法定代表人：江汛，董事长

被上诉人（原审被告）：上海华源企业发展股份有限公司

法定代表人:钱锋,董事长

上诉人奉化步云工贸有限公司因不服浙江省高级人民法院(2003)浙立受初字第1号不予受理的民事裁定书,向最高人民法院提起上诉,最高人民法院依法组成合议庭,对本案进行了审理。

经审理查明:2003年8月10日,上诉人奉化步云工贸有限公司向浙江省高级人民法院起诉称,1997年12月9日,其前身奉化步云集团有限公司曾与被上诉人签订《合作经营奉化华源步云西裤有限公司协议书》(简称合作协议)。1999年年初,双方曾就商标无偿转让问题达成《和解协议书》。但根据《商标法》第三十九条和《合同法》第四十四条第二款的规定,合资协议中关于商标无偿转让条款,以及商标无偿转让的和解协议书均因不符合法定生效条件而处于效力未定状态。而被上诉人长期无偿使用其注册商标,并企图无偿占有,严重侵害了其合法权益,故请求:1. 确认《合作经营奉化华源步云西裤有限公司协议书》解除;2. 判决解除或者撤销关于商标无偿转让的《和解协议书》;3. 判令被上诉人赔偿经济损失人民币1000万元。

一审法院审理认为:根据奉化步云工贸有限公司的诉讼请求和理由,本案实质是要求解决服饰类“步云”系列商标的归属问题,而不论是《合作经营奉化华源步云西裤有限公司协议书》的效力,还是《和解协议书》的效力,都已经(2001)浙经一终字第348号判决所确认。虽然(2001)浙经一终字第348号判决效力因该案正在再审程序中而处于待定状态,但《合作经营奉化华源步云西裤有限公司协议书》和《和解协议书》的效力问题及服饰类“步云”系列商标的归属应在该案再审程序中解决。因此奉化步云工贸有限公司的起诉,属重复起诉,不符合民事案件的受理条件。依照《中华人民共和国民事诉讼法》第一百零八条、第一百一十二条的规定,裁定对奉化步云工贸有限公司的起诉,不予受理。

奉化步云工贸有限公司对一审裁定不服,向本院上诉称:“本案合同争议长期存在,本案合同债务尚未履行。但只有对方当事人起诉我公司,上诉人未曾起诉或者反诉对方当事人,上诉人既不是本案的原告,也不是本案的再审申请人等。法律规定了当事人在一审程序中的反诉权与在二审程序中的另行起诉的权利。而本案再审程序按二审程序进行,因此,作为本案合同纠纷的一审被告及再审被申请人,上诉人的起诉行为并未重复起诉,不存在法律障碍,本案是否正在审理之中,不是消灭上诉人诉权的理由。本案起诉符合《中华人民共和国民事诉讼法》第一百零八条的规定,不存在《中华人民共和国民事诉讼法》第一百一十一条规定之事由,原裁定缺乏法律依据。”据此请求撤销原裁定,指定有关法院受理本案。

另查明:1997年12月9日,奉化步云工贸有限公司前身原奉化步云集团有限公司(以下简称步云集团)与上海华源企业发展股份有限公司(以下简称华源公司)签订《合作经营奉化华源步云西裤有限公司协议书》,约定共同出资成立奉化华源步云西裤有限公司(以下简称华源步云公司),步云集团拥有的用于服饰的“步云”商标在合营公司成立后,应无偿划归合营公司拥有。1997 年 12 月 18 日,华源步云公司注册成立,步云集团与华源步云公司签订商标使用许可合同,允许华源步云公司无偿使用服饰类“步云”商标三年。

1999 年年初,华源公司向浙江省高级人民法院起诉,要求步云集团将商标无偿转让给华源步云公司,诉讼期间,双方达成《和解协议书》,约定步云集团将服饰类“步云”商标,包括注册号为 721602、590714、1106546 的三个商标转让给华源步云公司,华源公司撤诉。1999 年 3 月 17 日,步云集团与华源步云公司向国家商标局申请上述商标转让,并于 1999 年 4 月 28 日、7 月 28 日得到核准。但后因国家商标局发现上述商标在转让前已被法院查封,转让行为无效,于 2000 年 12 月 14 日撤销核准,并确认商标权仍属步云集团。1999 年 4 月,步云集团向上海华源万成服饰有限公司转让在华源步云公司的出资,解除了与华源公司的合资关系,也不再承担对华源步云公司的股东义务。2001 年 3 月 27 日,华源公司及华源步云公司向浙江省宁波市中级人民法院提起诉讼,请求判令服饰类“步云”商标无偿归华源步云公司所有。2001 年 8 月 12 日,浙江省宁波市中级人民法院一审判决服饰类“步云”系列商标归华源步云公司所有。其间,奉化步云集团有限公司更名为奉化步云工贸有限公司。步云集团不服,提起上诉,浙江省高级人民法院于 2001 年 12 月 30 日作出(2001)浙经一终字第 348 号民事判决,判决注册号为 721602、590714、1106546 的三个注册商标由华源公司和华源步云公司共同持有。华源公司和华源步云公司不服该终审判决申请再审,浙江省高级人民法院于 2003 年 7 月 5 日作出(2003)浙民监字第 27 号民事裁定,决定对(2001)浙经一终字第 348 号民事判决再审。在再审裁判之前,本案上诉人向浙江省高级人民法院提起了本案的一审诉讼。2003 年 10 月 16 日,浙江省高级人民法院作出(2003)浙民再字第 22 号民事判决书,认定双方签订的合作经营协议及和解协议系双方真实意思表示,对商标作无偿转让的协议应为有效。判决“由奉化步云工贸有限公司履行与上海华源企业发展股份有限公司签订的将原奉化市步云集团有限公司注册的用于服饰类的‘步云’系列商标(注册号为第 721602、第 590714、第 1106546 号)专用权无偿转让给奉化华源步云西裤有限公司所有的协议,在本判决生效之日起 60 日内共同向国家商标管理局提出申请,办理上述注册商标所有权转移的核准手续。”

最高人民法院认为:上诉人奉化步云工贸有限公司与被上诉人上海华源企业发展股份有限公司有关服饰类“步云”系列商标的归属问题虽争议多年,并经多家法院的不同诉讼程序审理,但终由(2003)浙民再字第 22 号民事判决确定,双方对无偿转让商标的协议有效,奉化步云工贸有限公司应履行与上海华源企业发展股份有限公司签订的将原奉化市步云集团有限公司注册的用于服饰类的“步云”系列商标(注册号为第 721602、第 590714、第 1106546 号)专用权无偿转让给奉化华源步云西裤有限公司所有的协议,并于判决规定期限内共同向国家商标管理局提出申请,办理注册商标所有权转移的核准手续。至此,双方有关商标权的归属问题已有定论。在所述再审案件一审阶段本案上诉人虽非起诉的原告,本案中其作为原告起诉虽不属于重复起诉,但其诉讼请求实质上仍属于商标权归属问题,显然与(2003)浙民再字第22号民事判决内容重复。按照"一事不再理"原则,人民法院不宜再作审理,上诉人的上诉理由不能成立。

根据《中华人民共和国民事诉讼法》第一百一十一条第(五)项、第一百五十四条、第一百五十八条的规定,裁定如下:

驳回上诉人的上诉,维持原裁定。

(选自《中华人民共和国最高人民法院公报2006年卷》)

【公报案例】二

威海鲲鹏投资有限公司与威海西港房地产开发有限公司、山东省重点建设实业有限公司土地使用权纠纷管辖权异议案

[最高人民法院(2005)民一终字第86号]

❖ **裁判摘要**

判断基于同一纠纷而提起的两次起诉是否属于重复起诉,应当结合当事人的具体诉讼请求及其依据,以及行使处分权的具体情况进行综合分析。如果两次起诉的当事人不同,具体诉讼请求等也不同,相互不能替代或涵盖,则人民法院不能简单地因两次起诉基于同一纠纷而认定为重复起诉,并依照"一事不再理"的原则对后一起诉予以驳回。

❖ **基本案情**

上诉人(原审原告):威海鲲鹏投资有限公司

法定代表人:刘长水,董事长

被上诉人(原审被告):威海西港房地产开发有限公司

法定代表人:苗延飞,董事长

原审第三人:山东省重点建设实业有限公司

法定代表人:赵先清,董事长

上诉人威海鲲鹏投资有限公司(以下简称鲲鹏公司)为与被上诉人威海西港房地产开发有限公司(以下简称西港公司)、原审第三人山东省重点建设实业有限公司(以下简称重点建设公司)土地使用权纠纷一案,不服山东省高级人民法院(2005)鲁民一初字第8号民事裁定,向最高人民法院提起上诉。法院依法组成合议庭,于2005年10月26日对鲲鹏公司和西港公司进行了询问。鲲鹏公司的委托代理人刘景红,西港公司的委托代理人孟颖参加询问。本案现已审理终结。

一审法院在审理本案的过程中，西港公司在答辩期内提出异议，认为本案与山东省高级人民法院(2005)鲁民一初字第5号民事案件系同一实质标的和同一合同事实再次起诉，一审法院受理本案属重复立案。鲲鹏公司一审期间对此答辩认为，本案为给付之诉，山东省高级人民法院(2005)鲁民一初字第5号案件为确认之诉，一审法院受理本案不属重复立案。

一审法院认为

一审法院经审查认为：鲲鹏公司与西港公司、重点建设公司土地使用权纠纷一案(以下简称第8号民事案件)，与2005年5月26日立案的西港公司诉鲲鹏公司房地产开发合作合同纠纷一案(以下简称第5号民事案件)主体相同，案件事实相同，法律关系相同。1.在主体方面，虽然鲲鹏公司诉西港公司、重点建设公司土地使用权纠纷一案中，增加了第三人重点建设公司，但在诉讼请求中，未向其主张任何权利，从法律地位看，重点建设公司应为无独立请求权第三人，因此，两案的主体基本相同。2.在案件事实方面，无论鲲鹏公司诉西港公司土地使用权纠纷，还是西港公司诉鲲鹏公司房地产开发合作合同纠纷，双方诉争的焦点主要是2003年3月25日双方签订的《房地产开发合作合同》效力问题，故两案的事实相同。3.在法律关系方面，鲲鹏公司与西港公司双方发生的纠纷均围绕着一个房地产开发合作合同而产生的权利义务关系。所以两案的主体相同，事实相同，法律关系相同。本案鲲鹏公司的诉讼请求应当在一审法院已经立案审理的西港公司诉其房地产开发合作合同纠纷一案(第5号民事案件)中提起反诉，申请追加第三人，一并审理解决，而没有必要就同一实质标的和同一合同事实再次起诉，鲲鹏公司再次起诉的行为既增加了当事人诉累，又造成法院诉讼资源的浪费，同时违反了《中华人民共和国民事诉讼法》一事不得再理的原则。西港公司提出的异议成立。据此，一审法院依据《中华人民共和国民事诉讼法》第三十八条，最高人民法院《关于适用〈中华人民共和国民事诉讼法〉若干问题的意见》第139条之规定，于2005年8月29日裁定驳回鲲鹏公司对西港公司、重点建设公司的起诉。

上诉

鲲鹏公司不服一审裁定，向最高人民法院提出上诉称：1.一审裁定书叙述的内容与案件事实不符，其在一审中已经于2005年8月24日提交申请，请求将第三人变更为被告，并承担合同无效的连带赔偿责任；2.根据最高人民法院《关于适用〈中华人民共和国民事诉讼法〉若干问题的意见》第一百三十九条第二款，驳回起诉裁定应当由负责审理该案的审判员、书记员署名，而本案合议庭成员为立案庭法官，故程序错误；3.一审认为重复立案的理由不成立，因为一审认定鲲鹏公司可以提出反诉恰恰说明不属于重复起诉；4.两个案件的诉讼性质、诉讼请求及数量、诉讼标的物、诉讼主体及数量、法律事实和法律关系均不相同，不属于重复起诉；5.鲲鹏公司的起诉符合《中华人民共和国民事诉讼法》第一百零八条的规定，而一审裁定依据的《中华人民共和国民事诉讼法》第三十八条针对管辖权异议,最高人民法院《关于适用〈中华人民共和国民事诉讼法〉若干问题的意见》第139条针对不符合起诉条件的情形,适用法律错误。

西港公司答辩称:1.第5号民事案件与山东省威海市中级人民法院(2005)威民一初字第28号民事案件的结论解决了鲲鹏公司在本案中的诉求,鲲鹏公司再次提起诉讼属于重复起诉;2.一审法院对本案重复起诉的认定,符合案件事实及法律规定,鲲鹏公司主张追加被告、变更诉讼请求没有事实和法律依据;3.一审法院审理程序,符合最高人民法院《关于人民法院立案工作的暂行规定》;4.一审法院驳回鲲鹏公司的起诉,并未剥夺其诉权,鲲鹏公司可以在第5号民事案件中申请追加,没有必要另行起诉。

最高人民法院经审理查明:2005年5月25日,鲲鹏公司在山东省威海市中级人民法院起诉西港公司,请求确认双方签订的《房地产开发合作合同》有效,并要求西港公司办理合作项目的开工手续及缴纳相应费用。2005年5月26日,西港公司在山东省高级人民法院起诉鲲鹏公司,请求确认双方之间的《房地产开发合作合同》无效。山东省高级人民法院将前述两个诉讼合并为第5号民事案件,并于2005年7月11日,对该案进行了开庭审理。2005年7月25日,鲲鹏公司向一审法院提起本案诉讼,请求西港公司按照双方的《房地产开发合作合同》交付土地使用权。

鲲鹏公司于2005年8月24日举证期限届满前向一审法院提出《追加被告、变更诉讼请求申请书》,申请将第三人重点建设公司变更为被告,并请求判令西港公司与重点建设公司之间的《合作协议书》无效,由西港公司与重点建设公司承担连带赔偿责任。一审法院于2005年8月25日收到该申请书。

二审法院认为

最高人民法院认为:本案是否构成重复起诉,应当结合当事人诉讼请求的依据及行使处分权的具体情况进行综合判断。鲲鹏公司在2005年8月24日《追加被告、变更诉讼请求申请书》中,已将重点建设公司变更为被告,故本案与第5号民事案件的当事人并不相同。鲲鹏公司在第5号民事案件中的诉讼请求为确认之诉与给付之诉的合并之诉,但该案诉讼请求中的给付内容与本案鲲鹏公司于2005年7月25日提起的给付之诉的内容并不相同,鲲鹏公司在第5号民事案件中的诉讼请求不能涵盖本案中鲲鹏公司的诉讼请求。且鲲鹏公司在《追加被告、变更诉讼请求申请书》中,已将本案诉讼请求变更为"请求判令西港公司与重点建设公司之间的《合作协议书》无效,并由西港公司与重点建设公司承担连带赔偿责任",故本案与第5号民事案件诉讼请求亦不相同。一审裁定认为鲲鹏公司的起诉违反《中华人民共和国民事诉讼法》一事不再理的原则,驳回鲲鹏公司对西港公司和重点建设公司的起诉,适用法律错误,应予纠正。

二审法院判决

依据最高人民法院《关于适用〈中华人民共和国民事诉讼法〉若干问题的意见》第一百八十七条之规定,裁定如下:

一、撤销山东省高级人民法院(2005)鲁民一初字第8号民事裁定;

二、指令山东省高级人民法院对本案进行审理。

(选自《中华人民共和国最高人民法院公报2006年卷》)

【公报案例】三

华建电子有限责任公司、华建机器翻译有限公司与广州科技风险投资有限公司、谢雄平、张贺平、仇绍明、黄若浩合作协议纠纷案

[最高人民法院(2010)民提字第10号]

❖ 裁判摘要

为达成合作目的,当事人签订多个合同,但仅在一个合同中约定了仲裁条款,涉及该合同的仲裁裁决生效后,又因其他未约定仲裁条款的合同的争议形成诉讼,一方当事人仅以仲裁裁决已生效为由主张人民法院无管辖权的,人民法院不予支持。在生效仲裁裁决依据的合同与人民法院处理争议案件依据的合同不同,人民法院审理的内容也不涉及仲裁条款约定事项的情形下,一方当事人以"一事不再理"为由主张人民法院不应重复处理的,人民法院不予支持。

❖ 基本案情

申请再审人(一审原告、二审被上诉人):华建电子有限责任公司

法定代表人:洪琳,该公司总经理

申请再审人(一审原告、二审被上诉人):华建机器翻译有限公司

法定代表人:洪琳,该公司总经理

被申请人(一审被告、二审上诉人):广州科技风险投资有限公司

法定代表人:冯梦觉,该公司董事长

被申请人(一审被告、二审上诉人):谢雄平

被申请人(一审被告、二审上诉人):张贺平

被申请人(一审被告、二审上诉人):仇绍明

被申请人(一审被告):黄若浩

申请再审人华建电子有限责任公司(以下简称华建电子公司)、华建机器翻译有限公司(以下简称华建翻译公司)与被申请人广州科技风险投资有限公司(以下简称科技公司)、谢雄平、张贺平、仇绍明、黄若浩合作协议纠纷一案,广东省高级人民法院于2008年6月3日作出(2007)粤高法民一终字第315号民事裁定,已经发生法律效力。最高人民法院于2009年7月20日作出(2008)民申字第833号民事

裁定,提审本案。法院依法组成合议庭,于2010年5月13日开庭审理了本案。华建电子公司和华建翻译公司的委托代理人王玉双,科技公司的委托代理人刘继承、陆宇星,谢雄平和张贺平的委托代理人黄立胜到庭参加诉讼。仇绍明、黄若浩经法院依法传唤,未到庭参加诉讼。本案现已审理终结。

2006年8月8日,华建电子公司、华建翻译公司起诉至广东省广州市中级人民法院称,2004年下半年,由于广州市旷世科技发展有限公司(以下简称旷世公司)业绩不理想及香港股市低迷等原因,华建电子公司、华建翻译公司的海外子公司上市进程搁浅。经多方面考虑,2005年初华建电子公司、华建翻译公司与科技公司、谢雄平、张贺平、仇绍明、黄若浩达成了共识,认为短期内上市存在困难,同意根据《合作协议》的约定,终止已经签署的三份协议,即《合作协议》《股权转让协议》及华建电子公司引进风险投资者的《框架协议》,将旷世公司恢复原状。但是科技公司借口种种理由屡次拖延办理旷世公司股权恢复原状的工商变更手续。2005年底,科技公司更是不顾已经达成的关于终止合作,恢复股权架构的合意,利用尚未恢复原状的旷世公司的股权工商登记现状,单独以《股权转让协议》为依据,申请仲裁。由于仲裁条款仅仅在《股权转让协议》中进行了约定,而科技公司又拒绝对作为一个整体合作项目下的《合作协议》《框架协议》达成仲裁合意,最终导致北京仲裁委员会裁决华建电子公司承担支付股权转让金及利息责任的不利后果。根据华建电子公司、华建翻译公司与科技公司、谢雄平、张贺平、仇绍明、黄若浩签订的《合作协议》第3条第15项的约定,如因各种原因华建电子公司重组上市未果,则终止本协议、《股权转让协议》和《框架协议》。对已经履行的部分,双方同意尽可能回复原状,包括(但不限于)返还协议价格,恢复旷世公司股权架构,重新进行相应工商变更等,对由此给双方造成的损失,双方同意按照公平原则各自承担。科技公司割裂《合作协议》、《框架协议》和《股权转让协议》的整体关系,隐瞒股权转让的真实背景,申请仲裁的行为严重违反了《合作协议》第3条第15项的约定,该行为直接导致华建电子公司、华建翻译公司为还原事实真相、维护自身合法权益,不得不提起本案诉讼,给华建电子公司、华建翻译公司造成了严重的经济损失。请求人民法院:1. 确认《合作协议》合法有效;2. 判令终止《合作协议》,将华建电子公司名义上的90%的旷世公司股权分别变更登记由谢雄平持有36.11%、黄若浩持有14.33%、张贺平持有14.31%、仇绍明持有0.25%、科技公司持有25%,将华建翻译公司名义上10%的旷世公司股权变更登记由谢雄平持有;3. 判令科技公司赔偿因其违约给华建电子公司、华建翻译公司造成的额外经济损失166435.3元,包括仲裁律师费5万元,北京市海淀区人民法院执行仲裁裁决已扣划的款项48000元,华建电子公司承担的仲裁费51630元,往返广州调查取证的费用16805.3元;4. 本案诉讼费用由科技公司承担。

科技公司答辩称,《合作协议》是双方的真实意思表示,合法有效,但是《合作协议》并没有实际履行，这只是双方合作的意向，对双方没有具体的约束力；科技公司不同意华建电子公司、华建翻译公司的第二项诉讼请求，其并没有请求终止《合作协议》，所以华建电子公司、华建翻译公司没有依据请求科技公司按照《合作协议》第3条第15项履行，在没有终止《股权转让协议》的前提下，其提出的第二项诉讼请求不能成立。

谢雄平、张贺平、仇绍明一审共同答辩称，同意科技公司的答辩意见，即《合作协议》只是双方的意向书，双方并没有实际履行，真正履行的是《股权转让协议》，《合作协议》无论是否合法有效，与变更股权架构没有联系，华建电子公司、华建翻译公司诉称没有参加经营策划，但旷世公司的董事都是由华建电子公司、华建翻译公司任命。

广东省广州市中级人民法院查明，2003年12月25日，华建电子公司、华建翻译公司共同作为甲方与谢雄平、黄若浩、张贺平、仇绍明及科技公司共同作为乙方签订一份《合作协议》约定，甲、乙双方就股权转让和投资事宜达成合作意向，甲方拟收购乙方持有的旷世公司的全部股权，同时，乙方拟作为甲方之海外拟上市公司的风险投资者；甲方承诺乙方关联公司可以按照《框架协议》的条款，获得甲方拟在香港创业板上市的子公司股份；为了甲方有关上市工作需要，乙方同意在此协议签订后，开始按甲方要求对旷世公司进行工商变更，但甲方承诺，至上市前旷世公司的实际控制人仍为乙方，其实际所有者权益在上市前不作任何改变；如因各种原因甲方重组上市未果，则终止本协议、《股权转让协议》和《框架协议》。对已经履行部分，双方同意尽可能地回复原状，包括(但不限于)返还协议价格，恢复旷世公司股权架构，重新进行相应工商变更登记等，对由此给双方造成的损失，双方同意按照公平原则各自承担。

上述协议签订的同一天，华建电子公司作为甲方与谢雄平、张贺平、黄若浩、仇绍明、科技公司作为乙方签订一份华建电子公司引进风险投资者的《框架协议》约定，甲方拟将业务重组并在香港创业板上市，甲方保证乙方在股份转让后要进行股权置换，即股权置换后乙方要拥有开曼华建8%的股权，但最终乙方拥有开曼华建的股权比例由该公司在发行招股时的总市值及经甲、乙双方最终确认的可供乙方认购的市值数来确定；甲、乙双方每股转让价格为开曼华建于香港创业板上市时的发行价格；甲方保证以开曼华建在香港创业板上市，如因各种原因而上市未果，则终止甲、乙双方签订的《合作协议》，并按《合作协议》中规定的方式返回乙方业已支付的全部款项等条款。

上述两份协议签订的当天，谢雄平、黄若浩、张贺平、仇绍明及科技公司共同作为甲方与华建电子公司、华建翻译公司共同作为乙方签订一份《股权转让协议》，约定甲方持有旷世公司的股权95%转让给乙方，其中科技公司将其所持有的旷世公司25%的股权全部转让给华建电子公司；如有争议，提请北京仲裁委员会解决。鉴于旷世公司注册资本为1200万元，科技公司向华建电子公司转让的注册资本额为300万元。以上股权转让后,旷世公司的股本结构是,谢雄平的出资金额为60万元,占注册资本5%,华建电子公司的出资金额为1080万元,占90%,华建翻译公司的出资金额为60万元,占5%,双方依法办理了股权变更登记。2004年2月2日,华建电子公司、华建翻译公司及谢雄平召开股东会,决定同意谢雄平将其5%共60万元的出资转让给华建翻译公司,并办理了工商变更登记手续。

2003年2月5日,中国证券监督管理委员会以国合函〔2001〕112号批准同意受理华建电子公司重组境外上市申请,并要求该公司按照有关法律、法规和规则的要求,抓紧各项准备工作,履行有关审批手续。

2004年下半年,由于公司业绩、上市时机等多方面的考虑,上市进程出现一定程度的推后。2005年年初,经多方面考虑后,华建电子公司与旷世公司的原股东达成了共识,认为短期内上市存在困难,同意解除已经签署的协议,并签署相应的终止协议,将旷世公司恢复原状。2005年3月中旬,旷世公司召开董事会(即原股东及股东代表),集体讨论恢复旷世公司股权架构事宜,当时,科技公司代表杨林、沈堃也出席了会议,经协商一致,全体同意恢复事宜,并决定由旷世公司向华建电子公司发函,要求配合办理工商变更手续。2005年4月30日,华建电子公司将其起草的终止协议及相应文件通过电子邮件发给黄若浩。2006年2月13日,黄若浩、张贺平向华建电子公司、华建翻译公司出具一份声明及保证书称,2003年12月,华建电子公司、华建翻译公司与谢雄平、科技公司、黄若浩、张贺平、仇绍明签订的《合作协议》、《框架协议》及《股权转让协议》(含95%、100%、5%股权转让)不论是否有效,我们声明自2006年2月13日起终止履行该三份协议,同时,我们保证不依据该三份协议向华建电子公司和华建翻译公司主张履行该三份协议所约定的任何义务。谢雄平亦向华建电子公司、华建翻译公司出具保证书称,我们保证不依据该三份协议向华建电子公司、华建翻译公司主张履行该三份协议所约定的任何义务。

2005年12月12日,科技公司根据《股权转让协议》中的仲裁条款,向北京仲裁委员会申请仲裁,请求裁决华建电子公司支付股权转让款300万元及利息。仲裁庭经审理认为,鉴于《框架协议》和《合作协议》没有约定由北京仲裁委员会仲裁解决双方相关争议,仲裁庭曾建议双方当事人考虑将《框架协议》和《合作协议》项下纠纷交由仲裁庭一并审理,但双方当事人未能就此达成一致意见,据此,仲裁庭对双方基于《框架协议》和《合作协议》而可能存在的争议,不予审理。仲裁庭还指出,《合同法》第一百二十五条规定解释合同时应当考虑合同目的,但基于约定仲裁规则的存在,即使查知双方签订《股权转让协议》时还有其他复杂的商业目的,仲裁庭亦无权单独依据合同目的作出越权裁判。遂于2006年5月16日作出(2006)京仲裁字第0474号裁决书,裁决内容:1. 华建电子公司向科技公司支付股权转让费300万元;2. 华建电子公司向科技公司支付逾期付款利息440000元及从2005年

12 月 1 日起至股权转让款清偿完毕之日止的逾期付款利息(按日万分之二点一计算)。科技公司依据(2006)京仲裁字第 0474 号裁决,向北京市海淀区人民法院申请强制执行,北京市海淀区人民法院依法扣划了华建电子公司 48000 元。

一审法院认为

广东省广州市中级人民法院认为,华建电子公司、华建翻译公司与谢雄平、黄若浩、张贺平、仇绍明、科技公司签订的《合作协议》是各方当事人的真实意思表示,协议的内容没有违反法律法规的强制性规定,属有效协议。各方当事人应当严格依约履行各自义务。该协议约定,"如因各种原因甲方重组上市未果,则终止本协议、双方签订的股权转让协议、VC 投资协议。对已经履行的部分,双方同意尽可能地恢复原状,包括(但不限于)返还协议价格,恢复旷世公司股权架构、重新进行相应工商变更等,对由此给双方造成的损失,双方同意按照公平原则各自承担。"《合作协议》签订后,华建电子公司依约将谢雄平持有的旷世公司 46.11% 的股权,黄若浩持有的 14.33%,张贺平持有的 14.31%,仇绍明持有的 0.25%,科技公司持有的 25% 的股权全部变更登记为华建电子公司持有 90%,华建翻译公司持有 10% 的股权。华建电子公司签订上述协议及进行股权变更登记,目的是为了履行中国证券监督管理委员会的要求,抓紧各项准备工作,履行有关审批手续。由于公司业绩、上市时机等多种原因,华建电子公司以间接方式在境外上市没有完成。对于上市未果,华建电子公司已通知旷世公司原股东,并要求终止《合作协议》。科技公司、谢雄平、张贺平、仇绍明、黄若浩没有依约协助华建电子公司、华建翻译公司履行工商变更登记义务,恢复旷世公司的股权原状,其行为已经构成违约,应当承担相应的违约责任。因此,华建电子公司、华建翻译公司以科技公司、谢雄平、张贺平、仇绍明、黄若浩没有履行《合作协议》约定的义务为由,要求将其各自持有旷世公司 90% 和 10% 的股权全部变更登记在谢雄平、黄若浩、张贺平、仇绍明、科技公司的名下,应予以支持。

华建电子公司、华建翻译公司与科技公司、谢雄平、张贺平、仇绍明、黄若浩签订的《股权转让协议》约定了仲裁条款,且经过北京仲裁委员会的仲裁,该裁决已经发生法律效力。因华建电子公司须将其持有的 25% 旷世公司股权变更登记在科技公司名下,因此,科技公司取得股权转让款 48000 元,失去合法的依据,科技公司应将该款返还给华建电子公司。华建电子公司、华建翻译公司以科技公司违约给其造成的额外经济损失包括仲裁律师费 5 万元,华建电子公司应承担的仲裁费 51630 元、往返广州调查取证费用 16805.3 元,共计 118435.3 元,因上述损失与本案没有必然的因果关系,华建电子公司、华建翻译公司要求赔偿该损失的理由不能成立,不予支持。

一审法院判决

广州市中级人民法院于 2007 年 8 月 23 日作出(2006)穗中法民二初字第 220

号民事判决:(一)解除华建电子公司、华建翻译公司与谢雄平、黄若浩、张贺平、仇绍明、科技公司于2003年12月签订的《合作协议》。(二)谢雄平、黄若浩、张贺平、仇绍明、科技公司在判决发生法律效力之日起一个月内协助华建电子公司、华建翻译公司,将华建电子公司、华建翻译公司各自持有的90%和10%旷世公司股权变更登记在科技公司、谢雄平、张贺平、仇绍明、黄若浩名下,分别由谢雄平持有46.11%,黄若浩持有14.33%,张贺平持有14.31%,仇绍明持有0.25%,科技公司持有25%。(三)科技公司在判决发生法律效力之日起十日内返还48000元给华建电子公司。(四)驳回华建电子公司、华建翻译公司的其他诉讼请求。

上诉

科技公司不服一审判决,上诉称,一、《合作协议》所约定的终止条件为非真正条件,原审判决认定条件成就的依据不足,判令解除《合作协议》没有事实依据。二、原审判决无视已生效的仲裁裁决,在《股权转让协议》没有解除、撤销或被确认无效的情况下,径行裁决恢复股权,严重违反"一事不再理"的原则,该判决一旦生效将出现与仲裁裁决冲突的严重结果,有损司法的权威。终止《合作协议》无法产生恢复股权比例的法律后果,原审判决判令恢复股权没有法律依据。北京仲裁委员会作出的(2006)京仲裁字第0474号裁决已经认定了以下事实:实际履行的是《股权转让协议》(转让95%的股权),该协议合法有效,科技公司有权要求继续履行即有权要求华建电子公司支付股权转让款300万元及违约金。华建电子公司向北京市第二中级人民法院申请撤销该仲裁裁决,已被驳回。而本案中,华建电子公司、华建翻译公司提出请求事项是终止《合作协议》并恢复股权,而根据《合作协议》第3条第15项之约定,只有同时终止《合作协议》、《股权转让协议》和《框架协议》的前提下,才产生股权恢复的法律后果,而不是履行《合作协议》的法律后果,《合作协议》本身并没有涉及股权转让的具体事宜,仅仅终止《合作协议》无法产生恢复股权比例的法律后果。而原审法院在一审判决中未涉及《股权转让协议》(转让95%的股权),或确认该协议无效,却径行判令恢复股权比例并要求科技公司返还依照生效仲裁裁决取得的款项是完全错误的判决。

张贺平不服一审判决,上诉称,一、原审判决割裂《合作协议》、《股权转让协议》及《股东转让出资合同书》之间的联系。华建电子公司、华建翻译公司的诉讼请求为终止《合作协议》,将华建电子公司名下的36.11%的股权及华建翻译公司的10%股权变更至张贺平名下,但华建电子公司、华建翻译公司并没有同时请求解除《股权转让协议》及《股东转让出资合同书》,而《合作协议》仅是张贺平与华建电子公司、华建翻译公司之间的一份合作意向书,具体明确双方权利义务的是双方签订的《股权转让协议》及《股东转让出资合同书》。双方在工商行政管理部门办理登记备案的是《股东转让出资合同书》,而不是《合作协议》。张贺平在2003年、2004年是依据与华建电子公司、华建翻译公司签订的《股东转让出资合同书》,将持有的涉案公司46.11%的股权转让给华建电子公司、华建翻译公司，而华建电子公司、华建翻译公司并没有要求解除《股权转让协议》和《股东转让出资合同书》，因此，自然不能根据《合作协议》将股权返还给张贺平。二、原审判决适用法律不当，引用法律自相矛盾，其判决内容超过华建电子公司、华建翻译公司的诉讼请求。华建电子公司、华建翻译公司请求终止《合作协议》而不是解除该协议，而原审判决超过了华建电子公司、华建翻译公司的诉讼请求。三、北京仲裁委员会作出并生效的(2006)京仲裁字第0474号仲裁书，裁决华建电子公司、华建翻译公司支付300万元的股权转让款给科技公司，且该裁决已生效并已执行，但原审判决却以判决内容推翻上述仲裁裁决，严重违反法律。综上所述，原审判决认定事实不清，适用法律不当，请求二审法院撤销原审判决第一项、第二项，驳回华建电子公司、华建翻译公司的诉讼请求。

谢雄平、仇绍明也不服原审判决，提起上诉，其上诉请求和上诉理由与张贺平相同。

华建电子公司、华建翻译公司二审共同答辩称，原审判决认定事实清楚，适用法律正确，科技公司、谢雄平、仇绍明、张贺平的上诉均没有依据，请求二审法院驳回其上诉请求。

广东省高级人民法院经审理查明，原审法院对本案所查明的事实基本属实，该院予以确认。

另查明：2003年12月，科技公司、谢雄平、张贺平、仇绍明、黄若浩与华建电子公司、华建翻译公司签订了《股权转让协议》，约定科技公司、谢雄平、张贺平、仇绍明、黄若浩将旷世公司的全部股权转让给华建电子公司、华建翻译公司，华建电子公司、华建翻译公司支付股权转让费1200万元给科技公司、谢雄平、张贺平、仇绍明、黄若浩。

华建电子公司认为北京仲裁委员会作出的(2006)京仲裁字第0474号仲裁裁决认定事实错误，向北京市第二中级人民法院申请撤销(2006)京仲裁字第0474号仲裁裁决，北京市第二中级人民法院于2006年10月27日作出(2006)二中民特字第12426号民事裁定，驳回华建电子公司的撤销仲裁裁决申请。

广东省高级人民法院认为，华建电子公司、华建翻译公司与科技公司、张贺平、谢雄平、仇绍明、黄若浩就旷世公司的股份转让问题签订了《合作协议》《框架协议》《股权转让协议》。上述协议均是当事人之间的真实意思表示，没有违反法律、法规的强制性规定，旷世公司的股份也已经办理到华建电子公司、华建翻译公司的名下，因此，上述合同均为有效合同，对当事人各方具有法律上的约束力。

上述合同签订后，科技公司、张贺平、谢雄平、仇绍明、黄若浩依照合同的约定将其在旷世公司的股份转让给华建电子公司、华建翻译公司并将相关股权登记到华建电子公司、华建翻译公司的名下。科技公司以华建电子公司违反《股权转让协议》约定,未向科技公司支付股权转让款为由于2005年12月12日向北京仲裁委员会申请仲裁,北京仲裁委员会于2006年5月16日作出(2006)京仲裁字第0474号裁决书,裁决华建电子公司向科技公司支付股权转让费300万元、逾期付款利息440000元及从2005年12月1日起到股权转让款清偿完毕之日止的逾期付款利息。华建电子公司不服该仲裁裁决,向北京市第二中级人民法院提起撤销该仲裁裁决的申请,被驳回。现华建电子公司、华建翻译公司依照《合作协议》向人民法院起诉科技公司、张贺平、谢雄平、仇绍明、黄若浩,请求终止《合作协议》并将旷世公司的股份办理到科技公司及张贺平、谢雄平、仇绍明、黄若浩的名下。尽管当事人在《合作协议》与《框架协议》约定如华建电子公司的海外子公司在香港上市未果,则应终止《合作协议》及《框架协议》并将旷世公司的股份恢复到科技公司及张贺平、谢雄平、仇绍明、黄若浩的名下,但仲裁机构没有对《合作协议》和《框架协议》进行裁决。在本案中,《合作协议》、《框架协议》及《股权转让协议》属于不可分割的整体,人民法院应对上述协议一并审理,因仲裁机构已依据《股权转让协议》的约定裁决华建电子公司向科技公司支付股权转让费300万元及逾期付款利息,因此人民法院受理华建电子公司、华建翻译公司要求终止《合作协议》并将旷世公司的股份办理到科技公司及张贺平、谢雄平、仇绍明、黄若浩名下的起诉必然涉及《股权转让协议》,而仲裁机构对《股权转让协议》已做出裁决,因此华建电子公司、华建翻译公司的诉讼请求势必与仲裁裁决相冲突。原审法院判决解除《合作协议》并将旷世公司在华建电子公司、华建翻译公司名下的股份恢复办理到科技公司及张贺平、谢雄平、仇绍明、黄若浩的名下与涉案仲裁裁决的内容相矛盾,实质上将仲裁机构所裁决的内容再次进行裁判,违反一事不再理的原则。原审法院受理华建电子公司、华建翻译公司的起诉并作出实体判决不当,依法予以纠正。广东省高级人民法院于2008年6月3日作出(2007)粤高法民一终字第315号民事裁定:撤销广州市中级人民法院(2006)穗中法民二初字第220号民事判决;驳回华建电子公司、华建翻译公司的起诉。一、二审案件受理费各50元,由华建电子公司、华建翻译公司负担。

华建电子公司、华建翻译公司根据《中华人民共和国民事诉讼法》(以下简称《民事诉讼法》)第一百七十九条第一款第(六)项的规定申请再审,请求撤销广东省高级人民法院(2007)粤高法民一终字第315号民事裁定书,维持广东省广州市中级人民法院(2006)穗中法民二初字第220号民事判决书。主要理由如下:

(一)华建电子公司、华建翻译公司的起诉符合法律规定的条件,且提起诉讼所依据的两份合同均未约定仲裁条款,人民法院应予受理并进行实体审理。广东省高级人民法院依据《民事诉讼法》第一百一十一条第(二)项的规定驳回华建电子公司、华建翻译公司的起诉,适用法律错误。

(二)人民法院审理本案与北京仲裁委员会的裁决并不矛盾。各方根据《合作协议》和《框架协议》就旷世公司股权结构恢复原状的纠纷与各方根据《股权转让协议》就旷世公司股权转让款项支付的纠纷系不同法律关系，不符合“一事不再理”原则规定的情形，广东省高级人民法院在二审裁定书中适用该原则明显属于适用法律错误。

（三）华建电子公司、华建翻译公司依有效的《合作协议》《框架协议》起诉被人民法院驳回，仲裁庭在审理《股权转让协议》时又不涉及《合作协议》与《框架协议》，这就导致华建电子公司、华建翻译公司的合法权益没有途径得到保护。

科技公司答辩认为，人民法院确实有权审理《合作协议》及《框架协议》。然而，由于本案中《合作协议》中所约定的协议终止条件并不成就，人民法院不能据此认定《合作协议》及相关协议应当终止，更不能据此直接作出恢复股权结构的判决。

谢雄平、张贺平答辩认为，虽然人民法院对《合作协议》、《框架投资协议》拥有管辖权，但是如果人民法院认定《合作协议》第 3 条第 15 项为有效约定，那么判决结果必然和生效的仲裁裁决相冲突，违反“一事不再理”的原则。

最高人民法院再审查明的事实与一、二审法院查明的事实相同。

二审法院认为

最高人民法院认为，根据当事人申请再审的理由以及答辩情况，本案争议的焦点如下：

一、关于本案是否归人民法院主管的问题

广东省高级人民法院依据《民事诉讼法》第一百一十一条第（二）项的规定驳回华建电子公司、华建翻译公司的起诉。华建电子公司、华建翻译公司申请再审认为，其提起诉讼所依据的两份合同均未约定仲裁条款，人民法院应予受理并进行实体审理。法院开庭审理后，被申请人科技公司、谢雄平、张贺平也认为人民法院对本案具有管辖权。

法院认为，华建电子公司、华建翻译公司提起本案诉讼的依据是《合作协议》、《框架协议》，这两份协议并没有仲裁条款。仲裁裁决书明确指出：“仲裁庭对双方基于《框架协议》和《合作协议》而可能存在的争议，不予审理。”据此，本案属人民法院主管。广东省高级人民法院依据《民事诉讼法》第一百一十一条第（二）项的规定，认为本案不属于人民法院主管，适用法律错误，法院依法予以纠正。

二、关于《合作协议》第 3 条第 15 项的约定是否无效、其约定的终止条件是否成就的问题

科技公司认为，《合作协议》第 3 条第 15 项关于“如因各种原因甲方重组上市未果，则终止本协议、双方签订的股权转让协议和 VC 投资协议”的约定应属于附条件终止协议条款，但所附条件“如因各种原因甲方重组上市未果”为非真正条件，该约定无效。华建电子公司、华建翻译公司认为，该约定不违反法律的强制性规定，应为有效。

最高人民法院认为,认定合同或者合同约定的条件无效,其依据是《合同法》第五十二条的规定。《合作协议》第3条第15项约定的条件,并不违反《合同法》第五十二条关于合同无效的规定,依法应当认定为有效。既然合同有效,就应当严格按照《合作协议》第3条第15项的约定内容履行。“如因各种原因甲方重组上市未果”这一条件如果已经成就,那么就应当“终止本协议、双方签订的股权转让协议和VC投资协议”。本案中,虽然经过双方当事人特别是华建电子公司的一系列运作,但是华建电子公司的海外子公司最终未在香港上市是客观事实,符合双方的约定即“如因各种原因甲方重组上市未果”,故终止《合作协议》等合同的条件已经成就。因此,一审法院关于“对于上市未果,华建电子公司已通知旷世公司原股东,并要求终止合作协议。五被告没有依约协助两原告履行工商变更登记义务,恢复旷世公司的股权原状,其行为已经构成违约,应当承担相应的违约责任。因此,两原告以五被告没有履行合作协议约定的义务为由,要求将其各自持有旷世公司90%和10%的股权全部变更登记在被告谢雄平、黄若浩、张贺平、仇绍明、科技公司的名下,法院予以支持”的认定,符合双方的约定和法律规定,法院依法予以维持。根据《合作协议》的约定,双方对已履行的《股权转让协议》进行恢复原状,华建电子公司将其持有的25%旷世公司股权退还给科技公司,科技公司将取得转让该股权的对价,包括48000元返还给华建电子公司。

三、关于一审法院股权恢复原状的判决是否违反了“一事不再理”的原则、是否与仲裁裁决矛盾的问题

科技公司和谢雄平、张贺平都认为,仲裁裁决书已经裁决:1. 华建电子公司向科技公司支付股权转让费300万元;2. 华建电子公司向科技公司支付逾期付款利息440000元及从2005年12月1日起至股权转让款清偿完毕之日止的逾期付款利息(按日万分之二点一计算)。如果人民法院再判决股权恢复原状,则违反了“一事不再理”的原则,与仲裁裁决矛盾。华建电子公司、华建翻译公司认为,各方根据《合作协议》和《框架协议》就旷世公司股权结构恢复原状的纠纷与各方根据《股权转让协议》就旷世公司股权转让款项支付的纠纷系不同法律关系,不符合“一事不再理”原则规定的情形,人民法院审理本案与北京仲裁委员会的裁决并不矛盾。

最高人民法院认为,一审法院股权恢复原状的判决并没有违反“一事不再理”的原则。理由是:由于“重组上市未果”,华建电子公司、华建翻译公司请求根据《合作协议》第3条第15项的规定就旷世公司股权结构恢复原状的纠纷与双方根据《股权转让协议》就旷世公司股权转让款项支付的纠纷系不同法律关系,是各方基于不同的法律事实提出的不同请求。从《合作协议》的约定来看,该协议的履行分为两个阶段,第一阶段是为了华建电子公司的海外子公司重组上市成功,进行旷世公司股权转让并支付股权转让款;第二阶段是如果“重组上市未果”,则恢复旷世

公司股权结构并返还转让款。为履行第一阶段的约定事项,各方又签订了《股权转让协议》,并约定了仲裁条款,排除了人民法院的管辖权。该纠纷已经过北京仲裁委员会仲裁。但为履行第二阶段的约定事项,即"如因各种原因甲方重组上市未果,则终止本协议、双方签订的股权转让协议和 VC 投资协议。对已经履行的部分,双方同意尽可能地恢复原状,包括(但不限于)返还协议价格,恢复旷世科技股权架构、重新进行相应工商变更等,对由此给双方带来的损失,双方同意按照公平原则各自承担",华建电子公司依据该约定提起诉讼,本案解决的正是履行《合作协议》第二阶段发生的纠纷。由于一审法院处理本案的依据并不是《股权转让协议》,而是《合作协议》第 3 条第 15 项,而仲裁所依据的是《股权转让协议》,并不是《合作协议》第 3 条第 15 项,基于仲裁裁决所依据的协议与一审法院处理本案所依据的协议不同,即一审法院并没有处理双方履行《股权转让协议》所发生的争议,仲裁裁决也明确表示不将《合作协议》纳入仲裁范围,也就是说,仲裁裁决所处理的"一事"即《股权转让协议》所发生的纠纷,人民法院并没有处理,所以一审法院股权恢复原状的判决并没有违反"一事不再理"的原则。

在一审法院股权恢复原状的判决并没有违反"一事不再理"的原则的情况下,就谈不上判决与仲裁裁决是否矛盾的问题。即使仲裁裁决的结果是履行《股权转让协议》,而判决的结果是恢复旷世公司的股权结构,判决是根据《合作协议》第 3 条第 15 项的约定作出的,该约定仍然是双方当事人包括科技公司及张贺平、谢雄平、仇绍明、黄若浩的真实意思表示。也就是说,一审判决与仲裁裁决都是根据当事人的真实意思表示做出的,都是当事人履行双方协议的必然结果。换言之,当事人的真实意思表示就是,为了重组上市,先要进行旷世公司的股权变更,而且实际上也进行了股权变更。但是,如果上市未果,已经变更的股权就应恢复原状。在上市未果的情况下,一审法院判决恢复旷世公司的股权架构,依法应予维持。

二审法院判决

依据《中华人民共和国民事诉讼法》第一百八十六条第一款、第一百五十三条第一款第(一)项之规定,判决如下:

一、撤销广东省高级人民法院(2007)粤高法民一终字第 315 号民事裁定。

二、维持广东省广州市中级人民法院(2006)穗中法民二初字第 220 号民事判决。

(选自《中华人民共和国最高人民法院公报》2011 年第 3 期)

【民诉法司法解释】

关于民事诉讼中一事不再理原则的判断标准问题,一般认为,《民事诉讼法》第 124 条第 5 项"对判决、裁定、调解书已经发生法律效力的案件,当事人又起诉的,告知原告申请再审”的规定,是我国关于一事不再理原则的法律渊源。《民事诉讼法解释》第247条进一步明确了一事不再理原则的适用标准,规定:“当事人就已经提起诉讼的事项在诉讼过程中或者裁判生效后再次起诉,同时符合下列条件的,构成重复起诉:(一)后诉与前诉的当事人相同;(二)后诉与前诉的诉讼标的相同;(三)后诉与前诉的诉讼请求相同,或者后诉的诉讼请求实质上否定前诉裁判结果。当事人重复起诉的,裁定不予受理;已经受理的,裁定驳回起诉,但法律、司法解释另有规定的除外。”据此,应当从主观上当事人是否具有同一性、客观上审理对象(诉讼对象)是否相同两个方面进行判断。

1. 主观方面:当事人相同。具有同一性的当事人包括:(1)通常当事人,即判决效力所及的最直接的主体;(2)诉讼担当人。基于第三人诉讼实施权行使的依据,可分为法定诉讼担当和任意诉讼担当两种情形,前者是指有法律特别明文规定的诉讼担当,如企业破产法规定的破产管理人、合同法中的代位权人;后者是指在法律规定的范围内,通过约定的方式产生的诉讼担当,如《民事诉讼法》第53条、第54条规定的代表人诉讼中的诉讼代表人。诉讼担当人的诉讼结果对被担当人具有约束力。(3)诉讼参加人,即第三人,其中,有独立请求权第三人、独立进行诉讼的无独立请求权第三人在诉讼中具有当事人的地位,受一事不再理的约束;辅助当事人诉讼的无独立请求权第三人在诉讼中仅仅为辅助地位,不属于一事不再理作用的主观范围。(4)当事人的继受人,包括因当事人自然人死亡或者法人、设有代表人或管理人的非法人团体当事人合并而发生的继受情形,也包括因法律行为、法律规定或法院拍卖等公法行为而受让诉讼标的的权利义务的主体。(5)为当事人或其继受人占有请求的标的物的人,指在诉讼标的为以给付特定物为目的的请求权时,如该特定物被诉讼外的他人为当事人或其继受人占有而非为自己占有的情形。(6)既判力效力所及的一般第三人,指在有关身份关系的人事诉讼①和公司关系的诉讼中所作出的具有形成效力的判决,具有对世效力,在原告胜诉时任何人均不得再次起诉。

2. 客观方面:诉讼对象具有同一性。民事诉讼法司法解释的起草者认为,依实体法诉讼标的理论理解诉讼标的(法院审理和判断的对象),较为符合我国民事诉讼的实际状况。实体法诉讼标的理论(旧实体法说)从实体法上的请求权出发来界

---

① 人事诉讼又称身份关系之诉,是指关于人的身份上权利义务关系纠纷的诉讼,包括婚姻关系诉讼、亲子关系诉讼、确认公民无民事行为能力或限制民事行为能力之诉、宣告公民死亡等案件。身份关系是建立在男女之间的婚姻及亲属间的血统基础上的自然的事实关系,与婚姻家庭紧密相连,而婚姻家庭是一国社会秩序的重要组成部分,与婚姻家庭相关的身份关系如果可以随意形成和变更,则社会秩序极易发生混乱,故身份关系之诉事关社会伦理等公共利益,不容许当事人任意处分或变更。民事诉讼法对于身份关系诉讼,以实体真实主义、职权主义、职权探知主义、裁判绝对效力原则为诉讼原理。参见王松:《民事法官释明权:行使、规制与救济》,载《法律适用》2007年第10期。

定诉讼标的，认为诉讼标的乃是原告在诉讼上所为一定具体实体法之权利主张。原告起诉时，在诉状中应当具体表明其所主张的实体权利或者法律关系，与诉讼实践中对审判对象的理解是一致的；将诉讼标的理解为当事人在实体法上权利义务关系或者法律关系，简便易行，法院审理范围明确，诉讼秩序稳定，当事人攻击防御目标集中。诉讼请求是建立在诉讼标的基础上的具体声明，在采实体法诉讼标的理论理解诉讼标的的前提下，具体的请求内容对于诉讼中识别诉讼标的及厘清其范围具有实际意义。故《民事诉讼法解释》第247条第(3)项将诉讼请求的同一性也作为一事不再理原则适用的判断标准，其中"后诉的诉讼请求实质上否定前诉裁判结果"是指后诉提起相反请求的情况。①

3. 以下三种情形构成一事不再理：

(1)当事人相同，不受当事人在后诉与前诉中的诉讼地位的影响，即使前后诉原告和被告地位完全相反，仍然应当认定当事人为同一。②例如，甲起诉乙要求确认房屋所有权，乙又起诉甲同样要求就房屋所有权进行确认，两诉之间的当事人是相同的。

(2)在前诉与后诉当事人相同、诉讼标的同一的情形下，后诉提起与前诉相反的情况下，如甲起诉乙要求确认法律关系有效，乙又起诉甲请求确认法律关系无效的，构成一事不再理。例如，王冲等人基于同一事由起诉民丰银行请求确认保证合同无效被裁定驳回起诉案，二审法院指出：王冲等保证人在民丰银行起诉其借款保证合同纠纷案审理过程中，曾对保证合同的效力提出过异议，人民法院已就保证合同的效力进行了审查并作出了认定。现王冲等保证人又另行提起诉讼，要求在本案中确认保证合同的效力，属于重复起诉，应裁定驳回起诉。③

(3)一般而言，给付之诉中隐含确认之诉的内容，如果甲起诉乙要求依法律关系进行给付，乙又起诉甲请求确认法律关系无效的，属于后诉的请求实质上否定前诉裁判结果的情形。④

4. 判断基于同一纠纷的两次起诉是否属于重复起诉，是否构成一事不再理时，应当结合当事人的具体诉讼请求、事实依据以及其行使处分权的具体情况进行综合分析。总体而言，已经发生法律效力的判决对当事人和人民法院具有既判力，如果当事人的争议已经生效判决确定，当事人不得再就该争议提起诉讼；但如果两次

---

① 沈德咏主编：《最高人民法院民事诉讼法司法解释理解与适用》，人民法院出版社2015年版，第635页。

② 陈荣宗、林庆苗：《民事诉讼法》，台湾地区三民书局1996年版，第388页。

③ 《王冲等人基于同一事由重复起诉民丰银行请求确认保证合同无效被裁定驳回起诉案》，载《江苏省高级人民法院公报》(2014年第2辑)，法律出版社2014年版，第91页。

④ 沈德咏主编：《最高人民法院民事诉讼法司法解释理解与适用》，人民法院出版社2015年版，第635页。

起诉的争议相互不能替代或涵盖,则不能简单地因两次起诉基于同一纠纷而认定为重复起诉。[①] 以下三个案例可供审判实践参考:

(1)美国EOS工程公司诉新绛发电公司等侵权纠纷案,[②]最高人民法院认为,本案原审原告EOS工程公司基于同一事实,以相同的当事人为被告,向原审法院先后提起"不当得利"返还之诉和"侵权"损害赔偿之诉。尽管前后的诉讼理由不同,但实质的诉讼标的是相同的,即EOS工程公司是为了解决其于1995年向山西省新绛县电厂筹建处汇付100万美元产生的纠纷而向人民法院提起诉讼的。……对于EOS工程公司基于同一事实、相同的被告又以"侵权"为由提起的诉讼,人民法院不应予以受理。

(2)内蒙古业成房地产开发有限责任公司与内蒙古三A家具有限公司《商品楼买卖合同》纠纷案,[③]最高人民法院认为,业成公司起诉前,已经最高人民法院〔2003〕民一终字第59号民事判决确认:双方签订的《商品楼买卖合同》合法有效,继续履行,对于业成公司关于解除双方签订的《商品楼买卖合同》的请求予以驳回。2006年5月22日,业成公司作为原告再次提起诉讼,仍请求解除双方签订的《商品楼买卖合同》,确认三A公司逾期付款的违约责任。该项诉讼请求除了迟延付款违约金数额有所增加和书写的"终止"与"解除"表述存在差异外,与最高人民法院〔2003〕民一终字第59号民事判决一案诉讼请求与事实理由均相同。因此,如果业成公司对最高人民法院生效的〔2003〕民一终字第59号民事判决不服,除依法启动审判监督程序对案件重新审理外,不能就同一事实和理由再行提起诉讼主张与生效判决相同的内容。

(3)吴凤海采区诉遵化市承唐高速公路建设指挥部等承包地征收补偿费用分配不予受理再审改判案,[④]最高人民法院认为,关于本案是否属于重复起诉问题。重复起诉是指案件的同一当事人基于同样的事实、理由就同一诉讼标的再次向法院提起诉讼。判断基于同一纠纷而提起的两次起诉是否属于重复起诉,应当结合当事人的具体诉讼请求、事实依据以及其行使处分权的具体情况进行综合分析。在2009年11月9日吴凤海起诉承唐高速指挥部、田庄村委会一案中,吴凤海是以承唐高速指挥部拒不履行《房屋拆迁补偿安置协议》为由诉至法院,田庄村委会为第三人,吴凤海请求承唐高速指挥部给付其安置补偿费;本案则是吴凤海采区以承唐高速指挥部及唐山市交通局为被告,请求两被告按照国家的相关政策给付压覆

---

① 刘德权主编:《最高人民法院司法观点集成·民事诉讼卷》,人民法院出版社2014年版,第22页。

② 最高人民法院〔2003〕民四终字第2号民事裁定书,载《最高人民法院公报》2004年第10期。

③ 最高人民法院〔2007〕民一终字第68号民事裁定书,载最高人民法院民事审判第一庭编:《最高人民法院二审民事案件解析》(第6集),法律出版社2008年版,第187~194页。

④ 最高人民法院〔2013〕民提字第10号民事裁定书,转引自刘德权主编:《最高人民法院司法观点集成·民事诉讼卷》,人民法院出版社2014年版,第22页。

矿产资源的预期经济损失。故两案虽均为吴凤海采区在其承包开采铁矿过程中受修建承唐高速公路影响被迫停工造成损失而引发的纠纷,但两案的当事人不同,具体诉讼请求及依据亦不同,另案生效判决的既判力并没有涵盖本案的诉讼标的和诉讼主张,本案不属于重复起诉。

171. 不足额保险中,保险人的保险代位求偿权与被保险人对第三者赔偿请求权同时存在的诉讼程序

【地方审判】

保险人的代位求偿权诉讼和被保险人对第三者的赔偿诉讼的诉讼标的不同。被保险人和保险人可以分别对第三者提起诉讼,法院也可以依法合并审理。保险人或被保险人单独诉讼的,法院不应主动追加另一方作为原告。

保险人单独提起保险代位求偿权诉讼的,法院应当审查该保险合同是否属于不足额保险。为防止保险人行使保险代位求偿权影响被保险人的赔偿请求权,法院可以根据《民事诉讼法》第56条第2款的规定,通知被保险人作为无独立请求权第三人参加诉讼。

[上海市高级人民法院:《关于审理保险合同纠纷案件若干问题的解答(一)》]

172. 对于诉讼标的有关联的两诉可以合并审理,人民法院不应对案外人的民事权利义务作出决断

【案例指导】

天津中能星光实业有限公司与上海兰生国际贸易有限公司、宁波保税区明正国际贸易有限公司买卖合同纠纷案

❖ 基本案情

申请再审人(一审被告、二审上诉人):宁波保税区明正国际贸易有限公司

法定代表人:张海波,该公司董事长

被申请人(一审原告、二审被上诉人):天津中能星光实业有限公司

法定代表人:兰杨,该公司总经理

一审被告:上海兰生国际贸易有限公司

法定代表人:李建红,该公司总经理

天津中能星光实业有限公司(以下简称星光公司)与上海兰生国际贸易有限公司(以下简称兰生公司)、宁波保税区明正国际贸易有限公司(以下简明正公司)买卖合同纠纷一案,天津市第一中级人民法院作出(2007)津一中民二初字第167号民事判决。明正公司不服,向天津市高级人民法院提起上诉。天津市高级人民法院作出(2008)津高民二终字第0045号民事判决。明正公司不服,向最高人民法院申请再审。最高人民法院作出(2009)民申字第170号民事裁定,提审本案。最高人民法院依法组成由审判员王东敏担任审判长,审判员雷继平、代理审判员李京平参加的合议庭进行了审理,书记员安杨担任记录。

2007年12月19日,星光公司起诉至天津市第一中级人民法院称,星光公司与兰生公司于2007年10月24日签订了编号为ZN07-009和ZN07-010的两份购销合同。星光公司依约向兰生公司两次支付预付款8528520元与11371360元,但兰生公司始终未交货。故请求兰生公司按照合同约定偿还星光公司货款本金14924910元,违约金2487485元,共计17412395元,并按银行同期利率支付迟延期间占压资金的利息。而兰生公司将其在苏州上投置业有限公司(以下简称上投置业公司)的900万股股权转让给明正公司,该转让行为属虚假转让,实为逃债,故请求明正公司与兰生公司对上述债务共同承担连带责任,并负担案件受理费用。兰生公司与明正公司均未到庭参加诉讼。

星光公司与兰生公司于2007年10月24日签订了编号为ZN07-009和ZN07-010的两份购销合同。ZN07-009合同载明:星光公司向兰生公司购买精对苯二甲酸(以下简称PTA)1501.5吨,产品含税单价为人民币7100元/吨,合同总金额为10660650元,兰生公司于2007年11月9日在张家港交货。为履行ZN07-009合同,星光公司于2007年10月26日向兰生公司支付预付款8528520元,余款1132130元亦于2007年11月8日汇出。截至2007年12月19日星光公司起诉前,兰生公司欠星光公司500.5吨货物,计货款3553550元。ZN07-010合同载明:星光公司向兰生公司购买PTA2002吨,产品含税单价为人民币7100元/吨,合同总金额为人民币14214200元,兰生公司应于2007年11月12日在张家港交货。为履行ZN07-010合同,星光公司于2007年10月26日向兰生公司支付预付款11371360元。兰生公司始终未交货。另外,以上两份购销合同均约定,签约后的14天内,如供方不能交货或逾期交货,应退回需方已付的货款,另外向需方偿付全部货款的10%违约金。

另查明,2007年12月6日,兰生公司与明正公司订立《股权转让协议书》,协议约定:兰生公司将持有的案外人上投置业公司的900万股股权转让给明正公司,明正公司须于2007年12月13日之前支付转让金2亿元人民币。明正公司若未按期支付转让金,兰生公司仍享有该股权,守约方可解除股权转让协议。上投置业公司股东会作出决议,将公司股东之一由兰生公司变更为明正公司,出资900万股。上投置业公司的工商登记通知书中股东亦已变更。根据星光公司的申请,该院调取了天津市公安局经济犯罪侦查总队关于明正公司与兰生公司、案外人上海新长征国际贸易有限公司(以下简称新长征公司)等2亿元股权转让金调查的证据材料,证明明正公司未实际支付兰生公司该股权转让金。又查明,明正公司的注册资金为1000万元。

一审法院认为

星光公司与兰生公司签订的两份《购销合同》系双方真实意思表示,符合法律规定,合同合法有效。星光公司已经按照合同约定履行了支付货款的义务,兰生公司应按照合同约定履行供货义务。兰生公司未按合同约定交货,应承担返还星光公司已付的货款及偿付全部货款10%的违约金的民事责任。明正公司的注册资金为1000万元,却以2亿元收购兰生公司名下900万股股权,并已办理了工商变更手续。天津市公安局经济犯罪侦查总队对涉及明正公司与兰生公司及案外人新长征公司等股权转让和2亿元支付情况进行了调查,发现明正公司未实际支付2亿元。其行为侵害了星光公司的合法权益,其所得利益应赔偿星光公司因此所受到的损失。综上,星光公司的诉讼请求符合法律规定,证据充分,该院予以支持。

一审法院判决

依照《中华人民共和国合同法》第六条、第五十九条、第六十条第一款、第一百三十八条,《中华人民共和国民事诉讼法》第一百三十条、第二百三十二条之规定,该院缺席判决:一、兰生公司于该判决生效之日起十日内偿还星光公司货款本金14924910元,违约金2487485元,共计17412395元,并按银行同期利率支付迟延期间占压资金的利息;二、明正公司对上述债务承担连带给付责任。

上诉

明正公司不服一审判决,向天津市高级人民法院提起上诉称:1.原审法院未向明正公司送达起诉状副本,未依法传唤该公司,程序违法。2.明正公司已足额付清了全部股权转让金,原审认定事实不清。3.原判适用法律错误。要求撤销原判,驳回星光公司对其诉讼请求。星光公司答辩称:1.明正公司注册资金仅1000万元,却开出2亿元承兑汇票;明正公司循环走账,并未实际支付2亿元款项;明正公司、兰生公司等为股东交叉持股的关联公司;兰生公司与明正公司恶意串通,逃避兰生公司应负的债务,损害了星光公司合法权益。2.原审法院合法传唤后,明正公司未出庭。一审判决认定事实清楚,适用法律正确,应予维持。

天津市高级人民法院二审除确认一审法院查明的事实外,另查明:

1.一审法院向明正公司送达起诉状副本和传票等诉讼文书的信件已由明正公司的员工签收。

2.2007年12月14日苏州市吴中市工商行政管理局发出公司准予变更登记通

知书,显示明正公司已被变更登记为上投置业公司的股东。

3.2007年12月17日和18日,新长征公司从其农业银行普陀支行尾数为2756的账户中将1040万元,上海银行尾数为6018的账户中将660万元、600万元,三笔总计2300万元的资金划转给宁波保税区创世国际贸易有限公司(以下简称创世公司)。创世公司在2007年12月18日又将三笔资金合成一笔共计2300万元打给明正公司。明正公司在2007年12月18日将2300万元分成两笔分别为800万元、1500万元打给新长征公司的招商银行曹阳支行尾数为0001的账户(以下循环支付的资金至新长征公司时均经由此账户)。

2007年12月18日,新长征公司将800万元、1500万元两笔资金合成一笔,共计2300万元打给宁波保税区赛世国际贸易有限公司(以下简称赛世公司)。同日,赛世公司将2300万元增加为2380万元,另加之前新长征公司打给赛世公司的1000万元一并打给创世公司。创世公司将2380万元扣留180万元后,将2200万元、1000万元打给明正公司。明正公司在2200万元、1000万元基础上增加100万元,分成两笔1600万元、1700万元,共计3300万元打给新长征公司。

2007年12月19日,新长征公司将1600万元、1700万元合成一笔3300万元,另加之前明正公司打给新长征公司的700万元,共计4000万元打给创世公司。创世公司将3300万元、700万元打给明正公司。明正公司将3300万元、700万元打回给新长征公司。其中,明正公司打给新长征公司的700万元是由两项组成:一是2007年12月19日创世公司将在第二次循环过程中扣留的180万元中的130万元及自筹210万元,共计340万元打给明正公司;二是同日明正公司将该130万元、210万元,以及自筹的40万元、320万元,四笔合成700万元打给新长征公司。

2007年12月19日,新长征公司将3300万元、700万元合成一笔4000万元打给赛世公司。赛世公司将4000万元打给创世公司。创世公司将4000万元打给明正公司。明正公司将4000万元打给新长征公司。

2007年12月19日,新长征公司将4000万元扣留2150万元,然后将1850万元打给创世公司。创世公司从1850万元中扣留180万元,又将剩余的1670万元分两笔,在2007年12月19日、20日分别将700万元和970万元打给明正公司。明正公司在2007年12月19日、20日将700万元和970万元增加30万元后的1000万元,两笔共计1700万元打给新长征公司。

2007年12月20日,新长征公司将1000万元、700万元共两笔打给创世公司。创世公司将1000万元增加110万元至1110万元、700万元共两笔打给明正公司。明正公司将1110万元扣留10万元至1100万元、700万元,共两笔打给新长征公司。

2007年12月20日,新长征公司将1100万元、700万元合成一笔1800万元打给赛世公司。赛世公司将1800万元打给创世公司。创世公司将1800万元打给明正公司。明正公司将1800万元打给新长征公司。

2007年12月20日,新长征公司从1800万元中扣留200万元后,将1600万元打给创世公司。转天,创世公司从1600万元扣留1200万元后,将400万元打给明正公司。明正公司将400万元打给新长征公司。

参与以上资金循环的各家公司的账户相应余额为:新长征公司余额2750万元、创世公司余额1110万元、赛世公司余额-80万元、明正公司余额-480万元。余额总计3300万元。

从新长征公司账户最初打出的循环支付资金分别为1040万元、1000万元、660万元、600万元,共计3300万元。而新长征公司该起始资金的来源构成是兰生公司打给新长征公司上海银行尾数为6018账户的500万元和620万元(2007年12月14日)、打给新长征公司农业银行普陀支行尾数为2756的账户中的603.2331万元和520万元(2007年12月17日)、660万元(2007年12月18日),上述资金额共计2903.2331万元。添加新长征公司账户余额后,共计3300万元。

明正公司提交的关于新长征公司对外支付信用证款的账户为"农业银行普陀支行尾数为0543的账户",支付时间分别是2007年12月19日、2007年12月19日、2007年12月24日,金额分别为900930美元、442230美元、877800美元,2007年12月20日明正公司从"上海银行尾数为6018的账户"支出12953490.55元。

4.兰生公司的股东之一曾为上海赛世公司贸易有限公司,兰生公司曾于2003年至2004年间与自然人吴浩同为上海赛世公司贸易有限公司股东,后兰生公司将该股份转让给吴浩;吴浩是赛世公司(宁波)的法定代表人、董事长、经理及曾经的股东。张振伊同时是明正公司、创世公司、赛世公司股东和上投置业公司董事。朱雷同时是创世公司董事长、总经理、股东及法定代表人、赛世公司股东、监事。张海波是赛世公司股东、明正股东、执行董事、法定代表人和苏州上投置业公司董事。钟放同时是明正公司股东和赛世公司股东。李园园是明正公司总经理、赛世公司股东、董事。严雯缆、胡海蓉分别同时是赛世公司股东和明正公司监事。洪军、包国英分别同时是赛世公司股东、创世公司董事。张韦娟、姚春宏分别同时是赛世公司股东和创世公司监事。

二审法院认为

星光公司与兰生公司签订的编号为ZN07-009和ZN07-010的两份购销合同系双方真实意思表示,且内容不违反法律、行政法规的规定,均为有效合同。双方当事人应严格按照合同约定履行各自的义务。星光公司按照合同约定履行了给付货款的义务,而兰生公司未按合同约定履行交付货物的义务,故应依约承担退回星光公司已付货款(合计14924910元)及偿付全部货款的10%违约金(计2487485元)的民事责任。因兰生公司未依约履行合同义务给星光公司造成了相应的利息损失,故对星光公司要求兰生公司按银行同期贷款利率支付迟延履行期间占压资金利息的请求予以支持。

关于明正公司是否应对兰生公司的上述给付义务承担连带责任的问题。根据兰生公司与明正公司签订的《股权转让协议书》的约定,明正公司受让兰生公司持有的上投置业公司900万股股权,必须于2007年12月13日之前支付兰生公司2亿元人民币的股权转让金。未按期支付转让金,兰生公司仍享有该股权。从当事人提交的证据及法院调取的证据看,明正公司只是于2007年12月13日向兰生公司开具了八张共计2亿元的商业承兑汇票,并经兰生公司背书转让给了案外人新长征公司。后明正公司于2007年12月21日以已经向新长征公司通过银行支付了2亿元的票据赎回款为由,向新长征公司提出赎回八张商业承兑汇票,新长征公司遂与明正公司签订了《商票赎回确认书》,确认双方的权利义务关系结束。虽然案外人新长征公司确认明正公司已经向其付款2亿元,但从法院调取的银行对账单、支付凭证等证据看,明正公司并未实际支付2亿元款项。该2亿元款项是在2007年12月17日至2007年12月21日期间,由新长征公司最初划出共计3300万元的资金,经过在新长征公司→创世公司(或赛世公司→创世公司)→明正公司→新长征公司银行账户间的数次循环支付累积而成。另,本案证据显示,在新长征公司提供参与循环支付的3300万元起始资金中,约有2903余万元为兰生公司向新长征公司提供,而且经过数圈循环支付后,截至2007年12月21日明正公司向新长征公司支付完最后一笔400万元款项,新长征公司、创世公司、赛世公司、明正公司的所涉账户余额款相加正好为3300万元。上述证据更进一步印证了从新长征公司打出起始资金进行循环支付的事实。明正公司关于新长征公司实际支出四笔款项是为兰生公司支付信用证款的主张不能成立,不予支持。经过数次转圈循环支付累积而成的2亿元款额与明正公司实际向新长征公司支付2亿元款额存在根本性不同。即使案外人新长征公司自认其已经收到明正公司2亿元,但其作为自认的兰生公司债权人,该确认收到2亿元款项的行为也只是确认债务人兰生公司欠其债务已经偿还,不能证明商业汇票的出票人明正公司已实际支付了2亿元票据赎回款,更不能证明明正公司已实际给付了兰生公司900万股的股权转让金。鉴于本案所涉2亿元股权转让款的资金循环流转方式,以及参与资金流转的各公司具有一定关联性,明正公司关于其循环支付行为具有正当性的主张不能成立,不予支持。

根据兰生公司与明正公司《股权转让协议书》的约定,明正公司未按期(2007年12月13日之前)支付股权转让金,兰生公司仍享有上投置业公司的900万股股权,鉴于明正公司明知自己未按约给付股权转让金,却实际取得了兰生公司的900万股股权,通过办理工商登记将上投置业公司的股东由兰生公司变更为明正公司,该行为实际造成兰生公司无法向债权人清偿债务,侵害了兰生公司的债权人星光公司的合法利益。

兰生公司本享有上投置业公司900万股股权，或者依《股权转让协议书》获得2亿元股权转让款，可用于偿还公司所欠债务，但兰生公司与明正公司的无对价转让股权行为客观上造成兰生公司清偿债务能力降低，不能对星光公司清偿债务，给星光公司造成损失。本案星光公司对兰生公司的请求权存在违约责任与侵权责任的竞合，星光公司主张兰生公司承担违约责任，即退还货款本金14924910元、支付违约金2487485元、赔偿相应的利息损失，予以支持。由于兰生公司和明正公司无对价转让900万股股权给星光公司造成的实际损失与兰生公司对星光公司违约给星光公司造成的损失在范围上具有一致性，故对星光公司要求明正公司对兰生公司应承担的货款本金14924910元、违约金2487485元及相应利息损失承担连带赔偿责任的主张，该院予以支持。

二审法院判决

该院认为，一审判决查明事实清楚，适用法律正确，处理结果并无不当。依照《民事诉讼法》第一百三十条、第一百五十三条第一款第（一）项之规定，该院缺席判决：驳回上诉，维持原判。二审案件受理费126274元，由明正公司负担。

申请再审

明正公司向最高人民法院申请再审称，一、原判决违反法定程序，影响了案件的正确判决。原判决违反了人民法院审理民事诉讼案件不应在同一案件中对两个性质不同、没有任何关系的诉讼请求作出判决的法律规定。星光公司对兰生公司和明正公司提出的诉讼，分别基于买卖合同和股权转让合同，二者之间的权利义务关系完全不同，既无共同权利，又无共同义务，星光公司对兰生公司和明正公司提出的诉讼是两个完全不同性质的诉讼请求，人民法院不应对两诉讼请求在同一案件中予以审理并作出判决。二审判决还提出了星光公司对明正公司的"请求权存在违约责任与侵权责任的竞合"，既然如此认定，就应当依法审理违约纠纷，或者审理侵权纠纷，二者只能择其一，而不能在审理违约纠纷案件中同时处理侵权纠纷。二、原判决认定的基本事实缺乏证据证明。明正公司履行了与兰生公司签订的股权转让协议约定的义务。根据明正公司与兰生公司签订的《股权转让协议书》，明正公司以2亿元受让兰生公司在苏州上投置业有限公司30%的股权。2007年12月13日，明正公司交给兰生公司总金额为2亿元的8张商业承兑汇票后即办理了股东变更登记手续。同日，兰生公司将8张商业承兑汇票转让给对兰生公司持有2亿余元债权的新长征公司，用于清偿其2亿元债务。嗣后，明正公司自2007年12月18日起至21日，分别用自有资金和向他人的借贷资金等，先后委托招商银行宁波天一支行、交通银行宁波分行等，向新长征公司支付了2亿元的票据赎回款。2007年12月18日至21日期间出现的明正公司与创世公司等资金多次往来，一是明正公司向创世公司多次借款用于支付新长征公司的票据赎回款，二是新长征公司与他人发生的正常贸易资金往来。二审判决认为明正公司未实际支付2亿元款项,是错误的。即使明正公司未实际支付2亿元款项,星光公司只能依法行使代位权向明正公司另行提起诉讼,而无权要求明正公司对其与兰生公司的买卖合同纠纷承担连带付款责任或赔偿责任。三、原判决适用法律错误。一审判决根据《合同法》第五十九条规定判决明正公司为兰生公司对星光公司全部债务承担给付责任,适用法律错误。二审法院对此予以维持亦是错误的。明正公司以2亿元价款受让了兰生公司在上投置业公司30%的股权,清偿了兰生公司欠新长征公司2亿元的债务,原判决认定明正公司与兰生公司恶意串通没有根据。即使明正公司与兰生公司恶意串通签订合同损害他人利益,也应依法确认转让合同无效,将所取得财产依法返还他人,而不是互为赔偿损失或为一方返还货款承担连带给付责任。综上,请求:裁定中止天津市高级人民法院(2008)津高民二终字第0045号民事判决的执行,驳回星光公司对明正公司提出的诉讼请求。

星光公司辩称,一、二审法院鉴于本案所涉2亿元股权转让款的资金循环流转方式,以及参与资金流转的各公司具有一定关联性的事实,认定明正公司经过数次循环支付累积而成的2亿元与实际向新长征公司支付2亿元存在根本性不同,从而认定明正公司未支付给新长征公司2亿元股权款正确。二、二审法院适用法律正确。明正公司未支付新长征公司2亿元股权款,明正公司支付给新长征公司的2亿元是由兰生公司提供2903.2331万元组成启动资金3300万元,明正公司积极参与,经过循环重复支付实现,从而掩盖兰生公司将其持有的上投置业公司的股权非法转移到明正公司名下,达到隐匿财产、逃避债务的目的。1.兰生公司是循环重复支付的策划者,具有主观上的故意。(1)兰生公司在将其持有的上投置业公司的股权转移给明正公司前已资不抵债,在明正公司未支付股权转让款,亦未到股权转让协议书约定的2亿元股权转让款支付日期的情况下,上投置业公司召开股东会,兰生公司将900万股权转让给明正公司,兰生公司的行为违背商业常规,具有恶意转移财产的可能。(2)兰生公司接受8张商业承兑汇票不合常理。商业承兑汇票是以出票企业信誉为担保,明正公司注册资金仅1000万元,兰生公司明知其无力保证2亿商业承兑汇票的承兑,却在股权转让协议书中约定用商业承兑汇票支付2亿股权转让款,并于2008年12月13日接受了明正公司开出的2亿元商业承兑汇票。可知兰生公司恶意将其持有的股权转移给明正公司,具有隐匿财产的主观故意。2.明正公司是循环重复支付的策划者,具有主观上的故意。明正公司明知自己未支付2亿元股权对价款,但却通过循环重复支付,掩盖其未支付2亿元股权对价款的事实。该行为违背了《中华人民共和国票据法》第二十一条的规定,及中国人民银行《商业汇票承兑、贴现暂行办法》第四条的规定,侵犯了星光公司的债权。三、二审判决审理程序合法。综上,请求驳回明正公司的再审申请。

兰生公司未予答辩。

最高人民法院认为

最高人民法院经过再审，确认原一、二审法院查明的除明正公司向兰生公司支付 2 亿元股权转让款以外的其他案件事实。

最高人民法院经审理认为，根据当事人申请再审请求与理由以及答辩意见，本案再审争议焦点为：一、星光公司能否在同一案件中起诉兰生公司与明正公司。二、明正公司应否在本案中对兰生公司所负债务承担连带清偿责任。

关于星光公司能否在同一案件中起诉兰生公司与明正公司的问题。本案星光公司为原审原告，兰生公司与明正公司为共同被告，原告起诉涉及的诉讼标的不同，星光公司诉兰生公司拖欠买卖合同货款，星光公司同时又诉明正公司受让兰生公司持有的上投置业公司股权未支付对价，损害兰生公司利益，导致兰生公司无能力返还其货款，直接侵犯了星光公司的利益。该两诉的诉讼标的是有关联的，一审法院从方便当事人诉讼的角度，将该两种诉讼合并审理，不违反民事诉讼法的规定。明正公司申请再审主张明正公司不应作为共同被告，本案原审违反法定程序，缺乏法律依据，不能成立，不予支持。

关于明正公司应否在本案中对兰生公司所负债务承担连带清偿责任问题。天津市高级人民法院二审认为，星光公司与兰生公司签订的涉案两份购销合同系当事人真实意思表示，内容不违反国家法律、行政法规的强制性规定，天津市高级人民法院二审认定为合法有效，并判令兰生公司依约承担退回货款、偿付违约金并按银行同期利率支付迟延延误期间占压资金利息正确，予以维持。

本案查明的事实表明，明正公司与兰生公司签订《股权转让协议书》后，明正公司向兰生公司开具了 8 张共计 2 亿元的商业承兑汇票，在兰生公司背书将该八张汇票转让给了新长征公司后，新长征公司又将汇票背书转让给其他公司。从票据关系看，明正公司为受让公司股权，以商业承兑汇票的形式支付股权转让款，并不违反国家法律、行政法规的禁止性规定；兰生公司将上述汇票背书转让给新长征公司，是其取得股权转让对价之后自行处理的行为。新长征公司取得票据后，涉案票据经过了多次背书、回赎，新长征公司、赛世公司、创世公司等案外人均参与了此过程，但其并未作为当事人进入本案诉讼。天津市第一中级人民法院与天津市高级人民法院在案外人未参加诉讼的情况下，以公安机关刑事侦查过程中取得的材料，或者根据兰生公司、新长征公司、赛世公司、创世公司、明正公司之间相关款项的循环往来、银行对账单等证据材料，并通过账目、数字的演算，对包括案外当事人在内的民事主体之间资金往来事实作出认定，缺乏事实依据，有可能侵害案外人合法权益。原一、二审判决认定明正公司与兰生公司恶意串通，未实际支付股权转让款，并判令明正公司对兰生公司在本案中的债务承担连带清偿责任，缺乏事实和法律依据，予以纠正。星光公司如认为兰生公司将汇票背书转让给新长征公司属恶意转让财产，或认为兰生公司与新长征公司、明正公司、赛世公司、创世公司等恶意串通,通过汇票形式侵害其合法权益,可另案起诉。

最高人民法院判决

综上所述,原一、二审判决认定部分事实不清,适用法律部分错误,依照《中华人民共和国民事诉讼法》第一百八十六条第一款、第一百五十三条第一款第(三)项之规定,判决:一、撤销天津市高级人民法院(2008)津高民二终字第0045号民事判决;二、维持天津市第一中级人民法院(2007)津一中民二初字第167号民事判决第一项;三、变更天津市第一中级人民法院(2007)津一中民二初字第167号民事判决第二项为:驳回星光公司对明正公司的诉讼请求。逾期履行上述给付义务,依照《中华人民共和国民事诉讼法》第二百二十九条之规定,义务人应加倍支付迟延履行期间的债务利息。一审案件受理费126274元,保全费5000元,共计131274元,由兰生公司承担。二审案件受理费126274元,由星光公司承担。

❖ 评析

本案值得探讨的问题包含程序和实体两方面。

首先,程序上,星光公司能否对兰生公司与明正公司在同一案件中提起诉讼。本案主要是由于星光公司与兰生公司签订买卖合同引起的纠纷。星光公司依约给付了货款,但兰生公司基本未提供货物,给星光公司造成损失。星光公司依买卖合同对兰生公司提起诉讼,属于给付之诉。但星光公司认为兰生公司将其在苏州的上投置业公司股权转让给明正公司,而明正公司未实际给付股权转让款、双方的行为属虚假转让,实为逃债,根据法律有关规定,明正公司应与兰生公司共同承担连带责任。故星光公司对明正公司提起的诉讼系损害赔偿纠纷,属侵权之诉。明正公司始终坚持认为两个诉所涉法律关系不同,其不应作为本案被告。最高人民法院在讨论此问题(实质涉及两个诉能否合并审理问题)时有不同意见,一种意见认为,合同纠纷与侵权纠纷属不同的民事法律关系,纠纷又不仅仅在星光公司与兰生公司之间,不存在天津高院二审判决所认定的星光公司对兰生公司的请求权系违约责任与侵权责任竟合之说。星光公司起诉状所表述是其"认为兰生公司的行为属虚假转让,实为逃债,根据法律有关规定,明正公司应与兰生公司共同承担连带责任",并未明确请求撤销股权转让协议,或者取得兰生公司的债权向明正公司求偿;且股权转让协议中并未约定损害星光公司利益的内容,即便是该股权转让存在低价或无偿转让兰生公司财产的情形,似乎也不好直接说明正公司就构成对中能星光侵权的结论。天津一中院当初将此两个诉合并审理,并未提到所谓方便当事人诉讼,方便法院审理。非必要共同诉讼是否合并审理,决定权在法院,但法院也应当有较充分的理由。本案合并审理似乎有些牵强。本案中,星光公司对兰生公司享有债权,可以在解决本案后,对明正公司另外提起一个代位权诉讼寻求救济,而不应当在给付之诉中硬加入一个侵权之诉。另一种意见认为,原告起诉两个被告,涉及的诉讼标的不同,星光公司诉兰生公司拖欠买卖合同货款,星光公司同时又诉明正公司受让兰生公司持有的上投置业公司股权未支付对价，损害兰生公司利益，导致兰生公司无能力返还其货款，直接侵犯了星光公司的利益。说明该两诉的诉讼标的是有关联的，星光公司对兰生公司与明正公司均是由诉权的，一审法院从方便当事人诉讼的角度，将该两种诉讼合并审理，不违反民事诉讼法的规定，法律关系不同并非案件不能合并审理的当然情形。合议庭鉴于本案至今已进入再审程序，合并审理与否，不影响当事人的实体权利，故一致意见依然合并审理，不再调整。

实体上，明正公司应否在本案中对兰生公司所负债务承担连带清偿责任问题。首先需要确认的是兰生公司是否应承担民事责任。因兰生公司未就自己的责任问题申请再审，该问题在最高人民法院再审程序中可不予审理，但由于星光公司与兰生公司的买卖合同关系是本案的主合同关系，明正公司的责任是该主合同责任派生出来的，故本院首先仅对买卖合同的效力作出了表态，由于不存在《中华人民共和国合同法》第 52 条规定的无效合同情形，最高人民法院判决认定买卖合同合法有效，维持天津高院判决对此的认定。至于明正公司的责任问题，涉及股权转让关系及票据关系两方面法律问题。兰生公司与明正公司的股权转让协议合法有效，理由同买卖合同的认定，不再赘述。此处再审争议的关键是，(1)股权转让款的支付能否采取商业承兑汇票的形式；(2)汇票几经背书转让，转让过程中票据的形式与内容清晰的情况下，能否依据票据内容推定明正公司实际并未支付股权转让款以及其他票据当事人在其中的民事行为如何。关于股权转让款的支付方式，商业承兑汇票是由企业、事业、机关、团体等单位签发的汇票，是由收款人签发、经付款人承兑或由付款人签发并承兑的票据，这里的收款人、付款人是指交易双方的当事人，发票人、承兑人均应是卖方或买方（相互对应），因此，商业承兑汇票是以交易当事人自己的信誉为基础的，不同于银行承兑汇票以金融机构的信誉作保证，在交易诚信缺乏的环境下，实践中往往尽量避免使用商业承兑汇票，以免造成不必要的风险。但是，这种汇票的使用，特别是用于购买股权，并不在国家法律、法规和政策的禁止与限制之列。对于 2 亿元款项的支付采取商业承兑汇票的支付方式，而得出兰生公司与明正公司搞不正当的规避法律行为，只是一种推定。兰生公司接受明正公司的商业承兑汇票后又背书转让给新长征公司，是明正公司取得股权转让对价之后自行处理的行为，不违反法律。新长征公司取得票据后，涉案票据经过了多次背书、回赎，新长征公司、赛世公司、创世公司等案外人均参与了此过程，如果法院要查明该票据往来的真实情况，特别是要落实各家公司的相互关系、对票据款项的处理是否构成恶意串通、作假等，应当在上述诸多公司成为案件当事人哪怕是证人，进行调查质证后，方可得出结论。没有相关当事人的质证过程而直接确认法律事实，违背人民法院审判的基本程序要求，很有可能侵害这些没有参加案件审理的案外人的合法权益。天津市第一中级人民法院与天津市高级人民法院在案外人未参加诉讼的情况下，直接采纳公安机关刑事侦查过程中取得的材料，或者根据兰生公司、新长征公司、赛世公司、创世公司、明正公司之间相关款项的循环往来、银行对账单等证据材料，并通过账目、数字的演算，对包括案外当事人在内的民事主体之间资金往来事实作出认定，看似符合数学逻辑，实际缺乏事实依据，凸显武断。附带提一下，公安、检察等机关刑事侦查过程中取得的材料，包括讯问当事人的笔录、律师询问笔录等，与生效的刑事判决书完全不能等同，生效的刑事判决书确认的事实人民法院在民事审判中可直接作为证据使用，但是，刑侦材料只是一般的证据材料，必须能够与其他证据相互印证、质证后方可采纳。原一、二审判决通过公安方面的调查材料、通过自己对票据流转过程的演算等，认定明正公司与兰生公司恶意串通，未实际支付股权转让款，并判令明正公司对兰生公司在本案中的债务承担连带清偿责任，显属停留在一般的逻辑推理层面，在证据的审核认定方面存在重大瑕疵，不符合我国证据规则的要求，缺乏事实和法律依据，故合议庭一致认为必须予以纠正。

（李京平：《天津中能星光实业有限公司与上海兰生国际贸易有限公司、宁波保税区明正国际贸易有限公司买卖合同纠纷再审案》）

173. 客体合并审理无须经当事人同意

【公报案例】

吉庆公司、华鼎公司与农行西藏分行营业部抵押借款合同纠纷案

[最高人民法院（2005）民二终字第186号]

❖ **裁判摘要**

《民事诉讼法》第五十三条关于“当事人一方或者双方为二人以上，其诉讼标的是共同的，或者诉讼标的是同一种类、人民法院认为可以合并审理并经当事人同意的，为共同诉讼”的规定，是就主体合并审理必须经当事人同意作出的规定，其前提是当事人一方或者双方必须为二人以上。我国法律并无客体合并审理必须经当事人同意的强制性规定。债权人就两笔到期债务一并提起诉讼，人民法院合并审理并作出一份判决并不违反法律规定。

❖ **基本案情**

上诉人（原审被告）：西藏吉庆实业开发有限公司

法定代表人：王伟民，该公司董事长

被上诉人（原审原告）：中国农业银行西藏自治区分行营业部

负责人：扎西平措，该营业部总经理

原审被告：重庆市华鼎现代农业景观园开发有限责任公司

法定代表人:黄秀琴,该公司总经理

上诉人西藏吉庆实业开发有限公司(以下简称吉庆公司)为与被上诉人中国农业银行西藏自治区分行营业部(以下简称农行西藏分行营业部)、原审被告重庆市华鼎现代农业景观园开发有限责任公司(以下简称华鼎公司)抵押借款合同纠纷一案,不服西藏自治区高级人民法院(2005)藏民二初字第01号民事判决,向最高人民法院提起上诉。法院依法组成由审判员吴庆宝担任审判长,代理审判员宫邦友、刘敏参加的合议庭进行了审理,书记员赵穗军担任记录。本案现已审理终结。

原审法院查明:2001年8月6日,农行西藏分行营业部与吉庆公司和华鼎公司分别签订了《借款合同》和《抵押合同》。《借款合同》约定,农行西藏分行营业部向吉庆公司发放贷款2000万元,借款期限为两年,年利率为5.94%,按季结息;因吉庆公司违约致使农行西藏分行营业部采取诉讼方式实现债权的,吉庆公司应当承担农行西藏分行营业部为此支付的律师费、差旅费及其他实现债权的费用。《抵押合同》约定,华鼎公司以位于重庆市巴南区鱼洞镇中坝"现代农业示范区"土地使用权为该2000万元贷款提供担保。2003年8月6日,农行西藏分行营业部与吉庆公司和华鼎公司签订《借款展期协议》,协议约定将借款展期一年,即2003年8月6日至2004年8月6日。

2003年12月22日,农行西藏分行营业部与吉庆公司和华鼎公司再次分别签订了《借款合同》和《抵押合同》。《借款合同》约定,农行西藏分行营业部向吉庆公司贷款2700万元,贷款期限为一年,年利率为3.33%,按季结息;因吉庆公司违约致使农行西藏分行营业部采取诉讼方式实现债权的,吉庆公司应当承担农行西藏分行营业部为此支付的律师费、差旅费及其他实现债权的费用。《抵押合同》约定,华鼎公司以位于重庆市巴南区鱼洞镇中坝"现代农业示范区"土地使用权为该2700万元贷款提供担保。

另查明:西藏自治区物价局、西藏自治区司法厅于2002年12月30日联合下发了《西藏自治区律师服务收费标准(试行)》,该标准对涉及财产关系的律师收费确定了标准,即:一千万元至五千万元在2%~2.5%之间取费。

上述两笔贷款共计4700万元到期后,吉庆公司未予偿还。农行西藏分行营业部于2005年2月28日诉至西藏自治区高级人民法院,请求判令吉庆公司偿还所借款项4700万元本金及相应利息、罚息、逾期利息等,并承担其为实现债权所支付的律师费、差旅费、保全费及诉讼费等;华鼎公司以抵押的财产为上述债务和费用承担担保责任。

农行西藏分行营业部于2005年3月1日向该院申请财产保全,该院于2005年3月8日作出(2005)藏法民二初字第1号民事裁定,对被申请人吉庆公司位于四川省成都市火车南站街道办事处棕树村8组的川国用(2000)字第00058号《国有土地使用证》项下14266.05平方米的土地予以查封。

该案一审审理期间,吉庆公司分别于2005年5月24日、2005年6月3日归还了贷款本金500万元及利息200万元。

一审法院认为

原审法院审理认为:农行西藏分行营业部与吉庆公司、华鼎公司分别签订的《借款合同》、《抵押合同》系双方平等协商一致的意思表示,依法成立,合法有效。农行西藏分行营业部请求依法判令吉庆公司偿还49309369.91元及华鼎公司承担担保责任的主张,符合法律规定,吉庆公司和华鼎公司亦承认该债务额,该院予以支持。对被告认为原告的律师费未实际支付的抗辩,该院认为,律师费在《借款合同》中已明确进行了约定,是双方真实意思表示,由于吉庆公司的违约行为,农行西藏分行营业部在委托律师通过诉讼实现其权利过程中,律师费是必然发生的,因此,对两被告的抗辩该院不予支持。根据西藏物价部门对律师收费幅度的规定,结合该案案件标的和律师实际承担的工作量,该院认为律师代理费按本金4700万元的2%下限取费较合适。

一审法院判决

依据《中华人民共和国合同法》第八条、第一百一十一条第一款、第二百零五条、第二百零六条、第二百零七条,《中华人民共和国担保法》第五十七条之规定,判决:一、吉庆公司应向农行西藏分行营业部偿还贷款本金4700万元及利息2309369.94元,扣除审理中已支付的700万元(本金500万元、利息200万元),吉庆公司仍需支付农行西藏分行营业部本金4200万元、利息309369.94元,本金利息合计42309369.94元;自2005年4月26日起,吉庆公司还应向农行西藏分行营业部按日万分之二点一支付逾期付款违约金,直至还清所有本息为止。二、吉庆公司应承担农行西藏分行营业部诉讼的律师代理费94万元,但农行西藏分行营业部应向吉庆公司提供付款凭证。三、该案案件受理费、财产保全费合计489281元,由吉庆公司承担。四、华鼎公司对上述一、二、三项债务及费用应以抵押土地使用权承担连带清偿责任。五、华鼎公司在实际承担连带责任后,有权向吉庆公司追偿。

上诉

吉庆公司不服西藏自治区高级人民法院的上述民事判决,向最高人民法院提起上诉称:一、其与农行西藏分行营业部签订的两份借款担保合同因借款时间、数额、期限以及利率等均不相同,应系两个不同的法律关系,农行西藏分行营业部基于上述两个法律关系应分别提起不同的诉讼。一审法院对于这两个不同的诉讼不但予以合并审理并且作出了一个判决,违反了法定程序,应予发回重审。二、对于律师费的负担,并无明确的法律规定,一般来说,法院并不支持当事人对律师费的主张。即使根据《借款合同》关于"因借款人违约致使贷款人采取诉讼方式实现债权的,借款人应当承担贷款人为此支付的律师费、差旅费及其他实现债权的费用"的约定,吉庆公司承担的应是农行西藏分行营业部因诉讼实际已经支付的律师费用。本案农行西藏分行营业部既未提供其与律师事务所签订的委托合同,也未提供其向律师事务所支付律师费用的票据,因此不能证明因吉庆公司违约给农行西藏分行营业部带来损失的基本事实以及损失的真实数额,一审法院判决的94万元律师费并未实际发生。且本案法律关系并不复杂,农行西藏分行营业部代理律师的工作量很小,原审法院据以裁决的《西藏自治区律师服务收费标准(试行)》规定的收费标准明显过高。原审判决缺乏事实与法律依据,应予纠正。三、本案总标的额不到5000万元,且华鼎公司还提供了价值7000多万元土地使用权的抵押担保,一审法院裁定对吉庆公司14266.05平方米的土地使用权予以查封,超过了本案诉讼标的,给其造成了巨大的经营困难和经济损失,对超标的额查封的财产应予解除查封。请求撤销一审判决,发回原审法院重审;由农行西藏分行营业部承担诉讼费用。

被上诉人农行西藏分行营业部答辩称:一、农行西藏分行营业部与吉庆公司之间虽然签订了两份借款合同,存在两个法律事实,但是该两份合同的借款均已到期,双方之间形成的只是一种债权债务法律关系,不存在多种或不同法律关系的情形,农行西藏分行营业部为实现债权提起诉讼并无不当。吉庆公司关于应分别诉讼的观点,缺乏法律依据。二、一审法院判决吉庆公司承担94万元律师费,依据充分,合理合法。农行西藏分行营业部与吉庆公司在《借款合同》中关于"因借款人违约致使贷款人采取诉讼方式实现债权的,借款人应当承担贷款人为此支付的律师费、差旅费及其他实现债权的费用"的约定系当事人自愿协商形成,应受法律保护。农行西藏分行营业部在吉庆公司不依照合同约定偿还借款的情况下,通过诉讼方式实现债权,因此产生的律师费是必然的。且农行西藏分行营业部为了不增加吉庆公司的负担,做到公平合理,与其代理律师约定按《西藏自治区律师服务收费标准(试行)》的取费标准支付律师费,并在一审诉讼请求中,主张按该标准分段取费比例2%~2.5%予以承担律师费。一审法院按照本金4700万元的2%下限取费,对吉庆公司是公平合理的。三、农行西藏分行营业部依法申请查封被答辩人的土地使用权,没有明显超值查封。原审法院认定事实清楚,适用法律正确,请求驳回上诉,维持原判。

二审法院除认定一审法院查明的事实外,另查明:一审审理期间农行西藏分行营业部与其代理律师事务所西藏雪域律师事务所(以下简称雪域律师事务所)之间并未签订代理合同,亦未实际支付代理费用。二审庭审时农行西藏分行营业部代理人陈述,农行西藏分行营业部与其曾口头协商待案件审理完毕后再行支付。一审判决后,农行西藏分行营业部于2005年9月30日将一审判决书载明的94万元律师代理费支付给了雪域律师事务所。二审期间,雪域律师事务所律师白玛、李建忠向本院提交的农行西藏分行营业部与雪域律师事务所签订的有效期自2004年9月5日至2007年9月4日的《聘请常年法律顾问合同》中载明,根据聘方要求,应聘方指派律师白玛、李建忠担任农行西藏分行营业部的常年法律顾问;每年法律顾问费×元;农行西藏分行营业部委托法律顾问代理诉讼、参与调解、仲裁活动应另行收费。收费必须严格遵守体现风险代理原则。风险代理的范围扩大为所有的案件,实行风险代理的案件,律师的代理工作应负责至案件执行终结或债权的受偿为止。风险代理的案件律师费计算方式为:已收回或挽回的财产额乘以本级收费比例(收费比例详见《律师职业收费标准》)等内容。二审中农行西藏分行营业部代理律师白玛、李建忠还向本院提交了部分二审期间差旅费的有关证据以及农行西藏分行营业部与雪域律师事务所签订的二审《委托代理(辩护)合同》。该《委托代理(辩护)合同》约定,农行西藏分行营业部应向雪域律师事务所缴纳劳动报酬费47万元,二审代理费由农行西藏分行营业部在收到二审判决或裁定后,一次性支付给雪域律师事务所。

二审法院认为

法院经审理认为:虽然农行西藏分行营业部本案中所主张的4700万元债务原系两份借款合同形成,但鉴于其向西藏自治区高级人民法院提起诉讼时,该两笔借款均已到期,其一并提起诉讼并不违反法律强制性规定。《中华人民共和国民事诉讼法》第五十三条规定的须经当事人同意人民法院尚可合并审理的共同诉讼系指主体合并的情形,其前提是当事人一方或者双方主体必须为两人以上。而本案当事人一方或者双方主体均为一人,故不存在主体合并的问题,而应是事实上的客体合并。因我国法律并未规定因客体合并审理的共同诉讼亦须以当事人同意为前提条件,故原审法院根据农行西藏分行营业部的诉请将基于两个合同形成的债务合并审理并做出一份判决并无不当。吉庆公司关于原审法院违反法定程序应当发回重审的上诉请求,本院不予支持。

关于律师代理费、差旅费及其他实现债权费用的负担问题,因农行西藏分行营业部和吉庆公司签订的《借款合同》第五条明确做出了关于"因借款人违约致使贷款人采取诉讼方式实现债权的,借款人应当承担贷款人为此支付的律师费、差旅费及其他实现债权的费用"的约定,该约定系双方当事人真实意思表示,且不违反法律禁止性规定,应为有效,人民法院对于农行西藏分行营业部为实现该笔债权所实际支付的律师费、差旅费及其他实现债权的费用应当依法予以保护。本案债权人农行西藏分行营业部向西藏自治区高级人民法院提起诉讼时,虽然已经聘请了雪域律师事务所的律师参加诉讼活动,但是因其并未与雪域律师事务所就代理事项签订代理合同,更未实际支付律师代理费,故原审法院认定吉庆公司依据借款合同的约定承担农行西藏分行营业部为实现债权所支付的一审案件代理费尚缺乏相应的事实依据。律师代理费用的数额应当依据委托人与律师事务所的合意来确定,原审法院在委托人农行西藏分行营业部与雪域律师事务所没有约定的情况下,自行依据《西藏自治区律师服务收费标准(试行)》作出认定,缺乏法律依据,法院对此不予认可。且从雪域律师事务所与农行西藏分行营业部签订的有效期自2004年9月5日至2007年9月4日的《聘请常年法律顾问合同》载明的"农行西藏分行营业部委托法律顾问代理诉讼、参与调解、仲裁活动应另行收费。收费必须严格遵守体现风险代理原则。风险代理的范围扩大为所有的案件,实行风险代理的案件,律师的代理工作应负责至案件执行终结或债权的受偿为止。风险代理的案件律师费计算方式为:已收回或挽回的财产额乘以本级收费比例(收费比例详见《律师职业收费标准》)"内容看,双方通常情况下应是以最终案件执行终结或债权受偿时已收回或挽回的财产额作为基数计算律师代理费用的。鉴于本案尚在二审审理期间,对于农行西藏分行营业部最终能够收回的财产额尚未最终确定,律师代理费认定尚无有效依据,且其他差旅费和实现债权的费用因案件并未最终审结以及执行完毕,尚可能继续发生,故本案仅就借款法律关系予以认定,至于律师费、差旅费及其他实现债权的费用,待案件最终执行完毕后,由农行西藏分行营业部根据实际发生情况另行主张,本案对此不做认定。

吉庆公司关于原审法院超标的额查封应予解封的上诉请求,因不属于对一审判决提出上诉的范畴,故本院对此不予审理。

二审法院判决

最高人民法院根据《中华人民共和国合同法》第八条,《中华人民共和国民事诉讼法》第五十三条第一款、第一百四十条、第一百五十三条第一款第(一)、(三)项、第一百五十八条的规定,判决如下:

一、维持西藏自治区高级人民法院(2005)藏民二初字第01号民事判决主文第一、三、五项;

二、撤销上述民事判决主文第二项;

三、变更上述民事判决主文第四项为重庆市华鼎现代农业景观园开发有限责任公司对西藏吉庆实业开发有限公司应承担的借款本息及案件受理费、财产保全费以抵押土地使用权承担连带清偿责任。

(选自《中华人民共和国最高人民法院公报2006年卷》)

174. 借款人为一人、担保人为多人的诉讼需当事人同意并经人民法院许可,才能合并审理

【公报案例】

瑞华投资控股公司与山东鲁祥铜业集团有限公司、山东省嘉祥景韦铜业有限公司、陈中融、高学敏等借款担保合同纠纷案

[最高人民法院(2007)民四终字第28号]

❖ **裁判摘要**

原告据以提起诉讼的基础法律关系涉及多份借款合同,虽然借款人为同一主

体,但是,为多份借款合同提供担保的担保人均系多人,各担保人所提供担保的对象、金额、方式也不相同。根据《中华人民共和国民事诉讼法》第五十三条的规定,此类诉讼的合并需要当事人同意并经人民法院许可,否则人民法院对此类案件不予合并审理。

❖ 基本案情

上诉人(原审原告):瑞华投资控股公司

法定代表人:黄永宜,该公司董事长

被上诉人(原审被告):山东鲁祥铜业集团有限公司

法定代表人:贾景臣,该公司董事长

被上诉人(原审被告):山东省嘉祥景韦铜业有限公司

法定代表人:贾景臣,该公司董事长

被上诉人(原审被告):山东鲁祥铜业集团嘉祥卧龙农机修造有限公司

法定代表人:牟启聪,该公司董事长

被上诉人(原审被告):山东鲁祥铜业集团嘉祥金冠铜带有限公司

法定代表人:何敬礼,该公司董事长

被上诉人(原审被告):山东鲁祥铜业集团嘉祥通达废品收购有限公司

法定代表人:陈中荣,该公司董事长

被上诉人(原审被告):山东鲁祥铜业集团嘉祥华瑰工艺品有限公司

法定代表人:岳喜才,该公司董事长

被上诉人(原审被告):山东黄岗(集团)总公司

法定代表人:翟根运,该公司董事长

被上诉人(原审被告):济宁龙瑰铜工艺品有限公司

法定代表人:吕光,该公司董事长

被上诉人(原审被告):陈中荣

被上诉人(原审被告):高学敏

被上诉人(原审被告):贾景臣

2007年5月17日,瑞华公司起诉至山东省高级人民法院(以下简称原审法院)称:一、鲁祥集团、景韦公司欠借款本金人民币13910000元及相应利息,黄岗集团应当对该借款债务承担连带还款责任,陈中荣、高学敏应当对该借款债务分别在本金数额人民币2010000元及对应利息的范围内承担连带还款责任;二、景韦公司另欠借款本金人民币5000000元及相应利息,龙瑰公司应当对该借款债务承担连带还款责任;三、鲁祥集团另欠借款本金人民币10800000元及相应利息,黄岗集团应当对该借款债务承担连带还款责任;四、鲁祥集团另欠借款本金人民币3000000元及相应利息。同年6月25日,瑞华公司又撤回了对景韦公司、龙瑰公司本金人民币5000000元借款债权的起诉。

同年6月11日,黄岗集团在提交答辩状期间向原审法院提出管辖权异议称:一、瑞华公司起诉的诉讼标的总额为人民币32710000元,根据原审法院公布的有关级别管辖的规定,本案应由济宁市中级人民法院受理。二、本案债权在转让给瑞华公司前,原债权人中国东方资产管理公司青岛办事处已经就上述债权于2006年3月1日在济宁市中级人民法院提起诉讼,该院以该案不符法定合并审理的条件为由,驳回了中国东方资产管理公司青岛办事处的起诉。济宁市中级人民法院的(2006)济民二初字第28号民事裁定书认定事实清楚,适用法律正确,该生效的法律文书对本案有约束力。三、本案原告对本案被告一并起诉,在担保人不属于同一主体的情况下,如依据相关的证据判决,必然导致双方当事人享有的诉权不能得到平等的保护,原告将本案所有的被告在原审法院一并起诉不符合《中华人民共和国民事诉讼法》规定的必要共同诉讼的情形,请求驳回原告的起诉。

一审法院认为

原审法院经审查认为:原告瑞华公司在提出的诉讼中,共涉及多笔数额不同的借款合同,各笔借款合同中,虽然借款人是同一主体,但是各借款合同中的担保主体和担保方式不同,既有法人又有自然人,既有保证又有抵押,其各自是独立的借款合同,涉及不同的法律关系,不属于合并审理的共同诉讼,应根据每个借款合同分别起诉,各自分开审理。故原告瑞华公司在担保主体和担保方式不同的情况下,将多笔借款合同合并起诉,不符合《中华人民共和国民事诉讼法》第五十三条规定的必要共同诉讼的条件。依照《中华人民共和国民事诉讼法》第五十三条和最高人民法院《关于适用〈中华人民共和国民事诉讼法〉若干问题的意见》第一百三十九条之规定,原审法院裁定驳回瑞华公司的起诉。

上诉

上诉人瑞华公司不服上述裁定,向最高人民法院提起上诉称:一、民事诉讼法所称的合并审理,是指法院依据自身职权将几个已经分别起诉的不同案件合并为一个案件进行审理,本案上诉人仅起诉了一个案件,不存在合并审理的问题。而《民事诉讼法》第五十三条所规定的共同诉讼,只是指出了共同诉讼这种诉讼形式,其目的是要明确共同诉讼中当事人的地位和权利义务,共同诉讼这一概念本身与法院立案受理问题无关。根据《民事诉讼法》之规定,驳回起诉的裁定仅仅适用于在立案后发现原告的起诉不符合《民事诉讼法》第一百零八条规定之情形,而上诉人的起诉完全符合《民事诉讼法》第一百零八条规定的四个条件,原审法院依据《民事诉讼法》第五十三条驳回上诉人的起诉,系适用法律错误。二、同一债务人在一定时期内连续向同一债权人借款,本着节省诉讼成本、提高诉讼效率的目的,债权人将相同性质的几个债权作为一个总的债权起诉,并不违反《民事诉讼法》的规定和宗旨。担保合同是从合同,担保合同自身无法构成独立的法律关系,也无法对基础法律关系构成实质影响。本案纠纷中无论存在多少担保人和多少担保方式,基础法律关系都是借款合同关系。

上诉人将主债务人和各担保人一并起诉并未侵害他们的诉讼权利,主债务人和各担保人依然有权各自行使自己的抗辩权,任何一方对一审判决不服,均可提起上诉。因此,上诉人和所有被上诉人之间的诉讼法律地位完全平等。三、根据本案的具体情况,原审法院更不应当简单驳回上诉人的起诉。在近几年的司法实践中,各大资产管理公司在清收不良贷款的过程中,将几笔贷款统一起诉的情况十分普遍,原审法院本身就审理了很多与本案性质相同的起诉,并作出了实体判决。上诉人正是参考了原审法院的受理情况,才这样提起的起诉;上诉人根据原审法院的受诉实践采取了各种诉讼措施,但这些措施都将因原审法院驳回起诉的简单化处理而对上诉人的债权实现造成困难。请求:1. 撤销原审法院(2007)鲁民初字第 41 号民事裁定,并指定原审法院继续对本案进行审理;2. 判令被上诉人承担本案上诉费用。

被上诉人鲁祥集团、景韦公司、农机公司、金冠公司、通达公司、华瑰公司、黄岗集团、龙瑰公司、陈中荣、高学敏及贾景臣均未提交答辩意见。

二审法院认为

上诉人瑞华公司据以起诉的基础法律关系涉及多份借款合同,借款人为鲁祥集团和景韦公司两家公司,为借款合同提供担保的担保人既有多个自然人又有多个法人,各担保人所提供担保的对象、金额、方式也不相同。根据《中华人民共和国民事诉讼法》第五十三条之规定,此类诉的合并需要当事人同意和人民法院许可。而作为本案当事人之一的黄岗集团对上诉人瑞华公司在原审法院提起的诉讼明确提出了管辖权异议且不同意合并审理,原审法院也不认为本案可以合并审理,因此,上诉人在原审法院所提起的诉讼不具备法定的合并审理的条件。上诉人的上诉无理,依法应予驳回。

二审裁定

综上,原审裁定认定事实和适用法律均无不当,应予维持。二审法院依照《中华人民共和国民事诉讼法》第一百五十三条第一款第(一)项、第一百五十四条之规定,裁定:

驳回上诉,维持原裁定。

(选自《中华人民共和国最高人民法院公报 2008 年卷》)

第二节　一审程序

175. 破产立案审查程序中可适用听证程序

【地方审判】

运用听证程序,确保立案准确性。建立破产听证这一立案审查程序,在破产立案阶段对破产申请进行全面实质性审查。一是规范细化受理标准,统一裁判尺度。针对法律和司法解释未明确规定受理标准的情况,深圳市中级人民法院公司清算和破产审判庭总结出可供实际操作的具体标准,形成具有广泛适用意义的《破产案件立案审查规程》,指导破产案件的立案工作。二是依法甄别破产原因,区别对待债务人。对于确因产业结构转变且经营前景暗淡而必须破产的企业,依法受理破产申请;对于已具有破产原因但仍有重整价值与希望的企业,优先受理重整申请;对于虽有借破产逃废债务可能但符合破产清算申请受理条件的非诚信企业,将其纳入到法定的破产清算程序中,通过撤销和否定其不当处置财产行为,以及追究出资人等相关主体责任等方式,使其借破产逃废债务的目的落空;对于债权人申请债务人破产但尚未穷尽救济手段的,引导债权人通过诉讼、执行途径实现其债权。三是开辟绿色通道,优先受理非法撤资逃债案件。特别是在国际金融危机的大背景下,非法逃债的现象不断发生。对于这类涉及企业非法撤资逃债,影响面大的案件,坚持优先审查、优先立案,迅速将案件纳入规范清算程序,并及时采取相应措施,协调有关部门疏导并化解各种矛盾纠纷,避免企业职工、债权人等合法权益遭受损害。四是建立重大敏感破产案件的受理预警机制,完善维稳机制。在立案受理时把好"入口"关,对有可能引发不稳定因素的重大敏感破产案件,全面审查债务人的资产情况、财务状况、负债情况、员工安置情况及涉诉、涉执情况,提前预见矛盾,及时做好疏导工作,使矛盾消化在萌芽阶段。

(广东省深圳市中级人民法院:《梳理新观念 建立新机制 促进破产审判工作新发展》)

176. 破产案件的审限规定

【地方审判】

企业破产法对破产案件审限并无规定,为提高破产案件审判效率,深圳市中级人民法院对破产审判的审限提出了硬要求:一是明确规定一般破产案件自立案之日起两年内审结;在全国范围内有重大影响、涉及重大民生问题、案情疑难复杂的破产案件自立案之日起三年内审结;特别重大疑难案件五年内审结;无不能预见、无法克服的客观原因,不得超期结案。并对审限实行全程跟踪监督,并覆盖到管理人,在指定管理人后对管理人开展各项工作提出明确的具体时间要求。二是严格破产衍生诉讼审限监督。对破产案件衍生诉讼,严格执行《深圳市中级人民法院审限管理暂行办法》的规定,无特别情况不允许延长审限,确保破产案件的整体推进不受影响。

(广东省深圳市中级人民法院:《梳理新观念　建立新机制　促进破产审判工作新发展》)

177. 法院对原告申请撤回对部分被告起诉的案件的程序处理

【地方审判】

法院对原告申请撤回对部分被告起诉的案件,应对是否准许作出书面或者口头裁定。不应在判决书主文中处理此程序问题,也不应采取由原告从起诉书中划掉该被告名称的做法。

作出口头裁定的,应当宣告裁定结果并记录在案。

[北京市高级人民法院审理民商事案件若干问题的解答之五(试行)]

是否准许当事人撤回对部分被告的起诉,涉及重大程序事项,因此应在判决书前部对法院是否准许原告撤回对部分被告起诉的处理过程,作一简单说明和交代,但在判决书主文中不应涉及此程序问题。

[关于《北京市高级人民法院审理民商事案件若干问题的解答之五(试行)》的说明]

178. 驳回原告对一部分被告起诉的裁定已经生效,再判决另一部分被告承担或不承担民事责任时判决书的表述

【地方审判】

判决书首部不应当再列已驳回原告起诉的相应被告为当事人,这部分被告应在驳回起诉的裁定书中列明。在判决书主文部分,仅应当对保留的被告是否应承担民事责任加以确定。

[《北京市高级人民法院审理民商事案件若干问题的解答之五(试行)》]

我们的基本出发点是裁驳属于程序问题,判决属于实体问题,不应在一份裁判文书主文中同时涉及。但由于裁定驳回起诉涉及重大程序事项,虽然判决书主文不涉及裁驳的内容,但判决书应该反映出诉讼的全过程,因此,判决书前部对裁驳

的程序处理应该作出说明和交代。

[关于《北京市高级人民法院审理民商事案件若干问题的解答之五(试行)》的说明]

179. 充分发挥简易程序的作用

【审判政策与精神】

充分发挥简易程序的重要作用,必须正确处理好程序公正与审批效率之间的关系。首先,简易程序是民事案件审理程序的一种,适用简易程序的实质是简化程序,缩短诉讼周期,并不是剥夺当事人的诉讼权利,当事人在普通程序中享有的诉讼权利在简易程序中同样享有,审理案件必须确保程序公正。其次,要准确把握民事诉讼法与司法解释关于简易程序的规定内容,充分体现简易程序的特点。如适用简易程序不受开庭通知、开庭公告的时间限制,不受法庭调查与辩论程序的限制,不受当事人向人民法院申请调查取证、申请证人出庭期限的限制。另外,按照我国民事诉讼法的规定,当事人双方同时到基层人民法院或者它的派出法庭请求解决纠纷,基层人民法院及其派出法庭适用简易程序审理,可以当即审理,也可以另定日期,因此简易程序也不受被告答辩期限、当事人举证期限的限制。民事诉讼法的这一条规定很好,应该推广到适用简易程序审理的所有案件中,确保简易程序的高效运行,把简易程序作为基层人民法院及其派出法庭方便群众诉讼、快捷处理民事纠纷的法宝,用好用足。最后,要防止简易程序向普通程序转换的“随意性”,防止把简易程序向普通程序转换当成延长案件审限的途径。对符合法律规定的条件,已经适用简易程序审理的民事案件确需转换为普通程序的,必须经分管院长审批。

充分发挥简易程序的重要作用,还必须正确处理好依法与创新之间的关系。首先,按照我国民事诉讼法的规定,适用简易程序审理民事案件仅限于基层人民法院及其派出法庭,各地不能搞突破,中级人民法院以上不能适用简易程序审理民事案件;其次,简易程序性质上是民事审判程序,一般不需要设置专门的简易案件审批机构,基层人民法院及其派出法庭的民事法官都应当会适用简易程序审理案件。但在案件简繁分流的基础上,人民法院可以指定一些审判人员,专门适用简易程序快速处理简单民事案件,又快又好地调处矛盾纠纷;最后,简易程序即简单民事案件的速调速判程序,各地法院在简易程序的基础上,探索研究适用简易程序公正高效审理案件的新机制、新做法,不属于在简易程序之外再创造新的民事审判程序,

应规定处理。①

181. 二审中当事人变更诉讼请求与增加独立诉讼请求的判断及其处理

【审判专论】

关于上诉人在二审中变更诉讼请求的问题。对此问题,最高人民法院《关于民事经济审判方式改革问题的若干规定》第184条规定,在第二审程序中,原审原告增加的诉讼请求,第二审人民法院可以根据当事人自愿的原则就新增加的诉讼请求进行调解,调解不成的,告知当事人另行起诉。审判实践中产生困难的原因是对当事人在诉讼中是否变更了其诉讼请求缺乏判断标准。例如,一些当事人在一审起诉时的诉讼请求比较原则,只是提出了一项损害赔偿数额,而其据以支持诉讼请求的理由在一、二审程序中发生了变化,比如说由一审的违约损害赔偿变更为二审的侵权损害赔偿,实践中还有的由违约损害赔偿变更为二审的无效合同缔约过失损害赔偿后者由一审的股东之间诉讼变更为二审的股东代表诉讼。在这些情形中,表面上看是诉讼理由的变更,实际上提出了一项新的诉讼请求,对此如果二审径行审理、裁判,可能会违背两审终审的原则。

(《加强调查研究　探索解决之道——最高人民法院民二庭庭长宋晓明就在全国民商事审判工作会议中提出的若干疑难问题答记者问》)

182. 二审程序中原审原告可以申请撤回起诉

【民诉法司法解释】

关于原审原告在二审程序中能否撤回起诉问题,遵循当事人意思自治原则,

---

① 《民事诉讼法解释》第326条规定:"对当事人在第一审程序中已经提出的诉讼请求,原审人民法院未作审理、判决的,第二审人民法院可以根据当事人自愿的原则进行调解;调解不成的,发回重审。"

第327条规定:"必须参加诉讼的当事人或者有独立请求权的第三人,在第一审程序中未参加诉讼,第二审人民法院可以根据当事人自愿的原则予以调解;调解不成的,发回重审。"

第328条规定:"在第二审程序中,原审原告增加独立的诉讼请求或者原审被告提出反诉的,第二审人民法院可以根据当事人自愿的原则就新增加的诉讼请求或者反诉进行调解;调解不成的,告知当事人另行起诉。双方当事人同意由第二审人民法院一并审理的,第二审人民法院可以一并裁判。"

第329条规定:"一审判决不准离婚的案件,上诉后,第二审人民法院认为应当判决离婚的,可以根据当事人自愿的原则,与子女抚养、财产问题一并调解;调解不成的,发回重审。双方当事人同意由第二审人民法院一并审理的,第二审人民法院可以一并裁判。"

《民事诉讼法解释》第338条确立了撤回起诉需经其他当事人同意、人民法院审查、一审裁判的撤销、禁止再诉等规则，既尊重当事人对其诉讼权利的处分，又使得原告的撤诉权受到公权力的一定制约，规定："在第二审程序中，原审原告申请撤回起诉，经其他当事人同意，且不损害国家利益、社会公共利益、他人合法权益的，人民法院可以准许。准许撤诉的，应当一并裁定撤销一审裁判。原审原告在第二审程序中撤回起诉后重复起诉的，人民法院不予受理。"据此，原审原告出于各种因素不愿再通过诉讼解决纠纷救济权利的，可以在二审宣判前向法院提出撤回诉讼申请。二审法院应当对该申请予以审查，在经过其他当事人同意，且不损害国家利益、社会公共利益、他人合法权益的情况下，可以准许原审原告撤回起诉。同时，本条第二款根据诉讼诚信原则，对原告在第二审程序中撤回起诉后重复起诉的情形予以限制，以避免诉累，保障诉讼效益。

此外，对于再审审理程序中一审原告撤回起诉问题，《民事诉讼法解释》第410条也有类似规定："一审原告在再审审理程序中申请撤回起诉，经其他当事人同意，且不损害国家利益、社会公共利益、他人合法权益的，人民法院可以准许。裁定准许撤诉的，应当一并撤销原判决。一审原告在再审审理程序中撤回起诉后重复起诉的，人民法院不予受理。"此种情形应当裁定两项内容：一、准许撤回起诉；二、撤销原审全部判决。

【地方审判】

第二审程序中，原审原告申请撤回起诉的，人民法院应当如何处理？

第二审程序中，原审原告申请撤回起诉，人民法院应当征求其他当事人意见，其他当事人同意的，人民法院可以裁定准许撤诉，准许撤诉的，裁定一并撤销一审判决；其他当事人不同意的，人民法院应当裁定不准撤诉。

人民法院裁定不准许撤诉的，原审原告经传票传唤，无正当理由拒不到庭的，可以缺席判决。

[吉林省高级人民法院关于印发《吉林省高级人民法院民二庭关于商事审判若干疑难问题的解答（一）》的通知（2014年12月16日）]

183. 适当允许当事人在二审中提出新证据

【审判专论】

证据是整个诉讼的核心，证据制度在整个民事诉讼法中亦居于关键地位。证据制度如何设计直接关系《民事诉讼法》的整体架构、诉讼模式和诉讼理念。最高人民法院《关于民事诉讼证据的若干规定》(以下简称《民事诉讼证据规定》)中的第41条、42条和第43条对二审中可提出的新证据做出了规定,主要包括三类:一是一审庭审后新发现的证据;二是当事人在一审举证期限届满前申请人民法院调取证据未获准许,二审法院经审查认为应当准许并依当事人申请调取的证据;三是当事人经人民法院准许延期举证,但因为客观原因未能在准许的期限内提供且法院不审理该证据可能导致裁判不公,当事人提供的该类证据可以视为新证据。《民事诉讼证据规定》中对二审新证据相关规定,有利于克服证据随时提出主义的弊端,提高诉讼效率。但是,也有部分专家学者对《民事诉讼证据规定》中的部分内容提出不同意见,如认为《民事诉讼证据规定》对举证时限作出规定突破了现行《民事诉讼法》的规定等。另外,《民事诉讼证据规定》在实践中也遇到了一些问题,如《民事诉讼证据规定》中有关"客观原因"以及"可能导致裁判明显不公"等概念难以掌握,适用上具有随意性;我国诉讼法对审级设置的原因,某些证据即使在二审中不作为新的证据,但在再审程序中却因可能导致判决结果"显失公平"而被认同为新的证据,并重新赋予了其对案件事实的证明效力,导致对终审判决的改判,使二审法官处于进退维谷的状态,造成了法院判决权威的缺失。正是基于上述原因,对于"二审新证据"的认定相当混乱,由此也影响了二审裁判标准的统一。我们认为,二审能否提出新证据与前述二审采纳何种审理方式有着直接的联系。从目前世界各国的司法改革的趋势来看,各国均将追究实体公正作为法院的最终目标,只有在无法达到实体公正的情况下,才以程序公正而为之。从世界各国的《民事诉讼法》对于二审新证据的规定来看,对此持否定观点的均较审慎。因为如果完全不允许当事人在二审程序中提出新的证据,即使是对裁判结果起着至关重要作用新的证据也不采纳,显然与客观事实相悖,不利于保护当事人合法权益。所以,我们建议借鉴目前世界各国的通行的做法,适当地允许当事人在二审中提出新证据。但与此同时,从防止诉讼迟延与不当上诉以及提高诉讼效率这个角度来说,也要对二审中提出的证据范围与期限予以适当限制。即通常只有在因客观原因不能在一审期间提出证据的情况下,才允许当事人在二审期间提出新的证据,并且应当根据二审法院指定的适当期限内提出,只有这样才能使法院的审判重心真正落在第一审,也只有这样,才能确保二审功能的正常发挥,并最终达到诉讼公正与效率的有机统一。

(最高人民法院民二庭民事诉讼法二审程序修改研究小组:《关于民事诉讼法二审程序修改完善的建议》)

184. 二审的审理期限

【审判专论】

对于二审的审限《民事诉讼法》第176条做了规定,普通案件3个月内审结,对上诉裁定的案件30日内审结。应该说对于审限的规定对于提高审判效率及时审结案件等方面起着积极的作用。但是,由于二审审限的相关规定制定于20年前,而根据当时的社会经济发展的水平制定的审限已经不能适应20年后我国经济社会复杂现状。突出表现为:第一,司法实践中很多二审法院在法定的二审审限内不能审结二审案件,只能通过延长审限的方式完成;第二,有的二审法院为了在审限内结案,不得大量采用径行判决的方式处理二审案件;第三,由于二审审限规定的时间较短,部分受理二审案件较多的法院的法官,为了在审限内办结案件、达到尽快消化案件的指标而不得不加班加点,难以保证案件的质量和审判的公正。上述问题导致的后果是,致使现行二审审限的规定形同虚设、难以保证二审审判质量、严重影响当事人对二审程序的期待性等。故我们建议对二审审限予以修改。

对于二审审限应该如何修改?我们建议,对《民事诉讼法》二审审限的规定进行修改和完善,具体建议是:将不计入审限或需扣除审限的法定事由予以明确化,如,当事人提供新的证据,鉴定、勘验,补充调查,双方当事人申请调解以及公告等期间等可以不计入审理期限。因现行《民事诉讼法》对于应予扣除审限的事项并未予规定,而是在相关的司法解释和司法文件中作了规定,这样修改,既是将司法实践中证明行之有效的做法上升为法律,同时也避免当事人因法律无规定而产生对法院和法官的不满。

(最高人民法院民二庭民事诉讼法二审程序修改研究小组:《关于民事诉讼法二审程序修改完善的建议》)

185. 二审不开庭审理范围的限定

【审判专论】

目前,世界各国尤其是大陆法系国家一般对二审上诉案件规定了两种审理方式,即"开庭审理"和"不开庭审理的径行判决"。我国亦如此。"开庭审理"能够发挥程序的功能,使当事人形成案件经过慎重考虑的感觉,并能够为当事人提供进一步声明主张和宣泄不满的机会,从而强化程序的公正性。“不开庭审理”主要对于上诉请求明显不能成立或者不需要开庭审理的案件。在民事二审程序中设置上述两种审理方式,主要是通过对上诉案件的“繁简分流”而达到公正与效率之间的平衡。对于两种审理方式的区别,通说认为,形式上的区别在于是否进行了开庭审理,而本质上的区别在于合议庭成员的参与程度不同,开庭审理方式中合议庭成员的参与程度显然要高于不开庭审理的径行判决。必须强调的是,不管是开庭审理还是不开庭审理径行判决均不能以损害裁判的公正性和当事人的诉讼权利为代价。

修改后《民事诉讼法》对二审审理方式的相关规定作出了修改。修改前《民事诉讼法》第152条规定:对于上诉案件,第二审人民法院经过阅卷和调查,询问当事人,在事实核对清楚后,合议庭认为不需要开庭审理的,也可以径行判决、裁定。而此次修改,主要是将原来的“在事实核对清楚后”修改为“没有提出新的事实、证据或者理由”,也就是说“对于上诉案件第二审法院经过阅卷、调查和询问当事人后,对没有提出新的事实、证据或者理由”的,才可以不开庭审理,而不能笼统地“在事实核对清楚后”就径行裁判。详言之,二审合议庭的首要任务就是审查上诉人是否提出新的事实、证据或者理由,进而决定是否开庭审理。是否有新的事实、证据或者理由通过审阅一审案卷和上诉状以及询问当事人就可以明确,无须严格的庭审过程。虽然“事实核对清楚”并不当然地必须通过开庭审理,但在当事人提出新的事实、证据和理由的情况下,须通过开庭审理,在程序上保障当事人就新的事实、证据和主张予以阐述、说明以及抗辩的权利;反之,如果不开庭审理,尽管在实体上并不当然导致事实认定错误、裁决错误,但程序上的缺陷必然会妨害当事人行使诉讼程序中的权利,导致对裁判公正性的怀疑。从这个意义上说,事实核对是否清楚需要二审庭审的程序保障才能予以确定,这才符合二审审判的逻辑。此外,立法机关也注意到开庭审理和不开庭审理的相对性,将“径行判决、裁定”修改为“不开庭审理”。

(李相波:《关于〈民事诉讼法〉二审程序修改内容的理解与适用》)

【民诉法司法解释】

关于二审案件可以不开庭审理的情形,《民事诉讼法解释》第333条规定:“第二审人民法院对下列上诉案件,依照民事诉讼法第一百六十九条规定可以不开庭审理:(一)不服不予受理、管辖权异议和驳回起诉裁定的;(二)当事人提出的上诉请求明显不能成立的;(三)原判决、裁定认定事实清楚,但适用法律错误的;(四)原判决严重违反法定程序,需要发回重审的。”这四种不开庭审理情形的共同点是:二审审理所依据的事实清楚,没有提出新的事实、证据或者理由,不需要通过开庭审理查证;同时,人民法院不开庭审理案件,不妨碍和影响当事人依法行使诉权。二审合议庭不能在没有进行必要的调查和询问之前就决定不开庭审理,更不能在事实不清的情况下作出裁判。[1]

186. 二审法院诉讼程序步骤

【审判专论】

按照修改后《民事诉讼法》第 169 条的规定,第二审人民法院受理上诉案件后,应按照以下步骤开展诉讼程序。

1. 组成合议庭。第二审人民法院受理上诉案件,首先应当组成合议庭。修改后《民事诉讼法》第 40 条规定,第二审人民法院对上诉案件的合议庭只能由审判员组成,合议庭成员人数必须是单数。我们认为,该条中的“审判员”是指具有审判资格的人员。依据《人民法院组织法》的规定,审判人员应当包括审判员和助理审判员。所以,第二审人民法院审理上诉案件组成的合议庭既可以由审判员单独组成,也可以由审判员和助理审判员共同组成。

2. 阅卷、调查和询问当事人。第二审人民法院组成合议庭后,案件的承办人及合议庭成员要认真审阅案卷,目的是审查当事人提起的上诉是否具备了法律规定的提起上诉的条件,是否在上诉期限内提起上诉,诉讼费是否交齐,上诉人是否提出新的事实或者证据等方面的事项。如果当事人提起上诉的条件等有欠缺,按照法律规定允许其补正的,应通知其补正,不允许补正的,则应直接裁定驳回其上诉。依据本条规定,为了查明事实,二审人民法院在审查案卷过程中,必要时还可以对相关的事实和证据进行调查并询问当事人。

3. 开庭审理或不开庭审理。(1)开庭审理。承办人及合议庭成员经过阅卷、调查、询问当事人后,如果当事人提出新的事实、证据或者理由,那么合议庭应当开庭审理。这是因为,新事实、证据或者理由的出现,使得对案件事实的认定产生了改变的可能,出于保护当事人诉讼权利及客观公平的要求,第二审人民法院对此种情况应当开庭审理。通过开庭审理,对相关的事实予以查证,进而对一审程序中的事实认定、证据采用或者法律适用是否正确作出终局判断,以求得法律事实最大限度地接近客观真实。(2)不开庭审理。依据修改后《民事诉讼法》第 169 条的规定,第二审人民法院组成合议庭后,经过阅卷、调查和询问当事人,对于其没有提出新的事实、证据或者理由的,如果合议庭认为不需要开庭审理,可以不开庭审理而径行作出裁判。这是因为,对于当事人没有新的事实、证据提供,也没有新的理由提出的,二审法院对案件事实的认定仍是依据在一审中当事人提交的全部证据及

---

① 沈德咏主编:《最高人民法院民事诉讼法司法解释理解与适用》,人民法院出版社 2015 年版,第 878 页。

当庭陈述,而当事人提交的全部证据及当庭陈述已经呈现在一审人民法院向二审人民法院报送的全部卷宗材料中。二审人民法院完全可以通过审阅一审卷宗材料得以了解,进而对案件的事实作出认定。也就是说,对当事人没有提出新的事实、证据或者理由的,二审人民法院据以查明案件事实的信息来源与一审人民法院完全一致,二审人民法院开庭审理不但完全没有必要,而且还导致诉讼程序的烦琐和诉讼时间的不当延长,造成司法资源的浪费。所以,通过阅卷、调查和询问当事人后,对没有提出新的事实、证据或者理由的,可以通过审阅一审的卷宗之后不开庭审理而径行裁判。

(李相波:《关于〈民事诉讼法〉二审程序修改内容的理解与适用》)

187. 二审裁判方式之一:维持原判决裁定

【审判专论】

维持原判决、裁定是上级人民法院对下级人民法院判决、裁定正确性与合法性的肯定,同时也是上级人民法院对下级人民法院判决、裁定所确认的当事人之间的权利义务关系的认可。修改后《民事诉讼法》第170条第1款第(一)项规定,原判决、裁定认定事实清楚、适用法律正确的,二审法院以判决、裁定的方式“驳回上诉,维持原判决、裁定”。

修改前《民事诉讼法》第135条第1款第(一)项规定“原判决认定事实清楚,适用法律正确的,判决驳回上诉,维持原判决”。《民事诉讼法》修改后新增加了有关“裁定”的内容,即明确规定:原判决、裁定认定事实清楚、适用法律正确的,二审法院要以判决、裁定的方式驳回上诉,维持原判决、裁定。

从该项规定的内容来看,维持原判决或裁定的条件是,一审法院“认定事实清楚”以及“适用法律正确”。只有上述两项同时具备,才能适用“维持原判决、裁定”。当然,在司法实践中,可能会有以下情形:(1)原判决、裁定主文正确,但认定事实部分错误;(2)原判决、裁定主文正确,但判决部分理由不当;(3)原判决、裁定主文正确,但适用法律不当。上述情形是否应属于维持原判决、裁定的情形呢?上述问题涉及对“维持原判”是维持判决主文还是维持整个判决内容的理解。对此,有不同意见。但司法实务界认为,“维持原判”应是对整个判决主文即判决结果的维持,因为判决主文是建立在事实认定和适用法律的基础上的,即使一审事实认定和适用法律有误,二审对事实和说理部分予以纠正,如果二审法院的判决结果与一审判决主文相同,也应该认定为维持原判。

(李相波:《关于〈民事诉讼法〉二审程序修改内容的理解与适用》)

【民诉法司法解释】

关于原判决、裁定认定事实或者适用法律有瑕疵，但裁判结果正确的，二审能否维持原判，《民事诉讼法解释》第334条规定："原判决、裁定认定事实或者适用法律虽有瑕疵，但裁判结果正确的，第二审人民法院可以在判决、裁定中纠正瑕疵后，依照民事诉讼法第一百七十条第一款第一项规定予以维持。"适用该条规定应当把握以下三点：

1. 本条中的"瑕疵"是指较小的错误、缺陷，但这种错误、缺陷不属于文字性缺陷，无法通过裁定补正的办法予以纠正。同时，存在瑕疵的部分仅仅限于认定事实、适用法律和阐述理由部分，即裁判三段论中的大、小前提部分。裁判结果有错误的，无论错误大小，都不能适用本条的规定。

2. 原审判决、裁定结果虽然正确，但认定事实存在瑕疵，或者判决理由不恰当，或者认定事实和适用法律均有瑕疵的，根据本条规定，第二审人民法院可以在判决、裁定中纠正一审裁判瑕疵后，依照《民事诉讼法》第170条第1款第1项规定予以维持。① 同时，基于生效裁判文书确认的事实是无需证明的事实，为了避免影响当事人、案外人在其他案件中的权利，第二审人民法院对于一审裁判中的瑕疵，应当在二审判决、裁定的阐述理由部分予以纠正，不能置之不理。②

188. 一审判决认定事实或适用法律错误但判决结果正确，二审判决应当维持原判

【地方审判】

二审判决应当明确指出并纠正一审判决事实认定或法律适用上的错误，但是二审判决主文可以参照《民事诉讼法》第170条第1款第1项的规定，判决驳回上诉，维持原判。

［吉林省高级人民法院关于印发《吉林省高级人民法院民二庭关于商事审判若干疑难问题的解答（一）》的通知（2014年12月16日）］

---

① 审判监督程序中，对于原审判决、裁定结果正确，但认定事实、适用法律、阐述理由方面的瑕疵，也是采取这种处理方式，《民事诉讼法解释》第407条第1款即规定："人民法院经再审审理认为，原判决、裁定认定事实清楚、适用法律正确的，应予维持；原判决、裁定认定事实、适用法律虽有瑕疵，但裁判结果正确的，应当在再审判决、裁定中纠正瑕疵后予以维持。"

② 沈德咏主编：《最高人民法院民事诉讼法司法解释理解与适用》，人民法院出版社2015年版，第882页。

189. 二审裁判方式之二:依法改判、撤销或者变更

【审判专论】

二审法院依法改判、撤销或者变更原判决、裁定的主要有以下情形:

对原判决、裁定认定事实错误或者认定基本事实不清的,二审法院可以依法改判、撤销或者变更原判决、裁定。案件事实主要是通过证据证明并经审判组织依法认定的事实,是审判机关审理案件、分清是非、确定责任的依据,也是正确适用法律的前提。认定事实错误,主要是指以虚假的事实或者伪造的事实作为定案依据的;认定基本事实不清,主要是指对基本事实的认定不真实、不够准确或者是没有将案件事实调查清楚的。在认定事实错误或认定基本事实不清的情形下,二审法院应该在查清事实的基础上,依法对原判决、裁定予以改判、撤销或者变更。只有在查清事实的基础上进行改判,才能使案件的裁判公平公正。

对原判决、裁定适用法律错误的,二审法院可以依法改判、撤销或者变更。适用法律错误,主要是指原判决、裁定认定事实正确,仅是适用法律存在错误。适用法律错误主要有三种表现形式:应该适用甲法律却适用了乙法律;适用了已经失效的法律;适用的法律不正确。对于适用法律错误的,二审法院可以直接以一审法院认定的事实为根据,重新适用法律,作出改变原判决、撤销或者变更原裁定的处理。

(李相波:《关于〈民事诉讼法〉二审程序修改内容的理解与适用》)

190. 二审裁判方式之三:撤销原判、发回重审

【审判专论】

撤销原判决、发回重审,是指对于原判决认定基本事实不清的或者原判决有严重违反法定程序的,可以裁定撤销原判决,发回原审法院进行重审。此次修改,对因"事实原因"发回重审的情形作了限定,将修改前《民事诉讼法》规定的因"事实"认定不清发回重审限定为因"基本事实"认定不清才可以发回重审。而对于因"程序原因"发回重审的,将修改前《民事诉讼法》规定的"违反法定程序,可能影响案件正确判决的"情形限定为"原判决遗漏当事人或者违法缺席判决等严重违反法定程序的",才可以发回重审。

依据《民事诉讼法》第 170 条第 1 款第 3 项、第 4 项的规定,撤销原判决发回重

审的有以下两种情形：

(1)原判决认定基本事实不清楚的，二审法院可以裁定撤销原判决，发回原审法院重审，也可以在查清事实的基础上进行改判。也就是说，对于“认定基本事实不清楚的”，二审法院既可以直接予以改判，还可以撤销原判决，将案件发回原审法院进行重审。对于是否直接改判抑或发回重审由二审法院根据案件的具体情况综合评判、自由裁量。

(2)原判决严重违反法定程序的，裁定撤销原判决、发回原审法院重审。依据该项规定，只有严重违反法定程序的，才能撤销原判决，发回原审法院进行重审。那么，何种情形为“严重违反法定程序”？该条文采用列举加兜底的方式对严重违反法定程序的事项进行了表述，即列举了“原判决遗漏当事人或者违法缺席判决”两项，在列举上述两项后采用了“等”字，将其他情形予以概括。那么，除了上述法律明确列举的两种情形外，严重违反法定程序的事项还应包括哪些情形？我们认为，依据审判实践以及相关司法解释的规定，下列事项也属于严重违反法定程序的情形：应该公开审判未进行公开审判的；应该回避的人员未予回避的；剥夺当事人法定的诉讼权利，严重影响公正审判的；未经开庭审理而作出判决的；适用普通程序审理的案件当事人未经传票传唤而缺席判决的；审判组织的组成不合法的；等等。

此外，《民事诉讼法》修改新增加了发回重审次数限制的规定。根据修改后《民事诉讼法》第 170 条第 2 款的规定，原审人民法院对发回重审的案件作出判决后，当事人提起上诉的，第二审人民法院不得再次发回重审。也就是说，对于二审法院发回重审的案件，当事人再次提起上诉后，第二审法院不得第二次将案件发回重审。

修改后《民事诉讼法》第 170 条第 2 款对二审发回重审的次数进行了限制，但是并未对发回重审的“事由”进行区分。那么，审判实践中是否应该对发回重审的事由进行区分？如果不进行区分，一律适用该条规定是否过于“僵化”？从国外的立法例来看，各国法律均明确对发回重审的事由予以区分并区别规定，也即区分因“事实原因”发回重审的，还是因“程序原因”发回重审。如果是因“事实原因”发回重审，一般以发回重审一次为限。对于因“程序原因”发回重审的，则没有次数限制。因为，程序具有“不可逆性和不可弥补性”，若违反了程序，必须发回重审，而且不应受发回重审次数的限制。但从修改后《民事诉讼法》第 170 条第 2 款规定的内容来看，显然对发回重审的“程序原因”和“事实原因”未进行区分。就此，司法实践中遇到的问题是，如果原审人民法院在发回重审后再次出现严重违反法定程序，是否应该再次发回重审？对此，我们认为，应根据诉讼法原理，科学地解释本条款对于发回次数的限制，如果发回重审的案件作出判决后，二审程序中发现其存在重大程序瑕疵，如不再次发回重审将严重损害当事人的程序权利或者实体权利、可能导致判决错误或者损害他人利益,则应当将案件再次发回重审而不适用本款规定。换言之,对于本款规定应解释为是对因“事实原因”发回重审的限制,而如果是因“程序原因”须发回重审的,则不应受发回一次的限制。

(李相波:《关于〈民事诉讼法〉二审程序修改内容的理解与适用》)

【民诉法司法解释】

关于二审可以发回重审的“严重违反法定程序”事由的界定问题,2012年《民事诉讼法》第170条第1款第4项规定:“原判决遗漏当事人或者违法缺席判决等严重违反法定程序的,裁定撤销原判决,发回原审人民法院重审。”对于除“原判决遗漏当事人或者违法缺席判决”之外的“严重违反法定程序”的情形,《民事诉讼法解释》第325条作出细化规定:“下列情形,可以认定为民事诉讼法第一百七十条第一款第四项规定的严重违反法定程序:(一)审判组织的组成不合法的;(二)应当回避的审判人员未回避的;(三)无诉讼行为能力人未经法定代理人代为诉讼的;(四)违法剥夺当事人辩论权利的。”对于“剥夺当事人辩论权利”,《民事诉讼法解释》第391条进一步明确:“原审开庭过程中有下列情形之一的,应当认定为民事诉讼法第二百条第九项规定的剥夺当事人辩论权利:(一)不允许当事人发表辩论意见的;(二)应当开庭审理而未开庭审理的;(三)违反法律规定送达起诉状副本或者上诉状副本,致使当事人无法行使辩论权利的;(四)违法剥夺当事人辩论权利的其他情形。”只有符合上述情形的前提下,才可以发回重审,以依法保护当事人的辩论权利和审级利益,防止无原则无条件发回重审,浪费司法资源。

【地方审判】

《民事诉讼法》第170条第1款第4项规定:“原判决遗漏当事人或者违法缺席判决等严重违反法定程序的,裁定撤销原判决,发回原审人民法院重审。”该规定列举了严重违反法定程序的两种情形,并采用了“等”字对其他严重违反法定程序的情形进行兜底。《最高人民法院关于适用〈中华人民共和国民事诉讼法〉若干问题的意见》第181条规定:“第二审人民法院发现第一审人民法院有下列违反法定程序的情形之一,可能影响案件正确判决的,应依照民事诉讼法第一百五十三条第一款第四项的规定,裁定撤销原判,发回原审人民法院重审:(1)审理本案的审判人员、书记员应当回避未回避的;(2)未经开庭审理而作出判决的;(3)适用普通程序审理的案件当事人未经传票传唤而缺席判决的;(4)其他严重违反法定程序的。”目前,可适用该规定对《民事诉讼法》第170条第1款第4项中的其他严重违反法定程序的情形进行认定。

[吉林省高级人民法院关于印发《吉林省高级人民法院民二庭关于商事审判若干疑难问题的解答(一)》的通知(2014年12月16日)]

191. 二审法院对一审裁定不能发回重审

【地方审判】

根据《民事诉讼法》第170条第1款第3项、第4项的规定,发回重审的对象为"原判决",对一审裁定发回重审没有法律依据。因此,对当事人不服原审裁定上诉的案件,第二审人民法院不能裁定发回重审。

[吉林省高级人民法院关于印发《吉林省高级人民法院民二庭关于商事审判若干疑难问题的解答(一)》的通知(2014年12月16日)]

192. 发回重审制度慎用和坚持"可改可不改的尽量不改"原则

【审判专论】一

要规范发回重审制度,节省司法资源。上级法院在面对矛盾纠纷时常常有将其交回原审法院处理的冲动,即所谓的解铃还须系铃人。而实际上,当事人更希望处于相对超然地位的上级法院直接解决纠纷,发回重审不仅加重了当事人的负担,而且浪费了法院的审判资源,导致审判效率低下。当前民诉法规定的发回重审标准不明确,发回重审实际上是政策运用的问题,在二审和再审程序中,除非不发回重审就不能查清案件事实,其他情形下应限制使用发回重审。

(宋晓明、杜军:《商事诉讼形势之应对与审判制度完善的思考》)

【审判专论】二

针对上下级法院存在的随意发改案件的情况,广东高院制订并下发了《关于完善民事、行政案件改判、发回重审沟通机制的意见》,进一步严格二审案件发改标准,要求承办法官、审判长和主管副庭长在承办、审批案件时掌握"可改可不改的尽量不改"的原则,以避免一、二审裁判结果的悬殊,诱发当事人的抵触情绪,引发不服判、不息诉、案结事不了的局面。

(广东省高级人民法院:《三种机制并重　采取多种措施统一商事案件裁判标准》)

193. 二审法院应根据诉讼经济原则决定是查清事实后改判还是发回重审

【审判专论】

原判决认定基本事实不清的,二审法院是查清事实后改判还是发回重审?该问题是长期困扰司法实践的一个问题。我们认为,从诉讼经济的原则来看,如果二审法院能查清事实的,则宜依法直接改判,因为,二审法院在审理上诉案件后直接行使审判权调整一审裁判内容,其所花费的成本相对而言要比发回重审的成本要低,符合诉讼经济的原则,有助于提高诉讼效率。正是因为依法改判相对于发回重审有较多优势,目前在大陆法系国家出现了由"发回重审"向"依法改判"的转变。许多国家通过立法明确规定,除非有特殊情形,二审法院对一审法院的判决,在审核后通常以"维持原判"和"依法改判"两种方法加以处理,尽量限制"发回重审"方式的适用率。特别是针对适用法律错误情形的裁判方法上,更是如此。相反,如果二审法院难以查清事实或者查清事实的诉讼成本较大,则应当将案件发回原审法院重审。按照诉讼法理和人对客观事物的认知原理,离案件发生的事实时点越近,查证的准确度就会越高,二审法院对案件事实的调查比一审法院的调查更远离事实发生的时点,故二审法院重新认定事实的结果未必较第一审法院所认定查证的事实更加正确可靠。因此,对于一些基于基本事实方面的原因提出上诉的,如果由一审法院调查核实更有效率,应当将案件发回重审。

(李相波:《关于〈民事诉讼法〉二审程序修改内容的理解与适用》)

194. 原审判决与关联案件的判决认定形成根本冲突,导致当事人利益严重失衡,应发回重审

【审判专论】

仅以本案事实认定和法律适用考量,原审判决虽无明显不当,但与关联案件的判决认定将形成根本冲突,导致当事人利益严重失衡。为协调案件处理、平衡当事

人利益,案件应发回重审。

某欠款纠纷案件,所涉债务绝大部分是建设热电厂的项目资金。该项目是以甲公司借款给乙公司的形式,由乙公司组织建设。后双方以《热电厂资产收购合同》约定以资抵债,但收购合同被本案一审认定为未生效,故原审判决乙公司向甲公司清偿欠款。本案二审期间,一审法院在另案中作出终审判决,对热电厂归属于甲公司作出了明确认定,从而本案原审事实认定及处理结果将发生根本性转变。为防止两案判决发生根本冲突,导致当事人利益严重失衡,本案应发回原审法院重新审理,由原审法院在重审中协调两案处理。

(《最高人民法院民二庭近两年发回重审、指令再审案件审理情况》)

第四节　审判监督程序

195. 申请再审的管辖法院

【审判政策与精神】

2012年《民事诉讼法》第199条在坚持"申请再审上提一级"规定的基础上,增加规定当事人一方人数众多和当事人双方为公民的案件也可以向原审人民法院申请再审,从而改变了申请再审一律由上一级法院管辖的原则。

据统计,当事人一方人数众多和当事人双方为公民的案件约占高级法院受理民事申请再审案件总量的30%。如何实现将这两类纠纷矛盾化解在基层,解决在当地的立法意图,同时又避免发生多头重复申请的情况,是适用再审审查新规定的首要问题。我们认为,解决这个问题,可以借鉴上诉案件的移送方法,探索建立向原审法院提交申请再审材料,区分不同情况,由原审法院受理或由原审法院向上一级法院报送案件的申请再审案件受理工作新机制。具体设想为:

1. 当事人一方人数众多和当事人双方为公民的案件,当事人申请再审的,应向原审法院提交再审申请书等材料。当事人向原审法院提交申请再审材料的时间为其申请再审时间。

当事人一方人数众多和公民之间的案件大多为劳动争议、损害赔偿、婚姻家庭、民间借贷、邻里纠纷等案件,一般争议标的额不大,法律关系简单,甚至诉讼标的额小于到上一级法院申请再审的费用。为贯彻立法便于当事人申请再审的目的,进一步减轻其申请再审的诉讼成本,这两类案件当事人申请再审的,应向原审法院提交再审申请书,由原审法院统一接收当事人申请再审材料。建立通过原审法院提交申请再审材料的受理工作机制,一是便于当事人申请再审,减轻当事人讼累;二是统一案件入口,避免发生上下级法院重复审查,裁判矛盾的问题;三是便于原审法院掌握本院生效裁判申请再审动态,及时发现问题改进审判质效;四是便于原审法院开展判后释明化解矛盾。通过原审法院对生效判决认定事实,采信证据,适用法律等方面的释明,使当事人理解和接受生效裁判,避免当事人因不理解裁判而盲目申请再审。当事人向原审法院提交再审申请书的时间为其申请再审时间。

2. 上述案件当事人选择向原审法院申请再审,原审法院经审查符合申请再审条件的,应依法受理。

原审法院收到再审申请书后,按照当事人是否选择向原审法院申请再审,对案件进行第一次分流。当事人选择向原审法院申请再审的,原审法院应审查申请再审的主体、事由、期间等是否符合法定条件以及申请再审的材料是否符合要求。再审申请符合法定条件,但申请再审材料不符合要求的,应一次性告知当事人需要补正的材料,待当事人补正后,及时受理审查。

3. 上述案件当事人选择向上一级法院申请再审,经原审法院释明,当事人同意向原审法院申请再审的,原审法院应依法受理;当事人坚持向上一级法院申请再审的,原审法院应在一个月内将当事人申请再审材料、案件卷宗和释明情况一并报送上一级法院。

对于当事人在再审申请书中明确选择向上一级法院申请再审的,原审法院应做好以下几方面的工作:一是开展判后释明。围绕当事人申请再审理由就生效裁判的事实认定、证据采信、法律适用、审判程序等问题,做好深入的释明和进一步的和解工作,并告知当事人享有向原审法院申请再审的选择权。具体的释明程序和要求可以由各高级法院根据本地实际予以细化。二是对案件进行二次分流。经释明,当事人撤回再审申请的,将申请再审材料退回当事人;当事人达成和解协议的,可以依申请出具再审裁定和调解书;当事人同意向原审法院申请再审,经审查符合受理条件且材料齐备的,应及时受理;当事人坚持向上一级法院申请再审的,应尊重当事人的选择权,及时将案件报送上一级法院。三是及时上报案件材料。对于需要向上一级法院报送的案件,原审法院应及时调齐案件卷宗,写明释明情况报告,随同当事人再审申请书等材料一并报送上一级法院。原审法院原则上要在一个月内完成上述工作。

(高民智:《贯彻实施新〈民事诉讼法〉之七——关于再审审查程序的理解与适用》)

196. "当事人一方人数众多和当事人双方为公民的案件"范围

【审判政策与精神】

立法赋予一方人数众多和双方为公民的案件当事人选择申请再审法院权利的主要目的,一是便利当事人参加诉讼,二是便利法院查明事实,就地解决纠纷。[①] 实现这一立法目的,要求在具体适用中尽量扩大享有选择权的当事人范围,充分尊重当事人选择原审法院申请再审的意愿。我们认为,可以按照以下标准界定两类案件范围:

(一)当事人一方人数众多的案件范围

原告、被告或者第三人一方为 3 人以上的案件可以作为当事人一方人数众多的案件。以一方当事人为 3 人以上为标准界定当事人一方人数众多的案件范围,既有利于保障当事人选择权,实现立法目的,又明确了原审法院接收案件材料及享有管辖权的案件范围,避免上下级法院重复受理案件,可以在一段时期内探索试行。值得注意的是,原审法院受理的 3 件以上的劳动争议、物业服务合同纠纷等一方当事人相同且诉讼标的是同一种类的案件,更适于就地查明事实,解决纠纷,本身也具备普通共同诉讼的特点,可以作为当事人一方人数众多的案件。

(二)当事人双方为公民的案件范围

符合一审原告和被告均为公民、二审上诉人和被上诉人均为公民、申请再审人和被申请人均为公民三种情形之一的案件可以作为当事人双方为公民的案件。我们认为,符合以下三种情况之一的案件应属当事人双方为公民的案件:

1. 一审原告和被告均为公民。原告和被告是本诉双方当事人,是民事诉讼两造对审模式的基本诉讼参加人,应以原告和被告为准划定此类案件范围。主要包括两种情况:一是一审生效的裁判,原告和被告均为公民的;二是二审生效的裁判,其一审阶段的原告和被告均为公民的。

2. 二审上诉人和被上诉人均为公民。二审的审理范围是当事人上诉请求范围,上诉人和被上诉人是二审争议的双方当事人,上诉人和被上诉人均为公民的,应属于此类案件。主要包括两种情况:一是一审原告和被告以及二审上诉人和被上诉人均为公民的;二是一审原告和被告有一方是公民,第三人是公民,第三人提出上诉或者是被上诉人,二审上诉人或者被上诉人均为公民的。

---

① 王胜明主编:《中华人民共和国民事诉讼法释义(最新修正版)》,法律出版社 2012 年版,第 474 页。

3. 再审申请人和再审被申请人均为公民。再审审查的范围是当事人主张的再审事由,再审申请人和再审被申请人是再审审查阶段的双方当事人,不论一审或者二审当事人是否均为公民,只要在申请再审阶段,其再审申请人和再审被申请人双方均为公民的,亦应属于此类案件。

(高民智:《贯彻实施新〈民事诉讼法〉之七——关于再审审查程序的理解与适用》)

【民诉法司法解释】

对于当事人申请再审,《民事诉讼法》第199条规定:"当事人对已经发生法律效力的判决、裁定,认为有错误的,可以向上一级人民法院申请再审;当事人一方人数众多或者当事人双方为公民的案件,也可以向原审人民法院申请再审。当事人申请再审的,不停止判决、裁定的执行。"关于"当事人一方人数众多和当事人双方为公民的案件"的具体认定标准,《民事诉讼法解释》第376条规定:"民事诉讼法第一百九十九条规定的人数众多的一方当事人,包括公民、法人和其他组织。民事诉讼法第一百九十九条规定的当事人双方为公民的案件,是指原告和被告均为公民的案件。"当事人一方人数众多和公民之间的案件大多为劳动争议、损害赔偿、婚姻家庭、民间借贷、邻里纠纷等案件,一般争议标的额不大,法律关系简单。适用本条规定应当把握以下两个问题:

1. 关于当事人一方人数众多的案件。首先,关于人数众多一方当事人的类型,2012年民事诉讼法第一百九十九条表述为"人数众多",这里的一方当事人包括公民、法人和其他组织,不限于公民,只要当事人的数量达到众多的标准,即可作为当事人一方人数众多的案件确定管辖,当事人选择原审法院提出再审申请的,原审法院应当及时受理。其次,关于人数众多的标准。2013年《全国法院民事再审审查工作座谈会纪要》(法办[2013]36号,2013年3月29日)第2条规定:"原告或者被告一方为三人以上的案件,为民事诉讼法第一百九十九条规定的当事人一方人数众多的案件。原审人民法院受理的三件以上的劳动争议、物业服务合同纠纷等一方当事人相同且诉讼标的是同一种类的案件,其中三件以上案件当事人申请再审的,可以作为当事人一方人数众多的案件。"即将一方当事人人数众多的标准界定为三人以上,并将原审法院受理的三件以上一方当事人相同且诉讼标的是同一种类的"串案"也作为一方当事人人数众多的案件,体现了扩大当事人申请再审管辖法院选择权范围的价值取向。《民事诉讼法解释》没有采纳《全国法院民事再审审查工作座谈会纪要》的观点,其第75条规定:"民事诉讼法第五十三条、第五十四条和第一百九十九条规定的人数众多,一般指十人以上。"从而将《民事诉讼法》第199条规定的人数众多的标准,与该法第53条、第54条规定的代表人诉讼的标准统一起来，明确一般情况下以十人以上作为判断当事人一方人数众多案件的管辖标准。

2. 关于当事人双方为公民的案件。首先，审级标准，即依据一审时双方当事人的类型确定，避免因二审或者申请再审阶段双方当事人类型的变化而变更申请阶段的再审管辖法院，有利于实现便利当事人申请再审，把纠纷解决在当地的立法目的。其次，范围标准，即依据原告和被告的主体类型确定，原告和被告均为公民的案件主要包括两种情况：一是一审生效的裁判，原告和被告均为公民的；二是二审生效的裁判，其一审阶段的原告和被告均为公民的。第三人不是公民的，不影响原审法院依法受理原告和被告均为公民的申请再审案件，这些案件中有独立请求权第三人和被判决承担责任的无独立请求权第三人也享有向原审法院申请再审的权利。

应注意的是，要切实保障两类案件当事人对于申请再审管辖法院的选择权。《民事诉讼法》第 199 条规定当事人为一方人数众多或者当事人双方为公民的案件，可以向上一级人民法院申请再审，也可以向原审人民法院申请再审。其目的是赋予一定范围案件当事人选择向原审法院申请再审的权利，并非要求当事人只能向原审法院申请再审。当事人明确表示向上一级法院申请再审的，原审法院应当充分尊重当事人的意愿，及时将申请再审的材料和原审卷宗报送上一级法院。①

197. 申请再审期限新规定的适用

【审判政策与精神】

（一）新旧法的衔接

关于 2013 年 1 月 1 日之前生效的裁判申请再审期限如何计算的问题，我们认为，原则上应以按照 2007 年《民事诉讼法》的规定计算的申请再审期限为基础，具体应以申请再审期限至 2013 年 1 月 1 日是否届满为标准，区分为两种情况处理：一是申请再审期限至 2013 年 1 月 1 日已经届满的案件，在 2013 年 1 月 1 日后申请再审的，应不予受理；二是申请再审期限至 2013 年 1 月 1 日尚未届满的案件，应按照以下规则确定：

1. 剩余申请再审期限少于 6 个月的，不论依据何种事由申请再审，申请再审期限一律按照 2007 年《民事诉讼法》第 184 条的规定计算。

2. 剩余申请再审期限超过 6 个月的，除依据新《民事诉讼法》第 200 条第 1 项

---

① 沈德咏主编：《最高人民法院民事诉讼法司法解释理解与适用》，人民法院出版社 2015 年版，第 998 页。

和第3项申请再审的以外,申请再审期限计算至2013年6月30日。

3.剩余申请再审期限虽然超过6个月,但是依据新《民事诉讼法》第200条第1项和第3项申请再审的案件,申请再审期限按照2007年《民事诉讼法》第184条的规定从裁判生效之日起计算两年。

(二)受理阶段对于申请再审期限的审查标准

关于在受理阶段如何审查申请再审期限的问题,我们认为,对于2013年1月1日以后生效的裁判,当事人在裁判生效之日起6个月内申请再审的,不必区分所依据的事由,均符合法定申请再审期限规定。如果当事人在裁判生效之日起6个月后申请再审,则应当符合以下要求:

1.须依据新《民事诉讼法》第200条第1项、第3项、第12项、第13项申请再审。

2.应书面说明所依据再审事由的发现时间,并提交相应证据,以便审查当事人知道或者应当知道该事由是否超过6个月。

3.应提交支持再审事由的新证据材料并说明该新证据材料足以推翻原裁判的理由、证明原审主要证据系伪造的证据、原审依据的裁判文书被撤销或者变更的证据,或者审判人员枉法裁判的刑事判决或者纪律处分决定。

(高民智:《贯彻实施新〈民事诉讼法〉之七——关于再审审查程序的理解与适用》)

198.当事人申请检察监督新规定的适用

【审判政策与精神】

新《民事诉讼法》第209条赋予当事人申请检察监督的权利,确立了申请再审先行,检察监督在后的程序。根据该条规定,我们认为,在以下两种情况下,应当告知当事人向检察院申请检察建议或者抗诉,不应作为申请再审案件受理:

一是再审申请人在人民法院驳回其再审申请后又向人民法院申请再审的。但为平等保障双方当事人权利,对方当事人在法定申请再审期限内申请再审的,应予受理。

二是当事人认为再审判决、裁定有错误向人民法院申请再审的。在案件已经适用再审程序作出生效裁判的情况下,依照新《民事诉讼法》第209条的规定,全体当事人只能针对再审裁判申请检察监督。据此,目前适用于不服再审判决申请再审的"民再申字"案号不应继续适用。

(高民智:《贯彻实施新〈民事诉讼法〉之七——关于再审审查程序的理解与适用》)

【民诉法司法解释】

为解决人民法院和人民检察院对于同一生效裁判重复审查的问题，合理配置司法资源，限制反复申请、终审不终，2012 年《民事诉讼法》第 209 条规定："有下列情形之一的，当事人可以向人民检察院申请检察建议或者抗诉："（一）人民法院驳回再审申请的；（二）人民法院逾期未对再审申请作出裁定的；（三）再审判决、裁定有明显错误的。人民检察院对当事人的申请应当在三个月内进行审查，作出提出或者不予提出检察建议或者抗诉的决定。当事人不得再次向人民检察院申请检察建议或者抗诉。"为落实该条规定有限再审的立法目的，《民事诉讼法解释》第 383 条就申请再审和检察监督的衔接作出规定："当事人申请再审，有下列情形之一的，人民法院不予受理：（一）再审申请被驳回后再次提出申请的；（二）对再审判决、裁定提出申请的；（三）在人民检察院对当事人的申请作出不予提出再审检察建议或者抗诉决定后又提出申请的。前款第一项、第二项规定情形，人民法院应当告知当事人可以向人民检察院申请再审检察建议或者抗诉，但因人民检察院提出再审检察建议或者抗诉而再审作出的判决、裁定除外。"这进一步明确了民事诉讼法确立的一审、二审、申请再审、检察监督的"三加一"诉讼程序终结机制。据此，以下三种情形当事人申请再审的，人民法院不予受理：

1. 再审申请被驳回后再次提出申请的。需要注意的是，被申请人及其他当事人并未行使过申请再审权利，再审申请人的再审申请被裁定驳回，不影响被申请人及其他当事人依法申请再审。

2. 对再审判决、裁定提出申请的。本项规定的再审判决、裁定，包括了依据当事人再审申请、依据人民检察院再审检察建议或抗诉、人民法院依职权启动三种途径启动的再审程序作出的判决、裁定。

3. 在人民检察院对当事人的申请作出不予提出再审检察建议或者抗诉决定后又提出申请的。

此外，本条第二款将因人民检察院提出检察建议或者抗诉而再审作出的判决、裁定排除在告知当事人向人民检察院申请检察监督范围之外。

199. 提起再审的法定事由：事实认定瑕疵、新证据的出现（新证据的认定）、适用法律错误、违反法定程序

【审判专论】一

《民事诉讼法》及最高人民法院的配套规定使再审审查程序具有独立的地位。

再审审查程序类似于普通一审案件的立案程序——只有符合法定条件的才立案进行再审或一审。而再审立案的法定条件,《民事诉讼法》区分不同情形予以规定:当事人申请再审的,其条件是《民事诉讼法》第200条规定的情形,并一般要在裁判生效后两年内提出;检察院抗诉的,其条件仍是第200条规定的情形,只不过是由检察院对是否符合条件进行判断;法院院长及上级法院依职权提起再审的,其条件是第198条的规定。法院应当按照法定条件进行审查。实践中,有的法院模糊再审审查的条件和标准,在审查过程中"有诉必理""宽进严出",或者"严进严出"乃至只有确定改判的才提起再审,这都有违再审审查程序的内在要求。案件是否应当提起再审,主要应当考察是否符合法定的条件。

《民事诉讼法》第200条所列事由可以归纳为认定事实不扎实、新证据的出现、适用法律错误、违反法定程序四个方面。

当事人申请再审时多是以事实认定存在瑕疵为理由。商事案件中,作为商人的当事人对案件事实最清楚,也最敏感,事实认定的正确与否决定着当事人对裁判的信任度。在认定事实不扎实的情形中,认定事实的主要证据未经质证或系伪造,说明原审对事实的认定缺乏基础,应当依法提起再审;而判断认定的基本事实是否缺乏证据证明时,除了要严格界定基本事实外,还要注意该"缺乏"不仅指对该事实当事人没有证据,而且指虽有证据但证明力明显不足或明显违法而应被排除的情形;据以作出原生效裁判的法律文书被撤销或变更,该被撤销或变更可能对已认定的事实产生影响,无论判决结果是否将改变,当事人提出请求时,法院都应当再审。

对于新证据的出现而导致再审的情形,民诉法规定了两种情况:一是新的证据足以推翻原裁判的。这种情况中,对所谓"新的证据",关于审判监督程序的解释第10条虽将《证据规定》第44条进行了限缩,即将原审庭审结束后新形成的证据排除在新证据之外,但商事审判中这类证据可否被采纳,却不能一概而论,比如原审结束后当事人一方向对方作出的不利于己的自认等证据,可以包括在上述"新的证据"之中;新证据还必须足以推翻原裁判,这里实际上需要结合全案综合进行判断,而由于审查程序中并没有规定当事人质证、辩论等环节,所以从一定程度上讲,判断该证据是否"足以推翻"原裁判已经超越了审查程序的功能,法院在作此认定时需要慎重,尽量防止审查阶段的认定与再审审理的认定不一致。二是新证据属当事人客观不能收集,原审法院也未依当事人申请而收集的。该新证据应是认定案件基本事实所必需的证据。该证据的欠缺可能导致事实认定不扎实,如前所述,此时应当提起再审。

对于适用法律错误的情形,应当遵循最高人民法院《关于适用〈中华人民共和国民事诉讼法〉审判监督程序若干问题的解释》第13条的规定来认定。但是,在法律法规、司法解释没有明文规定时,商事案件中一定程度的类推适用并不构成适用法律错误。

对于违反法定程序的情形,并非都一概、无条件地进行再审。从民诉法第179条第2款的规定看,违反法定程序可能影响案件正确裁判的,法院才予以再审,所以第1款中列举的情形也应作同样的解释,即违反法定程序的程度要达到可能影响案件正确裁判。而且,从第1款中的情形看,未经传票传唤缺席判决,这实际上整体剥夺了当事人参与诉讼的权利,当事人的任何意见都未得到表达,裁判很可能有误,这种情况下进行再审当无疑义。但在管辖错误情形下,该错误程度相对于法官未回避或法官徇私要轻很多,而且如果该错误没有影响案件裁判,不宜采用再审这一成本较高的方式来进行纠正。尤其是当事人在原审中可以提管辖权异议而未提出时更是如此。

(宋晓明、杜军:《商事诉讼形势之应对与审判制度完善的思考》)

【审判专论】二

一审法院作出一审判决前,审理该案的合议庭审判长已被同级人大常委会免去其审判职务。当事人上诉明确提出一审合议庭审判长在调离后仍以合议庭成员名义在判决书上署名。本案一审程序存在重大瑕疵,违反了《民事诉讼法》的相关规定,应当发回重审。

(《最高人民法院民二庭近两年发回重审、指令再审案件审理情况》)

【公报案例】

兰州正林农垦食品有限公司与林柏君、郑州正林食品有限公司债务纠纷再审案

[最高人民法院(2010)民申字第1276号]

❖ **裁判摘要**

案外人在可以通过另行提起诉讼解决其与案件一方当事人之间的债权债务关系,且案件双方当事人在人民法院主持下达成调解协议、人民法院作出的调解书不涉及案外人与案件一方当事人之间的债权债务关系的情况下,对人民法院作出的调解书申请再审的,不符合《中华人民共和国民事诉讼法》第二百零四条、最高人民法院《关于适用〈中华人民共和国民事诉讼法〉审判监督程序若干问题的解释》第五条关于案外人提起再审申请的规定,应予驳回。

再审申请人:兰州正林农垦食品有限公司

法定代表人:郭耀鹏,该公司董事长

再审被申请人(一审原告):林柏君(PAI CHUN LIN BROWN),女,美利坚合众国公民

再审被申请人(一审被告):郑州正林食品有限公司

法定代表人:林垦,该公司董事长

再审申请人兰州正林农垦食品有限公司(以下简称兰州正林)因与再审被申请人林柏君、郑州正林食品有限公司(以下简称郑州正林)债务纠纷一案,不服河南省高级人民法院 2008 年 11 月 14 日作出的(2008)豫法民三初字第 2 号民事调解书,向最高人民法院申请再审。法院依法组成合议庭对本案进行了审查,现已审查完毕。

林柏君因与郑州正林债务纠纷一案,于 2008 年 10 月 6 日向河南省高级人民法院提起诉讼,请求判令:1. 林柏君与郑州正林以及兰州正林三方于 2008 年 7 月 31 日所签《债权转让协议》合法有效;2. 被告郑州正林立即按照《债权转让协议》的约定向原告林柏君偿还欠付人民币 99406235.82 元;3. 诉讼费用由被告负担。

经当事人申请,河南省高级人民法院于 2008 年 11 月 14 日主持调解,双方当事人经协商自愿达成如下调解协议:1. 双方确认:截至 2008 年 7 月 16 日,郑州正林拖欠林柏君人民币 99406235.82 元没有偿还且已经超过双方约定的还款期限。2. 因郑州正林资金和经营困难,没有能力在约定的期限内以现金向林柏君清偿上列欠款,郑州正林自愿以截至 2008 年 7 月 31 日为基准日的郑州正林全部资产的评估值为依据,将所欠林柏君的全部欠款转为郑州正林的股权,自股权变更登记的法律手续完成之日起,林柏君成为郑州正林的股东,不再享有债权人的权益,转而享有郑州正林股东的权益,林柏君同意以债权转股权的方式实现债权的清偿。3. 债权转股权完成之后,林柏君持有郑州正林的股份为:林柏君的债权数额占郑州正林全部资产基准日评估值的百分比,即为林柏君享有的股权数额。4. 债权转股权的法律手续,及郑州正林因债转股而增加的注册资本等,均根据中国外商投资企业等法律的相关规定办理。郑州正林负责办理完成相关的法律手续,所发生的费用由郑州正林负担。5. 如果因政策法律的障碍或郑州正林的原因,而导致在 180 日内无法完成债权转股权的法律手续的,则郑州正林承诺在该期间届满后 30 日内以现金清偿或以其全部实物资产作价抵偿所欠林柏君的全部欠款。6. 本调解协议经由人民法院司法确认后生效。

河南省高级人民法院认为:林柏君系美国加利福尼亚州公民,因债务纠纷在中华人民共和国人民法院所提诉讼属于中华人民共和国人民法院受理的涉外民商事案件,应适用中华人民共和国的程序法律规范。该院作为所诉被告住所地人民法院受理本案,符合《中华人民共和国民事诉讼法》涉外民事诉讼程序的特别规定以及最高人民法院关于涉外民商事案件诉讼管辖的相关规定。因双方同意适用中华人民共和国法律,故本案应以中华人民共和国实体法律规范作为本案的准据法。经审查,双方自愿达成的上述协议,不违反中华人民共和国的法律规定,该院予以确认。该院根据上述调解协议制作(2008)豫法民三初字第 2 号民事调解书,并经双方当事人签收。

兰州正林不服原审调解收，向最高人民法院申请再审，请求：1. 依法撤销河南省高级人民法院作出的(2008)豫法民三初字第2号民事调解书；2. 追加兰州正林参加诉讼，依法驳回林柏君的诉讼请求。其主要理由是：

一、有关本案的重要事实。兰州正林系台商独资企业，是由林垦、郭耀鹏等8名台商于1991年投资成立。2007年8月23日，公司全体股东召开董事会，形成《董事会决议》，决定："林垦任期已满，经全体股东表决，决定由董事郭耀鹏任董事长。"郑州正林是由7名台商(其中包括郭耀鹏与林垦两个家族成员)于2006年1月共同投资成立，林垦为法定代表人。2008年7月31日，林垦(代表兰州正林)、姜重旭(林垦的表哥，代表郑州正林)与林柏君(林垦的胞姐，系美国加利福尼亚州公民)假借申请人的名义，使用林垦未交回的申请人的公章，签订了所谓的三方《债权转让协议》。《债权转让协议》约定：将申请人持有的被申请人郑州正林99406235.82元人民币的债权全部无偿转让给林柏君，申请人不再享有对郑州正林的债权，并以郑州正林的全部资产向林柏君提供担保，郑州正林30日内不能清偿，林柏君有权以郑州正林担保的全部资产抵偿，或将林柏君的债权全部转为郑州正林的股权，林柏君成为郑州正林的股东，享有股东的权利。林柏君于2008年10月6日向河南省高级人民法院提起诉讼。河南省高级人民法院受理该案后，于2008年11月3日向郑州正林送达起诉状副本及应诉通知书。11月14日在没有征得郑州正林其他股东同意，也没有董事会决议的情况下，郑州正林、林柏君的两位代理人在河南省高级人民法院的主持下，达成了所谓的调解协议。同日，该调解协议经(2008)豫法民三初字第2号民事调解书加以确认。该民事调解书的内容和《债权转让协议》的内容基本一致。

二、(2008)豫法民三初字第2号民事调解书，违背事实和法律，依法应当撤销。

1. 郑州正林、林柏君于2008年7月31日签订的《债权转让协议》是伪造的、无效的。兰州正林从未作出要将99406235.82元人民币的债权转给林柏君的决定，更没有作出无偿转让给林柏君的决定。兰州正林及其法定代表人郭耀鹏从未授权林垦或其他人去签订所谓的三方《债权转让协议》。三方《债权转让协议》签订之时即2008年7月31日，林垦已不再担任兰州正林董事长，林垦无权代表兰州正林对外行使权利，更无权决定债权转让等重大事项。

2. 林垦与其胞姐林柏君、表哥姜重旭，恶意串通，签订所谓的三方《债权转让协议》，以合法形式掩盖非法目的，侵占兰州正林的财产，严重损害了申请人的合法权益。

3. 河南省高级人民法院在主持调解时，置林柏君提出的确认三方签订的《债权转让协议》合法有效的第一诉求于不顾，对三方《债权转让协议》是否合法有效不作任何审查，最终导致无效的《债权转让协议》为法院的调解书所确认。

法院认为：林柏君作为本案原审原告，所提出的诉讼请求有二：一是确认郑州正林、兰州正林及林柏君三方签订的《债权转让协议》合法有效;二是由原审被告郑州正林立即按《债权转让协议》的约定向林柏君偿还 99406235.82 元人民币。在原审诉讼中,林柏君与郑州正林所达成的调解协议,对第一项诉讼请求未予涉及,仅对第二项诉讼请求形成合意。因兰州正林未参加本案诉讼,亦未在调解协议上签字盖章,无论林柏君与郑州正林达成调解协议的动机与意图如何,无论其是否以《债权转让协议》为基础而达成调解协议,对兰州正林均无约束力,原审法院所作出的调解书当然亦对兰州正林不发生法律效力。如果郑州正林确对兰州正林负有债务,郑州正林不能以该调解书作为免除其对兰州正林所负债务的依据,亦不能以该调解书作为兰州正林将债权转让给林柏君的依据。因此,该调解书客观上不能产生损害兰州正林债权的后果。如果兰州正林认为其对郑州正林享有债权,可以另行提起诉讼予以解决。至于《债权转让协议》是否存在恶意串通,是否以合法形式掩盖非法目的,均可在另行提起的诉讼中审理解决。再者,本案原审调解书对《债权转让协议》效力未作确认,可视为林柏君放弃了第一项诉讼请求,而第二项诉讼请求与兰州正林无涉,兰州正林是否参加诉讼均不影响其诉讼权利与民事权利。

综上,兰州正林作为原审调解书的案外人,在可以通过另行提起诉讼解决其与郑州正林之间的债权债务关系,且原审调解书未对兰州正林与郑州正林的债权债务关系进行认定及处分的情况下,对原审调解书申请再审不符合《中华人民共和国民事诉讼法》第二百零四条、最高人民法院《关于适用〈中华人民共和国民事诉讼法〉审判监督程序若干问题的解释》第五条规定的案外人提起再审申请的情形。法院依照《中华人民共和国民事诉讼法》第一百八十一条第一款之规定,裁定如下:

驳回兰州正林农垦食品有限公司的再审申请。

[选自《最高人民法院公报》2011 年第 4 期(总第 174 期)]

200. 再审案件的立审分立制度

【审判专论】

商事案件审判监督对立审分立提出了新的要求。立审分立要求立案环节与审理环节在机制上分立,以避免立审合一情形下的以立代审或选择性立案的弊端。当事人提出再审申请的,法院应当经过"立案受理—审查(决定是否再审)—(符合再审事由的)审理"阶段,法院立案部门对符合表面条件的申请予以立案受理。在受理后的审查阶段,如果由立案部门审查,由于一些商事纠纷的处理涉及较强的技术性,则对民诉法第 200 条第 2 款规定的某些事由(比如认定的基本事实缺乏证据证明),立案部门的认识可能与进行再审的审判部门或下级法院的认识不一致,这可能导致当事人产生误解，影响裁判的效果。而如果由审判部门审查，由于该审查在效果上等同于再审审理的立案审查，审查成立的才进入再审，所以实际上又有立审合一之嫌。在商事案件申请再审中如何贯彻和完善立审分立，也是当前实践面临的问题。

（宋晓明、杜军：《商事诉讼形势之应对与审判制度完善的思考》）

201. 再审应当依据原审的审理范围进行，而不能超出原审范围进行裁判

【公报案例】

中国有色金属工业长沙勘察设计研究院与海南省汇富房地产开发公司长沙公司、海南省汇富房地产开发公司合作建房合同纠纷案

[最高人民法院(2006)民一终字第28号]

❖ 裁判摘要

依照审判监督程序对案件进行再审的基础，是已经发生法律效力的判决、裁定确有错误，或者有证据证明已经发生法律效力的调解书违反调解自愿原则或调解协议的内容违法。纠正原审错误是再审的基本功能。因此，再审应当依据原审的审理范围进行，而不能超出原审范围进行裁判。

❖ 基本案情

上诉人（原审原告）：中国有色金属工业长沙勘察设计研究院

法定代表人：杨传德，该院院长

被上诉人（原审被告）：海南省汇富房地产开发公司长沙公司

负责人：付晓华，该公司经理

被上诉人（原审被告）：海南省汇富房地产开发公司

法定代表人：唐宇光，该公司总经理

被上诉人（原审第三人）：湖南雄新建筑有限公司

法定代表人：周奇飞，该公司总经理

原审原告中国有色金属工业长沙勘察设计研究院（以下简称长勘院）与原审被告海南省汇富房地产开发公司长沙公司（以下简称汇富长沙公司）、海南省汇富房地产开发公司（以下简称汇富公司）合作建房合同纠纷一案，湖南省高级人民法院于1998年3月19日作出(1997)湘民初字第7号民事调解书，已经发生法律效力。案外人中国东方资产管理公司长沙办事处（以下简称东方资产公司长沙办事处）提出异议。湖南省高级人民法院于2004年9月8日作出(2004)湘高法民监字第148号民事裁定，决定对该案进行再审。在此期间，湖南雄新建筑有限公司（以下简称

雄新公司)受让东方资产公司长沙办事处的债权,并申请参加诉讼。湖南省高级人民法院依法另行组成合议庭,追加了雄新公司为本案第三人,并于2006年2月21日作出(2004)湘高法民再字第148号民事判决。上诉人长勘院不服该判决,向最高人民法院提起上诉。法院依法组成合议庭,于2006年7月6日对本案进行了开庭审理。长勘院的委托代理人金义元、杨万林,雄新公司的委托代理人车宁、龚自平到庭参加诉讼,汇富长沙公司和汇富公司经本院传票传唤未到庭。本案现已审理终结。

湖南省高级人民法院再审查明:1994年11月25日,长勘院与汇富长沙公司签订一份《合作建房合同》约定,长勘院用其行政划拨取得的位于长沙市韶山北路81号的7.928亩土地的使用权,作为投资与汇富长沙公司合作建房。同年12月16日,长勘院与国土管理部门签订了该宗土地使用权的出让合同,并按规定缴纳了土地出让金。与此同时,长勘院应汇富长沙公司的要求,申请将该土地使用权转让至汇富长沙公司名下,国土管理部门审查后办理了有关该宗土地的红线图及出让、转让手续,并给汇富长沙公司颁发了该宗土地的国有土地使用权证。1994年12月28日,长勘院与汇富长沙公司正式签订了《合作共建"金富大厦"合同书》约定,长勘院提供建设用地,汇富长沙公司承担全部与建设相关的资金,并约定了对所建房屋的分配、违约责任等内容。合同签订后,长勘院依约进行了建设用地上的房屋拆迁安置等工作,汇富长沙公司则投入了部分建设资金,着手拆迁补偿、工程前期立项、报建、组织勘察,设计及部分基础基建工程、水电增容等方面的工作。合作期间,汇富长沙公司另行租借了长勘院部分办公用房,尚欠长勘院部分房租、水电费。此后,由于汇富长沙公司后续建设资金不能到位,合建工程于1996年7月停工,双方多次协商未果。长勘院于1997年8月4日向湖南省长沙市中级人民法院提起诉讼。汇富长沙公司提出管辖异议,湖南省高级人民法院对该案进行提审。经湖南省高级人民法院原审主持调解,双方当事人于1998年3月19日自愿达成如下协议:1.因汇富长沙公司主体资格不符等方面的原因,其与长勘院所签订的合作建房合同、土地使用权转让协议及与此相关的有关合同(协议)均无效,汇富长沙公司无条件返还长勘院韶山路81号7.928亩土地的使用权,并将合作项目有关的所有资料一并移交长勘院。2.该土地上合建项目的基坑现有工程移交长勘院。此调解协议之前汇富长沙公司在该项目上的债务(包括基坑土方、土建、设计等款项)均由汇富长沙公司承担。3.汇富长沙公司现在租用的长勘院办公用房内的空调、办公桌等办公家具全部折款冲减其所欠长勘院的部分房租、水电费。此外,汇富长沙公司另行赔偿长勘院300万元经济损失。4.案件受理费122910元,财产保全费10万元,由汇富长沙公司负担。5.汇富公司对上述协议中汇富长沙公司的义务承担连带责任。该调解书经双方签收发生法律效力后,长勘院申请执行,该土地于1998年9月从汇富长沙公司过户到长勘院名下。长勘院对该土地进行开发,修建了商品房对外出售,土地使用权已分摊到各住户的名下。

湖南省高级人民法院再审另查明:1995 年 3 月,汇富长沙公司在建设“金富大厦”项目过程中,以“金富大厦”项目的土地为长沙高新技术开发区金海股份有限公司海口公司长沙分公司(以下简称金海长沙公司)借中国银行长沙市分行 300 万元和 100 万元贷款的两份《借款合同》进行担保,并办理了抵押登记手续。由于金海长沙公司没有归还借款,中国银行长沙市分行向湖南省长沙市天心区人民法院提起诉讼。该院于 1997 年 12 月 22 日对两起借款合同纠纷案分别作出(1997)天经初字第 354 号和第 367 号民事判决,判决认定抵押有效,由金海长沙公司偿还借款本金 400 万元及利息,长沙高新技术开发区金海股份有限公司海口公司负连带清偿责任;汇富长沙公司在抵押担保的范围内承担连带责任。各方当事人均未上诉,判决已发生法律效力。2000 年 6 月,该债权从中国银行长沙市分行剥离到东方资产公司长沙办事处。截至 2000 年 3 月 31 日,该债权本金为 400 万元,利息为 1964290.36 元。2004 年 12 月,东方资产公司长沙办事处以公开拍卖方式,将此债权转让给雄新公司,雄新公司提供成交拍卖确认书、支付拍卖价款凭证、本息清单,表明其向拍卖行支付佣金 10.8 万元,以 360 万元成交价购买了 8901509.5 元的债权。

湖南省高级人民法院再审还查明:汇富公司于 1993 年年初成立,主管部门为中国国民党革命委员会海南省委员会,注册资金 2000 万元,法定代表人唐安云。1997 年 5 月,该公司将法定代表人变更为唐安云之弟唐宇光。2003 年 11 月,汇富公司因未年检被海南省工商局吊销营业执照。汇富长沙公司的开办单位为汇富公司,其注册资金 500 万元没有到位,负责人唐安云,后变更为付晓华。2001 年 8 月,汇富长沙公司被长沙市工商局吊销营业执照。以上两公司的负责人因涉嫌诈骗犯罪,现均下落不明。

东方资产公司长沙办事处向湖南省高级人民法院提出异议称:1. 争议土地已对申诉人设立了抵押,申诉人有优先受偿的权利。本案的处理结果与申诉人有法律上的利害关系,法院应通知其参加诉讼;2. 调解书处理该土地损害了申诉人的利益。

雄新公司在受让了东方资产公司长沙办事处的债权后,向湖南省高级人民法院请求:1. 作为第三人参加本案诉讼;2. 判令长勘院赔偿因抵押权无法实现的损失 8901509.5 元。

二审法院认为

湖南省高级人民法院再审认为:长勘院与汇富长沙公司在原审中达成调解协议,依约由汇富长沙公司将韶山路 81 号 7.928 亩土地使用权返还给长勘院。而在调解返还之前,汇富长沙公司已经以该土地为金海长沙公司的债务设置了抵押,且该抵押经湖南省长沙市天心区人民法院(1997)天经初字第 354 号和第 367 号民事判决确认有效。现雄新公司受让了对金海长沙公司的债权,在本案中主张对该土地的抵押权。因抵押权是附着在物上的权利,随抵押物的转移而转移,抵押权人可在抵押物上行使优先受偿权。长勘院所接受汇富长沙公司返还的土地上已附着了汇富长沙公司所设置的抵押,并且,不因为抵押物的转让而影响抵押权的效力,故雄新公司向长勘院行使追及权,符合法律规定,依法应予支持。由于长勘院已将土地进行了开发,修建了商品房对外出售,土地使用权已分摊到各住户的名下,变卖土地已不现实,长勘院应依法承担代替债务人清偿全部抵押债务的义务,使汇富长沙公司的抵押债务依法得以履行,并在清偿抵押债务后长勘院依法享有向汇富长沙公司追偿的权利。同时,长勘院与汇富长沙公司、汇富公司对双方合作建房合同纠纷所达成的调解协议,是当事人的真实意思表示,内容符合法律规定,该院予以确认。但因为该调解书对汇富长沙公司返还长勘院的土地所涉及的抵押债权未予处理,故依法在对返还土地的调解协议予以确认的同时,还应对土地上的抵押债权予以处理,才能依法公平保护土地上各方当事人的合法权益。

一审法院判决

依照《中华人民共和国民法通则》第八十九条第(二)项及最高人民法院《关于贯彻执行〈中华人民共和国民法通则〉若干问题的意见》(试行)第一百一十二条、《中华人民共和国民事诉讼法》第一百八十条、第一百三十条之规定,经湖南省高级人民法院审判委员会讨论决定,判决:(一)维持湖南省高级人民法院(1997)湘民初字第7号民事调解书;(二)由长勘院代汇富长沙公司承担对雄新公司抵押债权的清偿责任。长勘院在清偿抵押债务后,可依法向汇富公司和汇富长沙公司追偿。

上诉

上诉人长勘院不服一审判决,向最高人民法院提起上诉称:1.本案土地使用权转移本身不合法,其收回土地使用权是依法进行的;2.一审判决本身存在矛盾,原调解书既然被维持,则其不应对第三人承担赔偿责任,且一审判决第二项不确定、不具体,无法履行。故请求撤销一审判决第二项。本院开庭审理前,长勘院向本院递交追加当事人申请书和补充上诉状,申请追加中国国民党革命委员会海南省委员会、中国建设银行海南省分行、海南从信会计师事务所和湖南高新实业股份有限公司为本案第三人,并请求判决对汇富公司、汇富长沙公司、长沙高新技术开发区金海股份有限公司海口公司的法人人格予以否认,判决汇富公司、汇富长沙公司的债务由中国国民党革命委员会海南省委员会清偿,中国建设银行海南省分行、海南从信会计师事务所、湖南高新实业股份有限公司对汇富公司、汇富长沙公司的债务承担连带清偿责任。庭审中,长勘院另提出:本案系适用审判监督程序审理的案件,原审中并未涉及土地使用权抵押的内容,再审程序中追加雄新公司为第三人不当;其与雄新公司之间没有直接的法律关系,且雄新公司不属于有独立请求权第三人,其不应对雄新公司承担责任。被上诉人雄新公司答辩称:1.本案土地使用权已设置合法抵押且被湖南省长沙市天心区人民法院的生效判决确认,长勘院受让土地使用权后,应依法承担土地使用权已抵押的担保责任;2. 一审判决明确、具体,无矛盾之处;3. 一审没有遗漏当事人,长勘院提出的追加当事人及相应的诉讼主张,不属于本案审理的范围。针对长勘院庭审中提出的主张,雄新公司答辩称:本案再审的原因是原审调解书侵害了作为抵押权人的雄新公司的利益,雄新公司加入到再审程序中并无不当;原审调解书关于抵押物转移的约定是对抵押权人的直接侵害,土地使用权转移不能妨碍抵押权人的权利,故一审判决长勘院对雄新公司承担责任是正确的。

最高人民法院二审查明的事实与一审法院查明的事实相同。

二审法院认为

法院认为:本案一审程序系湖南省高级人民法院基于审判监督程序提起,因此,本案的审理范围应当受原审审理范围的限制。由于原审调解协议达成前,雄新公司受让的抵押权已经湖南省长沙市天心区人民法院(1997)天经初字第 354 号和第 367 号生效民事判决确认,基于抵押权的追及效力,抵押权人可以向抵押物的最终受让人追偿,故该项抵押权已经获得可以在执行程序中实现的法律依据。原审中,长勘院与汇富公司、汇富长沙公司之间的合作建房合同纠纷并不涉及土地抵押权的内容。故一审判决在维持原审调解协议的同时,对抵押权作出处理,超出了原审的审理范围。

由于雄新公司是基于其申请,由一审法院通知参加诉讼,根据《中华人民共和国民事诉讼法》第五十六条的规定,其诉讼地位为无独立请求权第三人。一审判决判令一审原告长勘院向无独立请求权第三人雄新公司承担责任,违反了民事诉讼"不告不理"原则。

关于长勘院二审期间提出的"申请追加中国国民党革命委员会海南省委员会等为本案第三人、请求判决对汇富公司、汇富长沙公司、长沙高新技术开发区金海股份有限公司海口公司的法人人格予以否认,判决汇富公司、汇富长沙公司的债务由中国国民党革命委员会海南省委员会清偿,中国建设银行海南省分行、海南从信会计师事务所、湖南高新实业股份有限公司对汇富公司、汇富长沙公司的债务承担连带清偿责任"的主张,亦超出了本案审理范围。

综上,本案原调解已生效数年,并非确有错误,应予维持。再审判决适用法律错误,应予撤销。

二审法院判决

依照《中华人民共和国民事诉讼法》第一百五十三条第一款第(二)项之规定,判决如下:

一、撤销湖南省高级人民法院(2004)湘高法民再字第 148 号民事判决;

二、维持湖南省高级人民法院(1997)湘民初字第 7 号民事调解。

[选自《最高人民法院公报》2006 年第 11 期(总第 121 期)]

【民诉法司法解释】

关于再审审理范围,民事诉讼法未作规定,《民事诉讼法解释》第405条规定:"人民法院审理再审案件应当围绕再审请求进行。当事人的再审请求超出原审诉讼请求的,不予审理;符合另案诉讼条件的,告知当事人可以另行起诉。被申请人及原审其他当事人在庭审辩论结束前提出的再审请求,符合民事诉讼法第二百零五条规定的,人民法院应当一并审理。人民法院经再审,发现已经发生法律效力的判决、裁定损害国家利益、社会公共利益、他人合法权益的,应当一并审理。"适用本条规定应当把握以下六点:

1. 以当事人的再审请求为标准,统一各类再审案件的审理范围。为增强解决纠纷的有效性和彻底性,本条第一款明确,再审案件应当围绕再审请求进行,即以再审请求为核心,所有与再审请求相关的事项都应予以审理,再审案件的审理范围不再因再审启动主体而有所不同。

2. 既尊重当事人处分权,又维护生效裁判。根据民事诉讼不告不理原则,在已经启动的再审程序中,当事人应当发挥主导性作用,有权决定主张或放弃的事项,当事人只对生效裁判中的部分判项提出再审请求,人民法院对其他判项不予审理。但有例外情形,即生效裁判损害国家利益、社会公共利益、他人合法权益的,人民法院可以主动依职权处理。因此,本条第1款规定当事人的再审请求不能超出原审诉讼请求,即:按一审程序再审的案件审理范围不能超出一审,而一审审理范围是根据原告诉讼请求或者被告反诉确定的;按二审程序再审的案件审理范围不能超出二审,而二审的审理范围以上诉请求为限,不能超出一审审理范围。

3. 平等保护各方当事人再审请求。关于对方及其他当事人提出再审申请的问题,本条第2款规定应当将该请求纳入再审审理范围,并作出裁判,但不需要针对该再审申请另作出一份提起再审的裁定。这有利于"一揽子"解决各方争议,节约司法资源,增强再审有效性。当然,被申请人及其他当事人提出的再审请求也不能超出原审诉讼请求。

4. 注意区分再审审查的范围和再审审理范围。再审审查中,再审事由是开启再审的钥匙,应当围绕当事人主张的再审事由进行;进入再审之后,原审裁判结果正确与否,当事人的再审请求能否得到支持,是再审裁判必须作出回应的问题。

5. 关于原审裁判遗漏当事人诉讼请求的处理。当事人在再审中提出原审遗漏审理的诉讼请求,并未超出原审请求。按一审程序再审发现原审遗漏诉讼请求的,直接作出实体判决;按二审程序再审发现原审遗漏诉讼请求的,可以进行调解,调解不成的,发回重审。

6. 再审不因为双方当事人的同意而扩大审理范围。这与二审有所不同。再审不但解决双方原有的争议,还涉及对生效裁判的评价,[1]即便双方当事人均同意一并解决新增加的争议问题,也不能因此扩大审理范围,并以此改变生效裁判。当然,如果是调解结案,可以将新的争议一并纳入。[2]

202. 生效裁判确定的数债务人中,仅有部分债务人申请再审且理由成立,应当仅中止对再审申请人的执行

【公报案例】

经纬纺织机械股份有限公司与裘雅芬等分期付款买卖合同纠纷案

[最高人民法院(2015)民申字第1823号]

❖ 裁判摘要

生效裁判确定的数债务人中,仅有部分债务人申请再审且理由可以成立的,人民法院在依法裁定再审时,还应当审查案件再审是否可能影响其他债务人按照原裁判承担债务。如再审不影响其他债务人按照原裁判承担债务的,应当仅中止对再审申请人的执行,以确保在实现再审依法纠错功能的同时,合理保护债权人的合法权利。

❖ 基本案情

再审申请人(一审被告):裘雅芬

被申请人(一审原告):经纬纺织机械股份有限公司

法定代表人:叶茂新,该公司董事长

一审被告:新疆天盛实业有限公司

法定代表人:张兴海,该公司经理

一审被告:雄峰控股集团有限公司

法定代表人:何兴荣,该公司董事长

一审被告:张兴海

一审被告:何兴荣

一审被告:陈雅丽

一审被告:葛水国

一审被告:汤佩芳

---

① 再审的对象为生效裁判,对其改变往往会破坏已经稳定的社会关系,应当慎重。再审性质上属对原审的特殊救济程序,审理程序虽然准用原一、二审程序,但并不意味着当然给予了当事人如同原审一样的权利。

② 沈德咏主编:《最高人民法院民事诉讼法司法解释理解与适用》,人民法院出版社2015年版,第1071~1074页。

再审申请人裘雅芬因与被申请人经纬纺织机械股份有限公司(以下简称经纬公司)及一审被告新疆天盛实业有限公司(以下简称天盛公司)、雄峰控股集团有限公司、张兴海、何兴荣、陈雅丽、葛水国、汤佩芳分期付款买卖合同纠纷一案,不服新疆维吾尔自治区高级人民法院生产建设兵团分院(2012)新兵民二初字第00008号民事判决,向最高人民法院申请再审。最高人民法院依法组成合议庭对本案进行了审查,现已审查终结。

裘雅芬申请再审称:(一)本案一审程序违法。一是根据《中华人民共和国民事诉讼法》的规定,经纬公司起诉状应当写明当事人的职业、工作单位、证据及证据来源,但其起诉状中均无上述内容,不符合立案受理条件。二是本案一审法院在经纬公司没有说明裘雅芬的工作单位且没有证据表明裘雅芬下落不明的情况下采用公告送达,违反了《中华人民共和国民事诉讼法》第九十二条的规定。三是一审法院剥夺了裘雅芬要求鉴定的程序性权利,且对存在重大疑点的《个人保证担保函》未予鉴定。(二)本案认定事实错误。一是一审判决没有证据证明经纬公司将7680万元货款支付给天盛公司。二是《个人保证担保函》中裘雅芬的签字系伪造,应不予采信。裘雅芬依据《中华人民共和国民事诉讼法》第二百条第二项、第八项的规定申请再审。

最高人民法院审查查明,(2012)新兵民二初字第00008号案卷中没有关于一审法院在公告送达裘雅芬诉讼文书前曾采用过其他方式送达的记录,且尚无证据证明裘雅芬在一审期间下落不明,裘雅芬未参加一审庭审。

法院认为

最高人民法院认为,上述查明事实足以认定一审法院违反了《中华人民共和国民事诉讼法》第九十二条"受送达人下落不明,或者用本节规定的其他方式无法送达的,公告送达"以及该条第二款"公告送达,应当在案卷中记明原因和经过"的规定。裘雅芬的再审理由符合《中华人民共和国民事诉讼法》第二百条第八项规定的情形,本案应予再审。

最高人民法院《关于适用〈中华人民共和国民事诉讼法〉的解释》第四百零五条规定:"人民法院审理再审案件应当围绕再审请求进行"。裘雅芬的再审请求为驳回经纬公司要求其承担保证责任的诉讼请求。其依据的理由:一是经纬公司未向天盛公司支付7680万元货款,即主债权债务不存在;二是《个人保证担保函》中裘雅芬的签字系伪造。关于第一项理由,一审查明经纬公司提交了双方签订的《棉花购销合同》,载明经纬公司向天盛公司采购皮棉,先款后货,首付款7680万元。合同签订后天盛公司给经纬公司出具的《不能履行棉花购销合同确认函》,载明"贵公司已于2010年12月17日支付了货款7680万元"。提交了天盛公司出具的《还款承诺函》,载明"直至今日仍未偿还贵公司的7680万元"。债务人天盛公司亦确认收到该笔款项。一审法院依据当事人陈述及经庭审质证的上述证据,认定经纬公司已向天盛公司支付7680万元货款。现裘雅芬否认主债权债务实际发生，但未能提交相关证据，不能推翻一审法院上述认定，该项理由不能成立，不应纳入再审审理范围。关于第二项理由，由于一审法院公告送达违反了《中华人民共和国民事诉讼法》第九十二条的规定，导致裘雅芬未能参加一审庭审，未对《个人保证担保函》质证，也使裘雅芬申请鉴定的权利无法行使。因此，裘雅芬提出的其在《个人保证担保函》上的签字系伪造，并据此主张不应承担保证责任的理由能否成立，应当由再审法院在依法保障裘雅芬诉讼权利的基础上依照事实和法律作出认定。据此，本案再审审理应当围绕《个人保证担保函》中裘雅芬的签字是否系伪造，裘雅芬是否应当承担保证责任进行。

本案一审判决作出后，除裘雅芬外，主债务人天盛公司及其他保证人均未上诉，亦未申请再审。为依法保障债权人经纬公司的权利，依照《中华人民共和国民事诉讼法》第二百零六条"按照审判监督程序决定再审的案件，裁定中止原判决、裁定、调解书的执行，但追索赡养费、扶养费、抚育费、抚恤金、医疗费用、劳动报酬等案件，可以不中止执行"的规定，本案仅对裘雅芬中止执行，对天盛公司及其他保证人不中止执行。

法院裁定

综上，裘雅芬的再审申请符合《中华人民共和国民事诉讼法》第二百条第八项规定的情形。依照《中华人民共和国民事诉讼法》第二百零四条、第二百零六条之规定，裁定如下：

一、指令新疆维吾尔自治区高级人民法院生产建设兵团分院再审本案；

二、再审期间，中止对裘雅芬的执行。

［选自《最高人民法院公报》2016年第4期（总第234期）］

203. 依法适用指令再审和发回重审

【司法解释】

最高人民法院关于民事审判监督程序严格依法适用指令再审和发回重审若干问题的规定

（法释〔2015〕7号　2015年2月2日最高人民法院审判委员会第1643次会议通过）

为了及时有效维护各方当事人的合法权益，维护司法公正，进一步规范民事案件指令再审和再审发回重审，提高审判监督质量和效率，根据《中华人民共和国民事诉讼法》,结合审判实际,制定本规定。

第一条 上级人民法院应当严格依照民事诉讼法第二百条等规定审查当事人的再审申请,符合法定条件的,裁定再审。不得因指令再审而降低再审启动标准,也不得因当事人反复申诉将依法不应当再审的案件指令下级人民法院再审。

第二条 因当事人申请裁定再审的案件一般应当由裁定再审的人民法院审理。有下列情形之一的,最高人民法院、高级人民法院可以指令原审人民法院再审:

(一)依据民事诉讼法第二百条第(四)项、第(五)项或者第(九)项裁定再审的;

(二)发生法律效力的判决、裁定、调解书是由第一审法院作出的;

(三)当事人一方人数众多或者当事人双方为公民的;

(四)经审判委员会讨论决定的其他情形。

人民检察院提出抗诉的案件,由接受抗诉的人民法院审理,具有民事诉讼法第二百条第(一)至第(五)项规定情形之一的,可以指令原审人民法院再审。

人民法院依据民事诉讼法第一百九十八条第二款裁定再审的,应当提审。

第三条 虽然符合本规定第二条可以指令再审的条件,但有下列情形之一的,应当提审:

(一)原判决、裁定系经原审人民法院再审审理后作出的;

(二)原判决、裁定系经原审人民法院审判委员会讨论作出的;

(三)原审审判人员在审理该案件时有贪污受贿,徇私舞弊,枉法裁判行为的;

(四)原审人民法院对该案无再审管辖权的;

(五)需要统一法律适用或裁量权行使标准的;

(六)其他不宜指令原审人民法院再审的情形。

第四条 人民法院按照第二审程序审理再审案件,发现原判决认定基本事实不清的,一般应当通过庭审认定事实后依法作出判决。但原审人民法院未对基本事实进行过审理的,可以裁定撤销原判决,发回重审。原判决认定事实错误的,上级人民法院不得以基本事实不清为由裁定发回重审。

第五条 人民法院按照第二审程序审理再审案件,发现第一审人民法院有下列严重违反法定程序情形之一的,可以依照民事诉讼法第一百七十条第一款第(四)项的规定,裁定撤销原判决,发回第一审人民法院重审:

(一)原判决遗漏必须参加诉讼的当事人的;

(二)无诉讼行为能力人未经法定代理人代为诉讼,或者应当参加诉讼的当事人,因不能归责于本人或者其诉讼代理人的事由,未参加诉讼的;

(三)未经合法传唤缺席判决,或者违反法律规定剥夺当事人辩论权利的;

(四)审判组织的组成不合法或者依法应当回避的审判人员没有回避的;

(五)原判决、裁定遗漏诉讼请求的。

第六条　上级人民法院裁定指令再审、发回重审的,应当在裁定书中阐明指令再审或者发回重审的具体理由。

第七条　再审案件应当围绕申请人的再审请求进行审理和裁判。对方当事人在再审庭审辩论终结前也提出再审请求的,应一并审理和裁判。当事人的再审请求超出原审诉讼请求的不予审理,构成另案诉讼的应告知当事人可以提起新的诉讼。

第八条　再审发回重审的案件,应当围绕当事人原诉讼请求进行审理。当事人申请变更、增加诉讼请求和提出反诉的,按照《最高人民法院关于适用〈中华人民共和国民事诉讼法〉的解释》第二百五十二条的规定审查决定是否准许。当事人变更其在原审中的诉讼主张、质证及辩论意见的,应说明理由并提交相应的证据,理由不成立或证据不充分的,人民法院不予支持。

第九条　各级人民法院对民事案件指令再审和再审发回重审的审判行为,应当严格遵守本规定。违反本规定的,应当依照相关规定追究有关人员的责任。

第十条　最高人民法院以前发布的司法解释与本规定不一致的,不再适用。

204. 法院接到抗诉书后,若纠纷已经解决且当事人申请撤诉,不损害国家利益、社会公共利益或第三人利益的,应当作出终结审查的裁定

【指导案例】7号

牡丹江市宏阁建筑安装有限责任公司诉牡丹江市华隆房地产开发有限责任公司、张继增建设工程施工合同纠纷案

关键词:民事诉讼　抗诉　申请撤诉　终结审查

❖ 裁判要点

人民法院接到民事抗诉书后,经审查发现案件纠纷已经解决,当事人申请撤诉,且不损害国家利益、社会公共利益或第三人利益的,应当依法作出对抗诉案终结审查的裁定;如果已裁定再审,应当依法作出终结再审诉讼的裁定。

相关法条

《中华人民共和国民事诉讼法》第一百四十条第一款第(十一)项

❖ 基本案情

2009年6月15日,黑龙江省牡丹江市华隆房地产开发有限责任公司(以下简称华隆公司)因与牡丹江市宏阁建筑安装有限责任公司(以下简称宏阁公司)、张继增建设工程施工合同纠纷一案,不服黑龙江省高级人民法院同年2月11日作出的(2008)黑民一终字第173号民事判决,向最高人民法院申请再审。最高人民法院于同年12月8日作出(2009)民申字第1164号民事裁定,按照审判监督程序提审本案。在最高人民法院民事审判第一庭提审期间,华隆公司鉴于当事人之间已达成和解且已履行完毕,提交了撤回再审申请书。最高人民法院经审查,于2010年12月15日以(2010)民提字第63号民事裁定准许其撤回再审申请。

申诉人华隆公司在向法院申请再审的同时,也向检察院申请抗诉。2010年11月12日,最高人民检察院受理后决定对本案按照审判监督程序提出抗诉。2011年3月9日,最高人民法院立案一庭收到最高人民检察院高检民抗(2010)58号民事抗诉书后进行立案登记,同月11日移送审判监督庭审理。最高人民法院审判监督庭经审查发现,华隆公司曾向本院申请再审,其纠纷已解决,且申请检察院抗诉的理由与申请再审的理由基本相同,遂与最高人民检察院沟通并建议其撤回抗诉,最高人民检察院不同意撤回抗诉。再与华隆公司联系,华隆公司称当事人之间已就抗诉案达成和解且已履行完毕,纠纷已经解决,并于同年4月13日再次向最高人民法院提交了撤诉申请书。

裁判结果

最高人民法院于2011年7月6日以(2011)民抗字第29号民事裁定书,裁定本案终结审查。

裁判理由

最高人民法院认为:对于人民检察院抗诉再审的案件,或者人民法院依据当事人申请或依据职权裁定再审的案件,如果再审期间当事人达成和解并履行完毕,或者撤回申诉,且不损害国家利益、社会公共利益的,为了尊重和保障当事人在法定范围内对本人合法权利的自由处分权,实现诉讼法律效果与社会效果的统一,促进社会和谐,人民法院应当根据《最高人民法院关于适用〈中华人民共和国民事诉讼法〉审判监督程序若干问题的解释》第三十四条的规定,裁定终结再审诉讼。

本案中,申诉人华隆公司不服原审法院民事判决,在向最高人民法院申请再审的同时,也向检察机关申请抗诉。在本院提审期间,当事人达成和解,华隆公司向本院申请撤诉。由于当事人有权在法律规定的范围内自由处分自己的民事权益和诉讼权利,其撤诉申请意思表示真实,已裁定准许其撤回再审申请,本案当事人之间的纠纷已得到解决,且本案并不涉及国家利益、社会公共利益或第三人利益,故检察机关抗诉的基础已不存在,本案已无按抗诉程序裁定进入再审的必要,应当依法裁定本案终结审查。

205. 检察建议司法实践中应当注意的问题

【审判政策与精神】

2012 年《民事诉讼法》第 208 条除确认了原有的抗诉方式之外,还增加了检察建议这一检察监督方式。人民检察院依照审判监督程序提出的旨在启动再审的检察建议,是将 2011 年 3 月最高人民法院、最高人民检察院会签文件《关于对民事审判活动和行政诉讼实行法律监督的若干意见(试行)》("两高"会签文件)中相关内容上升为立法而形成。我们认为,在司法实践中执行这一新制度应当注意以下几点:

1. 关于检察建议的受理审查

(1)审查是否提交相关书面材料。检察机关提出检察建议,应当一并移交检察建议书以及本案原审当事人的申请书和相关证据材料。

(2)审查检察建议的对象是否正确。检察机关建议再审的对象,应当是已经发生法律效力且依法可以再审的判决、裁定,或者损害国家利益、社会公共利益的调解书。我们认为,对损害国家利益、社会公共利益的调解书中的"损害国家利益、社会公共利益"的认定,应当从严把握。

(3)审查是否符合新《民事诉讼法》第 209 条第 1 款的规定。即向人民检察院申请前,当事人已经向人民法院申请再审,被人民法院裁定驳回,或者人民法院逾期未作出裁定的。

(4)审查是否经相关组织讨论决定。"两高"会签文件仍有效力,在司法实践中应当继续执行。根据该文件,由于检察建议是人民检察院对同级人民法院生效裁判的监督方式,其被提交人民法院之前应当经过该人民检察院检察委员会讨论决定。

2. 决定是否再审的程序适用

司法实践中,应当注意区别人民检察院提出检察建议的标准和人民法院采纳检察建议的标准,前者为具有新《民事诉讼法》第 200 条规定的再审事由,后者为新《民事诉讼法》第 198 条规定的原裁判确有错误的情形。在具体操作中,人民法院收到检察建议后,应当在 3 个月内进行审查,发现确有错误,或者检察建议针对的再审判决、裁定有明显错误,需要再审的,由该院院长提交审判委员会讨论决定。

也就是说,认为检察建议成立的,依职权启动再审。经人民法院审查认为检察建议不成立的,应当书面回复人民检察院,并说明理由。

(高民智:《贯彻实施新〈民事诉讼法〉之八——关于检察监督制度的理解与适用》)

【民诉法司法解释】

2012年《民事诉讼法》对生效判决、裁定和调解书新增了检察建议的监督方式。从法律规定上看,抗诉和检察建议的适用条件相同,但两种监督方式适用主体和效力不同,抗诉由上级检察机关提出,可以直接启动人民法院对生效判决、裁定、调解书的再审;检察建议由同级检察机关提出,不当然启动再审,但可以促使法院发现、纠正错误。两种监督方式相比,抗诉更具有刚性,检察建议则相对柔性,适用范围更广,有利于节约司法资源、实现诉讼经济。最高人民检察院提出,抗诉一般应适用于案件比较重大或者是裁判确实明显不公,发生了重大错误的情形;检察建议主要适用于已经发生法律效力的判决、裁定虽有错误,但实体裁判错误并不是非常严重或突出,办案程序有瑕疵等,就可以不提请抗诉,以取得最佳的监督效果。[①]

1. 关于对再审检察建议的审查受理问题,《民事诉讼法解释》第416条规定:"地方各级人民检察院依当事人的申请对生效判决、裁定向同级人民法院提出再审检察建议,符合下列条件的,应予受理:(一)再审检察建议书和原审当事人申请书及相关证据材料已经提交;(二)建议再审的对象为依照民事诉讼法和本解释规定可以进行再审的判决、裁定;(三)再审检察建议书列明该判决、裁定有民事诉讼法第二百零八条第二款规定情形;(四)符合民事诉讼法第二百零九条第一款第一项、第二项规定情形;(五)再审检察建议经该人民检察院检察委员会讨论决定。不符合前款规定的,人民法院可以建议人民检察院予以补正或者撤回;不予补正或者撤回的,应当函告人民检察院不予受理。"对再审检察建议进行审查,应当把握以下四点:

(1)审查地方各级人民检察院向同级人民法院提出检察建议前,是否经过检察委员会讨论决定。

(2)审查检察建议是否有必要的材料。检察机关提出检察建议的,应当提交再审检察建议书、原审当事人的申请书以及支持再审请求的相关证据材料。

(3)审查检察建议的对象是否为可以再审的判决、裁定,一般来说,有诉的内容且民事诉讼法赋予当事人上诉权的判决、裁定,才可以成为可以再审的判决、裁定,

---

① 曹建明:《全面正确理解贯彻落实修改后的民事诉讼法,坚持和完善中国特色社会主义民事检察制度》,载《检察日报》2012年12月7日。

《民事诉讼法解释》第414条对此有明确规定:"人民检察院对已经发生法律效力的判决以及不予受理、驳回起诉的裁定依法提出抗诉的,人民法院应予受理,但适用特别程序、督促程序、公示催告程序、破产程序以及解除婚姻关系的判决、裁定等不适用审判监督程序的判决、裁定除外。"

(4)审查检察建议是否列明了法定再审事由,且符合《民事诉讼法》第209条第1款第1项、第2项规定的法院纠错先行等条件。[①]

2. 关于再审检察建议的处理,《民事诉讼法解释》第419条规定:"人民法院收到再审检察建议后,应当组成合议庭,在三个月内进行审查,发现原判决、裁定、调解书确有错误,需要再审的,依照民事诉讼法第一百九十八条规定裁定再审,并通知当事人;经审查,决定不予再审的,应当书面回复人民检察院。"对再审检察建议进行处理,应当把握以下三点:

(1)人民法院应当对已经受理的再审检察建议进行实质审查。人民法院应当组成合议庭,在三个月内进行审查,审查中可以调阅原审卷宗,可以书面审查,有新证据等确有必要的也可以询问当事人。这可以参照审查当事人再审申请案件的做法处理。

(2)采纳再审检察建议以"确有错误"为标准。

(3)以裁定和其他书面方式结案。采纳再审检察建议的,将再审裁定发送当事人;不采纳的,以函等方式书面回复检察院。[②]

206. 检察抗诉的审查

【审判政策与精神】

最高人民检察院对各级人民法院的生效判决、裁定,上级人民检察院对下级人民法院的生效判决、裁定,有权提出抗诉,是原有规定。2012年修改《民事诉讼法》时,对抗诉的条件又注入了新的内容。我们认为,在司法实践中应当注意以下几点:

1. 对抗诉的形式审查

新《民事诉讼法》第211条规定:"人民检察院提出抗诉的案件,接受抗诉的人民法院应当自收到抗诉书之日起三十日内作出再审的裁定……"在一般情况下,人

---

① 沈德咏主编:《最高人民法院民事诉讼法司法解释理解与适用》,人民法院出版社2015年版,第1100页。

② 沈德咏主编:《最高人民法院民事诉讼法司法解释理解与适用》,人民法院出版社2015年版,第1107~1108页。

民法院对于抗诉案件应当作出再审的裁定,但是否一律均作出再审的裁定,最高人民法院2012年4月公布的指导案例7号《牡丹江市华隆房地产公司与牡丹江市宏阁建筑安装公司建设工程施工合同纠纷抗诉案》,以生动的案例解释了“三十日内”对检察机关抗诉予以形式审查的必要性。

(1)审查是否提交相关书面材料。人民检察院根据当事人的申请对民事案件提出抗诉的,人民法院应审查是否具有抗诉书和本案原审当事人的申请书及相关证据材料。

(2)审查抗诉的对象是否正确。人民检察院抗诉的对象应当是已经发生法律效力,且依法可以再审的判决、裁定或者损害国家利益、社会公共利益的调解书。对于民事裁定应当区别对待,除驳回起诉、不予受理的裁定可以抗诉之外,新《民事诉讼法》第154条规定的其他各种裁定、不予撤销仲裁裁决的裁定、诉讼费负担裁定、企业法人破产还债程序终结裁定、驳回当事人申请再审的裁定、执行程序中的裁定等,均是程序性的裁定,由于没有诉的内容,均系依法不可以抗诉再审的裁定。

(3)审查抗诉书是否指明法定事由。抗诉所针对的发生法律效力的判决、裁定,具有新《民事诉讼法》第200条规定情形之一的。

(4)审查是否符合新《民事诉讼法》第209条第1款的规定。即向人民检察院申请前,当事人已经向人民法院申请再审,被人民法院裁定驳回,或者人民法院逾期未作出裁定的。

2. 形式审查后的处理

经形式审查,发现材料不符合要求的,人民法院首先要与检察机关沟通,要求其撤回或补正;检察机关坚持不予撤回或补正的,才可以裁定不予受理。

3. 审查中应注意的问题

需要指出的是,人民法院对抗诉案件的审查程序应当是形式性审查,至于抗诉理由是否应当支持,应是裁定再审之后再审的任务。同时应当明确的是,抗诉是国家法律赋予检察机关的一项法律监督权,一般情形下,接受抗诉的人民法院应当裁定再审。审查不是限制检察机关的抗诉,而是在检察机关抗诉出现随意性的情况下,减少和避免人民法院在处理中遇到的程序法上的难题和困境。

(高民智:《贯彻实施新〈民事诉讼法〉之八——关于检察监督制度的理解与适用》)

【民诉法司法解释】

关于对检察机关抗诉的形式审查问题,《民事诉讼法解释》第417条规定:“人民检察院依当事人的申请对生效判决、裁定提出抗诉,符合下列条件的,人民法院应当在三十日内裁定再审:(一)抗诉书和原审当事人申请书及相关证据材料已经提交;(二)抗诉对象为依照民事诉讼法和本解释规定可以进行再审的判决、裁定;(三)抗诉书列明该判决、裁定有民事诉讼法第二百零八条第一款规定情形;(四)符合民事诉讼法第二百零九条第一款第一项、第二项规定情形。不符合前款规定的,人民法院可以建议人民检察院予以补正或者撤回;不予补正或者撤回的,人民法院可以裁定不予受理。"人民法院接受检察机关的抗诉后,在法定的期限内主要审查以下四项内容:

1. 审查抗诉是否有必要的材料。检察机关提出抗诉的,应当提交抗诉书、原生效裁判文书、原审当事人的申请书及对应于抗诉事由的重要证据,如以基本事实缺乏证据证明事由抗诉的,需提交支持其再审请求的主要证据;以新证据抗诉的,需提交新证据等材料。

2. 审查抗诉的对象是否具有可诉性。一般来说,有诉的内容且民事诉讼法赋予当事人上诉权的判决、裁定,才可以成为抗诉对象的裁判类型,《民事诉讼法解释》第414条对此有明确规定:"人民检察院对已经发生法律效力的判决以及不予受理、驳回起诉的裁定依法提出抗诉的,人民法院应予受理,但适用特别程序、督促程序、公示催告程序、破产程序以及解除婚姻关系的判决、裁定等不适用审判监督程序的判决、裁定除外。"

3. 审查抗诉书中是否援引了法定再审事由。根据《民事诉讼法》第208条第1款的规定,对生效判决、裁定抗诉的,需指出有该法第200条规定情形之一;对调解书抗诉或提出再审检察建议的,需指出有损害国家利益、社会公共利益的情形,并按照《民事诉讼法解释》第415条的规定办理。

4. 审查该案是否已经法院裁定驳回或者逾期对再审申请作出裁定。

上述四项条件的审查是形式审查,如果检察机关移送的抗诉材料缺乏其中之一的,人民法院一般应先与抗诉的人民检察院沟通,建议其补正或者撤回。相关检察机关不予补正或者撤回的,接受抗诉的人民法院可以裁定不予受理。①

---

① 沈德咏主编:《最高人民法院民事诉讼法司法解释理解与适用》,人民法院出版社2015年版,第1102~1103页。

207. 法院审理检察机关抗诉的再审案件一般以原审审理范围为限

【公报案例】

湖北金华实业有限公司与苏金水等商品房买卖合同纠纷案

[最高人民法院(2012)民抗字第24号]

❖ 裁判摘要

一、人民法院审理检察机关抗诉的再审案件一般应以原审审理范围为限。当事人的诉讼请求不同于支持其提出请求的理由和依据,如当事人提出请求的理由和依据不同于检察机关抗诉所提出的理由和依据,并不意味其申请抗诉的请求未获得检察机关抗诉支持;当事人的再审请求未超出原审审理范围的,人民法院再审中应予审理。

二、在房地产开发企业委托代理机构销售房屋的情况下,房地产开发企业因委托代理机构未告知其特定房屋已经售出而导致一房二卖,属于其选择和监督委托代理人的经营风险,不得转嫁于购房者,房地产开发企业以此为由主张最高人民法院《关于审理商品房买卖合同纠纷案件适用法律若干问题的解释》第八条规定的惩罚性赔偿应予免除的请求,人民法院不予支持。

❖ 基本案情

抗诉机关:中华人民共和国最高人民检察院。

申诉人(一审被告、二审被上诉人):湖北金华实业有限公司,住所地湖北省武汉市江汉区建设大道625号金华大厦顶层。

法定代表人:李锡芝,该公司董事长。

被申诉人(一审原告、二审上诉人):苏金水,男,1977年10月1日出生,汉族,住湖北省武汉市江岸区永清路27-3号楼12楼1号。

被申诉人(一审被告):武汉皓羽地产顾问有限公司,住所地湖北省武汉市江岸区高雄路105号。

法定代表人:姚富耀,该公司董事长。

湖北金华实业有限公司(以下简称金华公司)因与苏金水、武汉皓羽地产顾问有限公司(以下简称皓羽公司)商品房买卖合同纠纷一案,不服湖北省高级人民法院(2009)鄂民一终字第28号民事判决,向检察机关申诉。最高人民检察院以高检民抗(2011)83号民事抗诉书向最高人民法院提出抗诉。最高人民法院于2012年3月19日作出(2012)民抗字第24号民事裁定书,提审本案。最高人民法院依法组成合议庭,公开开庭审理了本案。本案现已审理终结。

最高人民法院再审查明,2005 年 3 月 12 日,金华公司与皓羽公司签订一份《“楚天星座”商品房保底包干销售合同》,同年 6 月,双方签订一份《销售代理补充协议》。2006 年 3 月 28 日,双方签订一份《〈“楚天星座”商品房保底包干销售合同〉补充协议》。在《“楚天星座”商品房保底包干销售合同》中约定:皓羽公司代理销售由金华公司开发的“楚天星座”项目,项目位于武汉市江汉区青年路与万松园横路交汇处,该商品房建筑面积约 5 万平方米;金华公司委托皓羽公司代理销售的商品房建筑面积除住宅两层、商铺 700 平方米外,其余全部属代理范围,所有对外销售面积由金华公司签字盖章后,交由皓羽公司负责对外销售,具体房型面积作为本合同的附件;为保证销售工作的正常进行,金华公司指定一名销售负责人联系及配合皓羽公司的销售工作,指定财务人员负责收取客户支付的房款并开具有效收据;该项目的《商品房买卖合同》以及文件均需由金华公司加盖公章后方能生效,其他任何单位和个人签订均属无效。在《〈“楚天星座”商品房保底包干销售合同〉补充协议》中约定有:2006 年 4 月为宣传炒作本楼盘的策划月,此月份暂封盘 1 个月。

2006 年 4 月苏金水与金华公司就购买 06 号、07 号商铺,双方签订了《“楚天星座”商品房认购合同》,该两份认购合同均载明甲方(出卖方)为金华公司,乙方(买受方)为苏金水,并均加盖有“湖北金华实业有限公司楚天星座销售合同专用章”,该两份认购合同亦载明售楼部地址是青年路与万松园横路交汇处以及认购房号分别是 06 号和 07 号商铺。同月,苏金水与金华公司的房屋销售代理商皓羽公司销售人员签署了两份《武汉市商品房买卖合同》。其中第一份合同约定:出卖人为金华公司,委托代理机构为皓羽公司,买受人为苏金水;买受人所购商品房为一层 06 号商铺;建筑面积为 145. 39 平方米,价款为每平方米 30476. 72 元,合计 4431010 元;该合同出卖人一份,买受人一份,房产部门一份,银行一份。在该合同的出卖人签章处盖有“湖北金华实业有限公司楚天星座销售合同专用章”,买受人签章处有苏金水的签字。该合同有多处涂改及所附图纸齐缝印不全的现象。另第二份合同约定的当事人与上述合同一致,其约定的买受人所购商品房为一层 07 号商铺;建筑面积为 64. 40 平方米,价款为每平方米 33385. 09 元,合计 2150000 元;该合同出卖人一份,买受人一份,房产部门一份。在该合同的委托代理机构签章处盖有“武汉皓羽地产顾问有限公司销售合同专用章”,买受人签章处有苏金水的签字,金华公司未在该合同的出卖人签章处签章。苏金水除 20000 元系现金支付外,于 2006 年 4 月 11 日和 4 月 30 日分五次通过皓羽公司报批安装在“楚天星座”的 POS 机向皓羽公司支付购房款 4211010 元,并于 2006 年 5 月 17 日通过银行转账支付了购房款 1400000 元。皓羽公司分别于 2006 年 4 月 11 日、4 月 30 日和 5 月 17 日向苏金水开具 2000000 元、2231010 元和 1400000 元三张收款收据,其金额共计 5631010 元,其中,皓羽公司开具的 2000000 元收据载明为定金,与两份认购合同记载的定金合计金额相符。

皓羽公司于2006年6月20日向金华公司发出《解除〈"楚天星座"商品房保底包干销售合同〉的通知》,表示因金华公司提供不具备合法销售资格的房产,不能按约支付装修款,导致合同目的不能实现,故通知解除合同。此后,皓羽公司销售人员退出售楼部并于2006年7月30日对安装在"楚天星座"的POS机办理了撤机手续,金华公司重新组织人员对该项目进行销售。皓羽公司向金华公司发出解除合同通知后,仍持有部分房屋销售合同等材料的原件,湖北省武汉市中级人民法院已于2006年8月29日组织双方办理了移交手续。2006年9月29日,金华公司将本案讼争的07号商铺出售给李晶,商品房买卖合同于2006年9月30日向武汉市房产管理局备案。2006年10月31日,苏金水到"楚天星座"售楼部要求办理交房手续时,金华公司以该公司并未与其签订合同,也未收到其购房款为由拒绝办理交房手续,从而引起本案纠纷。苏金水于2006年11月14日向武汉仲裁委员会申请仲裁。2007年1月16日,金华公司将本案讼争的06号商铺出售给李少伟,商品房买卖合同于2007年1月17日向武汉市房产管理局备案。2007年7月16日,武汉仲裁委员会作出(2006)武仲裁字第00858号裁决书。2007年9月20日,金华公司向湖北省武汉市中级人民法院申请撤销该裁决书。2008年1月11日,湖北省武汉市中级人民法院以(2007)武仲监字第369号民事裁定书撤销该裁决书。2008年4月7日,苏金水向湖北省武汉市中级人民法院提起本案诉讼,请求判令:1. 确认苏金水与金华公司就"楚天星座"06号、07号商铺签署的《武汉市商品房买卖合同》有效;2. 金华公司的行为导致合同目的无法实现,判决解除苏金水与金华公司就"楚天星座"06号、07号商铺签署的《武汉市商品房买卖合同》;3. 金华公司返还苏金水购房款5631010元,并赔偿利息损失689235元;4. 金华公司赔偿苏金水5631010元及仲裁费107240元;5. 皓羽公司就上述第三项请求承担连带责任;6. 由金华公司、皓羽公司承担本案全部诉讼费用及财产保全费用。

一审法院认为

湖北省武汉市中级人民法院一审认为,一、关于对苏金水举证06号商铺《武汉市商品房买卖合同》(以下简称06号合同)的效力及其过错责任的认定。该合同虽是由皓羽公司与苏金水接洽签订,但鉴于该合同只有苏金水和金华公司的签章,而没有皓羽公司作为委托代理机构的签章,故该合同的主体只能确定为是苏金水和金华公司,所约定的内容仅对其双方有约束力,皓羽公司在该合同中不享有任何权利和义务。该合同虽然只有苏金水所持的一份原件,且合同原件中存在多处涂改及所附房屋平面图无齐缝印的不正常现象,均不足以证实该合同系他人伪造,因此,该合同所约定的内容应是双方真实意思的表示,合同形式和内容亦未违反法律规定,该合同应认定为有效合同。合同签订后,购房人应依购房合同的约定按时向房屋开发商交付购房款,但苏金水没有根据合同相对性原则向金华公司给付房款,而将购房款付给皓羽公司并由其出具收据,最终使得皓羽公司将该房款不当得利占有。可见,苏金水所付购房款不能依约交付给金华公司,致使该合同目的不能实现,应予解除,其过错系买受人苏金水自身造成。出卖人金华公司就此没有过错。二、关于07号商铺《武汉市商品房买卖合同》(以下简称07号合同)的效力及其过错责任的认定。由于该合同的签章处仅有苏金水和委托代理机构皓羽公司的签章,没有金华公司的签章,根据2001年4月4日建设部令第88号发布《商品房销售管理办法》第十六条第一款的规定,该合同不具有商品房买卖合同的效力。苏金水作为购房人在签订该合同中即使不了解有关法律法规之规定,但按常理亦应明白所签订的房屋买卖合同必须要有房屋开发商签章这一基本交易常识,更不应以合同为凭直接向皓羽公司给付其购房款。因此,苏金水与皓羽公司之间所发生的这一购房行为,与金华公司无关联,金华公司对此不存在过错。综上,苏金水向皓羽公司付购房款共计5631010元的行为,完全是因苏金水自身的过错而造成,其责任不在金华公司。由于皓羽公司是不当收取苏金水的购房款,依据《中华人民共和国民法通则》第九十二条之规定,皓羽公司应将收取苏金水的购房款予以返还。苏金水要求皓羽公司承担返还购房款5631010元并赔偿其资金占用损失的连带责任的诉请,一审法院予以支持。苏金水要求解除06号合同的诉请,鉴于该合同双方已无继续履行的可能,一审法院予以确认。苏金水认为其签订购房合同及付购房款是基于皓羽公司的有权代理,至于代理人与被代理人之间的内部约定不约束购买人的理由,其实质是要法院确认皓羽公司在本案中的行为属表见代理,从而要求金华公司承担返还购房款5631010元及赔偿相应损失。合议庭评议认为,本案皓羽公司的行为是否属表见代理,应根据《中华人民共和国合同法》第四十九条的规定而确定。苏金水所签订的06号合同虽说是皓羽公司以被代理人的名义订立合同,但皓羽公司不是合同的相对方,苏金水没有理由向不是合同的相对方支付06号商铺的购房款;至于苏金水所签订的07号合同,皓羽公司并没有以被代理人的名义签订该合同,且苏金水也未向被代理人支付07号商铺的购房款。因此,本案中皓羽公司的行为均不构成表见代理。故苏金水以此理由要求金华公司承担返还购房款5631010元及赔偿相应损失的诉请,不予支持。

一审法院判决

湖北省武汉市中级人民法院于2008年12月2日作出(2008)武民初字第56号民事判决:一、解除苏金水与金华公司签订的06号商铺《武汉市商品房买卖合同》;二、皓羽公司于本判决生效之日起十日内向苏金水返还购房款5631010元并赔偿其资金占用损失(以购房款为基数,自2006年5月1日起至2008年4月7日止,按中国人民银行规定的同期贷款利率计付);三、驳回苏金水的其他诉讼请求。

上诉

苏金水不服上述一审判决,向湖北省高级人民法院提起上诉。

湖北省高级人民法院二审认为,一、根据金华公司与皓羽公司签订的《"楚天星座"商品房保底包干销售合同》、《销售代理补充协议》及《〈"楚天星座"商品房保底包干销售合同〉补充协议》的约定,皓羽公司代理销售金华公司的"楚天星座"房屋,金华公司与皓羽公司间存在委托合同关系,金华公司系委托人,皓羽公司系受托人。皓羽公司将"楚天星座"一层06号、07号商铺出售给苏金水,苏金水与皓羽公司销售人员签署了两份《武汉市商品房买卖合同》,苏金水应为第三人。二、关于06号合同的效力问题。因合同明确约定出卖人为金华公司,委托代理机构为皓羽公司,买受人为苏金水,虽然皓羽公司未在合同上盖章,但金华公司已在合同上加盖公章,苏金水亦在合同上签字,该合同应为有效。由于苏金水购买06号商铺一直与皓羽公司商谈,且06号合同中明确约定皓羽公司为委托代理机构,皓羽公司未在合同上盖章的行为并不影响皓羽公司的受托人身份。由于皓羽公司未向苏金水出具其与金华公司签订的《"楚天星座"商品房保底包干销售合同》,苏金水对于皓羽公司没有收取购房款的权限是不知情的,且在《武汉市商品房买卖合同》中对该事项未作出约定,金华公司亦未就此事项向苏金水宣示,故苏金水向皓羽公司支付购房款的行为并无不当。根据《中华人民共和国民法通则》第六十五条第三款"委托书授权不明的,被代理人应当向第三人承担民事责任,代理人负连带责任"的规定,应视为苏金水向金华公司支付了购房款,一审法院认定苏金水所付购房款不能依约交付金华公司,致使该合同目的不能实现而应予解除缺乏事实和法律依据,予以纠正。三、关于07号合同的效力问题。虽然金华公司未在合同上盖章,仅有皓羽公司的盖章,但是该合同中明确约定出卖人为金华公司,委托代理机构为皓羽公司,买受人为苏金水,且从06号合同签订过程看,苏金水对于皓羽公司作为受托人,有权代理金华公司销售"楚天星座"房屋的事实是清楚的,根据《中华人民共和国合同法》第四百零二条"受托人以自己的名义,在委托人的授权范围内与第三人订立的合同,第三人在订立合同时知道受托人与委托人之间的代理关系的,该合同直接约束委托人和第三人,但有确切证据证明该合同只约束受托人和第三人的除外"的规定,07号合同直接约束金华公司和苏金水,该合同应为有效。一审法院认定苏金水与皓羽公司就07号商铺发生的购房行为,与金华公司无关联,缺乏事实和法律依据。由于苏金水对于皓羽公司没有收取购房款的权限是不知情的,苏金水向皓羽公司支付购房款的行为并无不当,应视为苏金水向金华公司支付了购房款。至于皓羽公司收取了苏金水两份《武汉市商品房买卖合同》约定的购房款5631010元未交给金华公司,属另一法律关系,金华公司可另行主张权利。四、苏金水在两份商品房买卖合同交付后,依约向金华公司支付了购房款5631010元,已履行了合同约定的义务。而金华公司却擅自将出售给苏金水的06号、07号商铺出售给他人,已构成违约,并导致合同已无继续履行的可能,苏金水要求解除两份《武汉市商品房买卖合同》的请求,符合《中华人民共和国合同法》有关规定,予以支持。根据最高人民法院《关于审理商品房买卖合同纠纷案件适用法律若干问题的解释》第八条第二款的规定,金华公司应将购房款5631010元返还给苏金水并赔偿资金占用期间的利息损失,但由于苏金水交付的款项全部由皓羽公司收取,金华公司未收取任何款项,且在一审法院判决皓羽公司向苏金水返还购房款并赔偿其资金占用损失后,皓羽公司对一审判决并未提出上诉,应视为认可,故对此不作变更,金华公司对于皓羽公司不能偿还的部分承担补充赔偿责任。依据上条司法解释的规定,苏金水有权要求金华公司承担不超过已付购房款一倍的赔偿责任,但考虑到苏金水所持合同原件中存在多处涂改及所附房屋平面图无齐缝印的不正常现象,07号合同仅有皓羽公司的印章而无金华公司的印章,由于苏金水疏于审查,对于本案纠纷的发生存在过失,酌情判决金华公司向苏金水承担购房款金额50%的赔偿责任2815505元,其余责任由苏金水自行承担。苏金水上诉主张的仲裁费用,因系其必然支出的诉讼费用,不予支持。综上,苏金水的相关上诉请求成立,予以支持,其他上诉请求缺乏事实和法律依据,予以驳回。一审法院认定事实基本清楚,但适用法律错误。

二审法院判决

湖北省高级人民法院于2009年12月23日作出(2009)鄂民一终字第28号民事判决:一、维持湖北省武汉市中级人民法院(2008)武民初字第56号民事判决主文第二项;二、撤销湖北省武汉市中级人民法院(2008)武民初字第56号民事判决主文第一、三项;三、解除苏金水与湖北金华实业有限公司签订的06号、07号商铺《武汉市商品房买卖合同》;四、湖北金华实业有限公司对武汉皓羽地产顾问有限公司的给付义务承担补充赔偿责任;五、湖北金华实业有限公司于本判决生效之日起十日内赔偿苏金水2815505元;六、驳回苏金水的其他诉讼请求。

申诉

金华公司不服上述二审判决,向检察机关提出申诉。

最高人民检察院向最高人民法院提出抗诉认为,上述二审判决适用法律错误。一、最高人民法院《关于审理商品房买卖合同纠纷案件适用法律若干问题的解释》第八条第二款规定,商品房买卖合同订立后,出卖人又将该房屋出卖给第三人的,可向出卖人主张不超过购房款一倍的赔偿。该条款作为对惩罚性赔偿金的规定,旨在制裁和遏制欺诈、恶意毁约等摒弃诚实信用原则、严重损害市场交易安全的行为。因此其适用的前提是出卖人具有恶意违约故意的情形。二、根据庭审查明的事实:皓羽公司并未将出售两处涉案商铺的事实告知金华公司。金华公司于2006年9月30日出售07号商铺时,苏金水尚未向其主张交房,该房屋纠纷亦未进入仲裁或诉讼程序,也即金华公司是在不知07号商铺已售的前提下另售他人,且07号合同"出卖人"处无签章,仅"委托代理机构"处盖有皓羽公司的公章。金华公司并无最高人民法院《关于审理商品房买卖合同纠纷案件适用法律若干问题的解释》第八条第二款中“一房数卖”的主观恶意,更没有隐瞒实情的欺诈故意;而金华公司出售06号商铺是在2007年1月16日,在苏金水向其主张交房,且涉房纠纷已进入仲裁审理过程之中而为,也即金华公司系在明知06号商铺存在纠纷且尚未解决的前提下再次出售,具有明显的故意,其行为是导致06号商铺在存在纠纷且尚未解决的情形下,出现“一房二售”客观事实的根本原因。由此可见,06号合同与07号合同目的无法实现的根本原因不同,适用法律的前提亦不相同。二审判决适用该最高人民法院《关于审理商品房买卖合同纠纷案件适用法律若干问题的解释》第八条第二款判令金华公司向苏金水支付06号、07号两套商铺购房款50%的惩罚性赔偿,判令金华公司赔偿苏金水2815505元,适用法律确有错误。三、二审判决判令解除苏金水与金华公司签订的06号、07号合同错误。06号合同上盖有金华公司销售合同专用章,而07号合同“出卖人”处无签章,仅“委托代理机构”处盖有皓羽公司的公章,即皓羽公司出卖07号商铺与金华公司无关。且苏金水向皓羽公司支付的购房款5631010元,皓羽公司并未交付金华公司。金华公司完全在不知情的情况下将07号商铺另卖他人,金华公司不存在恶意。故07号商铺不存在解除合同的问题。二审判决判令解除苏金水与金华公司签订的07号合同错误。同理,金华公司对皓羽公司返还苏金水购房款563万元承担的补充赔偿责任亦不应包含07号商铺的购房款。

金华公司同意抗诉意见并认为,一、皓羽公司无权销售“楚天星座”06号、07号商铺,该公司违反双方合同约定,超出代理销售范围,在楚天星座楼盘封盘期间,将楚天星座06、07号商铺出售给苏金水是越权行为,该行为对金华公司没有约束力,其责任由行为人皓羽公司承担。二、苏金水在购房中存在严重过错,不构成表见代理的法律特征。广告宣传系2006年5月1日“倾情推出”,苏金水却在2006年4月与皓羽公司签订合同;苏金水对存在明显缺陷的购房合同未尽到必要的审查义务,06号合同和07号合同版本不一致,两份合同主体印章不一致、内容不同,06号合同有多处涂改粘贴痕迹,付款收据由皓羽公司而非金华公司出具,苏金水部分房款系支付给了曾庆婷个人。三、本案中皓羽公司超越代理权销售“楚天星座”06号、07号商铺,且金华公司无过错,本案也不构成表见代理的法律特征,金华公司销售06号、07号商铺的行为不构成违约,金华公司不应当承担对皓羽公司返还苏金水购房款的补充责任和向苏金水承担购房款50%的赔偿责任。请求撤销湖北省高级人民法院(2009)鄂民一终字第28号民事判决并改判06号合同、07号合同无效、驳回苏金水要求金华公司返还购房款、赔偿利息损失、赔偿5631010元及仲裁费的诉讼请求,一、二审诉讼费及财产保全费全部由苏金水承担。

苏金水答辩称,一、抗诉书认为两份购房合同是有效的,申诉人却认为两份合同无效,根据最高人民法院《关于适用〈中华人民共和国民事诉讼法〉审判监督程序若干问题的解释》第三十三条的规定,抗诉再审案件审理范围必须是抗诉支持当事人请求的范围，鉴于抗诉并未支持金华公司的申诉请求，本案再审程序应到此（指本案庭审时）终结，金华公司的观点不应纳入再审范围。二、就检察机关现有抗诉理由而言，违背了民事代理制度的基本原则，以牺牲交易安全为代价，对民事交易活动的诚信环境造成了极大损害。皓羽公司系金华公司授权销售代理人，皓羽公司有权代理销售涉案的房屋，本案是代理销售，不是表见代理，涉案合同直接约束商铺的出卖人。就07号商铺而言，购房合同首页已明确表明了金华公司的出卖人身份和皓羽公司的代理人身份，皓羽公司在合同尾页代理人签章处盖章，这是代理人表明被代理人身份情况下作出的代理销售行为，而抗诉书的观点仅仅因为尾页上只有皓羽公司的公章，就认为该合同与金华公司无关，绝对是对代理制度的严重误解。无论事实上金华公司是否知晓，皓羽公司的行为都代表了金华公司，在民事法律关系上只能认定金华公司知晓，即在房产已经销售后再次销售，导致苏金水合同目的无法实现，应承担双倍赔偿责任。二审判决仅判令金华公司承担对房款的补充赔偿和50%的违约赔偿责任，已是绝对宽容。三、湖北省武汉市中级人民法院撤销本案仲裁裁决、一审判决结果和执行行为均存在违法情形。四、金华公司逃避责任，其相关观点缺乏法律基础。本案仅需查明代理关系是否成立；金华公司认为合同存在涂改所以无效，但其提交一审法院的授权委托书、律所所函等均有明显涂改；苏金水作为购房人六年多以来房款没退房产被另售，而皓羽公司与金华公司既无任何损失也未实际承担责任；金华公司是在利用诉讼推卸自己选择伙伴不当的责任。五、本案应认定金华公司在两份销售合同中，具有一房二售的违约行为，导致合同目的无法实现，应判决金华公司承担全部款项的双倍赔偿责任，但苏金水尊重二审判决结果。请求以申诉人没有同意抗诉意见为由，驳回申诉人的申诉。

皓羽公司答辩称，一、皓羽公司作为金华公司楼盘销售代理人，其代理行为所产生的法律后果应由金华公司承受。本案中，皓羽公司作为金华公司所开发楼盘“楚天星座”的包销代理人，其代理权毋庸置疑，金华公司是否知晓皓羽公司的行为以及皓羽公司是否将苏金水交纳的房款交付金华公司的事实均不构成代理无效的事由，皓羽公司履行《商品房保底包干销售合同》所产生的违约行为不能对抗该合同以外的第三人：苏金水为买金华公司开发的“楚天星座”楼盘商铺而签署的《武汉市商品房买卖合同》合法有效，由此产生的一切法律后果依据合同法及民法通则之规定应由身为委托人的金华公司承受；皓羽公司承认截取苏金水购房款的行为不当，亦导致本案的发生，但皓羽公司的行为也系金华公司无故拒绝支付代理佣金及溢价分成之后的无奈之举，实为采取不恰当的自我救济措施将自身的经营风险转嫁与苏金水，为此，皓羽公司一再同意将对金华公司享有的近800万元债权转让与苏金水享有，以弥补自身行为给其造成的损失。二、二审判决金华公司承担“一房二卖”的赔偿责任认定事实清楚、适用法律准确。关于商品房买卖的司法解释中,未要求查明"一房二售"的主观故意。无论事实上金华公司是否知晓苏金水已签署《武汉市商品房买卖合同》,皓羽公司的行为均代表了金华公司。在民事法律事实上必然只能认定金华公司对此是知晓的。即金华公司在本案诉争商铺已经销售后再次销售的行为,导致苏金水签署的《武汉市商品房买卖合同》目的无法实现,则金华公司就应承担双倍以内的赔偿责任。请求维持二审判决。

再审法院认为

最高人民法院再审认为,关于原审对金华公司与皓羽公司之间签订的包干销售合同及补充协议合法有效的认定一节,鉴于金华公司与皓羽公司对其并无争议,检察机关亦未对其提出抗诉,且上述合同不违反法律法规的强制性规定,本院予以确认。基于检察机关的抗诉及当事人的诉辩意见,本案的主要争议焦点可以归纳为:一是皓羽公司向苏金水销售06号、07号商铺行为的法律后果是否应归属于金华公司;二是金华公司是否因另售06号、07号商铺而对苏金水承担相应赔偿责任。

一、关于皓羽公司向苏金水销售06号、07号商铺行为的法律后果是否应归属于金华公司的问题

根据《中华人民共和国民法通则》第六十三条的规定,被代理人对代理人在代理权限内以被代理人名义实施的代理行为,承担民事责任。因此,本案皓羽公司销售行为的法律后果归属于金华公司取决于皓羽公司的销售行为是否构成有权代理。本院认为皓羽公司的销售行为已构成有权代理,理由是:第一,在销售案涉楼盘时,金华公司已授予皓羽公司独家全程的代理权限。金华公司与皓羽公司签订的《"楚天星座"商品房保底包干销售合同》第二条约定,"甲方(指金华公司)授权乙方(指皓羽公司)为该项目独家全程销售代理,代理范围包括项目营销策划、销售代理、广告宣传等。非因本合同到期或解除及甲方前期界定之外,甲方不得自行销售,或委托其他公司、个人进行销售",该条约定已明确授予皓羽公司销售案涉楼盘的代理权限,相关报纸广告等宣传材料上亦标明皓羽公司作为该楼盘"全程营销"的代理人的法律地位。第二,皓羽公司系以金华公司的名义而非以皓羽公司自身名义销售案涉商铺。06号合同和07号合同首部均载明出卖人为金华公司,并明确皓羽公司的身份为金华公司的委托代理机构。第三,06号合同和07号合同尾部均有苏金水签字,06号合同尾部加盖有出卖人金华公司的销售合同专用章,07号合同尾部亦有皓羽公司以金华公司委托代理人身份加盖的销售合同专用章。第四,苏金水购买商铺的过程中还取得了06号、07号商铺的《〈楚天星座〉商品房认购合同》,该两份认购合同均加盖有金华公司的销售合同专用章。第五,苏金水系在楼盘售楼处现场签订06号合同与07号合同并通过现场POS机支付主要购房款。可见,皓羽公司以金华公司名义向苏金水销售案涉商铺的行为,足以认定构成有权代理,且苏金水作为普通购房者亦有较为充分理由相信皓羽公司具有销售案涉商铺的代理权限。另外,部分楼盘宣传材料上虽有2006年5月1日倾情推出的

表述,但此种表述并未包含对外宣示禁止皓羽公司于2006年5月1日之前销售案涉商铺的意思;同时,金华公司与皓羽公司就封盘期间、收款权限、签章权限等事项作出的若干约定均系金华公司与皓羽公司之间的内部约定,并未对外公示,不能对抗善意的购房者;而金华公司再审中主张06号、07号商铺不在皓羽公司授权销售的范围之内但皓羽公司予以否认,且金华公司未能举证予以证实,故就金华公司关于皓羽公司销售案涉商铺系越权行为对金华公司无约束力的主张,本院不予支持。至于金华公司提出因存在苏金水未注意案涉楼盘广告宣传系2006年5月1日"倾情推出"、苏金水未对合同的版本、涂改和签章及收据出具主体等进行必要审查、苏金水部分款项系通过皓羽公司财务人员中转等情形而应认定苏金水在购房中存在严重过错从而不构成表见代理的主张,在论证前提上即与本案中皓羽公司销售行为应系有权代理的性质不符,且结合本案代理销售、广告营销、合同签订与款项支付的前述具体过程与情形,金华公司关于合同相对方过错标准的主张亦超出了苏金水作为普通购房者的合理注意义务,本院不予支持。综上,皓羽公司基于有效的委托代理关系所实施的代理行为不违反法律法规禁止性规定,应认定为有效,其代理行为的法律后果应直接约束被代理人,所产生的民事责任直接由被代理人承担。皓羽公司作为委托代理人签订的06号、07号合同应直接约束被代理人金华公司,皓羽公司作为委托代理人收取款项的法律后果亦应归属于被代理人金华公司,皓羽公司所为产生的相应民事责任应由金华公司承担。另,皓羽公司向苏金水销售案涉商铺系以被代理人金华公司的名义而并非以其自身名义,而成立隐名代理的必要前提之一系受托人以自己的名义与第三人订立合同,故二审判决适用《中华人民共和国合同法》第四百零二条认为皓羽公司销售07号商铺的行为构成隐名代理,对合同效力的最终认定虽无影响,但属于适用法律不当,本院予以纠正。

二、关于金华公司是否因另售06号、07号商铺而对苏金水负担相应赔偿责任的问题

根据本院《关于审理商品房买卖合同纠纷案件适用法律若干问题的解释》第八条规定,"具有下列情形之一,导致商品房买卖合同目的不能实现的,无法取得房屋的买受人可以请求解除合同、返还已付购房款及利息、赔偿损失,并可以请求出卖人承担不超过已付购房款一倍的赔偿责任:(一)商品房买卖合同订立后,出卖人未告知买受人又将该房屋抵押给第三人;(二)商品房买卖合同订立后,出卖人又将该房屋出卖给第三人"。可见,只要出卖人在商品房买卖合同订立后事实上存在将该房屋出卖给第三人的行为,无法取得房屋的买受人即可请求出卖人承担不超过已付购房款一倍的赔偿责任,且上述规定中并不存在此种赔偿责任的适用以出卖人具有恶意违约故意为前提的规定。2006年4月皓羽公司作为委托代理人与苏金水订立06号合同与07号合同,法律后果上即为被代理人金华公司已与苏金水订立06号合同与07号合同,此后金华公司向苏金水之外的第三人出卖房屋并导致

苏金水无法取得06号、07号商铺,苏金水即有权依据本院《关于审理商品房买卖合同纠纷案件适用法律若干问题的解释》第八条第二项规定请求金华公司承担不超过其已付购房款一倍的赔偿责任。而金华公司的相关申诉请求实质上系将其选择及监督委托代理人的经营风险不当转嫁于购房者,本院不予支持。在金华公司另售商铺导致06号、07号合同已无继续履行可能的情况下,二审法院依据苏金水的诉讼请求而判令解除06号、07号合同并无不当。同时。二审酌情判决金华公司向苏金水承担购房款金额50%的赔偿责任,作为相关权利的有权处分人苏金水在再审中表示尊重二审该判决结果,故本院对该赔偿比例不予调整。

另,一、关于再审审理范围的问题。苏金水再审中提出因抗诉并未支持金华公司的申诉请求,应根据本院《关于适用〈中华人民共和国民事诉讼法〉审判监督程序若干问题的解释》第三十三条规定,金华公司的观点不应纳入再审范围。苏金水该项主张的基础系其认为抗诉理由与金华公司对两份购房合同效力认识理由存在不同,但当事人的诉讼请求不同于支持当事人提出请求的理由和依据,金华公司对合同效力认识所提出的理由和依据不同于抗诉所提出的理由和依据,并不意味其申诉请求未获得抗诉支持,且金华公司的再审请求并未超出本案原审的审理范围,因此对苏金水的该项主张,本院不予支持。苏金水再审中还提出此前湖北省武汉市中级人民法院撤销本案仲裁裁决、一审判决结果和执行行为均存在违法情形,因本院再审此案系基于最高人民检察院对湖北省高级人民法院二审判决所提出的抗诉,其审理范围一般应以原审审理范围为限,苏金水的前述主张并未在原审中主张,显然不属于本案再审审理范围,本院不予处理。二、关于二审判决确定皓羽公司所承担责任是否应当变更的问题。在委托代理人皓羽公司销售06号、07号商铺的行为构成有权代理且06号、07号合同被解除的情况下,根据法律的规定,应由被代理人金华公司单独承担向苏金水返还购房款及赔偿资金占用损失的给付义务,二审法院却判令皓羽公司向苏金水返还购房款及赔偿资金占用损失并由金华公司对此负补充赔偿责任,本院本应依法予以纠正,但考虑到如予改判将加重申诉人金华公司的责任负担,加之二审判决关于赔偿责任的此种认定既未超出苏金水诉讼请求的总体范围,也未实质损害苏金水的利益,还未损害国家利益和社会公共利益,同时苏金水再审中对此未提出异议,作为有权处分其自身权利的民事主体皓羽公司在再审中亦要求维持二审判决,故为尊重当事人的处分权和维护已进入稳定的社会关系和秩序,本院对此不作变更。

再审法院判决

最高人民法院依据《中华人民共和国民事诉讼法》第二百零七条、第一百七十条第一款第(一)项之规定,判决如下:维持湖北省高级人民法院(2009)鄂民一终字第28号民事判决。

[选自《中华人民共和国最高人民法院公报2014年卷》]

208. 与检察监督衔接以及涉诉信访问题

【审判政策与精神】

为确保2012年修法成果落到实处，在理解和适用“法院救济先行，检察监督断后”过程中，我们认为应注意以下几点：

1. 申请检察监督的路径

符合新《民事诉讼法》第209条规定情形的案件，当事人可向人民检察院申请检察建议或者抗诉，当事人向人民法院信访申诉要求再审的，人民法院应当告知其向人民检察院反映诉求。同时，考虑到法律从制定到实施往往需要一个过程，特别是大多数涉诉信访群众，受限于教育背景、工作经历、生活环境等因素，不能充分理解法律修改的情况，或惯性使然而会坚持向人民法院信访申诉要求再审，人民法院应积极释明法律，告知当事人向相关机关申诉。

2. 对《民事诉讼法》修改前生效裁判的检察监督的适用

《民事诉讼法》修改增设的第209条，并没有规定当事人申请检察监督的期间。故新《民事诉讼法》实施后，对于人民法院2013年1月1日之前作出的符合新《民事诉讼法》第209条第1款第(一)、(三)项情形的案件，当事人仍可向人民检察院申请检察建议或者抗诉。当事人向人民法院信访申诉要求再审的，人民法院不予受理，并耐心向当事人做好解释工作。

3. 涉诉信访终结案件一般不适用检察监督

此次《民事诉讼法》修改前，为贯彻落实中央关于涉诉信访终结工作的要求，依据法律规定，最高人民法院制定了《人民法院涉诉信访案件终结办法》。按照办法规定，各级人民法院严格落实“四个到位”的要求，先后终结了一批涉诉信访积案，保障了当事人的诉讼权利，解决了信访群众反映的合理诉求，促进了社会和谐稳定，获得了中央的肯定和支持。对于这一特定时期的做法，在《民事诉讼法》修改生效后，我们认为不应予以否定，涉诉信访终结案件当事人依据新《民事诉讼法》第209条的规定申请检察监督的，人民检察院一般不宜再提起检察监督，否则将导致终结案件反复，影响社会稳定。

4. 对未经申请再审的案件申诉处理

新《民事诉讼法》第209条设定了当事人申请检察建议或者抗诉的前置条件，即经人民法院再审审查或者再审审理。故不具备前置条件的，或者没有在法定期限内申请再审的，当事人不能向人民检察院申请检察建议或者抗诉。在此情形下，当事人向人民法院信访申诉要求再审的，我们认为，人民法院一般也不宜再受理审查提起再审。

5. 对检察机关不予检察监督的处理

人民检察院根据当事人的申请,在三个月内经过审查之后,作出了不予提出检察建议或者抗诉的决定。根据法律规定,当事人不得再次向人民检察院申诉,相应地,当事人也不能再向人民法院申诉。当事人信访申诉要求再审的,我们认为,人民法院不宜再受理审查并提起再审。

6. 检察机关提出检察建议后的处理

人民法院经审查进入再审程序,再审维持原裁判,申请检察监督当事人不服的,或者再审改变原裁判,对方当事人不服的,无论是申请检察监督的当事人,还是对方当事人,已经穷尽《民事诉讼法》赋予的诉权,其诉讼程序上的权利已经得到了充分保障,故人民法院不应再作为申请再审案件受理审查。人民法院审查认为检察建议不成立,当事人向人民法院信访申诉要求再审的,我们认为人民法院不宜再受理审查并提起再审。

7. 检察机关提出抗诉后的处理

对于符合形式要件的抗诉,人民法院应在三十日内作出再审裁定。对不符合形式要件的,人民法院应当要求人民检察院予以补正或撤回抗诉,在此期间当事人到法院信访的,人民法院可告知其到人民检察院寻求释明。人民检察院经人民法院要求不予补正或撤回的,人民法院可以裁定不予受理。因抗诉裁定再审后,再审裁判维持原审裁判或予以改判的,双方当事人再行申诉的,我们认为人民法院不宜再受理审查并提起再审。

(高民智:《贯彻实施新〈民事诉讼法〉之八——关于检察监督制度的理解与适用》)

第五节　特别程序

209. 实现担保物权案件的申请人包括“担保物权人”以及“其他有权请求实现担保物权的人”

【审判政策与精神】

担保物权,是指以担保债务清偿为目的,在债务人或第三人的物或权利上设定的、就担保财产优先受偿的物权,包括抵押权、质权和留置权。担保物权的目的在于以对债务人或第三人提供担保的物优先受偿的方式担保债务的清偿。担保物权的实现,可谓是担保物权效力的根本体现。

依据新《民事诉讼法》第196条规定,实现担保物权案件的申请人包括"担保物权人"以及"其他有权请求实现担保物权的人"。那么,如何理解"担保物权人"和"其他有权请求实现担保物权的人"呢?我们认为,该程序的设立主要是针对《物权法》等实体法中对担保物权实现而作出的程序性规定,所以,对于"担保物权人"和"其他有权请求实现担保物权的人"包括哪些人,应该以物权法等实体法为依据来确定。而依据我国《物权法》的规定,有权向人民法院申请实现担保物权的主体仅限于"抵押权人"、"出质人"和"财产被留置的债务人"。因此,《民事诉讼法》第196条规定的"担保物权人"主要是指《物权法》第195条规定的"抵押权人","其他有权请求实现担保物权的人"主要是指《物权法》第220条规定的"出质人"和《物权法》第237条规定的"财产被留置的债务人"。当然,在《民事诉讼法》修改过程中,也有意见认为,对于实现担保物权的申请人不应该仅限《物权法》规定的上述三类主体,也应该包括上述三类主体相对应的主体,即与"抵押权人"相对应的"抵押人"、与"出质人"相对应的"质权人"、与"财产被留置的债务人"相对应的"留置权人"也有权作为实现担保物权主体提出申请。对此,我们认为,《民事诉讼法》的上述规定仅是对《物权法》等实体法中规定的实体权利的实现作出的程序性规定,应该按照实体法的规定确定实现担保物权的申请主体。所以,对于实现担保物权的申请主体暂以《物权法》的规定为准,而暂不做扩大性的解释。至于质权人、留置权人是否可以成为实现担保物权的申请主体,留待以后的审判实践中逐渐探索。①

此外,《物权法》之外的其他实体法中规定的主体是否也可以成为该程序中的申请人?我们认为,根据立法本意,除了《物权法》规定的三类申请主体外,我国《合同法》第286条规定的建设工程承包人也可以作为申请主体。另外,我国的《海商法》、《民用航空器法》等法律中规定的船舶抵押权人、民用航空器抵押权人等,也可以作为实现担保物权案件的申请人。

(李相波:《贯彻实施新〈民事诉讼法〉之四——关于实现担保物权案件程序的理解与适用》)

---

① 对于实现担保物权的申请主体,各方的观点并不一致。观点一:主张申请实现担保物权案件的主体应仅限于《物权法》的规定,即仅限于"担保物权人"、"出质人"和"财产被留置的债务人"。(见全国人大常委会法制工作委员会民法室编著:《〈中华人民共和国民事诉讼法〉释义与适用》,人民法院出版社2012年版,第316页)。观点二:主张提出实现担保物权案件的申请主体不应仅限于《物权法》中规定的"抵押权人"、"出质人"和"财产被留置的债务人",而应该将"抵押人"、"质权人"和"留置权人"也列为有权提出实现担保物权案件的申请主体。参见《〈中华人民共和国民事诉讼法〉修改条文理解与适用》,人民法院出版社2012年版,第417~418页。观点三:主张对实现担保物权的申请主体问题暂不下定论,而持开放的态度。参见高民智:《关于实现担保物权案件程序的理解与适用》,载《人民法院报》2012年12月9日。本文同意高民智的观点。

【民诉法司法解释】

关于实现担保物权案件的申请主体,《民事诉讼法解释》第361条规定:"民事诉讼法第一百九十六条规定的担保物权人,包括抵押权人、质权人、留置权人;其他有权请求实现担保物权的人,包括抵押人、出质人、财产被留置的债务人或者所有权人等。"应当注意的是,实现担保物权案件中被申请人下落不明的,人民法院可以不经公告送达,依法酌情作出裁定。实现担保物权程序是非讼特别程序,不必比照普通诉讼程序以送达为前提。对于下落不明的被申请人是否公告送达,应由法院经过审查后根据案件事实和具体情况决定,以防止因被申请人下落不明而一律驳回申请导致被申请人恶意逃避义务。[①]法院在此类特别程序中依职权审查,可以根据对不同案件事实的心证判断,酌情作出准予实现担保物权或驳回申请的裁定。当然,如果在被申请人下落不明的情况下,人民法院经过审查后对于申请人的申请能否成立不能确信,则应该驳回其申请,告知申请人另行起诉。[②]

210. 实现担保物权案件的管辖法院

【审判政策与精神】

从世界各国和地区的立法实践来看,申请实现担保物权案件的管辖法院一般采取的是地域管辖标准,通常有两种方法确定管辖法院:一是担保财产所在地管辖,二是由担保物权登记地法院管辖。但从世界各国和地区的通例来看,以担保财产所在地法院确定管辖的做法较为普遍。[③]

新《民事诉讼法》第196条规定,申请实现担保物权,由担保物权人向担保财产所在地或者担保物权登记地基层人民法院提出,兼采担保财产所在地和担保物权登记地两种地域管辖标准。对此,应从如下方面加以理解:

第一,对于不动产抵押权而言,担保财产所在地与担保物权登记地是重合的。按照《物权法》第187条的规定,不动产抵押权实行登记要件主义,即不动产抵押权应当办理抵押登记,抵押权自登记时设立。而按照现行的不动产登记相关规定,不

---

① 浙江省高级人民法院民二庭:《审理实现担保物权案件若干实务问题探析》,载《法律适用》2014年第2期。

② 沈德咏主编:《最高人民法院民事诉讼法司法解释理解与适用》,人民法院出版社2015年版,第961页。

③ 肖建国、陈文涛:《论抵押权实现的非讼程序构建》,载《北京科技大学学报》(社会科学版)2011年3月。

动产登记由不动产所在地相关登记部门进行。比如,国土资源部制定的《土地登记办法》第3条规定,土地登记实行属地登记原则,申请人应当向土地所在地的县级以上人民政府国土资源行政主管部门提出土地登记申请,跨县级行政区域使用的土地,应当报土地所跨区域各县级以上人民政府分别办理土地登记。又如,《房屋登记办法》第4条规定,房屋登记由房屋所在地的房屋登记机构办理。

第二,权利质权,其权利标的为所有权以外的可让与的财产权利,不是有形财产,因此严格而言,无所谓“所在地”问题。当然,对于有权利凭证的汇票、支票、本票、债券、存款单、仓单、提单等证券化权利,可以理解为权利凭证所在地就是担保财产所在地。又由于该等质权自权利凭证交付质权人时设立,因此质权人住所地往往即为担保财产所在地。对于没有权利凭证的财产权利,其质权均需进行相应登记后方可设立。《物权法》第224条规定:以汇票、支票、本票、债券、存款单、仓单、提单出质的,质权自权利凭证交付质权人时设立;没有权利凭证的,质权自有关部门办理出质登记时设立。《物权法》第226条规定:以基金份额、证券登记结算机构登记的股权出质的,质权自证券登记结算机构办理出质登记时设立;以其他股权出质的,质权自工商行政管理部门办理出质登记时设立。《物权法》第227条规定:以注册商标专用权、专利权、著作权等知识产权中的财产权出质的,质权自有关主管部门办理出质登记时设立。《物权法》第228条规定:以应收账款出质的,质权自信贷征信机构办理出质登记时设立。因此,对于这些权利质权,仅有担保物权登记地而无担保财产所在地。

第三,留置权作为法定担保物权,其设立以债权人已经事先合法占有债务人的动产为要件,无须办理标的动产的登记,属于非登记物权。因此,对于留置权而言,无所谓担保物权登记地。

第四,对于可以登记但不以登记为成立要件的担保物权类型,比如动产抵押权或浮动抵押权,可能存在担保财产所在地与担保物权登记地并非同一地的情况。按照《物权法》第188条的规定,生产设备、原材料、半成品、产品,正在建造的船舶、航空器,交通运输工具抵押的,抵押权自抵押合同生效时设立;未经登记,不得对抗善意第三人。此外,《物权法》第189条规定,企业、个体工商户、农业生产经营者以现有的以及将有的生产设备、原材料、半成品、产品等动产抵押的,应当向抵押人住所地的工商行政管理部门办理登记,抵押权自抵押合同生效时设立;未经登记,不得对抗善意第三人。按新《民事诉讼法》第196条规定,当担保财产所在地与担保物权登记地不一致时,应允许申请人选择一处法院提出申请。当然,实务中应注意一些具体情况。比如船舶、航空器、机动车,其依法律行为的物权变动也实行登记对抗主义,非经登记不得对抗善意第三人,因此船舶、航空器、机动车拍卖、变卖导致所有权变动时,也往往需要船舶、航空器、机动车登记机关等有关行政管理机关的协助。至于生产设备、原材料、半成品、产品,虽由抵押人住所地的工商行政管理部门办理抵押登记,但其经拍卖、变卖导致的所有权变动,并不需要办理登记。因此,担保物权人可以结合上述不同情况,选择更为便利的管辖法院。

此外,该条规定的地域管辖,其性质是否属于专属管辖?通说认为,非讼案件的管辖,虽然在法律条文的文字使用上没有"专属管辖"的用语,但由于非讼管辖的目的在于追求迅速及符合公益目的的需求,且其经常涉及第三人的权益,认为其管辖似有定性为专属管辖的必要;且依其性质,并无适用约定管辖及应诉管辖的适用。①

管辖法院的固定。一旦申请人依照本条规定,向担保财产所在地或者担保物权登记地基层人民法院提出了申请并被受理,此后虽然发生了担保财产所在地的变化等事宜,不得以此变更管辖法院。此即管辖恒定原则,即确定案件管辖权以受理时为标准,受理时对案件享有管辖权的法院,不因确定管辖的事实此后发生变化而影响其管辖权。这一原则可以避免因管辖变动而造成的司法资源浪费,减少当事人讼累,推动裁判迅速、便捷进行。②

(李相波:《贯彻实施新〈民事诉讼法〉之四——关于实现担保物权案件程序的理解与适用》)

【民诉法司法解释】

关于实现担保物权案件的管辖法院,2012 年《民事诉讼法》第 196 条规定,申请实现担保物权,由担保物权人向担保财产所在地或者担保物权登记地基层人民法院提出。相对而言,抵押权、动产质权和留置权的管辖法院容易确定,对于实现权利质权的管辖法院,《民事诉讼法解释》第 362 条作出专门规定:"实现票据、仓单、提单等有权利凭证的权利质权案件,可以由权利凭证持有人住所地人民法院管辖;无权利凭证的权利质权,由出质登记地人民法院管辖。"

此外,关于同一笔债权有多个担保物时实现担保物权案件的管辖法院,《民事诉讼法解释》第 364 条规定:"同一债权的担保物有多个且所在地不同,申请人分别向有管辖权的人民法院申请实现担保物权的,人民法院应当依法受理。"据此,从方便申请人实现权利的角度出发,对同一债权的担保物有多个且分散在不同法院辖区的,申请人既可以向其中一个担保物所在地的基层人民法院申请实现担保物权,也可以向各个担保物所在地的基层人民法院分别提出申请。该条规定主要强调此

---

① 姜世明:《非讼事件法新论》,台湾新学林出版股份有限公司 2011 年版,第 57 页。

② 我国并未在法律中明确规定管辖恒定,但最高人民法院《关于适用〈中华人民共和国民事诉讼法〉若干问题的意见》第 34 条规定:"案件受理后,受诉人民法院的管辖权不受当事人住所地、经常居住地变更的影响";第 35 条规定:"有管辖权的人民法院受理案件后,不得以行政区域变更为由,将案件送给变更后有管辖权的人民法院。"

种情形下,申请人向有管辖权的人民法院分别提出的,人民法院应当依法受理。申请人向同一个基层法院申请实现全部担保物权的,人民法院也应当受理。①

211. 实现担保物权案件的申请不必以担保物权人与担保人未就担保物权的实现方式达成协议为前提

【审判政策与精神】

抵押权人申请实现抵押权,不必以《物权法》第195条第2款规定的"抵押权人与抵押人未就抵押权的实现方式达成协议"为前提。《物权法》规定抵押权人可以与抵押人协议,只是为了赋予抵押权人更多的抵押权实现途径。无论是抵押权人与抵押人协议还是向法院申请强制执行,均是《物权法》赋予其的权利,而不是施加的义务。抵押权人即使不与抵押人协议,也可以直接向人民法院申请拍卖、变卖抵押财产,以实现抵押权。至于质权与留置权,《物权法》本身就没有规定担保物权人与担保人就担保物权的实现方式进行协商,因此更不必以担保物权人与担保人未就担保物权的实现方式达成协议为申请前提。人民法院不应以此为由裁定驳回申请人的申请。

(李相波:《贯彻实施新〈民事诉讼法〉之四——关于实现担保物权案件程序的理解与适用》)

【民诉法司法解释】

申请实现抵押权,不必要以《物权法》第195条第2款规定的"抵押权人与抵押人未就抵押权的实现方式达成协议"为前提。因为无论是抵押权人与抵押人协议,还是抵押权人向人民法院申请通过非讼程序实现抵押权,都是物权法赋予抵押权人的权利,而不是物权法施加给抵押权人的义务。抵押权人即使不与抵押人协商,亦可以直接向人民法院申请拍卖、变卖抵押财产,以实现其抵押权。②

212. 人保和物保并存时申请实现担保物权案件的受理

【民诉法司法解释】

关于人保和物保并存时,担保物权人申请实现担保物权案件的,人民法院应否

① 沈德咏主编:《最高人民法院民事诉讼法司法解释理解与适用》,人民法院出版社2015年版,第970页。

② 沈德咏主编:《最高人民法院民事诉讼法司法解释理解与适用》,人民法院出版社2015年版,第960页。

受理问题,《民事诉讼法解释》第365条规定:“依照物权法第一百七十六条的规定,被担保的债权既有物的担保又有人的担保,当事人对实现担保物权的顺序有约定,实现担保物权的申请违反该约定的,人民法院裁定不予受理;没有约定或者约定不明的,人民法院应当受理。”据此,应当根据《物权法》第176条的规定进行具体处理:

1. 当事人对物保和人保的担保范围及实现顺序等有明确约定,担保物权人提出的实现担保物权申请不违反该约定的,人民法院应当适用实现担保物权程序;申请违反该约定的,人民法院裁定不予受理。

2. 当事人对物保和人保的担保范围及实现顺序等没有明确约定的,又区分以下两种情形:

(1)人保和主债务人自己提供的物保并存的,债权人应当先就物保实现债权,其提出的实现担保物权申请,人民法院应适用实现担保物权程序;

(2)人保和第三人提供的物保并存时,债权人可以自由选择行使物保或人保,债权人选择申请实现担保物权的,人民法院也应适用实现担保物权程序。

3. 债权人通过担保物权实现程序拍卖、变卖担保物仍不足以清偿债务的,对债务人和保证人仍有求偿权,可以再行通过普通诉讼程序主张权利。①

213. 申请人提出实现担保物权案件的申请应当向法院提交相应的证据材料

【审判政策与精神】

申请人提出实现担保物权案件的申请应当向法院提交证据材料,但新《民事诉讼法》中对此并未作出明确规定。参照国外立法例,担保物权人以及其他有权请求实现担保物权的人向人民法院提出实现担保物权的申请时,应当向人民法院提交以下相关证据材料:

第一,担保物权存续的证据材料。即视具体情形,提供主合同、担保物权合同,抵押权登记证明或他项权利证书,权利质权的权利凭证,证明占有的事实,等等,以证明担保物权的存续。

第二,担保物权实现条件成就的证据材料。依据《物权法》第170条、第195条第1款、第219条第2款的规定,“债务人不履行到期债务”或者“发生当事人约定的实现担保物权的情形”,是抵押权及质权实现的前提条件。依照《物权法》第231

① 沈德咏主编:《最高人民法院民事诉讼法司法解释理解与适用》,人民法院出版社2015年版,第972页。

条及第236条的规定,"债务人不履行到期债务"是留置权成立的前提条件,债务人在债务履行宽限期内逾期未履行债务的,是留置权实现的前提条件。依照《合同法》第286条的规定,发包人未按照约定支付价款,承包人催告其在合理期限内支付后逾期不支付的,是建设工程法定抵押权实现的前提条件。担保物权人或其他申请人应当根据具体情况,提供担保物权实现条件成就的相关证据材料供人民法院审查。当然,非讼程序本身适用的是职权主义,人民法院对于担保物权与其他权利是否存在等相关事实并不限于当事人提供的材料,均可依职权及进行调查。

人民法院收到申请人的申请后,应该首先审查是否属于本院管辖。如果属于本院管辖的,立案受理。受理当事人的申请后,是由法院的立案部门进行审查还是相关业务庭进行审查,需要由各法院根据本院的实际情况、工作量多少等因素进行内部分工。

(李相波:《贯彻实施新〈民事诉讼法〉之四——关于实现担保物权案件程序的理解与适用》)

【民诉法司法解释】

关于申请实现担保物权所应提交的材料,《民事诉讼法解释》第367条规定:"申请实现担保物权,应当提交下列材料:(一)申请书。申请书应当记明申请人、被申请人的姓名或者名称、联系方式等基本信息,具体的请求和事实、理由;(二)证明担保物权存在的材料,包括主合同、担保合同、抵押登记证明或者他项权利证书,权利质权的权利凭证或者质权出质登记证明等;(三)证明实现担保物权条件成就的材料;(四)担保财产现状的说明;(五)人民法院认为需要提交的其他材料。"对申请人提出的材料不齐或不符合法律规定的,人民法院应当通知申请人在适当的时间内补充材料;申请人在规定时间不能补充材料或者补充材料不符合条件的,应当依据《民事诉讼法》第123条关于案件受理之规定,裁定不予受理。①

214. 申请实现担保物权案件法官的审查标准

【审判政策与精神】

从程序性质上看,申请实现担保物权案件程序属于非讼性质的特别程序,此类程序往往无须进行实质性审查,原则上可采用法官独任原则做出处理。但是,对于

① 沈德咏主编:《最高人民法院民事诉讼法司法解释理解与适用》,人民法院出版社2015年版,第976页。

重大、疑难的案件应组成合议庭进行审查。法院要核实申请人提供的证据,必要时可以询问有关当事人,并可以依职权调查证据。关于审理期限,有学者主张,因为适用非讼程序,且无须实质审查,可以采用法官独任原则迅速做出处理。① 按照新民事诉讼法的体例,担保物权实现案件程序设置在其第十五章内,对于该程序应当适用新《民事诉讼法》第十五章特别程序的一般规定,即应当在立案之日起30日内审结,有特殊情况需要延长的,由本院院长批准。既然申请实现担保物权属于非讼案件,人民法院应当以裁定为之,担保物权人不得请求以判决为之。②

人民法院对申请所附主债权与担保物权证明材料进行形式审查后,符合法律规定的,即可裁定对担保财产进行拍卖或变卖。不符合法律规定的,人民法院应裁定驳回申请,申请人可以向人民法院提起诉讼。

对于被申请人提出的有关主债权或者担保物权真实性、合法性等实体抗辩如何处理,有较大争议,目前主要有两种意见。一种意见认为,根据本条规定,法院应当依职权审查申请人的申请是否符合法律规定,只要申请人的申请符合法律规定,即应裁定拍卖、变卖担保财产,被申请人的异议不影响法院依法裁定。被申请人关于担保物权并不存在等主张,可以在进入强制执行程序之后通过执行异议的程序解决。该意见的主要理由是,《物权法》新增加的申请变卖、拍卖担保物以实现担保物权的规定,其意义就是便于权利人尽快实现权利,遏制债务人恶意拖欠履行义务的非诚信行为,如果在债权人的申请符合法律规定的情况下,担保人、债务人仍可以通过异议的提出而阻却申请程序,那么《物权法》的新规定很可能成为空文,其维护债权人利益、促进债权尽快实现的先进的立法理念也会落空。另一种意见认为,被申请人提出异议的,人民法院应书面通知当事人于限定时日内向有管辖权的人民法院提起诉讼。当事人于限定时日内不提起诉讼的,人民法院仍得继续裁定对抵押财产进行拍卖、变卖。当事人如果提起诉讼的,法院应裁定终结申请实现担保物权的非诉讼程序。这一意见的主要理由是,申请变卖、拍卖抵押物的程序仅仅适用于当事人对于担保物权实现的方式不能达成一致的情形,亦即其适用的前提是当事人对于主债权和担保物权本身并无异议。因此,如果对于主债权或者担保物权本身存在异议,则当然应通过诉讼解决。这两种意见均有其合理性,具体如何处理,宜待司法实践积累到一定程度后,通过司法解释予以明确。具体而言,我们认为,人民法院在审查中应当分别对待:

1. 抵押权。(1)不动产抵押权。基于不动产抵押权抵押登记的公信力,法院对不动产抵押权人提交的不动产权属证书仅作形式审查,只要其经过合法登记,且债

---

① 肖建国、陈文涛:《论抵押权实现的非讼程序构建》,载《北京科技大学学报》(社会科学版)2011年3月。

② 谢在全:《民法物权论》,中国政法大学出版社2011年版,第741页。

务已届清偿期或发生了当事人约定的实现抵押权的情形,即可做出准许拍卖、变卖抵押财产的裁定。(2)动产抵押权及浮动抵押权。因动产抵押权及浮动抵押权不一定经过登记,于未登记时,其存在及效力均无法依靠登记确定,人民法院应当通知抵押人及债务人,确认抵押合同的真实性。如果对抵押权人的权利没有异议,应裁定准许拍卖、变卖抵押财产。如果抵押人及债务人有证据证明抵押合同虚假,则应驳回抵押权人的申请。如果法院已经通知抵押人及债务人,但其不陈述意见,嗣后不能据此主张程序瑕疵。① 如果抵押人及债务人对担保物权所担保的债务的范围有异议,法院是否可以就无争议部分作出准许拍卖、变卖抵押财产的裁定?新《民事诉讼法》对此没有明确规定。从担保物权实现案件的立法目的考虑,为实现担保物权人尽速实现担保物权,法院可就无争议部分作出准许拍卖、变卖抵押财产的裁定。对类似问题,我国台湾地区"非讼事件法"第 73 条第 1 项规定,法定抵押权人或未经登记的担保物权人申请拍卖担保物事件,如债务人就担保物权所担保债权的发生或其范围有争执时,法院仅得就无争执部分裁定准许拍卖之。(3)法定抵押权。法定抵押权基于法律的规定而产生,不待登记即生效力,故其抵押效力、担保范围均不具有公示和公信力,人民法院经询问发包人,如果其对法定抵押权的效力和内容没有异议,应裁定准许拍卖、变卖抵押财产。(4)最高额抵押权。最高额抵押权为担保一定法律关系所生的现有及将来发生的债权,抵押权他项权证一般仅登记最高额抵押的最高限额,对每笔实际发生的债权额不作登记,故人民法院裁定准许拍卖或变卖抵押财产之前,同样应当询问抵押人,并确认抵押人对所担保的债权没有异议。②

2. 质权。(1)动产质权。动产质权以质权人占有出质动产为权利设定要件,因此,人民法院应当特别审查申请人是否占有动产。人民法院经询问出质人,如果其对动产质权的效力和内容没有异议,应裁定准许拍卖、变卖质押财产。(2)权利质权。对于有权利凭证的汇票、支票、本票、债券、存款单、仓单、提单等证券化权利设定的质权,质权自权利凭证交付质权人时设立;因此,人民法院应审查申请人是否占有相应的权利凭证。对于没有权利凭证的财产权利,其质权均需进行相应登记后方可设立;因此,人民法院应审查相应的登记证书或通知书等相关文书。

3. 留置权。留置权以债权人事先合法占有债务人的动产为权利的设定前提,以债务人在债务履行宽限期内逾期未履行债务为权利的实现前提。因此人民法院应当特别审查债权人是否事先合法占有债务人的动产,债务人在债务履行宽限期

---

① 姜世明:《非讼事件法新论》,台湾新学林出版股份有限公司 2011 年版,第 204 ~ 205 页。

② 丁亮华:《强制执行的规范解释:在实体法与程序法之间》,中国法制出版社 2011 年版,第 242 ~ 243 页。

内逾期未履行债务。人民法院经询问债务人,如果其对留置权的效力和内容没有异议,应裁定准许拍卖、变卖留置动产。

人民法院裁定拍卖、变卖担保财产的,该裁定即成为执行依据。如果一方当事人拒绝履行或者未全部履行的,对方当事人可以向人民法院申请执行。

(李相波:《贯彻实施新〈民事诉讼法〉之四——关于实现担保物权案件程序的理解与适用》)

【民诉法司法解释】

1.关于申请实现担保物权的审查内容,《民事诉讼法解释》第371条规定:“人民法院应当就主合同的效力、期限、履行情况,担保物权是否有效设立、担保财产的范围、被担保的债权范围、被担保的债权是否已届清偿期等担保物权实现的条件,以及是否损害他人合法权益等内容进行审查。被申请人或者利害关系人提出异议的,人民法院应当一并审查。”应当注意的是,人民法院对于担保物权实现案件的审查,在性质上,属于“形式审查”,主要审查担保物权实现的条件是否成就,包括担保物权是否有效成立、主债务履行期是否届满、担保物权的实现是否受到限制等。经审查后发现存在民事权益争议的,应驳回申请人的申请,并告知其向人民法院起诉。对于被申请人提出异议且提供证据证明的,人民法院应进行综合判断。如果被申请人仅笼统提出或表示异议,但未提供证据证明的,人民法院应驳回其异议,以防止被申请人滥用异议权。被申请人提出合理异议,经审查成立的,可驳回申请人的申请,并告知申请人通过诉讼程序予以解决。在审查中,人民法院认为确有必要进行听证的,可依职权启动听证程序,通知申请人、被申请人及相关利害关系人到庭接受询问。①

法院审查的目的在于形式上确认权利存在,然后作出担保物权实现的执行依据,即拍卖、变卖担保财产的裁定。对已经登记的担保物权,基于登记的公信力,对担保物权人提交的权属证书及登记簿登记证明只需作形式审查,只要其担保物权已经合法登记,债务已届清偿期,并且无法律限制行使担保物权情形的,即可作出准许拍卖、变卖担保财产的裁定;而未登记的担保物权,其效力及实现条件均无法依据权属证书及登记簿登记证明确定,担保物权人申请拍卖、变卖担保财产的,法院可以询问担保物权人、债务人和利害关系人。在审查方法上,可以根据案件的不同情况采取书面审查或调查核实的做法。②

---

① 《深化商事理念,维护公平正义,为经济社会持续健康发展提供有力司法保障》,载《法律适用》2013年第11期。

② 沈德咏主编:《最高人民法院民事诉讼法司法解释理解与适用》,人民法院出版社2015年版,第983页。

此外,担保物权的实现程序属于特别程序,不适用调解,如果双方当事人在人民法院审查过程中自愿和解,可由申请人提出撤回申请,人民法院应予准许。①

2. 关于人民法院对申请实现担保物权案件审查后的处理,《民事诉讼法解释》第372条规定:"人民法院审查后,按下列情形分别处理:(一)当事人对实现担保物权无实质性争议且实现担保物权条件成就的,裁定准许拍卖、变卖担保财产;(二)当事人对实现担保物权有部分实质性争议的,可以就无争议部分裁定准许拍卖、变卖担保财产;(三)当事人对实现担保物权有实质性争议的,裁定驳回申请,并告知申请人向人民法院提起诉讼。"这里的实质性争议,主要是指申请人与被申请人之间对于担保物权是否有效成立、债权是否已届清偿期等事实存有争议。

关于人民法院准许拍卖、变卖担保财产裁定书的内容,裁定书应明确准予拍卖、变卖的对象及担保物权人可以就担保物权优先受偿的债权数额,如可表述为:准予对××进行拍卖、变卖,用于优先清偿申请人对被申请人的××债权。

人民法院裁定准许拍卖、变卖担保财产后,被申请人没有自动履行义务的,申请人可以向人民法院申请执行。在执行过程中,担保物被人民法院拍卖或变卖后,不足以清偿本案申请执行标的额的,对于不足部分应由申请人另行诉讼、取得对于剩余债权的执行依据后再行申请强制执行,而不能继续执行被申请人的其他财产。因为受生效法律文书确定性的限制,加之实现担保物权标的物具有特定性,人民法院不宜直接裁定执行其他可供执行的财产。经实现担保物权后不足清偿的债权,应当由申请人提起新的诉讼,通过诉讼程序形成新的执行依据后,再由债权人向人民法院申请执行。②

215. 申请实现担保物权中的"担保物权"不以登记为限

【审判政策与精神】

担保物权不以登记为限。此前有学者认为,只有经过登记公示的抵押权才能适用非讼程序实现权利。抵押权实现不经诉讼而采取非讼程序途径,很重要的制度原因在于抵押登记的公示公信力。抵押登记时的登记审查以及审查后公示的受法律保护的权利外观,使得法院没有必要对抵押权进行重复的实质审查。

---

① 《深化商事理念,维护公平正义,为经济社会持续健康发展提供有力司法保障》,载《法律适用》2013年第11期。

② 沈德咏主编:《最高人民法院民事诉讼法司法解释理解与适用》,人民法院出版社2015年版,第986页。

相反,动产抵押权如果没有经过登记,将缺失登记方式具有的公示性和公信力。权利自身的存在不确定,使得案件本身不再体现非争议性,也就没有适用非讼程序的基础。[①] 但实际上,并非所有未登记的担保物权都没有公信力,而一定导致权利自身的存在不确定。实践中,担保人可能会对担保物权的存在、其担保的范围及数额存在争议,也可能不存在争议。为扩大担保物权人的保护范围,使该项制度有益于更多的担保物权人,本条未限定担保物权人的担保物权经登记为前提。

(李相波:《贯彻实施新〈民事诉讼法〉之四——关于实现担保物权案件程序的理解与适用》)

216. 申请实现担保物权的案件如何收费

【审判政策与精神】

实现担保物权案件是此次民事诉讼法修改后新增内容,现行的《诉讼费用交纳办法》中对如何收费并未有明确规定。我们认为,因实现担保物权的案件增设在新《民事诉讼法》第十五章特别程序中,应该参照《诉讼费用交纳办法》的相关规定收取申请费。而且,该申请费应该按件收取,不应以申请实现抵押物权标的额为依据收取。待人民法院作出拍卖、变卖担保物的裁定后,申请人向人民法院申请强制执行的,则应按执行金额收取执行申请费,并由被执行人在执行后负担。

(李相波:《贯彻实施新〈民事诉讼法〉之四——关于实现担保物权案件程序的理解与适用》)

217. 调解协议司法确认案件及其管辖

【审判政策与精神】

司法确认案件是指对于涉及当事人之间民事权利义务的纠纷,经人民调解组织和其他依法成立的具有调解职能的组织调解达成具有民事合同性质的协议后,由双方当事人共同到人民法院申请确认调解协议的法律效力的一种新的案

① 肖建国、陈文涛:《论抵押权实现的非讼程序构建》,载《北京科技大学学报》(社会科学版)2011 年第 1 期。

件类型。

关于司法确认案件的管辖问题,根据最高人民法院《关于建立健全诉讼与非诉讼相衔接的矛盾纠纷解决机制的若干意见》(以下简称《若干意见》)和最高人民法院《关于人民调解司法确认程序的若干规定》(以下简称《若干规定》)规定,当事人可以在书面调解协议中选择当事人住所地、调解协议履行地、调解协议签订地、标的物所在地基层人民法院管辖,但不得违反专属管辖的规定。人民法院在立案前委派人民调解委员会等调解组织调解并达成调解协议,当事人申请司法确认的,由委派的人民法院管辖。通常情况下,司法确认案件都在调解组织所在地基层人民法院管辖。新《民事诉讼法》基本上吸收了司法改革的这些成果,明确规定司法确认案件的管辖法院为调解组织所在地基层人民法院。当然,这种规定并不排除双方当事人在不违反专属管辖的前提下进行协议管辖。在个别情况下出现委派法院与管辖法院不一致的,法院也可以通过先立案、后委托、再转化为法院调解书的方式,避免不方便管辖问题的出现。

(高民智:《贯彻实施新〈民事诉讼法〉之三——关于调解协议司法确认程序的理解与适用》)

【民诉法司法解释】

关于调解协议司法确认案件的管辖法院,2012年《民事诉讼法》第194条规定:"申请司法确认调解协议,由双方当事人依照人民调解法等法律,自调解协议生效之日起三十日内,共同向调解组织所在地基层人民法院提出。"《民事诉讼法解释》第353条进一步明确:"申请司法确认调解协议的,双方当事人应当本人或者由符合民事诉讼法第五十八条规定的代理人向调解组织所在地基层人民法院或者人民法庭提出申请。"此外,针对两个以上调解组织参与调解的情形,《民事诉讼法解释》第354条明确两个以上法院对同一司法确认案件都有管辖权,规定:"两个以上调解组织参与调解的,各调解组织所在地基层人民法院均有管辖权。双方当事人可以共同向其中一个调解组织所在地基层人民法院提出申请;双方当事人共同向两个以上调解组织所在地基层人民法院提出申请的,由最先立案的人民法院管辖。"

218. 调解协议司法确认案件申请程序、受理范围及受理程序

【审判政策与精神】

1. 司法确认案件的申请程序。主要包括申请主体、申请期限、申请形式、递交

材料等内容。根据新《民事诉讼法》第 194 条及最高人民法院司法解释相关规定，当事人应当共同向有管辖权的基层人民法院提出确认申请。一方当事人提出申请，另一方表示同意的，视为共同提出申请。调解协议达成后，双方当事人认为有必要的，应当在调解协议生效之日起 30 日内向调解组织所在地基层人民法院申请司法确认。当事人提出确认申请，可以采用书面形式或者口头形式。当事人口头提出申请的，人民法院应当记入笔录，并由当事人签字或者盖章。当事人提出申请时，应当向人民法院提交下列材料：司法确认申请书、调解协议、身份证明或营业执照、与调解协议相关的财产权利证明等证明材料、双方当事人的送达地址、联系方式、双方当事人签署的承诺书等。

2. 申请确认的调解协议范围。新《民事诉讼法》第 194 条规定："申请司法确认调解协议，由双方当事人依照人民调解法等法律，自调解协议生效之日起三十日内，共同向调解组织所在地基层人民法院提出。"对于申请确认的调解协议范围的问题有两种理解：一种理解是，只有《人民调解法》和其他由全国人大常委会通过的法律明确规定可以申请司法确认的调解协议才能申请确认；另一种理解是，除了《人民调解法》规定可以申请确认的以外，其他法律、行政法规、地方性法规、行政规章以及中央批准的司法改革方案中明确规定可以确认的调解协议，均属《民事诉讼法》第 194 条规定的申请确认范围。例如，《若干意见》第 20 条规定，经行政机关、人民调解组织、商事调解组织、行业调解组织或者其他具有调解职能的组织调解达成的具有民事合同性质的协议，经调解组织和调解员签字盖章后，当事人可以申请有管辖权的人民法院确认其效力。我们认为，在当前我国深入推进社会管理体制改革、为社会管理提供充分司法保障的形势下，特别是多元纠纷解决机制改革迅速推进的大背景下，第二种理解更符合《民事诉讼法》的立法原意。

3. 司法确认案件的受理程序。基层人民法院收到当事人司法确认申请后，应当对确认申请进行审查。人民法院不受理司法确认申请的情形包括：第一，不属于人民法院受理民事案件的范围或者不属于接受申请的人民法院管辖的；第二，确认身份关系的；第三，确认收养关系的；第四，确认婚姻关系的；第五，涉及人民法院适用特别程序、公示催告程序和破产还债程序审理的纠纷。对于符合上述情形的申请，人民法院应当在 3 日内作出不予受理决定，并及时向当事人送达不予受理通知书。对不属于人民法院受理民事案件范围的，应当告知当事人按照相应的程序解决纠纷；对不属于本院管辖的，人民法院应告知当事人向有管辖权的人民法院提出申请。对于经审查认为符合条件决定受理的，人民法院应当编立"调确字"案号，确定案由为"申请确认调解协议效力"，并及时向当事人送达受理通知书。双方当事人同时到法院申请司法确认的，人民法院可以当即受理。一方当事人到法院申请司法确认的，人民法院应当通知该当事人征得另一方当事人同意后再申请确认。

（高民智：《贯彻实施新〈民事诉讼法〉之三——关于调解协议司法确认程序的理解与适用》）

【民诉法司法解释】

关于调解协议司法确认案件的申请和受理，《民事诉讼法解释》对以下问题进行了明确：

1. 申请确认的调解协议范围。根据《民事诉讼法解释》第353条的规定，申请司法确认调解协议，双方当事人应当向调解组织所在地的基层人民法院或者人民法庭提出。这里的“调解组织”可以理解为包括人民调解委员会在内的各种具有调解职能的组织，调解协议不限于人民调解协议，包括行业调解、商事调解、行政调解、人民法院特邀调解组织和特邀调解员调解等达成的调解协议。[1]

2. 申请主体。根据《民事诉讼法解释》第353条的规定，双方当事人或其委托代理人可以提出确认申请。一方当事人申请而另一方当事人表示同意的，视为双方当事人共同申请。

3. 申请形式。《民事诉讼法解释》第355条明确既可以采用书面形式，也可以采用口头形式，规定：“当事人申请司法确认调解协议，可以采用书面形式或者口头形式。当事人口头申请的，人民法院应当记入笔录，并由当事人签名、捺印或者盖章。”

4. 递交申请材料。《民事诉讼法解释》第356条规定：“当事人申请司法确认调解协议，应当向人民法院提交调解协议、调解组织主持调解的证明，以及与调解协议相关的财产权利证明等材料，并提供双方当事人的身份、住所、联系方式等基本信息。当事人未提交上述材料的，人民法院应当要求当事人限期补交。”如果当事人超过限期未补充提交相关材料的，属于申请不适格，也反映出当事人对司法确认的意愿不强，人民法院应当对其按撤回申请处理。

5. 司法确认案件的受理。《民事诉讼法解释》第357条规定了不予受理的五种情形：“当事人申请司法确认调解协议，有下列情形之一的，人民法院裁定不予受理：（一）不属于人民法院受理范围的；（二）不属于收到申请的人民法院管辖的；（三）申请确认婚姻关系、亲子关系、收养关系等身份关系无效、有效或者解除的；（四）涉及适用其他特别程序、公示催告程序、破产程序审理的；（五）调解协议内容涉及物权、知识产权确权的。人民法院受理申请后，发现有上述不予受理情

---

[1] 沈德咏主编：《最高人民法院民事诉讼法司法解释理解与适用》，人民法院出版社2015年版，第926页。

形的,应当裁定驳回当事人的申请。”人民法院受理申请后,发现有上述不予受理情形的,应当在三日内作出不予受理裁定,并及时向当事人送达;决定受理的,应当编立“调确字”案号,确定案由为“申请确认调解协议效力”,并及时向当事人送达受理通知书。

219. 法院对调解协议的审查采取形式审查和有限的实体审查相结合的方式,即书面审查和庭审结合的审查原则

【审判政策与精神】

关于司法确认案件的审查方式,究竟是形式审查,还是实体审查,实践中一直存在争议。从我国目前司法实践和司法解释来看,法院对调解协议的审查采取的是形式审查和有限的实体审查相结合的方式,也就是书面审查和庭审结合的审查原则,更符合这一特别程序的性质。人民法院受理司法确认申请后,应当指定一名审判人员对调解协议进行审查。审判人员如果认为调解协议符合确认条件,可以在审查当事人申请、调解协议、有关证明材料基础上作出确认调解协议有效的裁定。对于案情复杂或者涉案标的额较大的案件,应当通知双方当事人到庭进行询问,采取必要的实质审查和证据调查。

(高民智:《贯彻实施新〈民事诉讼法〉之三——关于调解协议司法确认程序的理解与适用》)

【民诉法司法解释】

关于调解协议司法确认案件的审查程序,《民事诉讼法解释》第358条规定:“人民法院审查相关情况时,应当通知双方当事人共同到场对案件进行核实。人民法院经审查,认为当事人的陈述或者提供的证明材料不充分、不完备或者有疑义的,可以要求当事人限期补充陈述或者补充证明材料。必要时,人民法院可以向调解组织核实有关情况。”该条规定明确,法院对调解协议的审查采取的是形式审查和有限的实体审查相结合的方式,也就是书面审查和到庭审查相结合的方式。根据《民事诉讼法解释》第359条第2款的规定,当事人无正当理由未在限期内补充陈述、补充证明材料或者拒不接受询问的,表明当事人没有申请司法确认的真实意愿,人民法院可以按撤回司法确认申请处理。

220. 人民法院在司法确认程序中对调解协议的内容主要审查其是否自愿、合法与明确

【审判政策与精神】

关于司法确认案件的审查内容,人民法院在司法确认程序中对调解协议的内容主要审查其是否符合自愿、合法原则:第一,审查调解协议是否违反自愿原则。违背自愿原则的情形主要包括当事人在违背真实意思的情况下签订调解协议、调解协议显失公正、调解组织或者调解员强迫调解或者与案件有利害关系的情况等;第二,审查调解协议是否违法。违法的情形主要包括违反法律或者行政法规强制性规定,侵害国家利益、社会公共利益,侵害案外人合法权益,涉及是否追究当事人刑事责任,调解组织或者调解员有其他严重违反职业道德准则的行为等;第三,审查调解协议是否内容明确。确认调解协议的目的之一是使调解协议获得现实的强制执行力,如果执行内容不明确,确认调解协议也就没有多大意义;第四,审查调解协议是否损害社会公序良俗。

(高民智:《贯彻实施新〈民事诉讼法〉之三——关于调解协议司法确认程序的理解与适用》)

【民诉法司法解释】

1. 人民法院对调解协议司法确认案件的审查内容,分为形式审查和实质审查两个方面:

(1)形式审查内容,根据《民事诉讼法解释》第357条的规定,主要包括以下几个方面:①是否属于人民法院受理范围;②是否属于收到申请的人民法院管辖;③是否属于申请确认婚姻关系、亲子关系、收养关系等身份关系无效、有效或者解除的;④是否涉及适用其他特别程序、公示催告程序、破产程序审理的;⑤调解协议内容是否涉及物权、知识产权确权的。人民法院发现有上述不予受理情形的,应当裁定不予受理;受理后发现的,应当裁定驳回当事人的申请。

(2)实质审查内容,根据《民事诉讼法解释》第360条的规定,重点围绕调解协议的自愿性和合法性展开,主要包括以下几个方面:①当事人是否具有民事行为能力,代理人参加调解的,代理人是否有代理权;②协议内容是否违反法律强制性规定;③协议内容是否损害国家利益、社会公共利益、他人合法权益;④协议内容是否违背公序良俗;⑤调解协议是否违反自愿原则;⑥调解协议的内容是否明确;⑦是否存在其他不能进行司法确认的情形,如调解协议内容是否属于当事人处分权的

范围;调解组织、调解员是否与案件有利害关系,是否存在强迫调解或者其他严重违反职业道德准则的行为等。

2. 关于调解协议瑕疵的处理。

(1)调解协议内容存在瑕疵的,人民法院应当释明,当事人同意修改瑕疵内容的,应当在修改后的调解协议书或补正的调解条款上签字后,由调解组织或调解员盖章或签名,人民法院按照修改或补正的调解协议进行确认。

《民事诉讼法解释》第358条规定:"人民法院审查相关情况时,应当通知双方当事人共同到场对案件进行核实。人民法院经审查,认为当事人的陈述或者提供的证明材料不充分、不完备或者有疑义的,可以要求当事人限期补充陈述或者补充证明材料。必要时,人民法院可以向调解组织核实有关情况。"

(2)在审查过程中,当事人合意变更调解协议实质内容的,人民法院可以建议当事人撤回申请,由调解组织重新调解,当事人达成新的调解协议后,再向法院申请司法确认。[①]

221. 调解协议司法确认案件法律文书的形式与效力

【审判政策与精神】

关于司法确认案件的法律文书形式,以往的司法实践中有四种不同做法,即决定书、确认书、调解书和裁定书。最高人民法院《关于人民调解司法确认程序的若干规定》规定了司法确认案件法律文书的形式是确认决定书或不予确认决定书。新《民事诉讼法》明确规定了司法确认案件法律文书形式为裁定书。今后,人民法院确认调解协议效力的案件将不再使用决定书、确认书等形式。

根据新《民事诉讼法》第195条规定:"人民法院受理申请后,经审查,符合法律规定的,裁定调解协议有效,一方当事人拒绝履行或者未全部履行的,对方当事人可以向人民法院申请执行;不符合法律规定的,裁定驳回申请,当事人可以通过调解方式变更原调解协议或者达成新的调解协议,也可以向人民法院提起诉讼。"由此,司法确认裁定有两种情形:一是调解协议符合法律规定的,人民法院裁定调解协议有效;二是调解协议不符合法律规定、不符合确认条件的,人民法院裁定驳回申请。新《民事诉讼法》之所以规定裁定驳回申请而不是裁定调解协议无效,主要考虑到人民法院裁定驳回当事人申请后,当事人对调解协议还有补救措施,可以再次协商变更原协议或者达成新的调解协议。如果当事人不愿继续调解,也可以向法院提起诉讼。

---

① 沈德咏主编:《最高人民法院民事诉讼法司法解释理解与适用》,人民法院出版社2015年版,第937~938页。

所以,裁定驳回当事人的申请,是为当事人预留了解决纠纷的空间。

关于司法确认裁定的效力。人民法院做出确认有效裁定书或者驳回申请裁定书,送达双方当事人后发生法律效力。当事人收到确认有效裁定书和驳回申请裁定书后,不得上诉,也不得申请复议,也不应申请再审。这主要因为确认申请是当事人自愿提出的,没有必要在人民法院予以司法确认后再设置上诉、复议或者再审程序;对于驳回申请的,当事人可以再次通过调解、诉讼等途径解决纠纷,其权利的行使并没有受到限制。另外,司法确认程序属于特别程序,不应像一般程序那样设置上诉、再审的程序。

(高民智:《贯彻实施新〈民事诉讼法〉之三——关于调解协议司法确认程序的理解与适用》)

222. 调解协议司法确认案件裁定后的法律后果及当事人、案外人的救济

【审判政策与精神】

人民法院作出确认裁定后,主要产生两种不同的法律后果:一种后果是人民法院作出的确认调解协议有效的裁定具有强制执行力。如果一方当事人拒绝履行或者未全部履行的,对方当事人可以向人民法院申请执行。在这里,需要明确的是执行依据是法院做出的确认有效裁定书,而不是调解协议书。另一种后果是调解协议经审查后不符合法律规定的,裁定驳回当事人申请。对此,当事人可以有两种救济途径可供选择:一种是当事人可以通过调解组织重新对纠纷进行调解,在当事人自愿的基础上变更原调解协议或者就有关争议达成新的调解协议,然后再申请法院确认变更后的或者新达成的调解协议。另一种是当事人可以向法院提起诉讼。这里的诉讼一般是指当事人之间就原纠纷向法院提起的诉讼。

关于案外人救济的问题,可以参照新《民事诉讼法》第56条第三人撤销之诉的规定执行。另外,人民法院办理司法确认案件,由于适用新《民事诉讼法》规定的特别程序,以不收取诉讼费用为宜。

(高民智:《贯彻实施新〈民事诉讼法〉之三——关于调解协议司法确认程序的理解与适用》)

【民诉法司法解释】

关于调解协议司法确认裁定错误的救济问题,《民事诉讼法解释》在特别程序总则部分的第374条规定:“适用特别程序作出的判决、裁定,当事人、利害关系人

认为有错误的,可以向作出该判决、裁定的人民法院提出异议。人民法院经审查,异议成立或者部分成立的,作出新的判决、裁定撤销或者改变原判决、裁定;异议不成立的,裁定驳回。对人民法院作出的确认调解协议、准许实现担保物权的裁定,当事人有异议的,应当自收到裁定之日起十五日内提出;利害关系人有异议的,自知道或者应当知道其民事权益受到侵害之日起六个月内提出。"据此,确认裁定错误的救济有以下三种途径:

1. 当事人确有证据证明原确认裁定存在错误的,可以提出异议,申请法院撤销原确认裁定。提出异议的期限为当事人收到确认裁定之日起十五日内。

2. 利害关系人认为法院确认裁定错误,该调解协议侵害其合法权益的,可以提出异议,申请法院撤销确认裁定。利害关系人提出异议申请撤销确认裁定的期限,为利害关系人知道或者应当知道其民事权益受到侵害之日起六个月内,且必须向作出确认裁定的人民法院提出。

3. 人民法院发现确认裁定确有错误的,不能启动再审程序纠错,[①]可以参照其他特别程序的处理方式,[②]通过审查程序作出新裁定,撤销原裁定。人民法院发现确认裁定确有错误予以纠正的,没有期限限制。[③]

第六节 裁判文书写作

223. 裁判文书写作的对比分析

【审判专论】

本文把同一法院就同一案件先后做出的两份判决书中有关案件事实部分全部引用出来。目的是通过两份判决书的对比,来探讨两份判决书写作上的优劣,分析判决书在叙述事实方面存在的问题,并从中探讨判决书中案件事实部分的写法。

一、下面引用的是法院的一审判决书中有关案件事实的部分:

原告起诉和被告答辩部分(略)

---

① 依照《民事诉讼法解释》第380条的规定,适用特别程序、督促程序、公示催告程序、破产程序等非讼程序审理的案件,当事人不得申请再审,这意味着人民法院发现确认裁定确有错误的,不能启动再审程序予以纠错。

② 如《民事诉讼法》特别程序第186条、第190条、第193条中规定,被宣告失踪、宣告死亡的公民重新出现,无民事行为能力或者限制民事行为能力的原因已经消除,或者财产认定无主后原财产所有人或者继承人出现的,人民法院应当作出新判决,撤销原判决。

③ 沈德咏主编:《最高人民法院民事诉讼法司法解释理解与适用》,人民法院出版社2015年版,第953~954页。

原告庆泰公司工作组为证明自己的诉讼主张，在举证期限内向本院提交了以下证据：

第一组证据：证明诉讼主体适格

1.《中国人民银行关于青海庆泰公司重新登记的批复》，证明青海庆泰公司于2002年7月17日经中国人民银行批准更名为现在的庆泰公司；

2.《中国银行业监督管理委员会关于责令庆泰公司停业整顿的通知》，证明庆泰公司工作组是经批准合法成立的，能够独立作为诉讼主体参与诉讼；

3.《中国银行业监督管理委员会关于庆泰公司停业整顿延期的复函》，证明庆泰公司工作组主体的各项权利存续；

4.《企业名称变更核准通知书》，证明青海三普公司于2003年11月24日经国家工商行政管理总局核准更名为现在的三普公司，承受青海三普公司的全部权利和义务。

第二组证据：证明债权存续、有效

1.《中国工商银行进账单》，证明青海庆泰公司于2000年7月19日转账2000万元入三普投资公司账户(26132591)；

2.《中国建设银行存款明细账》，证明三普投资公司账户　(26132591)于2000年7月20日进账2000万元；

3.《中国工商银行转账支票》，证明青海庆泰公司于2000年7月19日将2000万元投资款转账支付给三普投资公司，支票号4545；

4.《中国工商银行资金明细账》，证明青海庆泰公司于2000年7月19日依据支票号4545转出2000万元；

5.《支票头》，证明三普投资公司于2000年7月19日收到2000万元投资款的转账支票；

6.《委托协议书》，证明青海庆泰公司委托三普投资公司将2000万元投资于青海三普公司GMP改造项目上，三普投资公司按照年固定收益的6%支付收益，并于两年后归还投资款2000万元；

7.《补充协议》，证明青海庆泰公司与三普投资公司将原委托投资协议中的投资收益作了相应调整；

8.《协议书》，证明三普投资公司将其投资青海三普公司GMP技改项目权益转让给青海庆泰公司，青海三普公司予以同意确认；

9.《委托投资协议》，证明青海庆泰公司将原委托三普投资公司的2000万元投资委托青海三普公司经营管理，青海三普公司按照收益率固定3%、浮动6%向青海庆泰公司支付投资收益，并承诺于2003年12月前归还2000万元；

10.(2005)青证经字第4083号《公证书》，证明庆泰公司工作组于2005年12月26日就2000万元债务向三普公司进行催收，该诉讼时效延续；

11. 希会审字(2004)0484 号《西安希格玛有限责任会计师事务所审计报告》,证明截至 2004 年 2 月 29 日三普公司没有归还 2000 万元的投资款,该投资已经计为庆泰公司的短期投资;

12. 希会审字(2004)第 0483 号《西安希格玛有限责任会计师事务所审计报告》,证明三普公司从未向庆泰公司支付过投资收益;

13.《庆泰公司停业整顿审计报告》,证明截至 2005 年 7 月 8 日三普公司没有归还 2000 万元的投资款,该款被庆泰公司财务计为短期投资;

14. 岳总审字[2004]第 B220 号《审计报告》,证明三普投资公司是三普公司控股的子公司,存在控制关系;

15. (2006)青恒源证经字第 2059 号《公证书》,证明庆泰公司工作组于 2006 年 9 月 7 日对三普公司网站上的迁址公告信息进行证据保全,三普公司主要办公地址已经发生变更。

第三组证据:证明青海庆泰公司将 2000 万元支付给青海三普公司

1.《短期借款合同书》,证明青海庆泰公司和青海三普公司约定,由青海庆泰公司借款 600 万元给青海三普公司,用于 GMP 技术改造项目,青海三普公司按约定还款和付息;

2.《建行东大街支行存款明细账》,证明三普投资公司的账户(26132591)于 1999 年 8 月 24 日进账 600 万元,并于同年 8 月 25 日依据凭证号 4452 出账 600 万元;

3.《中国工商银行进账单》,证明青海庆泰公司于 1999 年 8 月 23 日通过自己的账户划转 600 万元入三普投资公司的账户;

4.《建行转账支票》,证明三普投资公司于 1999 年 8 月 25 日以支票形式支付给青海三普公司 600 万元,支票号为 4452;

5.《银行借贷明细表》,证明三普投资公司于 1999 年 8 月 25 日从其账户划出 600 万元入青海三普公司账户;

6.《短期借款合同书》,证明青海庆泰公司和青海三普公司约定,由青海庆泰公司借款 1400 万元给青海三普公司,用于 GMP 技术改造项目,青海三普公司按约定还款和付息;

7.《建行东大街支行存款明细账》,证明三普投资公司的账户(26132591)于 1999 年 9 月 29 日进账 1400 万元,并于同年 9 月 30 日依据凭证号 4453 出账 1400 万元;

8.《中国工商银行进账单》,证明青海庆泰公司于 1999 年 9 月 29 日通过自己的账户划转 1400 万元入三普投资公司的账户;

9.《建行转账支票》,证明三普投资公司于 1999 年 9 月 29 日以支票形式支付给青海三普公司 1400 万元,支票号为 4453;

10.《银行借贷明细表》,证明三普投资公司于1999年9月30日从其账户划出1400万元入青海三普公司账户。

第四组证据:证明1999年5月26日三普投资公司归还青海庆泰公司的资金来源于青海省创业(集团)有限公司

1.《建行东大街支行资金存款明细账》,证明三普投资公司账户于2000年5月26日进账2000万元;

2.《建行进账单》,证明青海创业(集团)有限公司于2000年5月25日向三普投资公司账户(26132591)转款2000万元。

第五组证据:证明青海三普公司通过三普投资公司从青海庆泰公司借款2000万元已经到位

1.《授权委托书》,证明2002年7月26日青海庆泰公司的法定代表人武英委托赵英与青海三普公司签署2000万元投资资金委托合同,进一步证实青海庆泰公司与青海三普公司签订协议的日期为2002年7月28日;

2.《青海三普公司项目资金来源说明》,证明青海三普公司认可通过三普投资公司从青海庆泰公司借款2000万元;

3.《GNIP工程资金到位及使用情况表》,证明青海三普公司通过三普投资公司从青海庆泰公司借款2000万元已经到位;

4.《委托投资协议》,证明《青海三普公司项目资金来源说明》中的"贵公司"就是青海庆泰公司。

被告三普公司为证明自己的抗辩主张,在举证期限内向本院提交了以下证据:

1.《中国工商银行进账单》,证明青海庆泰公司于2000年7月19日转账2000万元入三普投资公司账户(26132591);

2.《中国建设银行电汇凭证》,证明三普投资公司于2000年7月20日汇入北京三普创业医药技术开发有限公司2000万元,汇款用途为往来款;

3.《2002年度报告》,证明2002年度青海三普公司未收到青海庆泰公司的重大投资项目2000万元;

4.《2003年度报告》,证明2002年度三普公司的授权机构股东大会决议中根本没有青海庆泰公司的2000万元投资款项目;

5.《转账支票存根》,证明三普投资公司于2000年5月26日转入青海庆泰公司2000万元,转款用途为还借款。

双方当事人对上述证据的质证意见:1.被告三普公司对原告庆泰公司工作组所举证据的质证意见是:(1)对第一组证据、第二组证据中的证据14、15,第三组证据中的证据4、5、9、10,第五组证据中的证据1的合法性、真实性、关联性不持异议;(2)对第二组证据中的证据1~7,第三组证据中的证据2、3、7、8,第四组证据、第五组证据中的证据4的合法性、真实性不持异议,但其认为该证据证明的是青海庆泰公司与三普投资公司之间的业务往来,与其无关;(3)第二组证据中的证据 8、12,第三组证据中的证据 1、6 是复印件,原告不能提供原件,无法核对,对该证据的真实性不予认可;(4)第二组证据中的证据 9、10,第五组证据中的证据 2、3 虽是原件,但其不持有该证据,故对该证据的真实性无法确认;(5)第二组证据中的证据 11、13 虽是原件,但都是原告的单方账面反映,其没有收到 2000 万元投资款,审计报告对其无约束力。2. 原告庆泰公司工作组对被告三普公司所举证据的质证意见是:(1)对证据 1、2、5 的合法性、真实性、关联性不持异议;(2)证据 3、4 虽是原件,但都是被告单方的,不能否认债权的存在,对其无约束力。

本院认为:1. 被告三普公司对原告庆泰公司工作组所举的第一组证据、第二组证据中的证据 14、15,第三组证据中的证据 4、5、9、10,第五组证据中的证据 1 无异议,原告庆泰公司工作组对被告三普公司所举的证据 1、2、5 无异议,根据最高人民法院《关于民事诉讼证据的若干规定》第 72 条"一方当事人提出的证据,另一方当事人认可或者提出的相反证据不足以反驳的,人民法院可以确认其证明力"的规定,本院对其证明力予以确认。2. 原告庆泰公司工作组所举的第二组证据中的证据 1~7,第三组证据中的证据 2、3、7、8,第四组证据,第五组证据中的证据 4 都是证明起诉事实的,被告三普公司对该证据的合法性、真实性不持异议,本院对其证明力予以确认;但该证据证明的是青海庆泰公司与三普投资公司之间的业务往来,与被告三普公司无直接关系,被告三普公司以该证据证明的内容与其无关的质证意见成立,本院确认该证据对三普公司应否承担责任不具有直接的证明力。3. 原告庆泰公司工作组所举的第二组证据中的证据 8 是三普投资公司、青海庆泰公司和青海三普公司三方签订的债权转让协议书,是复印件,原告不能提供原件,无法核对,根据最高人民法院《关于民事诉讼证据的若干规定》第 69 条第 4 项"无法与原件核对的复印件,不能单独作为认定案件事实的依据"的规定,该证据不能单独作为定案的依据,但从该证据的内容看,与原告庆泰公司工作组所举的第二组证据中的证据 6、9、10、11、13,第五组证据中的证据 2、3 的内容互相印证、形成锁链,该证据的证明力足以认定;第二组证据中的证据 12 是西安希格玛有限责任会计师事务所对庆泰公司 2000~2003 年投资收益所作的审计报告,证明的是庆泰公司从未收到过三普公司支付的投资收益,被告三普公司也认可从未向庆泰公司支付过投资收益,该证据虽是复印件,但对其证明的内容本院予以确认;第三组证据中的证据 1、6 是青海庆泰公司和青海三普公司签订的短期借款合同,是复印件,原告不能提供原件,无法核对,根据最高人民法院《关于民事诉讼证据的若干规定》第 69 条第 4 项"无法与原件核对的复印件,不能单独作为认定案件事实的依据"的规定,该证据不能单独作为定案的依据,但从原告庆泰公司工作组所举的第三组证据中的证据 2、3、4、5、7、8、9、10 看,双方之间的借款合同已经履行,被告三普公司又对原告庆泰公司工作组所举的第三组证据中的证据 4、5、9、10 予以认可,故本院对该证据证明的借款事实予以确认;被告三普公司以该证据是复印件、对其真实性不予认可的质证意见不能成立,本院确认该证据的证明力。4. 原告庆泰公司工作组所举的第二组证据中的证据9是青海庆泰公司和青海三普公司签订的委托投资协议,双方都加盖了公章,是原件,虽然青海庆泰公司的签约年份有涂改,但原告所举的、被告认可的第五组证据中的证据1能够证实签约年份,被告三普公司对加盖在该协议上的"青海三普公司"的公章的真伪提出鉴定申请后又撤回鉴定申请,三普公司虽对该证据的真实性有异议,但未提供足以反驳的相反证据;第二组证据中的证据10是庆泰公司工作组向三普公司催收2000万元债务的《公证书》,三普公司虽对该证据的真实性有异议,但未提供足以反驳的相反证据;第五组证据中的证据2、3是青海三普公司呈报给青海庆泰公司的项目资金来源说明和GMP工程资金到位及使用情况表,是原件,三普公司虽对该证据的真实性有异议,但未提供足以反驳的相反证据;根据最高人民法院《关于民事诉讼证据的若干规定》第70条第1项"一方当事人提出的书证原件,对方当事人提出异议但没有足以反驳的相反证据的,人民法院应当确认其证明力"的规定,本院确认该证据的证明力,三普公司以其不持有该证据、对该证据的真实性无法确认的质证意见不能成立。5. 原告庆泰公司工作组所举的第二组证据中的证据11、13是会计师事务所对庆泰公司的审计报告,是原件,证明庆泰公司已将三普公司未归还的2000万元投资款计为短期投资,虽是单方账面反映,但经专业机构依法审计,其真实性可以认定,被告三普公司以其没有收到2000万元投资款,审计报告是原告的单方账面反映,对其无约束力的质证意见不能成立,本院对该证据的证明力予以确认。6. 被告三普公司所举的证据3、4是三普公司的2002年、2003年年度报告,是原件,也是三普公司自己作的,报告中没有2000万元投资款的反映,对该证据本身的证明力本院予以确认;但没有反映不等于债权没有发生,尚需其他证据佐证,故该证据不能作为否认债权存在的证据,原告庆泰公司工作组以证据是被告单方的,不能否认债权存在的质证意见成立,本院确认该证据对否认债权的存在不具有证明力。

经本院审理查明,1999年8月至9月间,青海三普公司为筹集三普制药厂GMP技改项目资金,先后两次向青海庆泰公司借款2000万元,青海庆泰公司通过三普投资公司的账户将2000万元款项借给青海三普公司。2000年5月26日三普投资公司以青海创业(集团)有限公司汇入的2000万元归还青海庆泰公司。2000年7月19日,青海庆泰公司向三普投资公司转投资款2000万元。同年7月20日,三普投资公司以往来款名义向北京三普创业医药技术开发有限公司汇款2000万元。同年7月27日,青海庆泰公司和三普投资公司签订《委托协议书》,青海庆泰公司委托三普投资公司将2000万元资金用于青海三普公司GMP改造项目,委托期限为二年,年固定收益为6%。2001年11月18日,青海庆泰公司和三普投资公司签订《补充协议》,对双方于2000年7月27日签订的2000万元《委托协议书》中的年固定收益进行了修改和补充。2002 年 5 月 11 日青海三普公司在自己出具的书面材料中认可其通过三普投资公司从青海庆泰公司借款 2000 万元。同年 5 月 28 日,三普投资公司、青海庆泰公司和青海三普公司三方就青海庆泰公司受让三普投资公司投资青海三普公司 GMP 技改项目权益签订《协议书》,协议约定:三普投资公司将 2000 万元的 GMP 项目权益转让给青海庆泰公司,双方确认由于青海庆泰公司已受托三普投资公司 2000 万元投资于 GMP 项目,所以双方在本次转受让 GMP 项目中不用支付任何现金,本协议生效后,原来双方签订的《委托协议书》自动失效,即青海庆泰公司委托三普投资公司投资的 2000 万元资金三普投资公司不再承担偿还义务,也不具有向青海三普公司追索 2000 万元投资款的权利,其权利由青海庆泰公司享有。双方认定三普投资公司截至 2001 年 12 月 31 日前的投资收益已全额支付给了青海庆泰公司,2002 年 5 月 31 日前的投资收益由三普投资公司在本协议生效后一次性付清。青海三普公司对上述各条款都予以同意确认。三普投资公司和青海三普公司双方的协议在本协议生效后再签订。2002 年 7 月 26 日,青海庆泰公司的法定代表人武英授权委托赵英,与青海三普公司签署 2000 万元投资资金委托合同。同年 7 月 28 日,青海庆泰公司和青海三普公司签订《委托投资协议》,协议约定:鉴于双方于 2002 年 5 月签订的协议和人民银行对此委托投资的具体要求,订立本协议;青海庆泰公司现将原委托三普投资公司的 2000 万元投资资金委托给青海三普公司按双方约定的方式进行经营、管理,委托期限为 2002 年 7 月 31 日至 2003 年 12 月 31 日;青海三普公司要在 2003 年 12 月前归还 2000 万元于青海庆泰公司;年固定收益为 3%,年浮动最高收益为 6%;青海三普公司在每年度后的第一个月内支付青海庆泰公司上年的委托资金收益。委托期限届满后,青海三普公司未归还投资本金和支付相关收益,青海庆泰公司已将该投资计为短期投资。

另查明,1997 年 3 月青海庆泰公司成立时,青海三普公司出资 4500 万元,占青海庆泰公司 26.95% 的股权,是青海庆泰公司的第一大股东。2002 年 11 月 22 日青海三普公司将其持有的青海庆泰公司 4500 万元的股权转让给青海创业集团有限公司,青海三普公司退出青海庆泰公司的股东席位。三普投资公司自 1999 年 8 月成立至今,注册资金 100 万元,青海三普公司作为股东之一出资 70 万元,占三普投资公司 70% 的股权,三普投资公司是青海三普公司控股的子公司。北京三普创业医药技术开发有限公司自 1999 年 6 月成立,2005 年 10 月被吊销营业执照,注册资金 125 万元,青海三普公司作为股东之一出资 25 万元,占该公司 20% 的股权。2003 年 11 月 24 日青海三普公司经国家工商行政管理总局核准更名为现在的三普公司,承受青海三普公司的全部权利和义务。2006 年 1 月三普公司主要办公地址迁至江苏省宜兴市高睦镇远东路 8 号。2002 年 7 月 17 日青海庆泰公司经中国人民银行批准更名为现在的庆泰公司;2005 年 5 月 31 日,庆泰公司因严重违法违规,被中国银行业监督管理委员会批准进行停业整顿,并成立庆泰公司工作组,行使庆泰公司的决策权和经营权。2005 年 12 月 26 日,庆泰公司工作组向三普公司公证送达《关于催收委托投资本金和收益的函》,主张其权利。

本院认为部分(略)

二、下面引用的是该案经重审后的判决书中有关案件事实部分:

原告诉称和被告答辩部分:(略)

经本院审理查明,1999 年 8 月 19 日、9 月 28 日,青海三普公司为筹集三普制药厂 GMP 技改项目资金,与青海庆泰公司签订了两份《短期借款合同书》,约定,由青海庆泰公司两次向青海三普公司借款 600 万元、1400 万元,借款利率分别按 2.79%、5.58% 计算。合同签订后,青海庆泰公司通过三普投资公司的账户将 2000 万元款项借给青海三普公司。2000 年 5 月 26 日,三普投资公司以青海创业(集团)有限公司汇入的 2000 万元归还青海庆泰公司。

2000 年 7 月 19 日,青海庆泰公司通过转账的形式向三普投资公司转投资款 2000 万元,次日,三普投资公司收到该笔款项。

2000 年 7 月 27 日,青海庆泰公司和三普投资公司签订《委托协议书》,协议约定,由青海庆泰公司委托三普投资公司将 2000 万元资金用于青海三普公司 GMP 改造项目,委托期限为两年,年固定收益为 6% 等。

2001 年 11 月 18 日,青海庆泰公司和三普投资公司签订《补充协议》约定,对双方于 2000 年 7 月 27 日签订的 2000 万元《委托协议书》中的年固定收益进行了修改和补充。

2002 年 5 月 11 日,青海三普公司出具一份书面材料,认可其通过三普投资公司从青海庆泰公司借款 2000 万元,并用于公司 GMP 改造项目。

2002 年 5 月 28 日,三普投资公司、青海庆泰公司和青海三普公司三方共同签订《协议书》,协议约定:三普投资公司将 2000 万元的 GMP 项目权益转让给青海庆泰公司,双方确认由于青海庆泰公司已受托三普投资公司 2000 万元投资于 GMP 项目,所以双方在本次转受让 GMP 项目中不用支付任何现金,本协议生效后,原来双方签订的《委托协议书》自动失效,即青海庆泰公司委托三普投资公司投资的 2000 万元资金三普投资公司不再承担偿还义务,也不具有向青海三普公司追索 2000 万元投资款的权利,其权利由青海庆泰公司享有。双方认定三普投资公司截至 2001 年 12 月 31 日前的投资收益已全额支付给了青海庆泰公司,2002 年 5 月 31 日前的投资收益由三普投资公司在本协议生效后一次性付清。青海三普公司对上述各条款都予以同意确认。三普投资公司和青海三普公司双方的协议在本协议生效后再签订。

2002 年 7 月 28 日,青海庆泰公司和青海三普公司签订了一份《委托投资协议》,协议约定:鉴于双方于 2002 年 5 月签订的协议和人民银行对此委托投资的具体要求,订立本协议;青海庆泰公司现将原委托三普投资公司的2000万元投资资金委托给青海三普公司按双方约定的方式进行经营、管理,委托期限为2002年7月31日至2003年12月31日;青海三普公司要在2003年12月前归还2000万元于青海庆泰公司;年固定收益为3%,年浮动最高收益为6%;青海三普公司在每年度后的第一个月内支付青海庆泰公司上年的委托资金收益。委托期限届满后,青海三普公司未归还投资本金和支付相关收益,青海庆泰公司已将该投资计为短期投资。

2002年10月27日,青海省创业(集团)有限公司与江苏远东集团有限公司签订了一份《股权转让合同》,协议约定,青海省创业(集团)有限公司将其持有的青海三普公司26.2533%的法人股转让给江苏远东集团有限公司,并对青海三普公司及其关联公司的对外投资、债权、债务等的真实性、准确性的后果进行了约定。协议中未约定青海三普公司及其关联公司债权、债务免除的事宜。

2005年12月26日,庆泰公司工作组向三普公司公证送达《关于催收委托投资本金和收益的函》,主张其权利。

另查明,1997年3月青海庆泰公司成立时,青海三普公司出资4500万元,占青海庆泰公司26.95%的股权,是青海庆泰公司的第一大股东。2002年11月22日,青海三普公司将其持有的青海庆泰公司26.95%的股权转让给青海创业(集团)有限公司。

2003年11月24日,青海三普公司经国家工商行政管理总局核准更名为三普公司,承受青海三普公司的全部权利和义务。

2002年7月17日,青海庆泰公司经中国人民银行批准更名为庆泰公司;2005年5月31日,庆泰公司因严重违法违规,被中国银行业监督管理委员会批准进行停业整顿,并成立庆泰公司工作组,行使庆泰公司的决策权和经营权。

1999年8月9日,三普投资公司注册成立,注册资金100万元。青海三普公司作为股东之一出资70万元,占三普投资公司70%的股权,三普投资公司是青海三普公司控股的子公司。2007年1月15日,更名后的三普公司提出该公司清算。同年2月26日,经公司股东申请,被青海省工商行政管理局注销公司登记。

1999年6月22日,北京三普创业医药技术开发有限公司注册成立,注册资金125万元。青海三普公司作为股东之一出资25万元,占该公司20%的股权。2005年8月26日,该公司被北京市工商行政管理局吊销营业执照。2000年7月20日,三普投资公司以往来款名义向北京三普创业医药技术开发有限公司汇款2000元,该2000万元的去向和用途无法查证。

本院认为:(略)

三、对两份判决书的分析评判

从判决书的篇幅上看,第一份判决书关于事实部分的叙述用了9页,在第一份判决书中用于列明证据的篇幅为6页,对证据的评判又用了3页。在列明的证据中,判决书又把证据分为五组,一一进行列明。仅以第一组和第二组的证据为例来看:第一组是证明诉讼主体适格的证据,它列出了中国人民银行和中国银行业监督管理委员会关于青海庆泰公司重新登记及停业整顿的有关批复和通知,三普公司更名的工商手续,用了11行的文字。而双方当事人对涉及庆泰公司工作组作为诉讼主体参与诉讼;三普公司承受青海三普公司的全部权利和义务的证据并无异议,判决书完全没有必要一一把相关的批复和通知罗列。第二组证据包括了15项证明债权存续、有效的证据目录,即有银行进账单、存款明细账、《委托协议书》及《补充协议》审计报告等。从本案法院认定的事实看,当事人对2000万元的转入账目并无异议,也不涉及庆泰公司的审计报告,那么此部分列举的1~5和证据更适宜在叙述钱款走向时进行说明。6~9证据涉及本案最基础的各份协议,这里仅概述名称及证明目的,对其内容却没有涉及。第15份(2006)青恒源证经字第2059号《公证书》,证明庆泰公司工作组于2006年9月7日对三普公司网站上的迁址公告信息进行证据保全,三普公司主要办公地址已经发生变更。这一份证据更是没有详细叙述的必要。就从上述列举的二组证据中,我们就看到了该判决书用大量的篇幅把双方无异议的事实一一罗列。

在列举当事人的证据之后,该判决书对当事人认证和异议的证据也做了一一交代,又用了三页篇幅对证据作出了分析认定。虽然判决用了大量的篇幅对证据进行叙述,貌似突出了举证、质证和认证的过程,但读过这一部分后,并不知道本案当事人争议的证据是那些,其败笔的原因就是没有对争议的证据进行重笔写作;尤其是在叙述当事人认证的证据和法院采信的证据时,仅提及证据的编号名称,而没有涉及通过证据证明的内容。按照这种写法,即使对每一份证据的认证一一进行说明,也无法通过这一叙述过程对决定本案事实的证据及内容的全貌有所了解。在本院查明事实部分的叙述,该判决书采用了直接叙述事实的方法,但这部分的叙述并没有与上一段证据的认证部分相结合,是一种完全与上段脱离的部分,使人有脱节之感。

第二份判决书抛弃了这种繁复又无意义的写法,直接把相关事实概括说明,从篇幅上大大进行了缩减。第二份判决书涉及案件事实部分仅用了三页,相当于第一份判决书事实部分的三分之一。涉及第一组证据的内容也仅用了四行文字就表达清楚了,并且把案件事实的发展按发生顺序做了全面的交代。第二份判决读后的感觉是事实清楚,结构合理。

通过同一案件的两份判决书的对比,我们不难得出结论,判决书的事实叙述应该简洁,去繁从简。案件事实的表述,是为了奠定裁判的基础。在具体叙述案件事实时,一般应按照时间顺序为主线自然展开,并围绕审理的争议问题进行重点叙述。判决书确定的案件事实通常包括两部分:没争议的事实和有争议的事实。没争议的事实依据双方认可的情况予以表述,与之相对应的证据内容直接予以叙述就可以。对于双方当事人争议的事实则需要根据各方的证据进行分析,对证据的采信作出结论。从文书改进的角度上看,完全可以把当事人对证据的认证过程简化表述,重点把当事人异议的证据表述清楚即可;或者把它和法院查证的事实部分这两部分融合在一起叙述。总之,第一份判决书对证据一一罗列的写法是需要废弃的。对当事人提交的证据不加提炼,无论与本案的事实有无利害关系,也不管当事人对证据有无异议,全盘托出,简单罗列,这种赘笔在许多判决书中都存在,在目前的文书写作中有一定的代表性。这种写法貌似全面反映了当事人对案件提交证据的情况,除了使判决书无端增加篇幅之外,不会对判决书中的全面叙述案件事实有丝毫的帮助。法官应在当事人提交的证据材料中决定证据的取舍。在对证据材料做求同存异的认证后,法官对决定案件的证据做详细的说明,对无关的材料在判决书中无须一一叙述。法官在写判决书时应明确地认识到判决书是法院裁判的结果,而不是把法院每一个审判细节都要复制到判决书上。如果全程照录,那判决书就无异于庭审笔录了。

案件事实的认定在判决的形成中起着重要的作用,案件事实的叙述奠定着判决的基础。因此,在案件事实部分的写作中应该把握以下几点:

1. 案件事实的叙述要全面、详细。动笔之前要进行全案的思考和计划,头脑中要形成判决书轮廓。清晰的写作来自清晰的构思和缜密的推理。如果一个案件的审理过程非常详细,案件事实经过庭审也全部清楚,但在判决书案件事实部分的叙述不全面,仅就某一部分事实进行了叙述,而遗漏交代另一个事实,判决的结果虽然也没有错误,但对于其他读判决书的人而言,可能会对判决书的结果产生质疑,不知道其中的因果关系所在。

2. 案件事实叙述结构要完整、层次清晰。叙述案件事实要采取平铺直入的写作方法,首先要按照时间的顺序把案件事实的发生、发展和结果交代清楚,同时要把案件的由来和审理经过表述清楚。写作时准确地提出争议焦点,架构出一种围绕争议焦点的结构,使人看完判决书就清晰地知道当事人之间因何事而起纠纷,双方争议之处何在。

3. 案件事实的叙述要繁简得当。与争议焦点有关的事实在叙述中应该加重篇幅,而与案件事实无关的文字则能删减就删减。一篇文章能用最精练的文字把复杂的事情表达清楚,那肯定是经典的。同样,我们的判决书也好比一篇精练的文章,力求能用简洁的语言把判决书的事实叙述得清楚。

4. 涉及证据效力的认证上,判决书通常采用的叙述方法是:一方当事人提交了哪些证据,提交的证据是为了证明什么事实,对方当事人对此证据的态度,提供了哪些相反证据予以反驳。法官对证据的评判及采信证据的理由。本文所援引的第一份判决书也是采用了这种方法,需要改进的是对当事人提交的证据材料应经过必要的筛选,求同存异,对双方认可的事实直接进行表述,而不需要像第一份判决书那样用大量的篇幅来简单罗列。

总之,判决书作为法院工作的记载和门面,也是每个法官业务水平的真实体现。提高判决书的写作水平,是法院审判工作的基本要求。在判决书中把案件事实写清楚,把法官的分析论证过程公开,对于社会公众接受判决,服从判决,提高判决书的透明度和公信力有着很重要的作用,也有助于起到法律宣传和定分止争的目的。

(付金联:《对两份判决书写作的对比分析》)

第十一章 公示催告程序

224. 公示催告的适用条件

【审判专论】

公示催告是指票据的最后持有人在票据被盗、遗失或灭失后，通过申请法院公示催告、宣告票据无效的票据丧失后的权利补救和保全程序。

其适用条件为：

1. 需可以背书转让的票据丧失。公示催告的目的是以公告方式通知利害关系人向法院申报权利，因此，一般而言，由于不能背书转让的票据不能转让他人，无利害关系人的存在，故不应适用公示催告程序。但由于我国票据法对一些票据的转让进行了特殊的规定，故对于这些票据能否转让需予以探讨。

(1) 在票据上记载"不得转让"字样的票据丧失后，失票人可否申请公示催告。我们认为，依据票据法法理，票据具有流通性，票据流通主要采取背书方式。但为减轻票据债务人的票据责任，法律规定了背书的可禁止性。我国《票据法》第 27 条第 2 款规定了禁止转让票据，即"出票人在票据上记载'不得转让'字样的票据"。对于禁止转让票据而言，该票据丧失了可背书性，不再发生票据背书转让的权利转移效力、资格授予效力及权利担保效力。即使背书转让该票据，但由于背书行为被认定无效，故其不能发生背书转让票据权利的法律效力。正因为此，《票据纠纷若干规定》第 48 条规定："依照票据法第二十七条的规定，票据的出票人在票据上记载'不得转让'字样，票据持有人背书转让的，背书行为无效。背书转让后的受让人不得享有票据权利，票据的出票人、承兑人对受让人不承担票据责任。"由于背书转让禁止转让票据并不发生票据权利转移的效力，所以，对于该票据丧失的，也无需担心拾得人通过虚假背书的方式取得票据权利，故无利害关系人的存在，不适用公示催告程序。我国《票据法》第 34 条禁止转让背书票据进行了规定，即"背书人在票据上记载'不得转让'的票据"。对于该票据丧失后能否适用公示催告程序，现存争议。《票据纠纷若干规定》第 51 条规定："依照票据法第三十四条和第三十五条的规定,背书人在票据上记载‘不得转让’……字样,其后手再背书转让……的,原背书人对后手的被背书人不承担票据责任,但不影响出票人、承兑人以及原背书人之前手的票据责任。”因此,该票据丧失,仍可能存在利害关系人,应可进行公示催告。

(2)超过付款提示期限的票据丧失后可否申请公示催告。有观点认为,我国《票据法》第 36 条规定:“汇票被拒绝承兑、被拒绝付款或者超过付款提示期限的,不得背书转让。”因此,上述票据丧失后不能申请公示催告。我们认为,该条同时规定:“背书转让的,背书人应当承担汇票责任。”由此可见,汇票超过付款提示期限背书转让的,背书人承担的是与正常票据背书转让同样的汇票责任,其虽属于期后背书,但该背书转让同样具有权利转移、权利证明、权利担保的法律效力。根据《票据法》第 53 条①和《支付结算办法》第 36 条的规定,超过付款期票据的失票人,在向主债务人说明原因后,仍可得到付款。因此,超过付款提示期限的票据丧失以后,失票人申请公示催告的,人民法院应当依法受理。

2. 须有丧失票据的事实。这里的丧失,依据我国《民事诉讼法》第 218 条的规定,是指票据被盗、遗失或者灭失。因此,在确知票据下落时,不能提出公示催告申请。

3. 须合法持票人提出申请。我国《民事诉讼法》第 218 条规定,可以申请公示催告的,为按照规定可以背书转让的票据持有人。《票据纠纷若干规定》第 26 条作了进一步的界定,即“票据法第十五条第三款规定的可以申请公示催告的失票人,是指按照规定可以背书转让的票据在丧失票据占有以前的最后合法持票人。”采用欺诈、胁迫、抢夺、恐吓等非法手段而取得票据的人并非合法持票人,不享有票据权利,自不能成为合法申请人。

(张雪楳:《票据丧失法律制度研究》)

225. 公示催告程序中公告的发布

【司法解释】

最高人民法院关于人民法院发布公示催告程序中公告有关问题的通知

(法〔2016〕109 号)

各省、自治区、直辖市高级人民法院,解放军军事法院,新疆维吾尔自治区高级

---

① 该条规定,持票人未按照前款规定期限提示付款的,在作出说明后,承兑人或者付款人仍应当继续对持票人承担付款责任。

人民法院生产建设兵团分院;本院各单位:

为切实规范公示催告程序中公告的发布工作,解决风险票据发布公告平台不统一、不规范的问题,现通知如下:

依据《中华人民共和国民事诉讼法》第二百一十九条、最高人民法院《关于适用〈中华人民共和国民事诉讼法〉的解释》第四百四十条、最高人民法院《关于进一步规范法院公告发布工作的通知》等文件的规定,人民法院受理公示催告申请后发布公告的,应当在《人民法院报》上刊登,《人民法院报》电子版、中国法院网同步免费刊载。

特此通知。

2016 年 4 月 11 日

226. 公示催告的法律效力

【审判专论】

1. 依据人民法院的通知,付款人或者代理付款人应当立即停止支付。人民法院决定受理申请人的申请后,应当同时通知支付人停止支付。《票据纠纷若干规定》第 31 条规定,付款人或者代理付款人收到人民法院发出的止付通知,应当立即停止支付,直至公示催告程序终结。在失票人先行作出挂失止付通知且在法定期间申请公示催告、在公示催告程序终结同时即提起诉讼的情形下,公示催告程序因申报人申报而裁定终结,止付通知应仍发生了效力。

2. 公示催告期间,转让票据权利的行为无效。

3. 除权判决具有除权效力和行权效力。我国民事诉讼法及其司法解释规定,公示催告期间,没有人申报的,或者申报被驳回的,公示催告申请人应自申报权利期间届满的次日起一个月内申请人民法院作出判决。自判决公告之日起,申请人有权向支付人请求支付。由此可见,除权判决具有除权效力和行权效力。这里的除权效力,是指票据对于失票人之外的持票人失去效力,其目的在于限定票据债务人向申请人以外的持票人付款,从而保全申请人的票据权利。因此,票据被宣告无效后,取得丧失票据的主体不能行使票据权利,包括善意第三人。这里的行权效力,是指申请人可以根据除权判决行使票据权利。尽管申请人不持有丧失的票据,但其可以根据除权判决向负有付款义务的支付人请求支付。票据权利的行使本以提示票据为要件,但在票据丧失的情形下失票人无法持票主张权利,公示催告制度意在确定失票人的合法身份,使其获得行使票据权利的合法凭证。因此,除权票据可以作为失票人主张票据权利的依据。但应予注意的是,这里的支付票款请求权并非具有强制执行力的请求权。在付款人拒绝支付票款时,并不能申请强制执行。正因为此,《票据纠纷若干规定》第35条作出了如果付款人拒绝付款、失票人可以提起诉讼的规定。

(张雪楳:《票据丧失法律制度研究》)

227. 利害关系人起诉

【审判专论】

在公示催告期间,没有人申报权利的,或者申报被驳回的情形下,申请人才有权自申报权利期间届满的次日起一个月内申请人民法院作出判决。这里,利害关系人未在公示催告期间申报权利存在有正当理由和无正当理由两种情形,在有正当理由未能在公示催告期间申报权利的情形下,如果仍仅因其未在公示催告期间申报权利的表象即依申请人申请作出除权判决,则必然会使利害关系人因正当延误而产生不利益。为避免该问题发生,我国《民事诉讼法》第223条规定,利害关系人因正当理由不能在判决前向人民法院申报的,自知道或者应当知道判决公告之日起1年内,可以向作出判决的人民法院起诉。这里,应注意理解正当理由的概念。我们认为,该理由应是合法的,且足以导致申报人在申报期间无法申报权利的事由。

一般而言,形成该诉应具备以下条件:第一,原告方是受除权判决影响的利害关系人。第二,被告是公示催告和请求宣告无效票据的申请人。第三,该诉的提起理由应符合法律的规定,即由于原告方在法定期间因正当理由未及时申报权利。一般而言,正当事由包括但不限于下列事由:1.导致利害关系人在法定申报期间未能向法院申报权利的客观事由。如其虽然看到公告,但由于自身被非法拘禁,无法自己或者委托他人代为申报权利。2.导致其未能知道或者应当知道公告事实的客观事由,如发生地震,对外通讯中断等。第四,须向作出除权判决的法院提起诉讼。第五,须在知道或者应当知道判决公告之日起1年内提起诉讼。该期限应为起诉期间,即该期间经过,原告方提起诉讼的,人民法院不应受理。

关于该诉讼的性质,有观点认为,其应为公示催告程序中的特别程序,既然公示催告程序为非讼程序,那么,其也非普通诉讼中的诉讼制度,理由在于:其是在公示催告程序中规定的制度,因此,其适用也应遵循公示催告制度中具体制度的目的和宗旨。公示催告程序并不解决权利争议,如果出现权利争议,当事人应采用诉讼的方式进行裁决。之所以法院可以在公示催告程序中作出除权判决,原因不在于法院对围绕丧失的票据出现的争议进行了确权,而是由于不存在争议,为使申请人能否及时行使其对已丧失票据的权利而作出的制度性规定。由于对除权判决不能提起上诉,对公示催告程序当事人也不能申请再审,故为避免利害关系人因正当延误而产生不利益,法律规定了利害关系人可以在法定期间内起诉。该起诉的目的在于撤销除权判决,使已经被宣告无效的票据回复其效力,使在票据丧失后持有票据的主体可以根据票据主张权利。既然公示催告程序为非诉程序,不解决权利争议,则该诉讼自然也不应解决权利争议。另有观点认为,尽管法律是在公示催告程序中规定了该诉讼制度,但其为诉讼制度而非非诉制度,故其应适用诉讼制度的规定而非完全囿于公示催告制度的目的和宗旨。《民事诉讼法若干意见》第239条明确规定,依照《民事诉讼法》第198条[①]的规定,利害关系人向人民法院起诉的,人民法院可按票据纠纷适用普通程序审理。因此,该诉讼应为普通诉讼制度。关于该诉应只审理除权判决应否撤销问题还是还应审理利害关系人是否为票据权利人、是否应解决当事人之间的票据纠纷问题,也存在争议。第一种观点认为,既然其立法目的是撤销除权判决,使已经被宣告无效的票据回复其效力,以保护利害关系人因正当理由延误而产生的不利益,那么,其在性质上应为撤销之诉,应仅审理是否应撤销除权判决的事实,不涉及到票据权利的确定和票据争议的解决。该认识符合公示催告程序的性质,该诉的效力应等同于利害关系人在公示催告期间申报了权利,因此法院不能依申请人的申请作出除权判决,作出了的,应撤销。第二种观点认为,该条没有明确规定该诉的目的仅为撤销除权判决。究其实质,利害关系人有权提起该诉的法理依据在于其享有票据权利,因此,其诉讼的原因尽管是其理由未在公示催告期间申报权利、除权判决有违客观事实,但其根本目的在于确认和行使自己的票据权利。如果仅将该诉界定为撤销之诉,而不进行权利确定,则申报人如想确定其合法票据权利人身份以及行使票据权利还需另行提起诉讼,徒增诉讼成本。第三种观点认为,关于该诉的性质认定,应在特定的法律制度中进行探讨,需结合一国全部票据丧失制度进行研究。

(张雪楳:《票据丧失法律制度研究》)

228. 法院受理对记名债券、记名证券的公示催告申请后的处理

【地方审判】

法院依法受理对记名债券、记名证券的公示催告申请后,相关受理手续及法律

① 2012年《民事诉讼法》变更为第221条。

文书(包括除权判决)均应向公示催告申请人送达。除权判决除应向公示催告申请人送达外,还应依法向证券登记管理机构或公司,记名债券的发行机构或公司,或者有权保管、变更记名债券登记的机构或公司送达。

公示催告申请人依除权判决无法直接实现记名债券、记名证券上记载的相关权利的,可以通过向法院提起相关诉讼的方式主张其合法权利。

[《北京市高级人民法院审理民商事案件若干问题的解答之五(试行)》]

民事诉讼法第218条第1款规定:"按照规定可以背书转让的票据持有人,因票据被盗、遗失或者灭失,可以向票据支付地的基层法院申请公示催告。依照法律规定可以申请公示催告的其他事项,适用本章规定",因此,适用公示催告的有价证券范围应当包括可背书转让的票据(无记名票据、被拒绝承兑、被拒绝付款的票据除外)和可以申请公示催告的其他法定事项两部分。

依据最高人民法院《关于对遗失金融债券可否按"公示催告"程序办理的复函》(1992年5月8日法函〔1992〕60号)内容的精神,凡不属于上述我国民事诉讼法有关公示催告程序适用范围规定的票据或者其他法定事项的,均不能适用公示催告程序。

依照我国《证券法》和《公司法》关于"公司债券"的有关规定,公司债券(或称企业债券)可分为记名债券和无记名债券。记名债券记载了债券持有人的姓名或者名称,其能够有效保障债券持有人对债券的所有权,并且记名债券可以背书方式转让,因此,记名债券属于我国民事诉讼法有关公示催告程序适用范围规定的其他法定事项,当记名债券被盗、遗失或者灭失时,债券持有人可以依照民事诉讼法规定的公示催告程序,请求法院宣告记名债券失效,依法进行补救。同样理由,除记名证券外,记名式仓单和提单也应属于民事诉讼法有关公示催告程序适用范围规定的其他法定事项。

[关于《北京市高级人民法院审理民商事案件若干问题的解答之五(试行)》的说明]

第十二章 民事执行程序

229. 具有强制执行效力的公证债权文书的范围确定以及能否再据此提起诉讼的问题

【审判政策与精神】

具有强制执行效力的公证债权文书的范围确定以及能否再据此提起诉讼的问题,涉及公证程序和诉讼程序的衔接。《民事诉讼法》第 214 条(新法为 238 条)规定具有强制执行效力的公证债权文书为申请强制执行的依据。我院法释〔2008〕第 17 号《关于当事人对具有强制执行效力的公证债权文书的内容有争议提起诉讼人民法院是否受理的问题的批复》(以下简称《批复》)也对相关问题进行了规定。

结合征求到的我院有关部门的意见,我们认为:

第一,在认定具有强制执行效力的公证债权文书时应严格把握认定标准,不能做扩大解释。首先,该债权文书必须以给付为内容。其次,必须载明债务人愿意接受强制执行的承诺。对没有给付内容或没有载明债务人愿意接受强制执行承诺的债权文书,不得适用该《批复》。对是否为载明债务人愿意接受强制执行承诺的债权文书,应注意结合当事人的公证申请书、进行公证时的谈话笔录等进行综合认定。对不具有强制执行效力的公证债权文书,当事人因对其发生争议提起诉讼的,法院应当受理。

第二,在当事人能否提起诉讼的问题上,司法实践中还存有争议,需要进一步研究解决。其一,《批复》中规定的公证债权文书"确有错误"需要明确,尤其是如何协调当事人对该公证债权文书内容有争议和该公证债权文书确有错误的关系。而且,公证债权文书确有错误时,是否必须全部经法院的执行机构裁定不予执行后才可以向法院起诉。其二,申请执行期限经过后,债权人起诉时法院应否受理的问题,目前存有两种观点。一种观点认为,应严格依据《批复》的规定,只有公证债权文书确有错误,法院裁定不予执行时法院才应受理。另一种观点认为,《批复》制定的初衷是为了简化程序而非否定当事人的实体权利,从有利于债权人的角度看,即使其未在申请执行期间内申请执行,也不应认定当事人放弃了诉讼权利。因此,该期间经过后债权人提起诉讼的,人民法院应予受理。否则,债权人本为保护自己的债权申请办理了具有强制执行效力的公证,最终却因此丧失诉讼权利,这是不合理的。其三,申请强制执行期间经过后当事人对公证债权文书中的给付内容重新达成协议的,一方依据该协议向法院提起诉讼法院应否受理的问题也存在两种观点。一种观点认为,应认定该公证债权文书重新恢复了强制执行效力,当事人可以向法院申请强制执行但不能向法院提起诉讼。另一种观点认为,应参照最高人民法院民立他字〔2001〕第34号最高人民法院《关于当事人对人民法院生效法律文书所确定的给付事项超过申请执行期限后又重新就其中的部分给付内容达成新的协议的应否立案的批复》规定的精神,视为当事人之间形成了新的民事法律关系,只要符合起诉条件,人民法院就应当受理。这些意见如何取舍,需要我们进一步研究。

(宋晓明:《商事审判若干问题的探讨——在全国法院商事审判工作会议的讲话》)

【审判专论】

一、最高人民法院民二庭受理的四件案件分别从不同角度,涉及法释〔2008〕17号《关于当事人对具有强制执行效力的公证债权文书的内容有争议提起诉讼人民法院是否受理问题的批复》(以下简称《批复》)的适用问题,引发相关争议。民二庭审判长联席会对相关问题进行了讨论,现详述如下:

(一)上诉人黑龙江省铁路集团有限责任公司(以下简称铁路集团)与被上诉人中国长城资产管理公司哈尔滨办事处(以下简称长城公司)借款合同纠纷案

1. 案情简介

债务人与中国工商银行森融支行(以下简称森融支行)签订借款合同,约定:"履行期限至2003年4月5日止。"同日,双方签订最高额抵押合同。1998年4月22日,双方就借款合同和最高额抵押合同分别办理了(98)哈外证经字第209号公证书和(98)哈外证经字第210号公证书。上述两份公证书均载明:"本公证书具有强制执行的效力。"后双方签订展期协议,将借款期限最终展期至2005年9月19日,但展期后的主合同未再办理公证。重新签订的《最高额抵押合同》重新申请了公证,公证书载明,本公证书具有强制执行效力,如逾期不履行,债权人可申请强制执行。贷款到期后,债务人铁路集团未按期偿还贷款。2005年7月18日,森融支行将上述债权转让给长城公司,2006年11月15日,铁路集团向长城公司发出《借款询证函》,载明:"本公司聘请的正达会计师事务所正在对本公司会计报表进行审计……应当询证本公司对贵行的欠款余额。"长城公司在"数额不符及需加说明事项"一栏写明"截至2006年10月30日,本息合计39361741.35元,"

并加盖了公章。2008 年 2 月,长城公司向原审法院提起诉讼。

2. 原审法院处理意见

原审法院认为,长城公司与铁路集团在借款合同中明确约定“争议的解决可向贷款人所在地人民法院提起诉讼”。最高额抵押合同虽然进行了公证,并载明“本公证书具有强制执行的效力”,但未载明债务人愿意接受强制执行的承诺。因此,长城公司向法院提起诉讼符合法律规定。铁路集团提起上诉。

3. 该案所涉争议问题及争议观点

(1)该案是否应适用《批复》问题。该案中,公证行为发生在 1998 年 4 月,而《批复》颁布于 2008 年 12 月 22 日。因此,在二审期间,当事人对应否适用《批复》的规定存在争议。

(2)当事人对具有强制执行效力的公证债权文书发生争议,能否向人民法院提起诉讼问题。

(3)进行公证时并无债务人明确接受强制执行承诺的表述,仅公证书载明“本公证书具有强制执行的效力”,能否认定主债权公证文书为具有强制执行力的公证债权文书问题。

(4)如果作为执行依据的公证债权文书“确有错误”,应通过诉讼程序还是执行程序救济问题。

(5)当事人未对延期后的主合同另行制定公证债权文书,原公证书是否可约束延期后的主合同。

(6)申请强制执行期经过后,铁路集团向长城公司发出询证函,是否可认定重新达成协议,可以据此提起诉讼问题。

(二)上诉人唐山市中信大酒店有限公司(以下简称中信大酒店)与被上诉人中国工商银行股份有限公司唐山新华支行(以下简称工行新华支行)、中国华融资产管理公司石家庄办事处(以下简称华融石办)、中国华融资产管理公司北京办事处(以下简称华融京办)侵权纠纷案

1. 案情简介

中信大酒店的前身唐山市中信实业有限公司于 1999 年 10 月至 2001 年 8 月期间与工行新华支行签订五笔《流动资金借款合同》,约定借款金额共计 3700 万元,并办理了公证手续。工行新华支行依据河北省唐山市第二公证处(2002)唐证执字第 2、3、4、5 号执行证书向河北省唐山市中级人民法院申请执行。河北省唐山市中级人民法院于 2002 年 9 月 2 日立案后作出(2002)唐执字第 89 号民事裁定开始执行。经河北省高级人民法院(2004)冀执监一字第 22 号、(2008)冀执监一字第 4 号民事裁定先后指定该案由河北省廊坊市中级人民法院和沧州市中级人民法院执行。2009 年 4 月 23 日,中信大酒店向河北省高级人民法院提起诉讼,以借款后款项被工行新华支行擅自转走和被告非法使用中信大酒店不动产为第三人放贷

两种侵权行为给其造成损失为由提起诉讼。

2. 原审法院处理意见

原审法院认为，中信大酒店的诉请理由是因工行新华支行错误申请人民法院查封所造成。依据河北省唐山市第二公证处（2002）唐证执字第2、3、4、5号执行证书和工行新华支行的申请，河北省唐山市中级人民法院、廊坊市中级人民法院、沧州市中级人民法院先后作出民事执行裁定。上述执行裁定已经发生法律效力，依照《中华人民共和国民事诉讼法》第111条第1款5项[①]和《批复》关于“债权人或债务人对债权文书的内容有争议直接向人民法院提起民事诉讼的，人民法院不予受理。但公证债权文书确有错误，人民法院不予执行的，当事人、公证事项的利害关系人可以就争议内容向人民法院提起民事诉讼”的规定，中信大酒店的起诉不符合法律、司法解释的规定。该院裁定驳回中信大酒店的起诉。中信大酒店提起上诉。

3. 争议问题以及争议观点

该案主要涉及当事人的诉请范围是否超过具有强制执行效力的公证文书所载明的债权范围，人民法院应否受理问题。

（三）上诉人中国工商银行股份有限公司沈阳和平支行（以下简称工行和平支行）、沈阳市建设投资有限公司（以下简称建投公司）与被上诉人沈阳和光集团股份有限公司（以下简称和光集团）、沈阳建设投资资产经营有限公司（以下简称经营公司）金融借款、担保合同纠纷案

1. 案情简介

2003年4月15日，工行和平支行与和光集团签订两份流动资金借款合同，均约定“本合同经公证后，借款人不履行义务或不完全履行义务时，借款人同意接受人民法院强制执行”。贷款期限分别至2004年4月15日、4月16日止。2003年4月15日，工行和平支行与建投公司签订最高额保证合同，建投公司承诺“为了确保2003年4月15日至2004年4月16日期间和光集团在人民币9000万元最高贷款余额内与工行和平支行签订的所有借款合同项下借款人义务得到切实履行，建投公司愿意向工行和平支行提供保证担保，担保期间自每笔借款合同确定的借款到期之次日起两年。”双方还约定“本合同经公证后，保证人不履行义务或不完全履行义务时，保证人同意接受人民法院强制执行”。和光集团、工行和平支行、建投公司并于2003年4月24日自愿签订具有强制执行效力的债权文书一份，沈阳市第一公证处以（2003）沈一证经字第1494号文件对此予以公证，内容为“三方在合同中特别约定，上述合同经公证依法赋予强制执行效力，当工行和平支行的债权未受清偿时，工行和平支行有权依据《中华人民共和国民事诉讼法》第218条[②]规定，向有

① 2012年《民事诉讼法》为第124条第1款第5项。

② 2012年《民事诉讼法》为第242条。

管辖权的人民法院申请执行,和光集团及建投公司愿意无条件直接接受有管辖权的人民法院强制执行。申请执行期限,自合同到期之日起,工行和平支行未受清偿六个月之内,在此期限内,工行和平支行有权向该公证处申请出具《执行证书》并持该《执行证书》向有管辖权的人民法院申请执行。"2005 年 8 月 16 日,工行和平支行向和光集团发出催收逾期贷款本息通知书,该单位万小姐阅后收执。该公证处对此予以公证。2005 年 8 月 16 日,工行和平支行向建投公司发出督促履行保证责任通知书,内容为"请贵单位尽快筹借资金履行保证责任,偿还贷款本息,否则,将依法申请强制执行或提起诉讼。"该辽宁诚信公证处于 2005 年 8 月 29 日上午 10 时 30 分送达给建投公司,该单位赵小姐阅后收执。该公证处对此予以公证。2006 年 7 月 19 日,工行和平支行向原审法院提起诉讼。

2. 原审法院处理意见

原审法院认为,虽然和光集团、工行和平支行、建投公司三方于 2003 年 4 月 24 日签订一份具有强制执行效力的债权文书,并已公证,但最高人民法院司法解释定义是"债权人或者债务人对该债权文书的内容有争议提起诉讼的,人民法院不予受理",本案债权人不是对公证的文书内容有争议提起的诉讼,而是就整个债权未实现清偿提起的诉讼。另外,工行和平支行是 2006 年 7 月 24 日提起诉讼,《批复》自 2008 年 12 月 26 日起施行,工行和平支行提起诉讼时该《批复》尚未施行,该司法解释不具有溯及力,所以本案对该司法解释不能适用。该院判决建投公司对和光集团的上述欠款本金及利息承担连带清偿责任。建投公司提起上诉。

3. 争议问题以及争议观点

本案主要涉及应否适用《批复》规定问题。该问题又涉及两个问题:第一,公证债权文书出具时间是 2003 年 4 月 24 日,在《批复》以及《公证法》的施行之前,应否适用《批复》规定问题;第二,本案是否属于当事人对具有强制执行效力的公证文书内容有争议提起的诉讼,应否适用《批复》规定问题。

(四)上诉人贵阳市商业银行(以下简称商业银行)与被上诉人贵州红华物流有限公司(以下简称物流公司)、原审第三人贵阳红华贸易有限公司(以下简称贸易公司)、贵州红华房地产开发有限公司(以下简称房地产公司)借款担保合同纠纷案

1. 案情简介

2008 年 3 月 5 日,商业银行为与物流公司、贸易公司、房地产公司借款担保合同纠纷一案,向贵州省高级人民法院(以下简称贵州高院)提起诉讼,该院于 2008 年 8 月 29 日作出(2008)黔高民二初字第 19 号民事判决。商业银行与物流公司均不服该判决,向最高人民法院提起上诉。最高人民法院于 2009 年 3 月 24 日作出(2008)民二终字第 145 号民事裁定,撤销(2008)黔高民二初字第 19 号民事判决,驳回商业银行的起诉。2009 年 6 月 17 日,商业银行又以物流公司为被告向贵州高院起诉,请求:1. 确认《借款合同》和《借款合同补充协议》无效;2. 物流公司退还商

业银行6996.1万元;3.物流公司承担本案诉讼费、保全费及产生的其他费用。该院于2009年6月19日作出(2009)黔高民初字第1号民事裁定,裁定不予受理。商业银行不服该裁定,向最高人民法院提起上诉,最高人民法院于2009年9月11日作出(2009)民二终字第94号民事裁定,裁定撤销(2009)黔高民初字第1号民事裁定,该案由贵州高院立案受理。

2.原审法院处理结果

原审法院认为:商业银行曾以物流公司、贸易公司、房地产公司为被告向该院提起诉讼,请求判令物流公司提前归还借款本金6996.1万元及相应利息,贸易公司、房地产公司对上述款项承担连带清偿责任。最高人民法院已于2009年3月24日对该案作出(2008)民二终字第145号民事裁定,认为,商业银行以同一民事权益再次提起诉讼,请求人民法院处理上述债务纠纷,显属不当。原审判决程序不合法,裁定驳回商业银行的起诉。本案中,虽然商业银行仅以物流公司为被告,而未起诉贸易公司和房地产公司,但其诉请仍是要求物流公司归还其在(2008)民二终字第145号案件中诉请的同一笔借款6996.1万元,而商业银行对本案诉讼标的6996.1万元债权已经取得具有法律效力的执行依据的事实已为最高人民法院发生法律效力的(2008)民二终字第145号民事裁定予以确定,故商业银行的起诉违反"一事不再理"的诉讼原则,依法应予驳回。综上,该院裁定:驳回商业银行的起诉。商业银行提起上诉。

3.争议问题以及争议观点

该案争议问题是受理该案是否违反了一事不再理原则。

二、合议庭处理意见

(一)关于《批复》的溯及力问题。合议庭一致意见认为,一般而言,司法解释的效力可以溯及至其所解释的法生效之时。《批复》颁布于2008年12月22日,其主要是对1991年颁布实施的《民事诉讼法》第218条(2012年《民事诉讼法》为238条,规定内容不变)以及2003年颁布的《公证法》第37条和第40条所做的解释。因此,只要公证行为发生在《民事诉讼法》颁布实施之后,且《批复》颁布实施之时案件没有终审的,均可以适用《批复》的规定。案件一中的公证行为发生在1998年4月,案件三中的公证行为发生在2003年4月24日,均在《批复》以及《公证法》的施行之前,但在1991年颁布实施的《民事诉讼法》之后,且案件均未终审,故可以适用《批复》的规定。

(二)当事人对具有强制执行效力的公证债权文书的内容有争议提起诉讼,人民法院应否受理。合议庭形成两种意见。第一种意见认为,不应受理。理由为:依其法律效力的不同,公证书分为具有证明效力的公证书和具有强制执行效力的公证文书。依据我国《民事诉讼法》第214条、第216~218条的规定,上述规定表明,具有强制执行效力的公证债权文书与法院生效的裁判文书、仲裁裁决一样可以作为强制执行依据。关于具有强制执行效力的公证文书与诉讼之间的关系,《民事诉讼法》第214条和《公证法》第37条均规定当事人"可以"向法院申请执行。《批复》规定:"经公证的以给付为内容并载明债务人愿意接受强制执行承诺的债权文书依法具有强制执行效力。债权人或者债务人对该债权文书的内容有争议直接向人民法院提起民事诉讼的,人民法院不予受理。但公证债权文书确有错误,人民法院裁定不予执行的,当事人、公证事项的利害关系人可以就争议内容向人民法院提起民事诉讼。"依其规定,在当事人申请具有强制执行效力的公证文书的情形下,依据一事不再理的原则,其再向法院提起诉讼的,不应受理,除非存在但书规定的情形。第二种意见认为,应予受理,理由为:规定具有强制执行效力的公证债权文书是增加一个便利权利人快捷解决纠纷,实现自己权利的途径,并不是否定权利人的实体权利和民事诉权。《批复》的规定存在不合理之处。申请强制执行期限经过后,应给予权利人救济途径,允许债权人放弃其原选择的公证程序进行诉讼。在目前民众对具有强制执行效力的公证文书的效力认识不清,且公证程序不够全面规范的情形下,这样规定,可以有效地防止债务人赖账、更好保护权利人的权利。

(三)进行公证时并无债务人明确接受强制执行承诺的表述(公证申请书、公证谈话记录、借款合同均无记载),仅公证书载明"本公证书具有强制执行的效力",能否认定该公证文书为具有强制执行力的公证债权文书问题。合议庭形成两种意见。第一种意见认为,案件一中所涉公证行为发生在1998年,应适用1991年4月1日实施的司法部《公证程序规则》(试行)的规定。该规则第35条规定,"赋予债权文书具有强制执行效力的公证,应当符合下列条件:……(三)债权文书中载明债务人不履行义务时应受强制执行的意思表示"。依据该规则以及《批复》的规定,没有给付内容,或者没有载明债务人愿意接受强制执行承诺的债权文书,不得适用《批复》的规定。案件一中,公证书仅载明"本公证书具有强制执行的效力",并没有载明债务人不履行义务时应受强制执行的意思表示,而且,公证申请书、公证谈话记录、借款合同均对该意思表示没有明确记载,债权人对其系具有强制执行效力的公证债权文书也予以否认,因此,现有证据不能充分证明当事人对申请具有执行效力的公证达成合意。是否申请具有强制执行效力的公证是当事人意思自治的范畴,公证机关不能擅自作出具有强制执行效力的公证文书。否则,该公证书的作出不是当事人的真实意思表示,而是公证机关的意思表示,不能约束当事人。该案债务人在申请强制执行期限及经过后强调其愿意接受强制执行,难免有恶意规避履行债务的嫌疑,所以不能认定为其"明确承诺"。第二种意见认为,依据《公证程序规则》(试行)的规定,赋予债权文书具有强制执行效力的公证,债权文书中应当载明债务人不履行义务时应受强制执行的意思表示。该案中,公证书载明的是"本公证书具有强制执行的效力",虽未明确载明债务人不履行义务时应受强制执行的意思表示,但一般而言,从其文义可以推出债务人不履行义务时应受强制执行的含义。而且,债务人一直未否认该公证文书具有强制执行效力。综合公证文书的表述以及债务人的意思表示,应认定债务人具有不履行义务时应受强制执行的意思表示,该公证文书系具有强制执行效力的公证文书。

(四)当事人未对延期后的主合同另行制定公证债权文书,原公证书是否可约束延期后的主合同。合议庭形成两种意见。一种意见认为,可以当然约束。理由为,延期协议除履行期限与原合同不同外,当事人名称以及债权债务关系等内容与主合同均相同,其只是主合同的延续。公证的目的主要是证明债权的存在,因此,履行期限变更与否,并不影响债权的合法存在。在当事人无相反约定的情形下,可以认定公证书的效力直接约束延期后的合同。当然,申请强制执行期限应从延期后的履行期限届满之日起算。另一种意见认为,不能当然约束延期合同。理由为,申请具有强制执行效力的公证的法律效力有二,一是对该债权的合法性予以确认;二是赋予了其强制执行力。而强制执行力与履行期限的约定密切相关,延期合同是对原合同期限的变更,虽然不是新的合同,但原公证书证明的事项内容发生了变化,必然影响到申请执行期限的变更,因此不能简单推定原公证文书继续有效。否则,认定原公证书仍具有约束力,对当事人不利,排除了当事人的诉权,对当事人不公。

(五)未记载当债务人不履行或者不适当履行义务时,债务人愿意接受强制执行的承诺的公证文书是否属于确有错误情形。合议庭形成两种意见。第一种意见认为,仅凭公证书中载明该公证书具有强制执行效力就当然推定是办理了具有强制执行效力的公证,有违客观事实。尽管《批复》规定的是应有债务人不履行或者不适当履行义务时,债务人愿意接受强制执行的承诺,从该文字表述上进行文义分析,似乎只要债务人不予否定,认可其不履行或者不适当履行义务时,债务人愿意接受强制执行的承诺即可认定该公证未具有强制执行效力的公证。但究其实质,认定公证是否为具有强制执行效力的公证,不仅影响到债务人的权利,也影响到债权人的权利实现。债权人的权利申请进行具有强制执行效力的公证,可以尽快实现其债权,但在现有制度规定的框架下,如果在申请强制执行期限届满前其并未申请强制执行的,其民事诉权不被保护,因此,也存在对其不利的情形。如果在当事人没有约定或者约定不明的情形下,仅凭债务人的意思表示就认定是具有强制执行效力的公证,则可能出现在申请强制执行期限经过后,债务人恶意承认其申请具有强制执行效力的公证的事实,这样,债权人申请强制执行及起诉均不被支持,债务人就可以不履行债务。因此,在没有充分证据证明当事人确有办理具有强制执行效力的公证的情形下,公证文书上载明其具有强制执行的效力,属于确有错误的情形。第二种意见认为,当事人未明确作出承诺是客观事实,和公证债权文书是否具有错误没有关系,应根据公证文书的性质认定其属于何种类型,是否具有强制执行效力。

(六)在确有错误情形下,是必须由法院执行机构裁定不予执行,方可向法院起诉还是在当事人直接向法院提起诉讼过程中,可在审理过程中予以直接认定问题。

合议庭一致意见认为:应区分公证书的性质进行认定,不能一概认定必须经法院执行机构裁定文书确有错误,不予执行。

(七)案件一中,申请强制执行期经过后,铁路集团向长城公司发了一个询证函,是否可认定重新达成协议,可以据此提起诉讼问题。关于该问题,合议庭一致意见认为,根据民立他字〔2001〕第34号《立案批复》关于当事人就人民法院生效裁判文书所确定的给付事项超过执行期限后又重新达成协议的,应当视为当事人之间形成了新的民事法律关系,当事人就该新协议向人民法院提起诉讼的,只要符合《民事诉讼法》立案受理的有关规定的,人民法院应当受理规定的精神,案件一中,申请强制执行期限经过后,债务人于2006年11月15日主动向债权人出具《借款询证函》,尽管其表明是为了审计需要,但应从其主动发出该询证函的行为推出债务人认可该债务的存在并不否定履行该债务。案件三中,申请执行期限经过后,债务人在债权人的催收通知上签字,也应认定其同意履行执行期限已经届满的债务。尽管《立案批复》针对的是经过裁判文书确定的给付事项的执行期限经过的情形,而本文所设两案涉及的是具有强制执行效力的公证债权文书确定的给付事项的申请强制执行期限经过的期限,但两者的法理应该是相同的。该批复采用了重新成立协议说,如果认定案件一中的公证文书具有强制执行效力的话,我们可以在现有的制度框架体系内,参考该批复的规定,认定两案中当事人重新达成新的协议,因此,其不再受原具有强制执行效力的公证债权文书的约束,当事人的起诉符合诉的要件的,应予受理。当然,这确实存在着是认定重新达成新的协议,还是认定回复强制执行效力的问题,值得进一步探讨。

(八)关于当事人的诉请范围超过具有强制执行效力的公证文书所载明的债权范围,人民法院应否受理该案问题。合议庭一致意见认为,案件二中,当事人提起侵权之诉不仅仅针对执行的供证文书查封带来的损失,还有因其他侵权行为造成的损失,其诉请范围超过具有强制执行效力的公证文书所载明的债权范围,人民法院对于超出的部分应予受理。

(九)在诉讼主体与诉讼内容与公证债权文书所载明的当事人和法律关系实质同一的情形下,当事人提起诉讼应否受理问题。这是案件四的焦点问题。合议庭一致意见认为,债权人对同一笔借款申请具有强制执行效力的公证后,又以其他理由就该款项提起诉讼,属于一事再理,故人民法院不应受理。

三、民二庭审判长联席会意见

民二庭审判长联席会经讨论认为,上述案件所涉的问题主要是对《批复》的理解与适用问题,核心是具有强制执行力的公证文书的可诉性问题。

关于《批复》的溯及力问题,民二庭审判长联系会一致同意合议庭的意见。

关于《批复》的适用原则以及当事人对具有给付内容的债权文书申请具有强制执行力的公证后,向人民法院提起诉讼后,人民法院应否受理问题,民二庭审判长联系会形成两种意见：

多数意见认为，规定具有强制执行效力的公证债权文书的立法目的是为了摆脱烦琐诉讼程序，增加一个便利权利人快捷解决纠纷，实现自己权利的途径，同时也减轻法院的工作压力，降低诉讼成本，而非否定权利人的实体权利和民事诉权。申请进行具有强制执行效力的公证本是当事人的自愿行为，债权人作此公证本为更好地实现自己的权利，但却因此丧失了诉权，对权利人不公。《批复》是关于程序问题的规定，不是实体规定，不应用程序上的规定剥夺实体权利。《批复》存有不完善、不周延之处。申请强制执行期限经过后，尤其是在申请强制期限虽已经过，但诉讼时效期间尚未经过的情形下，应当规定对权利人的救济途径，允许债权人放弃其原选择的公证程序进行诉讼，这样规定，可以有效地防止债务人赖账。从有利于社会的角度分析，依据诚实信用原则，债务人应当履行债务，在诉讼时效制度的适用上我们强调要从宽掌握，在这种程序问题上我们也应从宽掌握。在我国现有法治水平尚不高的情形下，如果让每个公民对该《批复》的内容及效力都把握地很清楚，比较苛刻。在这种情形下，做有利于债权人的理解比较符合我国现实。综上，在适用《批复》的规定时应做有利于保护债权人权利的理解，从宽把握。讨论案件中所涉溯及力以外的其他问题，合议庭应根据上述原则讨论决定。

少数意见认为，具有强制执行效力的公证债权文书与法院生效判决、仲裁裁决具有同等的法律效力，都是执行依据。如果允许债权人另行起诉获得另一份具有法律效力的执行依据，则违反"一事不再理"原则，也使公证债权文书制度形同虚设。是否进行具有强制执行力的公证，是债权人作出的选择，其通过选择而取得的简便的程序与其不在法定期限内申请强制执行的风险是相辅相成的。因此，应严格依照《批复》的规定，如果当事人确实申请了具有强制执行效力的公证，则其再就同一债权债务关系向人民法院提起诉讼的，人民法院不应受理，除非符合《批复》但书规定的情形。如果任由债权人选择，在其未在申请执行期限内申请强制执行后又允许其起诉，法院仍予受理，则有违诚信原则，也加重法院的工作负担。

四、二审法院处理结果

（一）案件一的二审处理结果

当事人双方在在二审法院主持下，最终以调解方式结案，铁路集团分两期给付长城公司人民币 1800 万元。

（二）案件二的二审处理结果

最高人民法院认为，中信大酒店基于侵权提起该案诉讼，其诉请理由不仅限于因工行新华支行错误申请人民法院查封所造成的损失，其中关于工行新华支行对其有侵权行为并造成损失的诉讼请求符合《中华人民共和国民事诉讼法》第 108 条①关于"起诉条件"的相关规定，应对该诉讼请求进行实体审理。中信大酒店的

---

① 2012 年《民事诉讼法》为第 119 条。

诉讼请求中,如存在《批复》之规定情形,可依照规定处理。综上,该院裁定撤销河北省高级人民法院(2009)冀民二初字第5号民事裁定;指令河北省高级人民法院对该案进行审理。

(三)案件三的二审处理结果

最高人民法院经审理认为,当事人争议焦点之一为该案应否适用《批复》及如何适用问题。该案公证债权文书出具时间是2003年4月24日,《批复》的施行时间是2008年12月22日,但由于《批复》是对《中华人民共和国民事诉讼法》和《中华人民共和国公证法》的解释,且该《批复》出台时,该案尚在一审中,故《批复》应当适用该案。但是,该案中债权文书公证书载明"申请执行期限,自合同到期之日起,乙方(指工行和平支行)债权未受清偿六个月之内,乙方有权向本公证处申请出具《执行证书》。并持该《执行证书》向有管辖权的人民法院申请执行。"到期后,工行和平支行并未申请强制执行,根据《批复》的规定,对工行和平支行提起的诉讼,人民法院本不应受理。但由于工行和平支行于2005年8月25日分别向和光集团和建投公司进行了公证催收,应视为各方当事人重新达成了还款协议,故当事人实体权利以及寻求司法救助的诉讼权利不应因此遭到否定或者限制,工行和平支行就本案债权的实现提起诉讼,应予准许。该院判决驳回上诉,维持原判。

(四)案件四的处理结果

最高人民法院认为,原审认定的赋予强制执行力的公证书的权利人,依然是上诉人商业银行。且该公证书已经在人民法院执行程序中,而该案的诉讼标的,正是上述执行中赋予强制执行力的公证债权文书所确定的给付内容6996.1万元债务。商业银行在上诉中强调该案诉讼的6996.1万元债务并非(2008)民二终字145号裁定所涉及的债务6996.1万元。但是,无论上述债务如何流转,债务重组是否有效成立,该6996.1万元债权的成立,源自2002年7月至2005年4月期间,贸易公司出具606笔承兑汇票而形成的6996.1万元欠款。如果上述债务已经重组或转让,该行应当向重组方或新债务人主张债权,而不得既向原债务人主张,取得执行依据后转而再向债务重组方红华物流公司主张债权。如果人民法院予以受理并确认上述债权,则必然会形成两个标的相同的可执行依据,从而可能形成重复执行。况且,通过该案上诉人商业银行的诉讼请求可以看出,商业银行实际已经自认债务重组系列合同中的主合同《借款合同》当属无效合同,债务重组不能成立。故上诉人商业银行应当向原债务人贸易公司主张债权。商业银行在作为赋予强制执行力的公证债权文书权利人申请人民法院对本案6996.1万元债务强制执行,且该公证债权文书已进入执行程序的情况下,试图通过诉讼再次对该债权进行重复确认是不当的。该院依裁定驳回上诉,维持原裁定。

(张雪楳:《当事人对具有强制执行效力的公证债权文书的内容有争议提起诉讼,人民法院应否受理》)

230. 法院在审查处理不予执行公证债权文书的案件时，应当全面审查程序问题和实体问题

【公报案例】

重庆德艺房地产开发有限公司不服执行裁定复议案

[最高人民法院(2011)执复字第2号]

❖ **裁判要旨**

人民法院在审查处理不予执行公证债权文书的案件时，应当全面审查公证债权文书的内容是否确有错误，包括审查程序问题和实体问题；实体审查的对象原则上应限定于被赋予强制执行效力的公证债权文书本身，而不涉及公证债权文书形成的基础事实。

❖ **基本案情**

申请复议人(被执行人)：重庆德艺房地产开发有限公司

法定代表人：王世德，该公司董事长

申请执行人：重庆华信资产管理有限公司

法定代表人：毛怀山，该公司董事长

被执行人：重庆恒通房地产发展有限公司

法定代表人：王世德，该公司董事长

申请复议人重庆德艺房地产开发有限公司(以下简称德艺公司)不服重庆市高级人民法院(以下简称重庆高院)(2010)渝高法执异字33号执行裁定书，向最高人民法院申请复议。法院依法组成合议庭进行了审查，现已审查终结。

法院查明：

2003年11月24日，重庆市商业银行和平路支行(以下简称和平路商行)与德艺公司签订了《借款合同》，约定和平路商行向德艺公司提供借款18918万元，用于德艺公司归还旧贷款，借款期限自2003年11月28日至2004年11月28日。2008年3月20日，重庆市国地资产管理有限公司(以下简称国地公司)与德艺公司、重庆恒通房地产开发有限公司(以下简称恒通公司)签订《还款协议》，协议载明：德艺公司于2003年11月28日向和平路商行借款18918万元，该借款由恒通公司以其位于渝中区民权路51号平街3、4、5层商场共计17915.76平方米作为抵押物提供担保，上述债权及债权项下的权利(含抵押权)转让给国地公司，德艺公司、恒通公司对上述债权转让事项无异议。截至2008年3月20日，德艺公司尚欠国地公司人民币18918万元本金和71698624.29元利息，德艺公司自愿于2008年7月31

日还清所欠国地公司的债权本金18918万元,利随本清。如德艺公司未按约定期限清偿全部本息,恒通公司无条件接受人民法院对其抵押物的强制执行。2008年3月24日,国地公司、德艺公司、恒通公司申请对《还款协议》进行公证。同日,重庆市渝中公证处出具了(2008)渝中证字第650号公证书,赋予该《还款协议》以强制执行效力。因德艺公司逾期未履行《还款协议》约定的还款义务,经国地公司申请,重庆市渝中公证处于2008年12月30日出具了(2008)渝中证字第3535号执行证书,国地公司依据上述公证书及执行证书向重庆高院申请执行,该院于2009年1月7日立案执行。后因国地公司将该债权转让,重庆高院依其申请于2009年5月22日变更重庆华信资产管理有限公司为本案申请执行人。

在执行中,被执行人德艺公司于2009年6月18日申请对(2008)渝中证字第3535号执行证书不予执行。2009年10月19日,重庆高院作出(2009)渝高法执异字第81号执行裁定,驳回其申请。2010年8月24日,德艺公司向重庆高院提出执行异议,认为(2009)渝高法执异字第81号执行裁定依据的执行证书确有错误,认定事实不清,请求撤销该裁定,并请求裁定对(2008)渝中证字第3535号执行证书不予执行。

重庆高院审查后作出(2010)渝高法执异字33号裁定。裁定认为:《中华人民共和国民事诉讼法》规定对公证债权文书裁定不予执行的情形是"公证债权文书确有错误",但对于公证债权文书确有错误包括哪些情形未作具体规定。"确有错误"一般包含所公证的债权文书没有给付内容、债权文书约定的给付内容(数额、期限、方式)不明确或存在争议、债权文书没有明确载明债务人愿意接受强制执行的承诺、债务人与债权人恶意串通损害他人利益、有证据足以推翻公证债权文书、公证程序违法等情形。本案所公证的债权文书是国地公司、德艺公司、恒通公司于2008年3月20日签订的《还款协议》,在该还款协议中,三方当事人对截至2008年3月20日德艺公司欠国地公司的本金和利息的数额进行了确认,该还款协议约定的还款数额、还款期限具体明确,有债务人表明自愿接受强制执行的承诺,无证据证明债务人签订该协议意思表示不真实,因此,该还款协议系三方当事人真实意思表示,且未损害他人利益,公证机构对其真实性、合法性予以确认并赋予其强制执行效力符合法律规定。德艺公司异议称所公证的债权不真实,未提交证据加以证明,不足以认定公证债权文书确有错误。至于还款协议的基础事实《借款合同》是否存在违法高息或者不真实的借款,涉及借款合同效力的认定,该借款合同是否无效、是否可撤销,不属于本案执行审查范围。因此,德艺公司的异议理由不成立,故裁定驳回其异议请求。

德艺公司就(2010)渝高法执异字33号裁定向最高人民法院申请复议的理由如下:

(一)重庆高院(2010)渝高法执异字33号裁定对执行证书是否确有错误即债权的真实性、合法性不予审查,属认定事实不清。本案所依据的公证债权文书,明确载明了债权是德艺公司与和平路商行签订的《借款合同》的本金、利息所形成,那么因《借款合同》债权的真实性争议、合法性争议当然应属公证债权文书债权争议的范畴。重庆高院在裁定中列举了审查公证债权文书是否确有错误的几种情形,其中就包括了对债权存在争议的情况。重庆高院在既没有实质审查执行债权是否存在违法收取高息、是否真实、是否合法的事实,也没有审查是否是当事人的真实意思表示的情况下,径直放弃了对债权真实性、合法性应当履行的司法审查,属于认定事实不清。

(二)重庆高院故意回避审查执行债权是否存在违法收取高息、是否合法的事实,剥夺了申请人的司法救济权。第一,申请人向重庆高院提供了大量翔实的证据证明债权的不合法、不真实,重庆高院只列明被申请人的答辩意见,却未有审查、评析、研判意见;第二,公证债权文书的形成,是因为抵押人恒通公司当时面临资产重组,为取得商业银行在抵押房屋与恒通公司资产重组同步及得到贷款支持的诱迫下形成的,并非申请人、恒通公司真实意思的表示,也不符合民事行为的法律要件;第三,赋予强制执行力的公证债权文书没有诉权,而只被赋予执行异议权,显然是将司法审查置于执行环节,以保证任何被强制执行的债权合法。因此,执行中的审查不仅包括程序审查,而且包括实体审查,否则就剥夺了申请执行人的司法救济权。

最高人民法院认为:依照《中华人民共和国民事诉讼法》第二百一十四条以及最高人民法院《关于当事人对具有强制执行效力的公证债权文书的内容有争议提起诉讼人民法院是否受理问题的批复》精神,人民法院在执行程序中,因被执行人提出不予执行抗辩的,应当对公证债权文书的内容是否确有错误进行审查,该审查应当包括公证债权文书的程序和实体问题。重庆高院的裁定内容表明其实际上已对公证债权文书即《还款协议》的内容进行了实体审查,法院确认其审查意见是正确的。至于该院将实体审查的范围限于本案所公证的债权文书《还款协议》,而未涉及《还款协议》的基础事实《借款合同》是否存在违法高息等问题,本院认为,除非涉及明显违背当事人真实意愿以及损害社会公共利益或第三人利益的问题,执行程序中将实体审查的对象限定于被赋予强制执行效力的债权文书本身,是适当的。本案《还款协议》项下的债权源于德艺公司与和平路商行于 2003 年签订的《借款合同》项下的本金、利息,该合同又是以新贷款偿还 1997 年至 1998 年间形成的贷款本金和利息,在《还款协议》签订前以及执行程序开始之前,德艺公司既未向债权人提出异议,也未向国家机关寻求救济,而在 2008 年与国地公司就欠款的本金和利息的数额在《还款协议》中进行了确认,并明确表示自愿偿还。《还款协议》的内容并不涉及损害社会公共利益或第三人合法权益问题,也无证据表明违背德艺公司和担保人的真实意愿。德艺公司所谓《还款协议》因涉及被“诱迫”而属于非真实意思表示的主张,也无证据证明,应不予支持。而且该《还款协议》系以解决或防止三方当事人之间就欠款及数额等的争执为目的而达成,债务人不得再行就此前的基础法律关系提出主张。因此,重庆高院不对《还款协议》形成之前的《借款合同》实体问题进行审查,并无不当。

综上,重庆高院(2010)渝高法执异字33号裁定驳回德艺公司异议请求的处理意见并无不当。申请复议人的复议理由不成立。依据《中华人民共和国民事诉讼法》第二百零二条之规定,裁定如下:

驳回重庆德艺房地产开发有限公司的复议请求。

[选自《最高人民法院公报》2011年第11期(总第181期)]

231. 强制执行效力的公证文书则为执行依据

【审判专论】

根据我国法律的规定,公证的效力主要体现为证明效力和执行效力,公证文书分别为认定事实的依据和强制执行的依据。因此,依其法律效力的不同,公证书也分为具有证明效力的公证书和具有强制执行效力的公证文书。具有证明效力的公证书主要作为证据使用,而具有强制执行效力的公证文书则为执行依据。其法律依据为:我国《民事诉讼法》第238条、第240条、第241条、第242条的规定。上述规定表明,具有强制执行效力的公证债权文书与法院生效的裁判文书、仲裁裁决一样可以作为强制执行依据。换言之,当事人对其纠纷的解决以及权利义务的确定,可以采取起诉、仲裁、申请具有强制执行效力的公证等多种方式。溯其本源,强制执行公证制度最初来源于地方习惯法,其法理基础来源则是罗马法中的“法庭中的自认”制度。其对当事人间依据自主意志选择的实现私权的救济途径予以确认,正遵循了当事人自治主义的私法原则。其直接目的在于督促债务人及时有效地履行给付义务,不经诉讼或仲裁等裁判程序,根据债权人的申请,即可直接进入执行程序,因此,究其实质,其“是一项特殊的债权保护制度”。

关于具有强制执行效力的公证文书与诉讼之间的关系,我国相关法律进行了规定。如《民事诉讼法》第238条规定,对公证机关依法赋予强制执行效力的债权文书,一方当事人不履行的,对方当事人可以向有管辖权的人民法院申请执行,受申请的人民法院应当执行。《公证法》第37条规定,对经公证的以给付为内容并载明债务人愿意接受强制执行承诺的债权文书,债务人不履行或者履行不适当的,债权人可以依法向有管辖权的人民法院申请执行。第40条规定,当事人、公证事项的利害关系人对公证书的内容有争议的,可以就该争议向人民法院提起民事诉讼。前述规定中,《民事诉讼法》第238条以及《公证法》第37条均规定当事人“可以”向法院申请执行,这里,“可以”的表述易使人产生歧义,认为申请了具有强制执行效力的公证债权文书后,当事人既可以向法院申请强制执行,也可以提起诉讼。而且,《公证法》第 40 条又规定,当事人、公证事项的利害关系人对公证书的内容有争议的,可以就该争议向人民法院提起民事诉讼。这进一步使人认为,只要当事人、公证事项的利害关系人对公证书的内容有争议的,就可以就该争议向人民法院提起民事诉讼,而不考虑是否当事人在申请具有强制执行效力的公证时当事人已经认可对债权文书无争议的事实。由于上述规定不明,在司法实践中出现了两类突出问题:第一,债权人依据《民事诉讼法》第 238 条及《公证法》第 37 条的规定申请强制执行,但债务人却依据《公证法》第 40 条的规定以当事人对债权文书有争议为由提起诉讼。第二,申请强制执行期间经过,但诉讼时效期间未经过的情形下,债权人向人民法院提起诉讼的,应否受理?上述两个问题的核心是公证债权文书是否具有可诉性问题,其实质也涉及如何协调《民事诉讼法》第 238 条、《公证法》第 37 条、《公证法》第 40 条关系问题。基于此,最高人民法院出台了《批复》,其规定:"根据《中华人民共和国民事诉讼法》第 214 条(新法为第 238 条)和《中华人民共和国公证法》第 37 条的规定,经公证的以给付为内容并载明债务人愿意接受强制执行承诺的债权文书依法具有强制执行效力。债权人或者债务人对该债权文书的内容有争议直接向人民法院提起民事诉讼的,人民法院不予受理。但公证债权文书确有错误,人民法院裁定不予执行的,当事人、公证事项的利害关系人可以就争议内容向人民法院提起民事诉讼。"对其规定在理解时应注意以下几点:

第一,经公证的以给付为内容并载明债务人愿意接受强制执行承诺的债权文书依法具有强制执行效力。详言之,并非所有公证文书均具有强制执行的效力,只有具备了给付内容且载明债务人愿意接受强制执行承诺的债权文书才具有强制执行效力。相关规范性文件对该两个条件进行了规定,如 1991 年 4 月 1 日实施的司法部《公证程序规则》(试行)第 35 条规定,赋予债权文书具有强制执行效力的公证,应当符合下列条件:(一)债权文书经过公证证明;(二)债权文书以给付一定货币、物品或有价证券为内容;(三)债权文书中载明债务人不履行义务时应受强制执行的意思表示。2000 年 9 月 21 日发布的最高人民法院、司法部《关于公证机关赋予强制执行效力的债权文书执行有关问题的联合通知》(以下简称《联合通知》)第 1 条规定:"公证机关赋予强制执行效力的债权文书应当具备以下条件:(一)债权文书具有给付货币、物品、有价证券的内容;(二)债权债务关系明确,债权人和债务人对债权文书有关给付内容无疑义;(三)债权文书中载明债务人不履行义务或不完全履行义务时,债务人愿意接受依法强制执行的承诺。"2002 年 8 月 1 日施行的《公证程序规则》第 39 条规定:"具有强制执行效力的债权文书的公证,应当符合下列条件:(一)债权文书以给付货币、物品或者有价证券为内容;(二)债权债务关系明确,债权人和债务人对债权文书有关给付内容无疑义;(三)债权文书中载明当债务人不履行或者不适当履行义务时,债务人愿意接受强制执行的承诺。"《公证法》第37条规定,对经公证的以给付为内容并载明债务人愿意接受强制执行承诺的债权文书,债务人不履行或者履行不适当的,债权人可以依法向有管辖权的人民法院申请执行。《联合通知》第2条规定,"公证机关赋予强制执行效力的债权文书的范围:(一)借款合同、借用合同、无财产担保的租赁合同;(二)赊欠货物的债权文书;(三)各种借据、欠单;(四)还款(物)协议;(五)以给付赡养费、扶养费、抚育费、学费、赔(补)偿金为内容的协议;(六)符合赋予强制执行效力条件的其他债权文书。对于没有给付内容,或者没有载明债务人愿意接受强制执行承诺的债权文书,不得适用该《批复》的内容"。在司法实务中,关于是否为载明债务人愿意接受强制执行承诺的债权文书的认定,应注意对当事人之间签订的债权文书、公证申请书、进行公证时的谈话笔录、公证书上载明的内容等事实进行综合认定。一般而言,如果上述文书中一个或者多个明确载明债务人不履行义务或不完全履行义务时,债务人愿意接受依法强制执行的承诺的,可作出肯定认定。

第二,债权人或者债务人对该债权文书的内容有争议直接向人民法院提起民事诉讼的,人民法院不予受理。关于该规定的法理基础,其起草人认为:"具有强制执行效力的公证债权文书与法院生效裁判、仲裁裁决具有同等的法律效力,都是执行依据。既然债权人取得了一份具有法律效力的执行依据,就不能再取得另一份执行依据。债权人另行提起诉讼,目的也是为了取得执行依据,不符合'一事不再理'的基本原则。强制执行公证债权文书是双方当事人事先约定的,如果允许债权人既可以申请强制执行,又可直接提起诉讼,不符合立法原意。对债务人不利,有失公平。债权人提起诉讼,往往是超过了申请执行期限。民事诉讼法规定的申请执行的期限是对申请人的义务,申请人必须遵守,申请人要对没有在申请执行的期限内提出执行申请承担不利的法律后果。申请人由于自己的原因丧失了法律规定的申请强制执行的权利又转而提起民事诉讼,法院不应支持……债务人提起诉讼,人民法院也不应受理。由于在公证时债务人已经承诺接受强制执行,因此,债务人不得违背承诺提起民事诉讼。实践中,债务人提起诉讼往往是为了对抗法院的强制执行,拖延还债期限,这种情况不应允许。允许债务人提起诉讼,实际上是鼓励债务人不守诚信,同时又使公证债权文书强制执行制度的存在失去意义。"正因为如此,有观点认为,《公证法》第40条的规定,不适用于具有强制执行效力的公证债权文书。基于该观点,一般认为,举重以明轻,《批复》规定对具有强制执行效力的公证债权文书内容有争议的,提起诉讼,人民法院尚不受理,当事人对具有强制执行效力的公证债权文书内容没有争议却提起诉讼的,当然亦不应受理。

第三,公证债权文书确有错误,人民法院裁定不予执行的,当事人、公证事项的利害关系人可以就争议内容向人民法院提起民事诉讼。在公证债务文书确有错误的情形下,人民法院如果仍然依据错误的执行依据执行,显然不具合法性。在这种情况下,法院应发挥执行监督公证的职能作用,依法裁定不予执行。执行法院不予执行公证债权文书将导致债权债务关系处于不稳定状态，当事人可以依法提起民事诉讼解决存在的争议，明确权利义务关系。因此，《批复》规定，该情形下该公证文书具有可诉性。但其具有可诉性也需具备一定条件，即需法院裁定不予执行，否定公证债权文书的强制执行效力后方具有可诉性。由此可见，在该情形下，必须由法院裁定不予执行的前提是可以认定该公证债权文书为具有强制执行效力的文书，且该公证执行文书确有错误。如果仅为具有证明效力的公证文书，不是执行依据，那么，其不能作为强制执行的依据，故也不影响当事人向人民法院提起诉讼，故无须裁定不予执行即可向人民法院起诉。如果具有强制执行效力的公证文书并无错误，依据《批复》规定，提起诉讼后也不能被受理。

在司法实务中，如果对该公证债权文书是否具有强制执行效力当事人存在争议，一方认为其不具有强制执行效力而提起诉讼的，法院应否受理呢？另一方如以其认为应为具有强制执行效力的公证文书为由，认为必须先申请强制执行，待法院的执行部门裁定不予执行后方可向法院起诉进行抗辩，能否得到支持呢？目前有两种争议观点。第一种观点认为，在当事人并不认为其为具有强制执行效力的公证债权文书，其不作为执行依据，而只作为具有证明效力的公证文书而向人民法院提起诉讼的情形下，人民法院也可直接受理，在审查中查明其确实不具有强制执行效力的，直接作出认定即可，无须作出裁定不予执行后再予受理。案件一中，铁路集团认为，该观点属于根据当事人的诉求而改变了裁决机关，与《批复》规定不同，不合理。笔者认为，该认识是不准确的。原因在于：(1)《批复》的前提是当事人认为其为具有强制效力的公证债权文书，并向法院的强制执行机构申请了强制执行的情形。因此，在该情形下，由于该公证债权文书具有强制执行效力，故必须通过裁定否定其强制执行效力、否定其为强制执行的凭证后方可再提起诉讼。因此，该情形下，应由执行部门作出不予强制执行的裁定。(2)而在当事人认为其不具有强制执行力而直接向法院起诉的情形下，法院也需认定其是否具有强制执行力，如有，则依据《批复》的规定，法院不应受理；但如果没有强制执行力，则法院可依直接作出认定并予以受理力和审理。这与在签订仲裁协议的情形下，人民法院和仲裁机构均可对仲裁协议的合法性进行审理和裁决的道理是一样的。在当事人据以申请仲裁的情形下，由仲裁机构直接裁决，而在其向人民法院起诉的情形下，则由人民法院对该仲裁协议的合法性进行裁决。概言之，这里的法院裁定不予执行，并非必须是法院的执行机构裁定不予执行，而是根据具体案情和该公证债权文书的性质来决定是由法院的审判部门通过审查认定公证债权文书的性质并直接裁决不予受理、受理后驳回起诉还是由执行部门来裁定不予执行。第二种观点认为，应严格按照《批复》的规定，只有在法院的执行部门认定其是不具有强制执行效力的公证债权文书、作出不予执行的裁定后，当事人才可以向人民法院提起诉讼，人民法院才应受理。笔者认为，在现有的《批复》规定的制度的框架内，第二种观点有其道理,但根据法理,第一种观点也具有合理性,因此,需要我们进一步的进行研究并予以明确。

在司法实务中,还应注意正确理解“对债权文书有争议”和“公证债权文书确有错误”的关系问题。《批复》规定,债权人或者债务人对该债权文书的内容有争议直接向法院提起诉讼的,法院不予受理。但公证债权文书确有错误的,却可以受理。这引发相关质疑,认为,既然是存在争议,那么,一般而言,公证债权文书载明的债权也应为确有错误,既然确有错误向人民法院起诉后应予受理,那么,为何要对“有争议”和“确有错误”的情形下是否受理进行不同规定呢?关于该问题,有两种观点。一种观点认为,正如前文所述,申请具有强制执行效力的公证债权文书具有相关条件限制,其中之一便是当事人对债权债务关系没有争议。因此,如果具有强制执行效力的公证债权文书并无错误,而当事人又以其对债权文书的内容有争议为由提起诉讼的,则无疑将具有强制执行的公证文书制度置于虚设。当然,在当事人事后对债权文书的内容确有争议,而且有证据证明属于公证债权文书确有错误的情形,应否定该公证债权文书的强制执行力,允许当事人提起诉讼。由此可见,两者并非完全对立的关系,在有争议且确有错误的情形下存在交叉和重合。另一种观点认为,两者规定的是两种情形,不存在交叉适用的问题。

关于债权人放弃具有强制执行效力的公证书提起诉讼的,人民法院应否受理问题也值得深入研究,现主要有三种观点。第一种观点认为,法律规定,具有强制执行效力的公证书是执行依据,债权人放弃该公证文书所具有的强制执行力而提起诉讼的,系其自动放弃具有强制执行效力的执行依据,而选择另行获得强制执行依据的诉讼程序,其有权自由处分自己的程序权利,如果不损害社会、国家和他人利益,则应认可其效力。一般而言,在债务人不提异议的情形下,应予受理。这与当事人签订了仲裁协议后又提起诉讼的道理相同,如果对方当事人不提异议的,应视为当事人间对采用诉讼的方式解决争议达成了一致意见,法院应予受理,第二种观点认为,无论债务人是否同意,只要债权人放弃该具有强制执行效力的公证文书,即可以提起诉讼。因为,规定具有强制执行效力的公证债权文书具有强制执行效力,是为了给予债权人一个简便实现债权的方式,同时也避免债务人在申请了具有强制执行效力的公证债权文书的情形下仍然提起诉讼、恶意拖延偿债时间。简言之,具有强制效力的公证债权文书制度的设立,主要是为了保护债权人的债权实现。基于这一立法目的,如果债权人愿意放弃该实现债权的方式而选择诉讼的话,法院应予支持,债务人同意与否,并不重要。这样理解,对于弥补《批复》对债权人的债权保护不力的不足具有意义。但为了不给债务人增加诉讼负担和诉讼成本,应对债权人在该情形下提起诉讼的权利进行一定的限制,即在申请强制执行期限内,债权人放弃具有强制执行效力的公证债权文书提起诉讼的,除非债务人同意,否则不予支持。在申请强制执行期限经过后,债权人提起诉讼的,应予支持。第三种观点认为,债权人放弃具有强制执行效力的公证文书与放弃仲裁并不相同。前者已经获得了强制执行依据,后者只是确定了纠纷的解决方法,而尚未取得强制执行依据。换言之,已经取得了具有强制执行效力的公证文书所具有法律效力是已经取得了具有强行执行力的法律依据,其效力相当于已经通过了仲裁的方式取得了仲裁裁决,在取得了仲裁裁决这一具有强制执行效力的依据后,是不可能再放弃已经生效的仲裁裁决另行提起诉讼的,这违反了"一事不再理"的原则。因此,无论强制执行期限是否经过,债权人放弃具有强制执行效力的公证文书而提起诉讼的,均不应予以支持,当然,债务人同意的情形除外。尽管本观点与第一种观点的结果相同,但理由并不相同。如果债权人放弃具有强制执行效力的公证的申请,且债务人同意的,其法理才与放弃仲裁协议另行起诉的法理相同。

应予指出的是,尽管《批复》作出上述规定,但在司法实务中,如果严格按照其规定进行裁决,可能存在由于当事人可能对具有强制执行效力的公证债权文书的效力认识不清而没有及时申请强制执行,申请强制执行期限经过后其诉权以及实体权利得不到保护,与该制度保护债权人债权的设定目相悖问题的发生。当然,我们并不否认,债权人在其中具有过错,但是否因其具有过错就不给予相应的救济措施?在诉讼程序中,因规定了两审终审制以及审判监督程序,对当事人的权利救济较为充分。在仲裁程序中,虽然规定的是一裁终局制,但其有较为复杂的仲裁程序,且民众一般对其法律效力理解和认识较为清晰。但在司法实务中,具有强制执行效力的公证书作出程序相对于法院裁判文书以及仲裁裁决文书的作出程序为简单,致使当事人产生其与法院判决文书和仲裁裁决文书并非具有同等裁决效力的错误印象。也易使民众产生对其公正性、合法性的质疑。而且,由于采用具有强制执行效力的公证书获得强制执行依据的行为较之与提起诉讼或申请仲裁为少,致使一般民众对其法律效力没有充分的了解和认识。再有,民众对公证机关为司法行政机关而非司法裁决机关的性质认识也导致其对具有强制执行效力的公证债权文书的法律效力认识不够。还有,在司法实务中,使用较多的公证为具有证明效力的公证而非具有强制执行效力的公证,这也是一般民众对具有强制执行心理的公证债权文书的效力认识出现偏差。正因如此,在对《批复》的适用进行讨论时,有观点认为,从有利于债权人的角度进行解释,在申请强制执行期限内,债权人没有申请执行,不应认定放弃诉讼权利。《批复》制定的初衷,应当是为了简化程序,但不应当由此否定当事人的实体权利。为兼顾两个方面的因素,对于《批复》可否进一步解释为:第一,在公证文书规定的申请期内,当事人直接向法院起诉的,法院不予受理——此种处理方式,主要是为了简化程序,将债务人的纠缠起诉挡在法院门外,也督促债权人及时申请执行。第二,在公证文书规定的申请期外如果债权人没有申请执行而提起诉讼的,法院应当受理——此种处理方式的理由在于,放弃申请执行权(无论是主动、还是因疏忽而未申请执行),不等于放弃诉讼权利,否则就会产生极不合理的结果。本来债权人为了保证自己的巨额债权,已经采取了相应的措施,包括公证催收等,反倒因为多设了一道方便执行的公证强制执行程序,最终丧失诉讼的权利。此结果难谓公平,也有违该制度的最初设定目的。但也有观点对此观点提出质疑,认为依据该观点,可能存在权利人故意拖延申请执行,待申请强制执行期限经过后在向人民法院起诉问题。

综上,我们认为,公证债权文书制度的存在有其合理性,其为债权人提供了一种快捷、简易实现其债权的方式,对于保护债权具有积极意义,但其适用中也存在不良法律效果。因此,在现有的法律制度框架内,较好的解决方法是我们应结合其立法目的,既要维持现有司法解释的基本观点,同时也增加衔接诉讼的多种途径以及放宽适用条件。具体而言,在适用上应坚持两个原则:一是不宜扩大适用;二是坚持做有利于债权人的理解,防止其成为债务人恶意逃债及不诚信行为的保护伞。此外,应继续加强对《批复》相关问题的研究,以期完善。

(张雪楳:《当事人对具有强制执行效力的公证债权文书的内容有争议提起诉讼,人民法院应否受理》)

232. 存在有强制执行效力的公证债权文书,当事人对部分债权又约定可以通过诉讼解决纠纷,当事人可以就该部分债权提起诉讼

【公报案例】

李杰与辽宁金鹏房屋开发有限公司金融不良债权追偿纠纷案

[最高人民法院(2014)民二终字第199号]

❖ **裁判摘要**

根据《中华人民共和国民事诉讼法》第二百三十八条、最高人民法院《关于当事人对具有强制执行效力的公证债权文书的内容有争议提起诉讼人民法院是否受理问题的批复》的规定,具有强制执行效力的公证债权文书与生效判决书、仲裁裁决书一样,是人民法院的执行依据,当事人可以据此申请强制执行。对于有强制执行效力的公证债权文书,发生争议后债权人应当申请强制执行,直接提起诉讼的,人民法院不予受理。

根据最高人民法院、司法部《关于公证机关赋予强制执行效力的债权文书执行有关问题的联合通知》第一条的规定,赋予强制执行效力的公证债权文书必须符合当事人已经就强制执行问题在债权文书中达成书面合意的条件。如果仅有公证的形式,而没有当事人关于执行问题的特殊合意,也不能产生可以申请强制执行的效

果。因此,合同当事人的意思表示是赋予强制执行效力的公证债权文书强制执行效力的重要来源,当事人可以通过合意的方式约定直接申请强制执行的内容,法律亦不禁止当事人变更直接申请强制执行的内容,放弃对债权的特殊保障。在存在有强制执行效力的公证债权文书的情况下,双方当事人后又对部分债权约定可以采取诉讼方式解决纠纷,是通过合意的方式变更了可以直接申请强制执行的内容,当事人可以就该部分债权提起诉讼。

❖ 基本案情

上诉人(一审原告):李杰

上诉人(一审被告):辽宁金鹏房屋开发有限公司

法定代表人:王中业,该公司总经理

上诉人李杰、辽宁金鹏房屋开发有限公司(以下简称金鹏公司)因金融不良债权追偿纠纷一案,不服辽宁省高级人民法院(2014)辽民二初字第00007号民事判决,向最高人民法院提起上诉。本案现已审理终结。

一审法院查明:2001年3月8日,金鹏公司与中国工商银行沈阳市常德支行(以下简称工行常德支行)签订编号为2001常德字007的《人民币中长期借款合同》。该合同约定,金鹏公司向工行常德支行借款人民币4000万元,借款期限自2001年3月8日至2009年3月8日止。借款利率根据国家政策有关规定,一年一定,第一年的利率为月息5.175‰,期满后由贷款方根据国家规定当时规定档次利率重新确定下一年借款的利率。自贷款发放之日起按日计息,按季结息,借款到期还清本息。借款人未按合同约定的还款计划归还借款本息时,贷款人按照国家规定对逾期贷款每日计收万分之二点一利息,借款人不按期支付利息的,贷款人对借款人未支付的利息计收复利。同日,双方还签署了与上述借款合同相同编号的《抵押合同》,约定金鹏公司以其位于沈阳市铁西区兴顺街281号(8#)、289号(9#)、小十三路2号(7#)的地下一层在建工程24994.63平方米作为上述借款的抵押物,并办理了抵押登记。2001年3月19日,工行常德支行将4000万元借款支付给金鹏公司。其后,在合同履行过程中,双方又将抵押物变更为位于铁西区小十三路2号(7#)地下一层、地上3~8层的在建工程,兴顺街281号(8#)地下一层、地上3~8层的在建工程,兴顺街289号(9#)地上1~7层的在建工程,其抵押物的面积同时变更为41 095平方米,并于2001年5月29日办理了变更抵押登记。

2001年4月4日,沈阳市公证处分别出具了(2001)沈证经字第04239号《具有强制执行效力的债权文书公证书》(以下简称04239号《公证书》)和(2001)沈证经字第04240号《具有强制执行效力的债权文书公证书》(以下简称04240号《公证书》)。其中,04239号《公证书》载明:"兹证明贷款人:中国工商银行沈阳市工行常德支行代表人王晓光与辽宁金鹏房地产开发有限公司代表人赵光慈,于二〇〇一年三月八日签订了前面的《人民币中长期借款合同》。"04239号《公证书》载明:

"兹证明贷款人:中国工商银行沈阳市工行常德支行代表人王晓光与辽宁金鹏房地产开发有限公司代表人赵光慈,于二〇〇一年三月十四日签订了前面的《抵押合同》。"沈阳市公证处在该两份公证书中,分别赋予了该两份合同强制执行的效力。沈阳市公证处还于2001年4月4日制作了一份《谈话笔录》,内容为金鹏公司同意在不履行义务或者不完全履行义务时,同意接受强制执行。金鹏公司的代理人陈忠治于2001年4月7日,在该谈话笔录上签字。

2001年5月31日,金鹏公司与工行常德支行签订编号为(工银)字(辽宁)行(常德)支行(2001)年(014)号的《中国工商银行房地产业借款合同》。该合同约定,金鹏公司向工行常德支行借款人民币1000万元,借款期限自2001年4月30日至2009年4月30日止。借款利率按照中国人民银行有关规定执行,第一年的利率为月息5.175‰,第二年及以后各年的利率,按当时相应档次利率依法确定。借款按日计息,按(季、月)结息,结息日为每(季末月、月)的20日,借款到期,利随本清。借款人未按合同约定的还款计划归还借款本息时,贷款人按照国家规定对逾期贷款每日计收万分之二点一利息,借款人不按期支付利息的,贷款人对借款人未支付的利息计收复利。同日,双方还签署了编号为2001年常德字第014号的《抵押合同》,约定金鹏公司以其位于沈阳市铁西区兴顺街281号(8#)地上9~11层、小十三路2号(7#)地上9~11层在建工程9519平方米作为上述借款的抵押物,并于2001年5月29日办理了抵押登记。2001年5月31日,工行常德支行将1000万元借款支付给金鹏公司。

2001年6月6日,沈阳市公证处分别出具了(2001)沈证经字第08257号《具有强制执行效力的债权文书公证书》(以下简称08257号《公证书》)和(2001)沈证经字第08258号《具有强制执行效力的债权文书公证书》(以下简称08258号《公证书》)。其中,08257号《公证书》载明:"兹证明贷款人:中国工商银行沈阳市工行常德支行代表人王晓光与辽宁金鹏房地产开发有限公司代表人赵光慈,于二〇〇一年五月八日签订了前面的《中国工商银行房地产业借款合同》。"08258号《公证书》载明:"兹证明贷款人:中国工商银行沈阳市工行常德支行代表人王晓光与辽宁金鹏房地产开发有限公司代表人赵光慈,于二〇〇一年五月八日签订了前面的《抵押合同》。"沈阳市公证处在该两份公证书中,分别赋予了该两份合同强制执行的效力。沈阳市公证处于当日还制作了一份《谈话笔录》,笔录载明:"借款期限自二〇〇一年五月二十九日至二〇〇九年四月三十日。债务人在不履行义务或者不完全履行义务时,同意接受强制执行。"金鹏公司的代理人陈忠治在该谈话笔录上签字。

金鹏公司已还利息为6187 575元。

2004年1月5日,工行常德支行向金鹏公司送达《中国工商银行催收欠息通知书》(以下简称欠息通知书),内容为:截至2003年12月31日,贵单位已积欠我行贷款利息241万元,请抓紧筹措资金,偿还欠息。否则,我行将采取下列相应措施:一、降低贵单位信用等级。二、停止审理贷款、银行承兑汇票等融资业务申请。三、报请人民银行列入恶意欠息企业名单,向社会发布。四、宣布借款提前到期,取消尚未发放的借款,并提取收回全部贷款。五、依法向法院申请支付令、申请强制执行或直接提起诉讼,追偿欠息。金鹏公司对上述内容没有异议,并于2004年1月6日签章确认。

2005年7月15日,中国工商银行辽宁省分行与中国长城资产管理公司沈阳办事处(以下简称长城公司沈阳办)签订了编号为辽营0316《债权转让协议》,中国工商银行辽宁省分行将金鹏公司所欠工行常德支行上述借款本金5000万元及相应利息转让给长城公司沈阳办。长城公司沈阳办受让该债权之后,分别于2005年11月2日、2007年6月29日、2009年6月19日、2011年5月25日,在《辽宁日报》《辽宁法制报》上对金鹏公司等债务人发布催收公告。但金鹏公司始终没有向长城公司沈阳办履行偿还义务。

2012年12月3日,长城公司沈阳办与李杰签订《债权转让协议》,约定长城公司沈阳办将其对金鹏公司享有的债权本金5000万元及利息4950.87万元,本息合计9950.87万元,以人民币1440万元的价格转让给李杰。协议签订后,李杰付清了全部转让价款,并办理了上述债权的移交手续。长城公司沈阳办于2012年12月7日,在《辽宁法制报》上发布了债权转让公告。

2014年2月25日,李杰向辽宁省高级人民法院起诉,请求判令金鹏公司向李杰偿还借款本金人民币5000万元,截止到2013年3月30日的利息人民币5260万元,合计人民币10260万元;李杰对本案抵押物依法享有优先受偿权;由金鹏公司承担本案全部诉讼费用。

另查明:长城公司沈阳办于2011年3月16日,就(工银)字(辽宁)行(常德)支行(2001)年(014)号《中国工商银行房地产业借款合同》所涉债权800万元,向辽宁省沈阳市中级人民法院(以下简称沈阳中院)提起诉讼。沈阳中院经审理认为公证部门已经赋予该800万元债权强制执行效力,故长城公司沈阳办应当依法申请执行而不应当另行诉讼,并于2011年7月12日作出(2011)沈中民五初字第29号民事裁定,裁定驳回长城公司沈阳办的起诉。长城公司沈阳办不服该裁定,向辽宁省高级人民法院提起上诉。辽宁省高级人民法院于2013年12月31日作出(2011)辽民二终字第00108号民事裁定,裁定撤销沈阳中院(2011)沈中民五初字第29号民事裁定,指令沈阳中院对此案进行审理。长城公司沈阳办于2014年3月25日提出撤回诉讼申请,沈阳中院作出(2014)沈中民四初字第187号民事裁定,裁定准许长城公司沈阳办撤回起诉。

一审法院认为

一审法院认为,本案债权转让合同的签订者是中国工商银行辽宁省分行与长城公司沈阳办以及长城公司沈阳办与李杰,签订以上合同反映了各方当事人的真实意思表示,在缔约过程中,各方当事人也遵循了债权转让的操作规程,发布了公告,该债权转让行为没有违反法律和行政法规的禁止性规定。并且债权转让合同签订后,李杰已将全部转让价款交付给了长城公司沈阳办。因此,债权转让行为以及所签订的债权转让合同均为有效,应受法律保护。

一、关于李杰是否具备原告诉讼主体资格的问题。金鹏公司认为,长城公司沈阳办依据该合同对金鹏公司提起过诉讼,李杰未提供其资产评估的详细报告和债权转让前的公告情况,因此,无法确定李杰有原告主体资格。一审法院认为,审查李杰诉讼主体资格,应根据《中华人民共和国民事诉讼法》第一百一十九条的规定,结合案件情况分析李杰作为诉讼主体是否适格。本案李杰是债权转让合同的相对人,债权转让合同效力与其有法律上的直接利害关系。故李杰作为本案的原告符合《中华人民共和国民事诉讼法》第一百一十九条的规定,主体适格。

二、关于李杰与长城公司沈阳办所签订的债权转让合同是否有效的问题。金鹏公司认为,长城公司沈阳办与李杰签订的债权转让协议违反了有关规定,转让价格过低,转让程序违法,李杰主体不适格,提出债权转让应为无效的抗辩。一审法院认为,根据最高人民法院法发(2009)19 号《关于审理涉及金融不良债权转让案件工作座谈会纪要》第五条的规定,即"为避免当事人滥用诉权,在受让人向国有企业债务人主张债权的诉讼中,国有企业债务人以不良债权转让行为损害国有资产等为由,提出不良债权转让合同无效抗辩的,人民法院应告知其向同一人民法院另行提起不良债权转让合同无效的诉讼;国有企业债务人不另行起诉的,人民法院对其抗辩不予支持。"本案在庭审过程中,已当庭告知金鹏公司向一审法院另行提起不良债权转让合同无效的诉讼,金鹏公司不另行起诉,故对其抗辩理由,一审法院不予支持。

三、关于本案在具有强制执行效力债权文书公证书的情况下,法院对李杰提起诉讼的不良债权追偿纠纷案件是否应当受理的问题。最高人民法院《关于当事人对具有强制执行效力的公证债权文书的内容有争议提起诉讼人民法院是否受理问题的批复》(法释〔2008〕17 号):"根据《中华人民共和国民事诉讼法》第二百一十四条和《中华人民共和国公证法》第三十七条的规定,经公证的以给付为内容并载明债务人愿意接受强制执行承诺的债权文书依法具有强制执行效力。债权人或者债务人对该债权文书的内容有争议直接向人民法院提起民事诉讼的,人民法院不予受理。但公证债权文书确有错误,人民法院裁定不予执行的,当事人、公证事项的利害关系人可以就争议内容向人民法院提起民事诉讼。"本案公证债权文书出具时间是 2001 年 4 月 4 日和 2001 年 6 月 6 日,法释〔2008〕17 号批复的施行时间是 2008 年 12 月 22 日,该批复出台时,本案未进行审理,该批复应当适用于本案。本案原债权人工行常德支行应依据该公证债权文书,向公证处申请出具《执行证书》,并持该《执行证书》向有管辖权的法院申请执行。由于在申请执行期间内,工行常德支行并未申请强制执行,根据法释〔2008〕17 号批复的规定,债权人李杰提起的诉讼,法院本不应支持。但是,本案金鹏公司未按合同约定履行支付利息的义务,原债权人工行常德支行于2004年1月5日,向金鹏公司送达的涉案欠息通知书载明:"截至2003年12月31日,贵单位已积欠我行贷款利息241万元,请抓紧筹措资金,偿还欠息。否则,我行将采取下列相应措施:依法向法院申请支付令、申请强制执行或直接提起诉讼,追偿欠息。"金鹏公司于2004年1月6日签章确认,上述催收行为应视为原债权人工行常德支行与债务人金鹏公司对241万元部分利息重新达成了还款协议,原债权人可以选择提起诉讼的方式主张241万元利息。因此,对李杰请求法院判令金鹏公司偿还借款利息中的241万元利息应予以支持。对本案借款本金和其余利息,一审法院不予支持。李杰可依据公证债权文书向有管辖权的法院申请执行。

四、关于金鹏公司如何承担抵押担保责任的问题。2001年3月19日,金鹏公司与工行常德支行签订编号为2001常德字007的《人民币中长期借款合同》。当日,双方还签署了与上述借款合同相同编号的《抵押合同》,并办理了抵押登记。2001年5月31日,金鹏公司与工行常德支行签订编号[工银]字[辽宁]行[常德]支行[2001]年[014]号的《中国工商银行房地产业借款合同》。当日,双方还签署了编号为2001年常德字第014号的《抵押合同》,并于2001年5月29日办理了抵押登记。上述抵押担保不违反法律的规定,合法有效,抵押权已设立。根据最高人民法院《关于审理涉及金融资产管理公司收购、管理、处置国有银行不良贷款形成的资产的案件适用法律若干问题的规定》第九条规定,金融资产管理公司受让有抵押担保的债权后,可以依法取得对债权的抵押权,原抵押登记继续有效。最高人民法院法发(2009)19号《关于审理涉及金融不良债权转让案件工作座谈会纪要》第十一条规定,"国有银行或者金融资产管理公司,在全国或省级有影响的报纸上发布有催收内容的债权转让通知或公告的,该公告或通知之日应为诉讼时效的实际中断日,新的诉讼时效应自此起算"。长城公司沈阳办与中国工商银行辽宁省分行签订辽营0316《债权转让协议》后,双方于2005年11月2日在《辽宁日报》上发布《债权转让通知暨债务催收联合公告》,之后,长城公司沈阳办于2007年6月29日、2009年6月19日、2011年5月25日在《辽宁日报》和《辽宁法制报》上对金鹏公司进行了催收。长城公司沈阳办与李杰签订《债权转让协议》之后,于2012年12月7日,在《辽宁法制报》上发布了债权转让公告。本案中,2001常德字007号《人民币中长期借款合同》主债权的履行届满期限为2009年3月8日,(工银)字(辽宁)行(常德)支行(2001)年(014)号《中国工商银行房地产业借款合同》主债权的履行届满期限是2009年4月30日。因此,在李杰提起诉讼之时,上述两合同的主债权诉讼时效期间均未届满,故李杰就2001常德字007号和(工银)字(辽宁)行(常德)支行(2001)年(014)号《抵押合同》所享有的抵押权并未丧失。《中华人民共和国物权法》第一百七十条规定:"担保物权人在债务人不履行到期债务或者发生当事人约定的实现担保物权的情形,依法享有就担保财产优先受偿的权利,但法律另有规定的除外。”但本案李杰应当在241万元利息的范围内就抵押物享有优先受偿权。金鹏公司关于李杰已经丧失抵押权的抗辩,与事实不符,一审法院不予支持。

一审法院判决

依据《中华人民共和国合同法》第八十条、第八十一条,《中华人民共和国物权法》第一百九十五条,最高人民法院《关于审理涉及金融资产管理公司收购、管理、处置国有银行不良贷款形成的资产的案件适用法律若干问题的规定》第七条、第九条之规定,经一审法院审判委员会讨论决定,一审法院判决:一、金鹏公司于判决生效后十日内偿还所欠李杰借款利息241万元;二、李杰对金鹏公司抵押的财产在241万元范围内享有优先受偿权;三、驳回原告、被告其他诉讼请求。

上诉

李杰不服一审判决,向最高人民法院提起上诉称:一、涉案公证的债权文书存在严重瑕疵,不具有执行效力。(2001)沈证经字第04239号《具有强制执行效力的债权文书公证书》签发的时间为2001年4月4日。该公证书所附《谈话记录》制作时间为2001年4月7日。公证书生效在前,《谈话记录》在后,明显违反公证程序。2001年6月6日制作的谈话笔录,载明的借款期限与[工银]字[辽宁]行[常德]支行[2001]年[014]号的《中国工商银行房地产业借款合同》中约定的借款期限不同。故涉案两份《具有强制执行效力的债权文书公证书》均存在严重瑕疵,不符合申请强制执行的条件。二、李杰提起诉讼符合法律规定,况且本案涉及的部分债权已经由同一法院作出符合实体审判条件的生效法律认定。三、工行常德支行曾对金鹏公司进行催收,并提出三种实现债权的方法,且金鹏公司又出具了《还款计划》,均应视为双方当事人对债权归还方式的重新约定。四、李杰关于实现担保物权的诉讼请求应当予以支持和保护。李杰为实现担保物权而享有的诉权不受公证债权文书的阻却和约束。五、一审法院认为工行常德支行未在申请执行期限内申请执行并由此否定李杰的诉权是错误的。

金鹏公司答辩称:一、金鹏公司不同意李杰的上诉请求。二、一审法院适用法释〔2008〕17号批复并无不当。三、涉案欠息通知书只能证明金鹏公司收到工行常德支行送达的欠息通知书。四、李杰主张具有强制执行效力的公证债权文书有误依据不足。五、李杰已经丧失了对抵押物的优先受偿权。

金鹏公司亦不服一审判决,向最高人民法院提起上诉称:一、一审判决依据涉案欠息通知书认定工行常德支行与金鹏公司对241万元利息重新达成了还款协议是错误的,该份证据只能证明金鹏公司收到被工行常德支行送达的欠息通知书。同时,由于存在具有强制执行效力的债权文书公证书,申请强制执行是法定前置程序,关于利息的催告通知不能对抗法律的强制性规定。此外,该通知书同时约定了申请支付令、申请强制执行、诉讼三种方式,在法律上约定不明即视为没有约定。二、退一步,如果认定双方重新达成还款协议,则该部分债务已过诉讼时效。

李杰未提交书面答辩意见,庭审时口头答辩称:一、一审法院依据涉案欠息通知书认定双方达成新的还款协议是正确的,但不全面,涉案欠息通知书中关于纠纷解决方式的约定应当及于全部债权合同。二、关于时效问题。涉案欠息通知书系2004年1月送达。中国工商银行辽宁省分行、长城公司沈阳办于2005年11月在《辽宁日报》上发布《债权转让通知暨债务催收联合公告》,长城公司沈阳办于2007年6月29日、2009年6月19日、2011年5月25日在《辽宁日报》和《辽宁法制报》上对金鹏公司进行了催收。债权转让给李杰后,李杰于2012年12月7日在《辽宁法制报》上发布了债权转让公告。金鹏公司主张超过诉讼时效依据不足。

二审期间,李杰提交金鹏公司于2005年11月11日向工行常德支行出具的《还款计划》一份,用以证明金鹏公司与工行常德支行重新达成还款协议,故李杰有权起诉。

对于李杰提交的证据,金鹏公司发表意见认为:一、该证据应在本案一审时提交,故不属于新证据;二、该《还款计划》涉及陈欠的部分利息仅600万元,并未变更原合同借款本金的归还方式、期限,故不属于重新达成还款协议。三、金鹏公司出具《还款计划》后,未履行该计划,工行常德支行未针对该计划提出主张,故已过诉讼时效。

最高人民法院对上述证据认定如下:金鹏公司对该《还款计划》的真实性无异议,故本院对真实性予以认定。但该《还款计划》涉及的是欠付的部分利息如何归还,未变更原合同关于借款本金和利息的相关约定,不能证明李杰的主张,故本院对其关联性不予认定。

最高人民法院除对一审法院查明的事实予以确认外,另查明:目前尚无确认涉案公证债权文书确有错误,不予执行的生效裁定。

二审法院认为

最高人民法院认为,本案的争议焦点是:一、有强制执行效力的公证债权文书所涉债务纠纷,未经执行程序,当事人能否直接提起诉讼。二、虽然存在有强制执行效力的公证债权文书,但当事人对部分债权又约定可以通过诉讼解决纠纷,当事人能否就该部分债权提起诉讼。三、未经执行程序,当事人提起诉讼主张具有强制执行效力的公证债权文书确有错误,不具执行效力,能否予以支持。

一、关于有强制执行效力的公证债权文书所涉债务纠纷,未经执行程序,当事人能否直接提起诉讼的问题

《中华人民共和国民事诉讼法》(注:2012年修正)第二百三十八条规定:"对公证机关依法赋予强制执行效力的债权文书,一方当事人不履行的,对方当事人可以向有管辖权的人民法院申请执行,受申请的人民法院应当执行。公证债权文书确

有错误的,人民法院裁定不予执行,并将裁定书送达双方当事人和公证机关。”最高人民法院《关于当事人对具有强制执行效力的公证债权文书的内容有争议提起诉讼人民法院是否受理问题的批复》规定:“根据《中华人民共和国民事诉讼法》(注:2007年修正)第二百一十四条和《中华人民共和国公证法》第三十七条的规定,经公证的以给付为内容并载明债务人愿意接受强制执行承诺的债权文书依法具有强制执行效力。债权人或者债务人对该债权文书的内容有争议直接向人民法院提起民事诉讼的,人民法院不予受理。但公证债权文书确有错误,人民法院裁定不予执行的,当事人、公证事项的利害关系人可以就争议内容向人民法院提起民事诉讼。”根据上述规定,具有强制执行效力的公证债权文书与生效判决书、仲裁裁决书一样,是人民法院的执行依据,当事人可以据此申请强制执行。对于有强制执行效力的公证债权文书,发生争议后债权人应当申请强制执行,直接提起诉讼的,人民法院不予受理。前述司法解释的明确规定,排除了当事人对直接提起诉讼这一方式的选择权。由于本案亦不存在公证债权文书确有错误,人民法院不予执行的裁定,故李杰关于其提起本案诉讼符合法律规定的主张,不能予以支持。

李杰主张本案其实现担保物权的诉讼请求应当予以支持。但李杰在本案关于担保物权的诉讼请求,是建立在涉案债权纠纷可以通过诉讼方式解决的基础之上的。一审法院根据全案事实,认定涉案债权未过诉讼时效,涉案抵押权亦未丧失,是正确的。由于根据《最高人民法院关于当事人对具有强制执行效力的公证债权文书的内容有争议提起诉讼人民法院是否受理问题的批复》的规定,本案仅有部分债权可通过诉讼方式解决,故李杰在本案诉讼中,可就该部分债权行使抵押权。对于其余部分抵押权,《中华人民共和国民事诉讼法》第一百九十六条规定:“申请实现担保物权,由担保物权人以及其他有权请求实现担保物权的人依照物权法等法律,向担保财产所在地或者担保物权登记地基层人民法院提出。”第一百九十七条规定:“人民法院受理申请后,经审查,符合法律规定的,裁定拍卖、变卖担保财产,当事人依据该裁定可以向人民法院申请执行;不符合法律规定的,裁定驳回申请,当事人可以向人民法院提起诉讼。”根据该规定,不通过诉讼,直接提出实现担保物权的申请,应当向担保财产所在地或者担保物权登记地基层人民法院提出。相关申请是否符合法律规定,也应当由该基层人民法院审查,故该问题不属于本案诉讼处理的范畴。

二、关于存在有强制执行效力的公证债权文书,当事人对部分债权又约定可以通过诉讼解决纠纷,当事人能否就该部分债权提起诉讼的问题

最高人民法院、司法部《关于公证机关赋予强制执行效力的债权文书执行有关问题的联合通知》第一条规定:“一、公证机关赋予强制执行效力的债权文书应当具备以下条件:(一)债权文书具有给付货币、物品、有价证券的内容;(二)债权债务关系明确,债权人和债务人对债权文书有关给付内容无疑义;(三)债权文书中载明

债务人不履行义务或不完全履行义务时,债务人愿意接受依法强制执行的承诺。”根据该规定,赋予强制执行效力的公证债权文书必须符合当事人已经就强制执行问题在债权文书中达成书面合意的条件。换言之,如果仅有公证的形式,而没有当事人关于执行问题的特殊合意,也不能产生可以申请强制执行的效果。因此,合同当事人的意思表示是赋予强制执行效力的公证债权文书强制执行效力的重要来源,当事人可以通过合意的方式约定直接申请强制执行的内容,法律亦不禁止当事人变更直接申请强制执行的内容,放弃对债权的特殊保障。金鹏公司主张申请强制执行是“法定前置程序”而不考虑当事人的意思表示,没有法律依据。本案中,虽然涉案债权存在有强制执行效力的公证债权文书,但双方当事人后对部分利息又约定可以采取诉讼方式解决纠纷,是通过合意的方式变更了可以直接申请强制执行的内容,故一审法院对该部分内容进行审理并无不当。

李杰主张双方当事人系对全部债权归还方式进行重新约定。但金鹏公司签收涉案欠息通知书时,涉案两份长期借款合同均未到期,从涉案欠息通知书的内容看,涉及的仅为 241 万元利息。故李杰提出双方当事人对全部债权归还方式进行重新约定的主张,本院不予支持。涉案欠息通知书对于欠息部分债务约定了诉讼等纠纷解决方式,变更了原来的约定,金鹏公司收到前述通知书之后并未提出异议,而是签章确认,应视为双方就欠息部分归还的方式达成了新的合意。故金鹏公司否认前述通知书,认为同时约定了诉讼等三种方式属约定不明即视为没有约定的主张,缺乏事实依据。金鹏公司主张即使认定达成了新的协议,所涉及 241 万元利息部分也已过诉讼时效。最高人民法院《关于审理民事案件适用诉讼时效制度若干问题的规定》第十一条规定:“权利人对同一债权中的部分债权主张权利,诉讼时效中断的效力及于剩余债权,但债权人明确表示放弃剩余债权的情形除外。”涉案 241 万元利息是涉案两份合同之债的部分孳息,根据本案查明的事实,在李杰提起诉讼之时,上述两合同的主债权诉讼时效期间均未届满,故金鹏公司关于该部分利息超过诉讼时效的主张,与事实不符,本院不予支持。

三、关于未经执行程序,当事人提起诉讼主张具有强制执行效力的公证债权文书确有错误,不具执行效力,能否予以支持的问题

最高人民法院《关于当事人对具有强制执行效力的公证债权文书的内容有争议提起诉讼人民法院是否受理问题的批复》规定:“……但公证债权文书确有错误,人民法院裁定不予执行的,当事人、公证事项的利害关系人可以就争议内容向人民法院提起民事诉讼。”该条款是对公证债权文书所涉当事人权利救济的规定。人民法院裁定不予执行,说明经过审查,公证债权文书本身有错误,不具有强制执行效力,在此情况下,当事人关于直接申请执行的合意不再有效,债权债务关系处于不稳定的状态,当事人可以依法提起民事诉讼解决存在的争议,明确各方权利义务关系。公证债权文书是否确有错误,应在执行程序中予以认定。根据本案查明的事

实,目前尚无确认涉案公证债权文书确有错误,不予执行的生效裁定。李杰在诉讼中提出公证债权文书确有错误的主张,不属于本案诉讼的审理范围。

一审判决主文第三项"驳回原告、被告其他诉讼请求"表述不当,应为"驳回原告李杰对被告金鹏公司的其他诉讼请求",对此,本院予以纠正。

二审法院判决

综上,李杰、金鹏公司的上诉理由均不能成立,一审判决认定事实清楚,适用法律正确,应当予以维持。最高人民法院依照《中华人民共和国民事诉讼法》第一百七十条第一款之规定,判决如下:驳回上诉,维持原判。

[选自《最高人民法院公报》2016 年第 4 期(总第 234 期)]

233. 生效法律文书确定的权利人在进入执行程序前合法转让债权的,债权受让人即权利承受人可以作为申请执行人直接申请执行

【指导案例】34 号

李晓玲、李鹏裕申请执行厦门海洋实业(集团)股份有限公司、厦门海洋实业总公司执行复议案

关键词:民事诉讼　执行复议　权利承受人　申请执行

❖ 裁判要点

生效法律文书确定的权利人在进入执行程序前合法转让债权的,债权受让人即权利承受人可以作为申请执行人直接申请执行,无须执行法院作出变更申请执行人的裁定。

相关法条

《中华人民共和国民事诉讼法》第二百三十六条第一款。

❖ 基本案情

原告投资 2234 中国第一号基金公司(Investments 2234 China Fund Ⅰ B. V.,以下简称 2234 公司)与被告厦门海洋实业(集团)股份有限公司(以下简称海洋股份公司)、厦门海洋实业总公司(以下简称海洋实业公司)借款合同纠纷一案,2012 年 1 月 11 日由最高人民法院作出终审判决,判令:海洋实业公司应于判决生效之日起偿还 2234 公司借款本金 2274 万元及相应利息;2234 公司对蜂巢山路 3 号的土地使用权享有抵押权。在该判决作出之前的 2011 年 6 月 8 日,2234 公司将其对于海洋股份公司和海洋实业公司的 2274 万元本金债权转让给李晓玲、李鹏裕,并签订《债权转让协议》。2012 年 4 月 19 日,李晓玲、李鹏裕依据上述判决和《债权转让协议》向福建省高级人民法院(以下简称福建高院)申请执行。4 月 24 日,福

建高院向海洋股份公司、海洋实业公司发出(2012)闽执行字第8号执行通知。海洋股份公司不服该执行通知,以执行通知中直接变更执行主体缺乏法律依据,申请执行人李鹏裕系公务员,其受让不良债权行为无效,由此债权转让合同无效为主要理由,向福建高院提出执行异议。福建高院在异议审查中查明:李鹏裕系国家公务员,其本人称,在债权转让中,未实际出资,并已于2011年9月退出受让的债权份额。

福建高院认为:一、关于债权转让合同效力问题。根据《最高人民法院关于审理涉及金融不良债权转让案件工作座谈会纪要》(以下简称《纪要》)第六条关于金融资产管理公司转让不良债权存在"受让人为国家公务员、金融监管机构工作人员"的情形无效和《中华人民共和国公务员法》第五十三条第十四项明确禁止国家公务员从事或者参与营利性活动等相关规定,作为债权受让人之一的李鹏裕为国家公务员,其本人购买债权受身份适格的限制。李鹏裕称已退出所受让债权的份额,该院受理的执行案件未做审查仍将李鹏裕列为申请执行人显属不当。二、关于执行通知中直接变更申请执行主体的问题。最高人民法院(2009)执他字第1号《关于判决确定的金融不良债权多次转让人民法院能否裁定变更申请执行主体请示的答复》(以下简称1号答复)认为:"《最高人民法院关于人民法院执行工作若干问题的规定(试行)》(以下简称《执行规定》),已经对申请执行人的资格予以明确。其中第18条第1款规定:'人民法院受理执行案件应当符合下列条件:……(2)申请执行人是生效法律文书确定的权利人或其继承人、权利承受人。'该条中的'权利承受人',包含通过债权转让的方式承受债权的人。依法从金融资产管理公司受让债权的受让人将债权再行转让给其他普通受让人的,执行法院可以依据上述规定,依债权转让协议以及受让人或者转让人的申请,裁定变更申请执行主体"。据此,该院在执行通知中直接将本案受让人作为申请执行主体,未作出裁定变更,程序不当,遂于2012年8月6日作出(2012)闽执异字第1号执行裁定,撤销(2012)闽执行字第8号执行通知。

李晓玲不服,向最高人民法院申请复议,其主要理由如下:一、李鹏裕的公务员身份不影响其作为债权受让主体的适格性。二、申请执行前,两申请人已同2234公司完成债权转让,并通知了债务人(即被执行人),是合法的债权人;根据《执行规定》有关规定,申请人只要提交生效法律文书、承受权利的证明等,即具备申请执行人资格,这一资格在立案阶段已予审查,并向申请人送达了案件受理通知书;1号答复适用于执行程序中依受让人申请变更的情形,而本案申请人并非在执行过程中申请变更执行主体,因此不需要裁定变更申请执行主体。

裁判结果

最高人民法院于2012年12月11日作出(2012)执复字第26号执行裁定:撤销福建高院(2012)闽执异字第1号执行裁定书,由福建高院向两被执行人重新发出执行通知书。

裁判理由

最高人民法院认为:本案申请复议中争议焦点问题是,生效法律文书确定的权利人在进入执行程序前合法转让债权的,债权受让人即权利承受人可否作为申请执行人直接申请执行,是否需要裁定变更申请执行主体,以及执行中如何处理债权转让合同效力争议问题。

一、关于是否需要裁定变更申请执行主体的问题。变更申请执行主体是在根据原申请执行人的申请已经开始了的执行程序中,变更新的权利人为申请执行人。根据《执行规定》第 18 条、第 20 条的规定,权利承受人有权以自己的名义申请执行,只要向人民法院提交承受权利的证明文件,证明自己是生效法律文书确定的权利承受人的,即符合受理执行案件的条件。这种情况不属于严格意义上的变更申请执行主体,但二者的法律基础相同,故也可以理解为广义上的申请执行主体变更,即通过立案阶段解决主体变更问题。1 号答复的意见是,《执行规定》第 18 条可以作为变更申请执行主体的法律依据,并且认为债权受让人可以视为该条规定中的权利承受人。本案中,生效判决确定的原权利人 2234 公司在执行开始之前已经转让债权,并未作为申请执行人参加执行程序,而是权利受让人李晓玲、李鹏裕依据《执行规定》第 18 条的规定直接申请执行。因其申请已经法院立案受理,受理的方式不是通过裁定而是发出受理通知,债权受让人已经成为申请执行人,故并不需要执行法院再作出变更主体的裁定,然后发出执行通知,而应当直接发出执行通知。实践中有的法院在这种情况下先以原权利人作为申请执行人,待执行开始后再作出变更主体裁定,因其只是增加了工作量,而并无实质性影响,故并不被认为程序上存在问题。但不能由此反过来认为没有作出变更主体裁定是程序错误。

二、关于债权转让合同效力争议问题,原则上应当通过另行提起诉讼解决,执行程序不是审查判断和解决该问题的适当程序。被执行人主张转让合同无效所援引的《纪要》第五条也规定:在受让人向债务人主张债权的诉讼中,债务人提出不良债权转让合同无效抗辩的,人民法院应告知其向同一人民法院另行提起不良债权转让合同无效的诉讼;债务人不另行起诉的,人民法院对其抗辩不予支持。关于李鹏裕的申请执行人资格问题。因本案在异议审查中查明,李鹏裕明确表示其已经退出债权受让,不再参与本案执行,故后续执行中应不再将李鹏裕列为申请执行人。但如果没有其他因素,该事实不影响另一债权受让人李晓玲的受让和申请执行资格。李晓玲要求继续执行的,福建高院应以李晓玲为申请执行人继续执行。

234. 当事人在主合同中约定其争议纠纷由仲裁机构解决，对于没有约定争议纠纷解决方式的补充协议可否适用该约定

【公报案例】

湖南华厦建筑有限责任公司与常德工艺美术学校不服执行裁定申诉案

［最高人民法院(2015)执申字第33号］

❖ 裁判摘要

一、当事人自愿达成合法有效协议或仲裁条款选定仲裁机构解决其争议纠纷是采用仲裁方式解决争议纠纷的前提。如果当事人没有约定其争议纠纷由仲裁机构解决，通常情况下，仲裁机构无权对该争议纠纷予以仲裁。

二、当事人在主合同中约定其争议纠纷由仲裁机构解决，对于没有约定争议纠纷解决方式的补充协议可否适用该约定，其关键在于主合同与补充协议之间是否具有可分性。如果主合同与补充协议之间相互独立且可分，在没有特别约定的情况下，对于两个完全独立且可分的合同或协议，其争议解决方式应按合同或补充协议约定处理。如果补充协议是对主合同内容的补充，必须依附于主合同而不能独立存在，则主合同所约定的争议解决条款也适用于补充协议。

❖ 基本案情

申诉人(申请执行人)：湖南华厦建筑有限责任公司

法定代表人：余大华，该公司董事长

被申诉人(被执行人)：常德工艺美术学校

法定代表人：余鹏，该校董事长

申诉人湖南华厦建筑有限责任公司不服湖南省高级人民法院(2013)湘高法执监字第14号执行裁定，向最高人民法院申诉。最高人民法院受理后，依法组成合议庭审查。本案现已审查终结。

最高人民法院经审查查明，2011年7月7日，湖南华厦建筑有限责任公司因其与常德工艺美术学校发生工程欠款纠纷到常德市仲裁委员会申请仲裁，要求裁令常德工艺美术学校支付工程款2902107.5元及工程款利息156713.81元。常德工艺美术学校向常德仲裁委员会提出仲裁反申请，要求湖南华厦建筑有限责任公司赔偿因其延误工期、施工质量低劣致使常德工艺美术学校遭受的损失。应常德工艺美术学校申请，常德仲裁委员会委托湖南宏源中柱工程项目管理有限公司对学生宿舍楼由湖南华厦建筑有限责任公司所做的水电工程和装饰工程的工程造价依

合同约定的结算标准进行了司法鉴定,鉴定这两部分的工程造价为1471605元。2012年1月6日,常德仲裁委员会作出(2011)常仲裁字第163号裁决,确认:常德工艺美术学校已向湖南华厦建筑有限责任公司给付工程款2367067元,余款未付。裁令:1.常德工艺美术学校在收到裁决书之日起十日内向湖南华厦建筑有限责任公司支付工程欠款2442792.16元。2.常德工艺美术学校在收到裁决书之日起十日内向湖南华厦建筑有限责任公司支付常德工艺美术学校学生宿舍楼主体建筑工程款利息(该利息以971187.16元为基数,自2009年12月4日开始至实际给付之日,按人民银行规定的同期贷款利率计算)。3.常德工艺美术学校请求湖南华厦建筑有限责任公司赔偿工期延误以及质量不合格等造成的各项损失600000元的请求不予支持。

常德工艺美术学校向常德市中级人民法院申请不予执行常德仲裁委员会作出的(2011)常仲裁字第163号仲裁裁决,理由是:1.仲裁裁决适用法律错误;2.仲裁裁决认定事实的证据不足;3.仲裁裁决违背社会公共利益。常德市中级人民法院于2012年7月19日作出(2012)常执不字第8号执行裁定。

常德市中级人民法院认为,仲裁庭在认定事实和法律方面,有一定的自由裁量权,当事人选择了仲裁途径,就应当承担相应的后果。人民法院在执行程序中对不予执行仲裁裁决请求的审查,不同于案件的重新审理,除具有民事诉讼法第二百一十三条所规定的情形外,不应轻易否定。本案中,常德工艺美术学校在收到湖南华厦建筑有限责任公司提供的工程结算文件后逾期没有答复,且在工程还未验收情况下就投入使用,仲裁庭据此对合同的结算条款作出常德工艺美术学校逾期不答复即视为认可结算文件的解释,在事实认定和适用法律方面并无明显的错误。从本案情况看,仲裁裁决的执行并不存在违背社会公共利益的情节,以违背社会公共利益为由不予执行仲裁裁决缺乏依据。遂裁定驳回常德工艺美术学校的申请。

常德工艺美术学校不服常德市中级人民法院(2012)常执不字第8号执行裁定,向湖南省高级人民法院申诉,请求监督,裁定案件不予执行。理由是:1.双方实际履行的协议和补充协议没有仲裁条款,常德仲裁委员会对案件进行仲裁错误;2.仲裁认定事实的主要证据不足,常德工艺美术学校收到湖南华厦建筑有限责任公司工程结算文件后双方对工程结算问题多次进行了协商,并非不予答复,应当裁定不予执行;3.裁决支付工程款利息证据不足;4.工程中标价为1671814元,不含水电安装工程、装饰工程等,但仲裁认定水电安装及装饰工程部分造价147万元,超出仲裁协议范围,应不予执行。

湖南省高级人民法院认为:“双方于2007年11月30日签订的协议虽然没有约定处理争议的管辖方式,但双方于2007年12月8日经过招投标而签订的合同明确约定,双方发生争议由常德市仲裁委员会管辖,该合同是在行政规章要求下进行的,是依法定程序签订的合法有效协议,应当遵照执行。该合同明确了协议仲裁管辖,故常德仲裁委员会对该案具有管辖权。同时,该合同也明确约定桩基础、室内外装饰、门窗、水电安装及附属工程等是不包含在承包范围内,补充协议虽对水电安装和装饰部分造价作了约定,但并未约定争议的解决方式,因此,水电安装及装饰工程等工程造价不属于仲裁协议的范围,但裁决书对这部分工程造价作出了裁决,超出了仲裁裁决范围。依照当时生效的《中华人民共和国民事诉讼法》第二百一十三条第二款(二)项、最高人民法院《关于人民法院执行工作若干问题的规定(试行)》第一百二十九条的规定,于2013年6月6日作出(2013)湘高法执监字第14号执行裁定书,裁定:1. 撤销常德市中级人民法院(2012)常执不字第8号执行裁定;2. 对常德仲裁委员会(2011)常仲裁字第163号仲裁裁决不予执行。"

另查明,2007年11月30日,常德工艺美术学校与湖南华厦建筑有限责任公司签订《常德市工艺美术学校学生宿舍楼施工承包合同书》,双方约定:工程发包方是常德工艺美术学校,工程承包方是湖南华厦建筑有限责任公司。常德工艺美术学校拟建一座学生宿舍楼,建筑面积4100m^2,经常德工艺美术学校对湖南华厦建筑有限责任公司考察核实,同意湖南华厦建筑有限责任公司承包。在"一、工程概况"部分约定承包方式:①在乙方承包工程范围内的有:包工包料按图施工西头宿舍楼现浇板改为空心预制板。整栋两头所有水磨石改为普通合格地面砖(楼梯踏步为水磨石),消防只负责材料及工资费,房屋外墙边周围1米范围内止。±0提高部分。②不在乙方承包工程范围内的有:弱电、空调、电扇、桩基础;消防除材料费之外的其他费用由甲方负责。增加工程,除预算已包括在内,还包括如下项目:水电包括在内,基础包括在弱电线管工资费在内M1、M5门包括在内,一层地面做法按2-6层标准做包括在内。未预算及超出设计图纸以外的工程,按1999年定额及取费标准和当时各项调价文件精神按实结算。在"十、其他"部分约定:本合同未尽事宜,可经双方协商达成共识后加签补充协议以附件形式附后,其附件视为本合约同等效力。2007年12月28日,常德工艺美术学校与湖南华厦建筑有限责任公司双方签订《建设工程施工合同》(GF-1999-0201),约定工程承包范围:土建主体工程。注:桩基础、室内、外装饰、门窗、水电及其附属工程不在承包范围内。在"第三部分专用条款37. 争议"部分约定:本合同在履行过程中发生的争议,由双方当事人协商解决,协商不成的提交常德市仲裁委员会仲裁;2008年3月20日常德工艺美术学校与湖南华厦建筑有限责任公司签订《常德工艺美术学校学生宿舍楼施工承包合同补充协议》,约定:甲方新建学校宿舍楼一栋,建筑面积4526平方米。经协商双方已于2007年12月28日签订了合同。(合同文本为GF-1999-0201),为完善条款,进一步保证双方合法权益。对未尽事宜和可能出现的新问题补签如下协议条款,以资双方遵守。该补充协议:一、甲方委托黄生工程师编制的第一次预算文本,为甲乙双方签约依据(即预算下浮百分之十五后为发包依据;水电未进入预算,但由乙方承担)。乙方为招投标。单方委托黄工编制的工程主体部分预算,只用于招投标。在打决算时只服从第一预算文本。二、本项工程中增加的节能等项目发包计价均按同一预算编制,国家标准下浮百分之十五计价。三、工程各项明细依据甲乙双方于2007年11月30日签订的《常德市工艺美术学校学生宿舍楼施工承包合同书》履行。该合同在文本最后一页写有“正本”两字。四、未尽事宜仍可经双方协商加签再补充协议,所签补充协议与前签协议有同等效力,且补充条款是最终履约依据。

申诉人湖南华厦建筑有限责任公司不服湖南省高级人民法院(2013)湘高法执监字第14号执行裁定,向最高人民法院申诉,主要理由是:1. 湖南省高级人民法院(2013)湘高法执监字第14号执行裁定超越职权、违法受理。常德工艺美术学校向常德市中级人民法院申请不予执行仲裁裁决的理由与不服常德市中级人民法院驳回不予执行仲裁裁决申请裁定向湖南省高级人民法院申诉的理由不同,之前未涉及仲裁管辖问题;2. 湖南省高级人民法院(2013)湘高法执监字第14号执行裁定没有依法送达法律文书,且没有依照《湖南省高级人民法院关于执行听证的规定》中规定的对仲裁机构作出的仲裁裁决书裁定不予执行的,必须实行听证的规定;3. 湖南省高级人民法院(2013)湘高法执监字第14号执行裁定没有对常德市中级人民法院(2012)常执不字第8号执行裁定作出评判,且没有任何证据证明常德市中级人民法院(2012)常执不字第8号执行裁定错误,就直接撤销常德市中级人民法院(2012)常执不字第8号执行裁定,并裁定对常德仲裁委员会(2011)常仲裁字第163号仲裁裁决不予执行,超出了审查范围。并且常德工艺美术学校没有以仲裁裁决事项超出仲裁协议范围为由申请撤销仲裁裁决;4. 湖南省高级人民法院(2013)湘高法执监字第14号执行裁定事实认定不清。一是该裁定称仲裁裁决超出合同约定。在招标合同中,水电及装饰部分是不包含在内的,补充协议也确定不是与主体一同计算,而且,补充协议对水电安装和装饰部分造价作了约定,但并未约定争议的解决方式,仲裁裁决也指出关于这部分的造价未经招标而无效,但裁决书对这部分工程造价作出了裁决,是超出了仲裁裁决范围的。这与双方签订的《建设工程施工合同》(GF-1999-0201)第十条37.1对争议的约定、《常德市工艺美术学校学生宿舍楼施工承包合同书》第八条、第十条的约定、《常德市工艺美术学校学生宿舍楼施工承包合同补充协议》第三条内容不符;二是双方实际选择的争议解决方式为仲裁,在仲裁庭审笔录中双方都明确表示同意仲裁管辖。常德工艺美术学校在仲裁中,就补充协议部分工程造价向仲裁委员会申请了司法鉴定,常德工艺美术学校缴纳了鉴定费,仲裁委员会依据该鉴定结论作出了裁决。

法院认为

最高人民法院经审查认为:

一、关于增加申诉理由部分是否要审查的问题。常德工艺美术学校在向湖南省高级人民法院提出的申诉理由中增加了"双方实际履行的协议和补充协议没有仲裁条款"等内容。因常德工艺美术学校向常德市中级人民法院和湖南省高级人民法院提出的请求均为不予执行仲裁裁决,其前后请求并没有发生改变,湖南省高级人民法院针对常德工艺美术学校提出的请求,并结合具体的申诉理由(新增理由)进行审查并无不当。

二、关于申诉人称没有听证、没有依法送达法律文书的问题。根据最高人民法院《关于人民法院执行公开的若干规定》第十二条的规定,人民法院对案外人异议、不予执行的申请以及变更、追加被执行主体等重大执行事项,一般应当公开听证进行审查;案情简单,事实清楚,没有必要听证的,人民法院可以直接审查,因此,湖南省高级人民法院有权根据案件情况决定是否听证。人民法院对其作出的法律文书应当依法进行送达。本案申诉人湖南华厦建筑有限责任公司不服湖南省高级人民法院(2013)湘高法执监字第 14 号执行裁定,向本院申诉,说明其不仅已知晓该裁定书内容,而且向本院提交了该执行裁定书文本,但并不排除湖南省高级人民法院应当依法送达的义务。

三、关于湖南省高级人民法院的审查是否超出常德工艺美术学校申请不予执行仲裁裁决理由范围的问题。依据当时生效的《中华人民共和国民事诉讼法》第二百一十三条第二款的规定,被申请人提出证据证明仲裁裁决有本条规定的六种情形之一的,经人民法院组成合议庭审查核实,裁定不予执行。因此,湖南省高级人民法院在对常德工艺美术学校向法院申请不予执行仲裁裁决审查过程中,依据上述规定认定仲裁裁决是否构成不予执行的理由并无不当。

四、关于主合同约定的争议解决方式是仲裁,补充协议没有约定争议解决方式,仲裁机构是否可对主合同和补充协议一并进行仲裁的问题。本院认为,当事人自愿达成合法有效协议或仲裁条款选定仲裁机构解决其争议纠纷,是采用仲裁方式解决争议纠纷的前提。如果当事人没有约定其争议纠纷由仲裁机构解决,通常情况下,仲裁机构无权对该争议纠纷予以仲裁。但存在主合同与补充协议的情形时,当事人在主合同中约定其争议纠纷由仲裁机构解决,对于没有约定争议纠纷解决方式的补充协议可否适用该约定,其关键在于主合同与补充协议之间是否具有可分性。如果主合同与补充协议之间是相互独立且可分,那么,在没有特别约定的情况下,对于两个完全独立且可分的合同或协议,其争议解决方式应按合同或补充协议约定处理。如果补充协议是对主合同内容的补充,必须依附于主合同,而不能独立于主合同存在,那么,主合同所约定的争议解决条款也适用于补充协议。本案中,双方当事人于 2007 年 12 月 28 日经过招投标而签订的合同明确约定,双方当事人发生争议由常德市仲裁委员会管辖,故常德仲裁委员会对该案具有管辖权。此后双方当事人于 2008 年 3 月 20 日签订的补充协议明确约定双方已于 2007 年 12 月 28 日签订了合同,为完善条款,对未尽事宜和可能出现的新问题补签该补充协议,且明确约定"所签补充协议与前签协议有同等效力。"由此可见,主合同所约定的发生争议提交常德市仲裁委员会仲裁的争议解决条款也应适用于补充协议。此外,依据法律规定当事人对仲裁协议的效力有异议,应当在仲裁庭首次开庭前提出。本案中湖南华厦建筑有限责任公司向常德市仲裁委员会申请仲裁后,常德工艺美术学校并没有在仲裁庭首次开庭前,对仲裁协议的效力提出异议,而是向常德仲裁委员会提出仲裁反申请,并申请常德仲裁委员会委托对水电工程和装饰工程的工程造价依合同约定的结算标准进行了司法鉴定,这表明双方认可依照约定选择的常德仲裁委员会解决双方工程欠款纠纷。常德工艺美术学校在向湖南省高级人民法院申诉中称双方实际履行的合同和补充协议没有仲裁条款,常德仲裁委员会对案件进行仲裁错误的理由不予支持。故湖南省高级人民法院(2013)湘高法执监字第14号执行裁定中有关"补充协议并未约定争议的解决方式,因此,补充协议中水电安装及装饰工程等工程造价不属于仲裁协议的范围,仲裁裁决书对这部分工程造价作出了裁决,超出了仲裁裁决范围"部分的认定不正确,应予纠正。常德市中级人民法院(2012)常执不字第8号执行裁定结果正确,应予维持。

法院裁定

根据《中华人民共和国仲裁法》第二十条第二款、最高人民法院《关于人民法院执行工作若干问题的规定(试行)》第129条的规定,裁定如下:

1. 撤销湖南省高级人民法院(2013)湘高法执监字第14号执行裁定;
2. 维持常德市中级人民法院(2012)常执不字第8号执行裁定。

[选自《最高人民法院公报》2016年第8期(总第238期)]

235. 拍卖行与买受人有关联关系,拍卖行为损害与标的物相关权利人合法权益的,人民法院可以视为拍卖行与买受人恶意串通,依法裁定该拍卖无效

【指导案例】 35号

广东龙正投资发展有限公司与广东景茂拍卖行有限公司委托拍卖执行复议案

关键词:民事诉讼　执行复议　委托拍卖 恶意串通　拍卖无效

❖ 裁判要点

拍卖行与买受人有关联关系,拍卖行为存在以下情形,损害与标的物相关权利人合法权益的,人民法院可以视为拍卖行与买受人恶意串通,依法裁定该拍卖无效:(1)拍卖过程中没有其他无关联关系的竞买人参与竞买,或者虽有其他竞买人参与竞买,但未进行充分竞价的;(2)拍卖标的物的评估价明显低于实际价格,仍以

该评估价成交的。

相关法条

《中华人民共和国民法通则》第五十八条

《中华人民共和国拍卖法》第六十五条

❖ 基本案情

广州白云荔发实业公司(以下简称荔发公司)与广州广丰房产建设有限公司(以下简称广丰公司)、广州银丰房地产有限公司(以下简称银丰公司)、广州金汇房产建设有限公司(以下简称金汇公司)非法借贷纠纷一案,广东省高级人民法院(以下简称广东高院)于1997年5月20日作出(1996)粤法经一初字第4号民事判决,判令广丰公司、银丰公司共同清偿荔发公司借款160647776.07元及利息,金汇公司承担连带赔偿责任。

广东高院在执行前述判决过程中,于1998年2月11日裁定查封了广丰公司名下的广丰大厦未售出部分,面积18851.86m^2。次日,委托广东景茂拍卖行有限公司(以下简称景茂拍卖行)进行拍卖。同年6月,该院委托的广东粤财房地产评估所出具评估报告,结论为:广丰大厦该部分物业在1998年6月12日的拍卖价格为102493594元。后该案因故暂停处置。

2001年年初,广东高院重新启动处置程序,于同年4月4日委托景茂拍卖行对广丰大厦整栋进行拍卖。同年11月初,广东高院在报纸上刊登拟拍卖整栋广丰大厦的公告,要求涉及广丰大厦的所有权利人或购房业主,于2001年11月30日前向景茂拍卖行申报权利和登记,待广东高院处理。根据公告要求,向景茂拍卖行申报的权利有申请交付广丰大厦预售房屋、回迁房屋和申请返还购房款、工程款、银行借款等,金额高达15亿多元,其中,购房人缴纳的购房款逾2亿元。

2003年8月26日,广东高院委托广东财兴资产评估有限公司(即原广东粤财房地产评估所)对广丰大厦整栋进行评估。同年9月10日,该所出具评估报告,结论为:整栋广丰大厦(用地面积3009m^2,建筑面积34840m^2)市值为3445万元,建议拍卖保留价为市值的70%即2412万元。同年10月17日,景茂拍卖行以2412万元将广丰大厦整栋拍卖给广东龙正投资发展有限公司(以下简称龙正公司)。广东高院于同年10月28日作出(1997)粤高法执字第7号民事裁定,确认将广丰大厦整栋以2412万元转给龙正公司所有。2004年1月5日,该院向广州市国土房管部门发出协助执行通知书,要求将广丰大厦整栋产权过户给买受人龙正公司,并声明原广丰大厦的所有权利人,包括购房人、受让人、抵押权人、被拆迁人或拆迁户等的权益,由该院依法处理。龙正公司取得广丰大厦后,在原主体框架结构基础上继续投入资金进行续建,续建完成后更名为"时代国际大厦"。

2011年6月2日,广东高院根据有关部门的意见对该案复查后,作出(1997)粤高法执字第7-1号执行裁定,认定景茂拍卖行和买受人龙正公司的股东系亲属,存在关联关系。广丰大厦两次评估价格差额巨大,第一次评估了广丰大厦约一半面积的房产,第二次评估了该大厦整栋房产,但第二次评估价格仅为第一次评估价格的35%,即使考虑市场变化因素,其价格变化也明显不正常。根据景茂拍卖行报告,拍卖时有三个竞买人参加竞买,另外两个竞买人均未举牌竞价,龙正公司因而一次举牌即以起拍价2412万元竞买成功。但经该院协调有关司法机关无法找到该二人,后书面通知景茂拍卖行提供该二人的竞买资料,景茂拍卖行未能按要求提供;景茂拍卖行也未按照《拍卖监督管理暂行办法》第四条"拍卖企业举办拍卖活动,应当于拍卖日前七天内到拍卖活动所在地工商行政管理局备案……拍卖企业应当在拍卖活动结束后7天内,将竞买人名单、身份证明复印件送拍卖活动所在地工商行政管理局备案"的规定,向工商管理部门备案。现有证据不能证实另外两个竞买人参加了竞买。综上,可以认定拍卖人景茂拍卖行和竞买人龙正公司在拍卖广丰大厦中存在恶意串通行为,导致广丰大厦拍卖不能公平竞价、损害了购房人和其他债权人的利益。根据《中华人民共和国民法通则》(以下简称《民法通则》)第五十八条、《中华人民共和国拍卖法》(以下简称《拍卖法》)第六十五条的规定,裁定拍卖无效,撤销该院2003年10月28日作出的(1997)粤高法执字第7号民事裁定。对此,买受人龙正公司和景茂拍卖行分别向广东高院提出异议。

龙正公司和景茂拍卖行异议被驳回后,又向最高人民法院申请复议。主要复议理由为:对广丰大厦前后两次评估的价值相差巨大的原因存在合理性,评估结果与拍卖行和买受人无关;拍卖保留价也是根据当时实际情况决定的,拍卖成交价是当时市场客观因素造成的;景茂拍卖行不能提供另外两名竞买人的资料,不违反《拍卖法》第五十四条第二款关于"拍卖资料保管期限自委托拍卖合同终止之日起计算,不得少于五年"的规定;拍卖广丰大厦的拍卖过程公开、合法,拍卖前曾四次在报纸上刊出拍卖公告,法律没有禁止拍卖行股东亲属的公司参与竞买。故不存在拍卖行与买受人恶意串通、损害购房人和其他债权人利益的事实。广东高院推定竞买人与拍卖行存在恶意串通行为是错误的。

裁判结果

广东高院于2011年10月9日作出(2011)粤高法执异字第1号执行裁定:维持(1997)粤高法执字第7-1号执行裁定意见,驳回异议。裁定送达后,龙正公司和景茂拍卖行向最高人民法院申请复议。最高人民法院于2012年6月15日作出(2012)执复字第6号执行裁定:驳回龙正公司和景茂拍卖行的复议请求。

裁判理由

最高人民法院认为:受人民法院委托进行的拍卖属于司法强制拍卖,其与公民、法人和其他组织自行委托拍卖机构进行的拍卖不同,人民法院有权对拍卖程序及拍卖结果的合法性进行审查。因此,即使拍卖已经成交,人民法院发现其所委托的拍卖行为违法,仍可以根据《民法通则》第五十八条、《拍卖法》第六十五条等法律规定,对在拍卖过程中恶意串通,导致拍卖不能公平竞价、损害他人合法权益的,裁定该拍卖无效。

买受人在拍卖过程中与拍卖机构是否存在恶意串通,应从拍卖过程、拍卖结果等方面综合考察。如果买受人与拍卖机构存在关联关系,拍卖过程没有进行充分竞价,而买受人和拍卖机构明知标的物评估价和成交价明显过低,仍以该低价成交,损害标的物相关权利人合法权益的,可以认定双方存在恶意串通。

本案中,在景茂拍卖行与买受人之间因股东的亲属关系而存在关联关系的情况下,除非能够证明拍卖过程中有其他无关联关系的竞买人参与竞买,且进行了充分的竞价,否则可以推定景茂拍卖行与买受人之间存在串通。该竞价充分的举证责任应由景茂拍卖行和与其有关联关系的买受人承担。2003 年拍卖结束后,景茂拍卖行给广东高院的拍卖报告中指出,还有另外两个自然人参加竞买,现场没有举牌竞价,拍卖中仅一次叫价即以保留价成交,并无竞价。而买受人龙正公司和景茂拍卖行不能提供其他两个竞买人的情况。经审核,其复议中提供的向工商管理部门备案的材料中,并无另外两个竞买人参加竞买的资料。拍卖资料经过了保存期,不是其不能提供竞买人情况的理由。据此,不能认定有其他竞买人参加了竞买,可以认定景茂拍卖行与买受人龙正公司之间存在串通行为。

鉴于本案拍卖系直接以评估机构确定的市场价的 70% 之保留价成交的,故评估价是否合理对于拍卖结果是否公正合理有直接关系。之前对一半房产的评估价已达一亿多元,但是本次对全部房产的评估价格却只有原来一半房产评估价格的 35% 。拍卖行明知价格过低,却通过亲属来购买房产,未经多轮竞价,严重侵犯了他人的利益。拍卖整个楼的价格与评估部分房产时的价格相差悬殊,拍卖行和买受人的解释不能让人信服,可以认定两者间存在恶意串通。同时,与广丰大厦相关的权利有申请交付广丰大厦预售房屋、回迁房屋和申请返还购房款、工程款、银行借款等,总额达 15 亿多元,仅购房人登记所交购房款即超过 2 亿元。而本案拍卖价款仅为 2412 万元,对于没有优先受偿权的本案申请执行人毫无利益可言,明显属于无益拍卖。鉴于景茂拍卖行负责接受与广丰大厦相关的权利的申报工作,且买受人与其存在关联关系,可认定景茂拍卖行与买受人对上述问题也应属明知。因此,对于此案拍卖导致与广丰大厦相关的权利人的权益受侵害,景茂拍卖行与买受人龙正公司之间构成恶意串通。

综上,广东高院认定拍卖人景茂拍卖行和买受人龙正公司在拍卖广丰大厦中存在恶意串通行为,导致广丰大厦拍卖不能公平竞价、损害了购房人和其他债权人的利益,是正确的。故(1997)粤高法执字第 7－1 号及(2011)粤高法执异字第 1 号执行裁定并无不当,景茂拍卖行与龙正公司申请复议的理由不能成立。

236. 被执行人的债务人可按非判决法院的要求向申请执行人履行债务

【指导案例】36号

中投信用担保有限公司与海通证券股份有限公司等证券权益纠纷执行复议案

关键词:民事诉讼 执行复议 到期债权 协助履行

❖ 裁判要点

被执行人在收到执行法院执行通知之前,收到另案执行法院要求其向申请执行人的债权人直接清偿已经法院生效法律文书确认的债务的通知,并清偿债务的,执行法院不能将该部分已清偿债务纳入执行范围。

相关法条

《中华人民共和国民事诉讼法》第二百二十四条第一款。

❖ 基本案情

中投信用担保有限公司(以下简称中投公司)与海通证券股份有限公司(以下简称海通证券)、海通证券股份有限公司福州广达路证券营业部(以下简称海通证券营业部)证券权益纠纷一案,福建省高级人民法院(以下简称福建高院)于2009年6月11日作出(2009)闽民初字第3号民事调解书,已经发生法律效力。中投公司于2009年6月25日向福建高院申请执行。福建高院于同年7月3日立案执行,并于当月15日向被执行人海通证券营业部、海通证券发出(2009)闽执行字第99号执行通知书,责令其履行法律文书确定的义务。

被执行人海通证券及海通证券营业部不服福建高院(2009)闽执行字第99号执行通知书,向该院提出书面异议。异议称:被执行人已于2009年6月12日根据北京市东城区人民法院(以下简称北京东城法院)的履行到期债务通知书,向中投公司的执行债权人潘鼎履行其对中投公司所负的到期债务11222761.55元,该款汇入了北京东城法院账户;上海市第二中级人民法院(以下简称上海二中院)为执行上海中维资产管理有限公司与中投公司纠纷案,向其发出协助执行通知书,并于2009年6月22日扣划了海通证券的银行存款8777238.45元。以上共计向中投公司的债权人支付了2000万元,故其与中投公司之间已经不存在未履行(2009)闽民初字第3号民事调解书确定的付款义务的事实,福建高院向其发出的执行通知书应当撤销。为此,福建高院作出(2009)闽执异字第1号裁定书,认定被执行人异议成立,撤销(2009)闽执行字第99号执行通知书。申请执行人中投公司不服,向最高人民法院提出了复议申请。申请执行人的主要理由是:北京东城法院的履行到期债务通知书和上海二中院的协助执行通知书,均违反了最高人民法院给江苏省高级人民法院的(2000)执监字第304号关于法院判决的债权不适用《关于适用〈中华人民共和国民事诉讼法〉若干问题的意见》第300条规定(以下简称意见第300条)的复函精神,福建高院的裁定错误。

裁判结果

最高人民法院于2010年4月13日作出(2010)执复字第2号执行裁定,驳回中投信用担保有限公司的复议请求,维持福建高院(2009)闽执异字第1号裁定。

裁判理由

最高人民法院认为:最高人民法院(2000)执监字第304号复函是针对个案的答复,不具有普遍效力。随着民事诉讼法关于执行管辖权的调整,该函中基于执行只能由一审法院管辖,认为经法院判决确定的到期债权不适用意见第300条的观点已不再具有合理性。对此问题正确的解释应当是:对经法院判决(或调解书,以下通称判决)确定的债权,也可以由非判决法院按照意见第300条规定的程序执行。因该到期债权已经法院判决确定,故第三人(被执行人的债务人)不能提出债权不存在的异议(否认生效判决的定论)。本案中,北京东城法院和上海二中院正是按照上述精神对福建高院(2009)闽民初字第3号民事调解书确定的债权进行执行的。被执行人海通证券无权对生效调解书确定的债权提出异议,不能对抗上海二中院强制扣划行为,其自动按照北京东城法院的通知要求履行,也是合法的。

被执行人海通证券营业部、海通证券收到有关法院通知的时间及其协助有关法院执行,是在福建高院向其发出执行通知之前。在其协助有关法院执行后,其因(2009)闽民初字第3号民事调解书而对于申请执行人中投公司负有的2000万元债务已经消灭,被执行人有权请求福建高院不得再依据该调解书强制执行。

综上,福建高院(2009)闽执异字第1号裁定书认定事实清楚,适用法律正确。故驳回中投公司的复议请求,维持福建高院(2009)闽执异字第1号裁定。

237.查封、扣押、冻结期限规则的适用

【民诉法司法解释】

关于查封、扣押、冻结的期限,《民事诉讼法解释》第487条规定:"人民法院冻结被执行人的银行存款的期限不得超过一年,查封、扣押动产的期限不得超过两年,查封不动产、冻结其他财产权的期限不得超过三年。申请执行人申请延长期限的,人民法院应当在查封、扣押、冻结期限届满前办理续行查封、扣押、冻结手续,续行期限不得超过前款规定的期限。人民法院也可以依职权办理续行查封、扣押、冻

结手续。”该条规定对《最高人民法院关于人民法院民事执行中查封、扣押、冻结财产的规定》(法释〔2004〕15号)第29条①进行了一定的修改,延长了查封、冻结期限及其续行期限,以提高执行效率。

1.本条规定与《最高人民法院关于人民法院民事执行中查封、扣押、冻结财产的规定》第29条相比,有三点变化:一是查封的最长期限相应延长,银行存款从六个月延长为一年,动产从一年延长为两年,不动产从两年延长为三年;二是后者明确,续封的期限不超过首次最长查封期限的二分之一,而本条规定续封和首次查封期限相同;三是后者的但书规定,法律和司法解释对某类财产有特殊规定的,从其规定,而本条取消了这一但书规定,即同类财产实行统一的期限。

2.根据被执行财产的不同,实行不同的查封期限:对于银行存款,最长查封期限为一年;对于动产,包括汽车、船舶等特定动产,最长查封期限为两年;对于房屋等不动产、股权等其他财产权的最长查封期限为三年。

应注意的是,本条规定将其他资金归类为其他财产权。《最高人民法院关于人民法院民事执行中查封、扣押、冻结财产的规定》第29条将其他资金和银行存款并列,但在实践中对于什么样的财产属于其他资金难以区别,为解决此难题,《民事诉讼法解释》未将其他资金单独列为一类,而将除银行存款外的其他所有资金类财产列为其他财产权的范畴,一律适用最长三年的期限。

3.为满足人民法院对个案财产查封的需要,如最长期限仍然难以满足需要,经申请执行人申请,还可以进行续封,每次续封的最长期限仍然和首次查封的期限相同。

4.提出续封申请首先是申请执行人的义务,其应当关注被查封财产的状况,一旦快要过期时要及时向人民法院申请续封。当然,人民法院也可依职权续封。

5.查封期限经过,查封的效力就自然灭失,不需要查封法院再办理查封手续。②

---

① 《最高人民法院关于人民法院民事执行中查封、扣押、冻结财产的规定》第29条规定:“人民法院冻结被执行人的银行存款及其他资金的期限不得超过六个月,查封、扣押动产的期限不得超过一年,查封不动产、冻结其他财产权的期限不得超过二年。法律、司法解释另有规定的除外。申请执行人申请延长期限的,人民法院应当在查封、扣押、冻结期限届满前办理续行查封、扣押、冻结手续,续行期限不得超过前款规定期限的二分之一。”

② 沈德咏主编:《最高人民法院民事诉讼法司法解释理解与适用》,人民法院出版社2015年版,第1301~1302页。

238. 法院首先查封处分权与债权人行使优先受偿债权冲突的处理

【请示与答复】

最高人民法院关于首先查封法院与优先债权执行法院处分查封财产有关问题的批复

（2015年12月16日最高人民法院审判委员会第1672次会议通过，自2016年4月14日起施行　法释〔2016〕6号）

福建省高级人民法院：

你院《关于解决法院首封处分权与债权人行使优先受偿债权冲突问题的请示》（闽高法〔2015〕261号）收悉。经研究，批复如下：

一、执行过程中，应当由首先查封、扣押、冻结（以下简称查封）法院负责处分查封财产。但已进入其他法院执行程序的债权对查封财产有顺位在先的担保物权、优先权（该债权以下简称优先债权），自首先查封之日起已超过60日，且首先查封法院就该查封财产尚未发布拍卖公告或者进入变卖程序的，优先债权执行法院可以要求将该查封财产移送执行。

二、优先债权执行法院要求首先查封法院将查封财产移送执行的，应当出具商请移送执行函，并附确认优先债权的生效法律文书及案件情况说明。

首先查封法院应当在收到优先债权执行法院商请移送执行函之日起15日内出具移送执行函，将查封财产移送优先债权执行法院执行，并告知当事人。

移送执行函应当载明将查封财产移送执行及首先查封债权的相关情况等内容。

三、财产移送执行后，优先债权执行法院在处分或继续查封该财产时，可以持首先查封法院移送执行函办理相关手续。

优先债权执行法院对移送的财产变价后，应当按照法律规定的清偿顺序分配，并将相关情况告知首先查封法院。

首先查封债权尚未经生效法律文书确认的，应当按照首先查封债权的清偿顺位，预留相应份额。

四、首先查封法院与优先债权执行法院就移送查封财产发生争议的，可以逐级报请双方共同的上级法院指定该财产的执行法院。

共同的上级法院根据首先查封债权所处的诉讼阶段、查封财产的种类及所在地、各债权数额与查封财产价值之间的关系等案件具体情况，认为由首先查封法院执行更为妥当的,也可以决定由首先查封法院继续执行,但应当督促其在指定期限内处分查封财产。

此复。

附件:1. ××××人民法院商请移送执行函(略)

2. ××××人民法院移送执行函(略)

239. 当事人通过协议选择,或通过不提管辖异议、放弃管辖异议等默认方式自行向无管辖权的法院申请执行的,不予支持

【公报案例】

大庆筑安建工集团有限公司、大庆筑安建工集团有限公司曲阜分公司与中煤第六十八工程有限公司施工合同纠纷案

[最高人民法院(2015)执申字第42号]

❖ **裁判摘要**

《中华人民共和国民事诉讼法》第二百二十四条及最高人民法院《关于适用〈中华人民共和国仲裁法〉若干问题的解释》第二十九条对仲裁案件执行的级别管辖和地域管辖作出的明确规定,具有强制约束力。关于仲裁裁决的执行,其确定管辖的连接点只有两个:一是被执行人住所地,二是被执行的财产所在地。民事诉讼法属于公法性质的法律规范,法律没有赋予权利即属禁止。虽然民事诉讼法没有明文禁止当事人协商执行管辖法院,但对当事人就执行案件管辖权的选择限定于上述两个连接点之间,当事人只能依法选择向其中一个有管辖权的法院提出执行申请。民事诉讼法有关应诉管辖的规定适用于诉讼程序,不适用于执行程序。因此,当事人通过协议方式选择,或通过不提管辖异议、放弃管辖异议等默认方式自行确定向无管辖权的法院申请执行的,不予支持。

❖ **基本案情**

申诉人:大庆筑安建工集团有限公司

法定代表人:霍瑞金,该公司总经理

申诉人(被执行人):大庆筑安建工集团有限公司曲阜分公司

负责人:郝德坤,该公司总经理

被申诉人(申请执行人):中煤第六十八工程有限公司

法定代表人:汤敬东,总经理

申诉人大庆筑安建工集团有限公司、大庆筑安建工集团有限公司曲阜分公司

不服山东省高级人民法院(2014)鲁执复议字第4号执行裁定,向最高人民法院申诉。最高人民法院受理后,依法组成合议庭进行审查。2015年6月24日最高人民法院组织听证,大庆筑安建工集团有限公司和大庆筑安建工集团有限公司曲阜分公司的委托代理人、中煤第六十八工程有限公司的委托代理人参加了听证。本案现已审查终结。

最高人民法院经审查查明,中煤第六十八工程有限公司与大庆筑安建工集团有限公司曲阜分公司施工合同纠纷一案,2011年8月5日,青岛仲裁委员会作出青仲裁字(2008)第453号裁决书,裁决大庆筑安建工集团有限公司曲阜分公司向中煤第六十八工程有限公司支付工程款5367813.65元、支付利息840295.79元、支付维修金及罚款467000元。因被执行人大庆筑安建工集团有限公司曲阜分公司未履行生效法律文书确定的义务,申请执行人中煤第六十八工程有限公司于2012年5月11日向青岛市中级人民法院申请强制执行,该院立(2012)青执字第160号案件执行,于同年5月16日制作执行通知,同年7月20日向被执行人大庆筑安建工集团有限公司曲阜分公司寄出执行通知,要求其履行义务。当月28日,被执行人大庆筑安建工集团有限公司曲阜分公司向青岛市中级人民法院提出执行管辖异议。青岛市中级人民法院立(2013)青执裁字第25号案件审查。同年8月15日,大庆筑安建工集团有限公司曲阜分公司因对方同意协商处理,遂决定撤回书面管辖异议。此后,双方未协商达成一致意见,大庆筑安建工集团有限公司曲阜分公司对执行管辖坚持异议。2013年5月19日,大庆筑安建工集团有限公司向青岛市中级人民法院提出管辖异议。同年11月12日,青岛市中级人民法院作出(2013)青执裁字第25号执行裁定,驳回大庆筑安建工集团有限公司与大庆筑安建工集团有限公司曲阜分公司对本案执行管辖的异议。后大庆筑安建工集团有限公司、大庆筑安建工集团有限公司曲阜分公司不服该裁定,分别于2013年11月19日和20日向山东省高级人民法院申请复议,请求撤销该裁定。

另查明,被执行人大庆筑安建工集团有限公司曲阜分公司由大庆筑安建工集团有限公司于2002年9月30日在曲阜市工商局注册成立,属于无法人资格的分支机构。经营范围是施工承包、专业承包。注册资本0万元。该公司工商年检至2009年,目前该分公司处于吊销营业执照状态。

另查明,2012年10月5日被执行人大庆筑安建工集团有限公司曲阜分公司向青岛市中级人民法院申请不予执行仲裁裁决。青岛市中级人民法院于2013年4月19日作出(2013)青执裁字第13号执行裁定,裁定驳回了大庆筑安建工集团有限公司曲阜分公司不予执行仲裁裁决的申请。

另查明,2012年10月8日,申请执行人中煤第六十八工程有限公司向青岛市中级人民法院申请追加大庆筑安建工集团有限公司为被执行人。青岛市中级人民法院于2013年11月13日作出(2013)青执裁字第24号执行裁定,追加大庆筑安建工集团有限公司为青岛市中级人民法院(2012)青执字第160号案件的被执行人。大庆筑安建工集团有限公司不服该裁定,向青岛市中级人民法院提出执行异议,青岛市中级人民法院于2014年5月6日作出(2014)青执异字第10号执行裁定,驳回了大庆筑安建工集团有限公司的执行异议。

另查明,2012年11月12日,青岛市中级人民法院作出(2012)青执字第160号执行裁定,裁定终结本次执行程序。

山东省高级人民法院认为,按照最高人民法院《关于适用〈中华人民共和国民事诉讼法〉执行程序若干问题的解释》第三条第一款的规定,本案被执行人大庆筑安建工集团有限公司曲阜分公司在法定期限内提出了执行管辖权异议。在青岛市中级人民法院审查期间,大庆筑安建工集团有限公司曲阜分公司决定撤回了管辖权异议,同意青岛市中级人民法院对该案行使管辖权,是其真实意思表示,无证据证明违反了自愿原则,因此不违反法律规定。2012年10月25日,被执行人大庆筑安建工集团有限公司曲阜分公司向青岛市中级人民法院提出不予执行该仲裁裁决的申请,说明其认可青岛市中级人民法院对该案具有执行管辖权。青岛市中级人民法院依法驳回大庆筑安建工集团有限公司、大庆筑安建工集团有限公司曲阜分公司的异议并无不当。综上,申请复议人大庆筑安建工集团有限公司及大庆筑安建工集团有限公司曲阜分公司的复议理由不成立。

该院于2014年1月27日作出(2014)鲁执复议字第4号执行裁定,驳回大庆筑安建工集团有限公司及大庆筑安建工集团有限公司曲阜分公司的复议申请。

申诉人大庆筑安建工集团有限公司、大庆筑安建工集团有限公司曲阜分公司对上述裁定不服,向最高人民法院申诉,请求撤销山东省高级人民法院(2014)鲁执复议字第4号执行裁定,指定有管辖权的法院执行。主要理由是:一、根据《中华人民共和国民事诉讼法》第二百二十四条、第二百三十七条及最高人民法院《关于适用〈中华人民共和国仲裁法〉若干问题的解释》的相关规定,仲裁裁决可以由被执行人住所地或被执行的财产所在地的中级人民法院管辖。青岛市中级人民法院既不是被执行人住所地也不是被执行的财产所在地的中级人民法院,该院无权立案、受理、管辖本案。二、我国法律及司法解释并未规定当事人可以自由选择法定管辖之外的法院执行的权利,即使双方均选择法定管辖之外的法院执行,也是违反法律强制性规定的,应属于无效的约定。青岛市中级人民法院及山东省高级人民法院认为对该案行使管辖权是当事人真实意思表示,不违反法律规定是错误的。

中煤第六十八工程有限公司答辩称:鉴于被执行人大庆筑安建工集团有限公司曲阜分公司称其与济宁市中级人民法院和大庆市中级人民法院有特殊关系,如果由上述法院执行,无法实现债权。此外,大庆筑安建工集团有限公司曲阜分公司向青岛市中级人民法院提出撤销仲裁裁决申请被驳回。故向青岛市中级人民法院申请执行。立案执行后，大庆筑安建工集团有限公司曲阜分公司提出管辖权异议、不予执行仲裁裁决申请等拖延执行，逃避执行，致使仲裁裁决至今没有得到执行。

法院认为

最高人民法院经审查认为，本案的焦点问题是青岛市中级人民法院对本案的执行是否有管辖权。《中华人民共和国民事诉讼法》第二百二十四条及最高人民法院《关于适用〈中华人民共和国仲裁法〉若干问题的解释》第二十九条对仲裁案件执行的级别管辖和地域管辖作出明确规定，具有强制约束力。仲裁裁决的执行，其确定管辖的连接点只有两个：一是被执行人住所地；二是被执行的财产所在地。民事诉讼法属于公法性的法律规范，法律没有赋予的权力就是属于禁止。虽然民事诉讼法没有明文禁止当事人可协商执行管辖法院，但法律对当事人就执行案件管辖权的选择限定于上述两个连接点之间，当事人只能依法选择其中的一个有管辖权的法院提出执行申请，不得以任何方式改变法律规定的执行管辖法院。《中华人民共和国民事诉讼法》有关应诉管辖的规定适用于诉讼程序，在执行程序中适用没有法律依据、法理依据。因此，当事人通过协议方式选择，或通过不提管辖异议、放弃管辖异议等默认方式来确定无执行管辖权的法院享有管辖权，均不符合法律的规定。就本案而言，被执行人大庆筑安建工集团有限公司曲阜分公司的住所地或财产所在地均不在青岛市中级人民法院管辖范围内，青岛市中级人民法院对本案执行没有管辖权。申请执行人中煤第六十八工程有限公司以被执行人称其与住所地或财产所在地的法院有特殊关系为由，不向有管辖权的法院提出申请执行，而向无管辖权的青岛市中级人民法院申请执行，青岛市中级人民法院明知自己无管辖权仍然受理本案，不符合法律的规定。本案被执行人大庆筑安建工集团有限公司曲阜分公司在法定期限内提出了执行管辖权异议，青岛市中级人民法院应当依法予以审查，并依据法律规定确定其异议是否成立。虽然在此期间，大庆筑安建工集团有限公司曲阜分公司决定撤回管辖权异议，并且还向青岛市中级人民法院提出不予执行该仲裁裁决的申请，但当事人的上述行为均不能改变法律的规定而使青岛市中级人民法院取得对本案的执行管辖权。综上，大庆筑安建工集团有限公司曲阜分公司申诉理由成立，青岛市中级人民法院和山东省高级人民法院关于本案执行管辖异议的处理缺乏法律依据，应予纠正。在法院确定执行管辖权时，大庆筑安建工集团有限公司不是本案的当事人，而是法院基于另一当事人申请追加的当事人，其无权就本案的管辖权确定提出异议。鉴于大庆筑安建工集团有限公司不是仲裁裁决案件的当事人，该仲裁裁决案件执行管辖的确定不能以其住所地或财产所在地作为根据，应以仲裁裁决案件中被执行人住所地或被执行的财产所在地作为确定执行管辖法院的根据，即被执行人大庆筑安建工集团有限公司曲阜分公司住所地或者被执行的财产所在地的中级人民法院有管辖权。鉴于青岛市中级人民法院对本案不具有执行管辖权，为方便有执行管辖权法院顺利执行本案，排除执行程序中的障碍,故青岛市中级人民法院所作出的涉及本案非财产控制措施的相关执行裁定应予以一并撤销。

法院裁定

依据《中华人民共和国民事诉讼法》第二百二十四条、最高人民法院《关于适用〈中华人民共和国仲裁法〉若干问题的解释》第二十九条、最高人民法院《关于人民法院执行工作若干问题的规定(试行)》第129条之规定,参照《中华人民共和国民事诉讼法》第一百七十条第一款第(二)项之规定,裁定如下:

一、撤销山东省高级人民法院(2014)鲁执复议字第4号执行裁定。

二、撤销青岛市中级人民法院作出的(2012)青执字第160号、(2013)青执裁字第25号、(2013)青执裁字第13号、(2013)青执裁字第24号、(2014)青执异字第10号执行裁定。

三、申请执行人依法向有管辖权的人民法院申请执行。

[选自《最高人民法院公报》2016年第9期(总第239期)]

240. 案外人书面执行异议被驳回后,可选择通过审判监督程序或执行异议之诉维权

【公报案例】

孙昌明与江苏威特集团有限公司、盐城经济开发区祥欣农村小额贷款有限公司案外人执行异议纠纷案

[最高人民法院(2013)民提字第207号]

❖ 裁判摘要

一、执行过程中,案外人对执行标的提出的书面异议被驳回后,应当根据其权利主张与原判决、裁定之间的关系,依法选择通过审判监督程序或者执行异议之诉维护其合法权益。

二、执行异议之诉是对案外人权利保护提供的司法救济途径,针对的是执行行为本身,核心在于以案外人是否对执行标的具有足以阻却执行程序的正当权利为前提,就执行程序应当继续还是应该停止做出评价和判断。如案外人权利主张所指向的民事权利义务关系或者其诉讼请求所指向的标的物,与原判决、裁定确定的民事权利义务关系或者该权利义务关系的客体具有同一性,执行标的就是作为执行依据的生效裁判确定的权利义务关系的特定客体,其则属于"认为原判决、裁定错误"的情形,应依照审判监督程序办理。

❖ 基本案情

再审申请人(一审原告、二审上诉人):孙昌明

被申请人(一审被告、二审被上诉人):江苏威特集团有限公司

法定代表人:路云龙,该公司董事长

委托代理人:徐扬,该公司总经理

被申请人(一审被告、二审被上诉人):盐城经济开发区祥欣农村小额贷款有限公司,住所地江苏省盐城经济开发区开放大道华厦商住楼一层 102 号。

法定代表人:周纯祥,该公司董事长。

再审申请人孙昌明因与被申请人江苏威特集团有限公司(以下简称威特公司)、盐城经济开发区祥欣农村小额贷款有限公司(以下简称祥欣公司)案外人执行异议纠纷一案,不服江苏省高级人民法院于 2012 年 11 月 20 日作出的(2012)苏民终字第 0160 号民事判决,向本院申请再审。最高人民法院于 2013 年 6 月 21 日作出(2013)民申字第 313 号民事裁定,提审本案并中止原判决执行。最高人民法院依法组成合议庭,于 2013 年 11 月 14 日开庭审理了本案。本案现已审理终结。

江苏省盐城市中级人民法院(以下简称盐城中院)一审审理查明:2007 年 6 月 5 日,威特公司向中国建设银行盐城市城北支行(以下简称建行城北支行)借款,将江苏省盐城市开放大道 28 号综合楼 5110.24 平方米房屋抵押给建行城北支行,该行于 2009 年 12 月 4 日办理了上述房产抵押注销手续。同日,威特公司向祥欣公司借款 400 万元,以江苏省盐城市开放大道 28 号 363.51 平方米房产作价 530 万元设定最高额抵押,双方签订了《最高额抵押合同》并办理了他项权证。房屋坐落:江苏省盐城市开放大道 28 号综合楼底层及二层局部(1～5 轴),他项权证登记时间为 2009 年 12 月 4 日。

1998 年 9 月 15 日,威特公司与盐城市望海建筑工程有限公司(以下简称望海公司)签订建设施工合同,将威特公司综合楼发包给望海公司承建,望海公司又将工程转包给孙昌明,孙昌明为工程实际施工人。2009 年 10 月 20 日,威特公司与孙昌明签订协议书,确认欠孙昌明工程款 405 万元,并以其自有的坐落在江苏省盐城市开放大道 28 号的威特集团综合楼一楼展示大厅两大间(8～10 轴)房屋(建筑面积 103.85 平方米×2)抵冲工程款 3 738 600 元,余款另行结算。2010 年 10 月 26 日,江苏省盐城市亭湖区人民法院(以下简称亭湖法院)作出(2010)亭商初字第 0476 号民事判决,确认孙昌明与威特公司于 2009 年 10 月 20 日签订的协议合法有效。

在祥欣公司申请执行威特公司、威特摩擦材料有限公司(以下简称威特材料公司)、盐城威特制动工业科技有限公司(以下简称威特制动公司)、江苏天行健建设有限公司借款合同纠纷一案中,盐城中院依据该院(2010)盐商初字第 0018、0019、0020 号民事判决对上述公司强制执行,在对威特公司登记的抵押财产采取强制执

行措施时,孙昌明提出执行异议。盐城中院于2011年4月25日作出(2011)盐执异字第0004号民事裁定,认为孙昌明虽然就案涉房屋与威特公司签订了以房抵债的协议,但双方未能办理过户登记手续,孙昌明主张已经取得案涉房屋所有权的异议理由,不能成立,遂裁定驳回孙昌明的执行异议。孙昌明不服,向盐城中院提起案外人执行异议之诉。

孙昌明提起诉讼称,2009年10月20日协议书签订后,威特公司将案涉房屋交付给孙昌明。祥欣公司与威特公司、威特材料公司、威特制动公司之间的借款和抵押行为发生在孙昌明合法取得并实际占有案涉房屋之后。威特公司无权将案涉房屋对外设定抵押。祥欣公司的许可经营范围是面向"三农"发放小额贷款。祥欣公司向威特公司及关联企业发放1500万元贷款的行为,违反了金融法律法规的强制性规定,借款主合同应无效,作为从合同的担保合同也无效。祥欣公司明知威特公司已将案涉房屋转让给孙昌明冲抵工程款,因此威特公司和祥欣公司就案涉房屋设定抵押是恶意行为。威特公司将案涉房屋转让给孙昌明后,未及时办理过户手续,是威特公司不履行合同义务、违反法律规定造成的,其法律后果应由威特公司及相关单位承担。故请求:1. 确认坐落在江苏省盐城市亭湖区开放大道28号威特集团综合楼一楼展示大厅8~10轴两间房屋的所有权归孙昌明所有(价值3 738 600元);2. 判令威特公司继续履行双方签订的协议;3. 判令威特公司、祥欣公司协助孙昌明办理房屋过户手续;4. 中止对本案争议房屋的执行。5. 诉讼费用由威特公司、祥欣公司承担。

威特公司、祥欣公司答辩称,1. 孙昌明不享有原告主体资格。2. 2009年10月20日之前,案涉房屋一直抵押给建行城北支行,即使威特公司欠付孙昌明工程款,但其出卖已经设定抵押房产的行为损害了抵押权人的利益,应为无效。3. 盐城中院(2010)盐商初字第0018、0019、0020号民事判决均确认祥欣公司的合法经营权,其与威特公司的借款合同合法有效,祥欣公司要求威特公司提供抵押担保,亦不违反法律规定。4. 即使威特公司欠付孙昌明工程款,由于案涉房屋已经抵押给了祥欣公司,也应先满足祥欣公司的执行要求。孙昌明的请求缺乏事实依据和法律依据,应予驳回。

一审法院认为

一审法院认为,一、关于孙昌明作为本案原告提起诉讼是否适格的问题。2009年10月20日,威特公司与孙昌明签订协议,将案涉房屋转让给孙昌明以冲抵工程款。孙昌明与本案具有直接利害关系,孙昌明的起诉符合《中华人民共和国民事诉讼法》(以下简称《民事诉讼法》)的规定,其应具有原告诉讼主体资格。二、关于孙昌明作为实际施工人对案涉房屋是否享有优先受偿权的问题。建设工程承包人行使优先权的期限为六个月,自建设工程竣工之日或者建设工程合同约定的竣工之日起计算。本案工程于1999年10月竣工,根据上述规定,孙昌明对案涉房屋的优先受偿权超过了保护期限。三、关于祥欣公司向威特公司发放贷款是否符合法律规定的问题。生效判决对此已经作出认定，孙昌明认为祥欣公司发放贷款行为违法的主张，不予采纳。四、关于孙昌明对案涉房屋是否具有所有权的问题。《中华人民共和国物权法》（以下简称《物权法》）第一百九十一条第二款规定，抵押期间，抵押人未经抵押权人同意，不得转让抵押财产，但受让人代为清偿债务消灭抵押权的除外。2007 年 6 月 5 日，威特公司因向建行城北支行借款，将本案涉及的综合楼 5110.24 平方米房屋抵押给建行城北支行，该行于 2009 年 12 月 4 日办理了上述房产抵押注销手续。同日，威特公司又将案涉房屋抵押给祥欣公司。2009 年 10 月 20 日，威特公司与孙昌明签订协议，将案涉房屋转让给孙昌明以冲抵孙昌明的工程款。以上事实证明，案涉房屋上设有抵押权，威特公司与孙昌明签订协议的时间在案涉房屋抵押期间内，违反了《物权法》的规定，孙昌明不能取得案涉房屋的所有权。虽然亭湖法院判决确认孙昌明与威特公司于 2009 年 10 月 20 日签订的协议合法有效，但由于当事人双方未能办理房屋过户手续，案涉房屋的所有权并未发生变动，故孙昌明要求确认房屋所有权的主张没有法律依据，对孙昌明要求威特公司继续履行以房抵债合同并协助办理过户手续的请求，不予支持。五、关于本案是否中止执行的问题。中止执行属于执行程序解决的问题，本案不予理涉。

一审法院判决

该院经审判委员会讨论决定，作出（2011）盐民初字第 0036 号民事判决：驳回孙昌明的诉讼请求。

上诉

孙昌明不服一审判决，向江苏省高级人民法院提起上诉。

孙昌明上诉称，1. 孙昌明与威特公司关于案涉房屋的买卖协议已被法院生效文书确认为有效，应当认定孙昌明对于案涉房屋具有所有权。2. 孙昌明是案涉房屋的实际施工人，在催要工程款的过程中一直在向威特公司主张工程款优先受偿权，威特公司也是基于此，同意以房抵债，该事实发生在祥欣公司出借款项之前。祥欣公司属于跨区经营，威特公司与祥欣公司之间的借贷关系违反法律法规，双方的借款合同为无效合同。3. 根据最高人民法院《关于人民法院民事执行中查封、扣押、冻结财产的规定》第十七条的规定，案涉房屋虽然没有办理过户登记，但孙昌明没有过错，故法院不应对案涉房屋采取执行措施。故请求二审法院改判支持孙昌明的诉讼请求。

威特公司答辩称，1. 孙昌明并未取得案涉房屋的所有权，其主张案涉房屋所有权不能成立。2. 祥欣公司取得案涉房屋的抵押权，无任何过错。3. 孙昌明不享有工程款的优先受偿权，与威特公司形成建设工程施工合同关系的是望海公司，并非孙昌明个人，且孙昌明主张权利已超过六个月的期间。故请求二审法院驳回孙昌明的上诉请求。

祥欣公司答辩称,1. 法院判决确认孙昌明与威特公司的协议有效,但并未确认案涉房屋的所有权归孙昌明所有。2. 关于是否中止执行的问题,不应该在本案中理涉。3. 孙昌明主张工程款优先受偿权,超过了权利行使期限。故请求二审法院驳回上诉,维持原判。

二审法院查明的案件事实与一审法院查明的案件事实相同。

二审法院认为

二审法院认为,本案为案外人执行异议之诉,威特公司与祥欣公司签订了借款合同,威特公司以案涉房屋作为抵押,在威特公司不能偿还借款时,祥欣公司向法院申请执行案涉房屋,而孙昌明认为其对案涉房屋享有权利,向法院提出执行异议。由于孙昌明的执行异议被法院裁定驳回,故孙昌明提起本案诉讼,主张其对案涉房屋享有所有权。孙昌明与威特公司就案涉房屋达成了以房抵债的协议,该协议系当事人真实意思表示,不违反法律、法规的禁止性规定,且被法院生效判决认定有效,但双方之间仍系债权债务关系。由于案涉房屋上设有抵押权,故孙昌明一直未能办理产权变更手续,现案涉房屋产权仍登记在威特公司名下,孙昌明并未取得所有权,对于孙昌明的该项上诉理由,不予支持。

关于孙昌明提出的威特公司与祥欣公司之间的借款合同无效的上诉理由,由于双方之间的借款纠纷,已经人民法院生效判决予以确认,孙昌明关于双方的借款合同无效的主张,没有法律依据。

关于孙昌明主张其对案涉房屋享有优先受偿权的问题,其主张威特公司欠付其工程款,故以案涉房屋抵债。虽然合同法规定承包人对于涉案工程折价、拍卖的价款可以优先受偿,但法律亦规定了优先权的行使期间,孙昌明未在法定期间提出该项主张,故盐城中院对此未予采纳并无不当。

关于孙昌明主张本案应中止执行的问题。由于本案系执行异议之诉,在本案中审查的是孙昌明对于执行标的物即案涉房屋是否享有权利的问题,对于执行程序中存在的问题,本案不能理涉,故对于孙昌明的该项主张,盐城中院未予理涉亦无不当。

二审法院判决

二审法院作出(2012)苏民终字第 0160 号民事判决:驳回上诉,维持原判。二审案件受理费 11 186 元,由孙昌明负担。

申请再审

孙昌明不服二审判决,根据《民事诉讼法》第二百条第二项、第六项之规定向最高人民法院申请再审,请求撤销二审判决,依法支持其全部诉讼请求。理由为:1. 威特公司已将案涉房屋交付孙昌明以冲抵工程款,孙昌明一直占有使用至今,其应当取得案涉房屋的所有权。2. 祥欣公司向威特公司发放贷款的行为,超出了其经营范围,并且属于跨区经营。祥欣公司作为专业的贷款公司,在向威特公司及其关联公司发放贷款、设定抵押的过程中,存在着疏于审查的情况,明知或应当知道案涉房屋属于孙昌明所有,或者至少应当知道案涉房屋权属存在争议,仍然办理抵押登记,主观上存在过错。3. 本案一审判决与亭湖法院、盐城中院有关判决存在同案不同判的情况。

威特公司答辩称,1. 威特公司将案涉房屋向孙昌明抵冲工程款和抵押给祥欣公司都是真实意思表示,抵冲工程款在先,设定抵押在后是基本事实。2. 祥欣公司和盐城中院在执行过程中存在过错。3. 祥欣公司与威特公司之间关联案件一共有四件,债务合计 1800 万元,但已经执行了 2772 万元,故祥欣公司的债权已经得到全部实现。4. 孙昌明系案涉工程实际施工人,其合法权益应予保护,应该确认其对案涉房屋的所有权。

祥欣公司答辩称,1. 孙昌明提起的是案外人异议之诉,但其第 2、3 项诉讼请求以及再审申请所提祥欣公司与威特公司之间的借款合同、抵押合同无效等,不属于本案审理范围。2. 孙昌明对案涉房屋不享有所有权。3. 孙昌明对案涉房屋不享有优先受偿权,即使其为实际施工人并对案涉房屋享有优先受偿权,该权利也已经超过法定行使期间。4. 祥欣公司已经依法取得抵押权。孙昌明的再审申请缺乏事实和法律依据,应予驳回。

最高人民法院再审查明:2010 年 8 月 26 日,盐城中院分别作出(2010)盐商初字第 0018、0019、0020 号民事判决。三份判决均确定,债务人未按判决确定的数额和时间偿还款项,祥欣公司有权就威特公司登记的抵押物折价或者以拍卖、变卖该财产的价款在该款项范围内享有优先受偿权。

再审法院认为

最高人民法院认为,《民事诉讼法》第二百二十七条规定,执行过程中,案外人对执行标的提出书面异议的,人民法院应当自收到书面异议之日起十五日内审查,理由成立的,裁定中止对该标的的执行;理由不成立的,裁定驳回。案外人、当事人对裁定不服,认为原判决、裁定错误的,依照审判监督程序办理;与原判决、裁定无关的,可以自裁定送达之日起十五日内向人民法院提起诉讼。根据该规定,执行过程中,案外人对执行标的提出的书面异议被驳回后,应当根据其权利主张与原判决、裁定之间的关系,依法选择通过审判监督程序或者执行异议之诉维护其合法权益。作为法律对执行程序启动后,就案外人权利保护提供的司法救济途径,执行异议之诉针对的是执行行为本身。其核心在于以案外人是否对执行标的具有足以阻却执行程序的正当权利为前提,就执行程序应当继续还是应该停止做出评价和判断。但如案外人权利主张所指向的民事权利义务关系或者其诉讼请求所指向的标的物,与原判决、裁定确定的民事权利义务关系或者该权利义务关系的客体具有同一性,执行标的就是作为执行依据的生效裁判确定的权利义务关系的特定客体,则属于"认为原判决、裁定错误"的情形。本案中,孙昌明在其对执行标的提出的书面异议被裁定驳回后,向一审法院提起案外人执行异议之诉,一审、二审法院亦以此为案由对本案进行了实体审理。但是,盐城中院对包括案涉房产在内的登记在威特公司名下且已经为祥欣公司办理抵押登记的财产采取的执行措施,有该院业已发生法律效力的相关民事判决作为依据,而该生效民事判决确认祥欣公司享有抵押权并有权优先受偿的财产范围亦包括案涉房产。孙昌明在诉讼理由中也明确就祥欣公司与威特公司之间贷款行为以及其抵押权的效力问题提出异议,其所提诉讼请求意在否定盐城中院前述生效民事判决作为执行依据的合法性,在此情况下,本案应当属于《民事诉讼法》第二百二十七条有关"案外人、当事人对裁定不服,认为原判决、裁定错误的,依照审判监督程序处理"的规定情形,孙昌明通过案外人执行异议之诉解决本案争议,没有法律依据。在本案诉讼中,不能解决生效裁判是否存在错误的问题。一审、二审法院在本案中对相关争议进行实体审理,不符合法律规定,最高人民法院予以纠正。

再审法院判决

综上所述,一审、二审判决适用法律错误。最高人民法院依据《中华人民共和国民事诉讼法》第二百零七条第一款、第一百七十条第一款第二项、第二百二十七条之规定,裁定如下:

一、撤销江苏省高级人民法院(2012)苏民终字第0160号民事判决、江苏省盐城市中级人民法院(2011)盐民初字第0036号民事判决;

二、驳回孙昌明的起诉。

[选自《最高人民法院公报》2015年第7期(总第225期)]

241. 审判实践中涉执行异议之诉类型及其相关问题

【审判专论】

《民事诉讼法》第227条明确了执行异议之诉制度,规定"执行过程中,案外人对执行标的提出书面异议的,人民法院应当自收到书面异议之日起十五日内审查,理由成立的,裁定中止对该标的的执行;理由不成立的,裁定驳回。案外人、当事人对裁定不服,认为原判决、裁定错误的,依照审判监督程序办理;与原判决、裁定无关的,可以自裁定送达之日起十五日内向人民法院提起诉讼"。

目前,反映到审判实践领域的涉执行异议的纠纷类型主要有三种:

1. 案外人以其系被执行标的物的所有权人为由,提起要求停止执行之诉

案例一:乙公司向甲公司购买混凝土搅拌车5辆,双方约定乙公司付清全部车款前,搅拌车归甲公司所有。嗣后因乙公司拖欠车款,甲公司向A法院起诉要求

对方支付车款,A 法院判决乙公司应支付车款及违约金,判决后乙公司没有履行判决,甲公司也未申请执行。之后,乙公司将系争车辆卖给了丙公司,双方又因乙公司未交付系争车辆涉诉,B 法院判决乙公司向丙公司交付系争车辆。判决生效后丙公司申请 B 法院执行系争车辆,甲公司知道上述情况后,以乙公司未支付车款,自己仍是车辆所有权人为由向 B 法院起诉,要求 B 法院停止执行,B 法院受理后,查明搅拌车还登记在甲公司名下,遂判决停止执行系争车辆。

2. 案外人以其对被执行标的物享有所有权为由,提起确权之诉

案例二-A:甲公司与乙公司订立融资租赁合同,由甲公司按乙公司要求购买设备后,租赁给乙公司使用,并约定合同履行结束后设备归乙公司所有。合同履行期内,乙公司又与丙公司发生借款纠纷,A 法院判决乙公司向丙公司偿还借款。判决生效后,丙公司向 A 法院申请执行乙公司的财产(系争设备)。甲公司得知情况后起诉乙公司,要求 A 法院确认自己是系争设备的所有权人。A 法院则认为甲公司应向被告住所地的 B 法院起诉,甲公司遂以丙公司为被告诉至 B 法院,要求法院确认自己是系争设备的所有权人,后 B 法院判决甲公司为系争设备所有权人。

案例二-B:甲以拖欠工程款为由起诉乙公司,并查封了乙公司正在使用的装载机,后 A 法院判决乙公司向甲支付工程款,判决生效后,甲申请执行乙公司的装载机。丙公司得知此情况后,以自己是装载机所有权人为由,将甲和乙公司均作为被告,诉至 A 法院,要求确认自己的所有权,后 A 法院判决丙为装载机的所有权人。

以上两起案例,执行部门均未进行过执行异议审查程序。

3. 案外人以执行行为违法为由,提起撤销执行行为之诉

案例三:甲等数人因与乙发生借款纠纷向 A 法院起诉,A 法院判决乙向甲等数人归还借款。该判决生效后,因乙未履行还款义务,甲等人向 A 法院申请执行乙名下股票,法院遂冻结了系争股票。之后,案外人丙持其他法院生效判决,以判决已确认系争股票归其所有为由,提出书面异议,认为 A 法院不能执行系争股票。A 法院执行部门审查后,裁定驳回了丙的执行异议。丙遂起诉至 A 法院,要求确认系争股票的所有权,并撤销执行行为。一审法院认为系争股票权属已有其他法院生效判决确认,要求确权属于一案两诉。而执行行为的依据是本院的生效判决,要撤销执行行为,必须先撤销该生效判决,丙应通过审监程序进行。因此对丙提起案外人异议之诉,裁定不予受理。丙上诉后,二审法院认为丙在书面执行异议被驳回的法定期限内提起执行异议之诉,符合《民事诉讼法》第 227 条规定,案件应予受理。

在上述三种类型诉讼中,共同点都是案件的发生基于案外人对执行标的物拥有所有权,不同点主要在于请求权基础,即依照不同的诉讼请求,案件的可诉性是否依民诉法规定而有所不同。据此笔者认为,三种诉讼类型存在以下一些需要思考的问题:

第一,执行异议之诉的受理范围问题。在案例一中,B 法院判决的结果是交付物(车辆),执行则是依此生效判决进行,现甲公司起诉依据是与乙公司有权属特别约定,但诉请却是"要求停止执行",那么,究竟甲公司的诉是指向 B 法院判决,还是指向执行行为?显然,无论是前者还是后者,都需思考该执行异议诉讼的可诉性问题;同样,在案例三中,案外人丙提出执行异议依据的是生效确权判决,异议被驳回后所提的诉讼请求是"确认股票所有权并撤销执行行为",但前者请求已有生效判决,后者请求指向的也是法院的执行行为,也存在执行异议之诉是否成立的问题。该问题的讨论还涉及《民事诉讼法》第 227 条和第 225 条的区别适用问题。

第二,执行异议之诉与相关程序的关系问题。其中,需讨论执行异议之诉与执行异议审查的程序衔接问题,以及执行异议之诉与审判监督程序的区别适用问题。在案例二中,执行异议人均就执行标的物确权争议直接向法院提出诉讼,法院也均予以受理,那么,《民事诉讼法》第 227 条规定的执行异议审查程序的适用以及与异议之诉的程序衔接又该如何理解和把握?此外,案例一中,B 法院执行车辆依据的是生效判决,在"交付系争车辆"的判决结果未撤销情况下,法院又受理"要求停止执行"的诉讼,裁判结果显然会与 B 法院的前案判决产生冲突;案例三中,一审法院和二审法院显然对执行异议人所提起的诉究竟是适用审监程序还是可另行受理存在分歧。因此,《民事诉讼法》第 227 条涉及的异议之诉与审判监督程序之间的关系把握也需要讨论。

除此以外,上述案例还反映出其他问题,如案例二 - A 中,执行异议之诉按规定应由执行法院管辖,但 A 法院则让甲公司向被告所在地法院起诉,管辖认识尚存模糊;又如案例三中,A 法院的判决结果是债权而非物权,执行标的物应无具体指向,那么,当执行的某项财产发生权属争议时是否要通过撤销判决才能解决呢?法院的释明工作应如何规范进行?等等。

笔者认为,上述一系列问题中,首要需思考解决的问题还在于两个方面,即一是执行异议之诉的受理范围,二是执行异议之诉与相关程序的关系。

(俞秋玮、陈克:《民诉法修改后涉执行异议之诉的若干问题探析》)

242. 执行异议之诉的受理范围

【审判专论】

从《民事诉讼法》第 227 条规定的文义看,执行异议之诉前提是案外人所提异议针对的是"执行标的",对此应作何理解,实践中有两种观点:

一种观点认为应做宽泛理解,即只要案外第三人就执行标的的所有权或其他足以排除强制执行的事项提出异议,该些异议均应属诉讼受理范围。此种观点实际上从执行权分权制衡的审执分离理念出发,强调的是执行部门审查仅限于形式审查,一旦当事人提出执行异议,就应纳入诉讼程序进行审理并予以处理。主要理由是,最高法院民事诉讼法修改研究小组编写的《中华人民共和国民事诉讼法修改的理解与适用》一书中提出,“案外人异议虽然涉及实体争议问题,但执行机构所作的审查只是初步审查,不是对实体权利的最终判定”,“应当通过诉讼程序解决”。

另一种观点则认为应作狭义理解,即执行异议之诉受理范围应限定在执行标的的权属之争,其他案外人认为可排除强制执行的异议事项均不属“异议之诉”之列。即无生效裁判文书确定权属情况下的“执行标的”权属争议才可通过执行异议之诉解决。

对该法第 227 条受理范围理解的不同,在实践中即产生不同的做法。案例三中(见上述),一、二审法院对执行异议人所提之诉是否应根据该法第 227 条受理的相左处理结果,即反映出该条适用的分歧。对于执行异议之诉的受理范围问题,笔者认为,受理范围应仅限于执行标的物权属等实体权利并据此可发生阻止执行的争议。理由如下:

第一,从执行异议之诉性质和目的来看,其最终目的虽是为了阻止执行,但能发生阻止效果的前提应是也只能是异议人对执行标的拥有实体权利,因而,实体权利归属才是执行异议诉讼的请求权基础,才是执行异议之诉的本质问题;第二,从诉的作用来看,诉是当事人对实体权利的救济途径,需经过民诉法规定的审理程序,实体权利归属方能予以确认。故非属实体权利争议范畴的异议,换言之,异议并未涉及实体权利的,应不属于受理范围;第三,从《民事诉讼法》对第 227 条和第 225 条异议制度的区别设置来看,《民事诉讼法》第 225 条规定,“当事人、利害关系人认为执行行为违反法律规定的,可以向负责执行的人民法院提出书面异议。当事人、利害关系人提出书面异议的,人民法院应当自收到书面异议之日起十五日内审查……理由不成立的,裁定驳回。当事人、利害关系人对裁定不服的,可以自裁定送达之日起十日内向上一级法院申请复议”。显然,该条规定不同于第 227 条规定,前者属程序上救济,后者属实体上救济;前者指向的是违法执行行为,后者指向的是能排除执行的实体权利(执行标的本身的权属);前者只需在执行程序内审查,后者需在诉讼程序内审查。因此,异议之诉的受理只能限于实体权利争议。

以案例三为例,一、二审法院不同处理意见的分歧在于,在丙持有生效权属判决的情况下,丙提起的异议之诉指向的是法院的执行行为,还是执行标的的权属?笔者认为,在执行标的物已有生效判决的情况下,权属应认为已无争议,故异议人所提异议的指向应是法院的执行行为。如此,该异议不应适用执行异议之诉程序解决,即不属于执行异议之诉受理范围。当然,判断异议的指向究竟是执行标的实体权利还是法院执行行为,实践中很容易混淆,特别是当诉讼请求出现类似

"要求法院停止执行"表述的情形,还需要实践不断总结,以统一执法标准。

(俞秋玮、陈克:《民诉法修改后涉执行异议之诉的若干问题探析》)

243. 执行异议之诉与执行异议审查的程序衔接问题

【审判专论】

《民事诉讼法》第227条规定实际上包含了两段程序,前段程序是执行异议审查程序,即该条前半段规定的"案外人对执行标的提出书面异议的,人民法院应当自收到书面异议之日起十五日内审查,理由成立的,裁定中止对该标的的执行;理由不成立的,裁定驳回";后段程序则是诉讼程序,其中包括执行异议之诉程序,即该条后半段所规定内容,"案外人、当事人对裁定不服,认为原判决、裁定错误的,依照审判监督程序办理;与原判决、裁定无关的,可以自裁定送达之日起十五日内向人民法院提起诉讼"。从上述案例实践处理情况看,对两个程序的衔接尚存在问题,主要涉及执行审查程序是否是执行异议之诉的前置程序,对此有两种观点:

第一种观点认为:执行异议之诉存在前置程序,即提起执行异议之诉需先经过执行异议审查程序。主要理由是,该法第227条文义对执行异议审查和异议诉讼的逻辑排列顺序,已明确了案外人对执行标的的异议应先由法院执行机构进行审查并作相应处理,只有在异议人对驳回异议裁定不服的,才赋予其提起执行异议之诉的权利。

第二种观点认为:执行异议之诉不存在前置程序。理由是,案外人异议之诉是以实体争议事项为基础,执行异议审查程序则是以程序为基础,两者是不同的救济途径,没有必然关联。况且,当事人对于权属异议完全可不经执行法院,通过依据《民事诉讼法》直接提起确权之诉来达到确认权属并进而阻止执行法院执行的目的。更何况,异议人直接向执行法院以外的其他法院提起确权诉讼,接受诉状的法院无法知晓是否属执行异议引发的诉,故将执行异议审查确定为前置程序也是不现实的。从前述案例二的两个案例来看,案外人都没有经过执行审查程序,案例二-A中,A法院还引导异议人向被告住所地的B法院提起诉讼。因此,该法第227条规定的两个程序的衔接问题需要加以讨论明确。

笔者认为,根据该法第227条规定,文义已十分明确了两个程序的关系,即执行异议之诉的受理须以执行异议审查程序为前置条件,无须讨论。但实践操作中,立、审、执还需要对执行异议审查前置程序统一认识、互相配合,依照规定衔接好前后两个程序。这里值得深入讨论的问题在于如何解决异议人绕过执行异议审查程序直接提起确权之诉,或者说,异议人未向执行法院提出异议前,可否就执行标的物向有管辖权的法院提起诉讼，甚至如何防止异议人和债务人恶意串通，直接通过其他法院对被执行标的的确权判决来恶意阻止执行的情况发生。笔者以为，异议人绕过执行法院直接提起确权之诉的可能性存在，对接受诉状的法院来说也实难发现，但按照常理，异议人出于对自身利益的及时维护，应会先向执行法院提出异议，不会去冒绕过执行法院直接诉讼而致争议标的被执行掉的风险，即使是恶意当事人，要达到恶意转移执行标的财产的目的，也需先向执行法院提出，否则即使确权胜诉，争议标的却已被执行，想必这种结果是异议人所不愿的。因此，不能因存在异议人绕过执行法院直接提起确权之诉的可能，而否定前置程序的适用。同时，建议立审执部门加强沟通，可研究制定相关操作规范。

（俞秋玮、陈克：《民诉法修改后涉执行异议之诉的若干问题探析》）

【民诉法司法解释】

关于案外人执行异议之诉的起诉条件，根据《民事诉讼法》第227条的规定，案外人提起执行异议之诉，必须以其对执行标的提出书面异议被裁定驳回为前提。《民事诉讼法解释》第305条第1款规定：“案外人提起执行异议之诉，除符合民事诉讼法第一百一十九条规定外，还应当具备下列条件：（一）案外人的执行异议申请已经被人民法院裁定驳回；（二）有明确的排除对执行标的执行的诉讼请求，且诉讼请求与原判决、裁定无关；（三）自执行异议裁定送达之日起十五日内提起。”其中第（3）项进一步明确，案外人提起执行异议之诉需要以其对执行标的提出异议并被裁定驳回为前提。之所以这样规定，目的是因为案外人对执行标的提出异议的情形多种多样，繁简不一，将执行机构的异议审查程序前置，可以过滤掉一大批不必要进入诉讼程序的争议，可以有效提高执行效率，也减少了案外人诉累，节约了司法资源。

244. 执行异议是否成立的判断标准应坚持较高的、外观化的判断标准

【公报案例】

钟永玉与王光、林荣达案外人执行异议纠纷案

［最高人民法院（2015）民一终字第150号］

❖ **裁判摘要**

最高人民法院《关于人民法院办理执行异议和复议案件若干问题的规定》是关

于执行程序中当事人提出执行异议时如何处理的规定。由于执行程序需要贯彻已生效判决的执行力,因此,在对执行异议是否成立的判断标准上,应坚持较高的、外观化的判断标准。这一判断标准,要高于执行异议之诉中原告能否排除执行的判断标准。由此,最高人民法院《关于人民法院办理执行异议和复议案件若干问题的规定》第25条至第28条的规定应当在如下意义上理解,即符合这些规定所列条件的,执行异议能够成立;不满足这些规定所列条件的,异议人在执行异议之诉中的请求也未必不成立。是否成立,应根据案件的具体情况和异议人所主张的权利、申请执行人债权实现的效力以及被执行人对执行标的的权利作出比较并综合判断,从而确定异议人的权利是否能够排除执行。

❖ 基本案情

上诉人(原审被告):王光

被上诉人(原审原告):钟永玉

原审被告:林荣达

上诉人王光为与被上诉人钟永玉、原审被告林荣达案外人执行异议纠纷一案,不服福建省高级人民法院2015年3月2日(2014)闽民初字第7号民事判决,向最高人民法院提起上诉。本案现已审理终结。

一审法院经审理查明:王光与林荣达股权转让合同纠纷一案中,王光向一审法院提出财产保全申请,请求对林荣达的财产进行诉讼保全。2011年7月15日,一审法院作出(2011)闽民初字第22-2号民事裁定,冻结林荣达银行存款5723万元或查封、扣押等值的财产,并于2011年7月21日向上杭县房地产交易管理所发出(2011)闽民初字第22-2号《协助执行通知书》,查封了林荣达所有的坐落于上杭县和平路121号的房产一幢(房屋所有权证:杭房权字第06072号,以下简称诉争房产),查封期限自2011年7月21日至2013年7月20日。

2011年12月15日,一审法院作出(2011)闽民初字第22号民事判决,判令林荣达应返还王光已支付的转让款750.681万美元(合人民币5000万元)。(2011)闽民初字第22号民事判决生效后,王光于2012年12月23日向一审法院申请强制执行,申请执行标的750.681万美元(合人民币5000万元)及利息,一审法院于2013年12月24日立案执行,并于2013年6月19日作出(2013)闽执行字第1-4号执行裁定:继续查封林荣达所有的坐落于上杭县和平路121号的房产,查封期限自2013年7月21日至2014年7月20日止。

2013年12月5日,钟永玉以诉争房产系其所有为由,向一审法院提起执行异议,请求一审法院中止对该房产的执行并解除对该房产的查封措施。一审法院认为,讼争房产至今仍登记在林荣达名下,尚未变更登记为案外人钟永玉,故上述房产的物权未发生变动,应仍为林荣达所有。案外人钟永玉认为讼争房产系其合法财产之理由无事实和法律依据,查封并无不当,作出(2013)闽执外异字第3号执行裁定,驳回钟永玉异议。钟永玉不服,遂提起本案诉讼。

钟永玉向一审法院提起诉讼称,一审法院于 2013 年 12 月 18 日作出的(2013)闽执外异字第 3 号执行裁定书,在认定事实及适用法律上存在错误,应当对讼争房产依法停止执行。理由如下:1996 年 7 月 22 日,钟永玉与林荣达签订《离婚协议书》,双方约定讼争房屋归女方及女方所生子女所有,但只准居住,不准转卖。《离婚协议书》签订后,双方于同年 8 月 7 日办理了离婚登记手续,但林荣达未及时将讼争房产变更登记至钟永玉名下,经钟永玉多次要求均未果,过错在于林荣达。根据《中华人民共和国物权法》第十五条规定,钟永玉与林荣达签订的《离婚协议书》依法成立,合法有效,且讼争房产一直由钟永玉占有、支配、使用,属钟永玉合法财产。根据相关法律法规的规定,本案讼争房产不应列为执行财产。请求判令:1. 确认诉争房产归属于钟永玉所有;2. 停止对讼争房产的执行,并解除查封措施;3. 本案诉讼费由王光、林荣达承担。

王光答辩称,一、讼争房产的所有权人为林荣达,法院对讼争房产采取执行措施,是正确、合法的。理由如下:1. 讼争房产的《房屋所有权证》及《国有土地使用证》上的权利人均登记为林荣达,因此,讼争房产的物权归林荣达所有。2. 钟永玉主张其与林荣达于 1996 年达成离婚协议,该协议约定"上杭县城关和平路的面积一百七十三平方米的房屋归女方及其所生子女所有,但只准居住,不准转卖",从 1996 年至今已近二十年,讼争房产登记的所有权人仍是林荣达,仍为林荣达所有。3. 钟永玉对林荣达享有的债权请求权不能对抗法院的查封、执行措施,不能对抗申请执行人。钟永玉要求林荣达办理变更登记,事实和法律上已不可能实现。钟永玉要求确认讼争房产归属于钟永玉所有的诉讼请求没有事实和法律依据,依法应予以驳回。二、《离婚协议书》不能作为钟永玉主张权利的依据。1.《离婚协议书》约定的是:"上杭县城关和平路的面积一百七十三平方米(尚未办理门牌号码)的房屋归女方及女方所生子女所有。但只准居住,不准转卖"。而根据讼争房产《房屋所有权证》载明讼争房产共四层,面积为 748.7 平方米,故钟永玉只对讼争房产 748.7 平方米中的 173 平方米享有请求权,绝非对讼争房产全部 748.7 平方米享有请求权。2.《离婚协议书》上特别载明对 173 平方米"只准居住,不准转卖",说明钟永玉只有居住、使用的权利,并不享有所有权。3. 钟永玉提交的《离婚登记申请书》上结婚证号为空白,故钟永玉与林荣达未必存在结婚的事实,《离婚协议书》是无效的。对该事实钟永玉负有举证责任,否则应承担举证不能的法律后果。三、钟永玉与林荣达、《离婚协议书》早在 1996 年就已签订,至今已近二十年,钟永玉长期未办理变更登记,也不主张权利,直到法院采取强制执行措施才提出主张,其目的在于帮助林荣达逃避执行。四、钟永玉已另案起诉林荣达要求确认讼争房产产权,其隐瞒讼争房产已被法院依法查封的事实,另行提起确权诉讼的行为不符合法律规定。根据《最高人民法院印发〈关于执行权合理配置和科学运行的若干意见〉的通知》(法发〔2011〕15 号)第 26 条之规定,受诉法院不应对钟永玉与林荣达进行的确权诉讼进行审理,如有确权判决书或调解书也应当撤销,不能成为本案定案的依据。综上,讼争房产的物权并未发生变动,仍为林荣达所有,执行法院对属于林荣达所有的讼争房产采取执行措施是正确、合法的,钟永玉与林荣达提起本案诉讼的目的在于逃避执行,请求法院依法驳回钟永玉的全部诉讼请求,以维护王光的合法权益。

一审法院经审理查明,钟永玉与林荣达于 1972 年 6 月 28 日登记结婚。1996 年 7 月 22 日,钟永玉与林荣达签订《离婚协议书》,载明:现双方同意办理离婚手续。建在迳美村新联路 11 号的房屋一幢及建在上杭县城关和平路的面积一百七十三平方米(尚未办理门牌号码)的房屋归女方及女方所生子女所有。但只准居住,不准转卖。

1996 年 8 月 7 日,钟永玉与林荣达办理离婚手续,《离婚登记申请书》及《审查处理结果》的内容体现钟永玉与林荣达经婚姻登记机关审查同意准予离婚。

根据《上杭县私有房屋所有权登记申请书》、杭房权字第 06072 号《房屋所有权证》及杭国用(1997)字第 4468 号《国有土地使用证》,其中申请书载讼争房产来源为新建,用地面积为 172. 8 平方米,建成年份 1996 年,同时讼争房产的《国有土地使用证》与《房屋所有权证》所附平面图内容与《上杭县私有房屋所有权登记申请书》所附平面图内容一致。

钟永玉与林荣达之子女林必盛、林晓燕、林晓均、林丽娟四人出具的《声明》,内容为同意讼争房产归钟永玉所有,并将《国有土地使用证》及《房屋所有权证》直接变更至钟永玉名下,由此产生任何纠纷、诉讼同意由钟永玉全权处理。

一审法院另查明,林荣达于 2014 年 2 月 17 日、3 月 24 日上杭县人民法院法庭审理中陈述,讼争房产土地使用权 1994 年向上杭县国土资源局购买,1995 年建造竣工并乔迁入住,1996 年向土地管理部门申请办理土地使用权证,1997 年才办理好土地使用权证和房屋所有权证。离婚时,双方已经协议夫妻共同财产即讼争房产归钟永玉及所生子女所有。由于购买土地时是用林荣达的名义购买的,所以办证机关要求用其名字办理,原本可以将房屋所有权过户到钟永玉名下,但一直未去办理。离婚后,该房产都由钟永玉占有、使用和收益。讼争房产现在的门牌号是和平路 121 号,离婚时已协商归钟永玉及其所生子女所有。

案外人李建杭述称,讼争房产一楼店面从 2010 年 2 月起由其向钟永玉承租,租金每月 1200 元,每半年以现金方式向钟永玉支付一次。根据钟永玉提供的《上杭县自来水公司用水分户明细卡》《自来水公司用水账户卡》等证据,林荣达名下的讼争房屋于 1996 年 2 月已经建成并入住。

一审法院认为

一审法院经审理认为,钟永玉依照《中华人民共和国民事诉讼法》第二百二十七条的规定提起案外人执行异议之诉，应当提供证据证明其对讼争房产享有的实体权利足以阻却强制执行措施。钟永玉提供的《离婚登记申请书》、《离婚协议书》、《审查处理结果》均复印自上杭县档案馆，真实性应予认定，该三份证据内容体现钟永玉与林荣达经协商一致达成离婚协议，并经行政机关审批同意予以办理离婚登记，虽然钟永玉于一审庭审后提供的《结婚登记申请表》所载的申请人为“钟永月姑”，且未提供其他证据证明其曾用名为“钟永月姑”，但是钟永玉与林荣达是否存在合法的婚姻关系，属行政机关在办理两人离婚登记时应当审查的事项，行政机关作出“符合条件，予以办理（离婚登记）”的审查结果，其中当包含确认两人此前存在婚姻关系之意，故王光以《离婚协议书》未填写结婚证号、钟永玉未提供证据证明其与林荣达存在合法婚姻关系等为由，主张钟永玉不能证明其与林荣达曾存在婚姻关系，并因此认为《离婚协议书》无效，理由不能成立，一审法院不予支持。钟永玉与林荣达签署的《离婚协议书》系双方自愿达成，内容没有违反法律、行政法规的强制性规定，两人亦已依该协议并经行政机关批准解除婚姻关系，故应当认定该离婚协议合法有效。

虽然钟永玉提供的《上杭县私有房屋所有权登记申请表》、讼争房产的权属证书等证据体现林荣达系于1997年申请办理并取得讼争房产的权属证书，但是《上杭县私有房屋所有权登记申请表》载讼争房产系于1996年建成，钟永玉于一审庭审后提供的用水分户明细卡、用水账户卡等证据亦体现讼争房产于1996年2月安装自来水并有每月用水记录，上述事实与林荣达有关讼争房产于1994年购买土地，1995年底建成，1996年初入住，1997年补办土地出让手续并办理权属证书的陈述可以互相印证，证明讼争房产系在林荣达与钟永玉婚姻关系存续期间购买土地并合法建造而成，根据《中华人民共和国婚姻法》第十七条的规定，当属两人夫妻共同财产。

1996年，两人经协商达成有关该处房产归钟永玉及其子女所有的《离婚协议书》，不仅是双方对夫妻共同财产作出的分割协议，而且因具有解除人身关系的性质，而不同于一般处分房产所有权的协议。钟永玉作为讼争房产的共有权人，依法享有该处房产之物权，其请求停止对讼争房产强制执行措施，一审法院予以支持。根据钟永玉与林荣达《离婚协议书》的约定，讼争房产权属应当由钟永玉及其四个子女享有，一审诉讼中，钟永玉虽然提供了林必盛等四人的《声明》，主张该四人为钟永玉的婚生子女，但由于该四人并非本案当事人，仅凭《声明》并不能证明林必盛等人的身份，因此，该《声明》书不足以认定《离婚协议书》中涉及的林必盛等四名子女已经同意将讼争房产权利归属于钟永玉，在此情况下，钟永玉在本案中请求将讼争房产判归其所有，依据不足，一审不予支持。

一审法院判决

依照《中华人民共和国婚姻法》第十七条、第三十九条第一款、《中华人民共和国民事诉讼法》第二百二十七条最高人民法院《关于适用〈中华人民共和国民事诉讼法〉执行程序若干问题的解释》第二十四条的规定,一审法院判决如下:一、停止对位于福建省上杭县和平路121号房产的执行;二、驳回钟永玉的其他诉讼请求。

上诉

王光不服一审判决,向最高人民法院提起上诉,请求:1. 撤销福建省高级人民法院(2014)闽民初字第7号民事判决第一项,改判驳回钟永玉的全部诉讼请求。2. 本案诉讼费用由钟永玉承担。主要理由是:一、讼争房产的物权归林荣达所有,一审法院不依据不动产权属证书而是以1996年两人经协商达成的《离婚协议书》为由,作出钟永玉享有该处房产之物权,判决停止对讼争房产执行的认定没有法律依据。二、即便按照一审法院的观点,以《离婚协议书》来确定讼争房产的权属,钟永玉的诉讼请求仍然不能成立。1.《离婚协议书》所涉及的与钟永玉及其子女有关的讼争房产的面积只有173平方米,而根据讼争房产的《房屋所有权证》所载,讼争房产面积为748.7平方米,钟永玉只对讼争房产748.7平方米中的173平方米享有请求权(173平方米大约是一层的面积),而非对748.7平方米享有请求权(这种权利仅指173平方米的使用权),并不能因此停止对讼争房产(特别是173平方米以外的部分)的执行。2.《离婚协议书》的内容是"只准居住,不准转卖",即钟永玉并不享有处分权,钟永玉只有居住、使用的权利,并不享有所有权。所以钟永玉对讼争房产实际上只有四分之一居住、使用的权利,并不能阻止对讼争房产的拍卖执行。三、钟永玉自述1996年达成《离婚协议书》,但至2011年法院查封讼争房产,长达15年,钟永玉从未主张办理变更登记。这一事实证明,依据《离婚协议书》,钟永玉并不获得讼争房产的所有权,之所以在17年后对讼争房产提出执行异议(钟永玉在2013年才提起执行异议),纯属协助林荣达逃避执行。

钟永玉答辩称,其请求法院停止讼争房屋的强制执行措施,于法有据,一审认定事实清楚,适用法律正确,应予维持。一、钟永玉与林荣达签订的《离婚协议书》,对房屋所有权分配的约定十分明确,且《离婚协议书》签订后,钟永玉与林荣达又于1996年8月7日签署了《离婚登记申请书》,再次明确"财产处理"方式为"房屋归女方",《离婚登记申请书》是双方无恶意的合意行为,在行政机关备案的法律文件,合法有效,即案涉房屋全部归女方所有,钟永玉是讼争房产的所有权人(至少是共有权人)。《离婚协议书》中约定的"只准居住,不准转卖",其真实原因是林荣达考虑其离婚后可能改嫁,担心日后如果房屋被出让,其四个子女的基本生活没有保障,该约定并非从法律角度限制房屋的物权,而是林荣达从保护子女利益角度考虑所提出的一项"离婚条件"。即便退一万步讲,钟永玉与林荣达之间的财产分割属于债权关系,该债权基于《离婚协议书》所产生,债的标的是唯一且确定的——即讼争房产,属于特定之债。王光与林荣达之间因股权所产生的债务纠纷发生在离婚14年之后,属于种类之债,且形成在后。因此,特定之债优先于种类之债。二、《离婚协议书》所载"和平路的面积一百七十三平方米(尚未办理门牌号码)的房屋"即和平路121号房屋,《离婚协议书》中所载面积一百七十三平方米系房屋的占地面积。1.《离婚协议书》签订时讼争房产尚无门牌号,房屋总建筑面积未实际测量,仅知讼争房产的用地面积为172.8平方米(四舍五入即173平方米),故协议书所载“建在上杭县城关和平路的面积一百七十三平方米的房屋”中的“一百七十三平方米”仅是代替门牌号的一种识别符号,且讼争房产共四层总建筑面积为748.7平方米,每层的面积也应是187.18平方米,与《离婚协议书》所载的173平方米相去甚远。如果林荣达与钟永玉的真实意思是指讼争房产的一层或173平方米归女方及其子女所有,也应当在《离婚登记申请书》中明确备注是第几层或多少面积归女方及其子女所有,现实情况是《离婚协议书》《离婚登记申请书》都无此备注,因此“一百七十三平方米”是指房屋用地面积,而不是王光所称的一层房屋的面积。2.从讼争房产的实际使用情况看,其与林荣达离婚后,其在讼争房屋里一个人含辛茹苦把三个子女抚养成人,该讼争房产一直由其及其和子女居住、使用,后对外出租也是由钟永玉收取租金,林荣达离婚后从未在讼争房产内居住。而且,根据生活常理和中国农村的惯例,离婚之后男女双方是不会继续在同一栋房子里居住的,更不可能一方“寄住”在另一方的房产之中。三、1997年讼争房屋的房产证及土地证办到林荣达名下,原因在于之前办理土地受让相关手续时登记人是林荣达,所以权属证书就顺理成章的办到林的名下,而且当时物权法尚未颁布实施,普通老百姓对于不动产物权登记的法律意义都无多少概念,文化水平低下的农村家庭妇女,更不会去关心房产“两证”如何办理,钟永玉对房产至今未办理过户手续没有过错。

林荣达提交答辩意见称,同意钟永玉的答辩意见。

最高人民法院二审查明的事实与一审法院查明的事实相同。

二审法院认为

最高人民法院认为,本案系案外人钟永玉在王光与林荣达股权转让纠纷一案生效判决的执行中,对执行标的(讼争房产)提起的执行异议之诉,请求排除执行的理由为股权转让关系发生之前该讼争房产已在离婚协议中作为其与林荣达夫妻共同财产进行处分归其和四名子女所有,因此,钟永玉对本案讼争房产是否享有足以阻止执行的实体权利是本案争议的焦点。本院认为,钟永玉对诉争房产享有足以阻却执行的权利。主要理由是:

一、现有证据不能证明钟永玉与林荣达之间存在恶意串通逃避债务的主观故意,钟永玉与林荣达解除婚姻关系及有关财产约定的意思表示真实。根据原审查明的案件事实,王光与林荣达之间转让股权的时间为2009年9月,王光因该股权转让纠纷根据生效判决申请原审法院对讼争房产进行查封的时间为2013年6月,此时讼争房产登记在债务人林荣达个人名下。钟永玉一审中提供的复印自上杭县档案馆的《离婚登记申请书》《离婚协议书》《审查处理结果》三份证据,能够证明钟永玉与林荣达两人于1996年7月22日达成的《离婚协议书》已明确将夫妻双方共有的讼争房产归钟永玉及其子女所有。上述《离婚协议书》系钟永玉与林荣达两人双方自愿达成,内容不违反法律、行政法规的强制性规定,且两人亦已依该协议并经行政机关批准解除婚姻关系,故一审法院认定该离婚协议合法有效,并无不当。由于该《离婚协议书》签订时间(1996 年 7 月)在先,法院对讼争房产的执行查封(2013 年 6 月)在后,时间上前后相隔长达十几年之久,林荣达与钟永玉不存在借离婚协议处分财产逃避债务的主观恶意。据此,钟永玉与林荣达在离婚协议中对于夫妻共同财产的处分行为亦属有效。王光上诉认为钟永玉与林荣达之间的离婚协议属恶意逃避债务的理由不能成立。

二、关于钟永玉对讼争房产的请求权的内容问题。根据《上杭县私有房屋所有权登记申请书》、杭房权字第 06072 号《房屋所有权证》及杭国用(1997)字第 4468 号《国有土地使用证》等证据可知,讼争房产的用地面积为 172.8 平方米。由于钟永玉与林荣达签订《离婚协议书》时,讼争房产尚未办理门牌号码也未测量其实际面积,因此,钟永玉与林荣达在《离婚协议书》中约定,“……建在上杭县城关和平路的面积一百七十三平方米(尚未办理门牌号码)的房屋归女方及女方所生子女所有”,该约定的内容即应解释为诉争房屋的全部而非其中的 173 平方米归钟永玉及其所生子女所有。尤其是,在《离婚协议书》签订之后,钟永玉及其所生子女也一直实际占有、使用了诉争房屋。因此,王光上诉以钟永玉仅对诉争房屋的 173 平方米部分享有请求权、人民法院不应停止对该房屋其他部分执行的主张不能成立。

三、由于《离婚协议书》并不存在恶意串通逃避债务的问题,且钟永玉对案涉全部房产享有请求权,因此,需要进一步讨论的问题是,钟永玉依据《离婚协议书》对讼争房产享有的权利是否足以排除执行。

在法律适用上,应当看到,最高人民法院《关于人民法院办理执行异议和复议案件若干问题的规定》是针对执行程序中当事人提出执行异议时如何处理的规定。由于执行程序需要贯彻已生效判决的执行力,因此,在对执行异议是否成立的判断标准上,应坚持较高的、外观化的判断标准。这一判断标准,要高于执行异议之诉中原告能否排除执行的判断标准。

由此,最高人民法院《关于人民法院办理执行异议和复议案件若干问题的规定》第二十五条至第二十八条的规定就应当在如下意义上理解,即符合这些规定所列条件的,执行异议能够成立;不满足这些规定所列条件的,异议人在执行异议之诉中的请求也未必不成立。是否成立,应根据案件的具体情况和异议人所主张的权利、申请执行人债权实现的效力以及被执行人对执行标的的权利作出比较后综合判断,从而确定异议人的权利是否能够排除执行。

在本案中,钟永玉与林荣达于 1996 年 7 月 22 日签订《离婚协议书》,约定讼争房产归钟永玉及其所生子女所有,该约定是就婚姻关系解除时财产分配的约定,在诉争房产办理过户登记之前,钟永玉及其所生子女享有的是将讼争房产的所有权变更登记至其名下的请求权。该请求权与王光的请求权在若干方面存在不同,并因此具有排除执行的效力。

第一,从成立时间上看,该请求权要远远早于王光因与林荣达股权转让纠纷所形成的金钱债权。债权的成立时间尽管并不影响债权的平等性,但是在若干情形下对于该债权能否继续履行以及继续履行的顺序产生影响。例如,最高人民法院《关于审理买卖合同纠纷案件适用法律问题的解释》第十条针对出卖人就特殊动产订立多重买卖合同的继续履行问题明确规定,在均未受领交付且未办理所有权转移登记手续的情况下,依法成立在先合同的买受人的继续履行请求权就优先于其他买受人。以此类推,在本案情形,至少不能得出王光成立在后的债权具有优先于钟永玉成立在前的债权的结论。

第二,从内容上看,钟永玉的请求权系针对诉争房屋的请求权,而王光的债权为金钱债权,并未指向特定的财产,诉争房屋只是作为林荣达的责任财产成为王光的债权的一般担保。在钟永玉占有诉争房屋的前提下,参考最高人民法院《关于审理买卖合同纠纷案件适用法律问题的解释》第十条规定的精神可知,其要求将讼争房产的所有权变更登记至其名下的请求权,也应当优于王光的金钱债权。

第三,从性质上看,王光与林荣达之间的金钱债权,系林荣达与钟永玉的婚姻关系解除后发生的,属于林荣达的个人债务。在该债权债务发生之时,诉争房屋实质上已经因钟永玉与林荣达之间的约定而不再成为林荣达的责任财产。因此,在王光与林荣达交易时以及最终形成金钱债权的过程中,诉争房产都未影响到林荣达的责任财产。在此意义上,钟永玉的请求权即使排除王光债权的执行,也并未对王光债权的实现形成不利影响。

第四,从发生的根源上看,讼争房产系钟永玉与林荣达婚姻关系存续期间因合法建造而产生的夫妻共同财产,在钟永玉与林荣达婚姻关系解除之时约定讼争房产归钟永玉及其所生子女所有。从功能上看,该房产具有为钟永玉及其所生子女提供生活保障的功能。与王光的金钱债权相比,钟永玉及其子女享有的请求权在伦理上具有一定的优先性。

综上所述,最高人民法院认为,基于钟永玉与王光各自债权产生的时间、内容、性质以及根源等方面来看,钟永玉对诉争房产所享有的权利应当能够阻却对本案讼争房产的执行,钟永玉提起执行异议请求阻却对本案讼争房产执行的理由成立,一审法院判决停止对讼争的位于福建省上杭县和平路121号房产的执行正确,应予维持。王光上诉请求撤销该项判决的理由,不能成立,最高人民法院不予支持。

二审法院判决

一审判决认定事实清楚,判决结果正确。本院依照《中华人民共和国民事诉讼法》第一百七十条第一款第一项之规定,判决如下:驳回上诉,维持原判。

[选自《最高人民法院公报》2016年第6期(总第236期)]

【司法解释】

最高人民法院关于人民法院办理执行异议和复议案件若干问题的规定

(法释〔2015〕7号)

第二十四条　对案外人提出的排除执行异议,人民法院应当审查下列内容:

(一)案外人是否系权利人;

(二)该权利的合法性与真实性;

(三)该权利能否排除执行。

第二十五条　对案外人的异议,人民法院应当按照下列标准判断其是否系权利人:

(一)已登记的不动产,按照不动产登记簿判断;未登记的建筑物、构筑物及其附属设施,按照土地使用权登记簿、建设工程规划许可、施工许可等相关证据判断;

(二)已登记的机动车、船舶、航空器等特定动产,按照相关管理部门的登记判断;未登记的特定动产和其他动产,按照实际占有情况判断;

(三)银行存款和存管在金融机构的有价证券,按照金融机构和登记结算机构登记的账户名称判断;有价证券由具备合法经营资质的托管机构名义持有的,按照该机构登记的实际投资人账户名称判断;

(四)股权按照工商行政管理机关的登记和企业信用信息公示系统公示的信息判断;

(五)其他财产和权利,有登记的,按照登记机构的登记判断;无登记的,按照合同等证明财产权属或者权利人的证据判断。

案外人依据另案生效法律文书提出排除执行异议,该法律文书认定的执行标的权利人与依照前款规定得出的判断不一致的,依照本规定第二十六条规定处理。

第二十六条　金钱债权执行中,案外人依据执行标的被查封、扣押、冻结前作出的另案生效法律文书提出排除执行异议,人民法院应当按照下列情形,分别处理:

(一)该法律文书系就案外人与被执行人之间的权属纠纷以及租赁、借用、保管等不以转移财产权属为目的的合同纠纷,判决、裁决执行标的归属于案外人或者向其返还执行标的且其权利能够排除执行的,应予支持;

(二)该法律文书系就案外人与被执行人之间除前项所列合同之外的债权纠纷,判决、裁决执行标的归属于案外人或者向其交付、返还执行标的的,不予支持。

(三)该法律文书系案外人受让执行标的的拍卖、变卖成交裁定或者以物抵债裁定且其权利能够排除执行的,应予支持。

金钱债权执行中,案外人依据执行标的被查封、扣押、冻结后作出的另案生效法律文书提出排除执行异议的,人民法院不予支持。

非金钱债权执行中,案外人依据另案生效法律文书提出排除执行异议,该法律文书对执行标的权属作出不同认定的,人民法院应当告知案外人依法申请再审或者通过其他程序解决。

申请执行人或者案外人不服人民法院依照本条第一、二款规定作出的裁定,可以依照民事诉讼法第二百二十七条规定提起执行异议之诉。

第二十七条　申请执行人对执行标的依法享有对抗案外人的担保物权等优先受偿权,人民法院对案外人提出的排除执行异议不予支持,但法律、司法解释另有规定的除外。

第二十八条　金钱债权执行中,买受人对登记在被执行人名下的不动产提出异议,符合下列情形且其权利能够排除执行的,人民法院应予支持:

(一)在人民法院查封之前已签订合法有效的书面买卖合同;

(二)在人民法院查封之前已合法占有该不动产;

(三)已支付全部价款,或者已按照合同约定支付部分价款且将剩余价款按照人民法院的要求交付执行;

(四)非因买受人自身原因未办理过户登记。

245. 案外人就执行标的享有足以排除强制执行的民事权益的,法院判决不得执行该执行标的

【公报案例】

大连银行股份有限公司沈阳分行与抚顺市艳丰建材有限公司、郑克旭案外人执行异议之诉案

[最高人民法院(2005)民提字第175号]

❖ **裁判摘要**

最高人民法院《关于适用〈中华人民共和国民事诉讼法〉的解释》第三百一十二条规定,对于案外人提起的执行异议之诉,人民法院经审理,案外人就执行标的享有足以排除强制执行的民事权益的,判决不得执行该执行标的。本案中,承兑汇票出票人向银行承兑汇票保证金专用账户交存保证金最为承兑汇票业务的担保,该行为性质属于设立金钱质押。当出票人未支付到期票款,银行履行垫款义务后,银行基于质权享有就该保证金优先受偿的权利。质权属于担保物权,足以排除另案债权的强制执行。

❖ 基本案情

再审申请人(一审原告、二审上诉人):大连银行股份有限公司沈阳分行

负责人:毕贺轩,该分行行长

被申请人(一审被告、二审被上诉人):抚顺市艳丰建材有限公司

法定代表人:李会成,该公司总经理

被申请人(一审被告、二审被上诉人):郑克旭

再审申请人大连银行股份有限公司沈阳分行(以下简称大连银行沈阳分行)因与被申请人抚顺市艳丰建材有限公司(以下简称艳丰公司)、郑克旭案外人执行异议之诉一案,不服河北省高级人民法院(2014)冀民二终字第32号民事判决,向最高人民法院申请再审。最高人民法院于2015年6月16日作出(2015)民申字第736号民事裁定,提审本案。本案现已审理终结。

河北省廊坊市中级人民法院一审查明:艳丰公司与郑克旭于2011年12月6日签订《借款合同》,约定:借款金额为8000万元,借款日期为2011年12月6日,还款日期为2011年12月7日。同日,艳丰公司与大连银行沈阳分行签订《汇票承兑合同》,约定:本合同项下银行承兑汇票共计8张,全部汇票金额合计为8000万元;出票人均为艳丰公司,收款人均为沈阳首创物资有限公司(以下简称首创公司);出票日期均为2011年12月6日,汇票到期日均为2012年6月6日;承兑满足条件为,艳丰公司与收款人之间的商品交易关系是真实合法和具有对价的,艳丰公司具有支付到期汇票金额的可靠资金来源,不存在票据欺诈行为;艳丰公司于汇票承兑前,在大连银行沈阳分行开立针对本合同项下汇票的保证金专用账户(账户为10某某某23)并存入汇票金额100%的保证金,保证金金额为8000万元整,艳丰公司同意将上述保证金及由其产生的利息作为履行本合同的担保,并授权大连银行沈阳分行在因本合同需要时办理上述保证金的冻结、扣划等手续;双方权利义务为,艳丰公司在本合同项下汇票出票日起一个月内,向大连银行沈阳分行提供其与收款人之间的增值税发票复印件,大连银行沈阳分行有权要求核验原件;艳丰公司应于本合同项下汇票到期日之前将汇票金额足额存入大连银行沈阳分行指定账户,若艳丰公司未能在汇票到期日足额交付全部汇票金额,则大连银行沈阳分行有权将本合同第2.2款的保证金账户和艳丰公司其他存款账户中的款项直接用于支付到期汇票或偿还大连银行沈阳分行对持票人的垫款以及相应利息和手续费,同时对艳丰公司尚未支付的汇票金额按照日万分之五计收罚息;本合同项下汇票承兑后,发生以下任一情况,大连银行沈阳分行均可以要求艳丰公司将保证金金额提高到汇票金额的100%;艳丰公司未按照大连银行沈阳分行要求如期补足保证金的,大连银行沈阳分行有权宣布艳丰公司违约,对艳丰公司提起诉讼并按照相关担保合同约定行使相应权利。《汇票承兑合同》签订当日,艳丰公司将8000万元存入大连银行沈阳分行文艺路支行营业部的10某某某25账户,大连银行沈阳分行文

艺路支行将8000万元转至《汇票承兑合同》指定的10某某某23保证金账户。同日,大连银行沈阳分行在艳丰公司作为出票人、首创公司作为收款人、大连银行沈阳分行文艺路支行作为付款行、金额各为1000万元、出票日期为2011年12月6日、到期日为2012年6月6日的8张银行承兑汇票正面“本汇票已经承兑,到期日由本行付款”处加盖了汇票专用章,之后将该8张汇票交付出票人艳丰公司。汇票上未填写承兑日期。

艳丰公司在《借款合同》约定的还款日期即2011年12月7日未还款。后艳丰公司与郑克旭及案外人明达意航企业集团有限公司(以下简称明达意航公司)于2011年12月24日签订了《还款协议》,约定:艳丰公司于2011年12月6日向郑克旭借款8000万元用于大连银行沈阳分行开具承兑汇票百分之百保证金,艳丰公司收到此款用完后没按约定归还,反而把此款用于其他,经双方协商达成如下协议:2012年1月6日至2012年1月19日还清8000万元本金以及500万元利息。到期后艳丰公司、明达意航公司未履行。2012年4月20日,艳丰公司与郑克旭、明达意航公司又签订《还款补充协议》,约定:第一期还款时间为2012年5月20日至25日之间,还款金额为2000万元;第二期还款时间为2012年6月20日至25日之间,还款金额为2000万元;第三期还款时间为2012年7月20日至25日之间,还款金额为2000万元;第四期还款时间为2012年8月20日至25日之间,还款金额为2000万元;利息从2011年12月20日起计算,根据实际占用时间与额度按月利息2%计算,以上利息于2012年9月底结清。上述合同到期后,艳丰公司、明达意航公司亦未履行。

2012年5月23日,中国邮政储蓄银行有限责任公司辽宁省分行以委托收款形式对前述8张银行承兑汇票中的6张(汇票号码313某某某某3920-313某某某某3924及313某某某某3929)进行收款。2012年5月25日,中国民生银行股份有限公司深圳分行以委托收款形式对其余2张汇票(汇票号码313某某某某3927、313某某某某3928)进行收款。2012年6月6日,大连银行沈阳分行文艺路支行对上述8张汇票总计金额8000万元进行了付款。同日,大连银行沈阳分行文艺路支行将8000万元转为承兑逾期垫款。

2012年5月,郑克旭分两次以艳丰公司、明达意航公司为被告向廊坊市中级人民法院提起诉讼,分别要求艳丰公司偿还借款4000万元及利息,明达意航公司承担担保责任,同时申请了财产保全。廊坊市中级人民法院于2012年5月28日裁定冻结了艳丰公司在大连银行沈阳分行文艺路支行开立的账户10某某某23中的保证金8000万元。后廊坊市中级人民法院作出(2012)廊民三初字第117号、第133号民事判决书。明达意航公司对(2012)廊民三初字第133号民事判决不服,向河北省高级人民法院提起上诉,该院于2013年7月3日作出(2013)冀民一终字第139号民事判决书,驳回上诉,维持原判。

在郑克旭申请执行(2012)廊民三初字第117号民事判决书期间,大连银行沈阳分行于2013年5月14日向廊坊市中级人民法院提出书面异议称:应依法纠正(2013)廊民执字第26号执行案件中的错误冻结行为,解除对银行保证金存款4000万元的查封。该院于2013年8月20日作出(2013)廊执异字第26-1号执行裁定书,认为:该院于2012年5月28日冻结了艳丰公司在大连银行沈阳分行保证金账户中的存款,大连银行沈阳分行于2012年6月6日对汇票进行了兑付,法院冻结保证金账户存款的时间早于大连银行沈阳分行对汇票进行承兑和付款时间。根据最高人民法院、中国人民银行《关于依法规范人民法院执行和金融机构协助执行的通知》(法发〔2000〕21号)第九条规定,人民法院依法可以对银行承兑汇票保证金采取冻结措施,但不得扣划;如果金融机构已对汇票承兑或者已对外付款,根据金融机构的申请,人民法院应当解除对银行承兑汇票保证金相应部分的冻结措施。银行承兑汇票保证金已丧失保证金功能时,人民法院可以依法采取扣划措施。本案中,在法院已经采取冻结措施的情况下,大连银行沈阳分行不考虑此款项交易存在的风险,无视法院的冻结措施,仍对外继续承兑,继续付款,且大连银行沈阳分行在本案中未考虑可能涉及虚假交易合同及出票存在的问题。故对大连银行沈阳分行提出的解除对该4000万元冻结措施的请求,该院不予支持。大连银行沈阳分行执行异议被驳回后,可以向该院提起案外人执行异议之诉,解决此实体争议。该院依照《中华人民共和国民事诉讼法》第二百二十七条和《最高人民法院关于适用执行程序若干问题的解释》第十五条之规定,裁定驳回大连银行沈阳分行的异议。

2013年10月9日,大连银行沈阳分行以艳丰公司、郑克旭为被告向一审法院提起本案诉讼,请求撤销一审法院(2013)廊执异字第26-1号执行裁定,确认其对10某某某23账户内的4000万元享有优先受偿权;诉讼费用由艳丰公司、郑克旭承担。

一审法院认为

一审法院认为,本案争议的焦点为:一、2012年5月23日及2012年5月25日,收款人的委托收款行为是否属于承兑人已经完成了承兑行为;二、保证金账户的性质及大连银行沈阳分行对于保证金账户内的款项是否享有优先受偿权。

关于第一个争议焦点,该院认为,依据《商业汇票办法》(银发〔1993〕140号,1993年5月21日中国人民银行发布)第三条第三款规定,银行承兑汇票是由收款人或承兑申请人签发,并由承兑申请人向开户银行申请,经银行审查同意承兑的票据。《中华人民共和国票据法》第三十八条规定,承兑是指汇票付款人承诺在汇票到期日支付汇票金额的票据行为;第三十九条规定,定日付款或者出票后定期付款的汇票,持票人应当在汇票到期日前向付款人提示承兑。提示承兑是指持票人向付款人出示汇票,并要求付款人承诺付款的行为;第四十一条第一款规定,付款人对向其提示承兑的汇票,应当自收到提示承兑的汇票之日起三日内承兑或者拒绝承兑;第四十二条规定,付款人承兑汇票的,应当在汇票正面记载"承兑"字样和承兑日期并签章……汇票上未记载承兑日期的,以前条第一款规定期限的最后一日为承兑日期。《支付结算办法》(银发〔1997〕393号,1997年9月19日中国人民银行发布)第七十三条规定,商业汇票分为商业承兑汇票和银行承兑汇票……银行承兑汇票由银行承兑;第七十九条规定,银行承兑汇票应由在承兑银行开立存款账户的存款人签发。第八十条规定,商业汇票可以在出票时向付款人提示承兑后使用,也可以在出票后先使用再向付款人提示承兑;第八十三条规定,银行承兑汇票的出票人或持票人向银行提示承兑时,银行的信贷部门负责按照有关规定和审批程序,对出票人的资格、资信、购销合同和汇票记载的内容进行认真审查,必要时可由出票人提供担保。符合规定和承兑条件的,与出票人签订承兑协议;第八十四条规定,付款人承兑商业汇票,应当在汇票正面记载"承兑"字样和承兑日期并签章。从以上法律及规章的规定可以看出,大连银行沈阳分行在与艳丰公司签订《汇票承兑合同》后并在开具的以大连银行沈阳分行作为付款人的8张银行承兑汇票(每张银行承兑汇票金额为1000万元,合计8000万元)正面记载"承兑"并签章的行为中,艳丰公司向大连银行沈阳分行申请开具承兑汇票的行为即是艳丰公司作为出票人向银行承兑汇票上记载的付款人即大连银行沈阳分行出示票据,请求大连银行沈阳分行承诺付款的行为,也就是票据法规定的出票人即艳丰公司在出票时向付款人即大连银行沈阳分行提示承兑的行为。大连银行沈阳分行经审查按照有关规定和审批程序,要求出票人艳丰公司提供8000万元保证金存于保证金账户,与艳丰公司签订《汇票承兑合同》后在8张银行承兑汇票正面"本汇票已经承兑,到期日由本行付款"栏处签章的行为即是票据法规定的付款人已经完成了银行承兑汇票承兑的行为。这也符合《支付结算办法》第八十条的规定,即商业汇票可以在出票时向付款人提示承兑后使用。按照《中华人民共和国票据法》第二十二条的规定,银行承兑汇票正面记载的加盖承兑章不属于汇票的绝对应记载的事项。但是按照我国现在的银行承兑汇票的使用和流通来看,一般以银行作为付款人的银行承兑汇票,都是在出票人与付款人签订了汇票承兑合同,银行在银行承兑汇票正面"本汇票已经承兑,到期日由本行付款"栏处签章后才能在市场上使用和流通。作为基础关系的债权人和票据关系的收款人的财务人员,在以银行承兑汇票结算时,不会接受没有付款人(即银行)在银行承兑汇票正面加盖银行承兑章的银行承兑汇票。在收款人都不接受该银行承兑汇票的情况下,其也不可能在银行承兑汇票的背面第一背书人栏背书的。即使收款人背书转让的话,下一手被背书人在查看银行承兑汇票正面没有付款人承兑的签章时,也不会接受这样的银行承兑汇票以清偿或消灭基础关系的债务。在现实当中,银行承兑汇票是出票人在出票的同时向付款人提示承兑,付款人完成了承兑(即在银行承兑汇票正面加盖承兑章)并交付出票人后,出票人交付收款人以清偿或消灭基础关系,收款人在收到银行承兑汇票后,在银行承兑汇票的背面第一栏背书人栏签章后,银行承兑汇票才能正常的使用和流通。也就是说,银行承兑汇票在出票的同时,付款人应当或者必须完成承兑行为。《支付结算办法》第八十八条规定,商业汇票的提示付款期限,自汇票到期日起10日。持票人应在提示付款期限内通过开户银行委托收款或直接向付款人提示付款。对异地委托收款,持票人可匡算邮程,提前通过开户银行委托收款;第一百九十八条规定,委托收款是收款人委托银行向付款人收取款项的结算方式;第一百九十九条规定,单位和个人凭已承兑商业汇票、债券、存单等付款人债务证明办理款项的结算,均可以使用委托收款结算方式。从以上的规定可以看出,委托收款是一种支付结算方式,属于票据法上的提示付款行为,并不是大连银行沈阳分行主张的委托收款行为是承兑人已经完成承兑的行为。

关于第二个争议焦点,该院认为,《中华人民共和国物权法》第二百零八条规定,为担保债务的履行,债务人或者第三人将其动产出质给债权人占有的,债务人不履行到期债务或者发生当事人约定的实现质权的情形,债权人有权就该动产优先受偿;第二百一十条规定,设立质权,当事人应当采取书面形式订立质权合同。《最高人民法院关于适用〈中华人民共和国民事诉讼法〉若干问题的解释》第八十五条规定,债务人或者第三人将其金钱以特户、封金、保证金等形式特定化后,移交债权人占有作为债权的担保,债务人不履行债务时,债权人可以以该金钱优先受偿。从相关法律规定来看,如果将金钱以保证金形式成立质押合同时,依据《中华人民共和国物权法》第二百一十条的规定,应当采用书面形式。从一般交易习惯来说,交存保证金的比例一般由作为付款人的银行根据开具银行承兑汇票出票人的信誉决定交存保证金金额的比例,一般为汇票金额的30% ~50%,最高交存100%,最低的可以不交存。银行承兑汇票的保证金的数额多少一般参考两个方面:一方面,参照汇票金额来确定保证金比例;另一方面,也是主要的方面,就是参照出票人的信誉来确定保证金的比例。银行要求出票人在为其开立的保证金账户上存入一定数额的保证金,其目的并不是用这笔保证金来抵偿所到期支付的款项,而是出于出票人不守信用或无能力归还垫款,为降低风险,用银行的行为(银行制作的冻结保证金通知书)来控制出票人一定数额的资金。从这一点来看,保证金账户内的资金没有质押的性质。《商业汇票办法》第十八条规定,银行承兑汇票的承兑申请人应于银行承兑汇票到期前将票款足额缴存其开户银行。承兑银行俟到期日凭票将款项付给收款人、被背书人或贴现银行。如果出票人违约,银行可以依据汇票承兑协议扣划保证金。但是如果在银行未付款的情况下,法院对保证金账户进行冻结,银行并不对保证金被冻结而向出票人负责,为了继续履行汇票承兑协议,银行可以要求出票人在到期日前补足保证金。如果出票人不补足保证金,则是出票人违约,银行可以拒绝对持票人(收款人)付款并出具拒付证明,产生的违约责任应由出票人承担,因为出票人是最终债务人。银行可以以出票人违约,制作拒付证明,通过诉讼解决纠纷,以确定保证金的去向。如果银行已对汇票承兑或对外付款,自承兑行为或对外付款行为完成之时起,承兑汇票票据关系即告消灭,保证金功能随之丧失。大连银行沈阳分行与艳丰公司未就以保证金作为质押签订书面的质押合同,保证金的性质经过以上分析应是信誉保证,故大连银行沈阳分行主张的保证金属于金钱质押,其有优先受偿权的主张不能成立。

关于提供增值税专用发票和《工业品买卖合同》的问题,该院认为,《中华人民共和国票据法》第十条规定,票据的签发、取得和转让,应当遵循诚实信用的原则,具有真实的交易关系和债权债务关系。在不考虑票据效力的情况下,仅依据《汇票承兑合同》第5.3条的规定及《工业品买卖合同》存在的出卖人和买受人颠倒的问题上来看,有理由相信,本案银行承兑汇票8000万元金额项下的交易关系或债权债务关系不具有真实性。大连银行沈阳分行在此行为中存在过错或者重大过失。

综上,大连银行沈阳分行主张的委托收款是承兑行为与票据法规定的承兑行为不符,应为票据法上的提示付款行为。在艳丰公司申请银行承兑汇票出票的时候,大连银行沈阳分行在银行承兑汇票正面加盖承兑专用章的行为是票据法上的承兑行为,也就是艳丰公司在出票的同时,付款人大连银行沈阳分行已经承兑了。最高人民法院、中国人民银行《关于依法规范人民法院执行和金融机构协助执行的通知》第九条规定,人民法院依法可以对银行承兑汇票保证金采取冻结措施,但不得扣划。如果金融机构已对汇票承兑或者已对外付款,根据金融机构的申请,人民法院应当解除对银行承兑汇票保证金相应部分的冻结措施。《中华人民共和国票据法》第三十九条规定,定日付款的汇票,持票人应当在汇票到期日前向付款人提示承兑。而按照当前一般的交易习惯和实际操作,银行承兑汇票的出票人在出票的同时完成承兑行为,在我国当前实际中是应当也是必需的,这也符合相关的票据法律规定,否则收款人是不会接受票据的。如果依据最高人民法院、中国人民银行《关于依法规范人民法院执行和金融机构协助执行的通知》第九条规定,对于在出票的同时完成承兑的行为适用本条规定,既然按第九条规定认定了已经承兑,那么第九条规定法院可以采取冻结措施也就没有必要了,故本案只能考虑是否已经对外付款的情形。本案中,法院冻结在先,大连银行沈阳分行付款在后。最高人民法院、中国人民银行《关于依法规范人民法院执行和金融机构协助执行的通知》第九条规定,银行承兑汇票保证金已丧失保证金功能时,人民法院可以依法采取扣划措施。保证金账户存款的性质属于信誉保证的性质,不属于大连银行沈阳分行主张的金钱质押的性质,在法院对保证金采取了冻结措施之后,大连银行沈阳分行可以依据《汇票承兑合同》和相关的规定要求艳丰公司另行提供担保或者出具拒付证明等措施,故大连银行沈阳分行在法院冻结之后,依然对外付款应由其承担责任。大连银行沈阳分行在到期日对外付款,银行承兑汇票的票据关系消灭,保证金功能也就丧失了。大连银行沈阳分行没有法律依据享有对保证金的优先受偿权,该院可以扣划。故大连银行沈阳分行的诉讼请求没有法律依据,该院不予支持。

一审法院判决

依据《中华人民共和国民事诉讼法》第六十四条的规定,该院判决如下:驳回大连银行沈阳分行的诉讼请求,案件受理费120900元由大连银行沈阳分行负担。

上诉

大连银行沈阳分行不服上述一审判决,向河北省高级人民法院提起上诉称:《汇票承兑合同》项下的《工业品买卖合同》是否真实不是本案的争议焦点,一审法院违法审查票据基础关系,把本来是否承兑或付款的一项审查无限扩大,在执行异议之诉中审理票据纠纷和买卖合同纠纷,违反法定程序。法院在承兑到期日之前冻结了8000万元保证金,付款人到期也应当无条件兑付,并可按《中国人民银行关于银行承兑汇票保证金冻结、扣划问题的复函》(银条法〔2000〕第9号)第二条的规定向人民法院提出以被冻结保证金优先受偿的申请。一审法院认为付款行在到期日对外付款,承兑汇票的票据关系消失,保证金功能也丧失,属于逻辑混乱,请求二审法院发回重审或者改判。

二审法院经审理,对一审法院查明的事实予以确认。

二审法院认为

二审法院认为,根据《中华人民共和国票据法》第十条、第二十一条第二款的规定,票据的签发、取得和转让,应当具有真实的交易关系,不得签发无对价的汇票用以骗取银行或者其他票据当事人的资金。经庭审质证,可以认定,在艳丰公司向大连银行沈阳分行申请银行承兑汇票并签订8000万元《汇票承兑合同》之际,合同约定的出票人艳丰公司与收款人首创公司之间并不存在真实的交易关系和债权债务关系。大连银行沈阳分行在《工业品买卖合同》系虚构的情况下,仍然与艳丰公司签订《汇票承兑合同》并出具银行承兑汇票,显然存在着重大过错。本案中,审查艳丰公司提供的基础交易关系的真实性、合法性,是大连银行沈阳分行在艳丰公司申请开具银行承兑汇票时的基本义务,但大连银行沈阳分行却怠于审查。为防止出现当事人利用虚假合同骗取银行资金,人民法院对于案外人提出的执行异议是否具有相应的事实和法律依据应当依法查明。人民法院审查承兑汇票基础关系的真实合法性,是维护我国票据立法和金融监管"票据的签发、取得和转让,应当具有真实的交易关系"之基本原则,并未违反法定程序。

2011年12月6日艳丰公司汇入案涉保证金账户下的8000万元,是郑克旭当初提供给艳丰公司的8000万元借款。按照艳丰公司与大连银行沈阳分行间的《汇票承兑合同》第五条第5.7款约定,艳丰公司应在汇票到期日之前将汇票金额足额存入大连银行沈阳分行指定账户。在廊坊市中级人民法院于2012年5月28日冻结案涉8000万元保证金的情况下,大连银行沈阳分行并未要求艳丰公司补足款项,而是用艳丰公司在该行开具的贷款账户中的8000万元进行了兑付,其存在明显过错。

综上，大连银行沈阳分行在与艳丰公司签订《汇票承兑合同》时，未尽到法定监管职责，对于不存在真实交易关系的买卖合同未尽审查义务，开具了无对价的银行承兑汇票，对艳丰公司套取银行 8000 万元资金存在重大过错。在廊坊市中级人民法院冻结艳丰公司在大连银行沈阳分行开具的保证金账户中的 8000 万元后，大连银行沈阳分行并未要求艳丰公司按《汇票承兑合同》第五条第 5.7 款的约定在汇票到期日之前将汇票金额足额存入指定账户，而是进行了兑付，对其损失的造成具有不可推卸的责任。案涉保证金属于合同担保问题，与汇票的承兑及付款无关，该保证金的法律性质应当根据《汇票承兑合同》的约定来认定。从案涉《汇票承兑合同》第二条第 2.2 款对保证金的约定看，其只是规定"授权乙方在因本合同需要时办理上述保证金的冻结、划扣等手续"，并未约定"在甲方不履行本合同项下的义务时，乙方对该保证金享有优先受偿权"。可见，双方并无以案涉 8000 万元保证金为大连银行沈阳分行设立金钱质押的意思，故其不具有金钱质押性质，大连银行沈阳分行不享有优先受偿权。大连银行沈阳分行的上诉理由不充分，对其上诉请求不予支持。原判程序合法，事实清楚，适用法律正确。

二审法院判决

依照《中华人民共和国民事诉讼法》第一百七十条第一款第（一）项之规定，该院判决如下：驳回上诉，维持原判。

申请再审

大连银行沈阳分行不服上述二审判决，向本院申请再审称：一、原审判决认定大连银行沈阳分行在与艳丰公司签订《汇票承兑合同》时未尽到法定监管义务，开具无对价的银行承兑汇票，对艳丰公司套取 8000 万元资金（包括本案 4000 万元和另案 4000 万元）存在重大过错，与事实不符。（一）大连银行沈阳分行已经尽到了法定的审查义务。艳丰公司与首创公司签订的《工业品买卖合同》虽然存在买卖双方公章加盖不规范问题，但仅属合同形式问题，对合同本身的权利义务并无实质性影响。（二）虽然艳丰公司未按《汇票承兑合同》的约定提供增值税发票复印件，但也不能据此否认艳丰公司与首创公司之间的交易关系。（三）原审法院在未作任何调查的情况下就认定艳丰公司与首创公司之间不存在真实交易关系是错误的，且该问题并不属于本案的审查范围。二、原审判决认定大连银行沈阳分行在保证金被冻结的情况下仍然坚持承兑付款，具有不可推卸的责任，是不符合法律规定的。根据《中华人民共和国票据法》规定，银行在承兑汇票法律关系中处于付款人地位，在见票或者汇票到期日有向持票人无条件付款的义务，即便承兑汇票保证金被冻结，付款人到期也应当无条件付款。我国法律并未规定保证金被查封后，银行不能对持票人付款。大连银行沈阳分行作为承兑汇票的付款人进行付款，并非无视法院的查封措施，而是充分尊重法律和合同约定。三、原审判决认定大连银行沈阳分行对本案4000万元保证金不享有优先受偿权,适用法律错误。(一)根据《汇票承兑合同》第二条第2.2款、第五条第5.7款约定,大连银行沈阳分行与艳丰公司已经达成对本案承兑汇票业务以保证金账户内的4000万元作为质押担保的合意。原审法院认定双方没有以保证金作为金钱质押的意思表示,不符合合同约定。(二)本案中,双方当事人已经按照《汇票承兑合同》约定为出质金钱开立了保证金专用账户,艳丰公司已缴存了保证金,大连银行沈阳分行对保证金进行了冻结,符合出质金钱以保证金形式特定化的要求。该保证金账户设立在大连银行沈阳分行,该行对该账户进行了实际控制和管理,保证金账户内的资金使用均与保证金业务相对应,未用于保证金业务之外的日常结算,因此亦符合出质金钱移交债权人占有的要件要求,金钱质押已经设立。因此,大连银行沈阳分行有权以案涉4000万元保证金行使优先受偿权。综上,原审判决认定事实错误,适用法律不当。大连银行沈阳分行依据《中华人民共和国民事诉讼法》第二百条第一项、第二项、第六项之规定申请再审,请求撤销河北省高级人民法院(2014)冀民二终字第32号民事判决,将本案发回重审或者依法改判。

郑克旭答辩称:一、原审判决认定大连银行沈阳分行签订《汇票承兑合同》时存在重大过错是正确的。(一)艳丰公司与首创公司的买卖交易是否真实、合法,直接决定着《汇票承兑合同》及其项下汇票的出票、兑付等行为的法律效力,与本案具有直接的法律关系,因此原审法院依法审查《工业品买卖合同》的真实性、合法性是正确的。(二)艳丰公司依据伪造的《工业品买卖合同》向大连银行沈阳分行申请银行承兑汇票并签订《汇票承兑合同》,违反《中华人民共和国票据法》等法律法规,其《汇票承兑合同》以及其中的保证金条款依法均属无效。(三)对于艳丰公司依据伪造的《工业品买卖合同》向大连银行沈阳分行申请银行承兑汇票并签订《汇票承兑合同》的行为,大连银行沈阳分行并未尽到审查义务,对艳丰公司和首创公司利用虚假的买卖合同骗取银行资金明显存在重大过错。二、本案4000万元保证金不具有金钱质押性质,大连银行沈阳分行不享有优先受偿权。由于《汇票承兑合同》以及其中的保证金条款均属无效,故该合同及保证金条款不能为大连银行沈阳分行设定金钱质权;即便抛开上述合同及其条款的合法性和有效性不谈,其约定亦不符合法律关于质权合同及金钱质押的规定,不能为大连银行沈阳分行设立金钱质权,大连银行沈阳分行亦不享有优先受偿权。三、在法院冻结4000万元资金后,无论大连银行沈阳分行是否兑付本案承兑汇票,都不能对抗法院的冻结扣划措施。本案中,早在2012年5月28日廊坊市中级人民法院就依法冻结了艳丰公司保证金账户上的4000万元存款,大连银行沈阳分行却仍然在2012年6月6日向持票人兑付了4000万元,而未要求艳丰公司按照合同约定"于银行承兑汇票到期前将票款足额缴存其开户银行",其行为显然存在重大过错。因此,大连银行沈阳分行无权要求法院解除对本案4000万元保证金的冻结措施。综上,原审判决认定事实清楚,证据确实充分,适用法律无误,大连银行沈阳分行的再审申请不符合法律规定的再审情形,应予驳回。

艳丰公司未提交答辩意见。

最高人民法院经再审审理,确认原审法院查明的事实。

再审法院认为

最高人民法院认为,本案为大连银行沈阳分行对河北省廊坊市中级人民法院作出的(2013)廊执异字第26－1号执行异议裁定不服提起的案外人执行异议之诉,根据《最高人民法院关于适用〈中华人民共和国民事诉讼法〉的解释》第三百一十二条规定,对该类案件,人民法院经审理,按照下列情形分别处理:(一)案外人就执行标的享有足以排除强制执行的民事权益的,判决不得执行该执行标的;(二)案外人就执行标的不享有足以排除强制执行的民事权益的,判决驳回诉讼请求。案外人同时提出确认其权利的诉讼请求的,人民法院可以在判决中一并作出裁判。因此,本案再审审理的焦点问题是大连银行沈阳分行对执行标的即艳丰公司存入保证金专用账户的4000万元是否享有足以排除人民法院强制执行的民事权益。大连银行沈阳分行主张,艳丰公司存入保证金专用账户的4000万元系具有金钱质押效力的保证金,在其对艳丰公司申请开立的银行承兑汇票付款之后,其对该4000万元享有优先受偿权。据此,本案将从大连银行沈阳分行是否对该4000万元享有质权、该权利是否足以排除强制执行等方面进行分析判定。

一、大连银行沈阳分行对案涉4000万元是否享有质权

《中华人民共和国物权法》第二百一十条规定:"设立质权,当事人应当采取书面形式订立质权合同。质权合同一般包括下列条款:(一)被担保债权的种类和数额;(二)债务人履行债务的期限;(三)质押财产的名称、数量、质量、状况;(四)担保的范围;(五)质押财产给付的时间。"第二百一十二条规定:"质权自出质人交付质押财产时设立。"《最高人民法院关于适用〈中华人民共和国担保法〉若干问题的解释》第八十五条规定:"债务人或者第三人将其金钱以特户、封金、保证金等形式特定化后,移交债权人占有作为债权的担保,债务人不履行债务时,债权人可以以该金钱优先受偿。"根据上述法律及司法解释的规定,金钱作为一种特殊的动产,具备一定形式要件后,可以用于质押。具体到本案,大连银行沈阳分行对案涉4000万元是否享有质权,应当从大连银行沈阳分行与艳丰公司之间是否存在质押合同关系以及质权是否有效设立两个方面进行审查。

(一)大连银行沈阳分行与艳丰公司之间是否存在质押合同关系。大连银行沈阳分行与艳丰公司签订的《汇票承兑合同》第二条第2.2款约定:艳丰公司于汇票承兑前,在大连银行沈阳分行开立针对合同项下汇票的保证金专用账户(账号为10××××23)并存入汇票金额100%的保证金,保证金金额为8000万元。艳丰公司同意将上述保证金及其产生的利息作为履行合同的担保,并授权大连银行沈阳分

行在因合同需要时办理上述保证金的冻结、扣划等手续;第五条第5.7款约定:艳丰公司应于合同项下汇票到期日之前将汇票金额足额存入大连银行沈阳分行指定账户。若艳丰公司未能在汇票到期日前足额交付全部汇票金额,则大连银行沈阳分行有权将合同第二条第2.2款的保证金账户和艳丰公司其他存款账户中的款项直接用于支付到期汇票或偿还大连银行沈阳分行对持票人的垫款以及相应利息和手续费,同时对艳丰公司尚未支付的汇票金额按照日万分之五计收罚息。上述约定表明,大连银行沈阳分行与艳丰公司之间协商一致,达成以下合意,即艳丰公司向大连银行沈阳分行缴存100%比例保证金作为案涉承兑汇票业务的担保,如艳丰公司未按期足额交付全部汇票金额,则大连银行沈阳分行有权以该保证金直接支付到期承兑汇票或偿还大连银行沈阳分行对持票人的垫款,也即大连银行沈阳分行对案涉保证金享有优先受偿权。上述合意具备质押合同的一般要件,符合《最高人民法院关于适用〈中华人民共和国担保法〉若干问题的解释》第八十五条关于金钱质押的规定。原审法院仅以双方在《汇票承兑合同》中未有大连银行沈阳分行对该保证金享有优先受偿权的表述即认定双方并无以保证金设立质押的意思表示、保证金不具有金钱质押性质,有所不当,本院予以纠正。

(二)本案质权是否有效设立。根据《中华人民共和国物权法》第二百一十二条"质权自出质人交付质押财产时设立"的规定,交付行为应被视为设立动产质权的生效条件。金钱质押作为特殊的动产质押,依照《最高人民法院关于适用〈中华人民共和国担保法〉若干问题的解释》第八十五条规定,生效条件包括金钱特定化和移交债权人占有两个方面。具体到本案,首先,案涉4000万元资金已经通过存入保证金专用账户的形式予以特定化。保证金特定化的实质意义在于使特定数额金钱从出质人财产中划分出来,成为一种独立的存在,使其不与出质人其他财产相混同,同时使转移占有后的金钱也能独立于质权人的财产,避免特定数额的金钱因占有即所有的特征混同于质权人和出质人的一般财产中。具体到保证金账户的特定化,就是要求该账户区别于出质人的一般结算账户,使该账户资金独立于出质人的其他财产。本案中,双方当事人按照《汇票承兑合同》的约定开立了账号为10×××23的保证金专用账户,用途均与保证金有关,不同于艳丰公司在大连银行沈阳分行开立的账号为10×××25的一般结算账户。艳丰公司按照《汇票承兑合同》约定的额度比例向该账户缴存了保证金,大连银行沈阳分行向艳丰公司出具了《保证金冻结通知书》,对保证金账户进行了冻结。因此,本案符合金钱以保证金形式特定化的要求。其次,大连银行沈阳分行能够对该保证金专用账户进行实际控制和管理,实现了移交占有。本案中,案涉保证金专用账户开立于大连银行沈阳分行的下属支行,艳丰公司在按照《汇票承兑合同》约定存入保证金之后,大连银行沈阳分行对该账户进行了冻结,使得艳丰公司作为保证金专户内资金的所有权人,不能自由使用账户资金,实质上丧失了对保证金账户的控制权和管理权。而大连银行沈阳分行依据《汇票承兑合同》第五条第5.7款规定，在艳丰公司未能在汇票到期日前足额交付全部汇票金额的情况下，有权将保证金账户中的款项直接用于支付到期汇票或者偿还大连银行沈阳分行对持票人的垫款，即大连银行沈阳分行有权直接扣划保证金专用账户内的资金。据此应当认定，大连银行沈阳分行实质上取得了案涉保证金专用账户的控制权，此种控制权移交符合动产交付占有的本质要求。

综合以上分析可以认定，本案金钱质押已经设立，大连银行沈阳分行对案涉4000万元保证金享有质权。大连银行沈阳分行该项再审主张和理由，有事实和法律依据，本院予以支持。原审法院认定本案保证金账户存款性质属于信誉保证，不属于金钱质押，适用法律错误，本院予以纠正。

二、大连银行沈阳分行对案涉4000万元保证金享有的质权是否足以排除郑克旭与艳丰公司借款案的强制执行

根据《中华人民共和国物权法》第一百七十条规定，担保物权人在债务人不履行到期债务或者发生当事人约定的实现担保物权的情形，依法享有就担保财产优先受偿的权利；第二百零八条规定，为担保债务的履行，债务人或者第三人将其动产出质给债权人占有的，债务人不履行到期债务或者发生当事人约定的实现质权的情形，债权人有权就该动产优先受偿。因此，大连银行沈阳分行在履行案涉承兑汇票付款义务后，对艳丰公司享有垫款之债权，也即《汇票承兑合同》约定的担保之债权已经发生，为实现该债权，大连银行沈阳分行有权就4000万元保证金主张优先受偿。但本案的特殊之处在于，另案即郑克旭与艳丰公司、明达意航公司借款合同纠纷案判决郑克旭对艳丰公司享有4000万元本金及相应利息的债权，该案执行中，该4000万元作为艳丰公司的资金已被廊坊市中级人民法院予以冻结，因此出现了在同一执行标的即案涉4000万元保证金之上，大连银行沈阳分行主张质权而郑克旭主张债权的冲突问题。大连银行沈阳分行享有的质权能否排除郑克旭案的强制执行，是本案需要解决的终极问题，而该问题取决于物权与债权的关系如何。

从权利属性和分类上来讲，大连银行沈阳分行对艳丰公司享有的质权属于担保物权，因此该权利具备物权的基本特征和法律效力。《中华人民共和国物权法》第二条第三款明确规定："本法所称物权，是指权利人依法对特定的物享有直接支配和排他的权利"，据此，物权相较之债权而言具有优先性，此即意味着当同一标的物之上同时存在债权人主张债权与物权人主张物权相冲突时，物权优先于债权实现。具体到本案，大连银行沈阳分行对案涉4000万元保证金享有担保物权，而郑克旭作为艳丰公司的普通债权人对艳丰公司存款享有的仅是一般债权，两种权利虽都是当事人的合法民事权利，但二者相比较，大连银行沈阳分行享有的物权应当优先于郑克旭的普通债权得以实现。因此可以得出结论，大连银行沈阳分行对执行标的即4000万元保证金享有的质权足以排除郑克旭与艳丰公司借款案的强制

执行。大连银行沈阳分行该项再审主张有事实及法律依据,本院予以支持。原审法院认定大连银行沈阳分行对4000万元保证金不享有优先受偿权,适用法律错误,本院予以纠正。

关于郑克旭答辩提出的大连银行沈阳分行在出票过程中存在重大过错的意见,从本案事实看,大连银行沈阳分行与艳丰公司签订《汇票承兑合同》是双方的真实意思表示,现无证据证实该合同存在《中华人民共和国合同法》第五十二条规定的合同无效之情形,因此双方已经形成票据法律关系;大连银行沈阳分行已对艳丰公司提供的《工业品买卖合同》进行了相应的形式审查,虽未按《汇票承兑合同》约定要求艳丰公司提供增值税专用发票复印件存在业务操作欠规范的情形,但并不对《汇票承兑合同》的真实性、合法性以及票据法律关系的效力构成影响。至于艳丰公司与首创公司之间的基础交易关系,属于票据取得的原因关系,而票据作为要式证券,文义性、无因性是其重要特征,票据关系一经成立,即与票据取得的原因关系相脱离,无论其原因关系是否存在及是否有效,均不影响票据本身的效力。因此,郑克旭以非票据法律关系当事人之身份、以艳丰公司与首创公司的买卖交易关系虚假为由主张本案《汇票承兑合同》及其中的保证金条款无效,无法律依据,本院不予采纳。另外,郑克旭还提出,大连银行沈阳分行在票据付款过程中亦存在过错,在廊坊市中级人民法院对案涉保证金采取冻结措施后,大连银行沈阳分行不应再进行付款。但从本案事实看,大连银行沈阳分行在出票的同时已经在汇票正面"本汇票已经承兑,到期日由本行付款"处加盖了汇票专用章,即进行了承兑。大连银行沈阳分行一经承兑,则负有汇票到期无条件交付票款的责任,且已经实际履行该付款责任。根据最高人民法院、中国人民银行《关于依法规范人民法院执行和金融机构协助执行的通知》(法发〔2000〕21号)第九条关于"人民法院依法可以对银行承兑汇票保证金采取冻结措施,但不得扣划。如果金融机构已对汇票承兑或者已对外付款,根据金融机构的申请,人民法院应当解除对银行承兑汇票保证金相应部分的冻结措施;银行承兑汇票保证金丧失保证功能时,人民法院可以依法采取扣划措施"的规定,廊坊市中级人民法院虽然于2013年5月28日对案涉保证金进行了冻结,但该冻结措施发生于大连银行沈阳分行承兑之后,而在艳丰公司未在汇票到期日前将汇票金额足额交存的情况下,大连银行沈阳分行已经实际履行了付款责任,与艳丰公司形成垫付款的债权债务关系,此时案涉4000万元保证金并未丧失保证功能。因此,大连银行沈阳分行有权对廊坊市中级人民法院采取的冻结措施提出异议,该院应当解除对保证金相应部分的冻结措施。原审法院关于大连银行沈阳分行在人民法院冻结4000万元保证金之后未要求艳丰公司在汇票到期日之前将汇票金额存入指定账户,而是进行了兑付,存在明显过错,大连银行沈阳分行应对其损失自负的认定,无法律依据,本院予以纠正。

另外,大连银行沈阳分行在本案中还有一项诉讼请求,即要求撤销廊坊市中级人民法院(2013)廊执异字第26－1号执行裁定书,但根据《最高人民法院关于适用〈中华人民共和国民事诉讼法〉的解释》第三百一十四条规定:"对案外人执行异议之诉,人民法院判决不得对执行标的执行的,执行异议裁定失效",在本案判决对案涉执行标的4000万元保证金不得执行后,上述执行异议裁定即已失效。因此,大连银行沈阳分行的该项诉讼请求已无实质意义。

综上,最高人民法院依照《中华人民共和国物权法》第二条第三款、第一百七十条、第二百零八条、第二百一十条、第二百一十二条、《最高人民法院关于适用〈中华人民共和国担保法〉若干问题的解释》第八十五条、《中华人民共和国民事诉讼法》第二百零七条、《最高人民法院关于适用〈中华人民共和国民事诉讼法〉的解释》第三百一十二条以及第四百零七条第二款之规定,判决如下:

一、撤销河北省廊坊市中级人民法院(2013)廊民三初字第123号民事判决;

二、撤销河北省高级人民法院(2014)冀民二终字第32号民事判决;

三、抚顺市艳丰建材有限公司保证金专用账户(账号为10××××23)内的保证金4000万元不得执行;

四、大连银行股份有限公司沈阳分行对上述4000万元保证金享有质权,并可优先受偿。

[选自《最高人民法院公报》2016年第10期(总第240期)]

246. 案外人对保全和先予执行的裁定不服,不能提起执行异议之诉

【民诉法司法解释】

案外人(利害关系人)对人民法院的保全和先予执行裁定不服的,能否提起执行异议之诉,在《民事诉讼法解释》起草过程中存在争议,第一种观点认为,案外人只能申请复议,不能提起执行异议和执行异议之诉;第二种观点认为,保全和先予执行措施属于执行行为,案外人既能申请复议,又能提起执行异议和执行异议之诉。最后司法解释采纳了第一种观点,《民事诉讼法解释》第172条规定:"利害关系人对保全或者先予执行的裁定不服申请复议的,由作出裁定的人民法院依照《民事诉讼法》第108条规定处理。"主要理由是:第一,民事诉讼法第一百零八条规定:"当事人对保全或者先予执行的裁定不服的,可以申请复议一次。复议期间不停止裁定的执行。"可见,当事人对保全或者先予执行裁定不服的,民事诉讼法只是规定可以申请复议,并未规定其他救济渠道。第二,保全和先予执行裁定虽然涉及当事人的权利义务,但不是对民事主体权利义务关系的最后决定,其主要功能仍在于解

决诉讼程序上发生的事项,故两者只是中间性的裁定,不是终局裁定,赋予案外人与当事人相同的申请复议权利即可,不宜给予其异议之诉的权利。第三,诉讼程序要兼顾权利救济的充分性和诉讼的效率性,如果给予案外人过多的救济环节和手段,保全和先予执行程序将变得过于冗长和低效,严重影响案件的审理。第四,对于保全和先予执行实施中发生的问题,案外人有异议的,可以按照执行程序中的相关规定处理。①

247. 执行异议之诉与审判监督程序的区别适用问题

【审判专论】

《民事诉讼法》第227条规定中,对异议人不服执行异议审查程序所作驳回裁定结果的,救济途径提供了审判监督程序和执行异议之诉程序。实践中对该两个程序的适用还存在认识模糊。

第一种观点认为:《民事诉讼法》第227条实际赋予了异议人程序选择权,案外人可选择提起审监程序或执行异议之诉。理由是,《民事诉讼法》第227条对异议人不服执行审查驳回裁定的救济途径规定,所用的词是"认为原判决、裁定错误——;与原判决、裁定无关——",那么,既然是异议人认为的,则只能根据其选择或提起审监程序或执行异议之诉。

第二种观点认为:案外人应当根据执行标的是否涉及生效裁判,而应采取不同的救济程序。理由是,《民事诉讼法》第227条规定很明确,当执行标的涉及相关已生效确权判决的,异议的解决应适用再审程序,而不能提起异议之诉。如案例一中,甲公司的执行异议涉及B法院的生效权属判决,甲公司要求丙公司返还系争车辆,停止执行的异议,实质指向的是执行所依据的生效判决。此时,应就B法院判决提起再审申请,B法院不应另行受理执行异议之诉。

笔者同意第二种观点。《民事诉讼法》第227条规定十分清楚,并不难理解,执行中,异议人涉及的执行情况无非两类:一类是作为执行依据的生效裁判明确了具体的执行标的;另一类是作为执行依据的生效裁判未具体指明执行标的,由执行法院根据财产线索确定执行标的。在前一类情况下,执行标的是由生效裁判确定的,执行法院只能依判决执行,案外人若对权属有异议应是指向生效裁判本身,要阻止执行,当然需要通过审监程序予以救济;在后一类情况下,生效裁判仅确定了债权,执行标的是由执行法院确定的,案外人对执行标的的权属异议,并不涉及生效裁判

① 沈德咏主编:《最高人民法院民事诉讼法司法解释理解与适用》,人民法院出版社2015年版,第491页。

本身,此时才需通过异议之诉途径解决。

但需要引申讨论审监程序启动的主体问题。由于审监程序的启动离不开当事人的申请,而案外人不是本案的当事人,能否根据《民事诉讼法》第227条获得对原裁判申请再审的权利?从新修订的《民事诉讼法》第227条文义来看,提起审监程序的主体应理解为已扩张到异议案外人;最高人民法院在民诉法修改后出台的《关于适用〈中华人民共和国民事诉讼法〉审判监督程序若干问题的解释》第5条第1款规定,"案外人对原判决、裁定、调解书确定的执行标的物主张权利,且无法提起新的诉讼解决争议的,可以在判决、裁定、调解书发生法律效力后二年内,或者自知道或应当知道利益被损害之日起三个月内,向作出原判决、裁定、调解书的人民法院的上一级人民法院申请再审",进一步明确了案外人可以启动再审程序。但从现实审判实务反映,对提起审监程序的主体资格态度仍有不完全符合规定的情形,需要切实保护案外人的异议救济权利。

(俞秋玮、陈克:《民诉法修改后涉执行异议之诉的若干问题探析》)

【民诉法司法解释】

1.关于案外人执行异议之诉与审判监督程序的关系,《民事诉讼法解释》第305条第1款规定:"案外人提起执行异议之诉,除符合民事诉讼法第一百一十九条规定外,还应当具备下列条件:(一)案外人的执行异议申请已经被人民法院裁定驳回;(二)有明确的排除对执行标的执行的诉讼请求,且诉讼请求与原判决、裁定无关;(三)自执行异议裁定送达之日起十五日内提起。"其中第(2)项明确,案外人提出的诉讼请求须与原判决、裁定无关,即执行标的不是原判决、裁定(即执行依据)所确定的标的。如果执行标的与原判决、裁定确定的标的相同,如原判决判令被执行人向申请执行人交付特定物,此时执行标的错误实质上不是执行行为本身存在错误而是执行依据存在错误,仅仅排除执行行为并不足以保护案外人对该标的所享有的实体权益,此时需要对错误的执行依据进行纠正,也就是案外人申请再审。因此,案外人提出的诉讼请求如果与原判决、裁定确定的标的物有关,就应当提起案外人申请再审之诉,请求撤销原判决、裁定;案外人提出的诉讼请求如果与原判决、裁定确定的标的物无关,方可以提起执行异议之诉。如原判决判令被执行人向申请执行人偿还借款,被执行人无能力用现金偿还,执行法院误以为本属于案外人的车辆系被执行人所有,对该车辆采取强制执行措施,这时案外人可以提起执行异议之诉。①

---

① 沈德咏主编:《最高人民法院民事诉讼法司法解释理解与适用》,人民法院出版社2015年版,第819页。

案外人异议之诉与案外人申请再审虽然均系案外第三人利用诉讼途径进行救济的制度,均属于事后救济。但两者存在本质区别,主要体现在:其一,性质不同。前者是一种执行救济制度;后者则是一种审判监督制度。其二,目的功能不同。前者解决的是异议标的应否执行的问题,旨在阻止、排除对特定标的的执行;后者解决的则是生效法律文书的对错问题,旨在撤销、变更原生效法律文书。其三,适用情形不同。根据《民事诉讼法》第227条的规定,前者针对的标的物是法院在执行中审查认定属于被执行人的标的物,而非执行依据中确定执行的标的物,不涉及执行依据本身的对错问题;后者针对的标的物则是作为执行依据的生效判决、裁定、调解书中确定的标的物,旨在通过改变或撤销原生效法律文书维护案外人就该标的享有的合法权益。①

2. 关于申请执行人执行异议之诉与审判监督程序的关系,《民事诉讼法解释》第306条第1款规定:"申请执行人提起执行异议之诉,除符合民事诉讼法第一百一十九条规定外,还应当具备下列条件:(一)依案外人执行异议申请,人民法院裁定中止执行;(二)有明确的对执行标的继续执行的诉讼请求,且诉讼请求与原判决、裁定无关;(三)自执行异议裁定送达之日起十五日内提起。"其中第(2)项也明确,申请执行人提出的诉讼请求须与原判决、裁定无关,否则应当通过审判监督程序进行权利救济,其原因可以参考上述对案外人提起执行异议之诉的分析。

248. 当事人、利害关系人对法院终结执行行为提出执行异议的期限

【请示与答复】

最高人民法院关于对人民法院终结执行行为提出执行异议期限问题的批复

(2015年11月30日最高人民法院审判委员会第1668次会议通过,自2016年2月15日起施行 法释〔2016〕3号)

湖北省高级人民法院:

你院《关于咸宁市广泰置业有限公司与咸宁市枫丹置业有限公司房地产开发经营合同纠纷案的请示》(鄂高法〔2015〕295号)收悉。经研究,批复如下:

当事人、利害关系人依照民事诉讼法第二百二十五条规定对终结执行行为提出异议的,应当自收到终结执行法律文书之日起六十日内提出;未收到法律文书

① 刘贵祥:《案外人异议之诉的功能定位与裁判范围》,载《人民法院报》2014年6月4日。

的，应当自知道或者应当知道人民法院终结执行之日起六十日内提出。批复发布前终结执行的，自批复发布之日起六十日内提出。超出该期限提出执行异议的，人民法院不予受理。

此复。

249. 当事人向我国法院申请执行生效的涉外仲裁裁决，发现被申请执行人或其财产在我国领域内，我国法院即对该案具有执行管辖权

【指导案例】37 号

上海金纬机械制造有限公司与瑞士瑞泰克公司仲裁裁决执行复议案

关键词：关键词　民事诉讼　执行复议　涉外仲裁裁决　执行管辖　申请执行期间起算

❖ 裁判要点

当事人向我国法院申请执行发生法律效力的涉外仲裁裁决，发现被申请执行人或者其财产在我国领域内的，我国法院即对该案具有执行管辖权。当事人申请法院强制执行的时效期间，应当自发现被申请执行人或者其财产在我国领域内之日起算。

相关法条

《中华人民共和国民事诉讼法》第二百三十九条、第二百七十三条

❖ 基本案情

上海金纬机械制造有限公司（以下简称金纬公司）与瑞士瑞泰克公司（RETECH Aktiengesellschaft，以下简称瑞泰克公司）买卖合同纠纷一案，由中国国际经济贸易仲裁委员会于2006年9月18日作出仲裁裁决。2007年8月27日，金纬公司向瑞士联邦兰茨堡（Lenzburg）法院（以下简称兰茨堡法院）申请承认和执行该仲裁裁决，并提交了由中国中央翻译社翻译、经上海市外事办公室及瑞士驻上海总领事认证的仲裁裁决书翻译件。同年10月25日，兰茨堡法院以金纬公司所提交的仲裁裁决书翻译件不能满足《承认及执行外国仲裁裁决公约》（以下简称《纽约公约》）第四条第二点关于“译文由公设或宣誓之翻译员或外交或领事人员认证”的规定为由，驳回金纬公司申请。其后，金纬公司又先后两次向兰茨堡法院递交了分别由瑞士当地翻译机构翻译的仲裁裁决书译件和由上海上外翻译公司翻译、上海市外事办公室、瑞士驻上海总领事认证的仲裁裁决书翻译件以申请执行，仍被该法院分别于2009年3月17日和2010年8月31日，以仲裁裁决书翻译文件

没有严格意义上符合《纽约公约》第四条第二点的规定为由,驳回申请。

2008年7月30日,金纬公司发现瑞泰克公司有一批机器设备正在上海市浦东新区展览,遂于当日向上海市第一中级人民法院(以下简称上海一中院)申请执行。上海一中院于同日立案执行并查封、扣押了瑞泰克公司参展机器设备。瑞泰克公司遂以金纬公司申请执行已超过《中华人民共和国民事诉讼法》(以下简称《民事诉讼法》)规定的期限为由提出异议,要求上海一中院不受理该案,并解除查封,停止执行。

裁判结果

上海市第一中级人民法院于2008年11月17日作出(2008)沪一中执字第640-1民事裁定,驳回瑞泰克公司的异议。裁定送达后,瑞泰克公司向上海市高级人民法院申请执行复议。2011年12月20日,上海市高级人民法院作出(2009)沪高执复议字第2号执行裁定,驳回复议申请。

裁判理由

法院生效裁判认为:本案争议焦点是我国法院对该案是否具有管辖权以及申请执行期间应当从何时开始起算。

一、关于我国法院的执行管辖权问题

根据《民事诉讼法》的规定,我国涉外仲裁机构作出的仲裁裁决,如果被执行人或者其财产不在中华人民共和国领域内的,应当由当事人直接向有管辖权的外国法院申请承认和执行。鉴于本案所涉仲裁裁决生效时,被执行人瑞泰克公司及其财产均不在我国领域内,因此,人民法院在该仲裁裁决生效当时,对裁决的执行没有管辖权。

2008年7月30日,金纬公司发现被执行人瑞泰克公司有财产正在上海市参展。此时,被申请执行人瑞泰克公司有财产在中华人民共和国领域内的事实,使我国法院产生了对本案的执行管辖权。申请执行人依据《民事诉讼法》"一方当事人不履行仲裁裁决的,对方当事人可以向被申请人住所地或者财产所在地的中级人民法院申请执行"的规定,基于被执行人不履行仲裁裁决义务的事实,行使民事强制执行请求权,向上海一中院申请执行。这符合我国《民事诉讼法》有关人民法院管辖涉外仲裁裁决执行案件所应当具备的要求,上海一中院对该执行申请有管辖权。

考虑到《纽约公约》规定的原则是,只要仲裁裁决符合公约规定的基本条件,就允许在任何缔约国得到承认和执行。《纽约公约》的目的在于便利仲裁裁决在各缔约国得到顺利执行,因此并不禁止当事人向多个公约成员国申请相关仲裁裁决的承认与执行。被执行人一方可以通过举证已经履行了仲裁裁决义务进行抗辩,向执行地法院提交已经清偿债务数额的证据,这样即可防止被执行人被强制重复履行或者超标的履行的问题。因此,人民法院对该案行使执行管辖权,符合《纽约公约》规定的精神，也不会造成被执行人重复履行生效仲裁裁决义务的问题。

二、关于本案申请执行期间起算问题

依照《民事诉讼法》(2007 年修正)第二百一十五条的规定，“申请执行的期间为二年”，“前款规定的期间，从法律文书规定履行期间的最后一日起计算；法律文书规定分期履行的，从规定的每次履行期间的最后一日起计算；法律文书未规定履行期间的，从法律文书生效之日起计算”。鉴于我国法律有关申请执行期间起算，是针对生效法律文书作出时，被执行人或者其财产在我国领域内的一般情况作出的规定；而本案的具体情况是，仲裁裁决生效当时，我国法院对该案并没有执行管辖权，当事人依法向外国法院申请承认和执行该裁决而未能得到执行，不存在怠于行使申请执行权的问题；被执行人一直拒绝履行裁决所确定的法律义务；申请执行人在发现被执行人有财产在我国领域内之后，即向人民法院申请执行。考虑到这类情况下，外国被执行人或者其财产何时会再次进入我国领域内，具有较大的不确定性，因此，应当合理确定申请执行期间起算点，才能公平保护申请执行人的合法权益。

鉴于债权人取得有给付内容的生效法律文书后，如债务人未履行生效文书所确定的义务，债权人即可申请法院行使强制执行权，实现其实体法上的请求权，此项权利即为民事强制执行请求权。民事强制执行请求权的存在依赖于实体权利，取得依赖于执行根据，行使依赖于执行管辖权。执行管辖权是民事强制执行请求权的基础和前提。在司法实践中，人民法院的执行管辖权与当事人的民事强制执行请求权不能是抽象或不确定的，而应是具体且可操作的。义务人瑞泰克公司未履行裁决所确定的义务时，权利人金纬公司即拥有了民事强制执行请求权，但是，根据《民事诉讼法》的规定，对于涉外仲裁机构作出的仲裁申请执行，如果被执行人或者其财产不在中华人民共和国领域内，应当由当事人直接向有管辖权的外国法院申请承认和执行。此时，因被执行人或者其财产不在我国领域内，我国法院对该案没有执行管辖权，申请执行人金纬公司并非其主观上不愿或怠于行使权利，而是由于客观上纠纷本身没有产生人民法院执行管辖连接点，导致其无法向人民法院申请执行。人民法院在受理强制执行申请后，应当审查申请是否在法律规定的时效期间内提出。具有执行管辖权是人民法院审查申请执行人相关申请的必要前提，因此应当自执行管辖确定之日，即发现被执行人可供执行财产之日，开始计算申请执行人的申请执行期限。

附　录

最高人民法院关于认真学习贯彻《全国人民代表大会常务委员会关于修改〈中华人民共和国民事诉讼法〉的决定》的通知（节录）

（法〔2012〕289号　2012年11月28日）

一、深刻认识贯彻实施民事诉讼法修改决定的重大意义

民事诉讼法是中国特色社会主义法律体系中的基本法律之一，是人民法院受理、审理和执行民事案件在程序方面的基本法律依据。民事诉讼法修改决定增加了诚实信用原则，新设了公益诉讼、第三人撤销之诉、小额诉讼、行为保全、确认调解协议、直接实现担保物权、检察建议等多项重大诉讼制度，对立案制度、管辖制度、调解制度、证据制度、一审程序、二审程序、特别程序、审判监督程序、执行程序和涉外程序等均有重大修改完善。此次民事诉讼法的修改对于加强法律实施，完善"公正、高效、权威"的民事诉讼制度，保障人民群众民事权益和社会公共利益，促进经济社会发展，维护社会和谐稳定，具有重大现实意义和深远历史意义。全国法院要高度重视民事诉讼法修改决定的学习和贯彻实施，要以这次民事诉讼法修改决定的贯彻实施工作为契机，进一步提升人民法院民事审判执行工作的质量、效率和水平。

二、正确把握贯彻实施民事诉讼法修改决定的原则

人民法院贯彻实施民事诉讼法修改决定，应当坚持以下原则：

一要坚持全面原则。这次民事诉讼法修改是一次全面修改，涉及民事诉讼法的各个部分和每一个程序，既有对当事人诉权保护的内容，也有规范人民法院审判执行工作程序的内容，还有加强对审判执行工作法律监督的内容。应当全面把握这次修改民事诉讼法的指导思想，深刻理解每一项新制度、新规定，不仅要学好、学深、学透，更要学全，全面贯彻落实好民事诉讼法修改决定。

二要坚持区分原则。民事诉讼法修改决定集中体现了近年来民事诉讼制度改革的成果，人民法院加强和改进民事审判执行工作，既面临重大机遇，也面临诸多挑战。对于有利于促进民事诉讼顺利开展的内容，要用好、用足，提升司法公信；对于法律规定较为原则，需要进一步细化、明确的问题，要在审判实践中积极探索，为司法解释出台积累经验；对于涉及其他部门的规定，要加强沟通，平稳推进。

三要坚持统筹原则。此次民事诉讼法的修改涉及一审、二审、再审和执行等各项程序，涉及立案、审判、执行等多个部门，贯彻实施工作要统一部署、统筹安排。最高人民法院在民事诉讼法修改决定生效实施前,将就民事诉讼法修改决定施行时尚未审结的案件如何适用法律等问题出台司法解释。各高级人民法院也要统筹做好贯彻实施民事诉讼法修改决定的各项准备工作。

三、做好贯彻实施民事诉讼法修改决定的立案审判执行准备工作

(一)进一步加强立案工作。一要大力提升立案工作水平,对于当事人起诉到人民法院的民事案件,符合受理条件的,严格依法及时受理,保障当事人诉权的实现;对于不予受理的案件,积极引导当事人通过其他救济途径解决,从根本上解决纠纷。二要严格规范管辖权转移,准确把握第一审民事案件移交下级人民法院审理的适用条件,严格执行向上级人民法院报请批准的法定程序,依法及时将矛盾纠纷化解在基层。三要及时配备必要的视听记录设备,确保人民法院通过法定方式和程序,完成留置送达,提高送达质量和效率。

(二)进一步加强审理工作。一要认真落实先行调解规定,对于起诉到人民法院的民事纠纷,要在立案前和立案后,加大调解力度,积极引导当事人通过多层次的调解方式化解矛盾。二要健全案件分流机制,进一步加强审判流程管理,确定合理的案件流程,缩短程序转换周期,有效提高诉讼效率。三要认真执行证据规则,对于电子数据等新证据形式,要结合相关法律,健全调查取证、质证等操作规程,确保庭审有序进行,裁判结果公正合理。四要认真落实公开审判制度,依法扩大二审案件开庭审理的范围,明确径行裁判的适用条件,切实提高二审案件审理的质量和效率。

(三)进一步加强裁判文书工作。一要进一步规范裁判文书制作,做到证据审查全面客观,事实认定准确清楚,说理部分透彻明白,裁判依据明确充分,增强裁判文书的说理性,切实促进当事人服判息诉,实现案结事了。二要进一步规范生效裁判文书公开的形式和载体,结合当地实际,逐步扩大公开的范围,方便当事人和社会公众查阅,同时也要注意维护国家秘密、商业秘密和当事人隐私。

(四)进一步加强执行工作。一要准确理解与把握修改后的民事诉讼法关于执行措施的新规定,细化发出执行通知前的准备工作,切实提高执行效率。二要细化人民法院委托变卖或者自行变卖的程序和方式,对于查封、扣押财产,坚持拍卖优先原则,结合相关司法解释,保障执行程序顺利进行。三要严格执行关于不予执行仲裁裁决相关标准的新规定,规范和完善人民法院对仲裁活动的监督。四要依法运用对逃避执行行为的处罚措施,加大执行力度。

……

五、做好与相关部门的沟通协调工作

民事诉讼法修改决定新增加了一些需要与其他部门进行协调、沟通、配合的制度。各高级人民法院要与有关部门加强工作层面的沟通协调,建立完善相应工作机制,确保民事诉讼法修改决定的贯彻实施。一要与财政部门进行沟通,为人民法院在特定情形下,先行垫付证人出庭费用及误工损失等工作做好准备;二要与统计部门进行沟通,为人民法院受理小额诉讼案件做好准备;三要与检察机关进行沟通协调,为贯彻实施民事诉讼法修改决定有关检察建议和执行法律监督等制度做好准备;四要与协助执行的相关单位进行沟通,继续完善执行联动机制,为贯彻实施民事诉讼法修改决定有关协助执行制度做好准备。

最高人民法院关于认真学习贯彻适用《关于适用〈中华人民共和国民事诉讼法〉的解释》的通知

(法〔2015〕31号 2015年2月3日)

各省、自治区、直辖市高级人民法院,解放军军事法院,新疆维吾尔自治区高级人民法院生产建设兵团分院:

2015年2月4日,最高人民法院公布实施了《关于适用〈中华人民共和国民事诉讼法〉的解释》(以下简称《民诉法解释》)。为保证统一正确适用《民诉法解释》,特通知如下:

一、深刻认识学习贯彻适用《民诉法解释》的重大意义

民事诉讼法是中国特色社会主义法律体系中的基本法律之一,是人民法院审判和执行民事案件在程序方面的基本法律依据。2013年1月1日起实施的《全国人民代表大会常务委员会关于修改〈中华人民共和国民事诉讼法〉的决定》(以下简称《民诉法修改决定》)对民事诉讼法作出了重大修改完善,有力地支持了人民法院民事审判和执行工作,极大地加强了对民事主体民事权利的保护,是我国民主法治建设的重大立法成果。最高人民法院高度重视修改后民事诉讼法的贯彻实施工作,《民诉法修改决定》通过后,第一时间成立了修改后民事诉讼法贯彻实施工作领导小组,正式启动了《民诉法解释》起草工作。自2013年1月至2014年年底,领导小组认真学习贯彻党的十八大和十八届三中、四中全会精神,紧紧围绕"让人民群众在每一个司法案件中都感受到公平正义"这个目标,在深入调查研究、广泛征求意见、充分论证的基础上,完成了起草工作。2014年12月18日,最高人民法院审判委员会第1636次会议审议通过了《民诉法解释》。

《民诉法解释》共分23章,552条。《民诉法解释》对人民法院适用民事诉讼法的相关问题作了全面系统、明确具体的规定,是最高人民法院有史以来条文最多、篇幅最长的司法解释,是人民法院审判和执行工作中适用最为广泛的司法解释,是最高人民法院贯彻落实党的十八届四中全会精神的重大举措。《民诉法解释》的制定实施,对确保修改后民事诉讼法的正确、统一、严格、有效实施,更加有效地保障当事人的诉讼权利,更加积极地维护司法公正、促进经济社会发展、维护社会和谐稳定,更加有力地为建设中国特色社会主义法治体系、建设社会主义法治国家提供司法保障,树立司法公信,提高司法权威,具有十分重要的意义。全国法院要高度重视《民诉法解释》的学习和贯彻适用,要以这次《民诉法解释》贯彻适用为契机,进一步提升人民法院民事审判和执行工作的质量、效率和水平。

二、认真学习好、领会好、适用好民事诉讼法解释

(一)学习领会《民诉法解释》关于保障民事诉讼程序公正的相关规定,进一步强化程序意识。党的十八届四中全会通过的《中共中央关于全面推进依法治国若干重大问题的决定》(以下简称党的十八届四中全会《决定》)指出,公正是法治的生命线。公正的诉讼程序是实现实体公正的保障,是司法公正的重要内容。任何一项实体法律制度都必须通过程序法律的具体配合,才能得到有效实施。程序公正与实体公正相辅相成、不可分割。《民诉法解释》根据修改后民事诉讼法相关规定，对地域管辖、专属管辖、管辖转移等作出细化规定，对审判人员应当自行回避、当事人有权申请审判人员回避的适用情形及处理程序作出修改完善，增加规定了缺席判决适用条件、庭前会议内容、争议焦点归纳、法庭审理范围、简易程序转为普通程序、小额诉讼程序转为简易程序或者普通程序等内容，明确了“严重违反法定程序”的判断标准，对确保诉讼程序依法公正有序进行具有重要意义。全国法院要认真学习领会、正确适用上述规定，牢固树立程序公正的理念，始终坚持当事人诉讼权利的平等保护和诉讼义务的平衡负担，努力实现程序公正和实体公正的有机统一，赢得当事人和社会公众的信赖、认同和尊重，不断提升司法公信，维护司法权威。

（二）学习领会《民诉法解释》关于保障当事人诉讼权利的相关规定，进一步强化诉权意识。党的十八届四中全会《决定》指出，要加强人权司法保障，强化诉讼过程中当事人和其他诉讼参与人的知情权、陈述权、辩论权、申请权、申诉权的制度保障。诉权是当事人启动和推动民事诉讼程序的基本权利，也是我国宪法规定的人民群众的基本权利。尊重和保障当事人的诉权，是民事诉讼法的立法宗旨和基本功能，也是对人民法院民事审判和执行工作的本质要求。《民诉法解释》根据修改后民事诉讼法相关规定，建立完善立案登记制，细化规定公益诉讼、第三人撤销之诉、执行异议之诉，规范申请撤诉行为，明确反诉、重复起诉的判断标准，修改完善第三人参加诉讼，明确规定剥夺辩论权利的情形，进一步完善证据制度、送达程序、审前程序、审理程序、再审程序、执行程序等，充分体现了对当事人民事诉讼主体地位的尊重。全国法院要认真学习领会、正确适用上述规定，进一步加强对当事人诉权的司法保障，切实将法律规定的各项程序制度和诉权保护真正落到民事诉讼的每一个阶段和环节，依法规范审判和执行活动，促进诉讼和谐，防止因程序上的疏漏造成对当事人不公正，影响其诉讼权利的行使，造成其实体权利的损害。

（三）学习领会《民诉法解释》关于规范证据的审查与运用的相关规定，进一步强化证据意识。证据制度是现代民事诉讼制度的基石。党的十八届四中全会《决定》指出，要全面贯彻证据裁判规则的要求，严格依法收集、固定、保存、审查、运用证据，完善证人、鉴定人出庭制度，保证庭审在查明事实、认定证据、保护诉权、公正裁判中发挥决定性作用。《民诉法解释》根据修改后民事诉讼法相关规定，认真总结民事审判实践经验，结合审判工作实际，增加规定举证责任分配原则、举证时限和逾期举证责任、法官组织质证和进行认证规则、法官审查判断证据规则，并对专家辅助人以及鉴定、勘验制度等问题做出了细化规定，对切实保障当事人举证权利，查明案件事实，具有重要意义。全国法院要认真学习领会、正确适用上述规定，不断强化证据意识，充分考虑当事人的举证能力，合理分配举证责任，认真审核认定证据，努力提高办案的质量和效率。

（四）学习领会《民诉法解释》关于提高民事审判工作效率的相关规定，进一步强化效率意识。诉讼效率与诉讼公正是人民法院审判和执行工作的灵魂和生命，是人民群众对民事审判和执行工作的期待，也是人民法院审判和执行工作的基本要求。当前，人民法院特别是基层人民法院和中级人民法院，案多人少的问题十分突出，疑难复杂案件和新类型案件明显增加，同时，人民群众对民事审判和执行工作规范化建设提出了新的更高的要求。广大法官普遍感受到审判和执行工作的压力越来越大。上述问题的解决需要进一步提高诉讼效率。《民诉法解释》根据修改后民事诉讼法相关规定，细化规定适用小额诉讼程序、简易程序以及普通诉讼程序审理案件的有关期间和送达方式,完善简易程序案件和小额诉讼案件的适用范围、程序转换以及裁判文书简化等规定,增加规定审理前准备和庭前会议制度以实现立案阶段的繁简分流,细化规定实现担保物权特别程序案件的申请人资格、提交材料及审查范围、审理方式等内容,对提高审判效率,减低当事人诉讼成本,合理配置和利用司法资源,具有重要作用。全国法院要认真学习领会、正确适用上述规定,创新司法为民、便民、利民的方式,积极探索民事案件分流措施,切实落实简易程序和小额诉讼程序规定,加强审判流程管理,有效整合司法资源,科学安排人民法院审判工作,努力提高审判和执行工作效率,降低当事人诉累。

(五)学习领会《民诉法解释》关于贯彻诚实信用原则的相关规定,进一步强化诚信意识。党的十八大报告对诚信建设提出了具体要求,指出要加强政务诚信、商务诚信、社会诚信和司法公信建设。党的十八届四中全会《决定》提出,要加强社会诚信建设,健全公民和组织守法信用记录,完善守法诚信褒奖机制和违法失信行为惩戒机制。落实这一要求,有必要从民享诉讼层面进行深化落实。《民诉法解释》根据修改后民事诉讼法相关规定,增加对虚假诉讼、规避执行行为予以制裁的规定,增加关于当事人签署据实陈述保证书、证人签署如实作证保证书的规定,增加关于将不履行法律文书确定的义务的被执行人纳入失信被执行人名单的规定,对制裁民事诉讼中的虚假陈述、伪证、虚假调解、恶意串通损害他人合法权益、规避执行等行为,意义重大。全国法院要认真学习领会、正确适用上述规定,切实将诚实信用原则这一民事诉讼的基本原则贯穿于民事诉讼程序的始终。要将诚实信用原则的贯彻与社会管理创新和建设社会诚信体系、提升司法公信力相结合,研究、探索依靠诚实信用原则规范审判和执行工作的方法和措施,进一步规范诉讼秩序,提高诉讼效率,促进诉讼公平。

(六)学习领会《民诉法解释》关于抗诉、再审检察建议的相关规定,进一步强化监督意识。党的十八届四中全会《决定》指出,必须完善司法管理体制和司法权力运行机制,规范司法行为,加强对司法活动的监督,努力让人民群众在每一个司法案件中感受到公平正义。法律监督是重要的宪法原则,是正确实施法律的重要保障。人民法院审判和执行权行使也要接受法律监督。《民诉法解释》根据修改后民事诉讼法相关规定,增加规定对人民检察院抗诉案件裁定再审的条件,增加规定对人民检察院再审检察建议予以受理的条件,修改完善人民检察院对人民法院作出的生效判决、裁定、调解书提出抗诉或者再审检察建议的适用范围、裁定再审或者受理条件、审理或者审查组织形式,有利于指导全国法院依法审理各类抗诉案件,依法及时处理检察机关依照法律规定提出的检察建议。全国法院要认真学习领会、正确适用上述规定,切实树立、进一步强化自觉接受监督意识,自觉接受检察机关法律监督,把修改后民事诉讼法关于强化和体现法律监督的各项规定落到实处,共同维护司法公正。

三、做好《民诉法解释》的学习培训工作

《民诉法解释》自2015年2月4日发布之日起施行,对于人民法院加强和改进民事审判和执行工作,既面临重大机遇,也面临诸多挑战。全国法院要把学习《民诉法解释》作为当前和今后一段时期人民法院特别是广大民事法官的一项重点工作。最高人民法院将举办全国法院学习贯彻适用《民诉法解释》培训班,对地方各级人民法院的主管民事审判和执行工作的院领导、庭领导进行集中培训。同时,考虑到《民诉法解释》条文较多,内容丰富,需要培训的民事审判和执行人员众多,各高级人民法院和中级人民法院应当承担起主要的培训任务,要利用多种形式进行培训,尽快完成对全体民事审判和执行人员进行轮训;各基层人民法院要有组织地加强法官和相关工作人员认真学习。在培训和学习中,要逐条领会新规定,准确把握每个条文的制定原意、具体含义、适用条件,学深学透,融会贯通。

四、做好《民诉法解释》的宣传工作

全国法院在学习贯彻适用《民诉法解释》的过程中,要通过规范审判和执行活动,以案讲法,并注意通过新闻媒体等形式,大力宣传《民诉法解释》的制定原意、具体含义和适用条件等,引导社会各方和人民群众正确理解《民诉法解释》的各项规定,树立正确的诉讼观念,依法维护自身权利。

对于贯彻适用《民诉法解释》过程中遇到的问题和情况,请及时层报最高人民法院。

正确适用修改后民事诉讼法，不断完善“公正、高效、权威”的民事诉讼制度——最高人民法院有关负责人就民事诉讼法司法解释答记者问①

(2015年2月4日)

2月4日，最高人民法院发布了《关于适用〈中华人民共和国民事诉讼法〉的解释》(以下简称《解释》)，自2015年2月4日起施行。就《解释》起草背景、意义、原则和主要内容等问题，最高人民法院有关负责人接受了记者采访。

出台背景及意义

记者：请谈谈《解释》的起草背景和意义。

负责人：2012年8月31日，第十一届全国人大常委会第二十八次会议审议通过了《关于修改〈中华人民共和国民事诉讼法〉的决定》(以下简称民诉法修改决定)，于2013年1月1日正式实施。民诉法修改决定是自1992年民事诉讼法实施以来，对民事诉讼法作出的第一次全面修改，共有60条，修改条文近100处，新增加了诚实信用原则，新规定了公益诉讼、第三人撤销之诉、举证期限、行为保全、小额诉讼、调解协议司法确认、实现担保物权等多项重大诉讼制度，对民事诉讼原则、管辖制度、调解制度、证据制度、立案制度、简易程序、特别程序、审判监督程序、执行程序和涉外程序等均有重大修改完善。这次修改，有力地支持了人民法院民事审判和执行工作，极大地方便了对民事主体民事权利的保护，是我国民主法治建设的重大立法成果，在保障当事人的诉讼权利，维护司法公正，促进经济社会发展，维护社会和谐稳定方面，具有重要意义。

最高人民法院高度重视修改后民事诉讼法的贯彻实施工作，民诉法修改决定通过后，第一时间成立了贯彻实施修改后民事诉讼法领导小组，领导小组设办公室。办公室设在最高人民法院研究室。最高人民法院相关庭、局、室、办共计17个部门参加，正式启动了修改后民事诉讼法司法解释的起草工作。自2013年1月至2014年年底，领导小组认真学习贯彻党的十八大和十八届三中、四中全会精神，紧紧围绕“让人民群众在每一个司法案件中感受到公平正义”这个目标，历时两年，先后经过全面论证、专题论证，听取专家学者意见和建议，送请征求全国人大常委会法工委、国务院法制办、高检院、司法部等国家机关的意见，下发全国各高级人民法院征求意见，先后召开专题论证会、座谈会共计150余次。在深入调查研究、广泛征求意见、充分论证的基础上，完成了起草工作。2014年12月，我院审判委员会经过五次认真细致讨论，通过了《解释》。

《解释》共分23章，共552条。《解释》对人民法院适用民事诉讼法的相关问题作了全面系统、明确具体的规定，是最高人民法院有史以来条文最多、篇幅最长的司法解释，是内容最为丰富、十分重要的司法解释，是最高人民法院有史以来参加起草部门最多、参加起草人员最多的司

① 载《人民法院报》2015年2月5日。

法解释,是人民法院审判和执行工作中适用最为广泛的司法解释,是最高人民法院贯彻落实党的十八届四中全会精神的重大举措。《解释》的制定实施,对确保修改后民事诉讼法的正确、统一、严格、有效实施,更加有效地保障当事人的诉讼权利,更加积极地维护司法公正、促进经济社会发展、维护社会和谐稳定,更加有力地为建设中国特色社会主义法治体系、建设社会主义法治国家,树立司法公信,提高司法权威,具有十分重要的意义。

起草遵循的原则

记者:请谈谈《解释》的起草原则。

负责人:在起草过程中,我们着重坚持了以下几项原则:

第一,坚持依法原则。确保《解释》符合民事诉讼法修改的立法精神,严格按照新民事诉讼法的条文规定,在法律赋予人民法院的司法解释权限范围内作出解释。

第二,坚持统一性与灵活性相结合的原则。经过广泛征求意见,领导小组妥善处理了统一制定和单独制定的关系:一是确立了新民事诉讼司法解释的起草应当坚持"搞批发,不搞零售"的工作思路,即对1992年发布实施的《最高人民法院关于适用〈中华人民共和国民事诉讼法〉若干问题的意见》(以下简称92年民诉意见)进行全面修订,对此前有关民事诉讼的司法解释和规范性文件进行了部分梳理、整合,对经过实践检验证明存在问题的部分条文在本解释中作了进一步修改完善,以制定统一的司法解释,便于法官、律师和当事人查阅、理解与适用;二是将民事诉讼法主要内容以及涉及当事人重大权利义务的内容写入统一的司法解释之中,其余内容可以通过制定单个司法解释予以明确;三是先搞统一的司法解释,后搞单个的司法解释。统一司法解释制定后,对需要更加细化的环节,如立案、执行、审监等方面的问题,可以再单独制定司法解释予以明确。

第三,坚持问题导向,突出重点的原则。一是突出对2012年民事诉讼法新增加和修改的重要制度的落实,明确适用标准,细化具体程序;二是突出对法律适用问题的解释,对于一些内部操作规范和诉讼文书样式的内容,原则上不规定在解释中,另行通过诉讼文书样式的修改和制定规范性文件解决;三是突出法律适用标准的统一,只针对民事审判执行中争议大,适用标准不一的内容进行解释,严格控制解释的条文数量,避免大而全,对于无害条款不作规定。

第四,坚持注重听取意见、汇集多方智慧的原则。起草过程中,领导小组高度重视听取地方法院,尤其是中、基层法院一线办案法官的意见,通过下发征求书面意见、邀请地方法院代表参加座谈会的方式,认真汲取全国法院的审判经验和司法智慧。同时,领导小组高度重视广泛征求社会各界意见,曾多次听取专家学者的意见,送请征求全国人大常委会法工委、国务院法制办、高检院、司法部等国家机关的意见,还邀请语言文字专家对解释内容乃至文字标点进行研究推敲。对各方提出的意见,我们根据修改后民事诉讼法并结合贯彻落实党的十八届四中全会精神,认真研究、充分吸收,反复修改。因此,也可以说,《解释》凝聚了全社会的法治智慧。

进一步强化程序意识,确保民事诉讼程序公正

记者:请谈谈《解释》在确保民事诉讼程序公正方面作了哪些新的规定?

负责人:任何一项实体法律制度都必须通过程序法律的具体配合,才能得到有效实施。党的十八届四中全会《决定》指出,公正是法治的生命线。司法公正对社会公正具有重要引领作用,司法不公对社会公正具有致命破坏作用。公正的诉讼程序是实现实体公正的保障,是司法公正的重要内容。程序公正与实体公正相辅相成、不可分割。当事人在民事审判活动中,不仅期望案件得到公正的判决,也期望享受公正、便捷的审判过程。诉讼程序是否公正,不仅对诉讼的裁判结果会产生很大影响,也最容易引起当事人对审判工作的争议、质疑,甚至形成社会炒作。只有做到实体公正和程序公正的有机统一,法院裁判才能得到当事人和社会公众的信赖、认同和尊重,才能保障案件审理的法律与社会效果的统一,才能树立司法权威,提升司法公信。这次民事诉讼法修改,强调当事人诉讼权利平等,兼顾公正与效率,重视程序的公开透明,落实两便原则等,使民事诉讼制度更加科学和更具有操作性。为贯彻落实党的十八届四中全会《决定》关于健全办案过程符合程序公正的法律制度的要求,贯彻程序公正的理念,坚持当事人诉讼权利的平等保护和诉讼义务的平衡负担,《解释》主要从以下几个方面作了进一步完善:

1. 对专属管辖、地域管辖、管辖转移等作出细化规定,以减少管辖争议和异议。对哪些不动产纠纷应当适用专属管辖的问题,争议较大。《解释》增加规定,民事诉讼法第三十三条第一项规定的不动产纠纷是指因不动产的权利确认、分割、相邻关系等引起的物权纠纷。农村土地承包经营合同纠纷、房屋租赁合同纠纷、建设工程施工合同纠纷、政策性房屋买卖合同纠纷,按照不动产纠纷确定管辖。不动产已登记的,以不动产登记簿记载的所在地为不动产所在地;不动产未登记的,以不动产实际所在地为不动产所在地。

《解释》对人民法院多年来确定合同履行地的有关司法解释、规范性文件予以梳理整合,制定了简明、统一的确定标准。《解释》规定:合同约定履行地点的,以约定的履行地点为合同履行地。合同对履行地点没有约定或者约定不明确,争议标的为给付货币的,接收货币一方所在地为合同履行地;交付不动产的,不动产所在地为合同履行地;其他标的,履行义务一方所在地为合同履行地。即时结清的合同,交易行为地为合同履行地。合同没有实际履行,当事人双方住所地都不在合同约定的履行地的,由被告住所地人民法院管辖。

为规范管辖案件中"上交下"问题,《解释》明确规定,下列第一审民事案件,人民法院依照民事诉讼法第三十八条第一款规定,可以在开庭前交下级人民法院审理:(一)破产程序中有关债务人的诉讼案件;(二)当事人人数众多且不方便诉讼的案件;(三)最高人民法院确定的其他类型案件。人民法院交下级人民法院审理前,应当报请其上级人民法院批准。上级人民法院批准后,人民法院应当裁定将案件交下级人民法院审理。

为严格执行案件移交制度,避免地方不当干预,《解释》规定,两个以上人民法院都有管辖权的诉讼,不得重复立案。对报请上级人民法院指定管辖的案件,《解释》还规定,下级人民法院应当中止审理,指定管辖裁定作出前,下级人民法院对案件作出判决、裁定的,上级人民法院应当在裁定指定管辖的同时,一并撤销下级人民法院的判决、裁定。

2. 严格落实审判人员回避制度,确保司法公正。《解释》根据修改后民事诉讼法相关规定,结合最高人民法院近年来有关回避制度司法解释、规范性文件的规定,进一步细化规定了审判人员应当自行回避、当事人有权申请审判人员回避的适用情形及处理程序,以杜绝人情案、关系案。

3. 明确缺席判决的适用条件,确保诉讼程序依法有序进行。对一审普通程序缺席判决的适用条件,《解释》规定,被告经传票传唤无正当理由拒不到庭,或者未经法庭许可中途退庭的,人民法院应当按期开庭或者继续开庭审理,对到庭的当事人诉讼请求、双方的诉辩理由以及已经提交的证据及其他诉讼材料进行审理后,可以依法缺席判决。对简易程序缺席判决的适用条件,《解释》规定,以简便方式送达的开庭通知,未经当事人确认或者没有其他证据证明当事人已经收到的,人民法院不得缺席判决。

4. 细化规定一审普通程序相关规定,增加规定庭前准备、争议焦点归纳、法庭审理范围等内容。《解释》规定,人民法院应当根据当事人的诉讼请求、答辩意见以及证据交换的情况,归纳争议焦点,并就归纳的争议焦点征求当事人的意见。《解释》还规定,法庭审理应当围绕当事人争议的事实、证据和法律适用等焦点问题进行。

5. 增加规定简易程序转为普通程序、小额诉讼案件审理程序的转化等内容,依法保障诉讼程序有序进行。《解释》规定,人民法院发现案情复杂,需要转为普通程序审理的,应当在审理期限届满前作出裁定并将合议庭组成人员及相关事项书面通知双方当事人。为防止诉讼程序随意转化,《解释》规定,已经按照普通程序审理的案件,在开庭后不得转为简易程序审理。《解释》还对小额诉讼程序转化为简易程序或者普通程序问题作出规定。

6. 明确"严重违反法定程序"的判断标准,规范二审发回重审的标准。《解释》规定,原判决存在以下情形,二审法院可以认定为严重违反法定程序:(一)审判组织的组成不合法;(二)应当回避的审判人员未回避;(三)无诉讼行为能力人未经法定代理人代为诉讼;(四)违法剥夺当事人辩论权利。

强化诉权意识,切实保障当事人诉讼权利

记者:请谈谈《解释》在切实保障当事人诉讼权利方面有哪些新的规定?

负责人:起诉是当事人参与民事诉讼,实现和维护其民事权利的重要途径和方式。诉权是当事人启动和推动民事诉讼程序的基本权利,也是我国宪法规定的人民群众的基本权利,尊重和保障当事人的诉权,是民事诉讼法的立法宗旨和基本功能,也是对人民法院民事审判执行工作的本质要求。党的十八届四中全会《决定》指出,要加强人权司法保障;强化诉讼过程中当事人和其他诉讼参与人的知情权、陈述权、辩护辩论权、申请权、申诉权的制度保障。这次民事诉讼法修改把加强对当事人诉权的保护作为重点修改内容。除了新增加规定了公益诉讼制度、第三人撤销诉讼两项重大诉讼制度以外,还通过完善起诉制度、证据制度、送达程序、审前程序、审理程序、再审程序、执行程序等,进一步加强了对当事人诉权的司法保障和程序要求,充分体现了对当事人民事诉讼主体地位的尊重。《解释》主要从以下几个方面作了进一步完善:

1. 依法保护起诉权,建立立案登记制。为贯彻落实党的十八届四中全会决定关于改革人民法院案件受理制度的要求,《解释》规定,人民法院接到当事人提交的民事起诉状时,对符合民事诉讼法第一百一十九条、第一百二十四条规定条件的起诉,应当登记立案;对当场不能判定是否符合起诉条件的,应当接收起诉材料,并出具注明收到日期的书面凭证。需要补充必要相关材料的,人民法院应当及时告知当事人。在补齐相关材料后,应当在七日内决定是否立案。立案后发现不符合起诉条件或者属于民事诉讼法第一百二十四条规定情形的,裁定驳回起诉。该条规定有利于切实保障当事人起诉权,对符合民事诉讼法规定的起诉条件的起诉,切实做到有案必立,有诉必理。

2. 依法保护和规范申请撤诉行为。在一审、二审、再审各个阶段,均可能发生当事人申请撤诉的问题。此前,由于缺乏全面的规定,审判实践中裁判尺度不尽统一。《解释》对此作出新的规定,在依法保护当事人撤诉权的同时,从公平保护各方当事人出发,对申请撤诉依法作了限制性规定。如《解释》规定,当事人申请撤诉或者依法可以按撤诉处理的案件,如果当事人有违反法律的行为需要依法处理的,人民法院可以不准许撤诉或者不按撤诉处理。

3. 增加规定反诉构成的要件。反诉的构成要件问题,较为复杂,此前,审判实践中多有争议,为此,《解释》规定,反诉的当事人应当限于本诉的当事人范围,反诉与本诉的诉讼请求基于相同法律关系、诉讼请求之间具有因果关系,或者反诉与本诉的诉讼请求基于相同事实的,人民法院应当合并审理。反诉应由其他人民法院专属管辖,或者与本诉的诉讼标的及诉讼请求所依据的事实、理由无关联的,裁定不予受理,告知另行起诉。

4. 明确规定重复起诉的判断标准。为统一人民法院对重复起诉的审查判断标准,《解释》规定,当事人就已经提起诉讼的事项在诉讼过程中或者裁判生效后再次起诉,同时符合下列条件的,构成重复起诉:(一)后诉与前诉的当事人相同;(二)后诉与前诉的诉讼标的相同;(三)后诉与前诉的诉讼请求相同,或者后诉的诉讼请求实质上否定前诉裁判结果。当事人重复起诉的,裁定不予受理;已经受理的,裁定驳回起诉,但法律另有规定的除外。

5. 对当事人变更或者增加诉讼请求权作出细化规定。根据当事人在一审阶段,二审阶段,二审裁定撤销一审判决、发回重审阶段以及再审裁定撤销原判决、裁定发回重审阶段变更或者增加诉讼请求的不同情形,《规定》对相应的时限以及法审查处理方式作出了明确细化的规定。

6. 细化规定第三人参加诉讼。为保障第三人依法参加诉讼,《解释》规定,根据民事诉讼法第五十六条的规定,有独立请求权的第三人有权向人民法院提出诉讼请求和事实、理由,成为当事人;无独立请求权的第三人,可以申请或者由人民法院通知参加诉讼。关于二审程序,《解释》规定,第一审程序中未参加诉讼的第三人,申请参加第二审程序的,人民法院可以准许。《解释》还规定,必须参加诉讼的当事人或者有独立请求权的第三人,在第一审程序中未参加诉讼,第二审人民法院可以根据当事人自愿的原则予以调解;调解不成的,发回重审。

7. 明确规定剥夺辩论权利的情形。辩论权是民事诉讼法规定的当事人的法定权利,为指引人民法院依法充分保护当事人的辩论权利,《解释》规定,原审开庭过程中有下列情形之一的,应当认定为民事诉讼法第二百条第九项规定的剥夺当事人辩论权利:(一)不允许当事人发表辩论意见的;(二)应当开庭审理而未开庭审理的;(三)违反法律规定送达起诉状副本或者上诉状副本,致使当事人无法行使辩论权利的;(四)违法剥夺当事人辩论权利的其他情形。

8. 细化规定公益诉讼、第三人撤销之诉、案外人申请再审、执行异议之诉案件、当事人申请再审案件的适用条件、审理程序、审理方式以及救济途径等,通过细化规定上述情形,防止各个救济程序制度之间重复交叉,为当事人实现诉讼救济提供明确的途径指引,切实维护社会公共利益或者当事人、案外人、第三人的合法权益。

强化公开意识,切实保障审判公正权威

记者:请谈谈《解释》在保障司法公开方面作了哪些新的规定?

负责人:审判公开是实现审判公正的重要保障。党的十八届四中全会《决定》指出,要构建开放、动态、透明、便民的阳光司法机制,推进审判公开。近年来,最高人民法院出台了进一步加强审判公开的规范性文件,在全国法院大力推进司法公开工作,已经取得了很大成效。但应当看到,审判公开工作与人民群众的期待和要求还有一定差距。修改后的民事诉讼法增加了判决书应当写明裁判结果和裁判理由,公众有权查阅发生法律效力裁判文书的规定,对于保障和落实诉讼当事人和社会公众的知情权具有重要意义。《解释》主要从以下几个方面做出了规定:

1. 严格执行开庭审理规定。《解释》严格执行民事诉讼法关于二审开庭审理的规定,对可以不开庭审理的情形予以限制:即对于不服不予受理、管辖权异议和驳回起诉裁定的案件,当事人提出的上诉请求明显不能成立的案件,原判决、裁定认定事实清楚,但适用法律错误的案件以及原判决严重违反法定程序,需要发回重审的案件,二审人民法院可以不开庭审理。

关于再审开庭审理,《解释》规定,人民法院审理再审案件应当组成合议庭开庭审理,但按照第二审程序审理,有特殊情况或者双方当事人已经通过其他方式充分表达意见,且书面同意不开庭审理的除外。

2. 进一步规范裁判文书制作。作为与《解释》配套的成果,我们正在制定人民法院诉讼文书样式,全面梳理、规范民事诉讼涉及的法律文书,制定可操作性规则,以此促进人民法院诉讼文书证据审查认定全面客观,事实认定准确清楚,说理透彻明白,裁判依据明确充分,以"辩法析理、胜败皆明"为标准,以切实促进当事人服判息诉、实现案结事了为目标,切实提高裁判文书制作水平和质量。目前,已经初步梳理、归纳诉讼文书样式近1000个,最终稿经最高人民法院审判委员会讨论通过后,力争在《解释》施行时同步推出。

3. 规定申请查阅裁判文书的范围和方式。《解释》规定,公民、法人或者其他组织申请查阅发生法律效力的判决书、裁定书的,应当向作出该生效裁判的人民法院提出。对于查阅判决书、裁定书的申请,人民法院根据下列情形分别处理:(一)判决书、裁定书已经通过信息网络向社会公开的,应当引导申请人自行查阅;(二)判决书、裁定书未通过信息网络向社会公开,且申请符合要求的,应当及时提供便捷的查阅服务;(三)判决书、裁定书尚未发生法律效力,或者已失去法律效力的,不提供查阅并告知申请人;(四)发生法律效力的判决书、裁定书不是本院作出的,应当告知申请人向作出生效裁判的人民法院申请查阅;(五)申请查阅的内容涉及国家秘密、商业秘密、个人隐私的,不予准许并告知申请人。

强化证据意识,规范证据的审查与运用

记者:请谈谈《解释》在证据制度方面作了哪些新的规定?

负责人:证据制度是现代民事诉讼制度的基石。党的十八届四中全会《决定》指出,要全面贯彻证据裁判规则的要求,严格依法收集、固定、保存、审查、运用证据,完善证人、鉴定人出庭制度,保证庭审在查明事实、认定证据、保护诉权、公正裁判中发挥决定性作用。近年来,最高人民法院认真总结民事审判实践经验,结合审判工作实际,先后出台了一些民事诉讼证据方面的司法解释、规范性文件,细化和明确了证据方面的相关问题,为完善证据制度作了大量有益的探索和实践,取得了很好的实践效果。这次民事诉讼法修改,立足于完善举证责任规则,提高当事人举证能力,充分吸收了审判实践经验,从增加证据种类、专家辅助人制度、证据时限制度,到细化证人出庭义务、证据保全制度、鉴定制度等方面都作了重要修改完善。《解释》主要对以下问题作出了新规定:

1. 增加举证责任分配原则的规定。《解释》规定,人民法院应当依照下列原则确定举证证明责任的承担,但法律另有规定的除外:(一)主张法律关系存在的当事人,应当对产生该法律关系的基本事实承担举证证明责任;(二)主张法律关系变更、消灭或者权利受到妨害的当事人,应当对该法律关系变更、消灭或者权利受到妨害的基本事实承担举证证明责任。

2. 增加逾期举证责任及其后果的规定。《解释》根据修改后民事诉讼法关于对逾期举证行为分层次、分情形予以处罚的规定,进一步细化规定:当事人逾期提供证据的,人民法院应当责令其说明理由,必要时可以要求其提供相应的证据。当事人因故意或者重大过失逾期提供的证据,人民法院不予采纳。但该证据与案件基本事实有关的,人民法院应当采纳,并依照民事诉讼法第六十五条、第一百一十五条第一款的规定予以训诫、罚款。当事人非因故意或者重大过失逾期提供的证据,人民法院应当采纳,并对当事人予以训诫。当事人一方要求另一方赔偿因逾期提供证据致使其增加的交通、住宿、就餐、误工、证人出庭作证等必要费用的,人民法院可予支持。

3. 增加关于法官组织质证、进行认证的规定。为指引和规范法官组织质证、进行认证,《解释》规定,人民法院应当组织当事人围绕证据的真实性、合法性以及与待证事实的关联性进行质证,并针对证据有无证明力和证明力大小进行说明和辩论。能够反映案件真实情况、与待证事实相关联、来源和形式符合法律规定的证据,应当作为认定案件事实的根据。

4. 增加关于法官审查判断证据的原则即自由心证原则的规定。《解释》规定,人民法院应当按照法定程序,全面、客观地审核证据,依照法律规定,运用逻辑推理和日常生活经验法则,对证据有无证明力和证明力大小进行判断,并公开判断的理由和结果。

此外,《解释》还对专家辅助人以及鉴定、勘验制度等问题做出了规定。

强化效率意识,切实提高民事审判工作效率

记者:请谈谈《解释》在提高民事审判工作效率方面作了哪些新的规定?

负责人:诉讼效率与诉讼公正一样,是人民群众对民事审判执行工作的期待,也是人民法院审判执行工作的基本要求。当前人民法院特别是基层人民法院和中级人民法院,案多人少的问题十分突出,疑难复杂案件和新类型案件明显增加,同时民事审判和执行工作要求越来越规范、越来越严格,广大法官普遍感受到审判、执行工作的压力越来越大,很难进一步提高效率。这次民事诉讼法修改重点之一是研究诉讼效率问题,并对相应的制度作了重大的修改完善。修改后的民事诉讼法完善了简易程序,规定了实行一审终审的小额诉讼制度,规定了立案阶段繁简分流,完善了送达制度,修改了执行程序,这些制度的完善对于提高审判效率,减低当事人诉讼成本,合理配置和利用司法资源,具有重要作用。《解释》主要从以下几个方面进行了细化规定:

1. 细化规定有关期间和送达。对适用简易程序、小额诉讼以及普通诉讼程序审理案件(包括一审、二审、再审)的答辩期限、举证期限、审理期限及其延长,当事人提出反诉、变更或者增加诉讼请求、申请撤诉的期限以及执行程序中查封、扣押、冻结措施期限等作出细化规定,完善电子送达、留置送达规定,促使当事人依法及时行使诉讼权利,保障诉讼程序顺畅有序进行。

2. 完善简易程序案件和小额诉讼案件的适用范围、程序转换、裁判文书简化等内容,积极落实修改后民事诉讼法关于简易程序和小额诉讼程序的最新规定。《解释》规定下列金钱给付小额诉讼案件,实行一审终审:(一)买卖合同、借款合同、租赁合同纠纷;(二)身份关系清楚,仅在给付的数额、时间、方式上存在争议的赡养费、抚育费、扶养费纠纷;(三)责任明确,仅在给付的数额、时间、方式上存在争议的交通事故损害赔偿和其他人身损害赔偿纠纷;(四)供用水、电、气、热力合同纠纷；（五）银行卡纠纷；（六）劳动关系清楚，仅在劳动报酬、工伤医疗费、经济补偿金或者赔偿金给付数额、时间、方式上存在争议的劳动合同纠纷；（七）劳务关系清楚，仅在劳务报酬给付数额、时间、方式上存在争议的劳务合同纠纷；（八）物业、电信等服务合同纠纷；（九）其他金钱给付纠纷。

《解释》还明确了不按小额诉讼案件审理的范围：（一）人身关系、财产确权纠纷；（二）涉外民事纠纷；（三）知识产权纠纷；（四）需要评估、鉴定或者对诉前评估、鉴定结果有异议的纠纷；（五）其他不宜适用一审终审的纠纷。

3. 根据修改后民事诉讼法关于在立案阶段实行繁简分流的规定，增加规定审理前准备和庭前会议制度，以提前梳理当事人相关诉讼请求和意见、组织交换证据、归纳争议焦点，为提高庭审效率奠定基础。

4. 细化规定实现担保物权特别程序案件的申请人资格、提交材料及审查范围、审理方式等内容，缩短权利人实现担保物权的周期，降低维权成本，提高司法效率。就审查范围，《解释》规定，人民法院应当就主合同的效力、期限、履行情况，担保物权是否有效设立、担保财产的范围、被担保的债权范围、被担保的债权是否已届清偿期等担保物权实现的条件，以及是否损害他人合法权益等内容进行审查。被申请人或者利害关系人提出异议的，人民法院应当一并审查。

就审查处理方式，《解释》规定，人民法院审查后，按下列情形分别处理：（一）当事人对实现担保物权无实质性争议且实现担保物权条件成就的，裁定准许拍卖、变卖担保财产；（二）当事人对实现担保物权有部分实质性争议的，可以就无争议部分裁定准许拍卖、变卖担保财产；（三）当事人对实现担保物权有实质性争议的，裁定驳回申请，并告知申请人向人民法院提起诉讼。

强化诚信意识，加强诉讼诚信建设

记者：请谈谈《解释》在贯彻诚实信用原则方面作了哪些新的规定？

负责人：党的十八大报告对诚信建设提出了具体要求，指出要加强政务诚信、商务诚信、社会诚信和司法公信建设。党的十八届四中全会《决定》提出，要加强社会诚信建设，健全公民和组织守法信用记录，完善守法诚信褒奖机制和违法失信行为惩戒机制。落实这一要求，有必要从民事诉讼层面进行深化落实。修改后民事诉讼法在总则部分增加了民事诉讼应当遵循诚实信用原则的规定，在分则部分增加了禁止虚假诉讼、规避执行的规定，并修改提高了对妨害民事诉讼行为的罚款上限，加大了制裁力度。近年来，民事诉讼中的虚假陈述、伪证、虚假调解、恶意串通损害他人利益、规避执行等现象时有发生，必须予以严厉制裁。为促进诉讼诚信，《解释》主要从以下几个方面作出了规定：

1. 增加关于制裁违反诚信原则行为的规定。《解释》规定，对诉讼参与人或者其他人冒充他人提起诉讼或者参加诉讼，证人签署保证书后作虚假证言，伪造、隐藏、毁灭或者拒绝交出有关被执行人履行能力的重要证据等方案等行为，人民法院可以适用民事诉讼法第一百一十一条规定，根据情节轻重予以罚款、拘留；构成犯罪的，依法追究刑事责任。

2. 增加对虚假诉讼行为予以制裁的规定。《解释》明确了民事诉讼法第一百一十二条规定的“他人合法权益”的保护范围，包括国家利益、社会公共利益、案外人的合法权益。这有利于打击当事人之间恶意串通，企图通过诉讼、调解等方式损害他人合法权益的行为。

《解释》还规定，第三人根据民事诉讼法第五十六条第三款规定提起撤销之诉，人民法院经审查，原案当事人之间恶意串通进行虚假诉讼的，可以适用民事诉讼法第一百一十二条规定，根据情节轻重予以罚款、拘留；构成犯罪的，依法追究刑事责任。

3. 增加关于当事人签署据实陈述保证书、证人签署如实作证保证书有关程序和法律后果的规定。为贯彻诚信原则，促进当事人、证人据实陈述、如实作证，《解释》规定，在询问当事人之前，人民法院可以要求其签署保证书。保证书应当载明据实陈述、如有虚假陈述愿意接受处罚等内容。当事人应当在保证书上签名或者捺印。负有举证证明责任的当事人拒绝签署保证书，待证事实又欠缺其他证据证明的，人民法院对其主张的事实不予认定。

关于证人如实作证，《解释》规定，人民法院在证人出庭作证前应当告知其如实作证的义务以及作伪证的法律后果，并责令其签署保证书，但无民事行为能力人和限制民事行为能力人除外。证人拒绝签署保证书的，不得作证，并自行承担相关费用。

4. 增加规定失信被执行人名单制度。为促使被执行人积极履行生效裁判，解决执行难，《解释》规定，被执行人不履行法律文书确定的义务的，人民法院除对被执行人予以处罚外，还可以根据情节将其纳入失信被执行人名单，将被执行人不履行或者不完全履行义务的信息向其所在单位、征信机构以及其他相关机构通报。

强化监督意识，自觉接受检察机关的法律监督

记者：请谈谈《解释》在自觉接受检察机关的法律监督方面作了哪些新的规定？

负责人：党的十八届四中全会《决定》指出，必须完善司法管理体制和司法权力运行机制，规范司法行为，加强对司法活动的监督，努力让人民群众在每一个司法案件中感受到公平正义。法律监督是重要宪法原则，是正确实施法律的重要保障。人民法院审判执行权行使也要接受法律监督。这次民事诉讼法修改，民事检察监督制度在监督方式、监督范围和监督手段等方面都有重要修改。各级人民法院必须切实树立、进一步强化自觉接受监督意识，自觉接受检察机关法律监督，把新民事诉讼法强化和体现法律监督的各项规定落到实处。为指导各级人民法院依法审理各类抗诉案件，依法及时处理检察机关依照法律规定提出的检察建议，《解释》在以下几个方面作出了规定：

1. 明确对人民检察院抗诉案件裁定再审的条件。《解释》规定，人民检察院依当事人的申请对生效判决、裁定提出抗诉，符合下列条件的，人民法院应当在三十日内裁定再审：（一）抗诉书和原审当事人申请书及相关证据材料已经提交；（二）抗诉对象为依照民事诉讼法和本解释规定可以进行再审的判决、裁定；（三）抗诉书列明该判决、裁定有民事诉讼法第二百零八条第一款规定情形；（四）符合民事诉讼法第二百零九条第一款第一项、第二项规定情形。

不符合前款规定的，人民法院可以建议人民检察院予以补正或者撤回；不予补正或者撤回的，人民法院可以裁定不予受理。

2. 明确对人民检察院再审检察建议予以受理的条件。《解释》规定，地方各级人民检察院依当事人的申请对生效判决、裁定向同级人民法院提出再审检察建议，符合下列条件的，应予受理：（一）再审检察建议书和原审当事人申请书及相关证据材料已经提交；（二）建议再审的对象为依照民事诉讼法和本解释规定可以进行再审的判决、裁定；（三）再审检察建议书列明该判决、裁定有民事诉讼法第二百零八条第二款规定情形；（四）符合民事诉讼法第二百零九条第一款第一项、第二项规定情形；（五）再审检察建议经该人民检察院检察委员会讨论决定。

不符合前款规定的,人民法院可以建议人民检察院予以补正或者撤回;不予补正或者撤回的,应当函告人民检察院不予受理。

3. 明确规定了人民检察院对裁定、调解书提出抗诉或者再审检察建议的适用范围、裁定再审或者受理条件、审理或者审查组织形式。《解释》规定,人民检察院依照民事诉讼法第二百零九条第一款第三项规定对有明显错误的再审判决、裁定提出抗诉或者再审检察建议的,人民法院应予受理。

《解释》还规定,人民法院收到再审检察建议后,应当组成合议庭,在三个月内进行审查,发现原判决、裁定、调解书确有错误,需要再审的,依照民事诉讼法第一百九十八条规定裁定再审,并通知当事人;经审查,决定不予再审的,应当书面回复人民检察院。

《解释》又规定,人民法院开庭审理抗诉案件,应当在开庭三日前通知人民检察院、当事人和其他诉讼参与人。同级人民检察院或者提出抗诉的人民检察院应当派员出庭。

进一步完善法庭纪律,保障庭审活动依法有序进行

记者:请谈谈《解释》关于法庭纪律的修改完善情况。

负责人:党的十八届四中全会《决定》指出,要完善惩戒妨碍司法机关依法行使职权、拒不执行生效裁判和决定、藐视法庭权威等违法犯罪行为的法律规定。法庭是人民法院代表国家审判案件的专门场所,诉讼参与人、社会公众进入法庭,参与或者旁听案件审理,应当遵守法庭纪律,这是尊重法治权威、保障审判活动正常开展的当然要求,也是维护当事人参与诉讼权利的当然要求。长期以来,人民法院的审判工作一直为社会各界大力支持和尊重,绝大部分诉讼参与人、旁听人员能自觉遵守法庭纪律,维护法庭秩序。但近年来,随着现代科技和信息网络的快速发展,案件审理过程中,出现了个别诉讼参与人未经准许进行录音、录像、摄影和利用邮件、博客、微博客、微信等方式报道庭审活动现象;出现了个别诉讼参与人、旁听人员冲击、哄闹法庭,在法庭上公然殴打对方当事人,辱骂法官的现象,这些问题引发了舆论关注。面对新情况、新问题,根据修改后民事诉讼法关于妨害民事诉讼的强制措施的相关规定,《解释》在92年民诉意见和《中华人民共和国人民法院法庭规则》基础上,对有关法庭纪律的相关规定作了修改完善,主要体现在以下几个方面:

1.《解释》规定,人民法院对诉讼参与人或者其他人有下列行为之一的,可以适用民事诉讼法第一百一十条规定处理:(一)未经准许进行录音、录像、摄影的;(二)未经准许以移动通信、信息网络等方式现场转播审判活动的;(三)其他扰乱法庭秩序,妨害审判活动进行的。有前款规定情形的,人民法院可以暂扣诉讼参与人或者其他人进行录音、录像、摄影、传播审判活动的器材,并责令其删除有关内容;拒不删除的,人民法院可以采取必要手段强制删除。

2.《解释》规定,训诫、责令退出法庭由合议庭或者独任审判员决定。训诫的内容、被责令退出法庭者的违法事实应当记入庭审笔录。

最高人民法院公布五起“失信被执行人”典型案例

案例1 张海峰等三人与郑州龙腾混凝土有限公司劳务合同纠纷执行案

(一)基本案情

张海峰等三名进城务工人员申请执行郑州龙腾混凝土有限公司(以下简称郑州龙腾公司)劳务合同纠纷一案,河南省荥阳市人民法院判令郑州龙腾公司支付张海峰等三人劳务工资22万元及利息。

由于郑州龙腾公司未履行生效判决所确定的义务,张海峰等三人向荥阳市人民法院申请强制执行。执行法院经多次查询郑州龙腾公司银行账户,账户均无存款;同时查明郑州龙腾公司经营场所、机器设备系租赁他人,不能强制执行。之后,执行法院多次传唤郑州龙腾公司法定代表人,其表示企业现经营困难,没有能力支付工资,案件一度陷入困局。执行法院调查发现该公司仍在正常经营,但经采取多种强制执行措施仍未取得明显成效后,执行法院将案件有关情况逐级上报河南省高级人民法院(以下简称河南高院)。河南高院执行局决定依法将其列入失信被执行人名单,并在河南高院政务网、新浪网、《大河报》、《河南商报》等网络和报刊上进行公开发布,同时向建委、国土、房管、工商、税务等部门和银行等金融机构进行了通报,使其在贷款融资、工商注册、减免税、购置土地、房产等方面受到限制,压缩其经营发展空间,对其进行信用惩戒,敦促其履行法律义务。

失信被执行人名单发布后,郑州龙腾公司迫于舆论和失信被执行人名单的威慑,担心今后没有生意可做,遂积极配合法院工作,将全部案件款主动交付执行法院,这起涉及农民工工资案件得以顺利执结,申请执行人对此表示满意。

(二)典型意义

执行法院严格按照河南高院《关于建立失信被执行人名单的若干意见(试行)》的相关规定,将长期不履行生效法律文书义务的被执行人列入失信被执行人名单,在网络和报刊上进行公开发布,同时以公告的形式向相关联动单位通报,使其在贷款融资、工商注册、减免税、购置土地、房产等方面受到限制,压缩其经营发展空间,对其进行信用惩戒,敦促其履行法律义务。

案例2 郑州一建商品混凝土有限公司申请执行河南国建建设工程有限公司买卖合同纠纷执行案

(一)基本案情

郑州一建商品混凝土有限公司(以下简称郑州一建公司)申请执行河南国建建设工程有限公司(以下简称河南国建公司)买卖合同纠纷一案,郑州市惠济区人民法院(以下简称惠济区法院)判决河南国建公司支付郑州一建公司货款210013.85元及12226元的违约金等实际费用。

河南国建公司没有按照判决内容履行法律义务,郑州一建公司向惠济区法院申请强制执行。

执行立案后,惠济区法院向河南国建公司送达了执行通知书和申报财产令,限其三日内自动履行义务,河南国建公司未按执行通知书履行义务,也未向执行法院申报财产。经执行法院调查,河南国建公司无银行存款等可供执行的财产,但该公司仍在正常经营。执行人员到河南国建公司位于金水区的办公场所进行现场执行,双方当事人因利息数额等问题发生争执打斗,场面一度失控。经执行法院耐心做工作,河南国建公司支付部分案件款,后经多次传唤拒不到庭,且随后变更公司办公地址逃避执行。

2013 年 5 月,河南高院将河南国建公司列为失信被执行人,并在河南高院政务网等相关网络及报刊上进行公开发布,同时向工商、税务等部门和银行等金融机构进行了通报,使其在贷款融资、工商注册等方面受到限制。河南国建公司在申请贷款遭银行拒绝后,又在报纸和网站上看到该公司的一系列不诚信披露信息,迫于舆论和经营的双重压力,主动找到惠济区法院将所欠款项主动履行完毕,双方当事人达成和解协议,一度争吵甚至动手的双方当事人握手言和。

(二)典型意义

执行法院通过在网络和报刊上公布失信被执行人名单,同时向相关联动单位及时移送,使其在贷款融资、房产等方面受到限制,对被执行人的生产经营活动产生了重大影响。失信被执行人名单制度融联动机制、失信信息共享等制度的作用于一体,具有强大的威慑力和影响力,在案件执行上发挥着积极的作用。

案例 3　青州市农村信用合作联社与青州市汇丰建筑安装有限公司金融借款合同纠纷执行案

(一)基本案情

山东省青州市农村信用合作联社(以下简称青州农信社)与青州市汇丰建筑安装有限公司(以下简称青州汇丰公司)及其他三公司金融借款合同纠纷一案,青州市人民法院(以下简称青州市法院)经调解结案,其中青州汇丰公司对借款本金 100 万元及利息承担连带清偿责任。后因该案的借款人、保证人均未按期履行义务,青州农信社申请强制执行。

法院立案执行后,除向各被执行人送达了执行通知书、报告财产令等法律文书外,还向其送达了“诚信诉讼提示书”、“诚信诉讼承诺书”等。法院执行中发现,青州汇丰公司因未履行生效法律文书确定的义务,被依法强制执行的案件还有两起。在上述三案执行过程中,该公司拒不申报财产等失信行为均被进行了采集,并录入至青州市法院诉讼诚信信息库,其失信等级被评定为“严重失信”。

执行法院根据青州汇丰公司涉案多起、均未履行,且已达到“严重失信”的情况,向包括青州市工商行政管理局等在内的多家诉讼诚信体系联动部门进行了披露,工商局将这一信息录入至该企业的电子档案。2012 年 8 月,该公司到工商局欲进行股权变更,但工商局经过查询该公司的企业电子档案,发现该公司存在因未履行法律义务失信的不良信息,遂告知该公司暂不能为其办理;并告知其应先行到法院履行相关手续,法院同意后方可办理。

该公司终于引起重视,随后对于近几年涉案的履行情况进行了认真排查,并对另两起自身为直接义务人的案件积极履行完毕。后该公司向法院提出申请,请求青州市法院撤销该公司在青州市工商行政管理局的不良信息记录。青州市法院受理后,经审查,发现该公司承担直接还款责任的案件确已履行完毕,但在青州农信社申请执行的案件中,该公司承担的是连带清偿责任,而该案的主债务人并未履行完毕法律义务,因此青州汇丰公司所负的连带清偿责任并未免除。青州市法院将该情况告知青州汇丰公司,责令其督促主债务人尽快履行法律义务,否则其失信不良记录不会被撤销。

(二)典型意义

执行法院将被执行人的失信信息披露后,联动单位青州市工商局将该信息录入,该公司的股权变更登记等将受限制,无法获得投标资格,国土、房地产管理部门也将停止办理产权转移、权属变更等手续。本案被执行人涉案多起,在履行法律义务时存在拖延情况。法院诉讼诚信体系运行之后,该公司认识到了问题的严重性,主动联系执行法院并及时将本公司作为直接债务人的两起案件履行完毕。

案例4　李某与上海松东百味佳餐饮经营管理有限公司买卖合同纠纷执行案

(一)基本案情

李某与上海松东百味佳餐饮经营管理有限公司(以下简称百味佳餐饮公司)买卖合同纠纷一案,上海市松江区人民法院(以下简称松江区法院)判决百味佳餐饮公司给付李某货款90100元。

判决生效后,百味佳餐饮公司未履行生效判决所确定的义务,李某向松江区法院申请执行。执行法院向百味佳餐饮公司送达执行通知,该公司法定代表人郝某到法院声称公司经营困难,希望法院暂缓执行。执行法院通过上海法院协助执行网络对百味佳餐饮公司的财产状况进行了调查,未发现有价值的财产线索。但在实地走访时,执行法院发现该公司宾客满座,生意火爆,法官随机走访了几名客人,他们都表示是在网上团购的套餐,价廉物美。执行法院随即封存了该公司的账册,并进行了更深入调查,发现该餐饮公司在上海市松江区小有名气,其最大的业务量来自于网上团购,占到其全部业务量的80%左右。

执行法院为敦促百味佳餐饮公司履行义务,结合其经营特点,根据《中华人民共和国民事诉讼法》第二百五十五条可以通过媒体公布被执行人不履行义务信息的规定,依法在上海法院互联网"阳光执行"平台、上海市松江区的《松江报》等媒体上将其未履行法院判决的失信行为予以曝光,并在该公司几个连锁门店的显著位置张贴其未履行生效判决的公告,让其目标客户——网民知悉其失信行为。一开始,百味佳餐饮公司对执行法院曝光其未履行义务的失信行为并不在意。但其后不到半个月,该公司多次致电执行法院,表示认识到不履行义务的错误,但确实一时难以全额支付所欠债务,将争取与申请执行人李某协商还款事宜,请求撤销曝光其失信行为的措施。经调查,自从执行法院对百味佳餐饮公司未履行法院判决的行为通过网络、报纸、公告等形式予以曝光后,该消息迅速传播,导致该公司业务量直线下降。对于百味佳餐饮公司提出的撤销曝光其失信行为的请求,执行法院告知其在未履行判决所确定的义务之前,撤销不诚信信息于法无据,不予支持。慑于曝光失信行为的威力,百味佳餐饮公司与申请执行人李某达成了执行和解协议,约定还款方案,通过分期履行的方式将全部钱款支付给了申请执行人李某,执行法院也依法撤销了对百味佳餐饮公司所采取的曝光措施,案件得以顺利执结。

(二)典型意义

执行法院抓住商家重视商业信誉的特点,通过互联网、报刊、公告等途径对其未履行法院判决的行为予以曝光,促使被执行人通过与申请执行人达成执行和解协议的途径履行生效判决所确定的义务,使得案件得以顺利执结。

案例5 浙江某建设公司所涉40余起合同纠纷执行案

(一)基本案情

2007至2009年间,被执行人浙江某建设公司在浙江省杭州、台州、湖州、金华、舟山等地法院有40余件案件未履行,涉及标的金额共计2600多万元。这些案件的案由包括买卖合同纠纷、建设工程承包合同纠纷、承揽合同纠纷、租赁合同纠纷等。

在执行过程中,被执行人认为这些纠纷引起的债务应由各地的项目经营部或项目经理个人承担,项目经营部与公司总部之间财务独立,公司总部不应承担履行义务,因而态度消极,对调查财产等很少配合。2009年3月,浙江省高级人民法院(以下简称浙江高院)执行局与浙江省信用中心建立了联建共享省公共联合征信平台的工作机制,浙江高院通过全省法院执行案件管理系统将全省各级法院所有超过3个月未实际执结的案件信息提取出来,包括被执行人姓名(单位名称、法定代表人姓名)、身份证号码(组织机构代码)、住址、未履行金额、案号、执行法院等信息,分别形成个人和单位未履行生效裁判失信信息数据库,交省信用中心导入省联合公共征信平台,在信用浙江网上予以公开,供社会各界开放查询,并应用于金融、招投标和政府监管等领域,促进信用联防奖惩机制的形成。该建筑公司的上述40余起案件均在公布之列,形成40多条失信记录。

根据浙江省在重点建设工程招投标领域应用企业信用报告的有关规定,建筑施工企业参与重点工程招投标都必须提供由信用评级机构作出的企业信用报告,对信用等级没有达到一定条件的,取消投标资格。而根据此项规定,只要在信用浙江网上有两条失信记录的,企业的信用评级就会下调,丧失投标资格。

执行失信信息被公布之后,该被执行人在建筑企业资质评定和工程招投标上受到严重影响。为改善自身信用情况,从2010年2月起,该被执行人主动到各执行法院寻求履行办法,通过督促项目部负责人积极筹款履行义务、余额由公司总部划拨资金垫付等办法,到年底全部履行了债务。不仅如此,该公司还从中总结汲取教训,采取措施加强风险管控,取得了涉诉纠纷逐年下降的良好效果。

(二)典型意义

法院通过与信用中心联建共享公共联合征信平台,形成失信信息数据库,在网上予以公开,供社会各界开放查询。本案中,被执行人因失信信息被公布导致其信用评级较低,在建筑企业资质评定和工程招投标上受到严重影响。为改善自身信用状况,被执行人主动履行了清偿义务。

[以上5个案例选自《最高人民法院公报》(2014年卷)]

最高人民法院发布失信被执行人名单制度典型案例

案例1 张某与河南某食品有限公司买卖合同纠纷执行案

(一)基本案情

张某与河南某食品工业有限公司买卖合同纠纷一案,河南省辉县市人民法院判令河南某食品工业有限公司偿还张某94万余元及利息。

后本案指定新乡市牧野区人民法院执行。执行法院向被执行人送达执行通知书和报告财产令后,当事人双方达成和解协议,但被执行人于2013年1月30日偿还20万元后,便以各种理由拖延履行。执行法院多次劝说被执行人法定代表人继续履行和解协议,被执行人于2013年5月20日偿还5000元,此后未再继续履行义务。

最高人民法院《关于公布失信被执行人名单信息的若干规定》施行后,执行法院于2013年10月9日作出决定书,将河南某食品工业有限公司纳入失信被执行人名单,并录入最高人民法院失信被执行人名单库统一对外公布。被执行人迫于舆论压力,为避免对其商业信誉造成更为严重的影响,遂于2013年10月15日向申请执行人偿还了8万元现金和一辆汽车。鉴于一次性履行全部义务确有较大困难,被执行人主动与申请执行人达成和解协议,每月偿还5万元,直至全部清偿。

(二)典型意义

面向全社会统一公布失信被执行人名单信息,通过公开曝光的方式将被执行人的失信情况公之于众,减损了失信被执行人的名誉,迫使其为了恢复名誉而积极履行法律文书确定的义务,达到了促进执行的目的,取得了良好的社会效果。本案被执行人为恢复其商业信誉,主动向申请执行人履行了部分义务,虽然一次性履行全部义务存在困难,但其通过与申请执行人达成和解协议等方式,积极承担了责任和义务。

案例2 郭红某与郭淑某人身损害赔偿纠纷执行案

(一)基本案情

郭红某诉郭淑某人身损害赔偿纠纷一案,河南省洛阳市中级人民法院判令被告郭淑某赔偿郭红某医疗费、住院伙食补助费、营养费、护理费、误工费、残疾赔偿金、精神损害抚慰金等共计8万余元。

由于郭淑某拒绝履行生效判决所确定的给付义务,郭红某于2012年1月1日向洛阳市涧西区人民法院申请执行。执行法院立案后,除向被执行人送达了执行通知书、报告财产令等法律文书外,还向其送达了风险提示书、诚信诉讼承诺书等,但被执行人始终不履行义务。执行法院多次查询被执行人的银行账户,均无财产可供执行。被执行人名下有房产一套,但出于保障被执行人生活需要,执行法院未能采取强制措施。由于被执行人无其他财产可供执行,案件执行一度陷入困境。

全国法院失信被执行人名单信息公布与查询平台于2013年10月24日面向社会开通。

通过该平台,全国各级人民法院录入的失信被执行人及相关信息可以对外公布,郭淑某也在名单之列。郭淑某感觉到了舆论的压力和信用惩戒的风险,主动找到执行法官表示愿意配合执行。此外,执行法院通过刚刚成立的涧西区网络化执行联动指挥中心,与辖区工商、税务、房管、国土、银行等多家单位形成了执行联动,迅速查到郭淑某另有一套房产被隐匿。

得知此信息后,执行法官立即依法查封了该套房产并告知郭淑某尽早履行法定义务。后郭淑某积极配合法院工作,将全部款项主动交至执行法院。

(二)典型意义

本案体现了人民法院执行信息化建设和执行联动机制建设的成果。失信被执行人名单信息的公布,有力震慑了失信行为,打击了各种妨碍、抗拒执行以及规避执行的行为。执行指挥中心为执行联动搭建了平台,通过发挥网络化的执行联动效应,人民法院能够及时获取被执行人的相关财产信息,促使被执行人履行义务,保障案件顺利执结。

案例3 北京某汽车装饰中心等50余人与北京某汽车制造有限公司系列执行案

(一)基本案情

自2000年起至今,北京某汽车制造有限公司作为被执行人在北京市丰台区人民法院有大批执行案件,未执行到位标的额高达4000余万元。

执行过程中,执行法院查封了被执行人北京某汽车制造有限公司的生产线和其他财产,但因被执行人未尽到保管责任,造成部分查封财产毁损灭失。经北京市价格认证中心鉴定,被查封财产已失去变现条件。之后,执行法院多方查找,均未发现被执行人名下有任何可供执行的银行存款、车辆、房产等财产。被执行人法定代表人长期下落不明,拒不到庭报告财产。众多申请执行人对此十分不满。

失信被执行人名单制度出台后,申请人之一北京某汽车装饰中心向执行法院提出申请,要求将被执行人纳入失信被执行人名单。执行法院经过审查,以被执行人违反财产报告制度为由,决定将其纳入失信被执行人名单,并通过《京华时报》、《北京青年报》、《北京晨报》、《法制晚报》、《新京报》、《北京晚报》进行了曝光。之后,北京电视台《都市晚高峰》、《法治进行时》、北京广播电台《北京新闻》、中国法院网、北京法院网等媒体也进行了报道,人民网、新华网、光明网、凤凰网等几十家网站纷纷转载。被执行人看到相关报道后,迫于失信被执行人名单的威慑和舆论压力,主动与执行法院联系,并派代理律师到法院核实其未履行案款数额,表示会尽快通过多种方式履行义务,以消除不良影响。同时,申请执行人通过媒体看到公布失信被执行人信息后,专程向执行法院寄去感谢信,对执行法院的工作表示了理解。

(二)典型意义

执行法院将失信被执行人名单信息录入最高人民法院失信被执行人名单库,统一向社会公布,并同时通过报纸、广播、电视、网络等其他方式予以公布。被执行人作为企业,迫于社会压力,为维护其在经济交往中的名声,主动向执行法院表示尽快履行义务,失信被执行人名单制度的信用惩戒功能得以有效发挥。

案例4 郑彦某与郑庆某买卖合同纠纷执行案

(一)基本案情

郑彦某与郑庆某买卖合同纠纷一案,生效调解书确认郑庆某于2012年7月19日即调解协议签订之日给付郑彦某10000元,余款23930元于2012年12月31日全部付清。

然而,郑庆某除签订调解协议时给付的10000元外,余款23930元并未按协议如期履行。2013年4月22日,郑彦某向河北省枣强县人民法院申请执行。该案进入执行程序后,执行法院依法向被执行人送达了执行通知书、报告财产令,但被执行人既未履行调解书确定的义务,也未向执行法院报告财产,更不依传票传唤到庭接受调查。执行法院将被执行人在枣强县农村信用合作联社的存款2400元予以强制扣划,此外再未发现被执行人名下有可供执行的财产。后经执行法院查明,被执行人曾向某客户出售过一批兔皮。为此,执行法院决定以被执行人拒不报告财产、有履行能力而拒不履行生效法律文书确定的义务为由对被执行人予以司法拘留。

后执行法院在调查中了解到,由于皮毛市场行情看好,为把生意做大,被执行人正在办理银行贷款和公司注册登记手续。针对上述情况,执行法院向枣强县各金融机构、工商管理部门等送达了《枣强县人民法院不予办理失信被执行人申请事项建议书》,建议有关机构和部门在该案未执行结案前不为被执行人办理贷款业务和公司登记等事项。2013年8月20日,被执行人郑庆某来到执行法院,称因自己的失信行为,银行不同意向其发放贷款,工商部门也已停止为其办理公司注册登记。被执行人表示愿意主动履行民事调解书确定的义务,请求人民法院将其从失信被执行人名单中删除。同年8月22日,当事人双方达成和解协议,郑庆某一次性给付郑彦某货款20000元(含执行法院自信用社强制扣划部分),余款郑彦某自愿放弃。此案最终顺利结案。

(二)典型意义

向有关单位定向通报失信被执行人名单信息,由受通报单位在政府采购、招标投标、行政审批、政府扶持、融资信贷、市场准入、资质认定等方面对失信被执行人施以信用惩戒,是失信被执行人名单制度发挥功能和效果的一个重要渠道。本案被执行人正是由于在贷款、开办公司等方面受到了限制,导致无法开展经营活动,社会生存空间被挤压,于是主动向执行法院履行了义务。

案例5 李某与杨某借款合同纠纷执行案

(一)基本案情

李某与杨某借款合同纠纷一案,经云南省昆明市五华区人民法院判决,李某偿还杨某借款1340547元本金及利息。

判决生效后,李某一直未能主动履行法律文书所确定的义务,杨某遂于2013年9月5日向云南省昆明市五华区人民法院申请强制执行。执行过程中,执行法院依法查封、冻结了被执行人李某名下的房产、股权,并告知其如不及时履行生效法律文书所确定的义务,执行法院将严格按照最高人民法院《关于公布失信被执行人名单信息的若干规定》,将其纳入失信被执行人名单,一旦对外公布,将对被执行人的出行、信贷、经营活动及家庭生活等各方面产生重大影响。得知这一法律后果,正在办理出国签证的被执行人李某为避免对其日后出国、出境造成不利影响,遂于国庆节期间四处筹措资金,国庆假期结束当日便主动找到执行法院,全部履行了生效法律文书确定的义务。

(二)典型意义

本案中,执行法院在依法采取查封、冻结等强制措施的同时,向被执行人告知了纳入失信被执行人名单的风险，使其感受到来自日常生活、商业往来等各方面的压力，最终促使被执行人主动履行了生效法律文书确定的义务，失信被执行人名单制度的威慑作用得以有效发挥，彰显了司法权威。

［以上5个案例选自《最高人民法院公报》(2014年卷)］

魏卓夫申请执行张宝峰、张泽政、李玉明公证债权文书纠纷执行案

(一)基本案情

魏卓夫与张宝峰为邻居。2011 年张宝峰因生意筹集资金向魏卓夫借款人民币 4100 万元整,期限为一年。李玉明作为张宝峰的朋友自愿对债务承担连带保证责任,张宝峰的儿子张泽政自愿以其名下的房产为借款提供抵押担保。同年 12 月 8 日,魏卓夫与张宝峰、张泽政、李玉明签订了《借款合同》,并在北京市中信公证处对该合同办理了具有强制执行效力的债权文书公证。还款期限届满后,张宝峰未能偿还借款本金。魏卓夫于 2013 年 9 月 18 日向北京市中信公证处申请了《执行证书》,该证书确认张宝峰应偿还魏卓夫借款本金 4100 万元及相应的借款利息、违约金,李玉明对该借款承担连带保证责任,张泽政对该借款承担抵押担保责任。

(二)执行情况

2013 年 9 月 27 日,魏卓夫向北京市朝阳区人民法院申请强制执行。执行法官收案后,即联系被执行人督促其主动履行还款义务,但被执行人拒不履行义务。随后,执行法官依法查封了三名被执行人名下的四套房产与三辆汽车。2013 年 12 月 30 日,执行法官再次电话联系张宝峰督促其履行时,其不但无任何主动履行意愿,且态度蛮横,并对执行法官言语威胁。

2014 年 1 月 9 日,执行法官等 6 名执行干警与多家媒体一起赶到被执行人张宝峰之子张泽政位于北京市朝阳区 900 多平方米的房屋进行强制执行。执行现场共有被执行人所雇佣保姆、司机、厨师及房客四人,在执行法官出示证件后,上述人员仍有阻碍执行公务的行为。执行法官在控制住现场秩序后,依法在房屋门口张贴拍卖公告,并向被执行人张宝峰送达传票和限制高消费令,对其乘坐飞机、入住高档酒店等高消费行为依法予以限制。执行过程中,执行法官还当场扣押被执行人所有的宾利车钥匙一把。

次日,张宝峰便主动向执行法官打电话,承认错误并表示积极履行还款义务。2014 年 1 月 22 日,魏卓夫到法院递交了执行和解协议,本案顺利执结。

(三)典型意义

该案属于典型的被执行人有能力履行而拒不履行法律义务的案件。本案三名被执行人生活富足,名下有数套房产,住着价值近 6000 万元的豪宅,拥有宾利、宝马等多辆名车,却欠债不还。在法院立案执行后,被执行人张宝峰仍然态度强硬,拒绝履行,甚至对执行法官言语威胁,抗拒执行,是典型的失信被执行人。

本案法院向被执行人发出限制高消费令,禁止被执行人乘坐飞机、列车软卧,限制其贷款或办理信用卡,不得担任企业法定代表人、董事、监事、高级管理人员等,在社会征信系统内对其进行信用惩戒,形成了一处失信处处受制、最大限度压缩其生存空间的执行威慑效应。正是在遭受信用惩戒之后,本案被执行人才主动与申请执行人取得联系并达成执行和解协议。这充分说明,信用惩戒是一种行之有效的执行威慑机制。同时,在本案执行中,执行法院通过媒体曝光,如实记录法院强制执行的过程,不仅加深了社会对执行工作的理解,而且震慑了其他的被执行

人和债务人，使人们直观地感受到拒不执行行为的严重后果。本案执行的过程说明，媒体除了具有引导形成诚实守信的社会风气、推动社会诚信建设的功能外，还具有助推债务人履行义务从而降低执行成本、提高执行效益的作用。

（选自《最高人民法院公报》2015年第8期）

最高人民法院关于人民法院办理财产保全案件若干问题的规定

(法释〔2016〕22号)

为依法保护当事人、利害关系人的合法权益,规范人民法院办理财产保全案件,根据《中华人民共和国民事诉讼法》等法律规定,结合审判、执行实践,制定本规定。

第一条 当事人、利害关系人申请财产保全,应当向人民法院提交申请书,并提供相关证据材料。

申请书应当载明下列事项:

(一)申请保全人与被保全人的身份、送达地址、联系方式;

(二)请求事项和所根据的事实与理由;

(三)请求保全数额或者争议标的;

(四)明确的被保全财产信息或者具体的被保全财产线索;

(五)为财产保全提供担保的财产信息或资信证明,或者不需要提供担保的理由;

(六)其他需要载明的事项。

法律文书生效后,进入执行程序前,债权人申请财产保全的,应当写明生效法律文书的制作机关、文号和主要内容,并附生效法律文书副本。

第二条 人民法院进行财产保全,由立案、审判机构作出裁定,一般应当移送执行机构实施。

第三条 仲裁过程中,当事人申请财产保全的,应当通过仲裁机构向人民法院提交申请书及仲裁案件受理通知书等相关材料。人民法院裁定采取保全措施或者裁定驳回申请的,应当将裁定书送达当事人,并通知仲裁机构。

第四条 人民法院接受财产保全申请后,应当在五日内作出裁定;需要提供担保的,应当在提供担保后五日内作出裁定;裁定采取保全措施的,应当在五日内开始执行。对情况紧急的,必须在四十八小时内作出裁定;裁定采取保全措施的,应当立即开始执行。

第五条 人民法院依照民事诉讼法第一百条规定责令申请保全人提供财产保全担保的,担保数额不超过请求保全数额的百分之三十;申请保全的财产系争议标的的,担保数额不超过争议标的的价值的百分之三十。

利害关系人申请诉前财产保全的,应当提供相当于请求保全数额的担保;情况特殊的,人民法院可以酌情处理。

财产保全期间,申请保全人提供的担保不足以赔偿可能给被保全人造成的损失的,人民法院可以责令其追加相应的担保;拒不追加的,可以裁定解除或者部分解除保全。

第六条 申请保全人或第三人为财产保全提供财产担保的,应当向人民法院出具担保书。担保书应当载明担保人、担保方式、担保范围、担保财产及其价值、担保责任承担等内容,并附相关证据材料。

第三人为财产保全提供保证担保的,应当向人民法院提交保证书。保证书应当载明保证人、保证方式、保证范围、保证责任承担等内容,并附相关证据材料。

对财产保全担保,人民法院经审查,认为违反物权法、担保法、公司法等有关法律禁止性规定的,应当责令申请保全人在指定期限内提供其他担保;逾期未提供的,裁定驳回申请。

第七条 保险人以其与申请保全人签订财产保全责任险合同的方式为财产保全提供担保的,应当向人民法院出具担保书。

担保书应当载明,因申请财产保全错误,由保险人赔偿被保全人因保全所遭受的损失等内容,并附相关证据材料。

第八条 金融监管部门批准设立的金融机构以独立保函形式为财产保全提供担保的,人民法院应当依法准许。

第九条 当事人在诉讼中申请财产保全,有下列情形之一的,人民法院可以不要求提供担保:

(一)追索赡养费、扶养费、抚育费、抚恤金、医疗费用、劳动报酬、工伤赔偿、交通事故人身损害赔偿的;

(二)婚姻家庭纠纷案件中遭遇家庭暴力且经济困难的;

(三)人民检察院提起的公益诉讼涉及损害赔偿的;

(四)因见义勇为遭受侵害请求损害赔偿的;

(五)案件事实清楚、权利义务关系明确,发生保全错误可能性较小的;

(六)申请保全人为商业银行、保险公司等由金融监管部门批准设立的具有独立偿付债务能力的金融机构及其分支机构的。

法律文书生效后,进入执行程序前,债权人申请财产保全的,人民法院可以不要求提供担保。

第十条 当事人、利害关系人申请财产保全,应当向人民法院提供明确的被保全财产信息。

当事人在诉讼中申请财产保全,确因客观原因不能提供明确的被保全财产信息,但提供了具体财产线索的,人民法院可以依法裁定采取财产保全措施。

第十一条 人民法院依照本规定第十条第二款规定作出保全裁定的,在该裁定执行过程中,申请保全人可以向已经建立网络执行查控系统的执行法院,书面申请通过该系统查询被保全人的财产。

申请保全人提出查询申请的,执行法院可以利用网络执行查控系统,对裁定保全的财产或者保全数额范围内的财产进行查询,并采取相应的查封、扣押、冻结措施。

人民法院利用网络执行查控系统未查询到可供保全财产的,应当书面告知申请保全人。

第十二条 人民法院对查询到的被保全人财产信息,应当依法保密。除依法保全的财产外,不得泄露被保全人其他财产信息,也不得在财产保全、强制执行以外使用相关信息。

第十三条 被保全人有多项财产可供保全的,在能够实现保全目的的情况下,人民法院应当选择对其生产经营活动影响较小的财产进行保全。

人民法院对厂房、机器设备等生产经营性财产进行保全时,指定被保全人保管的,应当允许其继续使用。

第十四条 被保全财产系机动车、航空器等特殊动产的,除被保全人下落不明的以外,人民法院应当责令被保全人书面报告该动产的权属和占有、使用等情况,并予以核实。

第十五条 人民法院应当依据财产保全裁定采取相应的查封、扣押、冻结措施。

可供保全的土地、房屋等不动产的整体价值明显高于保全裁定载明金额的,人民法院应当对该不动产的相应价值部分采取查封、扣押、冻结措施,但该不动产在使用上不可分或者分割会严重减损其价值的除外。

对银行账户内资金采取冻结措施的,人民法院应当明确具体的冻结数额。

第十六条 人民法院在财产保全中采取查封、扣押、冻结措施,需要有关单位协助办理登记手续的,有关单位应当在裁定书和协助执行通知书送达后立即办理。针对同一财产有多个裁定书和协助执行通知书的,应当按照送达的时间先后办理登记手续。

第十七条 利害关系人申请诉前财产保全,在人民法院采取保全措施后三十日内依法提起诉讼或者申请仲裁的,诉前财产保全措施自动转为诉讼或仲裁中的保全措施;进入执行程序后,保全措施自动转为执行中的查封、扣押、冻结措施。

依前款规定,自动转为诉讼、仲裁中的保全措施或者执行中的查封、扣押、冻结措施的,期限连续计算,人民法院无需重新制作裁定书。

第十八条 申请保全人申请续行财产保全的,应当在保全期限届满七日前向人民法院提出;逾期申请或者不申请的,自行承担不能续行保全的法律后果。

人民法院进行财产保全时,应当书面告知申请保全人明确的保全期限届满日以及前款有关申请续行保全的事项。

第十九条 再审审查期间,债务人申请保全生效法律文书确定给付的财产的,人民法院不予受理。

再审审理期间,原生效法律文书中止执行,当事人申请财产保全的,人民法院应当受理。

第二十条 财产保全期间,被保全人请求对被保全财产自行处分,人民法院经审查,认为不损害申请保全人和其他执行债权人合法权益的,可以准许,但应当监督被保全人按照合理价格在指定期限内处分,并控制相应价款。

被保全人请求对作为争议标的的被保全财产自行处分的,须经申请保全人同意。

人民法院准许被保全人自行处分被保全财产的,应当通知申请保全人;申请保全人不同意的,可以依照民事诉讼法第二百二十五条规定提出异议。

第二十一条 保全法院在首先采取查封、扣押、冻结措施后超过一年未对被保全财产进行处分的,除被保全财产系争议标的外,在先轮候查封、扣押、冻结的执行法院可以商请保全法院将被保全财产移送执行。但司法解释另有特别规定的,适用其规定。

保全法院与在先轮候查封、扣押、冻结的执行法院就移送被保全财产发生争议的,可以逐级报请共同的上级法院指定该财产的执行法院。

共同的上级法院应当根据被保全财产的种类及所在地、各债权数额与被保全财产价值之间的关系等案件具体情况指定执行法院,并督促其在指定期限内处分被保全财产。

第二十二条 财产纠纷案件,被保全人或第三人提供充分有效担保请求解除保全,人民法院应当裁定准许。被保全人请求对作为争议标的的财产解除保全的,须经申请保全人同意。

第二十三条 人民法院采取财产保全措施后,有下列情形之一的,申请保全人应当及时申请解除保全:

(一)采取诉前财产保全措施后三十日内不依法提起诉讼或者申请仲裁的;

(二)仲裁机构不予受理仲裁申请、准许撤回仲裁申请或者按撤回仲裁申请处理的;

(三)仲裁申请或者请求被仲裁裁决驳回的;

(四)其他人民法院对起诉不予受理、准许撤诉或者按撤诉处理的;

(五)起诉或者诉讼请求被其他人民法院生效裁判驳回的;

(六)申请保全人应当申请解除保全的其他情形。

人民法院收到解除保全申请后,应当在五日内裁定解除保全;对情况紧急的,必须在四十八小时内裁定解除保全。

申请保全人未及时申请人民法院解除保全,应当赔偿被保全人因财产保全所遭受的损失。

被保全人申请解除保全,人民法院经审查认为符合法律规定的,应当在本条第二款规定的期间内裁定解除保全。

第二十四条 财产保全裁定执行中,人民法院发现保全裁定的内容与被保全财产的实际情况不符的,应当予以撤销、变更或补正。

第二十五条 申请保全人、被保全人对保全裁定或者驳回申请裁定不服的,可以自裁定书送达之日起五日内向作出裁定的人民法院申请复议一次。人民法院应当自收到复议申请后十日内审查。

对保全裁定不服申请复议的,人民法院经审查,理由成立的,裁定撤销或变更;理由不成立的,裁定驳回。

对驳回申请裁定不服申请复议的,人民法院经审查,理由成立的,裁定撤销,并采取保全措施;理由不成立的,裁定驳回。

第二十六条 申请保全人、被保全人、利害关系人认为保全裁定实施过程中的执行行为违反法律规定提出书面异议的,人民法院应当依照民事诉讼法第二百二十五条规定审查处理。

第二十七条 人民法院对诉讼争议标的以外的财产进行保全,案外人对保全裁定或者保全裁定实施过程中的执行行为不服,基于实体权利对被保全财产提出书面异议的,人民法院应当依照民事诉讼法第二百二十七条规定审查处理并作出裁定。案外人、申请保全人对该裁定不服的,可以自裁定送达之日起十五日内向人民法院提起执行异议之诉。

人民法院裁定案外人异议成立后,申请保全人在法律规定的期间内未提起执行异议之诉的,人民法院应当自起诉期限届满之日起七日内对该被保全财产解除保全。

第二十八条 海事诉讼中,海事请求人申请海事请求保全,适用《中华人民共和国海事诉讼特别程序法》及相关司法解释。

第二十九条 本规定自2016年12月1日起施行。

本规定施行前公布的司法解释与本规定不一致的,以本规定为准。

最高人民法院关于执行案件立案、结案若干问题的意见

(法发〔2014〕26号 2014年12月17日)

为统一执行案件立案、结案标准,规范执行行为,根据《中华人民共和国民事诉讼法》等法律、司法解释的规定,结合人民法院执行工作实际,制定本意见。

第一条 本意见所称执行案件包括执行实施类案件和执行审查类案件。

执行实施类案件是指人民法院因申请执行人申请、审判机构移送、受托、提级、指定和依职权,对已发生法律效力且具有可强制执行内容的法律文书所确定的事项予以执行的案件。

执行审查类案件是指在执行过程中,人民法院审查和处理执行异议、复议、申诉、请示、协调以及决定执行管辖权的移转等事项的案件。

第二条 执行案件统一由人民法院立案机构进行审查立案,人民法庭经授权执行自审案件的,可以自行审查立案,法律、司法解释规定可以移送执行的,相关审判机构可以移送立案机构办理立案登记手续。

立案机构立案后,应当依照法律、司法解释的规定向申请人发出执行案件受理通知书。

第三条 人民法院对符合法律、司法解释规定的立案标准的执行案件,应当予以立案,并纳入审判和执行案件统一管理体系。

人民法院不得有审判和执行案件统一管理体系之外的执行案件。

任何案件不得以任何理由未经立案即进入执行程序。

第四条 立案机构在审查立案时,应当按照本意见确定执行案件的类型代字和案件编号,不得违反本意见创设案件类型代字。

第五条 执行实施类案件类型代字为"执字",按照立案时间的先后顺序确定案件编号,单独进行排序;但执行财产保全裁定的,案件类型代字为"执保字",按照立案时间的先后顺序确定案件编号,单独进行排序;恢复执行的,案件类型代字为"执恢字",按照立案时间的先后顺序确定案件编号,单独进行排序。

第六条 下列案件,人民法院应当按照恢复执行案件予以立案:

(一)申请执行人因受欺诈、胁迫与被执行人达成和解协议,申请恢复执行原生效法律文书的;

(二)一方当事人不履行或不完全履行执行和解协议,对方当事人申请恢复执行原生效法律文书的;

(三)执行实施案件以裁定终结本次执行程序方式报结后,如发现被执行人有财产可供执行,申请执行人申请或者人民法院依职权恢复执行的;

(四)执行实施案件因委托执行结案后,确因委托不当被已立案的受托法院退回委托的;

(五)依照民事诉讼法第二百五十七条的规定而终结执行的案件,申请执行的条件具备时,申请执行人申请恢复执行的。

第七条 除下列情形外,人民法院不得人为拆分执行实施案件:

(一)生效法律文书确定的给付内容为分期履行的,各期债务履行期间届满,被执行人未自动履行,申请执行人可分期申请执行,也可以对几期或全部到期债权一并申请执行;

(二)生效法律文书确定有多个债务人各自单独承担明确的债务的,申请执行人可以对每个债务人分别申请执行,也可以对几个或全部债务人一并申请执行;

(三)生效法律文书确定有多个债权人各自享有明确的债权的(包括按份共有),每个债权人可以分别申请执行;

(四)申请执行赡养费、扶养费、抚养费的案件,涉及金钱给付内容的,人民法院应当根据申请执行时已发生的债权数额进行审查立案,执行过程中新发生的债权应当另行申请执行;涉及人身权内容的,人民法院应当根据申请执行时义务人未履行义务的事实进行审查立案,执行过程中义务人延续消极行为的,应当依据申请执行人的申请一并执行。

第八条 执行审查类案件按下列规则确定类型代字和案件编号:

(一)执行异议案件类型代字为“执异字”,按照立案时间的先后顺序确定案件编号,单独进行排序;

(二)执行复议案件类型代字为“执复字”,按照立案时间的先后顺序确定案件编号,单独进行排序;

(三)执行监督案件类型代字为“执监字”,按照立案时间的先后顺序确定案件编号,单独进行排序;

(四)执行请示案件类型代字为“执请字”,按照立案时间的先后顺序确定案件编号,单独进行排序;

(五)执行协调案件类型代字为“执协字”,按照立案时间的先后顺序确定案件编号,单独进行排序。

第九条 下列案件,人民法院应当按照执行异议案件予以立案:

(一)当事人、利害关系人认为人民法院的执行行为违反法律规定,提出书面异议的;

(二)执行过程中,案外人对执行标的提出书面异议的;

(三)人民法院受理执行申请后,当事人对管辖权提出异议的;

(四)申请执行人申请追加、变更被执行人的;

(五)被执行人以债权消灭、超过申请执行期间或者其他阻止执行的实体事由提出阻止执行的;

(六)被执行人对仲裁裁决或者公证机关赋予强制执行效力的公证债权文书申请不予执行的;

(七)其他依法可以申请执行异议的。

第十条 下列案件,人民法院应当按照执行复议案件予以立案:

(一)当事人、利害关系人不服人民法院针对本意见第九条第(一)项、第(三)项、第(五)项作出的裁定,向上一级人民法院申请复议的;

(二)除因夫妻共同债务、出资人未依法出资、股权转让引起的追加和对一人公司股东的追加外,当事人、利害关系人不服人民法院针对本意见第九条第(四)项作出的裁定,向上一级人民法院申请复议的;

(三)当事人不服人民法院针对本意见第九条第(六)项作出的不予执行公证债权文书、驳回

不予执行公证债权文书申请、不予执行仲裁裁决、驳回不予执行仲裁裁决申请的裁定,向上一级人民法院申请复议的;

(四)其他依法可以申请复议的。

第十一条 上级人民法院对下级人民法院,最高人民法院对地方各级人民法院依法进行监督的案件,应当按照执行监督案件予以立案。

第十二条 下列案件,人民法院应当按照执行请示案件予以立案:

(一)当事人向人民法院申请执行内地仲裁机构作出的涉港澳仲裁裁决或者香港特别行政区、澳门特别行政区仲裁机构作出的仲裁裁决或者临时仲裁庭在香港特别行政区、澳门特别行政区作出的仲裁裁决,人民法院经审查认为裁决存在依法不予执行的情形,在作出裁定前,报请所属高级人民法院进行审查的,以及高级人民法院同意不予执行,报请最高人民法院的;

(二)下级人民法院依法向上级人民法院请示的。

第十三条 下列案件,人民法院应当按照执行协调案件予以立案:

(一)不同法院因执行程序、执行与破产、强制清算、审判等程序之间对执行标的产生争议,经自行协调无法达成一致意见,向共同上级人民法院报请协调处理的;

(二)对跨高级人民法院辖区的法院与公安、检察等机关之间的执行争议案件,执行法院报请所属高级人民法院与有关公安、检察等机关所在地的高级人民法院商有关机关协调解决或者报请最高人民法院协调处理的;

(三)当事人对内地仲裁机构作出的涉港澳仲裁裁决分别向不同人民法院申请撤销及执行,受理执行申请的人民法院对受理撤销申请的人民法院作出的决定撤销或者不予撤销的裁定存在异议,亦不能直接作出与该裁定相矛盾的执行或者不予执行的裁定,报请共同上级人民法院解决的;

(四)当事人对内地仲裁机构作出的涉港澳仲裁裁决向人民法院申请执行且人民法院已经作出应予执行的裁定后,一方当事人向人民法院申请撤销该裁决,受理撤销申请的人民法院认为裁决应予撤销且该人民法院与受理执行申请的人民法院非同一人民法院时,报请共同上级人民法院解决的;

(五)跨省、自治区、直辖市的执行争议案件报请最高人民法院协调处理的;

(六)其他依法报请协调的。

第十四条 除执行财产保全裁定、恢复执行的案件外,其他执行实施类案件的结案方式包括:

(一)执行完毕;

(二)终结本次执行程序;

(三)终结执行;

(四)销案;

(五)不予执行;

(六)驳回申请。

第十五条 生效法律文书确定的执行内容,经被执行人自动履行、人民法院强制执行,已全部执行完毕,或者是当事人达成执行和解协议,且执行和解协议履行完毕,可以以"执行完毕"方式结案。

执行完毕应当制作结案通知书并发送当事人。双方当事人书面认可执行完毕或口头认可执行完毕并记入笔录的,无需制作结案通知书。

执行和解协议应当附卷,没有签订书面执行和解协议的,应当将口头和解协议的内容作成笔录,经当事人签字后附卷。

第十六条 有下列情形之一的,可以以“终结本次执行程序”方式结案:

(一)被执行人确无财产可供执行,申请执行人书面同意人民法院终结本次执行程序的;

(二)因被执行人无财产而中止执行满两年,经查证被执行人确无财产可供执行的;

(三)申请执行人明确表示提供不出被执行人的财产或财产线索,并在人民法院穷尽财产调查措施之后,对人民法院认定被执行人无财产可供执行书面表示认可的;

(四)被执行人的财产无法拍卖变卖,或者动产经两次拍卖、不动产或其他财产权经三次拍卖仍然流拍,申请执行人拒绝接受或者依法不能交付其抵债,经人民法院穷尽财产调查措施,被执行人确无其他财产可供执行的;

(五)经人民法院穷尽财产调查措施,被执行人确无财产可供执行或虽有财产但不宜强制执行,当事人达成分期履行和解协议,且未履行完毕的;

(六)被执行人确无财产可供执行,申请执行人属于特困群体,执行法院已经给予其适当救助的。

人民法院应当依法组成合议庭,就案件是否终结本次执行程序进行合议。

终结本次执行程序应当制作裁定书,送达申请执行人。裁定应当载明案件的执行情况、申请执行人债权已受偿和未受偿的情况、终结本次执行程序的理由,以及发现被执行人有可供执行财产,可以申请恢复执行等内容。

依据本条第一款第(二)(四)(五)(六)项规定的情形裁定终结本次执行程序前,应当告知申请执行人可以在指定的期限内提出异议。申请执行人提出异议的,应当另行组成合议庭组织当事人就被执行人是否有财产可供执行进行听证;申请执行人提供被执行人财产线索的,人民法院应当就其提供的线索重新调查核实,发现被执行人有财产可供执行的,应当继续执行;经听证认定被执行人确无财产可供执行,申请执行人亦不能提供被执行人有可供执行财产的,可以裁定终结本次执行程序。

本条第一款第(三)(四)(五)项中规定的“人民法院穷尽财产调查措施”,是指至少完成下列调查事项:

(一)被执行人是法人或其他组织的,应当向银行业金融机构查询银行存款,向有关房地产管理部门查询房地产登记,向法人登记机关查询股权,向有关车管部门查询车辆等情况;

(二)被执行人是自然人的,应当向被执行人所在单位及居住地周边群众调查了解被执行人的财产状况或财产线索,包括被执行人的经济收入来源、被执行人到期债权等。如果根据财产线索判断被执行人有较高收入,应当按照对法人或其他组织的调查途径进行调查;

(三)通过最高人民法院的全国法院网络执行查控系统和执行法院所属高级人民法院的“点对点”网络执行查控系统能够完成的调查事项;

(四)法律、司法解释规定必须完成的调查事项。

人民法院裁定终结本次执行程序后,发现被执行人有财产的,可以依申请执行人的申请或依职权恢复执行。申请执行人申请恢复执行的,不受申请执行期限的限制。

第十七条 有下列情形之一的,可以以"终结执行"方式结案:

(一)申请人撤销申请或者是当事人双方达成执行和解协议,申请执行人撤回执行申请的;

(二)据以执行的法律文书被撤销的;

(三)作为被执行人的公民死亡,无遗产可供执行,又无义务承担人的;

(四)追索赡养费、扶养费、抚育费案件的权利人死亡的;

(五)作为被执行人的公民因生活困难无力偿还借款,无收入来源,又丧失劳动能力的;

(六)作为被执行人的企业法人或其他组织被撤销、注销、吊销营业执照或者歇业、终止后既无财产可供执行,又无义务承受人,也没有能够依法追加变更执行主体的;

(七)依照刑法第五十三条规定免除罚金的;

(八)被执行人被人民法院裁定宣告破产的;

(九)行政执行标的灭失的;

(十)案件被上级人民法院裁定提级执行的;

(十一)案件被上级人民法院裁定指定由其他法院执行的;

(十二)按照《最高人民法院关于委托执行若干问题的规定》,办理了委托执行手续,且收到受托法院立案通知书的;

(十三)人民法院认为应当终结执行的其他情形。

前款除第(十)项、第(十一)项、第(十二)项规定的情形外,终结执行的,应当制作裁定书,送达当事人。

第十八条 执行实施案件立案后,有下列情形之一的,可以以"销案"方式结案:

(一)被执行人提出管辖异议,经审查异议成立,将案件移送有管辖权的法院或申请执行人撤回申请的;

(二)发现其他有管辖权的人民法院已经立案在先的;

(三)受托法院报经高级人民法院同意退回委托的。

第十九条 执行实施案件立案后,被执行人对仲裁裁决或公证债权文书提出不予执行申请,经人民法院审查,裁定不予执行的,以"不予执行"方式结案。

第二十条 执行实施案件立案后,经审查发现不符合《最高人民法院关于人民法院执行工作若干问题的规定(试行)》第18条规定的受理条件,裁定驳回申请的,以"驳回申请"方式结案。

第二十一条 执行财产保全裁定案件的结案方式包括:

(一)保全完毕,即保全事项全部实施完毕;

(二)部分保全,即因未查询到足额财产,致使保全事项未能全部实施完毕;

(三)无标的物可实施保全,即未查到财产可供保全。

第二十二条 恢复执行案件的结案方式包括:

(一)执行完毕;

(二)终结本次执行程序;

(三)终结执行。

第二十三条 下列案件不得作结案处理:

(一)人民法院裁定中止执行的;

(二)人民法院决定暂缓执行的;

(三)执行和解协议未全部履行完毕,且不符合本意见第十六条、第十七条规定终结本次执行程序、终结执行条件的。

第二十四条 执行异议案件的结案方式包括:

(一)准予撤回异议或申请,即异议人撤回异议或申请的;

(二)驳回异议或申请,即异议不成立或者案外人虽然对执行标的享有实体权利但不能阻止执行的;

(三)撤销相关执行行为、中止对执行标的的执行、不予执行、追加变更当事人,即异议成立的;

(四)部分撤销并变更执行行为、部分不予执行、部分追加变更当事人,即异议部分成立的;

(五)不能撤销、变更执行行为,即异议成立或部分成立,但不能撤销、变更执行行为的;

(六)移送其他人民法院管辖,即管辖权异议成立的。

执行异议案件应当制作裁定书,并送达当事人。法律、司法解释规定对执行异议案件可以口头裁定的,应当记入笔录。

第二十五条 执行复议案件的结案方式包括:

(一)准许撤回申请,即申请复议人撤回复议申请的;

(二)驳回复议申请,维持异议裁定,即异议裁定认定事实清楚,适用法律正确,复议理由不成立的;

(三)撤销或变更异议裁定,即异议裁定认定事实错误或者适用法律错误,复议理由成立的;

(四)查清事实后作出裁定,即异议裁定认定事实不清,证据不足的;

(五)撤销异议裁定,发回重新审查,即异议裁定遗漏异议请求或者异议裁定错误对案外人异议适用执行行为异议审查程序的。

人民法院对重新审查的案件作出裁定后,当事人申请复议的,上级人民法院不得再次发回重新审查。

执行复议案件应当制作裁定书,并送达当事人。法律、司法解释规定对执行复议案件可以口头裁定的,应当记入笔录。

第二十六条 执行监督案件的结案方式包括:

(一)准许撤回申请,即当事人撤回监督申请的;

(二)驳回申请,即监督申请不成立的;

(三)限期改正,即监督申请成立,指定执行法院在一定期限内改正的;

(四)撤销并改正,即监督申请成立,撤销执行法院的裁定直接改正的;

(五)提级执行,即监督申请成立,上级人民法院决定提级自行执行的;

(六)指定执行,即监督申请成立,上级人民法院决定指定其他法院执行的;

(七)其他,即其他可以报结的情形。

第二十七条 执行请示案件的结案方式包括:

(一)答复,即符合请示条件的;

(二)销案,即不符合请示条件的。

第二十八条 执行协调案件的结案方式包括:

(一)撤回协调请求,即执行争议法院自行协商一致,撤回协调请求的;

(二)协调解决,即经过协调,执行争议法院达成一致协调意见,将协调意见记入笔录或者向执行争议法院发出协调意见函的。

第二十九条 执行案件的立案、执行和结案情况应当及时、完整、真实、准确地录入全国法院执行案件信息管理系统。

第三十条 地方各级人民法院不能制定与法律、司法解释和本意见规定相抵触的执行案件立案、结案标准和结案方式。

违反法律、司法解释和本意见的规定立案、结案,或者在全国法院执行案件信息管理系统录入立案、结案情况时弄虚作假的,通报批评;造成严重后果或恶劣影响的,根据《人民法院工作人员纪律处分条例》追究相关领导和工作人员的责任。

第三十一条 各高级人民法院应当积极推进执行信息化建设,通过建立、健全辖区三级法院统一使用、切合实际、功能完备、科学有效的案件管理系统,加强对执行案件立、结案的管理。实现立、审、执案件信息三位一体的综合管理;实现对终结本次执行程序案件的单独管理;实现对恢复执行案件的动态管理;实现辖区的案件管理系统与全国法院执行案件信息管理系统的数据对接。

第三十二条 本意见自2015年1月1日起施行。

最高人民法院关于人民法院办理执行异议和复议案件若干问题的规定

（法释〔2015〕10 号　2015 年 5 月 5 日）

为了规范人民法院办理执行异议和复议案件，维护当事人、利害关系人和案外人的合法权益，根据民事诉讼法等法律规定，结合人民法院执行工作实际，制定本规定。

第一条 异议人提出执行异议或者复议申请人申请复议，应当向人民法院提交申请书。申请书应当载明具体的异议或者复议请求、事实、理由等内容，并附下列材料：

（一）异议人或者复议申请人的身份证明；

（二）相关证据材料；

（三）送达地址和联系方式。

第二条 执行异议符合民事诉讼法第二百二十五条或者第二百二十七条规定条件的，人民法院应当在三日内立案，并在立案后三日内通知异议人和相关当事人。不符合受理条件的，裁定不予受理；立案后发现不符合受理条件的，裁定驳回申请。

执行异议申请材料不齐备的，人民法院应当一次性告知异议人在三日内补足，逾期未补足的，不予受理。

异议人对不予受理或者驳回申请裁定不服的，可以自裁定送达之日起十日内向上一级人民法院申请复议。上一级人民法院审查后认为符合受理条件的，应当裁定撤销原裁定，指令执行法院立案或者对执行异议进行审查。

第三条 执行法院收到执行异议后三日内既不立案又不作出不予受理裁定，或者受理后无正当理由超过法定期限不作出异议裁定的，异议人可以向上一级人民法院提出异议。上一级人民法院审查后认为理由成立的，应当指令执行法院在三日内立案或者在十五日内作出异议裁定。

第四条 执行案件被指定执行、提级执行、委托执行后，当事人、利害关系人对原执行法院的执行行为提出异议的，由提出异议时负责该案件执行的人民法院审查处理；受指定或者受委托的人民法院是原执行法院的下级人民法院的，仍由原执行法院审查处理。

执行案件被指定执行、提级执行、委托执行后，案外人对原执行法院的执行标的提出异议的，参照前款规定处理。

第五条 有下列情形之一的，当事人以外的公民、法人和其他组织，可以作为利害关系人提出执行行为异议：

（一）认为人民法院的执行行为违法，妨碍其轮候查封、扣押、冻结的债权受偿的；

（二）认为人民法院的拍卖措施违法，妨碍其参与公平竞价的；

（三）认为人民法院的拍卖、变卖或者以物抵债措施违法，侵害其对执行标的的优先购买权的；

（四）认为人民法院要求协助执行的事项超出其协助范围或者违反法律规定的；

（五）认为其他合法权益受到人民法院违法执行行为侵害的。

第六条 当事人、利害关系人依照民事诉讼法第二百二十五条规定提出异议的,应当在执行程序终结之前提出,但对终结执行措施提出异议的除外。

案外人依照民事诉讼法第二百二十七条规定提出异议的,应当在异议指向的执行标的执行终结之前提出;执行标的由当事人受让的,应当在执行程序终结之前提出。

第七条 当事人、利害关系人认为执行过程中或者执行保全、先予执行裁定过程中的下列行为违法提出异议的,人民法院应当依照民事诉讼法第二百二十五条规定进行审查:

(一)查封、扣押、冻结、拍卖、变卖、以物抵债、暂缓执行、中止执行、终结执行等执行措施;

(二)执行的期间、顺序等应当遵守的法定程序;

(三)人民法院作出的侵害当事人、利害关系人合法权益的其他行为。

被执行人以债权消灭、丧失强制执行效力等执行依据生效之后的实体事由提出排除执行异议的,人民法院应当参照民事诉讼法第二百二十五条规定进行审查。

除本规定第十九条规定的情形外,被执行人以执行依据生效之前的实体事由提出排除执行异议的,人民法院应当告知其依法申请再审或者通过其他程序解决。

第八条 案外人基于实体权利既对执行标的提出排除执行异议又作为利害关系人提出执行行为异议的,人民法院应当依照民事诉讼法第二百二十七条规定进行审查。

案外人既基于实体权利对执行标的提出排除执行异议又作为利害关系人提出与实体权利无关的执行行为异议的,人民法院应当分别依照民事诉讼法第二百二十七条和第二百二十五条规定进行审查。

第九条 被限制出境的人认为对其限制出境错误的,可以自收到限制出境决定之日起十日内向上一级人民法院申请复议。上一级人民法院应当自收到复议申请之日起十五日内作出决定。复议期间,不停止原决定的执行。

第十条 当事人不服驳回不予执行公证债权文书申请的裁定的,可以自收到裁定之日起十日内向上一级人民法院申请复议。上一级人民法院应当自收到复议申请之日起三十日内审查,理由成立的,裁定撤销原裁定,不予执行该公证债权文书;理由不成立的,裁定驳回复议申请。复议期间,不停止执行。

第十一条 人民法院审查执行异议或者复议案件,应当依法组成合议庭。

指令重新审查的执行异议案件,应当另行组成合议庭。

办理执行实施案件的人员不得参与相关执行异议和复议案件的审查。

第十二条 人民法院对执行异议和复议案件实行书面审查。案情复杂、争议较大的,应当进行听证。

第十三条 执行异议、复议案件审查期间,异议人、复议申请人申请撤回异议、复议申请的,是否准许由人民法院裁定。

第十四条 异议人或者复议申请人经合法传唤,无正当理由拒不参加听证,或者未经法庭许可中途退出听证,致使人民法院无法查清相关事实的,由其自行承担不利后果。

第十五条 当事人、利害关系人对同一执行行为有多个异议事由,但未在异议审查过程中一并提出,撤回异议或者被裁定驳回异议后,再次就该执行行为提出异议的,人民法院不予受理。

案外人撤回异议或者被裁定驳回异议后,再次就同一执行标的提出异议的,人民法院不予受理。

第十六条 人民法院依照民事诉讼法第二百二十五条规定作出裁定时,应当告知相关权利人申请复议的权利和期限。

人民法院依照民事诉讼法第二百二十七条规定作出裁定时,应当告知相关权利人提起执行异议之诉的权利和期限。

人民法院作出其他裁定和决定时,法律、司法解释规定了相关权利人申请复议的权利和期限的,应当进行告知。

第十七条 人民法院对执行行为异议,应当按照下列情形,分别处理:

(一)异议不成立的,裁定驳回异议;

(二)异议成立的,裁定撤销相关执行行为;

(三)异议部分成立的,裁定变更相关执行行为;

(四)异议成立或者部分成立,但执行行为无撤销、变更内容的,裁定异议成立或者相应部分异议成立。

第十八条 执行过程中,第三人因书面承诺自愿代被执行人偿还债务而被追加为被执行人后,无正当理由反悔并提出异议的,人民法院不予支持。

第十九条 当事人互负到期债务,被执行人请求抵销,请求抵销的债务符合下列情形的,除依照法律规定或者按照债务性质不得抵销的以外,人民法院应予支持:

(一)已经生效法律文书确定或者经申请执行人认可;

(二)与被执行人所负债务的标的物种类、品质相同。

第二十条 金钱债权执行中,符合下列情形之一,被执行人以执行标的系本人及所扶养家属维持生活必需的居住房屋为由提出异议的,人民法院不予支持:

(一)对被执行人有扶养义务的人名下有其他能够维持生活必需的居住房屋的;

(二)执行依据生效后,被执行人为逃避债务转让其名下其他房屋的;

(三)申请执行人按照当地廉租住房保障面积标准为被执行人及所扶养家属提供居住房屋,或者同意参照当地房屋租赁市场平均租金标准从该房屋的变价款中扣除五至八年租金的。

执行依据确定被执行人交付居住的房屋,自执行通知送达之日起,已经给予三个月的宽限期,被执行人以该房屋系本人及所扶养家属维持生活的必需品为由提出异议的,人民法院不予支持。

第二十一条 当事人、利害关系人提出异议请求撤销拍卖,符合下列情形之一的,人民法院应予支持:

(一)竞买人之间、竞买人与拍卖机构之间恶意串通,损害当事人或者其他竞买人利益的;

(二)买受人不具备法律规定的竞买资格的;

(三)违法限制竞买人参加竞买或者对不同的竞买人规定不同竞买条件的;

(四)未按照法律、司法解释的规定对拍卖标的物进行公告的;

(五)其他严重违反拍卖程序且损害当事人或者竞买人利益的情形。

当事人、利害关系人请求撤销变卖的,参照前款规定处理。

第二十二条 公证债权文书对主债务和担保债务同时赋予强制执行效力的,人民法院应予执行;仅对主债务赋予强制执行效力未涉及担保债务的,对担保债务的执行申请不予受理;仅对担保债务赋予强制执行效力未涉及主债务的，对主债务的执行申请不予受理。

人民法院受理担保债务的执行申请后，被执行人仅以担保合同不属于赋予强制执行效力的公证债权文书范围为由申请不予执行的，不予支持。

第二十三条 上一级人民法院对不服异议裁定的复议申请审查后，应当按照下列情形，分别处理：

(一)异议裁定认定事实清楚，适用法律正确，结果应予维持的，裁定驳回复议申请，维持异议裁定；

(二)异议裁定认定事实错误，或者适用法律错误，结果应予纠正的，裁定撤销或者变更异议裁定；

(三)异议裁定认定基本事实不清、证据不足的，裁定撤销异议裁定，发回作出裁定的人民法院重新审查，或者查清事实后作出相应裁定；

(四)异议裁定遗漏异议请求或者存在其他严重违反法定程序的情形，裁定撤销异议裁定，发回作出裁定的人民法院重新审查；

(五)异议裁定对应当适用民事诉讼法第二百二十七条规定审查处理的异议，错误适用民事诉讼法第二百二十五条规定审查处理的，裁定撤销异议裁定，发回作出裁定的人民法院重新作出裁定。

除依照本条第一款第三、四、五项发回重新审查或者重新作出裁定的情形外，裁定撤销或者变更异议裁定且执行行为可撤销、变更的，应当同时撤销或者变更该裁定维持的执行行为。

人民法院对发回重新审查的案件作出裁定后，当事人、利害关系人申请复议的，上一级人民法院复议后不得再次发回重新审查。

第二十四条 对案外人提出的排除执行异议，人民法院应当审查下列内容：

(一)案外人是否系权利人；

(二)该权利的合法性与真实性；

(三)该权利能否排除执行。

第二十五条 对案外人的异议，人民法院应当按照下列标准判断其是否系权利人：

(一)已登记的不动产，按照不动产登记簿判断；未登记的建筑物、构筑物及其附属设施，按照土地使用权登记簿、建设工程规划许可、施工许可等相关证据判断；

(二)已登记的机动车、船舶、航空器等特定动产，按照相关管理部门的登记判断；未登记的特定动产和其他动产，按照实际占有情况判断；

(三)银行存款和存管在金融机构的有价证券，按照金融机构和登记结算机构登记的账户名称判断；有价证券由具备合法经营资质的托管机构名义持有的，按照该机构登记的实际投资人账户名称判断；

(四)股权按照工商行政管理机关的登记和企业信用信息公示系统公示的信息判断；

(五)其他财产和权利，有登记的，按照登记机构的登记判断；无登记的，按照合同等证明财产权属或者权利人的证据判断。

案外人依据另案生效法律文书提出排除执行异议，该法律文书认定的执行标的权利人与依照前款规定得出的判断不一致的，依照本规定第二十六条规定处理。

第二十六条 金钱债权执行中，案外人依据执行标的被查封、扣押、冻结前作出的另案生效

法律文书提出排除执行异议,人民法院应当按照下列情形,分别处理:

(一)该法律文书系就案外人与被执行人之间的权属纠纷以及租赁、借用、保管等不以转移财产权属为目的的合同纠纷,判决、裁决执行标的归属于案外人或者向其返还执行标的且其权利能够排除执行的,应予支持;

(二)该法律文书系就案外人与被执行人之间除前项所列合同之外的债权纠纷,判决、裁决执行标的归属于案外人或者向其交付、返还执行标的的,不予支持。

(三)该法律文书系案外人受让执行标的的拍卖、变卖成交裁定或者以物抵债裁定且其权利能够排除执行的,应予支持。

金钱债权执行中,案外人依据执行标的被查封、扣押、冻结后作出的另案生效法律文书提出排除执行异议的,人民法院不予支持。

非金钱债权执行中,案外人依据另案生效法律文书提出排除执行异议,该法律文书对执行标的权属作出不同认定的,人民法院应当告知案外人依法申请再审或者通过其他程序解决。

申请执行人或者案外人不服人民法院依照本条第一、二款规定作出的裁定,可以依照民事诉讼法第二百二十七条规定提起执行异议之诉。

第二十七条 申请执行人对执行标的依法享有对抗案外人的担保物权等优先受偿权,人民法院对案外人提出的排除执行异议不予支持,但法律、司法解释另有规定的除外。

第二十八条 金钱债权执行中,买受人对登记在被执行人名下的不动产提出异议,符合下列情形且其权利能够排除执行的,人民法院应予支持:

(一)在人民法院查封之前已签订合法有效的书面买卖合同;

(二)在人民法院查封之前已合法占有该不动产;

(三)已支付全部价款,或者已按照合同约定支付部分价款且将剩余价款按照人民法院的要求交付执行;

(四)非因买受人自身原因未办理过户登记。

第二十九条 金钱债权执行中,买受人对登记在被执行的房地产开发企业名下的商品房提出异议,符合下列情形且其权利能够排除执行的,人民法院应予支持:

(一)在人民法院查封之前已签订合法有效的书面买卖合同;

(二)所购商品房系用于居住且买受人名下无其他用于居住的房屋;

(三)已支付的价款超过合同约定总价款的百分之五十。

第三十条 金钱债权执行中,对被查封的办理了受让物权预告登记的不动产,受让人提出停止处分异议的,人民法院应予支持;符合物权登记条件,受让人提出排除执行异议的,应予支持。

第三十一条 承租人请求在租赁期内阻止向受让人移交占有被执行的不动产,在人民法院查封之前已签订合法有效的书面租赁合同并占有使用该不动产的,人民法院应予支持。

承租人与被执行人恶意串通,以明显不合理的低价承租被执行的不动产或者伪造交付租金证据的,对其提出的阻止移交占有的请求,人民法院不予支持。

第三十二条 本规定施行后尚未审查终结的执行异议和复议案件,适用本规定。本规定施行前已经审查终结的执行异议和复议案件,人民法院依法提起执行监督程序的,不适用本规定。

最高人民法院关于民事执行中变更、追加当事人若干问题的规定

(法释〔2016〕21号 2016年11月7日)

为正确处理民事执行中变更、追加当事人问题,维护当事人、利害关系人的合法权益,根据《中华人民共和国民事诉讼法》等法律规定,结合执行实践,制定本规定。

第一条 执行过程中,申请执行人或其继承人、权利承受人可以向人民法院申请变更、追加当事人。申请符合法定条件的,人民法院应予支持。

第二条 作为申请执行人的公民死亡或被宣告死亡,该公民的遗嘱执行人、受遗赠人、继承人或其他因该公民死亡或被宣告死亡依法承受生效法律文书确定权利的主体,申请变更、追加其为申请执行人的,人民法院应予支持。

作为申请执行人的公民被宣告失踪,该公民的财产代管人申请变更、追加其为申请执行人的,人民法院应予支持。

第三条 作为申请执行人的公民离婚时,生效法律文书确定的权利全部或部分分割给其配偶,该配偶申请变更、追加其为申请执行人的,人民法院应予支持。

第四条 作为申请执行人的法人或其他组织终止,因该法人或其他组织终止依法承受生效法律文书确定权利的主体,申请变更、追加其为申请执行人的,人民法院应予支持。

第五条 作为申请执行人的法人或其他组织因合并而终止,合并后存续或新设的法人、其他组织申请变更其为申请执行人的,人民法院应予支持。

第六条 作为申请执行人的法人或其他组织分立,依分立协议约定承受生效法律文书确定权利的新设法人或其他组织,申请变更、追加其为申请执行人的,人民法院应予支持。

第七条 作为申请执行人的法人或其他组织清算或破产时,生效法律文书确定的权利依法分配给第三人,该第三人申请变更、追加其为申请执行人的,人民法院应予支持。

第八条 作为申请执行人的机关法人被撤销,继续履行其职能的主体申请变更、追加其为申请执行人的,人民法院应予支持,但生效法律文书确定的权利依法应由其他主体承受的除外;没有继续履行其职能的主体,且生效法律文书确定权利的承受主体不明确,作出撤销决定的主体申请变更、追加其为申请执行人的,人民法院应予支持。

第九条 申请执行人将生效法律文书确定的债权依法转让给第三人,且书面认可第三人取得该债权,该第三人申请变更、追加其为申请执行人的,人民法院应予支持。

第十条 作为被执行人的公民死亡或被宣告死亡,申请执行人申请变更、追加该公民的遗嘱执行人、继承人、受遗赠人或其他因该公民死亡或被宣告死亡取得遗产的主体为被执行人,在遗产范围内承担责任的,人民法院应予支持。继承人放弃继承或受遗赠人放弃受遗赠,又无遗嘱执行人的,人民法院可以直接执行遗产。

作为被执行人的公民被宣告失踪,申请执行人申请变更该公民的财产代管人为被执行人,在代管的财产范围内承担责任的,人民法院应予支持。

第十一条 作为被执行人的法人或其他组织因合并而终止,申请执行人申请变更合并后存

续或新设的法人、其他组织为被执行人的,人民法院应予支持。

第十二条 作为被执行人的法人或其他组织分立,申请执行人申请变更、追加分立后新设的法人或其他组织为被执行人,对生效法律文书确定的债务承担连带责任的,人民法院应予支持。但被执行人在分立前与申请执行人就债务清偿达成的书面协议另有约定的除外。

第十三条 作为被执行人的个人独资企业,不能清偿生效法律文书确定的债务,申请执行人申请变更、追加其投资人为被执行人的,人民法院应予支持。个人独资企业投资人作为被执行人的,人民法院可以直接执行该个人独资企业的财产。

个体工商户的字号为被执行人的,人民法院可以直接执行该字号经营者的财产。

第十四条 作为被执行人的合伙企业,不能清偿生效法律文书确定的债务,申请执行人申请变更、追加普通合伙人为被执行人的,人民法院应予支持。

作为被执行人的有限合伙企业,财产不足以清偿生效法律文书确定的债务,申请执行人申请变更、追加未按期足额缴纳出资的有限合伙人为被执行人,在未足额缴纳出资的范围内承担责任的,人民法院应予支持。

第十五条 作为被执行人的法人分支机构,不能清偿生效法律文书确定的债务,申请执行人申请变更、追加该法人为被执行人的,人民法院应予支持。法人直接管理的责任财产仍不能清偿债务的,人民法院可以直接执行该法人其他分支机构的财产。

作为被执行人的法人,直接管理的责任财产不能清偿生效法律文书确定债务的,人民法院可以直接执行该法人分支机构的财产。

第十六条 个人独资企业、合伙企业、法人分支机构以外的其他组织作为被执行人,不能清偿生效法律文书确定的债务,申请执行人申请变更、追加依法对该其他组织的债务承担责任的主体为被执行人的,人民法院应予支持。

第十七条 作为被执行人的企业法人,财产不足以清偿生效法律文书确定的债务,申请执行人申请变更、追加未缴纳或未足额缴纳出资的股东、出资人或依公司法规定对该出资承担连带责任的发起人为被执行人,在尚未缴纳出资的范围内依法承担责任的,人民法院应予支持。

第十八条 作为被执行人的企业法人,财产不足以清偿生效法律文书确定的债务,申请执行人申请变更、追加抽逃出资的股东、出资人为被执行人,在抽逃出资的范围内承担责任的,人民法院应予支持。

第十九条 作为被执行人的公司,财产不足以清偿生效法律文书确定的债务,其股东未依法履行出资义务即转让股权,申请执行人申请变更、追加该原股东或依公司法规定对该出资承担连带责任的发起人为被执行人,在未依法出资的范围内承担责任的,人民法院应予支持。

第二十条 作为被执行人的一人有限责任公司,财产不足以清偿生效法律文书确定的债务,股东不能证明公司财产独立于自己的财产,申请执行人申请变更、追加该股东为被执行人,对公司债务承担连带责任的,人民法院应予支持。

第二十一条 作为被执行人的公司,未经清算即办理注销登记,导致公司无法进行清算,申请执行人申请变更、追加有限责任公司的股东、股份有限公司的董事和控股股东为被执行人,对公司债务承担连带清偿责任的,人民法院应予支持。

第二十二条 作为被执行人的法人或其他组织,被注销或出现被吊销营业执照、被撤销、被责令关闭、歇业等解散事由后,其股东、出资人或主管部门无偿接受其财产,致使该被执行人无遗留财产或遗留财产不足以清偿债务,申请执行人申请变更、追加该股东、出资人或主管部门为被执行人,在接受的财产范围内承担责任的,人民法院应予支持。

第二十三条 作为被执行人的法人或其他组织,未经依法清算即办理注销登记,在登记机关办理注销登记时,第三人书面承诺对被执行人的债务承担清偿责任,申请执行人申请变更、追加该第三人为被执行人,在承诺范围内承担清偿责任的,人民法院应予支持。

第二十四条 执行过程中,第三人向执行法院书面承诺自愿代被执行人履行生效法律文书确定的债务,申请执行人申请变更、追加该第三人为被执行人,在承诺范围内承担责任的,人民法院应予支持。

第二十五条 作为被执行人的法人或其他组织,财产依行政命令被无偿调拨、划转给第三人,致使该被执行人财产不足以清偿生效法律文书确定的债务,申请执行人申请变更、追加该第三人为被执行人,在接受的财产范围内承担责任的,人民法院应予支持。

第二十六条 被申请人在应承担责任范围内已承担相应责任的,人民法院不得责令其重复承担责任。

第二十七条 执行当事人的姓名或名称发生变更的,人民法院可以直接将姓名或名称变更后的主体作为执行当事人,并在法律文书中注明变更前的姓名或名称。

第二十八条 申请人申请变更、追加执行当事人,应当向执行法院提交书面申请及相关证据材料。

除事实清楚、权利义务关系明确、争议不大的案件外,执行法院应当组成合议庭审查并公开听证。经审查,理由成立的,裁定变更、追加;理由不成立的,裁定驳回。

执行法院应当自收到书面申请之日起六十日内作出裁定。有特殊情况需要延长的,由本院院长批准。

第二十九条 执行法院审查变更、追加被执行人申请期间,申请人申请对被申请人的财产采取查封、扣押、冻结措施的,执行法院应当参照民事诉讼法第一百条的规定办理。

申请执行人在申请变更、追加第三人前,向执行法院申请查封、扣押、冻结该第三人财产的,执行法院应当参照民事诉讼法第一百零一条的规定办理。

第三十条 被申请人、申请人或其他执行当事人对执行法院作出的变更、追加裁定或驳回申请裁定不服的,可以自裁定书送达之日起十日内向上一级人民法院申请复议,但依据本规定第三十二条的规定应当提起诉讼的除外。

第三十一条 上一级人民法院对复议申请应当组成合议庭审查,并自收到申请之日起六十日内作出复议裁定。有特殊情况需要延长的,由本院院长批准。

被裁定变更、追加的被申请人申请复议的,复议期间,人民法院不得对其争议范围内的财产进行处分。申请人请求人民法院继续执行并提供相应担保的,人民法院可以准许。

第三十二条 被申请人或申请人对执行法院依据本规定第十四条第二款、第十七条至第二十一条规定作出的变更、追加裁定或驳回申请裁定不服的,可以自裁定书送达之日起十五日内,向执行法院提起执行异议之诉。

被申请人提起执行异议之诉的,以申请人为被告。申请人提起执行异议之诉的,以被申请人为被告。

第三十三条 被申请人提起的执行异议之诉,人民法院经审理,按照下列情形分别处理:

(一)理由成立的,判决不得变更、追加被申请人为被执行人或者判决变更责任范围;

(二)理由不成立的,判决驳回诉讼请求。

诉讼期间,人民法院不得对被申请人争议范围内的财产进行处分。申请人请求人民法院继续执行并提供相应担保的,人民法院可以准许。

第三十四条 申请人提起的执行异议之诉,人民法院经审理,按照下列情形分别处理:

(一)理由成立的,判决变更、追加被申请人为被执行人并承担相应责任或者判决变更责任范围;

(二)理由不成立的,判决驳回诉讼请求。

第三十五条 本规定自2016年12月1日起施行。

本规定施行后,本院以前公布的司法解释与本规定不一致的,以本规定为准。